社会力量

参与新型阅读空间建设准入与考核机制研究

黄奇杰　侯凤芝◎著

ZHEJIANG UNIVERSITY PRESS
浙江大学出版社
·杭州·

图书在版编目（CIP）数据

社会力量参与新型阅读空间建设准入与考核机制研究 /
黄奇杰，侯凤芝著. —杭州：浙江大学出版社，2022.12
ISBN 978-7-308-23300-2

Ⅰ. ①社… Ⅱ. ①黄… ②侯… Ⅲ. ①读书活动—研
究—中国 Ⅳ. ①G252.17

中国版本图书馆 CIP 数据核字（2022）第 224744 号

社会力量参与新型阅读空间建设准入与考核机制研究

黄奇杰　侯凤芝　著

责任编辑	李海燕	
责任校对	孙秀丽	
责任印制	范洪法	
封面设计	雷建军	
出版发行	浙江大学出版社	
	（杭州市天目山路 148 号　邮政编码 310007）	
	（网址:http://www.zjupress.com）	
排　　版	杭州好友排版工作室	
印　　刷	广东虎彩云印刷有限公司绍兴分公司	
开　　本	787mm×1092mm　1/16	
印　　张	24.75	
字　　数	587 千	
版 印 次	2022 年 12 月第 1 版　2022 年 12 月第 1 次印刷	
书　　号	ISBN 978-7-308-23300-2	
定　　价	79.00 元	

前　言

本著作为 2019 年国家社科基金一般项目"社会力量参与新型阅读空间建设准入与考核机制研究"(项目批准编号:19BTQ021;结项证书号:20220591)的最终成果。该项目主要研究全民阅读推广中社会力量参与新型阅读空间建设准入与考核机制问题,解码新型阅读空间公益性、公共文化服务均等化和意识形态工作难题,以提高城乡基层群众阅读文化需求获得感和幸福感。

阅读是改变个人和家庭命运的途径之一。开展全民阅读活动是我国构建公共文化服务体系的一项重要部署,对于提高国民思想道德素质和科学文化素质,建设社会主义文化强国,增强国家文化软实力具有重要意义。

习近平总书记 2019 年 8 月 21 日在考察《读者》编辑部时强调,要提倡多读书,建设书香社会。[1] 读书可以让人保持思想活力,让人得到智慧启发,让人滋养浩然之气。[2] 李克强总理在 2022 年政府工作报告中指出,要深入推进全民阅读。[3] 自 2014 年起,"全民阅读"已经连续九次被写入政府工作报告,充分体现了党中央、国务院对全民阅读的高度重视。

联合国教科文组织发表的宣言中曾指出,"希望散居在世界各地的人,无论你是年老还是年轻,无论你是贫穷还是富裕,无论你是患病还是健康,都能享受阅读的乐趣"[4]。

党的十九大报告指出,"完善公共文化服务体系,深入实施文化惠民工程,丰富群众性文化活动"[5]。《"十四五"文化和旅游发展规划》指出,"坚持政府主导、社会参与、重心下移、共建共享,优化城乡文化资源配置,统筹加强公共文化设施软硬件建设","创新打造一批'小而美'的城市书房、文化驿站、文化礼堂、文化广场等城乡新型公共文化空间"[6]。健全现代公共文化服务体系,提供丰富的精神文化食粮,满足人民群众对美好文化生活的新

---

① 新华社.习近平:要提倡多读书,建设书香社会[EB/OL].(2019-08-23)[2022-04-01].https://www.chinaxwcb.com/info/555752.

② 人民网.读书正当时!跟习近平学 10 条阅读方法[EB/OL].(2020-04-23)[2022-04-01].http://cpc.people.com.cn/n1/2020/0423/c164113-31684875.html.

③ 李克强.政府工作报告[EB/OL].(2022-03-12)[2022-04-01].http://www.gov.cn/premier/2022-03/12/content_5678750.htm.

④ UNESCO. World Book and Copyright Day[EB/OL]. https://www.unesco.org/en/days/world-book-and-copyright.

⑤ 习近平.决胜全面建成小康社会 夺取新时代中国特色社会主义伟大胜利——在中国共产党第十九次全国代表大会上的报告[EB/OL].(2017-10-27)[2022-04-01].http://www.gov.cn/zhuanti/2017-10/27/content_5234876.htm.

⑥ 文化和旅游部.文化和旅游部关于印发《"十四五"文化和旅游发展规划》的通知[EB/OL].(2021-04-29)[2022-04-01].https://zwgk.mct.gov.cn/zfxxgkml/ghjh/202106/t20210602_924956.html.

期待。从满足人民群众基本文化需求,到满足人民对美好生活的新期待,仅靠政府力量是不够的,要积极引导和激励社会力量参与现代公共文化服务和全民阅读推广。

该项目组以习近平新时代中国特色社会主义思想和习近平总书记关于全民阅读的重要论述为指导,秉持政治意识和大局意识,坚持政治方向和学术导向,通过对我国东中西部地区具有代表性的新型阅读空间典型进行深入调研,推动项目成果实现,积极探索构建社会力量参与新型阅读空间的建设理念、建设模式、制度保障、准入标准、考核指标体系,为我国各地区社会力量参与新型阅读空间建设运营提供理论指导和实践示范。从 2018年 7 月至 2021 年 10 月,项目组成员分别深入浙江省温州市,宁波市,嘉兴市,湖州市德清县、长兴县,金华市磐安县,台州市临海市,丽水市青田县、松阳县,江苏省南京市、常州市,安徽省合肥市、安庆市,六安市金寨县,上海市浦东新区、奉贤区、闵行区,北京市石景山区,青海省西宁市,贵州省遵义市、铜仁市,广西壮族自治区防城港市等全国 8 省份的市、县(区),进行社会力量参与新型阅读空间建设实地调研,为完成项目研究打下坚实基础。同时,项目组成员还自筹经费到日本东京茑屋书店、富良野社区图书馆、韩国首尔大图书馆等调研国外社会力量兴办实体书店、大学图书馆服务全民阅读情况。2020 年 7 月 4 日至 23 日,项目组通过问卷星网站进行了网上问卷抽样调查,收到有效问卷 1325 份,撰写了《社会力量参与新型阅读空间建设满意度的抽样调研分析报告》。

本书汇集了该项目研究最新成果,主要研究内容:一是研究解决社会力量参与新型阅读空间建设政策机制创新等问题。社会力量参与新型阅读空间建设要不断完善新型阅读空间建设体制与发展机制,持续开展新型阅读空间标准化服务、特色化建设,注重新型阅读空间城乡一体化高质量发展和特色化、主题型、体验式、休闲版、个性化等多样性阅读空间建设。二是研究解决社会力量参与新型阅读空间建设准入考核标准等问题。社会力量参与新型阅读空间建设的准入条件可以从"基本条件、政治条件、技术条件"等一级指标来确立;从"设施建设、读者服务、组织管理、宣传推广"等 4 个维度来设置绩效考核指标体系。要加大舆论宣传力度,形成社会风气,激发社会力量和人民群众参与热情。

项目研究成果的学术价值:以习近平新时代中国特色社会主义思想和习近平总书记关于全民阅读的重要论述为指导,坚持"政府主导不放松、意识形态不动摇、公益属性不突破"的原则,积极探索构建社会力量参与新型阅读空间的建设理念、建设模式、制度保障、准入标准、考核指标等具有示范价值的理论体系,对于推动全民阅读、提高群众文化素养具有创新的学术价值。

项目研究成果的应用价值:选择温州城市书房、合肥城乡阅读空间、西宁几何书店等我国东中西部地区具有代表性的新型阅读空间作为典型,积极探索社会力量参与新型阅读空间建设的新理念、新模式和新机制,从新时代文化高地打造与共富文化制度设计供给等层面,调研总结浙江温州、安徽合肥等地社会力量参与城乡新型阅读空间建设的先进经验,为我国各地区社会力量参与新型阅读空间建设运营提供示范样本,具有实际的应用价值。

项目研究成果的社会影响和效益:对于项目负责人撰写的政策建议《浙江城乡新型阅读空间建设实践及启示》,安徽省人大常委会党组副书记、副主任宋国权同志于 2021 年 7月 5 日做出肯定性批示:"浙江省在新型阅读空间建设上的经验,值得学习借鉴,既符合高质量发展的要求,也解决了群众对文化的所求所盼。我省合肥、铜陵等地也做过尝试,需要推广鼓励。"2021年9月15日,安徽省文化和旅游厅向安徽省人大常委会办公厅专报了"政策建议采纳报告":"我厅按照省领导批示要求,认真学习借鉴外省先进做法,结合实际,继续推进新型阅读空间建设,不断美化环境,强化管理,优化服务,更好满足城乡居民美好文化生活需求。"安徽省政协机关报《江淮时报》2021年9月24日和10月15日第6版全文刊发了项目政策建议稿;合肥市文化和旅游局也采纳了《浙江城乡新型阅读空间建设实践及启示》的政策建议。《江淮晨报》2021年9月6日A05版刊发了项目负责人有关"新型阅读空间建设"的专题发言。

项目研究成果的重要观点:一是公办民助、民办公助、民间自办、民间众筹等,已经发展成为全民阅读推广服务中社会力量参与新型阅读空间建设的主要模式。二是社会力量参与新型阅读空间建设要坚持"政府主导不放松、意识形态不动摇、公益属性不突破"的原则,探索构建社会力量参与新型阅读空间的建设理念、制度保障等具有示范价值的理论实践体系。三是社会力量参与新型阅读空间建设应从"政治条件、基础条件、技术条件"等方面设计准入条件,从"设施建设、读者服务、运营管理、宣传推广"等维度设置绩效考核指标。四是打造新时代共富文化高地中社会力量参与新型阅读空间建设长效机制创新的"浙江样本",对全国其他地区起到示范作用。

项目研究成果的对策建议:一是政府主导与社会参与相结合,建立社会力量参与新型阅读空间建设激励机制和引导资金及使用管理办法,为新型阅读空间建设提供多渠道常态稳定的资金支持。二是社会力量参与新型阅读空间建设,首先在文化强国战略实施中将新型阅读空间建设与全民阅读推广服务紧密相结合;其次在新时代文化高地打造中将浙江新型阅读空间建设示范样本学习与全国各地区典型实践相结合。三是引导社会资本冠名参与新型阅读空间各类文化活动,为群众提供丰富精准的文化服务,扩大赞助企业和个人的品牌效应,形成社会力量可持续参与新型阅读空间的长效机制。四是全国各高校与城镇街道、乡村社区结对,助力基层新型阅读空间建设,尤其要特别关爱农村留守儿童和进城农民工阅读服务,以提升留守儿童和农民工的综合文化素质,培育乡村振兴的生力军。

目　录

理论篇·基础研究

理论篇·专题研究

实践篇·调研报告

实践篇·域外借鉴

实践篇·规章制度

理论篇·基础研究

社会主义精神文明建设的根本任务是提高全民族的思想道德素质和科学文化素质，培养一代又一代有理想、有道德、有文化、有纪律的公民。新时代实现中华民族的伟大复兴需要全民参与和创造。阅读有利于丰富人类知识结构、建构人类精神世界，改善人类行为模式。"十二五"以来，全民阅读被纳入国家发展战略，成为党和国家文化建设的基础工程。《公共文化服务保障法》《公共图书馆法》《关于促进全民阅读工作的意见》及各地全民阅读促进条例的出台，极大提升了全民阅读基础设施建设水平，激发了广大群众的阅读兴趣，催生了众多新型阅读空间。

新型阅读空间建设的模式分为公办民助、民办公助、民间自办和民间众筹，建设主体包括政府和社会力量，通过"线上＋线下"方式得以延伸和拓展。"线下"阅读空间主要指的是实体空间，诸如特色藏书馆、咖啡书吧、读书驿站、智慧书房等，具有服务公益性、专业知识性、场所开放性、业务多样性等特征；"线上"阅读空间主要指的是数字阅读空间，方便人们通过手机终端、电脑、多媒体等随时随地获取海量数字阅读资源，这无疑展现了现代文化和科技的融合发展，有效提升了文化服务的广度和深度。但是，新型阅读空间建设作为一个完整的组织机构，需要设立组织目标、制定组织运营模式、组织长效发展机制及组织绩效评价体系等，即确立建设标准：功能定位、规划选址、建筑规模、建设方式、技术标准、运营服务等多要素，从而保障其可持续发展和建设。

不断开拓全民阅读的新平台，构建新型公共阅读空间，是新时代对推动全民阅读、构建书香社会提出的新要求，是实施"文化强国战略"的重要组成内容。新型公共阅读空间建设可以通过政府主导、社会参与、合作共建、民间众筹等多种建构方式，凸显科学化布局、专业化建设、便利化服务、社会化参与、多元化运营等多种优势，实现公共要素在城乡间的双向流动和平等交换，保障公众阅读权益，推进全民阅读城乡并举，最终实现中华文化的繁荣兴盛。

文化强国战略与公共文化服务概述

内容提要

古往今来,任何一个大国的发展进程,既是经济总量、军事力量等硬实力提高的进程,也是价值观念、思想文化等软实力提高的进程。习近平总书记明确指出,"中华民族伟大复兴需要以中华文化发展繁荣为条件"①。党的十九大明确了新时代文化建设在中国特色社会主义总体布局中的定位,提出了建设社会主义文化强国的奋斗目标,强调坚定文化自信、推动社会主义文化繁荣昌盛。公共文化服务体系的建设是满足人民群众基本文化权益的重要保障,已然成为衡量社会幸福指数的重要指标,是实现文化战略强国重要组成部分。以"人民为中心"的公共文化服务,既要切实回应群众的真实需求,真正深入实际、深入基层、深入生活,在提高质量、满足群众真正需求上下功夫,也要注重发动群众和依靠群众,激发广大人民群众参与文化创作的积极性和主观能动性,形成万众创作、万众参与和共同繁荣的局面。

一、推进社会主义文化强国建设

党的十九届五中全会通过的《中共中央关于制定国民经济和社会发展第十四个五年规划和二〇三五年远景目标的建议》(以下简称《建议》),明确提出到 2035 年建成文化强国的远景目标,并强调在"十四五"时期推进社会主义文化强国建设。② 这是以习近平同志为核心的党中央基于历史和现实、着眼全局和长远做出的战略决策,标志着我们党对文化建设重要地位及其规律认识的深化,为我们深刻认识新时代文化建设新使命明确了前进方向。

(一)大国方略,文化强国战略的深刻背景

中国特色社会主义是全面发展、全面进步的伟大事业,没有社会主义文化繁荣发展,就没有社会主义现代化。社会主义文化强国建设战略的确立,是中国特色社会主义现代化建设的内在要求,是实现民族复兴的必然选择,在科技、经济、社会和文化等维度与当代世界格局互为表里。

1. 现代科学技术进步的必然反映

科学是人类文化的重要组成部分,是推动当代文化发展的主要动力。新的科学和技

---

① 中共中央文献研究室.习近平关于社会主义文化建设论述摘编[M].北京:中央文献出版社,2017:3-4.
② 新华社.中共中央关于制定国民经济和社会发展第十四个五年规划和二〇三五年远景目标的建议[EB/OL].(2020-11-03)[2021-06-10].http://www.gov.cn/xinwen/2020-11/03/content_5556991.htm.

术革命,不仅引起了生产力质的飞跃,而且成为现代社会变革和发展强有力的杠杆。在21世纪的人类文明中,知识、技术和人才正在取代传统物质资本而成为经济发展最重要的战略资源,引发人类思维模式、价值观念甚至生存方式的根本变革,催生新的文化观念和文化创造,推动社会前行,因此,持有先进的科学技术和文化资源,就拥有了社会发展的"发动机"、进步的"增速器"。

2. 当代经济与文化一体化发展的客观要求

伴随着科学技术进步与知识经济时代的到来,世界范围内的经济与文化一体化发展趋势愈加明显,经济与文化之间确立新型关系,经济的文化、科技含量与文化的经济功能已然有机统一。当代经济发展已不再单纯依靠自然资源和物质资本,而是进入了依托智力资源和文化资本的新阶段,经济发展中的文化附加值不断增强,文化纽带、精神价值、道德意识等精神因素在管理运营中的联结作用日益明显;文化主体——人的文化力,通过产业化和市场化运作,成为当代经济发展具有战略意义的独立变量,以满足精神文化需求为目的的文化产业、信息产业等正在成为社会的主导性产业,文化要素具备越来越直接的经济价值。经济发展正在由自然资源、物质资本主导的时代转向智力资源、"文化资本"主导的新时代,而其实质指向是人的文化素质和创新能力的提高。[①] 经济与文化相互推动,最终形成了经济与文化一体化的当代社会发展普遍特征和客观趋势,反映了社会发展的客观要求。

3. 应对国际文化竞争的迫切要求

全球化既促进了不同文化间的交流对话,也加剧了文化的摩擦与冲突,当今国际文化激荡交锋,呈现出多样性、交融性和竞争性等各种复杂形势。文化竞争日益成为国际竞争的重要内容,国家综合实力较量也由传统的军事、经济和科技竞争转向文化软实力竞争。但是,不同文化的地位和影响力并不平衡,多年来,西方国家通过将其价值观念全面渗透到文化产业链中,使两者进行有机融合和高效传播,达到向其他国家推销其价值观的目的。[②] 西方发达国家不仅占据全球大部分文化市场,压制发展中国家的文化生产力和文化产品生存空间,而且有意识地向发展中国家进行意识形态、价值观念的渗透,推行"文化殖民主义"。能否站上文化发展的制高点,关乎能否在激烈的全球竞争中赢得主动权。中国特色社会主义建设,要坚定文化自信,确立文化发展战略,既充分弘扬中华优秀传统文化,也注重吸收世界优秀文化成果,提高文化软实力,增强国家核心竞争力。

4. 当代中国社会和谐持续发展的需要

当代发展理论主张以人的全面发展为主导的经济、科技、文化与资源、环境和谐统一的发展理念。文化建设作为我国全面实现现代化的重要抓手,其目的不仅是推动文化的发展繁荣,更是在这一动态实践过程中,借助文化不断地熏陶人、塑造人、提升人,提高人民群众的思想觉悟、道德水平和文化素养,消解伴随经济增长而产生的人口、资源、环境等全球性的生态问题以及精神、道德层面的困境。增强社会发展的文化内涵,并回归人的维

① 于喜廷.论当代经济发展的文化机制[J].中共中央党校学报,2011,15(2):106-109.
② 周凯.西方国家如何通过文化产业传播核心价值观[J].红旗文稿,2016(1):35-36.

度,使文化建设更好地服务社会,使社会发展更好地造福人民,实现社会和谐可持续发展。

(二)行稳致远,文化强国战略的前进方向

方向引领行动,行动成就目标。贯彻《建议》精神,建设文化强国,牢牢把握社会主义先进文化前进方向,始终沿着中国特色社会主义文化发展道路前进,才能确保社会主义文化强国建设行稳致远。

1. 坚持以马克思主义为指导思想

马克思主义是中国共产党的指导思想,也是中国共产党领导人民进行社会主义建设的理论指南。《建议》强调"坚持马克思主义为指导",马克思主义的指导地位贯穿于文化强国建设的始终,这是我国文化建设区别于其他国家的根本所在。社会主义文化强国的大厦绝非空中楼阁,而是必须矗立在意识形态的内涵积淀之上。马克思主义意识形态是社会主义先进文化内容上的"主心骨"、方向上的"导航器"、实效上的"螺旋桨"。① 中国共产党人坚持将马克思主义作为认知框架,分析我国文化建设的现状,并结合国情进行理论创新。习近平新时代中国特色社会主义思想是党和国家必须长期坚持的指导思想,要毫不动摇地坚持用这一思想武装头脑,自觉地用以统领新时代文化建设、坚定信仰、保持定力,把坚持马克思主义在意识形态领域指导地位贯彻到文化建设全过程各领域,具体落实到把握方向导向、创新思维思路、改革体制机制等各方面,推动中国特色社会主义文化守正创新、固本开新。

2. 坚持以文化自信为逻辑动力

习近平总书记指出,文化自信是一个国家、一个民族发展中更基本、更深沉、更持久的力量。② 历史和现实都表明,在文化上自信的国家和民族才能够自立自强。自信中华优秀传统文化的永生魅力,从悠久的民族文化中发现和挖掘出具有人类普适性的意义与内涵,历经现代化的转化,既能保持中国文化的风采和神韵,又能超越民族,获得人类共享、全球共赏的文化价值。建设社会主义文化强国,文化自信既是思想基础和先决条件,也是根本标志和最终目的。坚守中华文化立场,坚持对优秀传统文化和中国共产党领导人民创造的革命文化的文化自信,坚持马克思主义指导思想与社会主义核心价值体系的文化自信,扎根中国特色社会主义伟大实践进行文化创造、推动文化进步,努力实现以坚定的文化自信建设文化强国,在建设文化强国中不断增强文化自信。

3. 坚持以社会主义核心价值观为精神引领

任何一个社会都存在着多种多样的价值观念和价值取向,要把全社会意志和力量凝聚起来,必须有一套与经济基础和政治制度相适应、并能形成广泛社会共识的核心价值观。③ 价值观是文化的核心与灵魂,决定文化的性质和方向,社会主义核心价值观是凝魂聚气、强基固本的根本力量。推动社会主义文化建设,必须抓住社会主义核心价值观建设这个根本,充分发挥其主导和引领作用。"十四五"规划的目标之一是提高社会文明程度,要以社会主义核心价值观为中心,不断激发全民族文化创造活力,不断巩固全党全国各族

---

① 孙绍勇,陈锡喜.习近平文化强国战略的意识形态逻辑论析[J].思想教育研究,2017(6):33-37.
② 中共中央文献研究室.习近平关于社会主义文化建设论述摘编[M].北京:中央文献出版社,2017:12.
③ 中共中央文献研究室.习近平关于社会主义文化建设论述摘编[M].北京:中央文献出版社,2017:106.

人民团结奋斗的共同思想基础,开创精神文明建设活动,体现到国民教育、精神文明创建、精神文化产品创作生产传播全过程,贯穿到国家治理体系和治理能力现代化建设各领域,落实到社会主义现代化的各方面,在文化建设中培育和践行社会主义核心价值观,更好地构筑中国精神、中国价值、中国力量。

二、文化强国建设的价值旨归:以人民为中心

文化建设的价值立场决定着文化建设的目的、路径和最终成果。立场问题,归根到底是一个为了谁、依靠谁的问题。党的事业历来都是以人民为中心,文化建设的价值目标也是服务人民。马克思认为"历史的活动和思想就是'群众'的思想和活动"。① 毛泽东同志认为,"人民,只有人民,才是创造世界历史的动力"②,并在延安文艺座谈会上指出"为什么人的问题,是一个根本的问题,原则的问题"。③ 邓小平同志说:"我们的文艺属于人民。""人民是文艺工作者的母亲。"④江泽民同志要求广大文艺工作者"在人民的历史创造中进行艺术的创造,在人民的进步中造就艺术的进步"⑤。胡锦涛同志强调:"只有把人民放在心中最高位置,永远同人民在一起,坚持以人民为中心的创作导向,艺术之树才能常青。"⑥可见,文化建设如果违背人民群众的思想感情,脱离人民群众的现实生活,必然失去其应有的意义与价值。

习近平总书记继承和发展了以人民为中心的思想,进一步深化了文化建设坚持以人民为中心的宗旨和导向。"党和国家一切工作的出发点和落脚点是实现好、维护好、发展好最广大人民根本利益。"⑦文化建设也是如此,文化的发展与繁荣一定是以人为本的,是以激发人民群众文化创造力为基础的,是以提升群众文化幸福感为诉求的。在文艺工作座谈会上,习近平总书记明确提出:"社会主义文艺,从本质上讲,就是人民的文艺",同时还强调:"人民是文艺创作的源头活水,一旦离开人民,文艺就会变成无根的浮萍、无病的呻吟、无魂的躯壳。"⑧党的十九大报告也指出:"必须坚持人民主体地位,坚持立党为公、执政为民,践行全心全意为人民服务的根本宗旨,把党的群众路线贯彻到治国理政全部活动之中,把人民对美好生活的向往作为奋斗目标,依靠人民创造历史伟业","社会主义文艺是人民的文艺,必须坚持以人民为中心的创作导向,在深入生活、扎根人民中进行无愧于时代的文艺创造。"⑨这些论断都非常鲜明地表达了人民群众是历史主体的思想,新时代文化建设依旧秉承以人民为中心的理念。服务于人民的价值旨归,指引了文化建设的方向,决定了文化建设的性质和内容。

① 中共中央编译局.马克思恩格斯文集(第2卷)[M].北京:人民出版社,1957:103.
② 毛泽东.毛泽东选集(第3卷)[M].北京:人民出版社,1991:1031.
③ 毛泽东.毛泽东选集(第3卷)[M].北京:人民出版社,1991:857.
④ 邓小平.邓小平文选(第2卷)[M].北京:人民出版社,1994:211.
⑤ 中共中央文献研究室.十四大以来重要文献选编(下册)[M].北京:中央文献出版社,2011:224.
⑥ 中共中央文献研究室.十七大以来重要文献选编(下册)[M].北京:中央文献出版社,2013:618.
⑦ 习近平.在哲学社会科学工作座谈会上的讲话[N].人民日报,2016-05-19(2).
⑧ 习近平.在文艺工作座谈会上的讲话[M].北京:人民出版社,2015:13,15.
⑨ 习近平.决胜全面建成小康社会 夺取新时代中国特色社会主义伟大胜利——在中国共产党第十九次全国代表大会上的报告[EB/OL].(2017-10-27)[2021-06-10].http://www.gov.cn/zhuanti/2017-10/27/content_5234876.htm.

让文化发展成果最大限度地惠及人民群众,让人民群众共享文化发展的成果,是顺应时代潮流,实现文化科学发展的内在要求和需要,文化强国战略的稳步推进,从未离开对人民群众的现实关注。近年来,我国不断进行文化体制改革,积极发展文化事业和文化产业,繁荣发展社会主义文艺,完善公共文化服务体系,为人民群众提供了大量优秀的文化产品和高质量的文化服务,充分发挥了文化育人、以文化人的重要作用,极大地丰富了人民的精神世界、增强了人民的精神力量。

三、文化强国战略视域下的公共文化服务:文化惠民

文化是承载现代公共生活的自由、平等、开放与共享的关键介质,是政府公共服务均等、公平和普惠等目标实现的重要内容。习近平在文艺工作座谈会上就明确指出:"人民对精神文化生活的需求时时刻刻都存在。"①满足人民日益增长的精神文化需求,关键就在公共文化服务上。

公共文化服务作为我国公共服务体系构建中重要而特殊的组成部分,不仅社会需求日益强烈,也与文化强国建设息息相关。文化强国战略事实上把公共文化服务作为提升国家文化软实力的必要举措,旨在凝练优秀文化作为公共服务的精神纽带,创新维护人民群众利益的服务模式,从而最终实践文化层面上善治的理念逻辑,达成善治的行动结果。

建立覆盖全社会的公共文化服务体系,是维护好、实现好、发展好人民群众基本文化权益的主要途径②,是保障和改善民生的重要举措③。如何具体落实公共文化服务?习近平强调,要大力繁荣发展文化事业,推进基本公共文化服务标准化、均等化发展,引导文化资源向城乡基层倾斜,创新公共文化服务方式,保障人民基本文化权益。④ 在新时代,我们仍然需要完善公共文化服务体系,重心下移,提高基本公共文化服务的覆盖面和适用性。⑤

(一)体系建设,提升公共文化服务水平

党的十五大报告首次将文化发展领域区分为公益性文化事业和经营性文化产业,党的十六大首次提出"公共文化服务"。此后,"公共文化服务"始终是我国相关理论研究和政策实践的热点之一。国家层面对这一领域的认识及界定大致经历"公益性文化事业"—"公共文化服务"—"公共文化服务体系"—"现代公共文化服务体系"等的演进过程;大致体现在:从公益性事业性保障向公共性民生性服务,从保基本广覆盖向保公平全覆盖,从传统型强供给向现代型强消费,从办文化管文化向法制化治理化推进等转变。⑥

---

① 习近平.在文艺工作座谈会上的讲话[M].北京:人民出版社,2015:14.

② 摘编自《中共中央办公厅、国务院办公厅印发〈关于加强公共文化服务体系建设的若干意见〉》(中办发〔2007〕21号),发文时间:2007年8月21日。

③ 摘编自《中共中央办公厅、国务院办公厅印发〈关于加快构建现代公共文化服务体系的意见〉》(中办发〔2015〕2号),发文时间:2015年1月14日。

④ 中共中央宣传部.习近平总书记系列重要讲话读本[M].北京:学习出版社、人民出版社,2016:207.

⑤ 新华社.习近平出席全国宣传思想工作会议并发表重要讲话[EB/OL].(2018-08-22)[2021-06-10].http://www.gov.cn/xinwen/2018/08/22/content_5315723.htm.

⑥ 袁锦贵,虞阳.公共文化服务理论研究述评[J].重庆社会科学,2015(3):76-84.

在文化强国建设中既强调市场经济健康发展又关注民生权益保障的充分展示。习近平总书记指出要"完善公共文化服务体系,深入实施文化惠民工程,丰富群众性文化活动……健全现代文化产业体系和市场体系,创新生产经营机制,完善文化经济政策,培育新型文化业态"①。在具体实践上,要加强政府主导,建立有力指导、有效整合文化要素和文化资源的体制,统筹文化事业和产业发展中的各种关系,提高文化建设宏观管理能力,协调发改、财政、社保、税务、工商等与文化建设密切相关的部门,切实担负起相关职责,充分发挥金融、投资、用地、财政、建设等方面政策的力量和作用,为文化建设积极提供支持和保障;适当转变政府职能,积极创新文化服务方式,建立科学化的文化建设服务体系,针对服务项目、服务范围、服务管理等各个方面进行完备的数据化、程序化制度安排,为文化单位的发展排忧解难,创造必要条件,营造良好营商环境;同时,健全国家基本文化立法,各地方在国家基本文化法律的指导下根据地方具体情况制定地方性法律法规,提高人民群众文化法律意识,为文化建设提供法制保障。

2. 盘活资源,激发文化产业市场活力

正视文化产业的商业属性,深化对文化发展动力的认识,破除制约文化发展的体制性障碍,发展文化生产力,努力构建覆盖城乡、惠及全民的公共文化服务体系,同步壮大文化产业、繁荣社会主义文化市场,推动文化建设全面协调健康发展。在具体实践上,要重塑市场主体,按照建立现代企业制度要求,完善法人治理结构;完善市场体系,打破条块分割、地区封锁、城乡分离的市场格局,加快建立健全统一开放、竞争有序的现代文化市场体系;建立现代企业制度和现代产权制度,促使文化企业更充分地面向市场,成为合格的市场主体,实现发展方式的根本转型;加大资源整合力度,在重点领域打造大型文化企业集团,文化产业集聚化和规模化发展,促进文化生产要素有序流动,获取集聚效应,提高经营水平;重视文化产业与企业的品牌建设,培育具有社会影响和发展潜力的文化品牌,创树具有自主知识产权、能够走向世界的文化企业。

3. 完善机制,优化文化产业结构

优化文化产业结构,合理配置文化产业资源,既是中国文化创新发展的基本要求,也是实现中国特色文化强国建设目标的核心问题。在具体实践中,构建合理的文化产业格局,促进各地文化特色产业链,形成核心竞争力;在国家政策层面给予文化产业金融支持,加大文化产业金融的投入力度,创新文化产业金融财政的投入方式,设立文化产业投资基金,搭建文化产业投融资平台,实施融资参与主体多元化,推动资源的优化配置,形成以政策性金融为主导、以市场性金融为辅助的多元高效文化金融系统;鼓励社会力量参与文化建设,形成多渠道、多元化的公共文化服务保障格局,着力提升公共文化产品和服务的供给能力;同步加强文化产品和要素市场建设,完善市场准入和退出机制,形成统一、开放、竞争、有序的现代文化市场体系;树立科学的文化人才观念,重视文化人才的培养,建立健全文化人才选拔、任用和管理制度,坚持有效激励,建立以知识产权、无形资产、技术要素等参与分配的机制,以人才建设来推动文化建设。

---

① 习近平.决胜全面建成小康社会 夺取新时代中国特色社会主义伟大胜利——在中国共产党第十九次全国代表大会上的报告[M].北京:人民出版社,2017:43-44.

4．以人为本，深度联结人民群众与文化建设

社会主义文化建设作为保障民生的重要工程，体现着人民群众的基本文化权益，满足人民群众基本文化需求是推进文化事业与文化产业的根本出发点和最终落脚点。在具体实践中，要加快城乡公共文化服务一体化发展，提高公共文化服务覆盖面，加强基层公共文化设施建设，同时充分尊重基层和群众的首创精神，动员和激励广大人民群众积极支持、踊跃投身文化建设；促使文化服务体系与人民群众文化权利意识的发展相适应，不仅要大力推进公共文化服务的规范化、均等化，更要主动宣传，努力为文化建设营造良好的环境和氛围；文化服务既要考量整体的文化资源，又要结合当前群众的实际需求，还要综合地域以及不同受众群体之间的差异，构建公共文化服务长效体系。

四、结语

受社会发展和科技进步的合力推动影响，当代文化在继承中不断创新、在冲突中相互融合，已经成为一个复合系统：以价值观念为核心，以科学技术为动力，融科学理性与人文精神于一体。与之相对应，文化战略作为一个整体性的概念，主要包括：以科技、教育和人的创造性为主的智力因素，由理想、信念和道德支撑的价值观为核心的精神因素，经历史积淀并影响现实生活产生的文化传统，以及基于人的创意、信息技术和社会结构诸要素交互作用的文化产业。

由多种要素整合而成的文化，作为发展的"软实力"，以凝聚力、导向力、创造力、经济力等多种方式成为社会发展的战略资源。建设文化强国、推进文化创新，既是中国特色社会主义总体布局的重要组成部分，也是当代中国经济社会发展的根本动力之一。[1] 在文化强国战略的实施中，国民素质是基础，创新意识和创新能力是动力，教育和科技则是关键。驱动文化事业和文化产业的"双轮"，建成适应我国经济社会发展和人民需求变化的公益性、均等化的现代公共文化服务体系，是建设社会主义文化强国的题中应有之义。

---

① 王岳川.在文化创新中建立强国文化战略[J].探索与争鸣,2012(6):10-16.

公共图书馆与新型阅读空间

内容提要

  公共图书馆既是非营利性社会服务机构,也是一种社会保障体制。它的出现代表了一种社会信息保障制度的形成,使得每个人都能公平享有自由阅读的基本权利。由于公共图书馆的服务效能、服务方式、服务场地的制约性,催生了一系列新型阅读空间的诞生。近年来,新型阅读空间在各地蓬勃发展,导致这一现象的深层次原因,一是各级政府公共文化服务持续推进,尤其是"全民阅读"的推广,这其中不乏社会力量的参与和建设;二是城市规模的不断扩大,"一座城市一座图书馆"的资源配置已经远远跟不上时代的要求;三是社会对于学习场所的需求量不断增加。新型阅读空间深受人民群众的欢迎,逐渐成为政府公共文化服务体系中一个不可或缺的重要环节。

一、图书馆概述

有人说,天堂应该是图书馆的模样。也有人说,如果世界上最后剩下的是图书馆,那么文明可以很快得以恢复。法国知名的室内设计摄影师雅克·博塞写了一本书,书名叫做《世界上最美最美的图书馆》,似乎"最美"两个字已经不足以表达他的欣喜,而要重复一下。书中展示了奥地利国家图书馆、阿德蒙特本笃修道院图书馆、德国梅腾本笃会修道院图书馆、维布林根修道院图书馆等历史悠久、藏书丰沛、建筑精美的图书馆。图书馆日益成为人们理想中的生活、学习、工作、交流、教育家园。

(一)图书馆的内涵

图书馆有着悠久的发展历史。美国图书馆学家谢拉曾从"知识转移"这一功能角度来探索图书馆的起源。我国图书馆学家黄纯元先生系统介绍了芝加哥学派的思想,概括了图书馆兴起的必然性,当人类开展"系统化、规模庞大、复杂的'知识转移'"时,"社会就需要'图书馆'这样一种制度化了的'社会机构'来促进这种交换的完成"[①]。

随着互联网技术、数字技术、移动技术以及人工智能的发展,信息收集、储存、传播发生着重大的转向,在传统的"图书馆是一个实体机构"的认知下,"图书馆消失论"等说法悄然出现。佳木斯市图书馆王小多对此进行了分析,概括了图书馆消失说的几种版本:第一种说法是"知识经济条件下的图书馆将不再是我们现在所面临的印刷品图书馆,而是一个庞大的电子图书馆,数字化资料通过信息高速公路传到用户手中";第二种说法是"图书馆

---

① 黄纯元.论芝加哥学派(下)[J].图书馆,1998(2):9-12.

将所有藏书转化为数字储存起来,通过光纤通信系统、计算机将全国各地所有图书馆连接起来,形成一个图书馆信息网络"。① 因此,未来图书馆不论是无书图书馆、无纸图书馆,还是无馆舍图书馆,其核心都在于信息收集、储存与传播媒介的变化,从纸质到电子,从而引起空间变革。当我们把图书馆视为一种社会机制时,这一问题就迎刃而解了。图书馆功能在技术发展的背景下并没有消失。

一直致力于图书馆学基础理论研究的吴慰慈先生综合以往学者的见解,融入对图书馆未来发展的思考,指出"图书馆是社会记忆(通常表现为书面记录信息)的外存和选择传递机制。由于传统图书馆是以实体形态存在,使人们习惯上把图书馆看做一种机构,但我们认为应当把图书馆看做一种社会机制。未来的图书馆可能不以一种我们熟知的实体形态存在,但只要存在一种充当社会知识、信息的记忆、扩散装置的机制,我们就可以将其视作传统图书馆的未来形态。"② 从机构到机制,这一解读将图书馆从实体形态的观念束缚中解放出来,适应了数字技术、互联网技术等新兴科技文化的发展趋势。

(二)图书馆的类型

现代图书馆因为功能分化,形成了多种类型。从行业领域来看,我国通常将图书馆划分为国家图书馆、公共图书馆、高校图书馆、专业图书馆(科研图书馆)、军事图书馆、儿童图书馆等(见图1)。

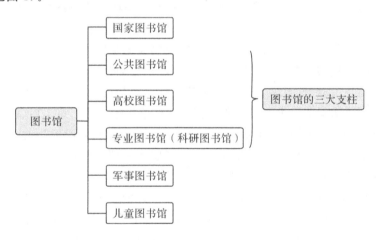

图1 我国图书馆分类

公共图书馆是图书馆各类型中最为突出的一种,因其向公众开放而与大众紧密联系在一起。一般来说,公共图书馆是指国家举办的,面向社会公开开放的图书馆,包括各级地方政府文化主管部门管辖的图书馆,如省(自治区、直辖市)图书馆、县(市、区)图书馆等。③ 高校图书馆是依附于大学而设立的,主要服务对象是教师和学生,是教学和科研的有力保障。④ 比如北京大学图书馆,已经有一百多年的历史。在我国,专业图书馆是指中

① 王小多.科学地看待现代图书馆建设——兼与图书馆"消失论"者商榷[J].黑龙江社会科学,2000(6):77-78.
② 吴慰慈,董焱.图书馆学概论[M].2版.北京:国家图书馆出版社,2008:54.
③ 黄宗忠.论我国公共图书馆事业(上)[J].江苏图书馆学报,2000(1):33-36.
④ 刘雁,王卉.对图书馆类型的再认识[J].图书馆,2014(5):10-13.

央国家机关图书馆和各行业所属的科研院所图书馆。[①] 这种专门图书馆种类多、馆藏文献专深,直接为科学研究和生产技术服务;同时是本专业的信息中心,在科学研究、生产建设方面起着"耳目""参谋"作用。[②] 国外如德国国家科技图书馆、美国国家农业图书馆、俄罗斯国家公共科技图书馆,国内如国家科技图书文献中心、中国科学院文献情报中心、台湾"中研院"图书馆等。

二、公共图书馆的内涵与职能

(一)公共图书馆的内涵

公共图书馆的内涵并非一成不变,而是随着社会生活变化而不断丰富起来的。1988年我国著名图书馆学家黄宗忠教授撰写的《图书馆学导论》指出,公共图书馆"指国家举办的,面向社会公开开放的图书馆。它是社会主义教育、科学文化事业的重要组成部分。包括各级地方政府文化主管部门管辖的图书馆如省(自治区、直辖市)图书馆、县(市、区)图书馆等"[③]。

2012年5月1日实施的《公共图书馆服务规范》(GB/T28220—2011)指出,公共图书馆是"由各级人民政府投资兴办,或由社会力量捐资兴办的向社会公众开放的图书馆,是具有文献信息资源收集、整理、存储、传播、研究和服务等功能的公益性公共文化与社会教育设施"[④]。

这两个定义相隔24年,表明了公共图书馆内涵发生了巨大变化,也见证着时代的发展。第一,建设主体上从国家举办变为国家举办或社会力量捐赠。虽然公共图书馆的藏书、馆舍建筑、服务等资源,事实上从一开始就有社会力量的参与。比如民国时期很多公共图书馆就接受了大量私人藏书的馈赠。但是明确地肯定社会力量捐赠、捐资兴办,是一个重要的改变。第二,功能属性上从社会主义教育、科学文化事业变成为公益性公共文化与社会教育设施,公益属性、公共文化与社会教育职能得到了强调。第三,围绕着文献信息资源的各项服务日益明确,也日益丰富。

公共图书馆的发展日新月异,新的内涵不断被吸收到其定义当中。2018年,我国颁布实施的《中华人民共和国公共图书馆法》,再次界定了公共图书馆:"指向社会公众免费开放,收集、整理、保存文献信息并提供查询、借阅及相关服务,开展社会教育的公共文化设施。前款规定的文献信息包括图书报刊、音像制品、缩微制品、数字资源等。"[⑤]相比2012年的定义,有了三点变化:第一,明确了要免费开放服务;第二,对文献资源内容做了备注,包括图书报刊、音像制品、缩微制品、数字资源,这是新媒体时代、数字化时代的烙

① 赵树宜.我国专业图书馆发展现状和面临的挑战[J].图书情报工作,2011,55(23):145-148.
② 刘雁,王卉.对图书馆类型的再认识[J].图书馆,2014(5):10-13.
③ 黄宗忠.图书馆学导论[M].武汉:武汉大学出版社,1988:262.
④ 全国图书馆标准化技术委员会.公共图书馆服务规范:GB/T28220-2011[S/OL].(2011-12-30)[2021-07-20].http://c.gb688.cn/bzgk/gb/showGb? type=online&hcno=6ECDC3A0A8D2237C20565737620DFE86.
⑤ 中国人大网.中华人民共和国公共图书馆法(2017年11月4日第十二届全国人民代表大会常务委员会第三十次会议通过)[EB/OL].(2017-11-04)[2021-07-20].http://www.npc.gov.cn/npc/c30834/201711/86402870d45a2388e6b5a86a187bb8.shtml.

印;第三,对图书馆其他功能也做了更为具体的阐述,并突出了社会教育职能。

公共图书馆内部也可以分为不同层次的类型,根据行政级别可以分为:省(自治区、直辖市)图书馆、县(县级市、市辖区)图书馆、乡镇(街道)图书馆、社区(村)图书馆及各级少年儿童图书馆。[①] 根据服务对象与服务内容,可以分为:研究型图书馆、大众型图书馆、城市图书馆、农村图书馆、主题图书馆、少儿图书馆以及盲人图书馆等。根据城乡中心图书馆体系,可以分为总馆、分馆及基层服务点。根据载体与技术不同,又有汽车图书馆、骆驼图书馆、手机图书馆、数字图书馆、网络图书馆等新类型。[②]

(二)公共图书馆的职能与使命

关于公共图书馆的职能,很多图书馆学家都做过系统阐述,将其整理如下。

1. 文献信息保存及传承职能

文献信息保存及传承,是公共图书馆最基础、最传统的职能,具体地可以分解为文献信息收集、整理、存储、加工、研究等方面的职能。根据《中华人民共和国公共图书馆法》规定,我国公共图书馆应该广泛收集文献信息,系统收集地方文献信息,保存和传承地方文化;对馆藏文献信息进行整理,建立馆藏文献信息目录,并依法通过其网站或者其他方式向社会公开;妥善保存馆藏文献信息,定期对其设施设备进行检查维护;加强馆际交流与合作,与档案馆、博物馆、纪念馆等单位交流合作、共同研究(见图2)。

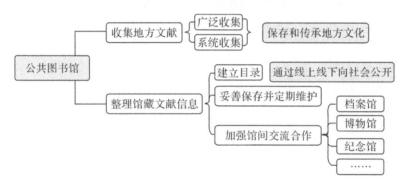

图 2　我国公共图书馆的职能

2. 情报传递职能

情报传递职能,即图书馆信息服务职能。图书馆是一个中介,它保存了人类创造的文献信息,同时要将其传播出去,让更多的人通过学习、研究、创作分享人类智慧的结晶。图书馆通过提供原始文献或文献咨询服务,为居民、企业、社团和利益集团提供资料参考;进一步地也可以自行整合信息、自主开发信息,为政府、企事业单位、学者提供决策参考或科研课题服务。[③] 随着信息技术的发展,特别是数字图书馆的出现,这一职能已经得到了拓展与加强。

①　李瑞欢.公共图书馆工作实务[M].北京:现代出版社,2018:23.
②　汪东坡.公共图书馆概论[M].北京:国家图书馆出版社,2012:22-29.
③　汪东坡.公共图书馆概论[M].北京:国家图书馆出版社,2012:19.

3. 社会教育职能

公共图书馆就是没有围墙的学校,它是公众自主学习知识、技能的重要场所。在学习型社会建设、终身教育理念发展下,这一职能也在得到强调。"社会教育"一词最早于1835年传入中国,是指学校教育以外的一切文化设施对社会民众所进行的各种教育活动。[①] 民国时期著名学者、图书馆学家、目录学家李小缘先生以社会学视角对图书馆职能做了探索,认为其具备独立教育性质。"所谓图书馆教育,不是训练图书馆馆员的教育,乃是以图书馆为中心,以图书为出发,为进行,为归宿的教育轨迹。"[②]1975年,国际图书馆协会联合会(简称"国际图联",International Federation of Library Associations and Institutions,IFLA)在法国里昂举行的关于图书馆社会职能学术研讨会议上,首次将社会教育作为现代公共图书馆的四大职能之一,并界定图书馆为公益的文化教育机构。[③]

4. 阅读推广职能

阅读是一种权利,但是并不是所有人都能够行使好这一权利,愿意享受这一权利。公共图书馆作为全民阅读活动的主力军,作为公众获取知识的公益平台,应该为促进全民阅读服务,提升国民阅读水平与阅读率。公共图书馆的阅读推广职能,包括宣传图书馆图书与图书馆文化;为读者提供阅读指导,根据不同年龄段提供不同的阅读资料;"促进阅读就是促进社会的文明、理性、秩序,图书馆职业的神圣职责之一就是要让尽可能多的读者阅读最多最好的书"[④]。在我国的全民阅读推广工程中,公共图书馆是中坚力量,发挥着重要的作用。

5. 休闲娱乐职能

吴慰慈曾畅想现代图书馆作为公众文化活动场所的图景:可以向公众提供学术会议、大型展示会、报告会和研讨会、音乐会、电影放映、文艺演出、仪式和庆典、文化旅游、游乐场所等服务。[⑤] 其优美舒适的环境、先进齐全的设备为文化活动的举行提供了条件。2002年国际图联与联合国教科文组织发布了《公共图书馆服务发展指南》,其中提出公共图书馆应该"通过组织活动和利用资源来鼓励各个年龄段的人发展文化艺术才能"。[⑥] 以国内实践来看,公共图书馆举办亲子读书会、征集读书感受,举办各类主题展览、听书会、学术讲座等活动,已经成为一种常态。

1994年,国际图联和联合国教科文组织联合发布了《公共图书馆宣言》,提出了12项公共图书馆的使命,以更为具体、直观的形式描述了公共图书馆的职能,产生了广泛而深远的影响,对于今天图书馆的发展仍然有启发意义。其内容包括:从小培养和强化儿童的

---

① 周宇麟,邵春骁.社会教育是公共图书馆的使命——论国内公共图书馆在社会教育中的角色定位[J].图书馆,2014(4):83-86.

② 丁友兰,刘雯.李小缘先生图书馆社会教育思想探析[J].情报探索,2017(4):131-134.

③ 黄宗忠.图书馆学导论[M].武汉:武汉大学出版社,1988:143.

④ 蒋永福.图书馆学话语的谱系学分析——图书馆学话语三大族系概述[J].中国图书馆学报,2007(1):12-16.

⑤ 杨惠芳.贯彻落实科学发展观 推动图书馆更好发展[EB/OL].(2017-11-30)[2021-07-20].http://www.cslib.cn/newlibs/2012/a_content2013.asp? thid=112&nodt=0.

⑥ 国际图联,联合国教科文组织.公共图书馆服务发展指南[M].林祖藻,译.上海:上海科学技术文献出版社,2002:33.

阅读习惯;支持个人自学及各级正规教育;为个人创造力发展提供机会;激发儿童与青年的想象力和创造力;提高对文化遗产的认识,对艺术的鉴赏力以及对科学成果与发明的了解;提供通过各种表演艺术来表现文化的途径;促进文化间对话和文化多样性;发扬口述传统;确保居民获得各种社区信息;向当地的企业、社团和利益集团提供必要的信息服务;提高利用信息和计算机的能力;支持和参与并在必要时组织不同年龄组的扫盲活动与计划。[①]

三、我国公共图书馆建设简史

(一)我国公共图书馆发展简史

关于我国图书馆的起源,学术界有两种不同意见。一种将图书馆的起源追溯至先秦的藏书室,因而认为先秦时期已经有图书馆的基本形态。另一种则将图书馆起源归因于西方传入,认为西方传教士在国内建设的图书馆是我国图书馆的起源。本文认为藏书楼与公共图书馆职能上有一定关联,但是又有较大区别,因此采用第二种观点。

1. 公共图书馆的起源与发展

图书馆学界普遍认为公共图书馆起源于19世纪中叶的英国和美国,其标志性事件为1852年英国曼彻斯特公共图书馆的成立,这被视为维多利亚时代通过教育"改善公众"的方式之一,最早由自由党议员威廉·尤尔特(William Ewart)、约瑟夫·布拉泽顿(Joseph Brotherton)和宪章派成员爱德华·爱德华兹(Edward Edwards)发起。1850年,英国政府通过了世界上第一部关于公共图书馆的法案《1850年公共图书馆法》。位于英国坎普菲尔德的曼彻斯特公共图书馆就是在此基础上设立起来的,随后这项法案在1853年被推广至苏格兰和爱尔兰地区。截至1900年,英国已经有了295家公共图书馆。美国公共图书馆事业的发展也是从19世纪开始的,通过公共图书馆相关法案的实施,逐渐形成公共图书馆服务体系。

2. 我国20世纪上半期公共图书馆的发展

我国公共图书馆在近代的兴起受到西方社会巨大影响,特别是英、法、美等国的影响。一方面,随着西方传教士的到来,西方图书馆也开始进入国人的视野。上海徐家汇天主堂藏书楼在1847年开放。另一方面,西方四处侵略的行径惊醒了国人,一大批有识之士开始"开眼看世界",主动到西方游历、学习,发现了西方公共图书馆启发民智的作用,进行介绍或者尝试。比如梁启超曾游历美国华盛顿,留下了深刻的印象,回国后开始积极介绍图书馆、兴办图书馆。公共图书馆兴起的内在动力,则是近代社会政治经济文化的巨变与发展。

20世纪初开始,我国进入了史称"清末新政"的时期,开始了第一次"新图书馆运动"。当时,中央政府各部门、地方督抚纷纷奏请设立图书馆。清政府将设立京师和各行省图书馆列入了"预备立宪"的内容。浙江、湖南、湖北、福建、江西、北京等地纷纷兴办了公共图书馆。据统计,从1904年到1914年的10年间,我国共建立了18个省级公共图书馆。而

---

① UNESCO, IFLA. IFLA/UNESCO Public Library Manifesto 1994[EB/OL]. (1994-10-29)[2021-07-20]. https://repository.ifla.org/handle/123456789/168.

于 1909 年开始创建、1912 年正式对外开放的京师图书馆,则被认为是我国公共图书馆诞生的一个标志。1910 年武汉文华学校设立的图书馆(文化公书林)、1902 年浙江绍兴徐树兰创办的"古越藏书楼"(后改名浙江图书馆),则在创办形式、建设主体方面具有典型性。

民国年间,各类向公众开放的公共图书馆成为我国较为普遍的社会文化教育设施。据中华图书馆协会的统计,至 1925 年,全国 502 所图书馆中,公共图书馆为 259 所。据1948 年出版的《第二次中国教育年鉴》的统计,发展至 1936 年,全国图书馆数量达到5196 家。

3. 我国 20 世纪下半期公共图书馆的发展

20 世纪下半期,公共图书馆发展最大特点就是政府主导与推动。1953 年,中央人民政府文化部社会文化事业管理局下发了社管图字第 343 号公函,要求全国各地的公共图书馆"应以图书最迅速地、广泛地在读者中间流通的总原则,开展推广、阅览、辅导、群众工作",并积极推广为工人、农民服务的小型阅览室。此后,国务院全体会议第 57 次会议批准公布《全国图书馆协调方案》(1957 年 9 月),文化部颁发《省(自治区、市)图书馆工作条例》(1982 年 12 月),中共中央宣传部、文化部、中国科学院、国家教育委员会共同联合下发了《关于改进和加强图书馆工作的报告》(1987 年 3 月)。这一系列文件的出台,推动了全国中心图书馆、地区性图书馆的建设,促进了公共图书馆的开架阅览服务。1994 年,文化部组织开展公共图书馆和少儿图书馆的评估,推动了全国公共图书馆服务体系的建设和服务管理品质的提升。

20 世纪末随着计算机信息技术的发展,兴起了数字图书馆的热潮。数字图书馆(Digital Library)是指用数字技术处理、存储、流通各种文献的图书馆。1996 年,北京承办了第 62 届国际图联(IFLA)大会。数字图书馆是这次大会的一个讨论专题,会上 IBM公司和清华大学图书馆联手展示了"IBM 数字图书馆方案",引起了广泛关注。

1997 年由国家图书馆、上海图书馆等 6 家公共图书馆参与的"中国试验型数字式图书馆项目"的实施,标志着我国数字图书馆建设的开始。"中国数字图书馆示范工程"(1998 年)、"中国国家数字图书馆工程"(1998 年)、"国家图书馆文献数字化中心"(1999年)、文化部《中国数字图书馆工程一期规划(2000—2005 年)》(2000 年)、"全国党校系统数字图书馆建设计划"(2001 年)等一系列规划、项目立项,使数字图书馆建设成为一股热潮。公共图书馆拥有浩瀚的文献资源与大量的专业人才,是数字图书馆建设的主要力量。

4. 21 世纪以来的公共图书馆发展

进入 21 世纪,公共图书馆总分馆制得到了快速推进,并纳入公共文化服务系统。2003 年 3 月,文化部召开的"部分省市城市图书馆资源共建共享工作座谈会"在上海举行,会议充分肯定了上海市于 2000 年 12 月正式启动的中心图书馆总分馆建设经验。自此,公共图书馆总分馆建设在全国逐步推开。2005 年 12 月,中共中央和国务院发布了《关于深化文化体制改革的若干意见》。2007 年 8 月,中共中央办公厅和国务院办公厅下发了《关于加强公共文化服务体系建设的若干意见》。2011 年 2 月,文化部和财政部共同出台了《关于推进全国美术馆、公共图书馆、文化馆(站)免费开放工作的意见》。以上三个文件推动了包括公共图书馆在内的公共文化服务提供单位的改革,公共图书馆免费开放、服务阅读推广、提升服务质量、打造服务品牌成为一种趋势。

（二）近代以来我国公共图书馆法律法规的编制过程

1. 晚清时期

根据文献显示，我国公共图书馆法的编制可以追溯至 20 世纪初。1910 年清廷颁布的《京师图书馆及各省图书馆通行章程》是我国以国家名义颁布的第一部公共图书馆法。它主要参考了《湖南图书馆暂定章程》及日本相关法律。这是政府针对公共图书馆进行的一次重要立法。其中规定了京师及各省，应先设图书馆一所；其他则按照筹备年限依次设立；还将图书馆建设和管理纳入事业机制。[①] 这对中国图书馆事业的发展起到了推动作用。

2. 民国初期

1915 年北洋政府教育部颁布了《图书馆规程》和《通俗图书馆规程》各 11 条，并于同年 11 月 8 日通知各省施行。两部法规的第一条都明确规定"各省治、县治应设通俗图书馆"，供公众阅览。而设立公共图书馆是各"治"的责任。同时认为公共图书馆具有教育职能，需要将图书馆名称、图书馆馆长及馆员、每年办理情况报告于教育部。《图书馆规程》还规定了公共图书馆的经费列入预算，来自国家或地方政府的税收。此外还对私人设立图书馆进行了规定，私人设立图书馆应遵守本法规，且政府给予奖励。[②]

3. 抗日战争至新中国成立前

抗日战争期间，公共图书馆遭到了日本侵略者大肆毁坏、劫掠，损失惨重。但是国民政府没有因为战乱放弃图书馆建设事业。据不完全统计，10 多年间，政府公布的相关法令法规至少有 10 件，比如《修正图书馆规程》《图书馆工作大纲》《图书馆工作实施办法》《国立中央图书馆组织条例》。其中《国立中央图书馆组织条例》于 1940 年公布，1945 年修正，规定了中央图书馆"掌理关于图书之汇集、编辑、考订、展览及全国图书馆事业之研究事宜"，[③]确定了职能、组织机构与运行模式，为国立中央图书馆筹建提供了依据。

4. 新中国成立以来的图书馆法规建设

新中国成立后，国家出台了一系列政策推动公共图书馆的发展，前文已经提到不再赘述。但是公共图书馆立法工作在改革开放以后才逐渐启动。20 世纪 80 年代，受制于公共图书馆经费不足、管理体制陈旧、业务队伍缺乏等问题，上海、北京、深圳、湖北等地公共图书馆纷纷出台地方性图书馆管理条例与规章。1982 年，文化部颁布了《省（自治区、市）图书馆工作条例》。1987 年，《图书馆建筑设计规范》正式颁布。1990 年，文化部主持起草《公共图书馆条例》，后因机构改革原因搁置。2001 年，《公共图书馆法》制定工作一度开始，2004 年因故中断。2008 年 11 月，文化部召开《公共图书馆法》立法工作会议，标志着公共图书馆立法工作的正式启动与加快发展。

2012 年 1 月，国家质量监督检验检疫总局、国家标准化管理委员会批准发布《公共图书馆服务规范》，并于 2012 年 5 月起实施。《公共图书馆服务规范》对于公共图书馆相关

---

① 王丽娟.中国近代图书馆立法试析[J].辽宁大学学报（哲学社会科学版），2010,38(4)：79-83.

② 李彭元.《图书馆规程》和《通俗图书馆规程》的公共图书馆思想研究[J].图书馆理论与实践,2013(1)：78-80,85.

③ 张书美,郑永田.民国时期国立中央图书馆的法规建设[J].图书与情报,2011(1)：124-128,134.

术语、服务原则、服务对象等做了基本界定,从公共图书馆提供的服务资源、服务效能、服务宣传、服务监督与反馈五个方面做了具体规定。这是公共图书馆服务的全国性统一标准,是检验公共图书馆服务效能与管理的尺度,是评估公共图书馆服务水平的依据。

经过各方面近十年的努力,2018年1月1日《中华人民共和国公共图书馆法》(下简称《公共图书馆法》)正式施行。《公共图书馆法》分为6章。总则确定了原则、概念、机制及一些鼓励举措,明确公共图书馆法的出台是"为了促进公共图书馆事业发展,发挥公共图书馆功能,保障公民基本文化权益,提高公民科学文化素质和社会文明程度,传承人类文明,坚定文化自信",对公共图书馆的设立、运行、服务以及法律责任进行了逐条阐述,使各项工作有法可依。

四、当前公共图书馆建设成效与存在不足

(一)公共图书馆总体建设成效

"十四五"伊始,图书馆界纷纷对"十三五"时期我国公共图书馆建设成效进行了总结。北京大学李国新教授认为,"十三五"时期我国公共图书馆发展成就突出,表现出了八大亮点,分别是:治理体系和治理能力现代化迈出了坚实的步伐;标准化促进均等化取得了突破;乡村公共文化服务体系建设跃上新台阶;社会化发展快速推进增强了发展动力;数字化、智能化建设有了重要突破;公共图书馆总分馆制走向普及深化;融合发展新实践带来发展新机遇、展现了服务新场景;公共文化示范区引领公共图书馆高质量发展。[①] 国家图书馆馆长饶权在思考我国图书馆转型发展面临的问题时,概括出了五条成果:法制体系建设取得重大突破;总分馆建设深入推进;传承弘扬优秀传统文化的方式不断创新;全民阅读服务蓬勃开展;数字化网络化建设促进事业转型发展。[②] 我国公共图书馆建设事业在多个领域内取得了重要突破,具体表现在以下方面。

1. 公共图书馆治理体系现代化取得重大突破

2016年以来,我国陆续出台了《中华人民共和国公共文化服务保障法》《中华人民共和国公共图书馆法》《"十三五"时期全国古籍保护工作规划》《全民阅读促进条例(征求意见稿)》等法律法规,颁布实施了《公共图书馆业务规范》《公共图书馆评估指标》《图书馆参考咨询服务规范》等一系列国家标准和行业标准,出台了基层综合性文化服务中心建设、县级图书馆文化馆总分馆制等一批重要的指引事业发展方向、部署发展重点任务的政策文件,促进了公共图书馆治理体系的现代化。

2. 公共图书馆总分馆制得到普及深化

2015年11月,文化部等七部门印发《"十三五"时期贫困地区公共文化服务体系建设规划纲要》,推动了农村公共图书馆服务——农家书屋的快速发展。《公共图书馆法》明确了以县级公共图书馆为中心构建总分馆制的做法,推动了我国图书馆总分馆制向县、乡镇(街道)、村(社区)深入。国家、省、市、县、乡镇(街道)、村(社区)六级公共图书馆服务体系

---

① 李国新."十四五"时期公共图书馆高质量发展思考[J].图书馆论坛,2021,41(1):12-17.
② 饶权.回顾与前瞻:图书馆转型发展面临的问题与思考[J].中国图书馆学报,2020,46(1):4-15.

逐步形成。据统计,到 2020 年初,全国已有 2300 多个县级行政区划单位建立县域公共图书馆总分馆制。2021 年初,笔者调查发现在宁波市公共图书馆统筹推进下,镇海区立足于建设港口强区、打造品质之城的战略目标,建设了区级图书馆 2 家、乡镇(街道)图书馆 6 家、村(社区)图书馆 59 家。

3. 公共图书馆服务效能得到拓展提升

习近平总书记在 2014 年的联合国教科文组织总部演讲中提到,"让书写在古籍里的文字活起来"[①]。公共图书馆成为我国文献典籍的保护整理、研究利用的中坚力量,在"中华古籍保护计划""革命文献和民国时期文献保护计划"等重点文化工程中发挥了重要作用。新时期图书馆、文化馆、博物馆等不同类型的公共文化服务机构在开放、共享理念指导下,实现功能融合、优势互补,提升了综合服务效能。公共图书馆普遍开展了阅读指导、读书会、图书漂流等形式多样的阅读推广活动,推动了全民阅读推广。同时在文旅融合发展背景下,公共图书馆依托自身资源,通过组织研学旅游、开发文创产品等方式,将弘扬中华传统文化、丰富人民生活、推动自身发展有机地结合了起来。

4. 数字图书馆建设取得了显著成效

"十三五"期间,我国数字图书馆建设主要围绕着数字阅读设施、数字资源供给、移动阅读服务渠道、数字阅读推广以及自助服务智能服务系统建设等方面展开。《公共图书馆法》中的第四十条、第四十一条分别对公共图书馆数字服务网络建设、古籍数字化整理、出版和研究利用做出了要求。截至 2019 年,数字图书馆推广工程虚拟网的建设快速发展,覆盖全国的数字图书馆网络已全面联通,以国家图书馆为核心,以省级数字图书馆为主要节点,覆盖全国公共图书馆的数字图书馆虚拟网已经基本建成。[②]

(二)公共图书馆建设存在的不足之处与未来展望

1. 公共图书馆建设存在的不足之处

公共图书馆在高速发展的同时,也存在着一定的不足。概括起来可以表述为六个方面:第一,在信息技术加速迭代的背景下,碎片化的网络阅读日益增加,公共图书馆信息服务面临着巨大冲击。第二,在市场竞争日益白热化的背景下,相对传统的公共图书馆营销意识薄弱、营销手段单一、主动性不强,其社会影响力并不理想。第三,在人民群众对于物质文化的需求质量不断提升的背景下,公共图书馆服务内容相对单一、服务模式相对封闭、空间设计相对传统,其利用率并未达到预期目标。第四,数字文明时代的到来,为公共图书馆开拓虚拟空间、跨越时空限制提供了新的突破点,但是如何建设、利用好数字图书馆,发挥技术优势,仍然是有待深入探讨的话题。第五,在公共图书馆数量、服务质量总体提升的背景下,仍然存在着城乡发展不均衡、地区分布不均等问题,多数中西部地区省份的公共图书馆建设仍有待推进。第六,公共图书馆的国际化仍然在积极推进,但是在复杂的国际形势下,如何以此为平台,实现多元文化和谐共存、相互作用,是一个重要的研究

---

① 中国共产党网. 习近平在联合国教科文组织总部的演讲[EB/OL]. (2014-03-27)[2021-07-20]. https://news.12371.cn/2014/03/28/ARTI1395947822811311.shtml.

② 文化和旅游部,智研咨询. 2019 年中国公共图书馆发展现状及趋势分析:政策与终身学习需求[EB/OL]. (2020-06-23)[2021-07-20]. https://www.chyxx.com/industry/202006/876765.html.

课题。

2. 公共图书馆建设的未来展望

面对新的发展形势,未来的公共图书馆建设应该更加重视合作、共享的原则,更加重视与信息技术的耦合发展,更加关注人民群众的阅读需求,更加注重地区、城乡发展的均等化。李国新教授提出了六条公共图书馆未来发展的策略,很有启发性。他认为,第一,要全面落实基本公共文化服务标准制度,促进城乡一体化;第二,要创新实施文化惠民工程;第三,要推进社会化发展,实现动力变革,完善政府购买公共文化服务机制,落实非基本公共文化服务优惠收费政策,并推广基层公共文化设施社会化运营管理;第四,扩大覆盖面,提高实效性;第五,持续创新和提升数字服务能力;第六,以发展理念推动融合发展,公共图书馆与美术馆等其他公共文化服务结构融合、图书馆馆际融合以及文旅融合。笔者以为还应增加两条:加强公共图书馆学科专业发展,培养优秀的公共图书馆专门人才;规范图书馆从业人员社会培训,提升从业人员从事图书馆服务的专业知识、能力与素养。而这些策略中,起到重要作用的是推进公共图书馆的社会化发展,进一步提升社会合作力度,使社会力量更好地参与进来,真正实现公共阅读服务事业的多元、丰富、快速、高质量发展。

五、新型阅读空间及其发展

(一)新型阅读空间出现的背景

公共图书馆这种为大众免费提供基本的图书流通、阅览、检索、推广等服务的公共阅读空间,在满足不同层次、不同个性特征的读者群体时,表现出了一定的局限性。其中最为突出的是服务时间问题。公共图书馆一般有固定的休息时间,比如上午8:00到晚上9:00开放,周一上午闭馆,与大部分读者工作、学习时间冲突。2005年,东莞图书馆借助科技力量推出了24小时自助图书馆。自助图书馆面积约100平方米,有图书1万余册并定期更换,24小时向公众开放,实现自助借书、还书、阅读一体化,大大方便了上班族。[1]这一小而新的形式引起了人们的关注,标志着一种新型阅读空间正孕育而生。推动新型阅读空间出现的因素有很多,以供给与需求为线索,主要可以从以下方面来概括。

随着学习型社会的到来,读者阅读需求在增长。21世纪初,党的十六大报告就明确提出"要把学习型社会作为全面建设小康社会的一个重要目标"[2]。学习型社会的一个基本特征就是学习成为每个人自我发展的终身需求。学校教育、家庭教育、社会教育三驾马车齐头并进,推动着个人发展与社会进步。为了推动国民阅读,国家积极建设图书馆等阅读空间,实施全民阅读推广工程。总体上来说,我国国民阅读水平在提升。2020年春天,来自东莞图书馆的一则留言成为全国关注的焦点。一位农民工受新冠肺炎疫情影响不得不离开打工的城市,而他舍不得的不仅仅是工作机会,还有图书馆阅读学习的机会。根据2021年4月23日中国新闻出版研究院发布的第十八次全国国民阅读调查显示,2020年

---

① 体验东莞24小时自助图书馆[N].中国文化报,2008-01-08(5).

② 中国共产党网.党的十六大:提出全面建设小康社会的奋斗目标[EB/OL].(2002-11-08)[2021-07-20].https://www.12371.cn/2022/08/26/ARTI1661485177715249.shtml.

我国成年国民各媒介综合阅读率持续稳定增长,图书阅读率和数字化阅读方式接触率呈上升态势。[①] 经测算,2020 年全国阅读指数为 70.45 点,较 2019 年的 70.22 点提高了 0.23 点。

1. 读者高质量阅读体验需求增强

是什么因素在激励人类的行动呢? 心理学家马斯洛提出的需求层次理论很好地诠释了人类行为科学。马斯洛需求层次理论最初提出了五个需求层次,即生理需求、安全需求、社交需求、尊重和自我实现需求,后来又增加了认知需求与审美需求。其中生理需求、安全需求、社交需求、尊重需求被称为缺陷需求,而自我实现需求则被称为增长需求。改革开放特别是进入全面建设小康社会以来,随着经济文化的发展,缺陷需求不断得到满足,认知、审美及自我实现需求作为增长需求不断凸显出来。审美大众化时代的到来,表现在阅读领域,读者对于阅读环境、阅读体验、阅读服务的要求大大提高了,个性化、人性化、复合性需求使得公共图书馆面临着重大挑战。随着互联网技术的发展,出现了纸质阅读与电子阅读之争,使得读者焦点进一步从文献资源转移到了阅读环境与阅读体验。以"最美图书馆""最美书店""最美阅览室"为名的各类评选活动层出不穷,而那些上榜的图书馆、书店纷纷成为读者心目中必须去的地方。

2. 读者文化消费能力不断提升

文化消费是人类精神层面的高级消费,是文化经济链的重要一环。它既是促进经济增长的重要手段之一,也是衡量区域文化发展水平、评价地区人民生活水平的重要内容。通常情况下,居民收入水平与消费能力之间存在强正相关,即居民的收入水平越高,消费能力就越强。[②] 根据国际经验,当一个国家人均 GDP 超过 3000 美元时,文化消费支出比重应达 23%,即 690 美元以上;当 GDP 超过 5000 美元时,文化消费能力将会快速增长。根据国民经济统计数据,我国人均 GDP 在 2008 年达到 3468 美元,在 2011 年已达到 5618 美元。阅读是一项重要的文化活动。读者文化消费能力的提升,意味着读者为了获得更好的阅读体验,消费支出在增加,这为社会力量参与公共文化服务事业提供了动力。实体书店、咖啡馆、茶馆、城市综合体愿意引入公共阅读服务,因为有读者文化消费需求作为支撑。

3. 互联网时代的实体书店面临巨大经营危机

互联网技术将大量信息放置于网上,通过网络传递给读者。读者足不出户就可以获得信息,而且随时开放搜索,大大提升了读者的阅读体验。虽然有信息碎片化等不足,但是实实在在地吸引了一部分读者。纸质书是否会消失成为人们热议的话题。学者普遍认为电子阅读是一种发展趋势,但是纸质阅读并不会消失,纸质阅读与电子阅读应该是继承、发展、互补的关系。但是实体书店确实面临巨大危机。我们还需要实体书店吗? 我国的实体书店经营从 2007 年开始进入了一个显著的萧条期。据统计,2011 年全国有 1 万多家书店倒闭。[③] 学者们纷纷为其转型出谋划策,比如增加更多的内容选择,营造优美舒适的场景,融入餐饮、休闲等多元文化,成为社交场所,等等。实体书店进入 2.0 时代,即

---

① 罗燕.第十八次全国国民阅读调查发布国民图书阅读率上升[J].民生周刊,2021(9):16-19.

② 刘宇,周建新.我国居民文化消费空间差异及驱动因素研究[J].统计与决策,2020,36(13):90-93.

③ 石少微.合肥市新型公共阅读空间研究[D].广州:华南理工大学,2018.

"书店＋"模式,成为一个个融合了购书、阅读、文创、社交、互动体验等功能于一体的复合型阅读空间。据统计,2019年上半年,全国范围内新开的实体书店超过500家[1],全国实体书店零售额呈现一定幅度的增长态势,营业额的增长主要来自这些采用了2.0模式的实体书店。

4. 政府给予公共阅读服务更多政策支持与法律保障

改革开放以来,我国经济持续高速增长,成功步入中等收入国家行列,已成为名副其实的经济大国。但是2015年以来,我国经济进入了一个"新常态",其表现之一是居民收入有所增加而企业利润率下降,消费上升而投资下降。为适应这种变化,更好满足广大人民群众的需要,促进经济社会持续健康发展,将供给侧结构性改革提上了日程。供给侧改革从产权结构来看,就是通过改革实现"国进民进、政府宏观调控与民间活力相互促进"。2015年国务院出台《关于做好政府向社会力量购买公共文化服务工作的意见》,各地政府与社会力量广泛合作,掀起共建城市公共阅读空间高潮。此后,社会力量参与公共文化服务、参与全民阅读推广被写入国家"十二五""十三五""十四五"发展规划中,并依托《中华人民共和国公共图书馆法》《中华人民共和国公共文化服务保障法》等获得了法律保障。2014年,温州图书馆与社会力量合作创办的"城市书房"就是一个具有巨大影响力的实践案例。

（二）新型阅读空间的主要形态与发展过程

新型阅读空间在读者高质量阅读需求与消费意愿下,在政府、图书馆、实体书店等社会力量的推动下,快速地发展起来。

1. "实体书店＋"新型阅读空间

1994年开始,就有学者介绍台湾的诚品书店,对其复合型经营模式表示了极大的赞美。阎峰将其特点概括为"经营顾客",这是实体书店主体从"书"向"人"转化的重要表现。诚品书店模式影响了很多实体书店。2005年10月,北京圆明园开了一家名叫"单向街图书馆"的新型书店,以会员制、图书借阅、阅读场所、文化沙龙、公益展览、咖啡饮品、手工文创、微信平台、单向街杂志等多样化经营模式开拓了一片天地。随后一大批类似的复合型书店在全国范围内涌现,如三联韬奋24小时书店、西西弗书店、钟书阁、猫的天空之城、方所书店、几何书店、物外书店、老书虫书店等。很多都开成了连锁书店,部分新华书店也实现了转型。

2. "图书馆＋"新型阅读空间

前文提到的东莞图书馆开全国先河设立24小时自助图书馆,为读者提供随时阅读服务。这一举措得到了广泛支持。2006年,深圳图书馆提出了"城市街区24小时自助图书馆系统",即在城市人流密集区、偏远地区设立自助图书馆,基于无线射频识别技术(RFID),实现自助借书、自助还书、申办新证、预借服务、查询服务、资源响应、中心监控等图书馆的基本功能一体化,方便市民阅读。[2] 此后,北京、江苏、湖北、浙江、江西、内蒙古

---

① 刘怡雯.实体书店公共文化传播与商业模式融合探究[D].广州:暨南大学,2020.

② 深圳图书馆.深圳图书馆首推"城市街区24小时自助图书馆系统"[J].图书馆论坛,2008(4):52.

等省(区市)也开始出现类似的图书馆。比如江苏张家港图书馆也在其所辖社区和公园内建设了 31 家类似的图书馆,取名"24 小时图书驿站",但是不设自动借还设备。

3. 社会力量参与的"图书馆+"新型阅读空间

浙江温州于 2014 年启动了"城市书房"建设项目,第一个城市书房——县前书房于当年 4 月正式向公众开放。这一 24 小时自助图书馆是由温州市图书馆与街道、社区以及企事业单位合作创办的。选址靠近居民生活工作区域,房屋建筑设计追求时尚、精致,设置阅读席位,各类设备齐全,有其独特之处,得到了读者的欢迎与政府支持。2016 年温州市图书馆迅速建成了 25 座类似建筑,并向公众征集名称,确定为"城市书房"。为了更好地服务农村与城郊居民,温州市图书馆又衍生出"百姓书房"项目。2017 年 10 月第一家"百姓书房"在永嘉县岩头正式开放,具有 24 小时自助借阅功能,建筑设计风格追求古朴、简约,设置阅读席位。[1] 截至 2021 年 4 月,温州市已经有"城市书房"102 个、"百姓书房"73 个。此外还有迷你型的城市书站等项目,建构起立体的新型阅读空间。温州市的做法得到了普及。据统计,截至 2021 年 10 月,全国有 120 多个城市陆续启动城市书房建设。

4. 政府购买的其他新型阅读空间

这一类型的项目较为典型的是北京西城区特色阅读空间。"西城特色阅读空间"项目是由北京市西城区政府独创的"书香西城"概念而来。北京市西城区政府较早地开始推进"书香西城"建设,其目标是以公共图书馆为基础、街道图书馆为辅、社区书香驿站为延伸、特色阅读空间为亮点,合理布局自助借还机、云阅读平台等数字、自助借阅设备,构建"15 分钟公共阅读网络"。从 2014 年开始,区文委通过政府购买服务的方式,构建、扶持出一批具有特色的公共阅读空间,如社区书香驿站、中国书店雁翅楼 24 小时阅读空间、书香剧场、书香酒店、书香银行、北京砖读空间、书香驿站、甲骨文悦读等。[2]

特色阅读空间建设往往因地制宜,不拘一格,非常契合读者个性化阅读需求,又为老建筑、老业态带来新活力。在建设时遵循"求同存异,一点一策"的发展思路,即按照"公共性、公益性、主题性、专业化"的宗旨,既有可复制性又保持独特性。从创办模式上大致分为两种类型:一种是公办民营型,即政府提供空间设施,引入社会力量运营管理,如砖塔胡同万松老人塔院内的"砖读空间";另一种是民办公助型,即社会组织提供空间设施,政府给予资源支持以开展阅读服务,如宣武门内大街抄手胡同 64 号繁星戏剧村的"繁星书吧"。

尽管目前学界对这类阅读空间的界定和定性上仍未达成一致,但基本上都认为,它们在建设、服务、管理与运营的方式上确实与等级公共图书馆本身存在明显的不同,因此并不能简单地称之为图书馆。根据这一情况,本文将它与传统的图书馆、图书室和私人书房等所对应的阅读空间称为传统阅读空间,而把新出现的这些阅读空间统称为新型阅读空间,并试图在接下来的内容中对它们的类型、界定和属性等问题作进一步的分析。近年来出现在我国的这些新型阅读空间还有一个重要特点,即不管是否带有营利性质,都会提供

---

① 段宇锋,熊泽泉.温州城市书房现象[J].图书馆杂志,2020,39(11):30-35.

② 北京西城文明网.西城区特色阅读空间[EB/OL].(2016-12-22)[2021-07-20].http://bj.wenming.cn/xc/zthd/tsyd/.

形式不同的公共阅读服务,因此都可以列入公共阅读空间的范畴。为了使它与传统的公共阅读空间相区别,又突出它们的创新性,本文将它们统称为新型公共阅读空间。

(三)新型阅读空间的定义

目前对于城区 24 小时自助图书馆、转型后的实体书店、城市书房、砖读空间等提供公共阅读服务的阅读空间,学界尚未形成一致的名称与概念界定,但是基本上都认为,其与传统的公共图书馆、阅览室等公共阅读空间,无论在建设主体上、功能上、建筑设备上、运营模式上都有着明显不同,应该有一个统一的称呼。如果突出其与传统相区别的创新特征,新型阅读空间便成为很多学者采用的称呼。本课题采用这一概念来统称这一类型的公共阅读空间。

1. 学术界对新型阅读空间的概念界定

学术界较早地对新型阅读空间进行概念界定的是李国新。他用"城市新型公共阅读空间"这一概念来统称这类现象,认为它是"一种适应小康社会生活水平、形态新颖的城市公共阅读空间",从选址布点、规模与功能、空间设计、智能化与数字化、标准化与社会参与度等方面对其特征进行了概括。[①] 基本上概括出了新型阅读空间的特征,不过有些特征是独有的,有些特征传统的公共图书馆也有;而且新型阅读空间的标准化在一定程度上有所不足。

杨松使用"城市公共阅读空间"这一概念来进行研究,并给出了明确的概念界定。"城市公共阅读空间是指社会组织在政府支持下,在一定的空间范围或区域内利用现代科技手段向社会(区)公众提供公共阅读、流通借阅、艺术欣赏等文献资源和数字资源公共文化服务以及开展阅读推广、艺术交流、教育培训等公共文化活动的新兴场所。"[②]这一定义对于新型阅读空间的建设主体(政府支持下的社会组织)、服务群体(一定的空间范围或区域内的社区公众)、技术特征(现代科技手段)、主要功能(文献资源、数字资源与公共文化活动)都做了明确的界定,但是没有将新型阅读空间相对于传统公共阅读空间的差异性凸显出来,比如建筑设计风格时尚性、选址的贴近性、服务时间 24 小时化等。

王子舟使用"公共阅读空间"的概念,并为其下了定义。"公共阅读空间是指由政府或企业、社会组织、个人在社区独办或合办,主要通过文献资源为公众提供知识服务的公益性开放场所。"这一概念区分了广义与狭义两个层次的内涵,"广义上它包含图书馆、文化馆、书店、阅报栏等能够提供阅读的公共场所,以及进行读书交流的网络空间。狭义上它仅指近五年建在街道、社区,可供人们免费借阅书刊、自由出入的新式公共场所"[③]。这一概念破除了城市的局限,但是没有突出创新特征,在具体阐述中也仍然针对城市展开。其狭义上的内涵界定,也没有突出新型阅读空间的"新"特征,免费借阅书刊、自由出入是传统公共阅读空间都具有的特征。

石少微研究合肥悦书房时提出用"新型公共阅读空间"一词来进行概括,并指出"新型公共阅读空间是政府和社会力量针对日益提高的公众阅读文化需求,为拓展阅读服务、弥

① 李国新.城市公共阅读空间发展的新趋势[J].公共图书馆,2016(3):2.

② 杨松.城市公共阅读空间概念、发展定位和运行机制研究[J].全国商情,2016(32):72-74.

③ 王子舟.我国公共阅读空间的兴起与发展[J].图书情报知识,2017(2):4-12.

补传统公共阅读空间在覆盖面、时空可及性和亲和性等方面的不足,在公共图书馆等传统公共阅读空间以外,以提供公共阅读服务为中心,同时兼顾活动、休闲等多种功能的复合型社会性文化活动场所"①。这一名称突出了"新型"这一特点与"传统"相对,并且指明了其功能上的差异化与复合性,是公共图书馆的补充。但是"公共阅读空间"的说法却将这些空间的经营性特征排除在外,从内涵上可以理解,外延上却存在认知困境。

2. 新型阅读空间的概念、内涵、属性与特征

在李国新、杨松、王子舟、石少微等学者研究成果的基础上,根据对2014年以来各类新型阅读空间具体表现特征的调研,本课题组直接使用"新型阅读空间"一词来进行概括,以与传统公共阅读空间相区别,从名称上体现其创新特点,并尝试提出内涵界定:新型阅读空间是指由政府或企业、社会组织、个人在城市街道、乡村社区独办或合办,主要通过公共图书馆延伸为公众提供文献资源与知识服务,集阅读、活动、休闲、消费、教育于一体的多元化新型公共阅读场所。

新型阅读空间建设的属性:①服务公益性。公共图书馆属于纯公共物品,新型阅读空间属于准公共物品,服务公益性是两者共同的本质属性。②专业知识性。公众能够在新型阅读空间里阅读各类书刊,浏览或查找网络信息,参加各类品读活动,故其属于社区公共知识空间。③场所开放性。新型阅读空间面向所有人开放,不设门槛,有的全天候开放,实现公益属性与社会效益最大化。④业务多样性。新型阅读空间坚持社会效益与经济效益相统一,文化事业与文化产业相融合,适当开发与阅读相关的文创、休闲业务,满足群众多样化的文化需求,增强造血功能,实现可持续发展。

新型阅读空间建设的特征:①建设主体"政社组合"。政府与社会力量合作共建新型阅读空间,可以发挥双方特长,节省成本,提高效率。②服务内容"业务复合"。目前运行的新型阅读空间主要业务涉及图书免费借阅、新书销售、数字阅读,开展各类文化活动,提供文创产品、咖啡茶饮、面点简餐等服务。③服务方式"公私结合"。国务院办公厅将"政府向社会力量购买公共文化服务"确定为公共服务提供的创新方式,购买服务以公共性、公益性领域为主,为民间资本进入公益领域提供了政策依据。

3. 几点说明

第一,新型阅读空间建设主体既不能一味局限于公共图书馆,但也不能将其排除在外。第二,新型阅读空间以贴近居民生活圈为特征,但不应该将农村、城郊排除在外,在乡村振兴战略支持下,"乡村书吧""乡村书咖"等新型阅读空间正在不断兴起,温州的"百姓书房"就关注了这两大区域。第三,要充分肯定公共图书馆的作用,公共图书馆是整个新型阅读空间建设的重要支撑。无论是在公共图书馆内部衍生,还是作为总分馆制下的分馆,或者得到公共图书馆的支持与指导,对于新型阅读空间的有序运行都是非常重要的。第四,新型阅读空间应该是能够满足读者多元化阅读需求的,不仅仅局限于图书借阅,要实现功能复合,给读者一体化、高质量的阅读体验。第五,新型阅读空间虽然在建筑设备设计方面也有独特之处,但是在数字化时代,本课题组认为这一特征并不是必备的条件之

---

① 石少微.合肥市新型公共阅读空间研究[D].广州:华南理工大学,2018.

一，因此整体考虑之后，没有将场所设计特征概括在内。

六、新型阅读空间的功能

（一）新型阅读空间的主要类型

不同建设主体对于新型阅读空间进行了多元化的探索，形成了复杂多样的名称，如图书馆、24小时自助图书馆、书吧、书店、书苑等，甚至有些根本没有"书""读"等关键字，比如"猫的天空之城""白云驿站""纸木一间"等，并不能单纯地以名称作为识别方式。对于新型阅读空间进行分类，才能更好地对其公共阅读服务职能进行分析。本课题认为新型阅读空间的分类应以建设主体与创办模式为依据，并据此将其分为三类。

1. 政府主办

即公共图书馆在政府财政支持下，针对读者对于时间自由、贴近生活工作圈等实际需求，创新思路举办的新型阅读空间。比如24小时自助图书馆，从早期的一台自助借阅机实现24小时自助借还，到具有独立空间、书籍以及借还设备，功能日益健全的阅读空间，成为在寒夜中守候书香的一盏明灯。比如张家港图书馆的"24小时图书馆驿站"项目就是在政府财政支持下举办的，驿站内开通了无线上网环境，可远程监控，平时由志愿者管理，规模小而灵活，仅仅3年时间就建成了26个驿站。一般来说，政府举办的新型阅读空间具有普惠性特征，普及面较广，但是往往依托智能设备、互联网技术以及志愿服务，在功能复合与人工服务上不具有优势。

2. 政府与社会力量合作举办

即在政府主导下由政府与社会力量合作举办的新型阅读空间，比如温州城市书房、合肥悦书房。2014年在温州县前社区图书馆改造为"城市书房"获得巨大成功的背景下，政府想大规模地推进这一模式，使温州市民普遍享受新型阅读空间带来的高质量阅读体验。因为这一模式需要嵌入社区、贴近居民生活，面临着巨大的人力、财力压力，于是形成了与社会力量合作的模式。经过图书馆学会理事推荐和馆员的前期调研，市图书馆馆长和其他工作人员深入社区、企事业单位进行实地走访考察，以合作共赢为目标协商谈判，在鹿城区的菱藕社区得到了突破。这家城市书房的合作模式是由"社区负责提供场地和管理人员，解决室内装潢以及水电费用等问题，温州市图书馆负责设置书架、书桌，提供书籍和自助借还设备等。书籍类别根据借阅情况进行动态调整，由市图书馆组织配送"[①]。

这一类型也是目前新型阅读空间的主要形态，因为投入主体多元化，机制灵活、形态多样、功能复合、服务优良，对于读者来说具有较大的吸引力。如果按照建设主体中以哪种力量为主，还可以细分为官办民助、民办官助等类型。这一类型在合作模式上形成了多种探索，合作对象多元化，合作模式多元化。比如合肥悦书房项目除了与社区、学校、监狱、机关单位合作开办分馆外，还尝试与民营资本合作，比如栖巢咖啡、全国十大独立书店品牌之一——合肥保罗的口袋、安徽华博胜讯公司、华邦商业管理公司等。如北京西城区特色阅读空间运营模式就可细分为"政府投资＋有竞争经营""政府投资＋公私合营""公

---

① 段宇锋,熊泽泉.温州城市书房现象[J].图书馆杂志,2020,39(11):30-35.

私合作投资、建设与运营""私人投资、私人运营＋政府合作"四种[1]。

3. 社会力量举办

即由实体书店、社区、机关单位、社会组织、企业等独立举办的新型阅读空间。其中研究较多、影响力较大的是由实体书店转型形成的新型阅读空间,比如单向街、钟书阁、晓书馆、言几又、物外、最天使文创书城、西西弗书店等。依据实体书店的规模、功能、定位等多元因素,可将实体书店的新业态归结为六种类型:标准化连锁书店、个性化连锁书店、主题架构型书店、知识服务型书店、产业整合型书店、跨界复合型书店。[2] 标准化连锁书店分店之间有着较为统一的经营模式和相对集团化、规模化、商业化的连锁体系。个性化连锁书店是指"连而不锁",各家分店个性突出,且分店之间的发展方向有明显区别的连锁书店。主题架构型书店是指以某一关键词或专业领域为主题,围绕该主题进行品牌定位、图书选品、业务设置的书店。知识服务型书店是指为读者提供知识付费、行业咨询等制度化服务的专门型书店。产业整合型书店是指利用自身资源,贯通出版业"作者—出版社—批发商—零售商—读者"链条的书店,主要是出版社的社办书店,也有从零售追溯至上游开展出版业务的书店。跨界复合型书店是指以阅读为主体,跨多元业态,将书店和其他经营形式相结合的书店。

此外,很多社区、博物馆、学校、企业也会建设服务于社区居民、游客、师生、员工的新型阅读空间,但是往往规模较小、形态发育不完善,尚待系统研究。比如宁波天一阁博物馆内就有3个阅读空间,分别设置在古籍阅览室、茶吧与文创产品销售区。

(二)新型阅读空间的基本职能

新型阅读空间基本职能的分析要与传统公共阅读空间相区分,因此针对与传统公共阅读空间相似的职能不进行详细展开,重点关注其差异性。

1. 文献资源与知识服务

从"24小时""15分钟阅读圈""借还一体"这样的描述中,可以发现新型阅读空间的文献资源与知识服务功能突出了时间、区域、复合三大特征。时间上最好没有盲区,24小时开放、节假日不休,与不同作息习惯、工作时间的读者保持同步,为他们带来便利。服务点与生活工作圈贴近,15分钟步行距离是一个理想状态,读者可以在散步、购物、育儿、上下班途中完成文献借还。功能复合,借书、读书、还书一体化,有一定的藏书量与阅读设备,无线网络,可以浏览、借阅、在线检索,还可以是图书流通的驿站,通过预约等形式实现更好的一对一服务。

2. 休闲功能

新型阅读空间往往在选址、建筑外观、室内装饰装修、餐饮茶饮服务等方面下很大的功夫。比如宁波枫林晚书店曾三易其址,从银杏四季小区搬到鼓楼步行街,又从鼓楼步行街搬到月湖金汇特色小镇,实现了地铁一站到达,并借助特色小镇传统建筑与整体建设实现升级。这是为了更好地实现休闲功能。休闲即度过自己的闲暇时间。2006年,随着居

① 杨松.社会力量参与特色阅读空间建设研究——以北京市西城区公共文化服务改革为例[J].全国商情,2016(29):43-45.

② 孙嘉唯.上海实体书店新业态研究[D].上海:上海师范大学,2020.

民生活水平的上升,我国正式进入休闲时代,闲暇时间总体上增加。休闲成为居民重要文化消费需求。居民主要休闲方式有旅游、阅读、游戏、观影、参加文体活动、喝茶、聊天等。良好的周围环境、高品质的体验对象、便捷的获得方式以及完整地度过一个周末等成为居民选择休闲方式的客观依据。

3. 开展阅读活动功能

新型阅读空间应经常性地举办各类与读书相关的活动,成为文化交流中心。比如单向街图书馆曾举办系列沙龙,西川、洪晃、陈冠中、阎连科、廖伟棠、莫言、严歌苓等人纷纷来到沙龙演讲。这里成为一个文艺交流中心。另外,江西南昌市的青苑书店还重视地域文化传播,临川文化学者邹自振、曾学远来店主讲"临川四梦的浮世沧桑",举办过昆曲、赣剧弋阳腔、景德镇陶瓷系列、海昏侯、八大山人和南昌老照片等文化展示活动,成为地方文化交流展示平台。[①] 系列活动的举办,活化了阅读空间,使读者能够系统地、深入地、直接地与文化碰撞,获得更为丰富的阅读体验。

4. 教育功能

新型阅读空间还是社会教育与审美教育的重要基地。作为家门口的阅读空间,天然地成为家庭教育与学校教育的重要补充。新型阅读空间的社会教育功能相较于公共图书馆来说,更加突出了细分,主要分为三种类型:一是强化读者自主。因为新型阅读空间的文献藏书与空间设施相对小型化、简化,读者更多的是借助这一场所来实现自主活动。比如学生完成课后作业、居家上班族带着电脑工作等。二是突出文化植入。新型阅读空间往往借助讲座、展览、沙龙、手工艺体验等专项活动的举办,组织读者系统地了解某一专项知识、文化,实现传播。三是自律为主的审美教育。以书香育人是图书馆的重要职能之一。在图书馆中,偷书、高声喧哗、打闹等现象会受到一定的抑制,这是读者对于阅读的敬畏心理。新型阅读空间内工作人员相对较少,甚至全部依靠摄像头监控。书香审美教育更多地依靠读者自律来实现,也可以结合一定的标语、桌签等形式进行提醒。

七、新型阅读空间的建设现状与未来展望

(一)新型阅读空间的建设现状

如果从"24 小时自助图书馆""城市书房"这些标志性成果的出现开始算起,我国新型阅读空间已经走过了 6 年。在这期间,新型阅读空间的特征逐渐显现,构建了独特的创办模式,形成了一批成功案例,相关管理制度正在完善,引领了一股阅读风潮。

1. 新型阅读空间的名称从无到有、从有到多,发展非常迅速

"城市新型公共阅读空间""城市公共阅读空间""公共阅读空间""新型阅读空间"都是为了给这些创新表现一个明确的称呼。其建设主体与创办模式从政府独立举办到多样化并存,政府、图书馆、实体书店、社区、学校、机关单位、企业、社会组织甚至个人,公共图书馆焕发了新风貌,实体书店得到了新转机,而其他社会力量也从中获得了新活力。其功能

---

① 傅宝珍.实体书店向城市公共阅读空间转型探索——以南昌市青苑书店为例[J].山东图书馆学刊,2019(6):61-67.

从单一借还到复合化，一台冷冰冰的借还一体机突破了时间与空间局限，而将阅读空间复合到借还流通功能实现了功能的复合，借还、阅读、教育、休闲、活动功能纷纷依托这一空间形态得到实现。目前新型阅读空间已经在很多城市扎根，成为城市独特的文化景观。温州城市书房、深圳 24 小时自助图书馆、合肥悦书房、北京西城区特色阅读空间，一个个标志性成果屹立在中华大地上，为城乡居民送去阅读给养。

2. 新型阅读空间建设还存在一些不足之处

作为一个新生事物，新型阅读空间建设还存在很多不足之处，质疑的声音不绝于耳。2019 年《检察日报》发文《24 小时自助图书馆还有必要存在吗》①，针对街头自助图书馆服务机提出三点质疑：一是使用率不高，二是空间设备成本不菲，三是运营成本过高。使用率不高指的是通过 24 小时自助图书馆来借还图书的数量不多，而其原因也有三点：纸质阅读较多的儿童、老年人不擅长使用交互机器；而擅长使用机器的年轻人群体以电子阅读为主，纸质阅读较少；另外，很多人不知道有 24 小时机器存在，宣传不够。其原因还应该加上体验感不佳。一台 24 小时自助服务机一年的租金大约是 8 万元，再加上场地租用费、维护修理费，如果普及到各个社区，这笔费用相当可观。2016 年，广州市天河区就撤掉了 13 家自助图书馆。

新型阅读空间的建设过程无异于摸着石头过河，必然会遇到一些挫折，及时地进行经验总结和分析，可以引导其向更好的方向发展。综合来说，目前新型阅读空间建设中存在以下问题：一是质量效益参差不齐。上海社会科学院研究员、国家文化和旅游公共服务专家委员会委员巫志南考察了浙江省温州市的城市书房、上海市嘉定区"我嘉书房"等新型阅读空间后指出，温州城市书房大多布局在城市居住小区的门口，阅读资源由城市公共图书馆统一保障和更新，阅读推广由专业机构定期开展，日常管理由所在小区文化志愿服务团队负责，故而能长期稳定高效运行。上海我嘉书房"利用小区公建配套面积在小区内部建设公共阅读服务场所，场地设施成本低，公众参与便利，安全性较高，嘉定区还专门规定，日常服务必须由专业组织负责提供，从而保证了这些服务设施的运行质量"。"但是还有很多地区的类似阅读设施，徒有超大面积、豪华设施，无法持续有效吸引公众参与。"②2020 年，武汉市知名实体书店"物外"汉口店停止营业，让笔者深感震撼。

二是跟风建设情况屡屡出现。华东师范大学教授、国家文化和旅游公共服务专家委员会委员金武刚指出："有的地方以工程建设为导向，'急赶快上'，在较短时间内建成一大批公共阅读空间，规模急剧扩大，但背后的图书馆总分馆体系专业支撑能力跟不上，有的还是'孤岛化'存在，服务成效不尽如人意。"③当一种模式获得成功，在政府部门和相关单位宣传下，就会有很多单位一窝蜂跟着学习，又不考虑自身特点，自然效果不尽如人意。金武刚指出，"每一个新型公共阅读空间都是基层公共文化服务接入点"，而每一个基层牵涉的是家家户户，地区不同、居民不同、文化不同，都应该因地制宜。

三是均等化服务考虑不够。新型阅读空间出现在城市，早期被称为"城市公共阅读空间"，可见一斑。在目前掌握的案例中，温州"百姓书房"明确地将服务区域指向城郊、乡

---

① 斯涵涵. 24 小时自助图书馆还有必要存在吗[N]. 检察日报，2019-06-26(6).

②③ 宾阳，郭凯倩，巫志南，金武刚. 新型公共阅读空间的未来之路[N]. 中国文化报，2021-01-26(6).

村。浙江桐庐乡村书吧等面向美丽乡村建设,提供公共阅读服务。大多数新型公共阅读空间主要分布在城区,农村建设相对较少。从地区来看,东部沿海经济发达地区是新型阅读空间兴起与发展较好的地区,比如深圳、温州、上海、杭州、厦门、青岛、北京、合肥,而中部地区、西部地区、东北地区相关实践成果较少,运营效果上也比不上东部地区。如何让经济文化发展相对滞后的地区也可以享受到优质的公共阅读服务?从本质上来讲,新型阅读空间既有公益性也有经营性,如何协调好这两者之间的关系,是摆在新型阅读空间建设面前的一个大问题。

单一依靠设备、空间的新型阅读空间,其生命力不强。新型阅读空间的发展一定要走协同、合作、互帮互助、因地制宜、个性化的发展道路,并且在前行中兼顾公益性与经营性,推动我国公共文化服务事业高速发展。

(二)新型阅读空间的未来展望

1. 推进乡村新型阅读空间建设

2021年初,《中共中央国务院关于全面推进乡村振兴加快农业农村现代化的意见》(以下简称《意见》)、《中华人民共和国乡村振兴促进法》的连续出台,表明我国乡村振兴事业进入了新的发展阶段。《意见》中指出要提升农村基本公共服务水平,全面促进农村消费。当前阶段,我国农家书屋建设已经取得了初步成效。下一步依托农家书屋的基础,开发多种形态的乡村新型阅读空间,推动农家书屋活化、调动乡村阅读氛围,无论是促进农村村民消费升级,还是吸引城市居民下乡消费,都是一个重要的研究课题。

2. 走向协同发展

泸州市图书馆馆长吴铭在介绍泸州市公共图书馆系统"城市书房"时,提出了西部"城市书房"集群建设设想。他指出,城市书房集群是在城市书房的基础上,整合各级各类图书馆、文化室、文化站等建立起来的城市图书馆联合体。这一概念阐述又落回传统公共阅读空间的范畴中了,但是建设公共阅读空间集群将是未来发展的一个趋势。要做到"四个协同",逐步构建起多种形态的公共阅读空间集群,从点到面更好地为读者服务。"四个协同"是指传统公共阅读空间与新型阅读空间协同发展,新型阅读空间多种形态间协同发展建立联盟,东西部地区协同发展与城乡协同发展。

3. 走向实体与数字的一体化

建设数字图书馆、智慧图书馆,是公共图书馆发展到一定阶段的产物。"数字图书馆是一个虚拟的、没有真实场所的图书馆,是基于网络环境下的可扩展的知识网络系统存储内容的共建共享,是超大规模的、分散式的、便于使用的、没有时空限制的、可以实现跨区域、跨数据库无缝链接与智能检索的知识中心。"① 而智慧图书馆尚没有统一的概念界定。在2011年中国图书馆年会上,上海社会科学院信息研究所王世伟作了题为《智慧图书馆初探》的演讲,他认为:"数字化、网络化和智能化是智慧图书馆的信息技术基础,人与物的互通相连是智慧图书馆的核心要素,而以人为本、绿色发展、方便读者则是智慧图书馆的

---

① 徐淑珍.数字图书馆的意义、优点、模块、特征[J].决策与信息(财经观察),2008(7):131-132.

灵魂与精髓。"①从文献服务角度来说,数字化、智慧化是未来的趋势,新型阅读空间也不能够回避这一问题。而从读者角度来说,有一个实体空间,集阅读、休闲、教育、活动于一体,是一种高质量阅读生活的需求,也不可或缺。因此,未来的新型阅读空间建设必然要在实体与数字化一体建设中开展探索。

---

① 余丹.从数字图书馆到智慧图书馆的发展探要[J].西南民族大学学报(人文社科版),2015,36(7):238-240.

新型阅读空间属性与特征

内容提要

新型阅读空间除了具备公共性、公益性、开放性等基本属性外，还具有区别于传统公共图书馆的以下特点：一是常常设置在城乡居住小区或人流较为集中的商业设施附近，布局灵活、交通便利、自主自助，深受市民群众欢迎。二是社会参与程度高。新型阅读空间充分运用政府和社会资本合作模式，广泛吸收社会力量参与建设及运营，采用协同合作模式，共同成为公共文化体系中的重要部分。三是物理空间设计独特。新型阅读空间受到社会关注和读者钟爱的一大因素是空间环境设计独树一帜，或高端或独具特色，或融入某个主题元素，或展现现代空间设计，成为城市和乡村的文化新地标。四是多业态结合。新型阅读空间在文献借阅和销售的基础上，迎合现代人文化消费习惯，搭配咖啡、品茗、简餐、饮品、文创产品、特色活动等业态。

一、新型阅读空间建设的属性

现代社会，随着互联网技术和数字媒体平台的开发，传统的实体书店由于受到场地、人员等成本的限制，加上营销模式的单一化，顾客和消费者流失率大大上升。政府无力承担庞大的阅读需求，引入社会力量协同合作，开创公共文化服务的新局面。新型阅读空间是针对传统图书馆、书店的单一简约、购书功能而言，包含咖啡馆、书店、休闲阅读场所、文创产品展卖等多种元素的阅读空间，不仅提供公益性的阅读服务，而且往往在建设的时候具有鲜明的专业特色，比如：针对不同的群体、馆藏某一特色类专业的书籍、提供 24 小时开放服务抑或是定期举办各色活动等，在管理创新、服务创新和体制机制创新等方面比公共图书馆或实体店更胜一筹。

"空间是人类劳动实践的产物，是人类开展实践的场所。人们对于空间的需求，从低级到高级、从满足生活所需到满足心理所需的过程，即从物质需求到精神需求的发展过程。"[①]随着现代社会的快节奏，人们的需求从纯粹的知识性需求转变为"知识＋"需求。新型阅读空间呈现多样化的属性，突出显示为以公益性为主、营利性为辅的双重价值属性，专业性和综合性并存，服务业态多样化，以更加开放的姿态迎合读者的需求，大大提升了读者的可选择性。

---

① 张萱.以培养阅读习惯为核心的知识传播空间——智能时代下实体书店作为公共阅读空间的发展路径[J].出版广角,2019(8):14-18.

（一）服务公益性

公共文化服务具有鲜明的特征："公益性——公共文化服务不以营利为目的；均等性——文化服务资源为全体社会成员共同拥有，每位公民都能公平享受到均等的服务；基本性——满足全体公民的基本文化需求，每个公民都享有学习文化知识的权利；便利性——公共文化服务的时空服务半径与方式公民可便利地实现。公益性是文化服务的根本属性，均等化是公益性的进一步细化与深入发展，是公民接受文化服务的机会和内容均等。"[①]公共文化服务为社会和人民提供非竞争型公共产品和服务。新型阅读空间依托现有的社会机构，比如剧场、银行、酒店等，具备一定的场地面积，提供阅读座位、人员配备等保障条件，制定开放时间等准入规定，开办读书会、学术沙龙、专业研讨、免费培训等活动，为社会和人民提供公益性和均等化的阅读服务，将社会效益放在重要位置，更好地实践社会教育和文化传承的职能，有利于塑造正确的社会价值形态，提高公民素质，增强民族文化自信，是公共文化体系重要组成部分，承载公共图书馆的部分功能。

（二）专业知识性

新型阅读空间集文献储存、借阅、服务等职能于一体，是传播知识文化的重要载体。部分新型阅读空间已加入图书馆总分管服务体系统筹，强化和接受专业指导，与公共图书馆实现资源共建共享。又因其体制的灵活性，可以根据顾客需求，不断完善相关标准规范，丰富服务形式，结合融媒体和特色空间、特色活动设计，适应读者碎片化阅读、情景式阅读和体验式阅读，保障空间建设和运行质量，促进服务水平不断提升。同时，新型阅读空间也可以通过赞助、捐助、众筹等形式建立新型阅读空间发展基金，或者纳入图书馆发展基金统筹，用于新型阅读空间财政预算计划外的创新项目孵化机制、阅读推广、活动组织开展等，大大减少了空间运营的不稳定性和风险性。与传统的公共图书馆相比，新型阅读空间由于读者群体较小，规模不大，往往会走精品路线，在某一特色领域内对专业知识的搜集、包装和储存更具系统性和专业性，加上多方位的宣传和精准化的营销，可以不断提升阅读空间品牌的知名度和影响力，加深读者的认知度。

（三）场所开放性

列斐伏尔指出，文化空间应该包含物质空间、精神空间和社会空间三个层面，这三者在空间研究中是相互融合统一的，精神空间是凝聚在物质空间和社会空间之上的。阅读空间作为文化空间的重要组成部分，既包括一定范围内的物质空间载体，也包括这一空间内的思想文化、观念意识以及空间对应的社会结构和社会关系。因此，在新型阅读空间的构成中，物质空间就是居民因所处地域、活动轨迹、兴趣爱好等集聚形成的物理空间；精神空间就是在这个空间实体中呈现的公共精神与文化品质；社会空间则是在这个物理空间中以人、书、阅读为媒介发生的人际交往、社会活动等社交方式。人们通过新型空间实现知识共享交流、社会交往，获得精神上的满足，并最终促成一个城市、乡村或一个国家的公共精神与群体认同。新型阅读空间是由政府、企业、社会组织或个人在一定范围内的物质空间载体中提供阅读服务以及以人、书、阅读为媒介发生的社会活动，并在此基础上形成一个群体的精神认同的开放空间和场所，人们可以免费借阅书刊，自由选择消费，出入不

---

①　郭洁芳.谈公益性公共文化服务的均等化[J].大众文艺,2016(17):24.

受限制。随着阅读空间共享性和开放性的提升,移动互联网环境日益完善,很多新型阅读空间充分关注读者需求,在最大限度上满足不同层次读者的阅读偏好,馆藏资源通过线上线下得以共享与流动,读者可以突破阅读场景和时限,多元化的阅读需求依托开放化的服务条件得以有效实现。

(四)业务多样性

新时代,互联网技术的快速发展促使我们的消费习惯发生了深刻的变化。读者和出版社在线上销售获得更大的便利。从出版发行产业来看,免费阅读正在悄然升级。比如:中文在线、盛大文学、百度文库等网上阅读越来越普及,免费经济直接冲击传统零售业的盈利模式。新型阅读空间为了提升市场竞争力,主动谋求转型升级,跳出陈列图书的单一"卖场"模式,转变为"好玩"的文创天地和跨界的人文美学空间。同时,现代人快节奏的生活方式使得读书成为休闲和娱乐的重要方式之一,阅读目的和阅读方式发生了多样性的转变,人们通过阅读结交朋友、分享观点、交流情感,新型阅读空间承担了展示形象、搭建社交桥梁、引领消费时尚等功能。国务院法制办 2017 年 4 月就《全民阅读促进条例》公开征求意见,明确提出"由政府主导、社会力量参与,推动优秀出版物创作出版、完善阅读设施、改善阅读条件、组织开展阅读活动、营造良好阅读氛围等工作"。随着公共文化体系的不断完善,在全社会提倡全民阅读、建设书香社会的过程中,社会阅读需求也随之增加。政府的公共资源无力承担庞大需求,新型阅读空间营造以图书为主导的文化多元生态,打造适合文化交往的新的生活方式的交流平台,如书吧、智慧书房、读书驿站等,形态各异、各具特色,这种以书为核心,将思想、文化、审美、娱乐休闲、饮食等多种元素糅合在一起的新的经营模式和载体,成为公共文化服务体系中的新生力量。

二、新型阅读空间建设的特征

新型阅读空间是有别于传统公共阅读空间的公共文化服务新形态,它的定位具备鲜明特征,突出和强化参与者的体验感觉,在突破传统形式的同时,寻求自身在公共文化网络服务体系、服务管理、城市地标以及组织自我设计中的新型定位。"新型公共阅读空间是政府和社会为满足公众日益提高的精神文化需求,弥补传统公共阅读空间选择性、便利性及交互性不足,在以公共图书馆等代表的传统公共阅读空间外,构建公共阅读服务为核心、兼备文化交流、娱乐休闲等复合功能的开放式社会性文化活动场所。"[1]根据空间建设主体和服务方式及内容,新型阅读空间建设特征主要包含以下几方面:建设主体由政府和社会组成,服务业态呈复合式形态,服务方式是公私结合。

(一)建设主体"政社组合"

文化体系运转中必不可少三大因素是:政府、市场资本、社会力量。这些多元行动主体在特色阅读空间建设过程中试图通过文化服务的投入进而产生广泛的社会满足效应,以一种文化创造性增生的范式,积极规避自身的局限,发扬资源和功能优势从而达到文化服务的效益最大化。新时代背景下,人们热衷于高效率、低碳化的社会管理方式、选择自

---

① 董丽晶,谢志远.协同治理视角下城市新型公共阅读空间建设研究[J].出版发行研究,2020(1):74-77,45.

由的生活方式,主体多方合作创办的新型阅读空间在面对社会群体的选择时,能在服务的管理效率和服务的多样化方面展现出较大的优势,主要包括以下几点:一是可以避免因某一方失灵而导致的公共文化服务缺位、管理缺失,进而引发公共文化服务领域生态系统的不均衡;二是引进社会资本,激发和提升社会力量在公共文化服务方面的参与率和贡献率,建立成果共享机制;三是优化结构主体,开源节流,提高公用文化服务的建设效率。从各类主体的建设目标和建设路径看,政府、资本和社会力量根据自身的定位,形成特色阅读空间管理的三角生态系统,在公平、民主、均等的条件下,三者相互高度依赖和相关,共同发挥自身的管理和文化组织功能。

新型阅读空间的建设力量主要来自政府和社会,在共享共建的基础上,借助市场力量,通过协同合作,形成完整的组织系统,从而实现公共利益最大化高效有序地向社会服务多元化的服务。政府是文化传承和发展的守护者,其面临的对象是广大人民,综合考虑空间的均等化、普及化布局,以提高文化服务的城乡覆盖率为主要目标;市场资本通过市场机制的作用而产生,偏重商业营利,倾向于差异化布局,公众可以根据不同的文化消费偏好自由选择服务类型;社会力量更加具有"社会性",偏重社会责任,倾向于空间的亲民性、网络化布局,在深入农村基层等特定区域更加灵活、更具潜力。

(二)服务内容"业务复合"

文化的物质表现形式,如古董、历史文物、建筑设计,既是一种物质实体的存在,同时也是一种象征意义的存在,背后所体现的历史价值、历史意义是影响人类文明进程的重要载体。目前运行的新型阅读空间,大多充分利用中国传统文化元素,打造概念式阅读体验,其综合设计往往烙上深深的文化烙印;唯美的空间设计,从感官和心理上不断提高文化体验者的愉悦感。比如,坐落于北京宣武门内大街抄手胡同内的"繁星书吧";由中国美术家协会旅游联谊中心创办的集收藏、展示、阅览于一体的美术专业图书馆——金彩艺术图书馆;曾经发现甲骨文的社区文化地标——甲骨文·悦读空间,等等。这些新型阅读空间是创意思维引导下人文与艺术结合的典范,其主要业务涉及图书的免费借阅、新书展销,然而吸引人们的更是阅读分享、主题展演、培训实践等这些拓展衍生性的文化服务,能极大提升用户的审美体验和精神上的共鸣;空间重视传统文化价值观的输出,以不同的视角吸引各类群体的关注,具有高雅艺术性的同时,增添了优雅鲜活的色彩。同时,阅读空间伴有咖啡、简餐等生活服务,保证读者身心的舒适度。可见,特色阅读空间的产品不仅仅是商品,也是特殊的公共物品,有较强外部性和衍生性,业务内容从文化到饮食,其范围包罗万象,服务内容的"业务混搭"在提升阅读空间功能多样化方面起到了巨大的推动作用。

在迅速普及的同时,新型阅读空间创新发展的实践探索也在逐渐展开。"如深圳福田区图书馆的阅读空间和主题图书馆、罗湖区的'悠·图书馆'、温州的'城市书房'、北京西城区的特色阅读空间、广西北部湾图书馆联盟等都具有贴近群众需求、多业态结合、社会参与程度高的特点。"① 又如,大连海事大学出版社结合高校出版社书店经营的优势和特点,立足高校文化土壤,积极探索新型书店多业态发展经营模式,成立湖畔书屋,由大连海

---

① 李福莹,刘涛. 第五届"城·书·人"书香福田论坛 社区阅读空间:谁主沉浮[J]. 公共图书馆,2018(4):12-14.

事大学出版社负责建设运营,打造集阅读、文化沙龙和休闲娱乐于一体的多业态、多元化新型书店,也是出版社实体书店积极应对市场挑战的一个战略选择。湖畔书屋注重人性化服务与功能升级;同时,湖畔书屋作为综合性高校文化创意地标,既根植于大学,又融入社会、融入城市文化空间,将积极营造书香校园和全民阅读的文化氛围,为师生及市民打造精神文化乐园和心灵绿地。

(三)服务方式"公私结合"

目前,"我国公共文化服务由各级政府向群众提供,确保及时有效地与人民群众的需求相衔接,公共文化服务供给必须做到高效便捷,立足群众需求设计"[①]。但是由于城市、农村之间的资源配置差异,加上个人的个性化需求逐渐增强,政府提供的服务往往不能溯及社会的角角落落,更谈不上打通文化服务的"最后一公里"。公共图书馆服务面临的群体较大,覆盖面较广,但是举办开展的活动群体性不强,很难满足当前群众的多元化需求。自国家大力推广阅读计划以来,政府鼓励民间团体、企业、非政府组织积极参与建设公共文化服务体系,引入市场机制,打破垄断。新型阅读空间的出现弥补了公共阅读空间的不足,近年来,多地出现的读书驿站、书吧、农家书屋、藏书楼等阅读空间,打破地域和规模限制,在阅读服务及阅读以外的延伸服务上让更多读者受益。政府通过对新型阅读空间注资、统筹规划和考核激励等方式参与新型阅读空间建设,丰富新型阅读空间的服务方式,有效实现了服务方式的"公私结合"。这种模式不但有利于转换政府职能,减轻财政负担,促进投资建设主体的多元化,同时政府和社会合作,可以互相取长补短,发挥各自的优势,弥补不足,形成互利的长期目标,以最有效的成本为公众提供高质量的阅读服务。"公私结合"服务体系保障方面主要涉及资源供给保障、置前服务保障、技术支持保障、服务方式保障以及反馈评价五大层次,如图1所示。

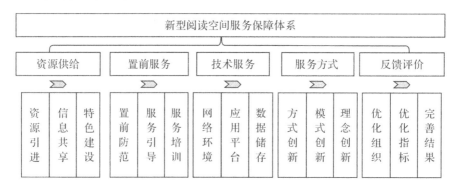

图1　新型阅读空间服务保障体系

① 杨洋.基于供给侧改革的公共文化服务供给问题分析[J].文化月刊,2021(3):88-89.

新型阅读空间模式与效能

内容提要

　　新型阅读空间建设作为一项公共文化体系建设的重要内容,在建设模式上需要考虑其系统性和整体性。从创办主体看,新型阅读空间创办者主要包括政府、社会组织、书店、个人等,呈现多元化和协同化的趋势;从发展布局看,随着国家乡村振兴战略的实施,城市和农村一体化进程不断加快,城市和农村之间交通、物流及文化交流日益频繁,新型阅读空间主要兴起于城市,逐渐向农村地区蔓延;从社会效益看,新型阅读空间的巨大内部效应和外部效应不容忽视。内部效应主要从阅读空间本质属性来看,能够发挥知识传播、文化传承和社会教育的功能;外部效应从阅读空间提供的附属服务上来看,提供文具用品、文创产品、工艺品、咖啡饮料,可以开展阅读活动、交流活动、体验活动、亲子活动等活动,能促进文化产业、旅游业等相关行业发展,刺激民营企业与社会组织的发展,完善社会文化教育体系,增强社会经济发展活力。

一、新型阅读空间的建设模式

　　早在 2013 年,国务院就提出在文博图场馆推进法人治理结构改革;2017 年,中宣部、文化部、中央编办、财政部等七部门联合印发《关于深入推进公共文化机构法人治理结构改革的实施方案》,推动在公共图书馆、博物馆、文化馆、科技馆、美术馆等建立以理事会为主要形式的法人治理结构。[①] 各级政府可以通过公开招标、定向委托、邀标等形式将原本由自身承担的公共服务转交给社会组织、企事业单位履行,以提高公共服务供给的质量和财政资金的使用效率,改善社会治理结构,满足公众日益增长的文化需求。

　　"政府资本和社会资本是新型阅读空间建设的主要资本来源,一般特色阅读空间的融资渠道主要有以下三种模式:一是,政府主导模式。政府对空间场所和软硬件设施进行主要投资,通过竞标和委托的方式,引入社会资本进行运营和管理。二是,社会力量主导模式。在市场机制的调节下,将具备实践操作能力与运营治理能力的社会主体纳入公共阅读空间的社会'大循环',阅读空间的建设与运行均以私人为主,政府通过政策支持和一定的经费补贴进行合作和监督。三是,政府与社会力量合作共建模式。政府与社会资本就项目进行谈判,通过半官方的组织进行协调沟通,合理分担项目的投资和运营,这种'分权

---

　　① 文化部.中共中央宣传部 文化部 中央机构编制委员会办公室 财政部 人力资源社会保障部 国家文物局 中国科学技术协会 关于印发《关于深入推进公共文化机构法人治理 结构改革的实施方案》的通知[EB/OL].(2017-08-31)[2021-07-30]. https://zwgk.mct.gov.cn/zfxxgkml/ggfw/202012/t20201205_916599.html.

模式'促进了文化资源的合理分配和公共文化服务管理权限向地方和民间组织的扩展,可见社会力量参与下的新型空间融资渠道更加灵活、自主。"[①]"文化基本建设投资和国家投资之比每增加 1 单位,城乡物力资源配置的非均衡性降低 0.2672 单位。"[②]社会资本的增加和投入成为公共文化服务管理资金的重要筹措来源,是促进公共文化资源均衡配置的有效补充。

(一)公办民助

公办民助的模式,是政府搭平台引入社会力量运营。阅读空间性质上属于国有,引入社会力量负责经营和管理。"政府要负责制定维护公共阅读的法律法规和公共政策,负责公共阅读空间基础设施的铺设,并提供相应的资金保障。"[③]其中一些属于公共图书馆独自管理运行,仅引进志愿者参与服务的"24 小时图书馆",如张家港图书馆创办的部分"24 小时图书馆驿站"。还有的是政府与图书馆提供图书馆空间,委托社会力量管理运行的,如 2012 年北京市朝阳区图书馆与悠贝亲子图书馆合作,在朝外街道图书馆引进悠贝亲子图书馆管理运营,开展绘本阅读、父母课堂、文化沙龙等阅读活动。还有一些属于政府出让公共场所,引入社会力量开办公共阅读空间的,如 2014 年北京西城区白纸坊街万寿公园内的"海棠书斋",就是西城区园林市政管理中心出让公共空间给民营文化实体经营,阅览室免费阅览,沙龙则采取会员制运作。

(二)民办公助

民办公助模式,即社会资源搭载公共阅读服务。阅读空间性质上属于民办,社会组织提供空间设施,政府给予资源支持,提供资金补助,购买服务,协调指导开展阅读服务,最大限度地推动民间主体充分发挥自我建设、自我管理和自我发展的能力。政府鼓励阅读空间建设规模化、品牌化、网络化发展,支持其采用跨区联合、资源共享、发展城乡互动等模式,推动一批新型阅读空间形成具有品牌和较强竞争力的机构。政府和社会的组合使得阅读空间建设和运营的风险程度降低,提高了阅读空间建设项目融资成功的可能性,保证民间资本"有利可图"。北京市西城区先后利用交通银行西单支行、天桥剧场、繁星戏剧村、皮影主题酒店等场所,由公共图书馆提供图书配送和阅读推广活动导入等支持,合作打造了书香银行、书香剧场、书香酒店等。通过政策引导方式,协同辖区内的实体书店从单一卖场向复合型文化空间转变,鼓励它们承担公共文化服务职能。

(三)民间自办

过去,政府包办了公共服务,政府既是建设者、投资者,又是管理者、运营者和监督者,集多种角色于一身,这并不利于公共文化服务的建设和可持续发展。民间力量和社会组织是参与新型阅读空间建设的主体之一,打破了政府垄断公共文化事业的体制机制,既减轻了政府的负担,也为文化事业的发展注入了新鲜血液。今后政府以 PPP 模式和社会力量合作创办的公共阅读空间会越来越多,但从公共阅读空间的兴起来看,民间自办的公共阅读空间无疑曾扮演了主角。有以书店为主体形成的公共阅读空间,如苏州市的"慢书

①　童莹.公共文化服务均等化视域下特色阅读空间运营模式与效应研究[J].中国出版,2019(8):29-32.
②　杨林,王璐.城乡公共文化服务资源非均衡配置的影响因素及其改进[J].宏观质量研究,2017(3):119-132.
③　杨松,孟兰.北京西城区:打造城市公共阅读空间的创新实践[J].国家图书馆学刊,2015(4):3-8.

房"(2012年，做免费读书沙龙)、南京市开在古城墙里的"金陵书苑"(2015年，提供免费阅览)、湖北省新华书店集团在武汉市水果湖创办的24小时书店"九丘书馆"(2016年，采取"阅读＋咖啡＋沙龙"运行方式)等;有以公益性私人图书馆为主体形成的公共阅读空间，如江阴市的"香山书屋"(2011年)、北京市的"杂·书馆"(2015年)、杭州市的"From余杭融设计图书馆"(2016年)等。

(四)民间众筹

众筹作为一种商业模式最早起源于美国。众筹项目一般具有明确的目标、可以完成且具有具体完成时间的活动。但这里提到的由民间众筹的新型阅读空间，主要是以公益性为主的组织机构，一般具有传承文化、造福百姓、传播理念等目标。比如浙江省苍南县的"半书房"是由21名志同道合的合伙人创办而成的兼具民间图书馆、公益阅览室、文化沙龙等功能的新型阅读空间。众筹合伙人包括教师、行政人员、书画爱好者、自由职业等，阅读空间获筹资金用于空间硬件条件建设及举办名家沙龙等活动。乡村新型公共阅读空间是村民开展阅读活动、文化交流的重要场所和载体，是农村地区加快构建全民阅读推广服务体系、传播社会主义核心价值观和实现文化振兴的重要平台。主题阅读服务需要相应的阵地，乡村新型公共阅读空间正好担当如此角色。比如，家庭书柜、村屯读书会、农村产业沙龙、文艺之家、民间图书馆、民营书院、新时代乡村讲习所、乡村旅游书吧等，都是接地气、有温度的乡村新型公共阅读空间。这些平台具有新时代气息，运用现代科技和组织管理手段，并由村民参与建设、管理和享受，为乡村经济社会发展和村风村貌改变提供着不竭的动力。

二、新型阅读空间的主要效能

营销学上把产品的功能分为三个层次:一是核心功能，它是产品之所以存在的理由，主要由产品的基本功能构成，如手机的功能主要是用来通信，眼镜的主要功能是用来矫正视力;二是延伸功能，即功能向纵深方向发展，如手机联网功能、贮存资料的功能、摄像录音的功能等;三是附加功能，如美学功能等。产品的功能越多，其对应的价格也就越高，反之亦然。营销学上的功能弹性化是指根据客户要求、使用习惯和经济承受能力的不同，灵活组合产品的功能，为客户提供多样化、多层次的选择。以新型阅读空间为例，区别于公共图书馆的地方，主要是其提供服务的特色性、多样性受到读者的喜欢。比如，北京西城区角楼读书馆，定位于"最北京"，彰显北京地域文化特色，以"物人事"唤起大众对北京的共同记忆，打造了南护城河畔的自然阅读空间。北京王府井图书馆是开在王府井书店里的图书馆，店中有馆，馆中有店，是店馆融合的典型。王府井图书馆内，读者可以挑选自己喜欢的新书，图书馆下单，即"馆配现采"，实现图书馆配书的"私人定制"。这些产品功能呈现递进的层次性。除了提供基本阅读服务外，不同读者可以根据自己的需求选择不同层次的服务。新型阅读空间在知识传播、文化传承、社会教育、娱乐休闲及社会包容方面的效能，迎合了众多读者的需求。

(一)知识传播

在大众传播学的研究中，知识传播是一个从传播者到受传者的双向信息流通过程。传播主体对知识和信息进行编码，通过一定的媒介传递给接受者，接受者以自身知识结构为解释框架对信息进行解码和赋予意义,再通过一定的渠道反馈给知识传播主体,实现传播和反馈的双向循环,从而形成有效的传播。阅读空间是知识传播空间,这意味着阅读空间不再仅仅是一个单纯读书的场所,也不应是一个争论电子书和纸质书孰优孰劣的公共空间。书籍本身的意义在于知识的传承与发展,特别是在电子阅读已成公众主流阅读方式的当下,阅读空间应关注知识本身,并以此为方向来探索空间对公众传播知识的广度与深度。

"随着城镇化进程的加速,我国城市乡村一体化的发展,农村地区居民对知识和阅读需求增长。一方面,随着农村居民收入持续较快增长、城市消费示范效应扩散、农村阅读需求表现出梯度追赶型特征。国家一系列的公共阅读服务方面政策和宣传大大提高了农民的阅读意识,同样进一步激发了农民多样性的阅读需求,然而由于公共资源有限,国家政府却回应乏力,缺乏有效供给。另一方面,经营性的阅读空间一般更加具有逐利性,相对于城市来说,农村文化的消费者比较少。部分农村人口迁移和外流现象严重,农村的人口老龄化影响阅读群体结构不均衡,农村弱势群体整体素质偏低,无法吸引社会力量在农村投资建设阅读空间。因此,相对于阅读空间建设遍地开花的城市来说,农村的空间建设面临短缺问题。如此一来,政府必须面临一个普遍性的问题:国家如何有效实现公共阅读服务的供给平衡?政府只能在有限的范围内合理制定阅读服务的政策,优化公共财政资源,但是公益性阅读空间很难在阅读服务方面惠及农村群体的差别需求,实现农民受益最优化原则。那么如何根据现实情况,对我国农村的新型阅读空间建设实践进行理性反思;依据公共阅读服务体系均等化的价值定位,解决农村的阅读空间建设短缺;如何保持农村新型阅读空间的可持续性建设和发展,是摆在政府、社会团体等组织机构面前的政治任务和社会责任。"①

近年来,随着知识的爆炸式增长及大数据等现代技术的飞速发展,新型阅读空间知识服务成为实现服务创新和体现自身价值的重要内容,通过"政社合作""民间众筹""公办民助""民办公助"等多种建设方式,实现城市与农村地区资源共享和信息互通,农村地区乡村新型公共阅读空间开始渐渐流行起来,成为村民开展阅读活动、知识传播、文化传承的重要场所和载体,是农村地区加快构建全民阅读推广服务体系、传播社会主义核心价值观和实现文化振兴的重要平台。不断开拓全民阅读的新平台,构建新型公共阅读空间,是新时代对推动全民阅读、构建书香社会提出的新要求。

(二)文化传承

英国文化学家爱德华·泰勒最早在其《原始文化》一书中定义:"文化是一个综合体,其中包括知识、信仰、艺术、法律、道德、习俗以及作为社会成员的人所掌握的其他能力和形成的习惯的复杂整体。"②文化传承不仅是文化以信息和符码的方式进行构建、表征和传递,更重要的是一种文化共享、价值共创和共同体验完成集体意识构建和文化认同的总体过程。人们走进书店去阅读,阅读本身并不是力量的来源,而当阅读真正引发思考、触及观点和情绪时才能带来更多有价值、原创的信息。文化传承不仅仅是简单机械地传承

---

① 童莹.公共文化服务均等化视域下特色阅读空间运营模式与效应研究[J].中国出版,2019(8):29-32.
② 爱德华·泰勒.原始文化[M].连树声,译.桂林:广西师范大学出版社,2005:1.

原文化的精神内核,赋予传统以当代的价值和意义能够使传统呈现更加丰富的特征,拓宽文化的内涵和外延,让文化传承即使迭代也能保持鲜活。

中华文化博大精深、源远流长,但是当代中国也面临着文化传承乏力的问题。新型阅读空间根据不同读者人群、价值观念和行为方式的传播对象,进行针对性和贴近性的设计,即差异化设计,可以让读者看到中华文化的丰富性和多样性。人们可以在"情景化"的新型阅读空间,沉浸式地体验文化的魅力。格式塔心理学认为:"完形性原则是指我们知觉中的空间秩序趋向稳定的组织力,它总是趋向于使各种单元形成闭合的紧密的整体。这种视觉单元倾向于形成简单形式的闭合,并尽可能使它与其周围完全分离的视觉本能,形成了视觉单元之间空隙的心理填充,且构筑了人们潜在的心理连接。换言之就是人的眼睛有趋向于使不完整的形完整化的趋势。"① 置身于情景式的物理空间中,更能让读者在视觉、触觉和思想上形成完形的整体感知,产生更加深层次和创造性的想法。比如,中华书局的新名片伯鸿书店,空间设计以青砖灰瓦、修竹老槐为主,店内被 3000 多种书填得满满当当,有传统文化涉及的古籍整理、文史研究、普及读本,无所不包。伯鸿讲堂每月举办一次,主讲人都是传统文化领域的专家学者。不少人来到这里,会想起"两三竿竹见君子,十万卷书思古人"这副旧联,通过分享、交流、表达,更加深层次地了解和感受传统文化,产生共鸣之情,赋予文化传承当代意义和价值。

2018 年,中国党刊网在贵州省贵阳市开展的一项调查显示,"相对于网络书店,85% 的人认为'环境'和'氛围'是实体店的优势;而对于心目中理想的实体书店,有 87.5% 的人更倾向于实体书店有'丰富齐全的书籍'和'优美宁静的环境'。数据显示,在文化内涵、个性的设计、创意、本土性和文化活动等几个选项中,文化内涵占比高达 87.5%。从中可得知,书店要成为一座城市的文化地标,'文化内涵'是不可或缺的重要元素。不仅如此,'本土性'和'个性的设计'也相当受青睐,均有 75% 的受访者选择。"② 可见,人们选择走进哪家书店,氛围和环境是考虑的主要因素,新型阅读空间在空间设计和环境营造上的特色吸引着读者驻足流连。

(三)社会教育

"社会教育"是指学校之外的一切文化设施对社会民众所进行的各种教育活动。③ 新时代文化背景下,国家重视文化事业的建设和发展,使新型阅读空间开展社会教育有了政策的正确指引。为了进一步深化文化体制改革,多个地区充分调动民间社会力量参与公共文化建设的积极性,丰富文化旅游休闲场馆的服务内涵,提升城市阅读空间服务水平,投入了大量资源建设各类阅读空间和阅读品牌。如中山市于 2019 年 12 月印发《中山市"共享阅读空间"试点建设方案》,推动辖区内具备条件的社会力量、群团组织等单位参与"共享阅读空间"试点建设。④ 合肥市人民政府办公厅于 2017 年出台《合肥市城市阅读空

---

① G.墨菲,J.柯瓦奇.近代心理学历史导引[M].林方,王景和,译.北京:商务印书馆,1980:347-368.

② 吕慎.调查显示:新型实体书店生机勃勃[N].光明日报,2018-11-27(9).

③ 周宇麟,邵春骁.社会教育是公共图书馆的使命——论国内公共图书馆在社会教育中的角色定位[J].图书馆,2014(4):83-86.

④ 文旅国际.【广东省中山市公共文化服务创新案例】"共享阅读空间"试点建设:成功探索建设新型公共阅读阵地[EB/OL].(2020-11-14)[2021-07-30].https://mp.weixin.qq.com/s/yaEO9fSu4VLstMHQtSWIOg.

数字阅读空间建设

内容提要

　　随着5G时代的来临,云技术、大数据、全媒体等现代信息技术飞速发展,我国正在经历一场智能化革命,即将从数字化、网络化时代全面迈入智能化时代。作为新一轮科技革命和产业变革的核心驱动力,智能化趋势正在叠加释放巨大能量,快速催生新产品、新服务、新业态,培育经济发展新动能,重塑经济社会运行模式,改变人类的生产和生活方式。数字化技术的广泛运用深刻改变着人们的文化需求结构和文化消费模式。人们不满足于纸质阅读需求,尤其是现代人碎片化阅读时间呈增长趋势,数字阅读空间的建设有利于满足人们的阅读需求,也是文化建设供给侧结构改革的重要依据。

人类的阅读很久很久以前就开始了,人们在甲骨、钟鼎、竹简、帛丝上记录文字,阅读文字,传承文化,这是人类文明史的一个个进程。造纸术的发明和纸张的应用,对人类文明的进步起到了很大推动作用,也使人类进入传统阅读的大众化时代。到了现代社会,报纸、杂志、书籍都是人们阅读的一种媒介。随着信息科学技术的迅速发展,数字化媒介不断发展,人类的阅读世界从纸质走向数字,从看书走向读屏,从个人电脑走向手持终端,从书房走向地铁……数字化的阅读方式正在改变着我们的生活以及所有的一切。

一、我国数字阅读现状

随着信息技术的快速发展,数字出版技术不断提升。在此影响下,阅读定义正在被重新改写,海量的数字阅读素材给世界带来了多样化的选择。在某种意义上,数字阅读影响着人类文化的发展和未来社会的走向。北京大学的王余光教授指出:在我国过去的阅读发展历程中,有三次比较重要的阅读转型:首次是在11世纪,这次转型起源于印刷术的普及;其次是19世纪末20世纪初,主要源于西学的引进和新式教育的发展;再次则是20世纪初数字阅读的兴起。[①] 与传统阅读相比,数字阅读不仅仅在学习、工作、研究方面具有优势和特色,更重要的是这是一种全新的生活方式,其方便、快捷、互动、及时等诸多优势影响着人们的方方面面。

(一)数字阅读现状

从2007年首届数博会对"数字出版"进行概念界定至今,数字出版行业历经了近十年

---

① 李东来.数字阅读:你不可不知的资讯与技巧[M].北京:国家图书馆出版社,2010:1-2.

的快速发展期。正如《新闻出版业"十二五"时期发展规划》[①]所指出,数字技术、信息技术和网络技术的全面普及让以数字出版为代表的新业态成为新闻出版业发展新的战略制高点。而毫无疑问,各国在新闻出版技术创新、标准制定、新业态培育领域的竞争将更加激烈。2011年12月21日,当当的电子书平台"数字书刊"上线;2012年2月20日,京东商城推出在线电子书商城;2012年12月13日,亚马逊中国电子书商城上线,中国正式进入数字阅读的世界潮流中。同时,中国电信、中国联通、中国移动这三大电信企业也都推出了数字阅读平台,如天翼阅读(Tyread)、沃阅读(Wo iread)。另如,汉王科技也由移动设备制造商转向服务提供商,向上整合和渗透,控制作者和内容,打造网络平台——汉王书城,成为全球最大中文数字书报刊下载中心。再如,2014年7月2日,上海市作家协会联合上海文艺出版社等出版单位创建的华语文学网正式上线。这些迹象都表明我国已经开始逐步进入数字阅读的新时代。

出版产业中最核心的要素便是内容,不管这种内容是在龟壳、竹简、丝帛、纸张还是屏幕上呈现,不管其呈现的形式如何。几千年来,内容的主导作用从来没有变化过。2014年8月,中央全面深化改革领导小组第四次会议审议通过了《关于推动传统媒体和新兴媒体融合发展的指导意见》[②]。《意见》要求无论是传统媒体还是新兴媒体,既要重视内容建设,也要强化互联网思维,要在内容、渠道、平台、经营等方面深度融合等。"国家话语"是一个极具分量的信号,它既意味着国家对媒体变革的深刻洞察,更表明国家决意着手落实媒体发展的战略布局。这证明了我国政府已经把数字化阅读提高到了国家策略层面。

自1999年起至2020年,由中国新闻出版研究院组织实施的全国国民阅读调查已持续开展了17次,通过这些阅读报告我们可以看到中国当下的数字阅读现状。第十五次全国国民阅读调查[③]结果显示,我国成年国民各媒介综合阅读率保持增长势头,数字化阅读方式的接触率保持继续增长,手机和互联网已经成为我国成年国民每天接触的媒介主体。2017年手机阅读的接触率达到71.0%,较2016年提升了3.9个百分点;网络在线阅读的接触率为59.7%,较2016年提升4.4个百分点;电子阅读器阅读接触率和PAD平板电脑的阅读接触率分别为14.3%和12.8%。2017年城镇数字化阅读方式接触率为81.2%,而农村的数字化阅读方式接触率仅为63.5%。农村的综合阅读率也较城镇综合阅读率低了15个百分点,二者差距较大。到了2020年,我国第十七次全国国民阅读调查[④]结果显示,2019年我国成年国民包括书报刊和数字出版物在内的综合阅读率为81.1%,较2018年的80.8%提升了0.3个百分点,数字化阅读方式的接触率为79.3%,较2018年的76.2%上升了3.1个百分点,图书阅读率为59.3%,较2018年的59.0%上升了0.3个百分点。调查显示,尽管整体阅读人群持续增加,但也呈现出纸质阅读率增长放缓的新

①　中国政府网.新闻出版总署关于印发《新闻出版业"十二五"时期发展规划》的通知(新出政发〔2011〕6号)[EB/OL].(2011-04-20)[2021-07-30].http://www.gov.cn/gongbao/content/2011/content_1987387.htm.

②　新华社.创新推动转型升级 融合绽放生机活力——中国媒体融合发展综述之媒体之变[EB/OL].(2015-07-05)[2021-07-30].http://www.gov.cn/xinwen/2015/07/05/content_2890458.htm.

③　中国新闻出版研究院全国国民阅读调查课题组,魏玉山,徐升国.第十五次全国国民阅读调查主要发现[J].出版发行研究,2018(5):5-8.

④　刘彬.第十七次全国国民阅读调查报告发布[J].新阅读,2020(5):7.

1. 加强阅读个性化与交互性

针对数字阅读的碎片化问题,首先,我们应该从媒体和出版商的角度着力。具体而言,应该注意保证传播内容的高品质,注意提高内容的思想深度、内容深度,以及受众阅读的审视性与思辨性,而不是单纯地为了吸引受众眼球而牺牲其身心健康为某些利益集团来服务。同时,在技术发展日新月异的今天,技术提供商和内容提供商都应该充分利用技术带来的便利,努力加强阅读的个性化和交互性。

我们知道,传统阅读的载体主要是纸张,而数字阅读提供的是电子文本。对于数字阅读的受众而言,阅读内容的吸引力、阅读的感官体验、广告的处理方式,以及其他各方面的个性化功能都可以影响到其阅读感受和满意度。因此,这些都催促我们要更加注意阅读内容的精益求精、阅读界面设计的优化,以及用户体验设计的多样化、细节化和人性化。

例如,通过将电子文本转换为音频格式的文件,受众可以由"看书"转变为"听书"。2015年4月,一部有声诗歌图书《为你读诗》问世。这部由湖南文艺出版社出版、"为你读诗项目组"打造的作品是由中国多位行业翘楚共同参与的有声文学作品。书中收录的60首作品的读诗嘉宾包括北岛、星云大师、李彦宏、李健、汪涵、白岩松、周国平、姚谦、朱哲琴等。该书的制作十分精美,包括一本诗文选集和一本朗诵光盘。朗诵光盘共有3张。受众不仅可以播放光盘,还可以在诗文选集中扫描相应的二维码,从而听到读诗作品。"它既包含移动互联网时代人们回归传统阅读、收听和表达体验的渴望,也尝试以轻巧、便捷的方式让每位读者在生活的不同状态,都能感受诗意的可能。"[1]项目联合创始人、总策划张炫说。

同样值得一提的还有一些比较出色的网络内容生产平台,如Storybird。该平台成立于2010年,到2011年的时候,平台上已产生250万份数字故事书。这些故事书通过图片、声音、视频、动画等多媒体形式与"讲故事"的艺术巧妙地融合在一起。该平台可以帮助孩子、同学和家庭通过网络协作来创造自己的数字故事,还能通过打印、网络或一个全球图书馆来分享、展示、交流作品。这一平台已经吸引众多的青少年和幼儿,同时成为作家、艺术家、文艺爱好者的出版互动平台。

另外,H5也值得我们予以关注。H5是第5代HTML的简称,指一切通过H5语言制作的数字产品。HTML是"超文本标记语言"的英文缩写。"超文本"则是指页面内包含图片、音乐、链接,以及各种程序等非文字元素。随着HTML5标准规范开放,H5工具也渐露光芒,比如VXPLO互动大师、易企秀等。这些工具提供免插件的音视频、图像动画、本地存储等重要功能。同时,不需要借助于第三方浏览器插件,开发商就可以根据自己的设计意图来选择并创建模板、动画、过渡效果等,从而实现非常炫酷的视听效果。现在,很多公司或媒体都通过H5页面来达到宣传推广目的。比如,湖南省新闻综合门户网站红网推出"五分钟悦读湖南五年·两型花开——回眸十二五 展望十三五"。[2] 这是一则

---

① 任沁沁."会读诗"的书让人感受"有温度"的诗歌[EB/OL]. (2015-04-19)[2021-07-30]. http://www.chinesetoday.com/zh/article/991027.

② 红网.五分钟悦读湖南五年·两型花开——回眸十二五 展望十三五[EB/OL]. (2015-11-05)[2021-07-30]. https://zt.rednet.cn/41855/.

利用 H5 工具制作的图文并茂的新闻,通过短短几分钟的阅读,受众不仅能获得很好的阅读体验,还能比较轻松地了解湖南省近年的发展历程。

2. 推动数字阅读标准化发展

由上可知,从最初基于人的手动、眼看,再延伸到今天的耳听等行为,阅读产品已经越来越丰富。不仅如此,在产品的即时性、互动性、个性化等方面,数字阅读也有其特别优势。但是,针对数字阅读的商品化问题,我们首先还是要规范数字阅读内容,推动数字阅读标准化发展。数字阅读的标准化是数字阅读得到持续、健康发展的重要保障。目前,我国数字阅读市场的标准比较混乱,具体到数字阅读产品的载体、内容格式、版权管理等方面都没有实现统一。例如,在内容格式上,不同生产商生产的数字阅读器所支持的内容格式各不相同,各有各的一套格式。于是,格式的不一致导致受众的阅读成本相应提高。同时,受众在进行阅读内容的整合或数据交换时也无法做到有效、快捷。鉴于此,技术和信息等相关部门应该充分重视,并采取一定的措施来积极修改和完善数字阅读的行业标准。

2013 年 2 月 28 日,国家新闻出版总署发布了统一的《数字阅读终端内容呈现格式》行业标准。[①] 国家新闻出版总署建议各出版单位运用该标准来统一数字阅读的终端内容,从而解决终端内容格式混乱的现象。目前,数字阅读其他标准也在不断制定,例如:《WAP 网关内容过滤技术要求》《手机阅读业务　终端技术要求和测试方法(YD/T 2365—2011)》《手机阅读业务　内容格式技术要求(YD/T 2128—2010)》,等等。不仅如此,有关版权保护、用户权益保护等方面的标准也有待进一步完善。这些行业规范的制定对数字阅读的可持续发展起到很好的指导作用。

同时,阅读内容的健康也是数字阅读市场有序发展的保障。为此,数字内容提供商应提供法律范围内允许传播的内容。具体而言,它要求杜绝色情、暴力、血腥等非法内容,要求内容提供商对其所提供内容进行全面审查,还要求其重视并落实相关标准,以便更好地推动数字阅读的标准化。比如,现在的网上书城一般都对关键词实行了分级。通过对高危关键词的跟踪,可以监视其出现的次数和频率,从而判定内容是否健康、规范。

数字阅读发展的另一个难题是版权问题,特别是在我国,数字内容的版权问题一直得不到高度重视和有效解决。比如,提供内容的出版单位将拥有纸质版权的图书数字版权授权给了其他单位,但为了自身利益,加之版权意识淡薄,出版社有时又将纸质内容直接转换为数字内容来进行二次售卖。因此,各种侵权和维权问题不断上演。另外,盗版,涉及黄色、暴力内容等问题也一直影响着数字阅读市场的健康发展。

总之,应始终将内容建设放在阅读的首要位置。互联网公司、出版商、受众等都应主动关注和落实自身肩负的重任,不断丰富数字阅读内容,重视数字阅读的标准化发展,从而推动数字阅读的健康长远发展。

3. 提升受众的数字阅读素养

媒介素养强调"具有正确使用媒介和有效利用媒介"的能力。美国媒介素养教育研究

---

① 国家新闻出版署.关于批准发布《数字阅读终端内容呈现格式》等 27 项行业标准的通知(新出字〔2013〕55 号)[R/OL].(2013-02-28)〔2021-07-30〕. https://hbba. sacinfo. org. cn/snDetail/2d34b8104362b72e2109c68e334a21d1c9b3bfd7f602de2a1735feb7de344ac7

中心认为,媒介素养是"人们面对媒介提供的各种信息时的选择能力、理解能力、质疑能力、评估能力、创造和生产能力以及思辨的反应能力"。[①] 顾名思义,数字阅读素养是指受众在阅读数字媒介文字、图像、音频、视频等过程中对信息的选择和甄别能力,并能主动地利用这些信息来为日常生活服务。

首先,从国家的角度出发,国家应该更加重视,并通过相应措施来提升受众的数字阅读素养,即引导受众以更主动的态度进行阅读,并能在阅读过程中积极培养对信息的选择、理解、质疑、评估等能力,帮助受众建立比较良好的阅读习惯。事实上,许多国家都已经认识到数字阅读对于个人素养提升和国家发展的重要性,也越来越重视数字阅读素养的培养。许多发达国家为此开展了大量政策研究与实施路径探索。例如,国际经合组织(OECD)在国际学生评价项目(PISA)中加入了数字阅读测试,以评估学生的数字阅读素养。美国很早就制订了"阅读优先计划"。英国一直在推动全国阅读年,要求教育管理人员、学校老师、家长等共同参与此项活动。而这些项目都显示出数字阅读在知识经济社会的价值,提升受众的数字阅读素养是国民素质、国家知识文化力量提升的关键。我国也一直在倡导全民阅读,每年各地都会组织各种类型的阅读推广活动。但是,很多都只是呼吁或政策,对于数字阅读的真正推进还不够具体和深入。

进而言之,首先从媒介的角度出发,为了培养受众的阅读素养,媒介应该不断提高责任意识,通过传播健康、科学、合法的内容,合理地利用媒介的影响力来引导受众树立正确的价值观。而从政府的角度出发,政府应该发挥其监督和管理功能,严格要求媒介在受众面前树立积极、正面的形象,从而更好地为受众服务。

再从受众个体的角度出发,阅读素养就是能够控制接触媒介信息的能力,增强对媒介信息的辨别力和承受力,能够以理性的态度来选择媒介、利用媒介,并同时尽到监督媒介的义务。对于受众而言,这些非一朝一夕可以做到,它要求受众有较强的自觉能力,有对时间和自我的管理能力,还要有很强的学习能力。具体而言,它要求受众严格遵循数字信息法律法规,自觉抵制违法行为,尊重知识产权。同时,在数字阅读中能够以集中、稳定的注意力和理性、平和的心态面对各种问题,能客观地认识数字阅读的优点和缺点,并能选择有助于自身发展的阅读内容和形式。此外,受众还可以根据自身情况制订阅读计划,有目的地进行阅读训练,从而帮助自身树立正确的阅读观念,不断提高阅读效率。

总之,我们要认识到,今天的很多年轻人都是伴随着数字媒体和数字阅读成长起来的一代,他们熟悉技术,也能更好地利用技术。面向未来,这个群体很有可能成为以后的技术开发者和文化工作者,只有他们正确认识和深刻把握数字阅读的意义以及带来的问题和解决途径,才有可能更好地引领阅读走向更合理化、人性化的发展,为国家营造健康的人文环境,提升国民的文化素养。而这就需要国家、媒体、个人等共同努力,来形成一种和谐的阅读生态系统。

---

① Elizabeth Thoman. Skills&Strategies for Media Education[M]. Toronto:Media Literacy Resource Gudie,1989:7-9.

二、数字阅读空间的传播特性

随着数字媒介的发展和知识经济时代的到来,阅读从以私人阅读为主的时期走向了如今的公共阅读时期,各种公共阅读文化实践也在城市发展的背景下层出不穷。在数字媒介时代,城市阅读空间的性质具有了延展性的变化,公共性也愈加凸显。德国哲学家哈贝马斯认为,公共领域是人们自由发表公共意见的一种场所或空间,这个空间对所有人都是开放的。① 在城市生活中,阅读空间不仅是人们阅读的场所,还是沟通城市的"媒介"。城市公共阅读空间"实现了城市实体空间与虚拟空间的融合,交织着建筑、街道、空间、地理、信息、历史、文化、集体记忆等多重城市象征网络系统,创造了新型社会交往关系与公共价值"②。

(一)边界拓展:重塑城市阅读的空间体验

数字媒介时代,新的传播技术正在改变人们的生活,一方面,它们通过技术对场景进行塑造,重构了人们对于空间的感知;另一方面,它们模糊了物理和数字空间之间的传统边界,为公众参与创造了新的时间与空间,并使私人空间与公共空间发生重叠。阅读空间在新媒介技术的中介下得到了发展,为城市阅读创造了新的可能。

受到互联网经济的冲击,传统的实体书店和图书馆由原来单一的购买、借阅空间,拓展为融合阅读、社交、文化、消费的"第三空间"。欧登伯格将除居住空间和职场空间以外的自由、宽松、便利的空间称为第三空间,这些空间为信息交流和公共交往提供了平台,体现了城市的多样性和活力。建于广州的方所书店是集书店、设计和展览为一体的新型阅读空间,它打破了传统意义上的单一书店模式,将物感体验与知识阅读相结合,打造了复合的阅读空间。此外,实体书店与图书馆将城市历史文化特色与空间相融合,重构了人与阅读场所之间的连接。作为老北京地标的东城区角楼图书馆,将雕梁画栋、朱红色的古式木质装修风格融入整个空间,使整个空间都充满了老北京的历史文化元素。这种新型阅读空间将文化创意与实体空间相融合,通过复合的经营模式拓展了传统书店与图书馆的边界。

在现代互联技术的中介下,实体书店作为城市的公共空间,其实体与虚拟的界线也在逐渐延伸。2016 年 9 月,我国大型图书电商"当当网"从线上延伸到了线下,第一家实体书店梅溪书院在长沙开业。移动知识付费社群樊登读书会为满足会员线下的学习需求,成立了实体的樊登书店,构建了线下阅读场景。此外,实体书店也举办各种主题的读书会和文化沙龙,让公众参与、分享与讨论,将单一的图书阅读空间拓展为知识传播空间。南京先锋书店开展各种主题的分享会、读者见面会,为社会各个阶层、民众提供了文化交流的场所,丰富了城市的社群生活;同时建立了线上的读者群,实现了线上数字交往与线下实体场所的结合。新媒介技术的出现,让城市阅读跳出了原有的格局,实体空间与虚拟空间得到勾连,书店从消费场所转变为可供阅读、知识交流与精神交往的公共文化空间。

---

① 哈贝马斯.公共领域的结构转型[M].曹卫东,等译.上海:学林出版社,1999:3.
② 关灵姝.数字媒介时代城市阅读空间的融合实践[J].新阅读,2020(12):52-53.

（二）交往空间：线上线下融合的社交化阅读实践

在传统的城市公共文化空间中，公众的阅读行为都是孤立的，缺乏一个可以平等交流的文化场域。受到数字化生活的影响，阅读空间在实体的基础上叠加了虚拟空间，以阅读为媒介为公众提供了平等对话的文化交往空间，形成社交化阅读的新实践。新媒体手段的介入，使原本私人的阅读行为向公共领域拓展，孤立的个体得以相遇。新媒体社交平台新世相曾策划了"丢书大作战"活动，将1万本书丢在北上广的地铁、航班、顺风车上，将这些书分享给读者，在阅读结束后，读者可将这些书留在新的地点，让书流动起来。同时，读者也可以将自己的书分享出去，通过书内的二维码可以看到每本书的漂流轨迹和读者留言。这种以书为媒介的阅读分享活动，促进了知识的分享，也为陌生人之间的社交提供了可能。实体书店也通过社交媒体进行线上线下贯通，以满足读者的阅读需求。2018年建立的实体书店网易蜗牛图书馆，不仅定期举行文化活动、展览演出、文化沙龙，为读者提供文化交流空间，还依托"网易蜗牛阅读"App的社交功能，引流读者到线下的实体书店参加活动。在传统的城市公共文化空间中，公众是被动的文化接受者，缺乏平等的交流空间。而大众媒介和新媒体融合下的"读书会"与"读书社群"，一方面在一定程度上隐匿了公众的真实身份，使得平等交流得以展开；另一方面，人们通过参加文化交往活动，形成兴趣、观点相符合的文化共同体，获取了自我身份的认同。网络知识社群"罗辑思维"通过线上线下的交互网络，将不同价值认同的人群进行细分，建立起观点、兴趣、目标较为一致的子社群。读书会成员因某一领域的"兴趣爱好"聚合在一起，这个领域越聚焦，人们对社群与自己身份的认同感越强，而社群的发展又进一步加强了人们的文化归属感。

（三）打破区隔：以阅读空间为媒连接人与城市

城市传播聚焦于"可沟通性"这一核心概念，将城市理解为一种关系性空间，而传播则是编织关系网络的社会实践。城市中的实体空间为这种关系传播提供了平台，实现了城市的多元融合。实体书店与图书馆作为城市文化空间，在数字技术的中介下打破了原有的一些阅读区隔，从地理、时间与群体方面，都为人与城市的"对话"提供了交流交往的平台。随着城市阅读空间在形式与功能上的转变，各种形式的阅读空间正在渗入城市的大动脉，作为城市的毛细血管而使阅读变得更为便利与自由。如今，微型图书馆、流动书车、便民读书站等社区阅读空间遍布城市。温州市建成开放了几十家城市书房，让公众切身感受到了阅读的便利性。书房内配置自助借阅机、高清投影仪、音响等，旨在打造一个书籍、影音、咖啡共存的多元文化空间，市民也可以在书房中参加读书会、讲座，进行文化知识的交流与分享。移动智能设备也进一步拓展了城市阅读空间，原本固定的借阅时间得到扩展。东莞设置了24小时自助图书馆和图书ATM机，弥补了基层图书馆数量和服务的不足，使图书馆的服务时间、空间得到延伸。城市公共阅读空间正在成为城市公共文化体系中必不可少的一部分。无论是实体书店还是图书馆，都面向所有人开放，任何人都可以进行知识的获取与交流。深圳龙城街道五联社区图书馆在外来务工人员活动区域内创办企业图书借阅点，不仅为外来务工人员提供免费书籍，还在电子阅览室里设置了电视机、投影仪，开办专题讲座与各类知识文化活动，不但满足了这一群体工作之余的精神需求，也引导他们融入城市生活。公共阅读空间不仅给不同人群的阅读行为提供了充足的场所，给予他们自由阅读权利以充分的尊重，也在一定程度上保障了弱势群体的权利。如合肥市三孝口 24 小时新华书店,不仅是读者的阅读场所,在深夜时也成为城市书香的风景。

数字媒介时代,阅读空间作为城市公共文化空间的意义得到进一步拓展。新传播技术的介入,一方面使阅读由私人场景转移到公共空间,其公共性得到进一步扩展,阅读空间也由传统的单一借阅、购买空间,转变为融合阅读、社交、文化的"第三空间";另一方面也使实体空间与虚拟空间得到贯通,打造了新的复合空间,由此创造了新的阅读场景与社群连接方式。这种阅读空间性质与功能的拓展,为公众在复合空间中平等、自由地进行文化共享、交流提供了可能性,不仅打破了由于阶级、身份的不同所造成的阅读区隔,还构建了新型的城市共同体,为人与城市的"沟通"创造了新的内涵。

三、数字阅读空间的类型

数字阅读空间可以看作由两部分组成:一是物理空间,二是网络空间。

（一）物理实体空间

数字阅读实体空间具体包括图书馆、书店、书吧以及支持数字化阅读的空间。这些实体的阅读空间不仅仅可以看阅图书,也可以通过各种媒介进行图书借阅和数字化阅读。

以宁波市为例,宁波市新型公共阅读空间的实体模式可分为图书馆模式、书店模式、"阅读＋N"三种模式。图书馆模式属于纯公益性公共阅读空间,宁波市图书馆（老馆、新馆）属于大型的公共阅读空间,各县市图书馆是重要的分支。书店模式有上海三联书店筑蹀生活（海曙和义路 1844 艺术生活中心）、天一书房（海曙印象城、1902 万科广场）、左岸和城市之光（海曙区和义大道）、西西弗书店（海曙天一广场旗杆巷 62 号）、宁波枫林晚书店（鼓楼、南塘老街、船埠巷）等。"阅读＋N"指图书＋餐饮＋零售＋文创等,例如"悦·读馆"（五一广场）、阅读时光书吧（鄞州南部商务区水街）、漫书咖城市生活馆（海曙恒一广场）、U 空间咖啡书吧（江北区来福士广场）、午后红茶书屋（鄞州印象城）、猫的天空之城（南塘老街）、十里红妆书店（文化广场）等,这些均为新型网红书店复合体,人们可以在这些空间里面学习、交流、阅读。

（二）网络阅读空间

1. 网站

图书馆网站是公共图书馆与读者进行沟通连接的重要窗口。网站建设的水平一方面体现着图书馆自身的重视程度,另一方面也承载着读者对数字阅读空间建设的满意度。各区图书馆均搭建了网站,网站功能模块基本涵盖图书馆网站的主要功能,信息也较丰富,读者可通过信息公告及时获取相关信息。

2. 微信公众号

从近几年的发展历程来看,微信作为一种新型的社交工具其发展速度是惊人的。微信具备便捷的查看和分享功能,操作也简单方便。图书馆可以开通相关的微信公众号,做线上的推广活动,并及时地收到读者的反馈意见,做及时的改进。微信的开放式和其规模,让图书馆的推广工作能够得到迅速的发展,为读者营造动态、共享的资源环境,是一个读者良好沟通学习的互动平台,图书馆能够通过建立学习社区,促进资源的共享功能的发展。微信公众号及时发布专家讲座、读者沙龙等多种阅读推广活动公告及其报道。公共图书馆利用新媒体矩阵进行传播有利于从整体上提升数字阅读空间技术维度的建设水平。

3. 电子阅读器

随着科技的发展,各种阅读设备也在不断地增加,不同的电子阅读器满足了用户的移动、碎片化阅读需求,并迅速占领市场。电子阅读器给广大读者提供了便利的条件,方便用户随时读取各种数字资源,自行选择并存储信息,符合读者的泛在化阅读习惯,也能够满足读者的个性化阅读的需求。我国国家图书馆率先引入电子阅读器,通过读者外借的方式,开展基于电子阅读器的数字阅读推广业务。读者只需要缴纳相应的押金,就可以领取图书馆提供的电子阅读设备,通过该设备随时随地浏览馆藏资源,自由检索、下载感兴趣的内容,满足了读者的个性化阅读需求。

4. 移动图书馆

移动图书馆,对读者的各种需求进行分析,利用信息技术手段进行信息共享,为成员提供信息资源支持,达到互惠互利的目的。简化工作流程是新时期的发展趋势,能够大量节省劳动力和社会资源,进行资源的有效利用。移动新媒体的应用丰富了阅读资源传播方式,读者更加关注阅读参与感和体验感。开发移动图书馆客户端,方便用户利用智能手机下载安装,随时访问图书馆数字化资源,在线办理各项服务业务,并且与馆员在线交流互动。移动图书馆能够整合不同平台的数字资源,结合用户的阅读需求,主动为其提供资源推送、信息咨询等服务。它依托智能手机实现了资源传播,具有庞大的用户基础,服务范围更为广泛。图书馆可以利用移动客户端,根据不同层次用户需求,推出移动阅读服务产品,强化用户的数字阅读体验。同时图书馆可以强化在线宣传推广,引导用户合理利用各类服务,进一步认识数字阅读推广,实现图书馆与用户间的良性互动,赢得更多用户的信任。

四、数字阅读空间的构建

数字阅读空间,是一种能够充分利用各种图书资源、人力与技术优势,营造良好阅读环境,组织丰富多彩的阅读推广活动,促进读者线上线下交互的虚拟阅读空间。移动新媒体为用户提供了丰富的阅读媒介,也为构建数字阅读空间提供了支持。基于此,以移动新媒体工具为纽带,通过环境、资源、服务三要素,进行数字阅读空间的构建,如图1所示。

(一)环境建设

我国人民的阅读需求与日俱增,因此数字阅读空间的软硬环境建设尤为重要,尤其需要构建良好的图书管理体系。只有将所有的工作标准和管理手段具体到实际的框架下,才能够按部就班地进行管理工作。在实际的信息管理系统中,主要展开构建的工作是针对软件系统和硬件系统进行的。在实际的构建系统过程中,要进行编码和信息录入,这样读者就能够通过搜索引擎查找资料。这种工作不仅提高了图书管理工作的效率,也满足了读者的阅读需求,真正地便民利民,能促进图书管理工作的发展,做好环境构建。

(二)资源建设

图书管理员的综合素质,决定着图书管理工作的质量,所以为了提高服务质量,要对

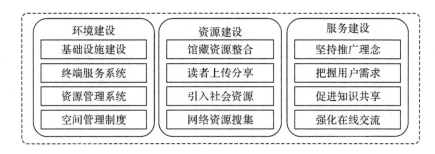

图1　数字阅读空间建设要素

图书管理人员进行相关的培训。这就要求提高图书管理人员工作的技术含量,以便适应网络环境下的相关工作需求。在推动员工素质进步的同时,也能够将图书管理工作朝着智能化的方向发展,打破员工的思想束缚,真正地与时俱进,不断地开拓进取。不仅将创新意识根植在脑海里还在具体的实际工作中应用和实践。培训工作可以通过开展相关讲座进行,也可以通过收集整理资料等具体的工作技能开展,采用丰富多彩的培训方式进行。

（三）服务建设

图书馆能够得到快速发展的一个条件就是其馆藏资源的丰富性,移动环境下的图书馆推广空间的构建要做好资源整合工作。构建一个阅读平台,大家可以通过这个平台加快资源信息的共享,加快资源的流动性,为阅读推广提供更多的资源支持,实现更大范围和程度的资源共享。

五、数字阅读空间的未来发展

随着5G、直播、虚拟现实（VR）等技术的发展,数字阅读迎来了更快的发展。从纸质书到电子书,从实体书店到线上书店,阅读本身没变,阅读方式却在日新月异。随着电子书、网络小说的出现,阅读对象开始数字化;随着电脑、手机、电子阅读器的推出,阅读方式的数字化也在不断迭代。因此,数字阅读空间的未来发展具有无限可能性。当前,数字阅读正在改变着人们的阅读方式和习惯,对许多读者而言,使用 kindle 阅读器、微信读书App 阅读电子书,通过喜马拉雅 App 听书已经成为新的阅读潮流。

（一）科技助力打造全息、全场景阅读

随着数字阅读产业的迅速发展,线上阅读场景已经逐渐走进了现实。人们可以进入云 VR 书店,漫步于钟书阁、晓风书屋等"网红书店"实景中,体验书店陈设空间之美,挑选购买喜爱的知识内容与产品;通过 5G 技术获取超高清无损音质的听书资源;在全息、全场景中获得分角色、分场景的沉浸式 AI 听书体验……这些场景,在 2020 年中国数字阅读云上大会中得到验证。2020 年中国数字阅读云上大会首次采取线上虚拟会场形式,全方位展现 5G 给数字阅读及泛文化行业带来的变化。除了云逛 VR 书店之外,参会用户还可以观看大咖直播"带货",听名家在线朗读,云选购 IP 衍生品,云体验最新 5G 科技等。

近年来,数字阅读产业发展进程不断加速,产业规模持续扩大,用户规模大幅增长。

《2019 年度中国数字阅读报告》数据显示,2019 年中国数字阅读行业市场整体规模达到 288.8 亿元,增长率为 13.5%,总体用户规模则达到 4.7 亿,用户为电子书付费的意愿也有大幅提升。在今年春节期间,移动阅读 App 日均独立设备数为 1.3 亿台,超七成用户表示在阅读上花费的时间比平日长出许多。数字阅读用户规模达 4.7 亿人的背后,一方面是行业的宏观政策促进了更多的优质数字阅读作品产出,从题材、内容创作的源头上进一步释放了优秀作品的潜能。另一方面,随着行业数字化的升级改造,各类阅读平台呈井喷式发展,内容及阅读形式的多元化选择也造就了市场新一轮的需求扩张。

数字阅读产业的发展也离不开 5G、人工智能、虚拟现实等技术的助力。随着新技术、新模式的兴起,手机、电脑、电子阅读器等电子设备的跨屏互联,音频、视频、直播以及 VR/AR/MR 等沉浸方式的跨场景交互,推动知识传播不断突破时间和空间限制。在科技助力下,阅读的媒介与场景边界越发模糊,全息、全场景的阅读模式,成为数字阅读未来的主流发展趋势。中宣部出版局副局长冯士新指出:“高质量的数字阅读,有赖于优质出版内容与先进数字技术的有机结合。要主动适应全媒体时代信息传播规律,重塑生产传播流程,探索多样化数字阅读实现路径和方式,真正实现从相‘加’迈向相‘融’。”[①]

依托 5G 超高网速、超低时延、超大连接等特性,更多细分及垂直的阅读领域得以萌发、进步。在听书领域,音频内容、智能耳机使阅读完成了从“可看”向“可听”的蜕变。人工智能、虚拟现实技术的日渐成熟使数字阅读进一步从“可看”向“可视”进步,满足了读者对抽象概念和模糊场景的具象理解。

(二)云上 VR 书店拓宽实体书店发展空间

中国新闻出版研究院发布的第十七次全国国民阅读调查成果显示,2019 年我国成年国民各媒介综合阅读率保持增长势头,各类数字化阅读方式的接触率均有所增长。而超过半数成年国民倾向于数字化阅读方式,倾向手机阅读的读者比例上升明显,倾向纸质阅读的读者比例下降。数字阅读在发展前期确实给实体书店带来了冲击。中国新闻出版研究院出版研究所所长徐升国认为,实体书店需要利用新技术努力实现线上线下融合,提供全渠道商品和服务的平台,实体书店应通过线上营业生产自己的内容、打造自己的产业链、开发“私域流量”,自觉利用网络的影响力、辐射力,把流量带到线下。[②]

在 2020 年数字阅读云上大会期间,数字化书店有了更深层的发展和创新。中国移动云 VR 携手咪咕中信书店打造的云上 VR 书店真正将线下书店“搬到”线上,读者在云上 VR 书店内可以选购纸质书、电子书,开拓出“实体＋云上”的书店发展模式。而云上 VR 书店内提供的 5G 富媒书,则融合了 3D 动画、视频音频、环绕图文等多种富媒体形式,让阅读实现了全时空、全场景、全介质交互,大大丰富了用户的阅读体验。

2020 年 1 月暴发的新冠疫情对人类是一个极大的考验,由于疫情防控期间图书馆、书店等各类型阅读实体空间只能封闭,依靠副业经营的各类网红书吧均面临着巨大的经济考验,客流量锐减、销售量下滑、门店租金压力等问题使得实体书店的生存陷入风雨飘摇中。疫情既是考验也是机遇,数字阅读在这种情况下得到了极大发展。面对这种困局,

---

①② 姚亚奇.从“一卷在手”到“一屏万卷”[EB/OL].(2020-05-10)[2021-07-30]. https://m.gmw.cn/baijia/2020-05/10/33817094.html.

许多书店纷纷自救,想了很多办法。例如,白岩松以 180 分钟直播加连线的方式,点对点扶持六家民营书店。在直播中,西西弗、言几又、钟书阁、泉州风雅颂书局等书店展示了各自的品牌特色,带动书店销售。此外,通过直播"云打卡"逛店、线上讲座、作家对谈、新书发布等活动,为疫情下客流量不足的实体书店吸引到了更多的读者。这种线上拓展为实体书店经营带来了新生机,让书店经营者对数字化经营模式产生了更多思考。

数字化技术延伸了实体书店的销售模式,也为读者拓宽了阅读场景。数字阅读的未来发展一定会不断借助数字化技术,融入数字阅读功能,如扫码听书、AR 阅读等,以此满足不同类型读者的需求,并通过网络平台拓宽销售渠道。数字阅读也可以通过将优秀网络原创文学作品出版为实体书,延长作品的生命和效益,并不断强化优质出版内容储备。中共上海市委党校图书馆副馆长、研究馆员吴才唤认为:"我们不应该把数字阅读与传统纸本阅读对立起来,而要看到它们在提高阅读效率、促进全民阅读等方面的积极价值。"[1]目前,5G 移动网络和智能移动终端正在走上数字阅读的"前台"。新一代移动终端在携带方便性、功能齐全性、阅读趣味性上呈现强大的生命力,将与传统纸本文献一起成为读者的可靠选择。

(三)从静态向动态丰富行业内容载体

随着移动互联网的不断发展,微信、微博等新媒体以及抖音、快手等短视频应用的渗透率不断提高,其作为新形式的内容载体已逐渐为用户所接受。新内容载体的出现,为数字阅读企业的推广尤其是精准营销推广提供了有效的渠道。数字阅读具有碎片化、互动化特点,未来盈利点宜着眼于内容优化、阅读体验改进、精准且快速的更新和传播方式以及与电商等其他行业的跨界融合,形成内容等多个层次的结构化收入。因此,数字阅读的模式应该从静态走向动态,动静结合来丰富行业内容的载体。

微信的内部信息流通便捷,微信群、公众号、朋友圈三大信息圈内的信息可以较为自由地传播,例如公众号推文可分享给好友、微信群以及朋友圈,而公众号之间也可以通过转载实现信息在公众号之间的流动。三大信息圈信息流动的畅通,有助于扩大传播的范围与影响力。微信在传播中注重联合线上或线下第三方平台,扩大自身的影响力。这些平台既包括商业平台,也包括政府服务。微信传播的形式多样,微信用户间的信息交流可以通过文字、图片、表情、音乐、语音、视频等多种形式传播,使聊天更具有趣味性与亲和力;公众号推送的信息主要为推文、语音、图片等形式,其中,推文内部具有较大的兼容性,推文内部除了可以放置文字与图片,还可以插入音乐、视频、超链接等内容,以加强推文阅读的趣味性。

微博是一个基于用户关系信息传播、获取以及分享的平台,以 140 字左右的文字更新信息,实现即时分享的个人社区,具有广泛性、互动性、传播性、自主性、针对性的特点。随着上网主流的数字阅读者越来越多地利用微博,微博日益成为新媒体服务新亮点。微博给图书馆带来全新的服务领域,图书馆利用微博平台向社会宣传图书馆的工作和服务。开展多样的服务项目,如阅读推荐、通知公告、学术分享、参考咨询、名人讲座等。充分发挥微博进行数字化阅读、增加读者量的作用,对公共阅读的延伸服务具有重要的意义。

---

① 吴才唤.图书馆转型,别把数字阅读与纸本阅读对立起来[J].现代阅读,2020(6):34-34.

　　抖音、快手等短视频移动端互联网平台,在移动互联网中能够起到很大的宣传引导作用。短视频是一种用时只有数十秒,节奏快、信息明确、资讯丰富的视频形式。而抖音短视频更被定义为一款音乐创意视频社交软件,以其鲜明欢快的展现方式,成为国内外广大年轻人关注的热点,在许多国家成为年轻人相互交流的首选。当前抖音短视频国内日活跃用户突破4亿,是最受年轻人欢迎的短视频平台。抖音灵活运用5G时代的互联网特点,开展线上读书会与抖音读书交流分享活动,用轻松灵活的竞赛方式,让学生们体会到阅读的快乐。

社会力量参与全民阅读推广服务

内容提要

  2020年10月，中共中央宣传部印发《关于促进全民阅读工作的意见》。意见指出，阅读是获取知识、增长智慧的重要方式，是传承文明、提高国民素质的重要途径，深入推进全民阅读，对加强社会主义精神文明建设、促进社会进步具有重要意义。自推广全民阅读以来，各级政府通过制定一系列的政策制度，在保证公共图书馆发挥其应有的阅读服务外，令社会力量成为参与全民阅读推广服务的重要力量。社会力量主要包括企业、社会团体或文化志愿者等通过兴办实体、资助项目、赞助活动、提供场地等为大众提供阅读服务，呈现参与主体多元化、参与方式多样化的特征，在阅读推广队伍建设、阅读推广机构设立、阅读受众覆盖扩大和阅读氛围营造等方面均发挥了较大效能。

一、全民阅读推广概述

（一）书香社会与阅读社会构建

  "繁荣发展哲学社会科学，发展文学艺术、新闻出版、广播影视等事业，重视文物、非物质文化遗产保护。提供更多优秀文艺作品，倡导全民阅读，建设学习型社会，提高国民素质，深化文化体制改革。逐步推进基本公共文化服务标准化均等化，扩大公共文化设施免费开放范围。"

——李克强总理 2015 年《政府工作报告》摘要

  书香社会，将一个全民皆阅读、处处有书香的文化强国形象地展现在眼前。在2015年《政府工作报告》缩略词注释中"书香社会"得到了系统的解释：书香社会，是指优质出版物供给更加丰富，社会基础阅读设施更加完善，特殊群体基本阅读需求得到更好满足，社会主义核心价值观深入人心，在全社会形成爱读书、读好书、善读书的良好风尚。①

  马克思主义认为，认识世界、改造世界是人类创造历史的两种基本活动。人类在认识世界和改造世界的实践活动中积累了经验，形成语言文字，又记录下来，以供后人学习。书籍是对这一记录成果的统称，是人类经验的载体。阅读书籍，就是学习先辈的经验，从而获得成长。著名的文学家高尔基说过，书籍是人类进步的阶梯。阅读是所有读书人的理想。书香社会的本质就是学习型社会，是学习强国理念的重要依托。

---

  ① 新华网.2015《政府工作报告》缩略词注释［EB/OL］.（2015-03-12）［2021-08-05］. http://www.xinhuanet. com//politics/2015-03/12/c_1114622727.htm.

1. 我国自古就有重视阅读的文化传统

孔子曾说："小子何莫学夫诗？诗可以兴，可以观，可以群，可以怨。迩之事父，远之事君，多识于鸟兽草木之名。"（《论语·阳货》）学习诗经，可以振奋精神，可以认识世界，可以与人交流，可以抒发情感。无论是齐家还是治国平天下，或者认识自然，都不可或缺。孔子晚年学习《易经》，反复阅读、揣摩，留下了"韦编三绝"的典故。而以《道德经》五千字传世的老子，曾经是周朝国家图书馆"藏室"的史官。

阅读首要的便是书籍。司马迁在《报任安书》中说："盖文王拘而演《周易》；仲尼厄而作《春秋》；屈原放逐，乃赋《离骚》；左丘失明，厥有《国语》；孙子膑脚，《兵法》修列；不韦迁蜀，世传《吕览》；韩非囚秦，《说难》《孤愤》；《诗》三百篇，大底圣贤发愤之所为作也。"太史公的概括道明了书籍的一大来源，圣贤发愤，于是著书立言。自先秦到当代，丰富的诗文著作为书香社会建设创造了条件。

书籍需要有载体才能进行传播。最早的文化记录在岩石、墙壁、洞窟之中，随后有了甲骨、竹帛、简牍、书籍装帧文化，有了图书印刷出版事业。历代文人常常陷入无书可读的困境，留下了很多借书、抄书、藏书的佳话。明代藏书家范钦为保藏书安全，兢兢业业创办天一阁，在建筑设计、借阅管理、代际传承上呕心沥血，范氏家族代代守护留下了许多故事。直到近代，梁启超创办万木草堂时还感叹："天下寒士与启超同病者，何可胜道，其知几百千万亿人也！"[①]

阅读还要有设施。《晋书》记载："胤恭勤不倦，博学多通。家贫不常得油，夏夜则练囊盛数十萤火以照书，以夜继日焉。"（《晋书·郑八十三·车胤传》）留下了"囊萤映雪"的典故。"光"成为古人对阅读设施的一个基本需求。关于这一点，匡衡"凿壁偷光"表现得更为直接。完善的阅读设施、良好的阅读环境，可以带给读者更好的阅读效果。

阅读还需要有氛围、有服务、有指导、有推动，如此才能够实现阅读融入生活，生活充满阅读。历代读书人留下的励志故事、诗句既展现了一幅幅生动的阅读风景，也为推动后人阅读产生了极大的力量。其中有漏夜读书手不释卷、行舟江上笑傲渔翁的，如杜甫、王安石；有激昂雄浑的，如文天祥"风檐展书读，古道照颜色"；有闲适自在的，如文徵明"何以掩市声，充楼古今书。左陈四五册，右倾两三壶"等。但是在古代，读书还是少数人的事情。刘禹锡的一句"谈笑有鸿儒，往来无白丁"，道出了其中的历史局限性。

2. 近代工业革命推动了阅读的普及

近代，工业革命在科学技术的推动下，在全世界轰轰烈烈地发展起来。知识大量生产出来，现代印刷技术快速地实现信息传播。平民教育得到了普及，报业、出版业、书店业、学校、图书馆纷纷获得新的蓬发。这为全民阅读打下了基础。而在我国，这一历史开始于晚清时期。鸦片战争之后，启发民智、救国图存成为国家当务之急。有识之士纷纷开眼看西方，向西方学习，创办学校、创办图书馆、创办报刊、出版图书，希望以科学、民主知识让国家富强起来。这就是轰轰烈烈的新文化运动，这是我国阅读推广的一个重要历史时期。

3. 现代社会向着学习型社会前进

经济文化的进一步发展、科学技术的高速发展，推动着人类社会向信息时代大步迈

---

① 梁启超.万木草堂书藏征捐图书启，饮冰室合集·文集（第 3 册）[M].上海：中华书局，1941：34.

进,知识大量增加,学校教育受到了巨大的挑战。学校要发展成为培养学生学习习惯、学习能力的重要场所,而阅读学习成为全社会推进的工程。在此背景下,1968 年美国学者罗伯特·哈钦斯提出了学习型社会的理论。所谓学习型社会,就是有相应的机制和手段促进和保障全民学习和终身学习的社会,其基本特征是善于不断学习,形成全民学习、终身学习、积极向上的社会风气。20 世纪 70 年代,联合国教科文组织提出:人类要向着学习化社会前进。

腹有诗书气自华。学习化社会,就是一个文献丰富、设施完善、服务周到、环境优美、氛围浓郁的书香社会吧!学习化社会,就是一个人们可以自由、平等、开放、持续地进行阅读学习的书香社会吧!

当今世界是一个竞争更加激烈的世界,也是科技发展日新月异的世界,更是一个全球化的世界;同时,随着人民的生活水平不断提高,文化生活需求日益增长。因此借用习近平总书记在读者出版集团有限公司考察时的话:"要提倡多读书,建设书香社会,不断提升人民思想境界、增强人民精神力量,中华民族的精神世界就能更加厚重深邃。"①

(二)全民阅读推广工程实施

全民阅读,建设一个美丽和谐的书香社会,是人类伟大的理想。为了实现这一远大目标,从 20 世纪中叶开始,以欧美发达国家为先导,在世界范围内掀起了全民阅读推广的热潮。实施全民阅读推广工程,是为了建设一个文献丰富、设施完善、服务周到、环境优美、氛围浓郁的阅读社会,是为了建设一个人人都可以自由、平等、开放、持续地阅读学习的书香社会。这是全民阅读推广工程为我们展示的美好未来。

联合国在促进学习社会、推广全民阅读的进程中做出了很多探索。早在 1972 年,联合国教科文组织就向全世界发出了"走向阅读社会"的号召,要求社会成员人人读书,让读书成为人们日常生活中不可或缺的部分。1995 年,联合国教科文组织宣布 4 月 23 日为"世界读书日",并发布了世界读书日宣言:"希望散居世界各地的人,无论你是贫穷,还是富有,无论年老,还是年轻,无论患病,还是健康,都能享受阅读的乐趣。"这正是全民阅读的盛况。截至 2021 年 4 月 23 日,世界读书日活动已经举办了 27 届。

在参加阅读推广的 100 多个国家中,美、英、日等国在开始时间、推进力度与推广成效方面都具有一定的代表性。20 世纪中后期开始,这些国家就陆续推出了一些促进全民阅读的举措。陈颖仪在《美国阅读推广活动的实践经验分析及启示》②一文中系统回顾了美国 30 余年阅读推广的经验。美国国会图书馆是全民阅读推广的主导力量。1977 年,美国国会立法通过成立国会图书馆阅读中心,其核心使命为推广阅读。1977 年设立奖励阅读推广的布尔斯廷奖、1979 年的由明星推荐图书的"读书多一点点"阅读推广项目、1983 年"O.G. 船长读书多"节目、1987 年发布的《国家阅读推广主题》与"阅读伙伴计划"、1988年开始的"青少年读书年"活动等,是早期阅读推广的重要内容。这些活动调动了政府与各界社会力量的广泛参与。

---

① 新华社. 习近平:要提倡多读书,建设书香社会[EB/OL]. (2019-08-23)[2021-08-05]. https://www.chinaxwcb.com/info/555752.

② 陈颖仪.美国阅读推广活动的实践经验分析及启示[J].图书馆理论与实践,2009(5):97-99.

英国在阅读推广领域最为典型的做法就是推进"读者发展"活动。1995 年开卷公司创始人雷切尔·冯·里尔提出"读者发展"理念。读者发展,即传播阅读经验及其能为个人带来的改变;通过扩展读者的阅读视野来提升文化,帮助读者树立信心尝试阅读新的作品。[①] 在此理念指导下,1997 年英国政府划拨了 2 年的公共图书馆挑战基金 400 万英镑,专门针对读者发展项目,旨在"通过促进阅读成为一项技能和娱乐,来强化图书馆的优势传统"。此后开始推行"国家阅读年""国家阅读活动",成立"阅读社"等举措,逐渐将阅读推到"所有文化和社会活动的首要任务"的高度。2003 年政府发布了《未来的框架》报告,为英国公共图书馆建设描绘了蓝图。

日本的国民阅读水平受到了称赞。笔者曾结合实地调查分析了日本的阅读推广活动的特点,总结出三个特征。第一,日本全民阅读推广以儿童为重点,出台《有关儿童读书年的决议》《儿童读书活动推进法》《关于推进儿童读书活动的基本计划》等法律政策提供保障。第二,以图书馆建设为重点,早在 1948 年,日本就推出了《国立国会图书馆法》,促进了图书馆的发展。第三,是重视调动社会力量参与,形成了"政官民"推广体制。"民"即社会力量,以社会团体为主。肇兴自 1946 年的"读书推进运动协议会"是社会团体的典型代表,由出版、书店、图书馆界等 7 个行业协会共同发起成立,为日本的全民阅读推广作出了重要贡献。经过多年积累,日本总分馆制已经较为完备,普及到了各村、町,也带动了营利性图书馆的发展,形成 15 分钟服务圈。[②]

我国从 20 世纪末逐渐有学者开始介绍学习型社会理论。1982 年,上海市总工会、解放日报社、团市委、市出版局共同筹划了"振兴中华"读书活动,面向当时上海市工人群体,倡导"三爱"教育,推荐书目、组建读书小组、交流读书心得、进行读书评论等。[③] 这项活动的成功举办,激发了全国参与热情,掀起了一股读书热潮。1997 年中宣部等九部委共同承办"知识工程",联合推进社会主义文化大繁荣事业的进程,第一次提出了"倡导全民读书、建设阅读社会"的号召。1999 年 1 月 11 日,中共中央总书记江泽民在省部级主要领导干部金融研究班结业式上发表重要讲话,向各级干部和全党同志提出殷切希望:学习、学习、再学习,实践、实践、再实践。他强调,不仅党的高级干部要加强学习,各级干部和全党同志都要加强学习,还要通过我们以身作则的实际行动,努力把勤奋好学的风气推广到全社会。[④] 这是当代书香社会建设的重要推动力量。到 2001 年的时候,江泽民总书记明确指出要"构筑终身教育体系,创建学习型社会"。2002 年十六大报告进一步强调,要把学习型社会作为全面建设小康社会的一个重要目标,作为未来的一种社会形态和社会境界,突出地提到了全国人民的面前。[⑤]

2006 年,原新闻出版总署联合中宣部等 11 部门发出《关于开展"爱读书,读好书"全民阅读活动的倡议书》,并在借鉴国际经验基础上提出"全民阅读"的倡议。倡议书中指

① 秦鸿.英国的阅读推广活动考察[J].图书与情报,2011(5):46-50,55.

② 樊燚琴.日本社区阅读环境构建模式与启示[J].中国出版,2019(7):64-67.

③ 王磊,李岩.中国全民阅读工程发展简史[M].北京:海洋出版社,2017:1.

④ 江泽民在省部级主要领导干部金融研究班上的讲话[N].人民日报,1999-01-12(1).

⑤ 中共十六大报告《全面建设小康社会 开创中国特色社会主义事业新局面》[EB/OL].(2002-11-08)[2021-08-05].http://cpc.people.com.cn/GB/64162/64168/64569/65444/4429125.html.

出,在 2006 年世界读书日来临之前,倡导全国各地的图书馆组织讲座、荐书、咨询、展览等宣传活动,各大书店、书城举办优惠活动,各有关部门推进"向困难群众赠书"等专项活动,为全民阅读营造良好的读书环境。① 2011 年在党的十七届六中全会上,"开展全民阅读活动"历史性地被写进大会决议。2012 年党的十八大报告继续重申"开展全民阅读活动"的必要性。2014—2020 年,"全民阅读"连续七年被写入国务院政府工作报告。

2016 年,党的十八届五中全会把"倡导全民阅读""推动国民素质和社会文明程度显著提高"列为"十三五"时期的重要工作,并印发了我国第一个国家级"全民阅读"规划《全民阅读"十三五"时期发展规划》②,全民阅读被列为国家文化重大工程之一,提高到国家战略的高度。规划中提出了全民阅读推广的重点任务有:举办"书香中国"等重大全民阅读活动,推进全民阅读优质内容建设工程,推动全民阅读深入基层、深入群众,大力促进少年儿童阅读,保障困难群体、特殊群体基本阅读需求,完善全民阅读基础设施与服务体系,提高数字化阅读的质量和水平,组织引导社会各方力量共同参与,加强全民阅读宣传推广。

"十三五"期间,全民阅读立法工作取得重要进展。2017 年正式施行的《中华人民共和国公共文化服务保障法》和 2018 年正式施行的《中华人民共和国公共图书馆法》都把全民阅读纳入立法保护、支持的重要内容。据统计,截至 2020 年 1 月,我国已有 13 个省份针对全民阅读制定了专门的地方法规及规章(含草案),其余省份也已处于全民阅读立法工作的提案和调研阶段。③ 我国文明城市建设工作已经将全民阅读纳入测评体系,已有相当数量的县级以上人民政府将全民阅读列入本级发展规划和年度财政预算。④ 2020 年10 月中央宣传部印发了《关于促进全民阅读工作的意见》。⑤ 意见指出,阅读是获取知识、增长智慧的重要方式,是传承文明、提高国民素质的重要途径,深入推进全民阅读,对加强社会主义精神文明建设、促进社会进步具有重要意义,并再次重申了全民阅读推广工程的重点任务。

相比较而言,英美日等国的阅读推广活动,除了政府、图书馆以外,在一开始就调动了社会名人、商界名流、明星等的参与,如美国的布尔斯廷奖、英国开卷公司提出的"读者发展"概念、日本的"政官民"推广体制等。我国更多地依托政府、图书馆的力量。2013 年《国务院办公厅关于政府向社会力量购买服务的指导意见》指出,面临新形势,要进一步强化公共服务职能,创新公共服务供给模式,有效动员社会力量,构建多层次、多方式的公共服务供给体系,提供更加方便、快捷、优质、高效的公共服务。2015 年国家出台的《关于加快构建现代公共文化服务体系的意见》《中华人民共和国公共图书馆法(征求意见稿)》明

---

① 中国政府网.中宣部文化部等 11 部门联合倡议开展全民阅读活动[EB/OL].(2006-04-18)[2021-08-05]. http://www.gov.cn/jrzg/2006-04/18/content_257105.htm.

② 国家新闻出版广电总局关于印发《全民阅读"十三五"时期发展规划》的通知[EB/OL].(2016-12-17)[2021-08-05].https://www.nppa.gov.cn/nppa/contents/279/1609.shtml.

③ 聂震宁.全民阅读:奠定基础并将深入推进——我国"十三五"时期全民阅读的回顾与展望[J].中国出版,2020(23):5-12.

④ 张青.全民阅读推广与图书馆事业研究[M].成都:四川大学出版社,2017:23-35.

⑤ 新华社.中宣部印发《关于促进全民阅读工作的意见》深入推进全民阅读[EB/OL].(2020-10-22)[2021-08-05].http://www.wenming.cn/wmsjk/zcwj_53730/zyxcbwj/202112/t20211227_6277292.shtml.

确提出鼓励社会力量参与公共文化建设、参与图书馆建设,这可以视为我国为社会力量参与全民阅读推广提供政策与法律保障的一个里程碑,也标志着我国全民阅读推广事业进入新的发展阶段。

二、社会力量的特征与作用

(一)社会力量的时代特征

江苏无锡东林书院的依庸堂内,有一副对联。上联是"风声雨声读书声,声声入耳",下联是"家事国事天下事,事事关心"。据传这是明代学者顾宪成的作品。书院是我国唐宋时期出现的民间教育机构,往往由大儒举办。据记载,公元1111年北宋著名的学者杨时来到无锡,见无锡东面有块地方与庐山的东林寺十分相似,便在此建了一处讲学场所,取名为"东林学社"。北宋之后,东林学社一度荒废。明代时无锡人顾宪成去官返乡后将此地改建为"东林书院",并聚集了国内学者进行交流。一时东林书院的名声大振,有"天下言书院者,首东林"之赞誉。顾宪成的这副楹联便可以为所有热心于公共文化发展的社会力量之代言。社会力量在不同的语境下有不同的内涵,在不同时代也有不同的特征。

1."士"阶层的阅读推广活动

古代的阅读推广可以以"劝学"为代名词。我国西周时期,通过建立国学和乡学,教授礼乐射御书数六艺,形成了比较完备的学校教育体系。到了春秋战国,"士"阶层逐渐形成;战乱中官学崩坏,学术思想呈现出"百家竞作,九流并起"的局面,儒家、道家、墨家、法家、阴阳家、名家、纵横家、杂家、农家、小说家等诸多学派出现,私学逐渐壮大起来。这些有着独立思想主张的学者逐渐成为劝学的主力军。其中最有代表性的就是荀子。《荀子·劝学篇》以一句"君子曰:学不可以已"开篇,从学习重要性、学习态度、学习内容与学习方法等方面,全面而深刻地论说了有关学习的问题,集中地表现了他的教育思想。

先秦时代逐渐形成的劝学思想,在秦统一六国后受到了重挫。"焚书坑儒"的文化政策使思想被禁锢,士人不敢高言。汉朝建立以后,先是黄老思想盛行,使民众休养生息;再是汉武帝"罢黜百家,独尊儒术",使儒学成为显学,"学校教育及私学、游学空前兴盛,劝学思想和风气得到恢复、发展"[①]。于是贾谊、董仲舒、扬雄、徐干、王符、司马谈等一批学者纷纷立言著书,其中多有劝学的言论。《汉乐府·长歌行》云:"少壮不努力,老大徒伤悲",可见读书风气已深入民间。魏晋南北朝动乱不休,政府官学时兴时废,及时行乐的思想给社会带来了消极、颓废的影响。但是家学兴起,家族学风的传承、家庭教育出现了一批重要成果,如颜之推《颜氏家训》,诸葛亮、王修、嵇康、羊祜、徐勉、王僧虔等的诫子书等,劝诫家人勤于学习,无论是做人还是做学问。

隋唐时期以降科举制度逐渐完善,并得到了实施。一方面儒家经典的地位更加确定。唐朝古文运动的领袖韩愈与柳宗元都主张学习要以儒家经典为主,适当学习其他文章,循序渐进。韩愈《赠别元十八协律六首》中讲道:"读书患不多,思义患不明。患足已不学,既学患不行。"不多、不明、不学、不行,可以看出他在学习内容、学习态度、学习效果与知行关

---

① 宋祥.中国古代劝学思想及其现代价值[J].社会科学家,2012(4):136-140.

系方面的观点。宋代"四书"地位上升并超越"六经",代表人物是朱熹,他的"绝知此事要躬行"一诗句,也体现了知行合一的观点。元明清三代学者对学习内容的劝勉更加广泛、丰富,尤以程端礼的《程氏家塾读书分年日程》最有代表性,他按照8岁入学前、8岁到15岁、15岁之后三个阶段提出了学习内容的具体建议。[①]

2. 爱国救亡志士的阅读推广

晚清民国的近代时期,我国遭遇了"三千年未遇之大变局"。外国的坚船利炮打破了国人的幻想,引起民众觉醒,启发民众智慧,科学与民主两杆大旗被高高举起,一大批有新思想的爱国志士成为新的劝学力量。这一时期的社会力量往往具有开眼看世界的高度,具有教育兴国的理想抱负,在学习内容、学习态度、学习方法等方面都出现了新的特点。学习内容崇尚科学、民主,向西方取经,不再局限于以儒家经典为主的思想;学习态度从泛泛的修身齐家治国平天下,转变为救国、救亡、图强、图变,具有典型的时代特征,突出了社会担当;学习方法则与平民教育运动、新图书馆运动等结合起来,具有开放、平等、自由的特征。社会力量通过举办教育、举办公共图书馆、举办报刊出版事业等投入其间。

3. 高度集中时期社会力量参与的停滞

新中国成立后,我国实行高度集中的计划经济体制,文化体制也呈现自上而下的垂直领导格局,从中央延伸到地方。[②] 在当时国家处于高度集中的计划经济体制下,政府掌握着全部的社会资源,并通过行政手段进行统一调配,民间社会组织和个人禁止参与任何形式文化供给活动。[③] 政府是公共文化服务的唯一供给主体,文化事业单位严格按照政府计划进行文化生产。[④]

4. 开放思维下社会力量参与的多元化

改革开放后,我国在公共文化服务供给领域厘清了政府与市场、政府主管部门与直属单位的关系。伴随着市场化改革的深入,市场也逐渐代替计划成为资源配置的主要方式。与之相对应,政府也逐步由公共文化服务的直接管理者转变为间接管理者。

转型期,随着职能的转变,政府角色逐渐由"办文化"向"管文化"转换。社会力量开始参与公共文化服务供给,供给主体呈现多元化趋势,公共文化服务供给效率提升。社会力量参与出现了新的时代特征。其表现可以概括为三点:一是企业成为重要的社会力量,通过参与公共文化事业、繁荣公共文化产业、建设企业书香文化等形式参与进来;二是社会力量参与全民阅读推广是在政府主导下开展的,是重要参与力量;三是社会力量参与全民阅读推广得到了法律保障。

新时代社会力量的地位,与计划经济时期有以下几方面不同,体现出鲜明的时代特征:第一,计划经济时期,政府是唯一决策主体,而新时代社会力量也可以成为决策主体;第二,计划经济时期,社会力量的诉求难以得到有效表达和实现,新时代社会力量的诉求拥有表达和实现渠道;第三,计划经济时期,政府与社会力量是纵向的命令关系,而新时代

① 程端礼.程氏家塾读书分年日程(卷一)[M].北京:商务印书馆,1936:29-68.
② 孔进.公共文化服务供给:政府的作用[D].济南:山东大学,2010.
③ 廖青虎.公共文化服务设施供给的创新模式及其融资优化路径[D].天津:天津大学,2014.
④ 吴正泓.社会力量参与公共文化服务供给模式研究[D].天津:天津大学,2018.

政府与社会力量逐渐转为横向的合作协商关系。①

（二）社会力量参与全民阅读推广的积极作用

社会力量参与全民阅读推广，对于激发广大群众的阅读积极性、提高公共文化服务水平、转变政府公共文化事业管理职能，都是有益的探索与实践。国际上，英、美、日、韩、俄等国的全民阅读推广工程，都充分重视了社会力量的参与。随着我国全面进入小康社会，人民群众日益增长的物质文化需求与当前公共文化发展不足之间的矛盾便成为亟待解决的问题。我国幅员辽阔，各个地区的经济文化发展差异较大，地区不均衡现象普遍存在，不同地区开展全民阅读推广面临的困境也有较大的差异性，于是引导社会力量参与便成为解决这些问题的一个重要策略。

1. 社会力量参与全民阅读推广，有助于转变政府公共文化事业管理职能

联合国教科文组织发布的《图书馆宪章》指出："阅读是公民的基本权利，政府有责任保障人们的这项权益。"这一主张得到了广泛的支持。国家通过制定相关政策、设置机构、制定法律法规予以推进、提供保障。但是政府在履行这一职能时，并不是大包大揽。大包大揽的一揽子工作方式，既会造成大量机构、人员冗余，也不利于公共文化服务的丰富性、有效性，不利于调动公众积极性。全民阅读推广工作的推进，应该实现投资、建设、管理等环节作业分离的模式，转变政府管理职能，从一揽子管理机构转化为落实公共文化服务的主导者、监督者与评价者，引导、调动社会力量有机参与进来，提升服务效能。

2. 社会力量参与公共阅读推广，可以带来大量人力、资金与资源，促进公共文化服务供给侧改革

改革开放以来，我国国民经济持续快速发展。2020年，面对着严峻复杂的国际形势、艰巨繁重的国内改革发展稳定任务特别是新冠疫情的严重冲击，全年国内生产总值仍然获得了2.3%的增长。全年全国居民人均可支配收入32189元，比上年实际增长2.1%。城乡居民收入大幅增长，居民消费水平明显提升，脱贫攻坚取得了重大胜利，人民生活质量得到显著改善。② 根据中国人民银行官网发布的2019年度金融数据显示：截至2019年12月末，全年各金融机构人民币的存款增加了15.36万亿元，同比多增了1.96万亿元，人民币存款的余额达到192.88万亿元，同比增长了近8.7%。③ 可以说，中国以市场经济为取向的改革，创造了大量社会财富、集聚了大量的民间资本。通过教育普及与阅读推广，国民文化素养也得到了极大提升。在此背景下，社会力量参与全民阅读推广，可以带来大量的人力投入、资金投入与物资投入。

3. 社会力量参与有助于实现公共阅读服务的多元化发展，为人民群众带来丰富的阅读空间

社会力量多元化、灵活性、专业性、追逐利益或热心公益的特点，使其能够更好地结合

---

① 吴正泓. 社会力量参与公共文化服务供给模式研究[D]. 天津：天津大学，2018.

② 国家统计局. 中华人民共和国2020年国民经济和社会发展统计公报[EB/OL]. (2021-02-28)[2021-08-05]. http://www.stats.gov.cn/tjsj/zxfb/202102/t20210227_1814154.html.

③ 中国人民银行. 2019年金融统计数据报告[EB/OL]. (2020-01-16)[2021-08-05]. http://www.pbc.gov.cn/goutongjiaoliu/113456/113469/3960220/index.html.

各地、各社区、各群体的实际需求,站在时代前沿,提供特色鲜明、具有较高的服务效能的阅读服务。根据北京朝阳区图书馆的调查,2014年间,在朝阳区的民办图书馆就有悠贝亲子图书馆、咕噜熊故事书屋、北京玖果馆、爱贝乐绘本馆、京布丁书屋、Our time 原版中英文亲子绘本馆等;并且发现民办图书馆往往建在社区周边,非常近便,服务时间以非工作时间为主,藏书以儿童读本为主,重视儿童阅读指导,围绕着儿童阅读开展读书活动或游戏,并延伸到手工课、绘画课、烘焙等体验项目,工作人员素质高,人数较少。而北京西城区的新型阅读空间则推出了"砖读空间""宣阳驿站""白云驿站""书香酒店""繁星书吧"等品牌,有的充分利用了文物保护单位的空间,有的则建在公园、酒店里,有的还可以欣赏戏剧。

4. 社会力量参与可以推动公共图书馆的改革发展

社会力量的多样化探索与实践,服务于全民阅读的"最后一公里",不仅补充了公共图书馆当前发展的不足,也可以为公共图书馆的未来发展带来新的启发。21世纪,公共图书馆事业迎来了发展新机遇,也面临着严峻的挑战。以英国为例,据英国特许公共财政与会计研究所的年度数据显示,从2020年3月到新冠疫情封锁了一些图书馆的分馆前,图书馆的书籍借阅量已经减少了近900万册,降至1.66亿册。公共资金则减少了近2000万英镑,降至7.25亿英镑。图书馆利用率的持续下降使得一些机构预测,未来十年,如果不采取大的举措,英国将再无公共图书馆服务。2013年开始,国际图联开始发布每年的新进展与发展趋势,寻找全球化背景下图书馆的发展路径。2019年的趋势报告指出了图书馆需要应对更多的不确定性、需要拥有更大的全局观、需要采取更多的大规模合作三个建议。① 是危机,也是新的发展趋势,公共图书馆创新发展成为一个重要的研究课题。社会力量参与建设可以为公共图书馆转型发展提供借鉴。

5. 社会力量投身公共阅读服务也有助于提升企事业单位文化水平、提升国民素质、促进团体文化建设

开卷有益。书香社会建设在提高国民知识、素质的同时,也构建了一个积极向上、互相交流、共同进步的社会氛围。对于投身于公共阅读服务事业的企事业单位、社会组织、个人来说,本就是遗人玫瑰、手有余香的事情。近年来,"书店+阅读""咖啡+阅读""餐厅+阅读""办公楼+阅读""商场+阅读""公园+阅读""景区+阅读"等形态纷纷兴起,如诚品书店、单向街书店、猫的天空之城等实体书店已经成为新的文化地标。"+阅读"一方面可以为相关单位带来一定的人流量,让大量人群得以更长时间地逗留在特定空间,从而为工作、为商业消费带来效益。另一方面,阅读者本身就是一道美丽的风景,良好的阅读环境可以潜移默化地影响人们的精神世界,从而为企业、组织、事业单位集体文化的建设,为公民家庭文化水准提升,为公民个人素养与精神风貌的提高带来良好的推动。

三、社会力量参与全民阅读推广的政策与法律依据

(一)社会力量参与全民阅读推广的政策

为了鼓励和引导社会力量参与全民阅读推广,国家、地方各级政府推出了一系列的政

---

① 唐红.《国际图联趋势报告 2019 年新进展》解析与启示[J].新世纪图书馆,2020(11):82-86.

策。政策主要围绕着社会力量参与全民阅读推广的主体身份、准入门槛、参与内容、参与路径与监管机制等内容展开。

1. 鼓励社会力量参与公共文化服务体系的政策

2003年以来我国文化体制改革的基本做法是"两分法",即将原来的国有文化单位划分成经营性文化产业和公益性文化事业两个大类。经营性文化产业需要走向市场,而公共图书馆、博物馆等公益性文化事业则由国家全额拨款,其人员则参照公务员管理。

2005年国务院印发了《关于非公有资本进入文化产业的若干决定》①,文件指出为了大力发展社会主义先进文化,充分调动全社会参与文化建设的积极性,进一步引导和规范非公有资本进入文化产业,逐步形成以公有制为主体、多种所有制经济共同发展的文化产业格局,提高我国文化产业的整体实力和竞争力,针对一系列问题做出决定。其中第一条就是鼓励和支持非公有资本进入文艺表演团体、演出场所、博物馆和展览馆等十八个领域。社会力量参与经营性文化产业得到了明确的肯定。

2006年《国家"十一五"时期文化发展规划纲要》②在公共文化服务方面,指出要完善公共文化服务网络;积极推进政府职能转变,实行政企分开、政事分开、政资分开和管办分离,切实把政府的职能由主要办文化转到社会管理和公共服务上来。指出要鼓励社会力量捐助和兴办公益性文化事业,在五个方面给出具体举措:引导和鼓励社会力量捐助和兴办图书馆、博物馆、文化馆等,在用地、税收等方面给予政策优惠;社会力量通过依法成立的非营利公益性组织和国家机关向公益文化事业的捐赠,纳入公益性捐赠范围;动员城市单位、居民以各种方式捐赠电视机、收音机、计算机和农民群众需要的图书杂志、电子音像出版物等;鼓励权利人许可基层文化单位无偿使用其作品或录音录像制品;机关、企业、学校的文化设施要尽可能向社会开放,积极开展文化服务。这是对社会力量参与公益性文化事业的指导性文件。

2011年10月18日,中国共产党第十七届中央委员会第六次全体会议通过了《中共中央关于深化文化体制改革 推动社会主义文化大发展大繁荣若干重大问题的决定》③。文件中提出构建公共文化服务体系,在以公共财政为支撑、以公益性文化单位为骨干之外,采取政府采购、项目补贴、定向资助、贷款贴息、税收减免等政策措施鼓励各类文化企业参与公共文化服务,进一步明确了社会力量参与公共文化服务的具体措施。

为深入贯彻落实党的十七届六中全会精神,深化文化体制改革、推动社会主义文化大发展大繁荣,进一步兴起社会主义文化建设新高潮,努力建设社会主义文化强国,根据《中共中央关于深化文化体制改革、推动社会主义文化大发展大繁荣若干重大问题的决定》和《中华人民共和国国民经济和社会发展第十二个五年规划纲要》,中共中央办公厅、国务院

---

① 中国政府网.国务院关于非公有资本进入文化产业的若干决定(国发〔2005〕10号)[EB/OL].(2005-04-13)[2021-08-05]. http://www.gov.cn/zhengce/content/2008-03/28/content_5680.htm.

② 新华社.国家"十一五"时期文化发展规划纲要[EB/OL].(2006-09-13)[2021-08-05]. http://www.gov.cn/jrzg/2006-09/13/content_388046.htm.

③ 新华社.中央关于深化文化体制改革若干重大问题的决定[EB/OL].(2011-10-25)[2021-08-05]. http://www.gov.cn/jrzg/2011-10/25/content_1978202.htm.

办公厅 2012 年 2 月印发了《国家"十二五"时期文化改革发展规划纲要》^①，在其中的政策措施方面提出要转变投入方式，通过政府购买服务、项目补贴、以奖代补等方式，鼓励和引导社会力量提供公共文化产品和服务，促进文化产业发展。

同年，为了逐渐完善覆盖城乡居民的基本公共服务体系，推进基本公共服务均等化取得明显进展，国务院印发了《国家基本公共服务体系"十二五"规划》^②，创新了公共文化服务供给模式，指出在坚持政府负责的前提下，充分发挥市场机制作用，推动基本公共服务提供主体和提供方式多元化，加快建立政府主导、社会参与、公办民办并举的基本公共服务供给模式。设立专门章节对鼓励社会力量参与进行阐述，指出要强化社会公众对基本公共服务供给决策及运营的知情权、参与权和监督权，发挥各类社会组织在基本公共服务需求表达、服务供给与监督评价等方面的作用，发展志愿服务，发展慈善事业。

2013 年 11 月 12 日，中国共产党第十八届中央委员会第三次全体会议通过了《中共中央关于全面深化改革若干重大问题的决定》^③，其中涉及了"构建现代公共文化服务体系"的内容，要"引入竞争机制，推动公共文化服务社会化发展。鼓励社会力量、社会资本参与公共文化服务体系建设，培育文化非营利组织"，要"明确不同文化事业单位功能定位，建立法人治理结构，完善绩效考核机制"，"推动公共图书馆、博物馆、文化馆、科技馆等组建理事会，吸纳有关方面代表、专业人士、各界群众参与管理"。国家行政学院社会和文化教研部副主任祁述裕指出"法人治理结构""吸纳有关方面代表、专业人士、各界群众参与管理"等提法是第一次出现在中央文件当中。

2015 年 1 月 14 日，中共中央办公厅、国务院办公厅印发了《关于加快构建现代公共文化服务体系的意见》（下简称《意见》）^④，也明确提出"鼓励和引导社会力量参与"，指出要"进一步简政放权，减少行政审批项目，吸引社会资本投入公共文化领域"。《意见》指出社会力量参与公共文化服务体系的机制有"政府向社会力量购买公共文化服务""公开透明的社会捐赠管理制度""党政机关、国有企事业单位和学校的各类文体设施向社会免费或优惠开放""吸引有实力的社会组织和企业参与公共文化设施的运营"等，同时"出台政府购买公共文化服务指导性意见和目录，将政府购买公共文化服务资金纳入财政预算"。而社会力量参与内容与形式是"投资或捐助设施设备、兴办实体、资助项目、赞助活动、提供产品和服务"等。《意见》对于社会力量参与机制、参与内容与形式有了进一步的明确。

在 2017 年中共中央办公厅、国务院办公厅印发的《国家"十三五"时期文化发展改革规划纲要》^⑤中，三次提到了社会力量参与。分别是：鼓励社会力量投资或捐助公共文化

① 新华社.中办国办印发国家"十二五"文化改革发展规划纲要[EB/OL].（2012-02-15）[2021-08-05].http://www.gov.cn/jrzg/2012-02/15/content_2067781.htm.

② 国务院新闻办公室.国家基本公共服务体系"十二五"规划[EB/OL].（2012-07-20）[2021-08-05].http://www.scio.gov.cn/xwfbh/xwbfbh/wqfbh/2012/0719/xgzc/Document/1192015/1192015.htm.

③ 新华社.中共中央关于全面深化改革若干重大问题的决定[EB/OL].（2013-11-15）[2021-08-05].http://www.gov.cn/jrzg/2013-11/15/content_2528179.htm.

④ 新华社.中共中央办公厅、国务院办公厅印发《关于加快构建现代公共文化服务体系的意见》[EB/OL].（2015-01-14）[2021-08-05].http://www.gov.cn/xinwen/2015/01/14/content_2804250.htm.

⑤ 新华社.中共中央办公厅 国务院办公厅印发《国家"十三五"时期文化发展改革规划纲要》[EB/OL].（2017-05-07）[2021-08-05].http://www.gov.cn/zhengce/2017-05/07/content_5191604.htm.

设施设备,加大政府向社会力量购买公共文化服务的力度,以及坚持和完善党委统一领导、党政齐抓共管、宣传部门组织协调、有关部门分工负责、社会力量积极参与的工作体制和工作格局。

2.鼓励社会力量参与全民阅读推广的政策

2016年12月27日,国家新闻出版广电总局在官网发布了《全民阅读"十三五"时期发展规划》[①],这是我国制定的首个国家级"全民阅读"规划。规划中将"坚持政府主导,社会参与"作为发展的一项原则,指出必须充分调动社会各界的积极性、主动性和创造性,鼓励、动员和引导社会力量共同参与,加强理念创新、制度创新、方式创新,推动全民阅读长期深入开展。而规划中对鼓励和吸引社会力量参与做了具体部署,包括:鼓励和吸引社会力量建设全民阅读公共设施、提供全民阅读服务。充分发挥热心阅读推广的社会名人、文化名家的阅读引领作用。鼓励和支持公务员、教师、新闻出版工作者、大学生等加入阅读推广人队伍,定期培训,提升阅读推广人队伍的整体素质和服务能力。鼓励和支持文化团体、教育机构和其他社会组织开展阅读推广并提供公益阅读服务。成立各级全民阅读促进协会。鼓励和支持高等院校和科研单位进行阅读研究,鼓励从跨学科的角度研究阅读理论,创新研究方法,加强阅读学学科建设,促进全民阅读工作开展。

(二)社会力量参与全民阅读的法律保障

阅读是公民的基本权利,将全民阅读推广上升到立法的高度,是对阅读权利的重要保障。这也是国际社会普遍的做法。1995年和2001年,联合国教科文组织提出了两项直接针对阅读的法律性决议,分别规定"世界图书与版权日""世界图书之都计划"及其相应的阅读推广任务。[②] 英国的《公共图书馆法案》《图书馆合法寄存法案》,美国的《卓越阅读法案》《不让一个孩子落后法案》《图书馆服务与建设法案》《图书馆服务与技术法案》,日本的《儿童读书活动推进法》,韩国的《阅读文化振兴法》,俄罗斯的《国民阅读扶持与发展纲要》,墨西哥的《促进阅读和图书法》等,纷纷从国民阅读水平、图书馆建设、儿童阅读等方面对全民阅读推广给了立法保障。我国全民阅读推广工程开展以来,也积极进行了立法探索,并将社会力量参与全民阅读推广也作为立法工作的重要内容之一。

1.《全民阅读条例(草案)》

2013年全国两会期间,全国政协委员、新闻出版总署副署长邬书林提交提案,建议把全民阅读上升为国家战略。葛剑雄、王明明、白岩松、陈建功、何建明等115名在社会有重要影响的委员均在提案签名。其中一条建议是:进行全民阅读立法,由全国人大制定《全民阅读法》、国务院制定《全民阅读条例》,以法律法规的形式将推动全民阅读工作纳入法制化轨道。

2013年全民阅读立法列入了国家立法工作计划,由国家新闻出版广电总局负责提供方案草案。2017年4月,国务院法制办公室公布了《全民阅读促进条例(征求意见稿)》,向社会各界征求意见。2017年6月,国务院法制办办务会议审议并原则通过了《全民阅

---

① 国家新闻出版广电总局关于印发《全民阅读"十三五"时期发展规划》的通知[EB/OL].(2016-12-17)[2021-08-05].https://www.nppa.gov.cn/nppa/contents/279/1609.shtml.

② 刘亮.联合国教科文组织的阅读推广活动与图书馆[J].图书与情报,2011(5):36-39.

读促进条例(草案)》,自 2017 年 6 月起实施。《草案》突出强调了在全民阅读促进工作中要发挥政府主导作用、鼓励社会参与、明确保障措施、关注未成年人等重点群体阅读等原则。[①] 这是对社会力量参与全民阅读的一个重要的法律保障。

2. 地方性全民阅读法规条例

2014 年 5 月 6 日,江苏省人大常委会将全民阅读立法列入 2014 年立法计划正式项目,方案起草工作随之正式启动。2014 年 10 月,经过汲取各方意见建议,反复修改完善,形成了《关于促进全民阅读的决定(草案)》文本,为法律出台奠定了基础。2014 年 11 月 27 日,江苏省人大常委会审议通过《关于促进全民阅读的决定》,于 2015 年 1 月 1 日正式实施。这是我国首部促进全民阅读活动的省级地方性法规。[②]《决定》的第一条就提出了促进全民阅读应坚持"政府主导、社会参与、公益普惠、平等便利"的基本原则。《决定》从四个方面确定了社会力量参与阅读推广的路径:鼓励、支持成立全民阅读公益基金会,依法接受公民、法人或者其他组织捐赠;公民、法人或者其他组织向全民阅读公益基金会捐赠的,依法享受有关优惠政策;鼓励公民、法人和其他组织向公共阅读服务场所捐赠图书等阅读资料和相关设备;鼓励社会力量设立阅读服务场所;鼓励和引导高校图书馆和其他单位、个人的阅读服务场所创造条件向公众免费开放。[③]

2014 年 11 月 24 日《湖北省全民阅读促进办法》经湖北省人民政府常务会议审议通过,并于 2015 年 3 月 1 日起施行,这是我国首个全民阅读地方政府规章。在《办法》中,提出全民阅读活动坚持政府主导、社会参与、服务大众,遵循公益性、基本性、均等性、便利性的原则。鼓励医院、宾馆、地铁等公共场所和其他经营单位提供全民阅读设施和服务,推动全民阅读服务多元化、社会化;号召国家机关、企事业单位、社会组织围绕"书香荆楚·文化湖北"的阅读品牌推进全民阅读活动进机关、进学校、进企业、进村组等;……这一系列的举措将社会力量参与深刻地融入了全民阅读推广当中。[④]

2014 年 6 月 23 日,《深圳经济特区全民阅读促进条例(征求意见稿)》发布并公开征求各界意见。经过多次修改完善,2015 年 12 月 24 日举行的深圳市第六届人民代表大会常务委员会第四次会议上通过了《深圳经济特区全民阅读促进条例》[⑤],并于 2016 年 4 月 1 日正式施行。其总则第三条明确了全民阅读促进工作遵循政府引导和社会参与相结合的原则,并为社会力量参与全民阅读推广指出了广泛的途径,如鼓励企事业单位、其他组织和个人参与或者捐赠全民阅读基金;鼓励机关、企事业单位、其他组织和个人设立图书室、阅览室、书刊架等公共阅读设施;市、区政府有关行政主管部门可以根据市政府相关规定对企事业单位、其他组织和个人兴建公共阅读设施、公益性阅读推广活动等全民阅读促

① 国务院法制办审议通过《全民阅读促进条例(草案)》[EB/OL]. (2017-06-05)[2021-08-05]. http://news.china. com. cn/txt/2017-06/05/content_40964731. htm.

② 徐同亮. 江苏全民阅读立法经验与启示[J]. 科技与出版,2017(12):16-19

③ 江苏省人民代表大会常务委员会关于促进全民阅读的决定[EB/OL]. (2015-01-15)[2021-08-05]. http://www. jsrd. gov. cn/qwfb/cwhgb/d_7488/201501/t20150115_155216. shtml.

④ 湖北省全民阅读促进办法(湖北省人民政府令第 376 号)[EB/OL]. (2014-12-06)[2021-08-05]. http://www. hubei. gov. cn/zfwj/szfl/201412/t20141224_1711162. shtml.

⑤ 付伟棠. 我国阅读立法的得失与展望——以《深圳特区全民阅读促进条例》的两个文本为例[J]. 图书馆,2015(6):24-27.

进活动予以经费补贴；等等。

此外，辽宁、四川、广东、吉林等省份都纷纷推进了全民阅读立法的工作，并将社会力量参与也作为了一个重要的组成部分进行研究，纳入立法内容，为各地进一步推进社会力量参与全民阅读推广工作提供了法律法规保障。

3.《中华人民共和国公共文化服务保障法》

为了加强公共文化服务体系建设，丰富人民群众精神文化生活，传承中华优秀传统文化，弘扬社会主义核心价值观，增强文化自信，促进中国特色社会主义文化繁荣发展，提高全民族文明素质，国家制定了《中华人民共和国公共文化服务保障法》（以下简称《保障法》）[1]，并于2016年12月25日第十二届全国人民代表大会常务委员会第二十五次会议通过，2017年3月1日正式施行。

《保障法》开篇就指明公共文化服务，是由政府主导、社会力量参与，以满足公民基本文化需求为主要目的而提供的公共文化设施、文化产品、文化活动以及其他相关服务，从而将社会力量参与直接体现在了公共文化服务的内涵之中，并指出国家鼓励和支持公民、法人和其他组织参与公共文化服务，对在公共文化服务中作出突出贡献的公民、法人和其他组织，依法给予表彰和奖励。

社会力量可以参与公共文化设施建设与管理。《保障法》的第23、24、25条均与社会力量有关。第23条指出各级人民政府应当建立有公众参与的公共文化设施使用效能考核评价制度，公共文化设施管理单位应当根据评价结果改进工作，提高服务质量。社会力量参与效能考核是一个创新之举。第24条指出国家推动公共图书馆、博物馆、文化馆等公共文化设施管理单位根据其功能定位建立健全法人治理结构，吸收有关方面代表、专业人士和公众参与管理。其中社会力量在公共图书馆领域的参与，在一定程度上参与了全民阅读推广。第26条指出国家鼓励和支持公民、法人和其他组织兴建、捐建或者与政府部门合作建设公共文化设施，鼓励公民、法人和其他组织依法参与公共文化设施的运营和管理。

社会力量可以参与公共文化服务提供。国家鼓励经营性文化单位提供免费或者优惠的公共文化产品和文化活动，《保障法》第32、37、42、43条均与社会力量有关。鼓励和支持机关、学校、企业事业单位的文化体育设施向公众开放；鼓励公民主动参与公共文化服务，自主开展健康文明的群众性文化体育活动；地方各级人民政府应当给予必要的指导、支持和帮助；鼓励和支持公民、法人和其他组织通过兴办实体、资助项目、赞助活动、提供设施、捐赠产品等方式，参与提供公共文化服务；倡导和鼓励公民、法人和其他组织参与文化志愿服务。

国家为社会力量参与公共文化服务提供了保障。《保障法》第48、49、50、53条均与社会力量有关。国家鼓励社会资本依法投入公共文化服务，拓宽公共文化服务资金来源渠道；国家采取政府购买服务等措施，支持公民、法人和其他组织参与提供公共文化服务；公

① 中国人大网.中华人民共和国公共文化服务保障法(2016年12月25日第十二届全国人民代表大会常务委员会第二十五次会议通过)[EB/OL].(2016-12-25)[2021-08-05].http://www.npc.gov.cn/zgrdw/npc/xinwen/2016-12/25/content_2004880.htm.

民、法人和其他组织通过公益性社会团体或者县级以上人民政府及其部门,捐赠财产用于公共文化服务的,依法享受税收优惠;国家鼓励通过捐赠等方式设立公共文化服务基金,专门用于公共文化服务;国家鼓励和支持公民、法人和其他组织依法成立公共文化服务领域的社会组织,推动公共文化服务社会化、专业化发展。

在附则中,《保障法》还对境外自然人、法人和其他组织在中国境内从事公共文化服务做出要求,指出其活动应当符合相关法律、行政法规的规定。

《保障法》着眼于公共文化服务整体,将社会力量参与纳入其基本内涵建构,从参与公共文化设施建设与管理、参与提供公共文化服务、给予保障与管理等方面进行了系统的条款建设,对于社会力量参与公共文化服务是一个重要的推动与保障,对于社会力量参与全民阅读推广也有一定的推动作用。

4.《中华人民共和国公共图书馆法》

《中华人民共和国公共图书馆法》(下简称《公共图书馆法》)①,2017年11月4日第十二届全国人民代表大会常务委员会第三十次会议通过,自2018年1月1日起实施。《公共图书馆法》第4条,国家鼓励公民、法人和其他组织自筹资金设立公共图书馆;要求县级以上人民政府应当积极调动社会力量参与公共图书馆建设,并按照国家有关规定给予政策扶持。第6条,国家鼓励公民、法人和其他组织依法向公共图书馆捐赠,并依法给予税收优惠;境外自然人、法人和其他组织可以依照有关法律、行政法规的规定,通过捐赠方式参与境内公共图书馆建设;第12条,对在公共图书馆事业发展中作出突出贡献的组织和个人,按照国家有关规定给予表彰和奖励;第45条,国家采取政府购买服务等措施,对公民、法人和其他组织设立的公共图书馆提供服务给予扶持;第46条,国家鼓励公民参与公共图书馆志愿服务;县级以上人民政府文化主管部门应当对公共图书馆志愿服务给予必要的指导和支持。从这些条款中,可以看到对《保障法》、对《全民阅读条例(草案)》等文件精神的继承与深化。

经过这一时期各级政府部门的广泛调研、积极探索,我国社会力量参与全民阅读推广得到了法律的保障。总体来说,社会力量参与全民阅读推广已经成为建构公共文化服务体系的一个共识;社会力量主要包括公民、法人和其他组织;社会力量可以通过参与公共图书馆建设、向公共图书馆捐赠、参加图书馆志愿服务、向公众开放阅读空间与设施等形式参与全民阅读推广,通过享受税收优惠、获得表彰奖励、由政府购买服务等形式获得相应回馈。而且也在逐步影响到其他领域的立法当中,比如2021年通过修订的《北京历史文化名城保护条例》②,提出了"鼓励历史建筑结合自身特点和周边区域的功能定位,引入图书馆、博物馆等文化和服务功能'条例'第六十五条"。

---

① 中国人大网.中华人民共和国公共图书馆法(2017年11月4日第十二届全国人民代表大会常务委员会第三十次会议通过)[EB/OL].(2017-11-04)[2021-08-05]. http://www. npc. gov. cn/npc/c30834/201711/86402870d45a4b2388e6b 5a86a187bb8. shtml.

② 北京市人民代表大会.北京历史文化名城保护条例[EB/OL].(2021-01-27)[2021-08-05]. http://www. beijing. gov. cn/zhengce/zhengcefagui/202102/t20210207_2278719. html.

四、社会力量参与全民阅读推广的前景展望

一个时代有一个时代的主题。从古代士人阅读,到近现代平民阅读,再到当代全民阅读,书香正在进入千家万户、熏陶亿万群众。群众的力量是无穷的,社会力量参与全民阅读推广本身,就是一个自我提升、自我陶冶的过程。因此,在人民群众日益增长的物质文化需求的刺激下,在政府职能转变的背景下,在人民群众文化素养日益提升的基础上,社会力量参与全民阅读推广有着广阔的发展前景。

（一）社会力量参与公共服务是推动社会经济发展的重要举措

2021年3月12日,《中华人民共和国国民经济和社会发展第十四个五年规划和2035年远景目标纲要》①(以下简称《纲要》)发布。意味着我国开启了全面建设社会主义现代化国家新征程的宏伟蓝图,进入了新发展阶段。《纲要》指明了"十四五"时期经济社会发展必须牢固把握的指导思想、原则和战略导向,展望2035年提出了远景目标与"十四五"时期经济社会发展主要目标,提出了坚持创新驱动发展、加快发展现代产业体系、形成强大国内市场等十八项政府工作重点。对于社会力量参与全民阅读推广来说,《纲要》为其指明了今后一段时期的发展前景与工作重点。在《纲要》中,社会力量参与全民阅读推广没有得到直接论述。但是在社会力量参与公共服务的章节中,阐述了社会力量参与公共服务的重点工作,为社会力量参与全民阅读推广指明了工作重心。

1. 鼓励与引导社会力量参与全民阅读推广符合《纲要》的指导思想

《纲要》提出了"十四五"时期经济社会发展的指导思想是高举中国特色社会主义伟大旗帜,深入贯彻党的十九大和十九届二中、三中、四中、五中全会精神,坚持以马克思列宁主义、毛泽东思想、邓小平理论、"三个代表"重要思想、科学发展观、习近平新时代中国特色社会主义思想为指导,全面贯彻党的基本理论、基本路线、基本方略,统筹推进经济建设、政治建设、文化建设、社会建设、生态文明建设的总体布局,协调推进全面建设社会主义现代化国家、全面深化改革、全面依法治国、全面从严治党的战略布局,坚定不移贯彻创新、协调、绿色、开放、共享的新发展理念,坚持稳中求进工作总基调,以推动高质量发展为主题,以深化供给侧结构性改革为主线,以改革创新为根本动力,以满足人民日益增长的美好生活需要为根本目的,统筹发展和安全,加快建设现代化经济体系,加快构建以国内大循环为主体、国内国际双循环相互促进的新发展格局,推进国家治理体系和治理能力现代化,实现经济行稳致远、社会安定和谐,为全面建设社会主义现代化国家开好局、起好步。

从公共服务领域来看,提供高质量、均等化的公共服务,满足人民日益增长的美好生活需要是社会经济发展的根本旨归之一。为促进公共服务体系的健全与发展,供给侧结构性改革将持续地深入开展下去,改革创新是推动其发展的根本动力。从前一阶段的工作来看,推动公共服务高质量、均等化发展已经离不开社会力量的参与。社会力量参与无

---

① 新华社.中华人民共和国国民经济和社会发展第十四个五年规划和2035年远景目标纲要[EB/OL].(2021-03-12)[2021-08-05].http://www.gov.cn/xinwen/2021-03/13/content_5592681.htm.

论在参与渠道、参与力度还是管理机制等方面都日益得到提升，参与成效得到彰显。因此，在公共服务体系建设中，当前社会力量参与的一系列政策将得到进一步的贯彻与创新。《纲要》从总体上为社会力量参与全民阅读推广指明了发展前景，具有重要的指导意义。

2.《纲要》阐述了社会力量参与公共服务的重点工作

《纲要》第四十六章指出要健全国家公共服务制度体系，具体表现为加快补齐基本公共服务短板，着力加强非基本公共服务弱项，努力提升公共服务质量和水平。

首先，社会力量参与公共服务的重点是非基本公共服务领域。2019 年的《"十三五"推进基本公共服务均等化规划》中，国家就确定了公共教育、劳动就业创业、社会保险、医疗卫生、社会服务、住房保障、公共文化体育、残疾人服务等八大领域为基本公共服务领域。基本公共服务领域的主体是政府，而非基本公共服务的供给则需要充分发挥市场和社会组织等各种社会力量的广泛参与。政府在基本公共服务领域的强调服务均等化、普惠化和便捷化，非基本公共服务领域则强调服务的市场化、多元化和优质化。2019 年政府工作报告中也明确提出了要"支持社会力量增加非基本公共服务供给，满足群众多层次、多样化需求"。

根据笔者的理解，基本公共服务领域建设以政府为主体，强调服务均等化、普惠化和便捷化，即为人民物质文化需求提供基本保障，特别是其中指出的"向基层延伸、向农村覆盖、向边远地区和生活困难群众倾斜"。而随着生活水平的总体提升，人民群众对于公共服务的需求层次更加多样化，优质化、多元化、个性化的需求供给则依赖政府与社会力量的共同建设，通过建设主体的多元化、提供方式的多样化，走市场化的道路来实现公共服务的多元化、优质化。这就为社会力量参与公共服务提出了新的要求。从这一点来看，下一阶段社会力量参与公共服务要根据人民群众优质、多元的文化需求，利用市场灵活的机制，创新参与路径、服务内容与服务方式，为人民群众带来高质量的文化享受。

其次，社会力量参与公共服务还包括供需矛盾突出的普惠性领域。《纲要》第四十六章第二节指出在育幼、养老等供需矛盾突出的服务领域，要支持社会力量扩大普惠性规范性服务供给。政府要支持社会力量参与建设部分紧缺的基础公共服务，缓解当前需求增长与供给不足矛盾。

3.《纲要》为社会力量参与公共服务明确了新的政策保障

《纲要》针对社会力量参与公共服务提出了几点政策保障，首先，参与提供普惠性规范性服务的各类机构，可以平等享受优惠政策。将更多公共服务项目纳入政府购买服务指导性目录，加大政府购买力度，完善财政、融资和土地等优惠政策。其次，深化公共服务领域事业单位改革，营造事业单位与社会力量公平竞争的市场环境，在资格准入、职称评定、土地供给、财政支持、政府采购、监督管理等方面公平对待民办与公办机构。

(二)新时期社会力量参与全民阅读推广的发展趋势

图书馆是公共文化设施之一，报刊图书、阅读服务、全民阅读推广是公共文化服务的重要内容。全民阅读推广是公共服务的重要一环。"十四五"规划和"2035 年远景目标"肯定了社会力量参与公共服务的重要性，进一步明确了新时期社会力量参与公共服务的目标、内容、方式与政策保障，也为新时期社会力量参与全民阅读推广展现了新的发展趋势。

1. 社会力量参与全民阅读推广聚焦于提供优质阅读设施、信息以及阅读推广服务

国家社会经济发展对于社会力量参与公共服务的期许之一,主要是针对人民群众多层次、多元化的文化需求。社会力量参与全民阅读推广,可以通过参与公共图书馆建设、自主创办阅读空间、参与报刊图书策划出版与发行、捐献图书资料、举办阅读指导与推广活动、提供志愿者服务等形式开展。从阅读设施建设角度来说,应该致力于改善阅读空间设计,打造集图书流通、信息咨询、报刊图书销售、阅读、餐饮、休闲、社交、教育、亲子、幼托、体验、终身教育、古建筑保护等多种功能于一体的综合空间,突出特色,嵌入社区居民生活之中,满足不同读者的文化需求。从内容资源建设角度来说,应该致力于数字化阅读、视听媒体阅读、特色阅读、深度阅读、研究性阅读等类型,提供相应的报刊图书资源、电子书库资料及相应的设施设备。而从阅读推广来说,应该致力于创新阅读指导、读书活动形式,吸引读者的主动参与与创造。

2. 社会力量参与全民阅读推广还要重视为困难群体提供服务

在以政府为主体推进基础公共服务的同时,社会力量也被鼓励参与供需矛盾突出的普惠性规范性服务领域。从全民阅读推广角度来看,社会力量参与时应重视为困难群体提供服务。比如农民工、老人、儿童、妇女等。2020年6月24日,来自东莞图书馆的一则留言,感动了全国人民。这是一位来东莞打工的农民,到东莞工作了十七年,因为疫情影响不得不返乡。于是在东莞图书馆的读者留言表里写下:"我来东莞十七年,其中来图书馆看书有十二年,……想起这些年的生活,最好的地方就是图书馆了。"后来据了解,在当地政府部门的帮助下,吴桂春将在东莞一个小区从事一份环卫清洁工作,可以继续留在这个有着浓郁书香与温情的城市。

推广全民阅读、建设书香社会已经成为我国的一项基本国策。在知识爆炸、数字技术发展以及人民文化需求层次提升的背景下,社会力量参与全民阅读推广既应该在均等化、普惠化服务领域发挥能量,为基层、农村、边远地区和生活困难群众带来更多服务;也应该在服务内容、服务形式上加大创新,发挥机制灵活的优势,为广大人民群众带来更多优质的阅读设施、阅读服务。

社会力量参与新型阅读空间建设运营准入条件

内容提要

　　《全民阅读促进条例(征求意见稿)》明确提出"由政府主导,社会力量参与,推动优秀出版物创作出版,完善阅读设施,改善阅读条件,组织开展阅读活动、营造良好阅读氛围等工作",在这一背景下社会力量纷纷加入阅读空间建设,各种功能多样、舒适美观、具有馆藏特色的新型阅读空间纷纷涌现,在一定程度上满足了多样化的阅读需求。新事物的出现和发展会产生一系列的问题,比如:社会力量兴办的阅读空间该采用何种运行模式? 如何平衡新型阅读空间"公益性"和"营利性"这一双重属性? 政府和社会力量作为建设主体该如何协同推进阅读空间的建设和发展? 社会力量参与新型阅读空间的准入条件指标体系该如何建立? 这一系列的问题亟待通过政策制度、法律法规来规范和解决。

　　城市新型阅读空间的出现改变了过去以中心图书馆为建设重点的格局,这种转变让不同类型的图书馆融入公民生活中去,推动了我国图书馆事业水平的提升,同时城市新型阅读空间的建设完善了公共文化服务体系、扩大了公共文化服务半径、突破了一般图书馆公共文化服务的边界、缓解了图书馆服务供需端不平衡性矛盾。此外,城市新型阅读空间的出现破解了传统图书馆建筑的局限性,城市新型阅读空间将整个城市作为馆舍,为读者提供随时随地、无处不在的阅读空间,是打通我国城乡公共文化服务和意识形态的"最后一公里",促进了公民终身学习的全覆盖。社会力量是新型阅读空间建设的重要组成部分。从社会力量参与城市新型阅读空间建设这一具体领域出发,通过文献研究、网络调查、实地调研等方式,以社会力量参与新型阅读空间建设为研究对象,全面剖析社会力量参与新型阅读空间建设运营准入条件,初步设计社会力量参与新型阅读空间建设的准入标准,或将成为政府主管部门进行有关决策的参考依据和社会力量参与新型阅读空间建设的有益参照。

　　党的十九届四中全会提出,必须坚定文化自信,牢牢把握社会主义先进文化前进方向,激发全民族文化创造活力,更好构筑中国精神、中国价值、中国力量。习近平 2019 年8 月 21 日考察读者出版集团有限公司时强调,"要提倡多读书,建设书香社会,不断提升人民思想境界,增强人民精神力量,中华民族的精神世界就能更加厚重深邃。为人民提供更多优秀精神文化产品,善莫大焉"[①]。随着"建设书香社会"目标的提出和公共文化服务

---

　　① 新华社. 习近平:要提倡多读书,建设书香社会[EB/OL]. (2019-08-23)[2021-08-10]. https://www.chinaxwcb.com/info/555752.

体系的不断完善,我国全民阅读进入好时代。2014—2019年,全民阅读连续6次被写入政府工作报告。全国城乡出现了公共图书馆指导下的众多新型阅读空间,不断满足基层群众对阅读的美好需求。社会力量成为参与新型阅读空间建设的重要力量。党和政府高度重视社会力量在全民阅读推广中的作用,自2013年起先后制定颁布了相关法规和文件:国务院办公厅《关于政府向社会力量购买服务的指导意见》《关于在公共服务领域推广政府和社会资本合作模式的指导意见》《关于做好政府向社会力量购买公共文化服务工作的意见》及中共中央办公厅、国务院办公厅《关于加快构建现代公共文化服务体系的意见》等。《中华人民共和国公共文化服务保障法》《中华人民共和国公共图书馆法》正式实施。这些法规和文件的出台,为社会力量参与社会公共文化事业建设和新型阅读空间建设提供了法律保障和政策支持。

一、社会力量参与新型阅读空间建设现状

新型阅读空间是公共文化服务的主阵地、基层群众的"精神家园"和意识形态领域"最后一公里"。据统计,进入城乡新型阅读空间的读者80%为青少年。因此,新型阅读空间建设是党和政府维护文化安全、解决公共文化服务均等化的有效方式。社会力量参与新型阅读空间建设和全民阅读活动已形成共识。

目前,社会力量参与新型阅读空间建设方兴未艾,北京朝阳区的宸冰书坊、上海浦东新区的融书房、合肥的城市阅读空间、温州的城市书房、西宁的几何书店等新型阅读空间已成为当地文化旅游融合发展的新地标。社会力量作为一个重要部分积极参与新型阅读空间建设,在公共文化服务领域深化改革中发挥着举足轻重的作用,但同时也存在一些亟须解决的主要问题。

(一)准入条件不够明确,参与方式、途径不够规范

当前,主管部门对什么样的社会力量参与新型阅读空间建设没有明确的规定或要求。政府招投标网站或政府与社会力量签订的合作协议,要求比较单一,条文不够系统,无法对参与企业进行科学、系统、全面的考察。因此需要借助科学方法制定社会力量参与新型阅读空间建设的准入机制。

社会力量参与公共文化服务的方式、途径不够规范。目前,社会力量参与基层公共文化服务的积极性很高,但参与目的各不相同,诉求也不一;参与的方式、途径不明确,也不够规范。在引入社会资本后,如何有效地克服资本的逐利性,维护公共文化的公益性、服务性、便民性等,还需要进一步探索有效办法。

(二)主管部门主导不足,公共政策不够健全

政府主管部门作为新型阅读空间建设的主体,出台相关文件给予保障,但其主导作用还须进一步加强。例如在经营主体方面,对社会力量参与新型阅读空间建设条件的规定还不够系统,缺乏科学的、全面的评价标准;在过程管理方面,有待出台过程管理相关文件,检查新型阅读空间运营过程的效果,便于进行持续的改进;在运营结果考核方面,要设计科学的、可操作的指标,检验空间运营效果、顾客满意度等情况。

社会力量参与公共文化服务的公共政策不够健全。国务院办公厅转发《关于在公共服务领域推广政府和社会资本合作模式的指导意见》决定把政府与社会资本合作模式

(PPP)推广到公共文化服务领域,但如何实施则缺乏具体政策办法。在各个城市阅读空间实际运营操作中,政府和市场的关系把握难度较大,政府如何选择项目合作伙伴、划分政府与社会资本的责权利关系、加强监管等,缺乏具体措施。

(三)经营资质要求不明,公益性和经营性边界不清

当前对参与新型阅读空间的社会力量资质方面,除通用要求外,主要要求具有出版物经营许可证,其他条件要求相对宽松。新型阅读空间不仅功能多样,而且是打通公共文化服务、服务于意识形态领域"最后一公里"的关键环节,因此,对参与建设的经营主体应该有比较明确的要求,处理好其公益性是一个重要命题。同时,还需加强对社会力量的社会信誉、社会责任、人文情怀等方面的准入要求。

公益性和经营性的边界不清晰。从各新型阅读空间运营情况看,公益性和市场化的边界比较模糊,在实践中难以准确地把握。如,剧场书吧和以书店为背景的新型阅读空间,其免费开放空间和销售空间、经营空间划分模糊不清,容易给消费者造成误解;免费服务的内容和具体项目不甚清晰;公益性属性如何界定,是零门槛还是成本性门槛?

(四)专业人员能力不强,空间服务效能不高

新型阅读空间的主要合作模式之一,就是由政府主管部门以及公共图书馆提供图书资料及技术服务,建设和运营部分主要由社会力量负责,社会力量需要配备专业人员负责经营管理。新型阅读空间的工作人员,不仅需要具备图书流通方面的业务知识,还应是具备营销学、心理学、活动策划等能力的专业性人员。通过调研发现,目前部分招聘岗位准入零门槛,只要求一些难以考核的描述性软指标;现有人员流动性较大,日常的培养培训也较为缺乏,员工专业知识不足,责任意识、主人翁意识不强,新型阅读空间过程管理的意识和能力尚需进一步提高,导致新型阅读空间运营主体在提供专业性服务方面还不能满足实际需要。

基于政府主管部门、社会及读者的需求,可以以倒逼方式来理清阅读空间应提供什么服务及服务应达到的效果。不仅需要举办多样的特色活动,而且还要加强对活动效果的控制,注重互动性、参与性。政府主管部门要做好整个区域新型阅读空间的统筹定位,单个新型阅读空间要做好自身定位并重点关注提高服务效能。

(五)开展活动层次较低,缺乏特色服务

城市新型阅读空间的一个主要特性是便利性,在地址选择上与传统图书馆的不同之处就是打破了传统图书馆阵地化服务模式,所以在地理位置上更加靠近社区,主要服务的对象也是新型阅读空间附近某一区域的读者。但是经过实地调研发现,现阶段社会力量在举办读者服务时面临着读者活动模式化,且活动层次较低,未能因地制宜的问题。

在时间分配上,多数读者活动被分配到周末而在工作日活动较少,这样会造成参与活动人员流量大,活动质量无法得到保证的情况,同时一些在工作日有活动需求的社区居民也无法享受阅读活动。新型阅读空间的读者活动如果只简单地拘泥于数量,拘泥于讲座、培训、艺术欣赏等外在形式,而不重视质量,不重视读者的参与性、互动性、知识性,便会有违于满足读者需求的真正初衷。

二、社会力量参与新型阅读空间建设

通过检索、调查发现,当前运用科学方法、理念对社会力量参与新型阅读空间建设准入机制研究比较罕见。准入机制是社会力量参与新型阅读空间建设的主要内容之一,其完善程度直接影响社会力量参与新型阅读空间建设的积极性、有效性。ISO9001 质量标准是许多发达国家质量管理实践经验的科学总结,具有通用性和指导性。实施该标准可以促进企业或组织质量管理体系的改进和完善,对提高企业或组织的管理水平、保障其产品或服务质量起着重要作用。在社会力量参与新型阅读空间建设准入条件中引入 ISO9001 质量管理思维,建立、完善准入标准具有较强的必要性。

(一)新型阅读空间建设的属性与特征

综合诸多已有研究成果,新型阅读空间是指由政府或企业、社会组织、个人在城市街道、乡村社区独办或合办,主要通过公共图书馆延伸为公众提供文献资源与知识服务,集阅读、活动、休闲、教育于一体的多元化新型公共阅读场所。新型阅读空间建设的主体由单一变成多元,功能由简单变成多样。新型阅读空间建设是以公共图书馆为主体的公共阅读空间服务延伸,成为新时代推广全民阅读的创新举措,之所以称为“新型”是因为其具有鲜明的时代特征和属性。

1. 新型阅读空间建设的属性

(1)服务公益性

公共图书馆属于纯公共物品,新型阅读空间属于准公共物品,服务公益性是两者共同的本质属性。公共文化服务最大的特性是基本性、均等性和公益性,也就是说,公民享受到的公共文化服务是当地经济社会发展所能提供的最基本的服务内容,享受这些服务的机会是均等的,是公共福利,具有典型的公益性。

(2)专业知识性

公众能够在新型阅读空间里阅读各类书刊,浏览或查找网络信息,参加各类品读活动,故其属于社区公共知识空间,引领城市文明发展,一些特色读者服务带动市民追求更高层次的精神文化生活。

(3)场所开放性

新型阅读空间面向所有人开放,不设门槛,有的全天候开放,实现公益属性与社会效益最大化。从各特色阅读空间运行情况看,普遍把公益服务摆在突出位置。全部实行公开开放、免费开放,不设门槛限制。大部分特色阅读空间服务时间超过 10 小时/天,一般都给公众提供免费阅读、免费借阅、公益讲座、诗书朗读、文化交流等服务。

(4)业务多样性

传统的公共图书馆会为公民提供高质量的文献知识服务,并不会过多涉及其他领域服务,但这并不意味公民没有其他方面的需求,新型阅读空间的出现打破了图书馆固有的业务边界,延伸了服务内容,增加了业务多样性。这些多种业态的融合,推动了公共文化跨界融合,比如书吧与书店融合、景区书房与旅游活动融合。

（5）整体现代性

新型阅读空间无论是在空间设计、环境布置，还是在技术运用等方面，都体现了浓郁的现代气息。在物理空间上以增强顾客体验感为基础，强调艺术感、设计新颖、格调高雅，处处体现现代性。新型阅读空间充分运用互联网技术，将图书自主借还、手机下载、掌上阅读、线上线下互动等活动深入融进阅读空间建设当中。

2. 新型阅读空间建设的特征

（1）建设主体多元化

新型阅读空间按建设主体划分主要有三种类型，分别是民间自办、官办、民助、民办官助。在新型阅读空间出现的萌芽阶段，建设主体大多为个人、企业，从而形成了我国新型阅读空间的前身，为后来的大规模建设新型阅读空间起到了启蒙与探索作用。在新型阅读空间建设的探索阶段和快速发展阶段，随着国家、地方政府相继出台相关政策文件鼓励和支持社会力量参与公共文化事业建设，在明确政府主导地位、保证公共文化服务的公共性和公益性前提下，政府可以与社会力量协同合作共建新型阅读空间，从而可以凝聚民间自办、官办民助、民办官助三种建设模式的共同优势，减少各自的劣势，促进整体新型阅读空间建设水平的提升。按建设主体划分的新型阅读空间类型优、劣势比较见表1。

表1　按建设主体划分的新型阅读空间类型优、劣势比较

建设主体	优势	劣势
民间自办	市场洞察力灵敏；对市场反馈反应及时；服务方式灵活多样、满足个性化需求；紧跟市场前沿；管理灵活	以营利为目的；受收益因素影响大；易受市场风险影响；具有盲目性；运营服务不稳定；服务人员缺乏专业性
官办、民办官助	公益性强；政策扶持、财政有保障；宣传力度大；运营与服务稳定；管理规章制度严格；服务人员较专业	资源调配复杂、多头管理；容错性差

社会力量参与新型阅读空间建设可以使政府行为更高效，发挥政府与社会力量的各自优势，提升建设效率，节省成本，共同提供符合先进文化前进方向的、健康积极向上的公共文化服务，达到共赢的结果。

（2）服务边界逐步延伸

传统的公共图书馆会为公民提供高质量的文献知识服务，并不会过多涉及其他领域服务，但这并不意味着公民没有其他方面的需求，新型阅读空间的出现打破了图书馆固有的业务边界，延伸了服务内容的边界与服务方式的边界。

首先，服务内容边界的逐步延伸，是指将众多非图书馆核心业务纳入服务边界内。例如一些新型阅读空间会涉及一些经营性项目，如咖啡简餐、文创产品贩卖、古旧书收售、有偿古籍修复；还会开展一些具有地域文化特色的项目，例如当地特色文化工艺品展示、非物质文化遗产学习等；同时，一些新型阅读空间加入了公共图书馆联盟实现了文献资源流转，提供特定领域知识咨询等，读者可以在这里较快获得更新的知识信息。

其次，服务方式边界的逐步延伸，是指读者可以通过不同方式获取新型阅读空间中提

供的知识与服务。新型阅读空间为城市公民提供了基础的阅读场所,公民可以通过阅读传统的纸质知识资料,如期刊、书籍获取传统的知识服务;同时,新型阅读空间通过形式各异的阅读推广活动如文化讲座、读者沙龙、新书发布等实现服务边界的延伸;另外,一些新型阅读空间的现代信息技术服务手段也促进了服务方式边界的延伸,例如利用新媒体服务平台开展"场馆O2O运营服务"实现了线上与线下互动的运营模式。

(3)公益性与经营性相结合

随着社会资本与社会力量大规模进入公共文化服务体系,新型阅读空间建设主体的跨界组合带来了新型阅读空间业务、功能的混搭,从而产生了公益性服务与经营性服务的复合。

在公益性服务方面,由政府、公共图书馆、社会力量共同合办的新型阅读空间提供的是纯公共物品,即发挥公共图书馆职能的部分免费,在此基础上一些经营性项目收费,所以无论是何种类型的新型阅读空间在基础服务上都具有公益性质。在一定的服务范围之内,新型阅读空间以馆藏资源为基础,允许社会成员自由进入和使用新型阅读空间,面向社会不同的阅读群体提供无偿服务,实现社会公共利益。

在经营性服务方面,新型阅读空间提供的商品一般是满足公民生活需求的商品,如咖啡简餐、美食热饮。但更多的新型阅读空间经营的是兼具文化与商品属性的文创产品,这些商品具有独特的文化气息,能够反映某一地域的风土人情或者能够体现某一文化主题的文化特质,具有独特性、唯一性等特点。这些文创产品提升了商品的附加价值,满足了文化消费市场与用户消费预期,同时向公民传播和普及文化知识,实现了新型阅读空间、文创产业与消费者的多赢。

(4)空间服务更具人文气息

人文性是新型阅读空间的灵魂。新型阅读空间的人文性主要体现在更关注"人"的价值诉求、教化理想和审美态度。在新型阅读空间的自发产生阶段,因不可避免受到当时理念、资金、服务、技术等多种因素掣肘,许多书店对"物"的关注大于对"人"的关注,在选址上考虑读者便利性较少;在建筑、空间设计风格上比较呆板;在文献资源建设上滞后等,没有把对"人"的关注放在首位,最终结果就是无法适应读者的需求,产生运营上的困难甚至破产。随着新型阅读空间的建设与发展,愈来愈多的空间把对"人"的关注放在首位,比如将新型阅读空间建在交通方便、环境幽雅之处;在馆藏资源上也不是巨细无遗而是有的放矢,更加针对"人"的阅读需求;在建筑、空间设计上充满美学、人文意蕴,即使读者不在这个空间中阅读书籍,而是仅仅停留在这个空间中也是一种精神上的享受。

(5)地理与时间更具便利性

城市便利性是指城市中某地特有的能够让人感到舒适、愉悦而吸引人们在其周围居住和工作的各种设施、环境条件等,新型阅读空间的出现体现了城市的便利性,吸引了更多公民到阅读空间中进行阅读,带来阅读上的便利。新型阅读空间的便利性体现在两个方面:一是地理位置上的便利性,二是时间上的便利性。

地理位置上的便利性是与大型公共图书馆等公共文化服务基础设施相比较的。与传统大型公共图书馆相比,新型阅读空间在地址选择上打破了传统图书馆阵地化模式,在理念上将公民走进城市阅读空间的观念转变为让城市阅读空间走进公民中去。新型阅读空间建设灵活,在商场内、繁华街道、居民社区等处均可设置新型阅读空间,地理位置一般会选择在人流量较密集区域,从而使公民看书就像买东西一样方便,这体现了新型阅读空间在地理位置上具有便利性。

时间上的便利性是指有些新型阅读空间因为本身具有地理位置的便利性,公民去往新型阅读空间的路途时间变少,从而减少了时间成本;另外,一些城市公共阅读空间实行24 小时开放、错峰开放、错时开放,能够满足不同公民的时间需求,体现了新型阅读空间在时间上的便利性。

(二)新型阅读空间建设准入与认证关系

新型阅读空间在倡导全民阅读、建设学习型社会中,成为培养文化自信、实现民族复兴的精神索引。社会力量参与新型阅读空间建设,引入 ISO9001 质量管理体系具有必要性和可行性。

1. 引入质量管理认证的必要性

一是有利于服务质量的持续提高。通过引入 ISO9001 质量管理体系,以"预防为主,事先控制"为思路,对社会力量参与新型阅读空间的准入机制进行科学的、系统的、全面的规划,为社会力量的产品或服务质量持续改进奠定基础。

二是不断提高员工素质。通过引入 ISO9001 质量管理体系,对社会力量参与新型阅读空间准入过程的各项工作,做到专人负责,严标准高要求,都有章可循。通过贯彻ISO9001 质量理念,不仅可以锻炼员工的工作能力,提高其工作责任心,还能增强员工对质量工作的认识,保障质量工作的效果。

三是有力地提高管理组织水平。ISO9001 质量管理体系是一套科学质量管理体系,可对社会力量参与新型阅读空间建设的准入条件进行全面、系统、科学的设计,进一步完善准入机制,有利于新型阅读空间运行效果的提高和质量的达成。

四是有利于提升企业和组织形象。ISO9001 质量标准体系,学习借鉴了众多国家企业先进管理经验、质量管理和保障标准,已成为企业或组织质量保证能力的重要依据。基于 ISO9001 质量管理理念,对社会力量参与新型阅读空间准入机制进行设计,可进一步展现社会力量的形象,增强其产品或服务的市场竞争力。

2. 引入质量管理认证的可行性

ISO9001 质量管理体系的基本原则可以导入社会力量参与新型阅读空间建设的准入机制。

一是关注顾客,以顾客为中心。需以读者的体验效果为导向、受益程度为目标。例如,阅读空间环境优雅,借阅图书便捷,休闲空间体验良好,特色项目数量质量有保障,读者受益程度稳定,读者满意度持续增高等。

二是领导作用。作为参与新型阅读空间建设的社会力量负责人,应明确组织质量目标,采取科学方法提高服务质量,在阅读空间准入条件方面投入合理的人力、物力和财力,确保阅读空间运营的质量得到足够的重视,确保资源充足。

三是全员参与。社会力量投入在阅读空间建设的人员,不仅要具有良好的工作状态、敬业精神、专业能力,还需要组织管理层到一线与员工一起开展工作。

四是过程管理方法。过程方法是保障阅读空间运行质量的重要和主要措施,保障其运行效果。该方法通过对新型阅读空间运行过程进行管理，可有效保障阅读空间运行质量，提高其产品或服务的满意度。

五是持续改进。持续改进是自我不断完善、不断改进的过程，包含制度改进、手段改进、目标改进等方面。新型阅读空间由于发展时间较短，没有现成经验可以借鉴，因此需不断对有关工作进行改进，以达到不断提高服务质量的目的。

六是循证决策。该方法是运用系统论方法进行全面管理，是一个基于事实的决策方法。社会力量参与新型阅读空间建设的准入条件、运行效果考核等，需建立在对数据收集、分析的基础上。

七是关系管理。新型阅读空间建设的模式由过去单一的政府主导、公共图书馆主办，转变为政府、公共图书馆和社会力量系统建设的模式。三方目标一致，相互关联、相互依赖，积极合作达到共赢。

三、社会力量参与新型阅读空间建设准入机制

公信力和责任感是社会力量参与新型阅读空间建设运营的生命线，本文通过实地调研、访谈、网络调查等形式，结合 ISO9001 质量管理体系认证视角，将准入条件分为资源、能力、意识、沟通和成文信息五个方面，建立"优选名单"制度和动态调整机制，以确保新型阅读空间建设运营的公益性、专业性和长效性。

（一）社会力量准入新型阅读空间建设指导思想

社会力量参与新型阅读空间建设准入机制构建，要以习近平总书记关于文化自信和文化安全等重要思想为指导，坚持和发展社会主义先进文化与人民文化权益保障制度，坚持"政府主导不放松、意识形态不动摇、公益属性不突破"的原则，构建社会力量参与新型阅读空间的建设理念、建设模式、制度保障、准入标准、考核指标等具有示范价值的理论体系，推动全民阅读、涵养社区文化。

社会力量参与新型阅读空间建设准入与考核机制，包括从"主体资质、人员配置、业务规范"等方面设置准入条件，从"设施建设、读者服务、运营管理、宣传推广"等方面设置考核指标，从政策激励、购买服务、税收优惠、人员培训等方面提出可行性对策，将为我国不同地区社会力量参与新型阅读空间建设运营提供政策保障。

（二）社会力量准入新型阅读空间建设指标要素

社会力量参与新型阅读空间建设准入与考核机制，作为一个完整的质量管理体系，应包括质量职责及权限、组织结构、程序、过程、资源等方面内容，根据 ISO9001 标准的基本思想和质量管理标准，强化全员、全过程、全方位的质量管理，建立、健全完善的准入条件，将社会力量参与新型阅读空间建设的主要准入条件确定为基本、政治、技术 3 个一级指标（准入条件）和相应的 12 个二级指标（具体条件）的完整体系，见表 2。

表 2　社会力量参与新型阅读空间建设准入条件指标体系

准入条件	具体条件	条件说明
基本条件	基础设施	空间选址、场馆面积、空间导示、阅览座位、设备设施、环境美化等
	人员配置	确定并配备所需要的人员,进行岗位能力分析,形成岗位需求,确定人员,定期评价人员能力和需求变化
	文献资源	文献数量、更新增加方案、陈列整理规范、文献共享情况、数字文献等
	运维保障	办馆资金,运营经费来源
	监测资源	定期不定期巡查制度,对主要数字进行测量、分析及改进
政治条件	社会信誉	经营范围、社会口碑、注册资金、征信记录等
	社会责任	以公益性经营为主,弘扬社会主义核心价值观
	人文情怀	对地区文化传承、文化习俗具有较强的情感和人文意识
技术条件	经营许可	出版物许可证、业务规范、特色服务
	专业素质	经营者(工作人员)具备图书馆运维相关经验和专业素养
	业务规范	明确阅读空间的质量标准,进行强化培训,设计标准化服务化流程,出现不合格质量的代价等
	沟通顺畅	确定沟通内容、时间、对象、责任人、方式等

(三)社会力量准入新型阅读空间建设指标说明

1. 基本条件

(1)基础设施方面

依据一定原则明确新型阅读空间的选址,馆舍的面积、座位数要有一定规模,新型阅读空间能够辐射到一定的范围,如以建设"15分钟阅读圈"为目标等。新型阅读空间应有一定规模的纸质藏书、电子资源,各种资源的更新要有一定频率。馆内基本设施应齐全,图书摆放要规范。通过新型阅读空间较为完善的基础设施强化读者良好的体验感。

空间导示方面应具有全市统一的城市阅读空间标识;显著位置规范张贴、悬挂公共服务指南、业务规则、公共图书保护制度、分类标引牌、开放时间、监督电话等;有明显的禁烟、消防、公共安全以及无障碍标识。

(2)人员配置

作为准入条件之一,社会力量要对新型阅读空间运营的岗位进行分析、判断,根据工作需要确定并配备足够数量和能力的员工;同时还要根据新型阅读空间运行情况按照一定周期对员工的能力及数量需求情况进行分析,并提出具体的调整方案。例如在岗位设置方面,因借阅图书室是其主要业务之一,要设置图书流通的专业人员;阅读是其主要功能之一,应配备阅读推广和策划人员等。

(3)文献资源

文献数量、更新增加方案、陈列整理规范、文献共享情况、数字文献等。包括馆藏情况、文献特色资源等,例如中外文书年更新率(新书品种与馆藏种数之比)、中外文现刊订购量,文献资源符合大众科学研究基本需要,有长期积累、独具特色的资源。提供自助办证服务和自助借还书服务。提供数字资源检索、阅览服务,对图书文献(包括市图书馆公共图书及运营方自营图书)年度外借册次做统计。

(4)运维保障

运行资金保障方面,当前政府给予社会力量的"以奖代补"资金,以及新型阅读空间运营取得的收入,尚不足以维持新型阅读空间日常开支,还应准备一定量的运维费用和办馆资金。运行环境保障方面,社会力量应从社会因素、心理因素及物理因素三个角度,努力改善空间的运行环境,提高读者的体验感受。例如:新型阅读空间应恪守基础服务公益免费、特色服务合理收费的原则。在营业时间方面,应和上班时间错开,增加非上班时间、周末时间、学生放学时间的开放。

(5)监测资源

主要是社会力量加强对新型阅读空间运营的日常管理,加强过程管理,以提高新型阅读空间产品和服务质量。

2.政治条件

(1)社会信誉

参与新型阅读空间建设的社会力量应具有良好的口碑,有文化宣传工作的经历,热爱文化传承,弘扬社会主义核心价值观,致力于为"书香社会"作出努力和贡献。

(2)社会责任

坚持正确道德主张,坚持实践正义原则,坚持乐于奉献精神,新型阅读空间运营应以公益性为主,营运资金能力较好并具有良好的征信记录。

(3)质量意识

全体员工应清楚新型阅读空间的质量目标是什么,日常工作中可通过专题会、案例解析等形式加强对员工质量意识的培训。社会力量可根据新型阅读空间的工作内容,将所有工作按照一定原则对各个过程进行标准化设计,理顺工作流程,让员工知道要做哪些工作,哪些是紧急、重要工作;清楚知道怎么做,如何提供优良产品或服务。

3.技术条件

(1)经营许可

经营许可主要是指参与建设的企业应具有出版物许可证或文化经营方面资质。通过日常培训,提高员工的质量意识及能力。阅读空间应开展一定量的特色活动,如阅读沙龙、讲座、读书会等,注重活动效果的管理,丰富阅读空间服务内容。

(2)专业素质

这里的专业素质能力主要是指从事新型阅读空间工作人员应具备的业务素质。新型阅读空间提供的是一项专业性服务,根据新型阅读空间的目标、任务等要求,主要人员应有图书管理方面的资格证书。根据新型阅读空间的功能多样化要求,即至少具备阅读、活动、展示、休闲和个性化服务的"4+X"功能,因此在人员结构方面具有一定的特殊要求。每个新型阅读空间至少配备一名运营负责人,具有图书馆学或图书发行的专业背景,在图书馆、书店等领域有一定的工作经历。根据规模配备若干名阅读推广员,其应在图书馆协会接受过推广员培训并获得相应证书。配备若干名阅读顾问,其应具有一定年限的类似工作经验。配备若干名活动策划人员,主要负责线上运营活动的策划等工作,具有一定类似工作经历。社会力量还应以目标为驱动,以问题为导向,每年安排一定比例的人员参加图书管理部门的培训,学习专业知识;对员工进行组织内部培训,提高员工的服务意识和能力。作为运营主体的社会力量,还可以聘请行业内专家对空间的运营情况进行问诊把脉,以便更好地加强新型阅读空间的运行效果。

(3)业务规范

业务规范主要是指根据政府主管部门的要求,建立必要的规章制度及流程;根据阅读空间建设的实际需要,建立、完善必要的规章制度,梳理必要的流程。一是社会力量对相关活动进行记录,确保主要工作有章可循、有据可依,为必要的责任追究提供依据。二是要对工作信息进行控制。新型阅读空间通过对信息的分发、访问、收回、使用、存储、保护、更改、保留和处置等环节进行控制,提高信息利用效益,强化内部管理,持续改进新型阅读空间产品或服务供给质量,提高政府、读者的满意度,使其社会效益和经济效益最大化。

(4)沟通顺畅

为使社会力量进一步参与新型阅读空间建设,应加强政府、主管部门、社会力量和读者之间的良好沟通,及时、准确了解各方需要。社会力量将相关需要、意见进行收集、分析、归纳,针对整理的意见建立整改台账,明确责任人、时间节点,进行持续改进,提高各方的满意度。通过沟通,可以进一步了解政府及主管部门对新型阅读空间建设的期望、对具体工作的想法,了解新型阅读空间运营效果是否达到预期目标。通过与读者进行沟通可以进一步提供有针对性的服务,提高工作的效能。例如在特色活动的举办方面,事先应充分了解读者的需求,根据读者需求情况设计特色活动,加强宣传以增加参与人数,注重每次活动的效果。目前大多数新型阅读空间都有一定形式的意见收集形式,如意见簿、线上留言等,但读者往往以被动形式来提想法和建议,是一种效率低下的单项沟通形式。阅读空间可建立专兼职成员组织的信息收集小组,通过召开座谈会等形式丰富沟通渠道,更加系统、有效地收集信息,增加空间信息来源,为后期更好地改进提供支持。

根据《中华人民共和国公共图书馆法》相关规定,政府应建立社会力量参与新型阅读空间建设准入考核机制,通过招标及签订合作协议,规范社会力量参与新型阅读空间建设运营与项目服务。把公信力和责任感作为社会力量参与新型阅读空间建设运营的生命线,将准入条件分为基本条件、政治条件和技术条件等,并建立"优选名单"制度和动态调整机制,以确保新型阅读空间建设运营的公益性、专业性和长效性。

社会力量参与新型阅读空间建设绩效考核办法

内容提要

　　组织建设和发展通常受到内部环境和外部环境的影响。新型阅读空间作为一种新生事物需要有明确的指导方向和管理办法,以保证其能得到可持续发展。在社会力量参与建立的新型阅读空间建设过程中,既要协调组织内部成员之间的矛盾和冲突,充分调动内部成员的积极性、主动性和创造性,有效实现组织目标,也要通过与外部阅读空间的良性竞争,实现优胜劣汰。如此来看,对新型阅读空间的评价尤为重要。通过建立绩效评价体系,我们可以发现社会力量参与新型阅读空间建设存在的弱点和问题,并通过政府引导和市场调节"两只手",采取一系列的改善措施提升新型阅读空间的建设水平。

　　世界各国通过购买方式丰富公共服务主体,提高公共服务质量已成为趋势。一些主要发达国家以国家战略的高度促进全民阅读,并将其视为国家综合实力的核心要素之一。联合国教科文组织发布的《图书馆宪章》指出,"阅读是公民的基本权利,政府有责任保障人们的这项权益"。当前我国政府通过购买公共服务方式,让社会力量参与公共服务的做法已经实行得较为广泛。近几年,我国政府加大了对购买服务的支撑力度,出台了《中华人民共和国公共文化服务保障法》《中华人民共和国公共图书馆法》《关于进一步激发社会领域投资活力的意见》《全民阅读促进条例》等一系列政策文件,为社会力量参与新型阅读空间建设提供了政策依据和保障。2017 年,国务院出台《全民阅读促进条例》,旨在促进全民阅读,保障公民的基本阅读权利,提高公民的思想道德素质和科学文化素质,培育和践行社会主义核心价值观,传承中华优秀传统文化,推动社会文明程度显著提高。2014 年至 2019 年,全民阅读已连续 6 次被写入政府工作报告。党的十八大提出了建设"书香社会"的目标。2019 年,习近平在给国家图书馆 8 位老专家回信中希望:国图坚持正确政治方向,弘扬优秀传统文化,创新服务方式,推动全民阅读,更好满足人民精神文化需求,为建设社会主义文化强国再立新功。[①] 2019 年 8 月 21 日,习近平考察读者出版集团有限公司时强调,要提倡多读书,建设"书香社会"。[②]

　　党的十八大以来,全国城乡出现了众多的新型阅读空间,不断满足了基层群众对阅读

---

　　① 新华社.习近平给国家图书馆老专家的回信[EB/OL].(2019-09-09)[2021-08-12].http://www.xinhuanet.com/politics/leaders/2019-09/09/c_1124978597.htm.

　　② 新华社.习近平:要提倡多读书,建设书香社会[EB/OL].(2019-08-23)[2021-08-12].https://www.chinaxwcb.com/info/555752.

的需求,对学习科学文化知识的渴望。新型阅读空间是我国图书馆转型发展的重要延续,也是我国公共文化服务体系给给侧改革的重要探索。各地对新型阅读空间的称呼不完全一致,合肥称为悦·书房,北京、温州等地称为城市书房。社会力量参与新型阅读空间建设是提升公共文化服务的重要途径,社会力量已成为新型阅读空间建设的重要的不可或缺力量,目前主要合作分为公办民助、民办公助、民办和民间众筹等方式。社会力量参与新型阅读空间建设的基本模式表现为:政府为购买公共服务主体,主要负责制定相关的法律法规等;公共图书馆为承接主体,主要负责具体业务的指导等;社会力量为业务主体,主要负责具体业务活动的开展等。政府通过购买社会服务让社会力量参与新型阅读空间建设,一方面丰富了举办的主体,打破了公共服务政府垄断的经营模式,利用社会力量的资金、人员及技术等方面优势提高新型阅读空间的建设效能;另一方面,丰富了公共服务内容的供给,提升了政府建设公共服务的水平,不断满足了公民对阅读的需要、对学习科学文化知识学习的渴望,充分保障了公民文化权益等。另外,政府购买社会服务为民间资本、社会资金创造了多元化的市场发展空间。

在众多法律法规中,基本没有系统的、全面的能够衡量政府购买某项公共服务与传统模式相比效果如何、投入与产出相比运营效率怎样的考核体系。随着时间的推移,原先较为粗放式的管理模式亟须一个科学、合理的绩效考评指标体系来衡量社会力量参与新型阅读空间建设的效果。

社会力量参与新型阅读空间建设运营绩效考核办法,包括指标体系构建、考核方式、组织实施、考核结果应用等内容。

一、新型阅读空间范围界定

城市新型阅读空间是指在某个城市范围内,由政府、企业、社会组织、公民个人独办或合办,面向公民提供具有阅读、知识服务、休闲等众多功能的开放性公益场所。从广义上,新型阅读空间是指传统上的文化阅读场所,包括公共图书馆、文化馆、实体书店、报刊栏等;从狭义上,新型阅读空间是指近年来,建立在某个地点、某个空间,供公民免费借阅文献知识资源的新型公共阅读空间,本研究对象为狭义上的新型阅读空间。

成为新型阅读空间需要同时满足两种属性,一种是公共空间属性,另外一种是阅读属性。首先,新型阅读空间重在公共空间;其次,在此新型空间中实现最重要、最主要的功能就是阅读。

首先,公共空间是一个社会学术语,它不仅仅是指一个地理概念,更是一个社会化的行为场所,是指一个能够满足城市公民生活与精神交流的共同场域,公共空间由公共权力创建和管理,并由所有公民使用,公民之间的交流、互动可以通过公共空间进行。新型阅读空间与具有文化性的公共空间性质相类似,它具有相应的物理条件,包括精良的建筑、丰富的馆藏、配套齐全的阅读设施等,这满足了公民的物理需求;同时在新型阅读空间中,公民可以通过开展对话和活动等形式实现文化观念的碰撞,促进知识文化信息的传播、发展,这在精神上实现了公民的自我整合、自我完善与自我提升,满足了公民的文化、知识与精神需求。

其次,在新型阅读空间中,实现公民物理需求与精神需求的重要途径就是阅读。德国社会学家尤尔根·哈贝马斯认为在公共空间内公民之间的交往是以阅读为中介、以交流为中心、以公共事务为话题的"公共交往"。新型阅读空间为读者提供了安静的阅读场所，保证了公民的阅读权利，提升了国民阅读素养。同时人们通过形式各异的阅读推广活动交流思想、发布信息、谈论自己感兴趣的话题，包括与人们生活息息相关的民生问题，备受关注的重大社会事件，引起广泛讨论的文化现象等，从而使公民适应社会的不断发展。

二、新型阅读空间建设绩效评价

（一）绩效评价

因为研究主体的不同，其绩效所涉及各种影响因素以及各因素之间的结构和关系也会不同。绩效评价就是根据研究主体的不同，事先构建好建设绩效评价体系，再对研究主体的建设情况以科学的方法和严谨的态度从各种指标对其评价和衡量的过程。对新型阅读空间建设绩效的评价就是根据事先建立的新型阅读空间绩效考核指标体系，选取以用户为主的不同评价者对新型阅读空间的建设绩效进行考核，并对考核结果进行分析发现不足并提出改进策略的一个过程。

（二）相关文献研究

当前，很多学者围绕新型阅读空间、图书馆绩效考核进行了不少的研究。

1. 国内研究方面

关于新型阅读空间研究方面。杨松（2016）对城市公共阅读空间的概念、发展定位和运行机制进行了研究，并指出在空间建设等方面应加强与社会力量合作。[①] 梦兰（2016）以北京西城区为例，对政府通过购买服务构建阅读空间进行阐述，并提出相应的观念、思考及建议。[②] 王子舟（2017）对阅读空间的兴起、基本性质和效能、类型和特点、发展前景和问题进行了阐述，并就未来发展提出了思考。[③] 王炎龙等（2018）基于文化规划理论视角，对城市公共阅读空间多维布局进行研究，并提出了结构优化和服务转型的对策。[④] 童莹（2019）基于公共文化均等视角，对特色阅读空间的运营模式及效应进行研究，并提出了主要建设措施。[⑤]

关于图书馆绩效研究方面。在图书馆绩效考核方面运用的研究方法较多，如层次分析法、平衡积分卡法、360度绩效考核法、关键绩效考核法等，其中以关键考核法单独运用或和其他方法组合运用较多。刘艳（2017）基于"In Library"视野，对城市阅读空间的供给侧进行了研究，并提出了图书馆建设阅读空间的建议。[⑥] 宁琳（2016）以重庆交通大学为

① 杨松.城市公共阅读空间概念、发展定位和运行机制研究[J].全国商情,2016(32):3.
② 梦兰.推进政府购买服务构建阅读空间的探索——基于北京西城区的实践[J].图书馆,2016(2):100-103.
③ 王子舟.我国公共阅读空间的兴起与发展[J].图书馆,2017(2):4-11.
④ 王炎龙,郭玉.基于文化规划视角的城市公共阅读空间多维布局研究[J].中国出版,2018(18):3-8.
⑤ 童莹.公共文化服务均等化视域下特色阅读空间运营模式与效应研究[J].中国出版,2019(8):29-32.
⑥ 刘艳.公共图书馆构建城市公共阅读空间的策略研究——基于深圳"In Library"与北京特色阅读空间的比较分析[J].图书馆研究与工作,2018(1):55-59.

例,论述了两大关键指标在高校图书馆的开发和应用。① 肖卫飞等(2013)通过对新加坡李光前参考图书馆绩效体系和参考咨询的关键评估指标分析,基于平衡计分卡法从四个方面提出我国图书参考咨询的关键绩效体系及指标。② 宋敬果等(2015)以福州大学图书馆为例,设计了高校图书馆馆员服务绩效评价的KPI。③ 陈丽娟(2020)以厦门大学图书馆为例,通过BSC和KPI相结合方式,构建了国家图书馆绩效考评体系。④

2.国外研究方面

国外政府目前对于购买公共服务的政策比较完善,评估体系相对健全。克莱尔·哈马苏(Claire Hamasu)等在研究中力推对图书馆人员工作绩效进行评价。史塔·苏珊(Starr Susan)阐述了通过评估考量图书馆的服务质量,并基于考核结果提出提高图书馆绩效的改进方向。享特·戴维(Hunter David)借助苏格兰政府的公共绩效管理体系对国家图书馆的绩效体系进行研究。⑤

当前,各国学者主要围绕新型阅读空间本体及建设进行研究;围绕图书馆参考咨询、馆员服务绩效等方面的研究成果较多,但基于KPI对社会力量参与新型阅读建设绩效评价研究较为罕见。

三、社会力量参与新型阅读空间建设运用 KPI 考核的必要性及可行性

当前,社会力量在政府购买公共服务中扮演着重要角色,发挥着积极作用。政府陆续颁布了许多文件,为社会力量参与新型阅读空间建设提供了政策保障,社会力量也表现出积极态度参与新型阅读空间建设。政府主管部门需要借助一定方式,检测社会力量参与新型阅读空间的建设效果,引入KPI方法对社会力量参与新型阅读空间建设进行考核具有必要性和可行性。

(一)KPI考核的必要性

《关于推广运用政府和社会资本合作模式有关问题的通知》(财金〔2014〕76号)中规定:"省级财政部门要督促行业主管部门,加强对项目公共产品或服务质量和价格的监管,建立政府、服务使用者共同参与的综合性评价体系,对项目的绩效目标实现程度、运营管理、资金使用、公共服务质量、公众满意度等进行绩效评价。绩效评价结果应依法对外公开,接受社会监督。同时,要根据评价结果,依据合同约定对价格或补贴等进行调整,激励社会资本通过管理创新、技术创新提高公共服务质量。"2019年,合肥市颁布了《合肥市城市阅读空间考核方案(试行)》,从5个一级指标、23个二级指标对该市城市阅读空间年度运行情况进行考核,考核采取自评、第三方测评相结合的方式。北京市西城区为考量特色阅读空间的运行情况制定了考核指标体系,从7个一级指标:设施与设备、经费与人员、文

① 宁琳.论高校图书馆关键绩效指标(KPI)的开发与应用——以重庆交通大学图书馆为例[J].图书馆论坛,2016(12):54-56.

② 肖卫飞等.论基于KPI的公共图书馆参考咨询服务绩效管理体系构建[J].图书情报工作,2013(8):47-50.

③ 宋敬果,刘敏榕,陈振振.基于KPI的高校图书馆学科馆员服务绩效评价体系的设计——以福州大学图书馆为例[J].图书馆员,2015(2):107-112.

④ 陈丽娟.厦门大学图书馆的绩效考评体系[J].图书馆论坛,2020(1):146-152.

⑤ 彭飞,等.上海大学图书馆关键绩效指标(KPI)管理实践[J].图书馆论坛,2016(11):76-83.

献资源、读者服务、业务管理、读者满意度及加分项,32个二级指标对特色阅读空间的建设运营设置考核指标,并委托第三方进行考核。以上两个地区,较为全面、系统地构建了阅读空间运行的绩效考核体系,通过考核较好地体现了阅读空间的实际运行效果。

当前,许多社会力量对如何更有效开展新型阅读空间建设还处于探索阶段,需采取鼓励支持的政策给予推动。因此,主管部门在考核指标构建时既不能设置太粗,不能全面有效反映新型阅读空间建设情况;也不能过于复杂,给社会力量带来繁重的考核负担,造成社会力量过于注重各项考核指标的完成,弱化了对影响新型阅读空间效果的关键性因素建设。KPI是关键绩效指标(Key Performance Indicator)的简称,是绩效考核的一项重要工具,通过对组织内部流程的关键参数进行设定,将组织战略转化分解成可量化可考核的指标。[①] 实践证明,KPI在绩效考核中发挥了积极作用,在推动组织目标实现、决策依据提供、员工积极性调动等方面有着重要作用。[②] 因此,主管部门在考核社会力量参与新型阅读空间建设的绩效中,使用KPI方法是必要的。

(二)KPI考核的可行性

KPI指标在非营利机构的考核中运用较多[③],其价值主要表现为:一是目标导向。KPI强调将组织目标和个人目标深度结合,形成共同价值观,行动达到高度统一。社会力量参与新型阅读空间建设时,本着公益性原则,其目标主要是不断满足公民日益增长的阅读需求、对学习文化知识的需要;阅读空间工作人员主要通过优质服务最大化满足读者多元化、个性化需求,组织与个人目标高度一致。二是重点突出。KPI突出对组织目标实现关键性因素的管理,避免大而全地进行指标设置,减少了因忽略关键性事项而影响组织目标的实现。通过研究发现,在影响社会力量参与新型阅读空间效果的众多因素中,笔者认为起到关键性作用的影响因素有三个:文献资源、读者服务和特色活动。文献资源是影响新型阅读空间建设效果的基础,阅读空间不仅需要保持一定量的文献资源,而且还需使文献资源的供给具备精准化,即能够满足多元化读者的个性化需要。读者服务是影响新型阅读空间建设效果的保障,其决定了读者满意度大小、是否拥有良好的体验感,影响读者参与空间活动的效果。[④] 特色活动是影响新型阅读空间建设效果的关键,特色活动决定了阅读空间是否足够特色和具有吸引力,影响着读者参与新型阅读空间活动的热情和动力。三种因素直接影响读者的体验感,影响着阅读空间是否达到预期建设效果。三是评价客观。KPI强调指标的量化,对能量化的指标一定量化,不能量化的指标尽力量化,为决策、评价的科学性提供依据。当前,主管部门系统开展对社会力量参与新型阅读空间建设效果的考核评价还不多,或者部分构建的评价指标体系过于复杂,指标量化程度不高,极大降低了考核评价的可信度,考核工作不仅没有给被考核对象带来绩效提升,反而造成了绩效滑坡。[⑤]

① 华东杰.城市公共阅读体系建设研究——以宁波市为例[J].图书情报导刊,2018(8):4.
② 侯凤芝.全民阅读推广视域下公共阅读空间建设研究[J].文化产业,2018(2):63-65.
③ 黄莺.社会力量参与公共图书馆建设的实践——以上海市嘉定区公共图书馆为例[J].图书馆工作与研究,2019(4):79-83.
④ 李昊远.社会力量参与合肥市城市公共阅读空间建设与发展研究[D].合肥:安徽大学,2019.
⑤ 严贝妮,等.城市阅读空间的构建研究——基于合肥市"悦·书房"的解析[J].图书馆建设,2018(5):64-69.

KPI通过对组织内容流程的关键要素进行量化设置,并以此作为考核依据,可有效体现重点工作突出,核心工作明显,既保证了组织目标的实现,又提高了工作效率。[①]可见KPI绩效考评体系对当前社会力量参与新型阅读空间绩效考核是适用的、可行的。

四、绩效考核体系构建

科学、合理的指标体系是评价社会力量参与新型阅读空间的绩效体系的重要抓手,通过突出、抓实关键性工作,可有效保障阅读空间的建设效果,保证组织目标的实现。

(一)构建原则

构建原则是指标体系建立的依据,是考核指标设置时的准则,决定了指标设置的依据、思路。

关键性原则。政府主管部门在构建新型阅读空间考核指标时,无需将考核指标设计过多,应突出对新型阅读空间目标定位实现影响最大的关键性指标。在社会力量参与新型阅读空间建设实践当中,除必要的软硬件投入外,文献资源、读者服务和特色活动是三个关键性指标,影响着新型阅读空间的建设效果,对组织目标的实现起着重要影响。

可衡量原则。关键指标在构建时,要突出其可衡量性、可检测性,尽量避免设计过多的主观的不可量化的指标,否则考核时由于主观性太强而无法进行科学判断。同时,根据一定方法对各级指标设置合理权重,体现各级指标在同类型指标中的重要性程度。

稳定性原则。关键性指标还应该具有业务稳定性的特点,持续性不强的指标不具有可比性,容易造成指标的指导性意义不大。例如:在一些考核方案中,将张贴标识等提醒类内容作为考核指标似有不妥,该类指标只是规范性要求之一,是阅读空间必须做的工作范畴,一次性完成即可,无需花费太多的时间精力,类似指标放在非主要指标的扣分项中即可。

可控性原则。可控性原则主要强调关键指标设置应是能够控制的,避免设计一些客观性太强,通过个体努力无法实现的指标。例如:奖励类标准指标的设置,受外界影响较大,主管部门可能本年度根本没有此类奖励表彰,该指标就不能作为关键指标设置,其可控性不强。

易操作原则。该原则是指在当前社会力量开展新型阅读空间建设初期,本着鼓励的思想,在构建关键指标时不可设置太多指标,最多不超过10个,甚至有1~2个关键指标即可。关键指标构建的价值就在于"关键",虽然指标数量不多,但与每项工作紧密挂钩,与组织目标紧密相连,能够有效保障组织目标的实现,实施起来可操作性强。

(二)构建方法

为准确构建社会力量参与新型阅读空间建设关键绩效考核指标,采用了层次分析法、问卷法、网络调查法等方法。同时,关键指标的确定结合了戴维·帕门特关键绩效指标方法,该方法的指标具有七个基本特征:一是非经济指标;二是及时性;三是首席执行官重点关注;四是简单易懂;五是团队责任明确;六是产生重大影响;七是有限的阴暗面。[②]

———————————

① 张妍妍,余波,郭蕾.政府购买公共服务之成效评估研究[J].图书馆理论与实践,2018(11):20-26.

② 戴维·帕门特.关键绩效指标:KPI的开发、实施和应用[M].3版.张丹,商国印,张凤都,等译.北京:机械工业出版社,2017:11.

（三）指标体系构建

基于以上原则及方法,构建社会力量参与新型阅读空间建设考核指标体系应注重以下五个方面:以人为本(坚持以读者为本理念)、社会影响(突出空间的社会性特征)、投入产出(促使阅读空间在管理服务中提高各类资源利用效率)、指标细分(体现个性化服务)、率先发展(评估思想和实践应具有示范引领作用)。基于"投入—产出"理论,从"设施建设、读者服务、组织管理、宣传推广"四个维度设置考核指标及权重,确定了新型阅读空间关键绩效指标考核体系,具体见表1。

表1 新型阅读空间绩效指标考核体系

考核维度	基本指标	权重	考核频率	指标要素
设施建设 （30%）	空间指标	12	年度	①免费开放空间面积及占比；②书架、座位、电脑、自助借还机等主要设备配置情况；③办证、图书借阅、业务咨询等服务功能设置；④服务指南、安全标识等指示标牌；⑤无线网络覆盖情况；⑥消防、监控、安全门等公共安全设施配置情况
	人员配备	2	年度	①在岗工作人员数量；②员工专业素质
	文献资源	6	年度	①文献总量；②文献增值率；③电子资源
	信息化建设	10	年度	①接入公共图书管理系统；②提供自助办证、借还书服务；③具备图书 FRID 安全防盗检测；④提供数字资源检索、阅览服务；⑤具备信息发布、读者流量统计功能
读者服务 （45%）	便捷服务	20	月或季度	①人工服务；②开放时间；③地域覆盖率；④通借通还；⑤志愿者服务
	服务成效	10	年度	①新增读者量；②读者接待量；③馆藏年外借量；④设备利用量；⑤公益性读者活动频次
	读者满意度	10	年度	①馆藏资源满意度；②服务设施设备满意度；③空间环境满意度；④服务内容满意度；⑤工作人员业务素质满意度
	意见反馈	5	年度	①设置多个反馈渠道,并能做出及时回复；②读者投诉情况
组织管理 （15%）	业务培训	3	年度	①业务骨干年参加培训次数；②工作人员专业素质考核
	日常管理	12	当天或周	①图书排架；②设备管理；③台账管理；④人员管理；⑤档案管理；⑥秩序管理
宣传推广 （10%）	阅读推广	2	年度	①年开展阅读推广活动次数；②公众参与度及对活动效果的满意度
	品牌效应	2	年度	形成独具特色且有较高社会认知度的公益性服务活动品牌
	媒体关注	3	年度	获国家、省、市级媒体报道,社会认识度和美誉度提升
	社会贡献	3	年度	获国家、省、市级表彰或奖励,取得良好社会效益

（四）指标说明

本指标绩效考核体系构建了设施建设、读者服务、组织管理、宣传推广四个维度，考核分值为 100 分。

1. 设施建设

设施建设是新型阅读空间建设成效的基础，保障了读者基本阅读的需要。

（1）空间指标

基本公共服务区域面积占比不少于 70%。书架、座位、电脑、自助借还机等主要设备配置合理；为读者提供办证、图书借阅、业务咨询等服务；具有统一的新型阅读空间标识，显著位置规范张贴、悬挂公共服务指南、业务规则、公共图书保护制度、分类标引牌、开放时间、监督电话等，有明显的禁烟、消防、公共安全以及无障碍标识。

（2）人员配备

同一班次同时在岗工作人员不少于 2 人。

（3）文献资源

不仅要求新型阅读空间具有一定的纸质、电子资源量，而且资源的增长或更新还需有明确要求。同时，在进行文献资源建设时，要根据多元化读者的个性需要，加强文献资源建设前的调研，尽量提供精准程度高的文献资源。

（4）信息化建设

加强运营期间读者阅读数据的记录等工作；加强对读者阅读数据的分析、整理，建立良好的反馈机制，为后期提供精准化程度更高的文献资源服务奠定基础。接入公共图书管理系统，提供自助办证、借还书服务，配备图书 FRID 安全防盗检测，提供数字资源检索、阅览服务，具备信息发布、读者流量统计功能。

2. 读者服务

（1）便捷服务

是否有人工服务、借还通道及志愿者服务，开馆时长及错位开馆时间、地域覆盖率等方面。该指标进一步体现以"以人为本"思想，是以读者为中心的具体措施。

（2）服务成效

服务成效考核包括新增读者量、读者接待量、馆藏外借量、设备利用量及公益性读者活动频次等方面。该指标主要考查空间运营受读者喜爱程度、参与程度，是空间建设成效的主要体现。公益性活动包含内容较为丰富，除了基本阅读以外，还包含了诸如读书沙龙、亲子活动等各类活动，其不仅提高了读者的兴趣，使读者学到了知识，而且拉近了读者与空间的距离；培养了读者与空间的感情；提高了空间建设的效果；增加了政府主管部门、读者的满意度。该指标主要考查年初特色活动计划制订、完成情况及实际效果。

（3）读者满意度

这是对读者体验感的深入了解，包含了设施设备是否满足实际需要；文献资源数量、质量和获取难易是否能够满足要求；工作人员的知识、能力、素质是否适应新型阅读空间运营要求；阅读空间环境的卫生、氛围等是否符合既定要求等。

（4）意见反馈

读者意见是否有反映的渠道，并得到有效解决，这是影响空间建设成效的重要举措。

新型阅读空间应该加强与读者的信息交流,要丰富读者意见和投诉的反馈渠道,如设置服务监督电话、线上反馈平台,及时处理和反馈读者的意见和建议。

3. 组织管理

(1)业务培训

业务培训包括空间负责人及骨干培训次数、工作人员专业素质两个方面。负责人及业务骨干每年参加基本公共服务培训不少于2人次,并考核合格。工作人员专业素质主要指新型阅读空间工作人员具备图书管理工作相应知识和能力,能够为读者提供指导服务。

(2)日常管理

日常管理包括图书排架、设备管理、台账管理、人员管理、档案管理、秩序管理等多个方面。图书排架应达到上架率100%,并按中图法分类整理与排架;设备管理目标是全年无故障运行;台账管理指图书交接、签收程序规范,财务记录以季度为周期,按规范程序结算、交接;人员管理应做到员工穿工作服、佩戴统一胸牌,具有良好的服务态度和服务用语;档案管理指人员信息、业务管理等档案规范有序;秩序管理具体指新型阅读空间中无吸烟、随地吐痰、乱扔垃圾、大声喧哗、躺卧阅览等不文明现象,现场环境卫生整洁,无异味。

4. 宣传推广

在街道、社区、学校等场所开展阅读推广活动,形成新型阅读空间独具特色且有较高社会认知度的公益性服务活动品牌。充分利用网络平台和新媒体的优势,围绕自身服务内容开展宣传工作,采用线上宣传和线下宣传相结合的方式主动宣传。线上方面,可以通过微信公众号发布推文,进行店内活动的直播来吸引广大用户;在线下方面,城市阅读空间可以采取如户外广告、读者活动、阅读推广等手段进行宣传,让更多居民了解城市阅读空间,成为新型阅读空间的用户。

(五)权重

确定绩效考核的权重十分重要,对新型阅读空间建设起着重要的引导作用。权重大小对绩效考核的结果有着重要影响,不恰当的权重甚至会导致绩效评估的成败。确定权重的方式很多,本研究选择了较为科学的、易操作的因子分析法。同时,基于上述指标设置的简单、可操作性原则,对权重进行了取整处理,并参考了合肥市、北京市西城区等地的阅读空间考核指标体系的权重。

考虑到直接采用所选取的14个基本指标进行评价缺乏综合性,并且指标权重难以确定,故采用因子分析法进行降维处理并进行归类。首先通过对行业内专家学者和从业者发放问卷就14个指标对样本新型阅读空间进行评分,然后利用SPSS22.0统计软件进行因子分析,具体分析结果见表2和表3。

表 2　解释的总方差

成分	初始特征值			提取平方和载入			旋转平方和载入		
	合计	方差的%	累积%	合计	方差的%	累积%	合计	方差的%	累积%
1	5.051	36.077	36.077	5.051	49.667	49.667	5.051	35.818	35.818
2	3.412	24.374	60.451	3.412	12.854	62.520	3.412	20.439	56.256
3	1.672	11.945	72.396	1.672	10.813	73.333	1.672	12.618	68.874
4	1.164	8.313	80.710	1.164	7.376	80.710	1.164	11.835	80.710

*注:提取方法,主成分分析。

从表2可以看出,整个因子分析过程中共提取出了4大类的因子,因子1方差贡献率为36.077%,并且所提取的4大类因子能够解释原始所有变量信息的80.710%。

表 3　旋转成分矩阵

指标	成分			
	1	2	3	4
空间指标	0.353	0.885	0.098	0.210
人员配备	0.420	0.724	0.073	−0.076
文献资源	0.141	0.859	0.240	−0.056
信息化建设	−0.032	−0.650	−0.103	0.270
便捷服务	0.890	0.305	0.059	0.277
服务成效	0.734	0.597	0.131	−0.071
读者满意度	0.749	0.564	0.202	−0.063
意见反馈	−0.878	−0.202	0.102	−0.101
业务培训	−0.039	0.050	0.657	0.333
日常管理	0.098	0.612	0.741	−0.067
阅读推广	0.224	0.342	0.116	0.734
品牌效应	−0.093	0.158	0.374	0.798
媒体关注	0.011	−0.012	−0.059	0.890
社会贡献	0.550	0.312	0.119	0.662

*注:提取方法,主成分分析。

进一步分析表3,其中:

因子1主要由便捷服务、服务成效、读者满意度、意见反馈这几个指标进行解释,这几个指标主要考核新型阅读空间读者服务方面,可以命名为读者服务。

因子2密切相关的主要是空间指标、人员配备、文献资源和信息化建设等指标。这些指标直接体现出新型阅读空间的基础设施建设情况与水平,也反映出新型阅读空间的信息化建设情况,可以命名为设施建设。

因子3主要与业务培训和日常管理相关,这些都是新型阅读空间发展的必要保障,对其发展起到辅助作用。

因子4得分较高的指标主要是阅读推广、品牌效应、媒体关注和社会贡献。媒体关注和社会贡献从侧面反映出新型阅读空间的宣传及品牌影响力,可以命名为宣传推广。

结合表2与表3分析结果,因子1即读者服务维度,权重设置为36.077/80.710＝0.447;因子2即设施建设维度,权重设置为24.374/80.710＝0.302;因子3即组织管理维度,权重设置为11.945/80.710＝0.148;因子4即宣传推广维度,权重设置为8.313/80.710＝0.103。对各维度权重按百分数取整依次得到45％、30％、15％、10％。

综上,新型阅读空间绩效考核从读者服务、设施建设、组织管理和宣传推广四个维度进行,各个维度权重分别为45％、30％、15％、10％。

（六）考核计分标准

本次体系指标构建时,没有给出每项工作的具体考核计分标准,主要基于以下考虑:一是每个阅读空间的发展定位、规模大小、建设内容、建设侧重点等不完全一样,考核计分标准不可能完全一致;二是如果该阅读空间属于首次接受考核,之前的相关数据可能存在缺失,确定计分标准的参考依据不够。第一年的考核计分标准确定时应进行充分研讨,并参照业内的情况给出参考标准;第二年及以后的考核计分标准需把前期的运行情况作为计分标准确定的重要依据。

五、考核方式

为保证社会力量参与新型阅读空间考核的公平性、公开性、公正性,采用被考核对象自评和第三方评价两者相结合的方式,考核频率根据需要分为日常和年度。考核指标体系不仅需要设置阅读空间的年度考核目标任务,而且还要重点加强日常指标完成情况的检测,旨在加强阅读空间建设的过程管理,从而保证组织目标的实现。

六、组织实施

考核的实施主体由政府主管部门和其委托的具体实施单位(图书馆)共同组成,并委托第三方测评机构进行考核,分为自评、第三方测评和打分三个环节。评估审核小组成员应具有本科以上学历或中级及以上职称,熟悉相关的国家法律法规和公共文化服务体系建设的具体要求。

自评。被考核对象依照年初考核指标体系进行客观打分,并将自评报告、自评分表(含打分依据材料)上报主管部门,后由主管部门交第三方。

第三方测评。第三方测评机构对考核对象进行实地巡查、暗访以及群众满意度调查后,根据日常积累材料及自评辅助材料进行打分。

打分。自评和第三方测评各占一定比重,考核结果应向社会公布。

七、考核结果运用

（一）确定考核等级

按照考核指标体系,可得出新型阅读空间考核的量化结果,根据分数高低确定优秀、合格、不合格等级;按照相关政策,根据考核等级对社会力量参与新型阅读空间建设的情况进行奖惩。评估分级应符合表 4 的规定。

表 4　评估分级

评估总分	等级
80～100	优秀
60～80	合格
0～60	不合格

评估总分为 80～100 分,达到优秀等级的,全额划拨项目的财政补贴经费,并免予第二年引入的招募考核。评估总分为 60～80 分,第二年经过招募考核后继续合作。评估总分 0～60 分,按照要求进行整改,对连续两年考核结果为不合格的,责令该城市阅读空间业主方与运营方解除运营合同。

评估结果在评估主体的官网上公示,公示时间为 15 天。

若对评估结果有异议,应在公示期满前向上级主管部门提出申诉。

(二)整改落实依据

考核主体根据考核情况可进一步调整考核指标体系,确保指标体系更加科学、合理。新型阅读空间通过考核可进一步发现空间运营过程中存在的突出问题,便于后期以问题为导向,对标对表地进行整改。

八、结语

当前阶段,社会力量参与新型阅读空间建设很多工作还处于探索阶段,主管部门尚需采取鼓励支持的政策推动阅读空间运行绩效评价工作。运用 KPI 进行绩效评价,考核突出指标的"关键性",既满足了对阅读空间考核的需要,又避免了考核实施者、被考核者因过于繁杂的考核而牵涉过多精力。可见,运用 KPI 方法构建的指标体系,对社会力量参与新型阅读空间建设成效进行考核评价,具有重要的现实意义和实践价值。

随着新型阅读空间建设的不断完善,广大群众对新型阅读空间的关注度也逐步提高。经过对新型阅读空间建设建立绩效考核指标体系发现,新型阅读空间虽然也已经较建设之初有比较大的提高,多项评价指标也已经得到了用户的认可,但仍然存在可以改善的地方。新型阅读空间应将用户评价作为改善自身工作的依据,为提高新型阅读空间服务质量,根据考核指标体系结合实际调研情况提出如下的建设思路。

(一)加强政策支持,实现统筹规划

由于新型阅读空间是一个偏公益性的组织,其自身的盈利能力有限,目前还无法通过自身的盈利去实现自给自足,所以其运营水平在一定程度上受到政府的经济支持力度的影响。但政府不仅要在经济上支持,还应当建立一个专门的管理组织对新型阅读空间进行统一的管理,要根据不同城市阅读空间的具体情况去制定相应的政策和优惠条件,并落到实处,除此之外还应加强对新型阅读空间运营方的激励。另外,在场馆的建设过程中就应该让参与运营工作的企业参与,双方之间要相互协调,共同出谋划策,要综合考虑各个新型阅读空间点的位置的分布,要结合当地的经济水平、公共文化事业发展状况等客观条件做到按需分布,并考虑新型阅读空间的选址问题,避免在过于偏僻的地方设点,以保证阅读空间周围的交通便利性。

(二)优化资源配置,完善硬件建设

良好的阅读环境可以影响读者的阅读心情和学习效率,而良好的硬件设施则可以给用户的学习提供保障。随着新型阅读空间宣传力度的加大,用户数量也不断增加。

各新型阅读空间必须合理分配政府提供的运营经费,要注重加强馆内硬件设施的建设,添置自助打印和复印设备,实现馆内无线局域网的全覆盖来为用户提供更多的便利,制定馆内电子设备的管理使用规范,保证店内各电子设备的规范使用和正常运行。除此之外还应该保证馆内有足够的可供用户自习的桌椅和备用座椅,以满足极端情况下新型阅读空间用户最基本的座位需求;要保证阅读空间内部的整洁,为读者提供更好的阅读环境;合理规划有限的物理空间,使用隔音设施实现动静分离,保证儿童区的声音不会影响其他区域读者的正常阅读和学习,要彻底解决新型阅读空间的内部环境嘈杂问题。

同时,要制定统一的图书管理和赔偿办法,对于用户造成的图书破损和丢失的情况,要按照规定进行赔偿,要保证好新型阅读空间自身的权益。定期对图书进行维护,保证图书的完整性,以保障用户的阅读体验。针对各新型阅读空间的图书调配问题,可以设立一个图书流通站,结合各新型阅读空间所在点的具体情况,在最开始就做到各个新型阅读空间的图书配置的优化,并在之后运营的过程中能够实时地根据读者的需求以及图书的借阅情况进行快速调配,这样不仅能够提高图书的利用率,还能够更加准确、快速地满足读者的需求。

(三)引入第三方评估机构,完善评估模式PH

城市新型阅读空间是由政府投资建设,社会力量参与运营的公共文化机构,是城市公共文化产品和服务的重要提供者。完善评估模式是完善新型阅读空间对城市经济社会价值、对阅读空间的业务素质和服务水平进行改进和发展的重要途径。

引入第三方评估机构对新型阅读空间进行评估,是因为政府既是阅读空间的建设者,又是阅读空间的监督者,所以在评估监督中可能存在漏洞或受主观因素的影响,而第三方评估机构具有相对的独立性、客观性和专业性可以弥补此方面不足。在独立性方面,第三方评估机构是相对独立的组织或个人,不隶属于政府或任何社会团体。第三方评估机构与政府和城市公共阅读空间之间不能存在直接利益,评估程序和评估结果不受政府部门和新型阅读空间的干涉。在客观性方面,第三方评估机构按照事先制定的评估程序和评估方案进行评估,不能擅自中途变更,不能以主观判断取代客观评估,在评估过程中不受政府和新型阅读空间主观意识的影响。在专业性方面,第三方评估的专业性主要体现在三个方面。首先,第三方评估机构的工作人员具有相关的专业知识,如统计学、社会学、管理学等知识背景。其次,第三方评估机构能够科学地设计评估指标、权重,具有科学的评估工具和评估方法。最后,第三方评估机构的评估员是具有专业知识的专家。

在完善评估方面,应当首先建立起新型阅读空间专用评估考核标准。评估标准不仅仅以"建设"程度为评估对象,更要以服务"效能"为重要的评估对象。新型阅读空间服务效能包含服务能力、服务效率、服务质量、服务效益等重要因素,评估要包含新型阅读空间的馆舍设施、文献资源、专业人员、技术手段、投入资金等各种硬件和软件条件。完善的新型阅读空间专用的评估考核监督标准,不仅可以使新型阅读空间服务范围、程度、效益最大化,更可以有效地促进新型阅读空间健康发展。

(四)落实馆员培训考核制度,提高服务质量

首先,作为新型阅读空间各项服务的提供者以及对馆内秩序和环境的管理者,馆员的服务意识、服务态度、专业素养和服务能力会对用户的满意度产生直接的影响。馆员的服务态度和服务能力作为新型阅读空间的基本保证,要求馆员在服务过程中时刻注意自己的服务态度,对每一位用户都要保证有足够的耐心和热情。

其次,新型阅读空间的馆员在日常的工作中要学会自主学习,不断丰富自己的专业知识,要做到熟悉新型阅读空间馆藏,熟悉借还书的流程,熟悉所在新型阅读空间的自身情况和周边情况,做到能够快速而准确地解答用户咨询的问题,树立"以人为本"的服务理念。馆员要面向读者,提高主动服务的意识,发现存在可能需要服务的对象时及时进行主动服务,在进行服务时也需要注意服务的适当性,做到不打扰到读者,让更多的用户体验到馆员服务的重要性和专业性。

最后,在对新型阅读空间的考核内容中还应当加入针对馆员的考核标准,在标准中应包括服务人员的服务意识、服务态度、服务能力和专业素养,保证馆员的各项素质能达到要求。此外还应该提高新型阅读空间馆员的准入标准和工资福利待遇,要从一开始就提供良好的条件去吸引那些业务能力强、专业水平高、各方面素质都较为优秀的馆员,降低后续对馆员进行基础知识培训的成本。

(五)加强宣传与读者反馈,确保信息畅通

首先,新型阅读空间要加大并完善电子资源的购置,做到电子资源与纸质资源协调发展,在和图书馆进行合作的基础上再寻求与其他的公共图书馆或者高校图书馆合作,做到电子资源的共享,进一步丰富新型阅读空间的电子资源。

其次,应加大新型阅读空间的宣传力度,文化和旅游局和各个新型阅读空间点自身都应该充分利用网络平台和新媒体的优势,围绕自身服务内容开展宣传工作,采用线上宣传和线下宣传相结合的方式去主动宣传。线上方面,可以通过微信公众号发布推文,进行店内活动的直播来吸引广大用户;在线下宣传方面,新型阅读空间可以采取如户外广告、读者活动、阅读推广等手段进行宣传,让更多居民了解新型阅读空间,成为新型阅读空间的用户。

新型阅读空间还应该加强与读者的信息交流,要丰富读者意见和投诉的反馈渠道,如设置服务监督电话、线上反馈平台,要能够及时地去处理和反馈读者的意见和建议。

最后,新型阅读空间还应做好各个新型阅读空间信息的公开化、透明化。要做到能够实时查询到各个新型阅读空间的具体信息,如馆藏情况、开放时间,以及活动的举办情况和后续报道的实时更新。

新型阅读空间要明确定位,结合社区需求,有目的性地举办活动,要不断丰富新型阅读空间活动内容多样性,从而满足公民多样化的需求;还可以举办一些和当地传统文化相关的活动,让更多的人通过新型阅读空间了解这个城市的历史,了解这个城市的文化,这样的话不仅能提高读者对新型阅读空间服务质量的满意度,还能提升整个城市的形象。

理论篇·专题研究

新型阅读空间是现代公共文化服务的中国创造,是打通我国城乡公共文化服务和意识形态的"最后一公里"。社会力量是新型阅读空间建设的重要组成部分。大数据对提高新型阅读空间特色资源建设、提高资源供给精准化、满足读者个性化需要有着积极作用。

不断开拓全民阅读的新平台,构建新型阅读空间,是新时代对推动全民阅读、构建书香社会提出的新要求,是实施"文化强国战略"的重要组成内容。新型阅读空间建设存在区域之间数量差距悬殊、公益性或经营性"一头热"、社会功能弱化等问题,需要通过优化顶层设计、完善服务体系、改革评价机制、加强品牌建设等形成服务长效机制,加强城市书房品牌建设,促进可持续良性发展。

智媒时代,农家书屋是农村公共文化服务体系建设的重要组成部分,数字农家书屋工程不断纵深发展,有声阅读被高校学生广泛应用,且高校学生有声阅读在阅读内容、形式、渠道和阅读方式等方面存在着独有的特点。

文化振兴是乡村振兴战略铸魂工程,农村新型阅读空间具有增益文明、进益智慧、有益身心、互益共赢功能。日本、韩国应对农村衰落、发展乡村文化旅游的主要做法值得借鉴。

专题一　资源建设与模式创新

内容提要

■　大数据对提高新型阅读空间特色资源建设、提高资源供给精准化、满足读者个性化需要有着积极作用。文章通过分析大数据在新型阅读空间特色资源建设中的现状,梳理了大数据在提升新型阅读空间特色资源建设中的不足,构建了基于大数据分析全流程思维的新型阅读空间特色资源建设体系框架。新型阅读空间特色资源与大数据相结合进行建设,可有效提高新型阅读空间建设的效能,有力保障公民阅读权利和公共文化均等权的实现。

■　浙江温州、嘉兴、台州、德清等地在建设新时代文化高地、扎实推进共同富裕战略中,创新打造了一批特色鲜明、美观实用的城市书房、乡村书店、农家书屋、文化驿站等城乡新型阅读空间,既符合高质量发展的要求,也解决了群众对文化的所求所盼。

■　均等化是衡量公共文化服务的重要指标之一,也是文化事业与文化产业快速融合发展的必然要求。文章提出均等化视角下通过不断提升阅读主体文化意识,建立多重制度保障体系,设置科学合理考评和激励机制,鼓励阅读空间品牌化、差异化发展等措施,有助于破解新型阅读空间发展障碍,实现其公益性与经营性双重价值体系的辩证统一。

■　城市书房发展至今,呈现出服务程序公共化、主体多元化、范围基层化、定位人性化、维护专业化等特征,也暴露出战略规划、推广成本、使用效果、评价标准、线上线下融合等方面的问题,需要通过优化顶层设计、完善服务体系、改革评价机制,促进可持续良性发展。

■　实体书店是城市化进程中文明程度的符号。多重因素挑战之下,它是黯然落幕还是转型重生,关乎城市发展和文化传承。基于"第三空间"视域,从文化导入、互动通道、知识经营和精神引领四个维度透视实体书店参与城市文化空间的实践,提出坚守文化本质、嵌入城市生活、线上线下跨场景联动和经营业态跃迁的发展策略。

■　智媒时代,有声阅读面临着碎片化阅读、感性阅读、信息茧房等问题。研究基于高校学生有声阅读接触的调研状况,提出高校学生有声阅读传播特征为智众传播,通过"智政＋智媒＋智校＋智众"四位一体联动,有效推动高校学生有声阅读推广。

大数据视角下新型阅读空间特色
资源建设研究

2019 年 8 月 21 日,习近平总书记考察读者出版集团有限公司时强调,人民群众多读书,我们的民族精神就会厚重起来、深邃起来。要提倡多读书,建设书香社会。党的十八大提出了建设"书香社会"的目标。2014 年至 2020 年,"倡导全民阅读"已连续 7 次被写入政府工作报告。[①] 世界主要发达国家以国家战略的高度促进全民阅读,并将其视为国家综合实力的核心要素之一。2020 年 10 月,中共中央宣传部印发《关于促进全民阅读工作的意见》,指出,阅读是获取知识、增长智慧的重要方式,是传承文明、提高国民素质的重要途径,深入推进全民阅读,对加强社会主义精神文明建设、促进社会进步具有重要意义;要以习近平新时代中国特色社会主义思想为指导,以满足人民精神文化生活新期待为出发点和落脚点,在全社会大力营造爱读书、读好书、善读书的良好氛围,引导人民群众提升阅读兴趣、养成阅读习惯、提高阅读能力,不断增强思想道德素质和科学文化素质,为实现"两个一百年"奋斗目标和中华民族伟大复兴的中国梦提供强大精神动力和智力支持。并明确了促进全民阅读的目标任务、组织领导、服务保障、评估督导等内容。

近些年,一种有别于图书馆、新华书店等传统模式的新型阅读空间如雨后春笋般出现,表现出鲜明的属性和特征。综合已有研究成果,新型阅读空间是指由政府或企业、社会组织、个人在城市街道、乡村社区独办或合办,主要通过公共图书馆延伸为公众提供文献资源与知识服务,集阅读、活动、休闲、教育于一体的多元化新型公共阅读场所。[②] 新型阅读空间由图书馆原先较为单一的借阅、咨询等功能,转变到具有知识传播、文化传承、终身教育、休闲娱乐、社会包容等多元的功能。[③] 新型阅读空间的出现是探索政府与社会资本合作模式的重要创新,是转变政府管理公共文化职能的重要体现,是促进公共文化服务供给侧改革的重要实践,是提升公共文化精准供给的重要举措,满足了人民群众对阅读的需要,有效解决了公民文化均等权的实现。特色资源是新型阅读空间的核心构成内容,其决定新型阅读空间能否吸引读者、满足读者多样化要求,是衔接读者与新型阅读空间的纽带,其包含了一切满足读者需求的有形物质或无形服务。当前,对于新型阅读空间特色资源尚没有明确定义,可表述为:新型阅读空间所特有的,有别于其他新型阅读空间的馆藏资源、活动、服务等。新型阅读空间特色资源建设具有强烈的必要性,一是特色资源建设

---

① 董丽晶,谢志远.协同治理视角下城市新型公共阅读空间建设研究[J].出版发行研究,2020(1):74-77,45.

② 肖雪锋.公共阅读空间的发展策略研究[J].出版发行研究,2019(5):79-83.

③ 翟荣兵,黄奇杰.社会参与新型阅读空间建设准入机制研究——基于 ISO9001 质量体系认证视角[J].中国出版,2020(1):48-53.

是图书馆事业发展的必然趋势。新型阅读空间作为图书馆供给侧改革的重要成果,决定了其不可能按照传统公共图书馆模式进行建设,需根据自身实际选择建设资源体系、开展活动和提供服务等。二是特色资源建设是提高服务精准性的必然选择。新型阅读空间面对的是多元主体的读者,读者需求也呈现多样性、个性化,在新技术环境下,运用大数据等技术可准确了解读者需求,通过加强特色资源建设精准满足读者需求,实现人与书、他人、空间的互动和体检,提高了新型阅读空间的建设效能。

大数据不仅指数据本身,还包含数据采集工具、平台、数据分析系统、数据应用及大数据思维。大数据不仅影响政府组织管理、学术界的科学研究、工商业的经营管理,也影响着个人的工作、生活。大数据不仅对社会各行各业的发展都带来了深远影响,也带来人们思维方式的变化,比如量化决策思维、相关性思维、预测思维、全体性思维、效率思维等。运用大数据技术及思维,可在提高新型阅读空间资源供给的精准性,促进新型阅读空间特色活动开展、提升新型阅读空间服务质量等方面发挥积极作用,对新型阅读空间的建设效果有着举足轻重的影响。

一、大数据视角下新型阅读空间特色资源建设现状

从社会发展来看,随着大数据时代的到来,大数据给各行各业的发展带来了众多机遇,同时也带来了许多挑战。全球知名咨询公司麦肯锡创始人声称:"数据,已经渗透到当今每一个行业和业务职能领域,成为重要的生产因素。人们对于海量数据的挖掘和运用,预示着新一波生产率增长和消费者盈余浪潮的到来。"[1]从国家层面来看,2017 年 12 月 8日,习近平总书记在中央政治局集体学习时强调,"在互联网经济时代,数据是新的生产要素,是基础性资源和战略性资源,也是重要生产力"。党的十九大报告指出,要"推动互联网、大数据、人工智能和实体经济深度融合"。党的十九届四中全会进一步提出将数据增列为一种新的生产要素,建立由市场评价贡献、按贡献决定报酬的机制;要建立健全运用互联网、大数据、人工智能等技术手段进行行政管理的制度规则。[2] 从阅读推动情况来看,国家新闻出版署在颁布的《全民阅读"十三五"时期发展规划》《全民阅读促进条例》中指出,要充分利用数字技术,大力推进数字化阅读发展,建立全民阅读数字资源平台;要向不同群体推荐优秀出版物等。

从 2013 年开始,温州、张家港、扬州、杭州、宁波等数十座长三角的城市开始兴建"城市书房"。截至目前,全国 130 多个城市建立了 1700 多家城市书房,表现出方兴未艾的发展趋势。新型阅读空间特色资源是精准满足读者个性化需求,提高空间运行效果的重要措施。

当前,我国新型阅读空间利用大数据技术进行特色资源建设尚处在起步阶段,2018年上海志达书店在资源建设中充分运用大数据思维、技术,分析读者在借阅等环节中留下的痕迹,判断读者的阅读喜好、购买习惯,给不同读者进行画像,并有针对性地为个人推荐书目,为读者提供精准化服务。2018 年山东新华"智慧书城"平台运用大数据技术,实现

---

① 舒怀.大数据时代:政府治理的问题与挑战[J].内蒙古民族大学学报(社会科学版),2015,41(3):64-67.
② 张凤霞.我国移动阅读发展浅析[J].出版广角,2018(16):39-41.

书单推荐、智能导购等服务。2020年北京发行集团的"小冰读书推荐"App,借助大数据推算等方法为数千名读者提供个性化推荐,为他们找到满意的图书。

当前,基于大数据技术及思维,新型阅读空间特色资源建设体现出了鲜明的特点,取得了良好的成果。

（一）方式的变迁：线上与线下相结合

根据中国新闻出版研究院开展的第十七次全国国民阅读调查结果来看,2019年我国成年国民综合阅读率为81.1%,较上年提升了0.3%;成年国民数字化阅读方式的接触率为79.3%,较2018年提高了3.1%,我国国民阅读体现出明显增长趋势,有着显著的线上线下相结合的特点。新型阅读空间特色资源建设也表现出明显的线上线下相结合的特点,在馆藏资源供给上,不仅提供纸质文献,而且还利用App等形式提供电子资源;在服务方式上,新型阅读空间不仅提供线下图书借阅、出售、优美环境、特色活动等服务,还通过现代技术为读者提供一站式服务,开展线下线上特色资源建设等活动。郑州万象城西西弗书店在书店中间依次摆放着10个推荐位,用大数据和"评管"来帮助读者选书。2020年的疫情给很多新型阅读空间的生存发展带来了巨大影响,但基于大数据技术维系的场所与社群相结合的方式,有效缓解了疫情带来的影响。例如,湖北新华书店通过线上平台发起"春节在家读好书"活动,邀请优质专家在线与读者分享阅读;宁波三昧书店推行网上订单、线下取货购书服务等,受到居家隔离群众的热烈欢迎。在疫情防控时期,禹城市图书馆通过数字图书馆新书推荐、大师公开课、征文比赛等活动,实现了阅读线上线下全面开花。通过线下线上相结合,以全渠道服务方式打造新型阅读空间,为读者提供舒适的环境、精准的个性化服务。

（二）需求的变迁：多样化与特色化相结合

随着互联网的发展,多元读者需求的多样化特点明显:需求个性化、获取高效性、过程互动性和效果实用性等。主体多元化是指新型阅读空间的读者结构层次较多,年龄大小、职业类别、文化程度、兴趣爱好情况等不尽相同。多元化读者对新型阅读空间提供的资源需求千差万别,不满足于新型阅读空间提供图书借阅等基本服务,还希望其提供多样的特色鲜明的图书资源、活动、服务等,个性化特点明显。随着生活节奏的加快,信息技术的发展,读者在资源获取中要求速度越来越快,花费成本越来越低,效率要求明显提高。读者在参加新型阅读空间读书沙龙、阅读分享、亲子活动等众多特色活动中,表现出了较多的互动性特点。[1]读者希望通过阅读、参加特色活动等获得知识,提升自身文化素养,追求效果的实用性。南昌市青苑书店基于大数据等技术精准了解读者需求,2018年举办系列书友活动近40场,参与人数超过6000人。上海的"文化上海云"平台运行9个月,活跃用户近100万,每月访问1500万人次。

新型阅读空间的特色资源是吸引读者的重要举措,是新型阅读空间建设的重点内容,是区别于传统图书馆、书店的重要标志,有效满足了读者个性化需求,保障了新型阅读空间建设效果。新型阅读空间通过开展特色资源建设,实现了从静态展示到动态体验,从阅读学习到交流分享,从被动接受到参与创新等多方面的转变。浙江嘉兴整合辖区图书馆

---

① 童莹.均等化视域下新型阅读空间公益性与经营性障碍破解研究[J].编辑之友,2020(9):33-38.

等资源,运用大数据技术及思维开展"文化有约"活动,为群众提供特色资源供给,大大提高了群众对文化供给的满意度、参与度。湖南图书馆根据线上线下读者的需求,于2008年左右开展了"寻找抗战老兵"等系列活动,深受各界人士的喜爱,系列活动也成为湖南图书馆的核心资源。2018年,山东新华"智慧书城"上线,实现了推荐、查询、导购、体验等众多功能,方便了读者,提高了服务质量。武汉大学图书馆基于用户画像技术,深度挖掘大学生用户需求,加强特色资源建设,提高了服务的精准化。

(三)效果的变迁:文化性与娱乐性相结合

新型阅读空间作为图书馆转型发展的重要延续,作为公共文化服务的主阵地、基层群众的"精神家园"和意识形态领域"最后一公里",是知识学习、文化传播的重要空间。新型阅读空间是培育群体公共文化权利意识、文化感知力,推动文化凝聚力的重要"联络点"。[①] 新型阅读空间基于大数据技术及思维,为读者提供了精准的特色资源,有效满足了国民日益增长的公共文化服务需求。据统计,进入城乡阅读空间的读者80%为青少年。因此,新型阅读空间建设是党和国家维护文化安全、解决公民公共文化均等化的有效方式,是贯彻习近平关于文化安全和文化自信的重要体现。扬州城市书房根据时政及时更新专题书籍,如"十九大"专题等,并将书籍摆放在显著位置,城市书房真正成为市民的"精神粮仓"。2019年,北京西城区举办了书香西城系列品牌阅读活动,吸引上百万人参加,深受市民欢迎,取得了良好的社会效果。

娱乐性是指读者在新型阅读空间开展的活动或提供的服务中,得到乐趣、启发、收获等。在空间设置方面,新型阅读空间不仅设置阅读区、学习区、讨论区等,还设置休闲娱乐区。在服务内容方面,新型阅读空间不仅提供图书借阅等基本服务,还提供了文化活动、艺术品展示、线上线下讲座、线上线下读书交流等社交属性很强的特色活动。新型阅读空间的娱乐性成为吸引读者、增加读者体验感、提高新型阅读空间建设效能的有力措施。根据2014年《中国青年报》的调查显示,近90%读者愿意光顾24小时开放的阅读空间。2019年,合肥市建成城市阅读空间113个,当年外借图书17.4万册次,举办各类活动8355场次,全年接待读者873.9万人次,深受广大群众喜爱;得到社会广泛赞誉,受到新华社、人民日报、央广网等40多家中央、外地媒体报道。在中国新闻出版研究院发布的第十七次全国城市阅读指数排行榜中,合肥位居第八,在省会城市中位居第三。

二、大数据下新型阅读空间特色资源建设存在的现实问题

通过发放调查问卷,与读者、专家、政府主管部门进行访谈,在大数据背景下,新型阅读空间建设还存在一些不足。大数据在推动新型阅读空间特色资源建设中的不足主要表现在以下几方面。

(一)大数据在特色资源建设中重要性体现不足

新型阅读空间的读者通过借阅纸质、电子馆藏资源时留下记录,产生大量结构化或半结构化数据。读者在参加阅读空间特色活动,享受阅读空间提供服务过程中,也会产生很

---

① 童莹.公共文化服务均等化视域下特色阅读空间运营模式与效应研究[J].中国出版,2019(8):29-32.

多非结构化数据。大量数据的出现为我们进行分析、预测、决策提供了依据,也会因为大量无用数据的出现影响判断,给预测、决策带来困扰。扬州的城市书房存在运用现代技术开展宣传不到位,意见、建议的反馈机制不健全等问题,数据在新型阅读空间的运用没有得到足够重视。基于大数据技术,新型阅读空间应将读者隐藏在借阅记录、参加特色活动、移动终端的数据进行挖掘、整理、分析,准确获取读者多元化的个性需求,形成有用的信息,可有效改善阅读空间资源建设,有力提高服务读者水平,精准满足读者个性化需求。

(二)大数据在特色资源建设中基础条件不强

基础条件是开展大数据分析的前提和基础。合肥市众多阅读空间存在运营主体专业性不强,招聘的工作人员无专业能力门槛要求,导致服务专业性大打折扣;特色活动开展雷同性高,不能完全做到因地、因时、因人制宜,资源供给的特色不够,服务的精准性不高等问题。新型阅读空间在进行建设时,由于意识、能力、资金等因素,利用大数据进行新型阅读空间建设存在不足,基础设施和人才队伍是基础条件中较为突出的两个问题。

一是基础设施方面。当前,很多新型阅读空间处于起步发展阶段,收入的主要来源为政府以奖代补费用和经营收益,往往只能维系日常开支,无法进行系统的大数据基础设施建设,现有条件只能满足图书借阅、部分特色活动开展等基本的需要。

二是人才队伍方面。大数据分析及应用为一项实践性很强的工作,只有专业的人才方能有效开展。大数据人才不仅需要懂得对数据进行收集、挖掘等,还要懂得对大数据进行管理、应用。当前,许多新型阅读空间人员配备数量不多,只能维持日常运行;任职条件不高,一般为专科学历,有相关工作经验即可,无专业要求。可见,现有人员无法有效开展大数据挖掘、分析、应用等工作。

(三)大数据在新型阅读空间特色资源建设中应用不够

西安市碑林公共阅读空间由于资源供给精准性不强、活动特色不够等原因,导致阅读空间整体利用率不高,影响了新型阅读空间的建设效果。大数据在新型阅读空间特色资源建设应用不够,传统思维和做法较多,主要体现在馆藏资源建设、特色活动举办、读者服务方面,具体情况如下。

一是馆藏资源方面。基于新型阅读空间的发展定位,以及多元化服务对象存在突出的个性化需求等特点,新型阅读空间为读者提供什么样的纸质图书、电子图书馆藏资源,需要借助科学的方法进行分析判断;现有的馆藏资源很多是根据协议,由市县级图书馆提供或自行采购部分图书资料,对读者需求了解不多,精准性资源提供不够。

二是特色活动方面。新型阅读空间吸引读者的一个重要原因就是其提供了丰富的特色活动:阅读沙龙、讲座、休闲娱乐等,但由于人力、财力、精力等影响,特色活动的数量举办受到一定限制;同时,多元的读者需求也不完全一样,开展的特色活动并不一定为读者需要、喜爱,读者参与度不够,影响了新型阅读空间的建设效果。

三是读者服务方面。新型阅读空间除提供特色活动外,还应在提供特色服务方面进行思考。服务理念上应树立以人为本思想,服务思路上应变被动服务为主动服务,服务内容上应体现个性化、精准化,服务效果上应注重实效。当前,新型阅读空间在服务上缺乏系统性、科学性的思考,还存在明显不足。

三、加强大数据在新型阅读空间特色资源建设中作用的建议

大数据是以数据为本质的新一代革命性的信息技术,通过对数据进行挖掘、存储等过程,带动理念、模式、技术及应用实践的创新。[1] 大数据已渗透到社会的各个方面,海量数据的出现给发展带来了机遇,但如何对数据进行科学收集、存储、管理、分析,变成对自己有用的信息,成为迫切需要解决的问题,也成为一种挑战。基于大数据分析全流程思维:数据准备(数据采集、清洗)、数据存储及管理、计算处理、数据分析、数据可视化及应用等环节[2],笔者构建了新型阅读空间特色资源建设体系框架,具体情况见图 1。

图 1　新型阅读空间特色资源建设体系框架

(一)理清新型阅读空间数据类型,分析数据来源

一般情况下,新型阅读空间的建设会受到来自政府主管部门和市场的双重影响。对主管部门来说,推动新型阅读空间的建设,源于对图书馆供给侧改革的需要,实现公民享受公共文化均权的需求,新型阅读空间成为推动城市可持续性发展的新动力,提升了文化在社会经济发展中总的贡献力度。[3] 对市场来说,文化既是一个事业也是一个产业,在满足政府、消费者基本需要的基础上,追求利益依然是其原则。对读者来说,新型阅读空间由于地理便捷、服务周到、环境优雅等,满足了其对公共文化共享的权益,对阅读及知识学习的需要。读者不仅需要馆藏资源的借阅服务,还需能够满足个性化需要的资源。在大数据背景下,可有效改变原先"自上而下"供给模式,通过对政府主管部门、市场环境、读者

① 陈宝生.基于大数据时代的图书馆服务转型研究[J].人文天下,2019(18):32-35.
② 梁宇清.大数据时代的图书馆管理[M].北京:中国原子能出版社,2018:36.
③ 金国辉.新信息环境下公共图书馆特色资源建设[J].图书馆,2019(10):96-99.

需求及技术感知等环节收集大量数据,完善需求采集机制。[①] 这是实现精准供给的前提。

(二)做好新型阅读空间数据采集,转换可用数据

数据采集与预处理是大数据分析全流程第一个技术环节,其目的主要在于对数据进行收集及预处理。从新型阅读空间的数据来源来看,主要来自四个方面:政府主管部门、市场、读者及技术感知。从收集的数据类型来看,由于以非结构化数据为主,无法用关系型数据库表示和存储,需要运用特殊的数据库及技术进行处理。[②] 新型阅读空间运用大数据技术,如 ETL 工具等,把从不同方面收集的数据进行收集,并进行清洗、转化和集成,变成可以存储的数据。

(三)做好新型阅读空间数据存储,加强数据管理

数据的存储与管理的目的在于运用分布式文件系统或数据库,将预处理的结构化、半结构化和非结构化数据进行存储。通常会运用到多个文件系统或数据库,如关系数据库、云数据库等。新型阅读空间收集的信息经过预处理后,需要使用专门的系统或数据库进行存储,便于后期数据挖掘工作的开展。

(四)做好新型阅读空间数据挖掘,加强数据分析

数据挖掘是大数据分析的重要环节之一,是从大量数据中寻找隐藏其中,有着特殊关系信息的过程,简单来说就是在大量数据中找到有用数据的过程。大数据挖掘运用计算科学里的统计、情报检索、机器学习等方法实现数据挖掘的任务。[③] 新型阅读空间运用专门工具对通过收集政府主管部门、读者显性要求及技术手段收集的情景数据进行挖掘,产生对自己有用的量化数据,为特色资源建设的决策和预测提供依据。

(五)做好新型阅读空间数据应用,建好特色资源

大数据技术最终目的就是对挖掘的数据进行可视化呈现,便于人们理解、分析和运用数据。

1. 馆藏资源方面

即便同城的新型阅读空间,由于所处区域不同,面对读者也不尽相同,读者对馆藏的需求也存在差别。地处学校、小区周边的新型阅读空间,服务的对象主要是中小学生、老年朋友或者其他群体,因此需要借助大数据技术了解不同读者对馆藏资源的需求。[④] 首先,扩大资源供给能力。新型阅读空间的特色馆藏建设需要整合多种力量加强建设,用好其业务主管部门图书馆的馆藏资源;要与专业出版社、书商等合作,加快流通,丰富馆藏,扩大供给资源规模。其次,提高精准供给能力。新型阅读空间在进行新型阅读空间馆藏资源建设时,可自己开展大数据分析工作,也可借助专业公司的力量帮助其开展资源建设的信息收集、整理等工作,减少或避免因专业性不够而投入无谓的人力、物力和财力。新华书店总店与阿里云联合打造的"城市书房",根据读者特征利用大数据技术帮其推荐图

① 李杨,陆和建.全民阅读背景下城市阅读空间馆店融合发展研究——以合肥市为例[J].国家图书馆学刊,2019,28(2):59-66.

② 李建霞,文卫华.我国公共阅读空间的兴起与发展趋势探析[J].出版广角,2019(8):19-21.

③ 任宝旗,江澜.智慧化公共阅读空间构建路径探究[J].编辑之友,2019(8):33-37,43.

④ 王炎龙,郭玉.基于文化规划视角的城市公共阅读空间多维布局探究[J].中国出版,2018(18):3-8.

书,并共享线上 40 多万册的图书信息。[①] 再次,加强读者参与程度。新型阅读空间应进一步加强读者在馆藏资源建设中的参与度,使读者从原来建设的被动参与者变成主动参与者,成为新型阅读空间馆藏资源的发起者、传播者和建设者。

2. 特色活动方面

建立在读者兴趣、爱好基础上的特色活动,有别于传统图书借阅、售卖业务,如旨在满足读者特殊需要的读书沙龙、读书会、新书见面会、专题报告、亲子活动等。特色活动举办较为精准地满足了读者个性化、互动性、体验式,甚至是娱乐性的需要,读者选择面加大,兴趣更高,效果也更好。[②] 例如安徽省合肥市采取的"4+X"模式,4 是阅读、活动、展示、休闲活动,X 是指个性化服务活动。通过实际运行来看,该模式既满足了读者的基本阅读、借阅方面的需求,也满足了读者个性化的需要,实现了"规定动作不走样,自选动作有特色",不同的阅读空间有不同特色。在大数据背景下,借助不同平台及日常收集的数据,通过大数据技术对数据进行挖掘、整理、分析,对特色活动种类、数量进行选择;避免了阅读空间开展的特色活动并非读者所需、所爱,造成资源浪费。

3. 特色服务方面

服务一般是指通过履行职务,使他人得益的活动,活动可以是无偿的也可以是有偿的,可以是物质形式也可以是劳动形式。[③] 特色可简单理解为:人无我有,人有我优,具有明显区别于其他同类型事物的特征。新型阅读空间服务的概念是狭义的,是以劳动形式体现的,满足读者需求的有偿或无偿活动。在服务内容方面,合肥悦书房阅读空间提供了四点半服务,主要为在附近上学的孩子放学后的看管空白期提供看护、作业辅导等服务,受到家人、学生、社会及政府的高度评价。[④] 湖南图书馆推出的"一网打尽"平台,基于大数据技术,根据用户在资源使用中的留痕,将构建的特色资源分类推送。在服务时间方面,新型阅读空间可选择错峰的开放时间,充分考虑读者的时间,如果周边读者上班族较多,正常上班期间无法进入阅读空间进行阅读及参加有关活动,通过开放时间的调整,则极大方便了读者的需求,提高了新型阅读空间的效果。在服务业态方面,基于读者对新型阅读空间休闲功能的需要,在其业态上还可加入茶社、咖啡馆、冷餐、艺术品展示、文创产品售卖等形式。在服务方式方面,新型阅读空间可基于大数据技术,采取场所与社群相结合的方式,做好日常读者的维系,保持读者数量的相对稳定。在表达形式上,新型阅读空间可尝试采用多元线上传播方式,如直播、短视频、音频等,满足不同读者个性化阅读形式需要。[⑤] 特色活动有没有、多与少、好与坏,都可借助大数据技术及思维进行分析处理,提高判断、决策的准确性。

4. 人才队伍方面

针对当前新型阅读空间基础设施和人才队伍不能完全适应大数据应用的现状,新型

---

① 姜雯昱,曹俊文.以数字化促进公共文化服务精准化供给:实践、困境与对策[J].求实,2018(6):48-61,108-109.

② 巫志南.公共文化产品和服务精准供给研究[J].图书与情报,2019(1):31-40.

③ 盛明科,李代明.大众阅读需求变化背景下公共文化资源精准供给分析[J].中国出版,2017(18):21-24.

④ 严贝妮,等.城市阅读空间的构建研究——基于合肥市"悦·书房"的解析[J].图书馆建设,2018(5):64-69.

⑤ 兰庆庆."去实体化"还是"实体化+":实体书店多重价值探讨[J].编辑之友,2019(11):70-74.

阅读空间及其主管部门在综合考虑成本、实际工作需要等因素,可由公共图书馆或参与新型阅读空间建设的母公司,或委托第三方专业公司,开展大数据基础设施建设、专业人员培养培训、数据分析处理等工作。每个具体的新型阅读空间主要任务是将数据分析的要求梳理清楚,并告知负责数据分析处理的人员;同时,做好数据采集、应用等工作。

四、结语

新型阅读空间核心竞争力在于精准满足读者需求的构建,实现供需双方的高效对接;新型阅读空间的资源是其建设重点,只有资源更富有特色,才能更好吸引读者。在大数据时代,可充分运用大数据思维及技术,精准挖掘读者需求,实现资源的精准投放,活动的精准开展,服务的精准供给,满足读者多样化、个性化、优质化的需要,保障公民文化均等权的实现,发挥新型阅读空间应有的功能。① 本文基于大数据分析全流程思维,构建了新型阅读空间特色资源建设体系框架。通过对新型阅读空间全数据进行处理,加大相关性分析,旨在为读者提供精准程度更高的资源供给,提高新型阅读空间建设的效能。

---

① 李淼.数字场景中城市公共阅读空间的价值重塑[J].出版广角,2019(8):10-13.

浙江城乡新型阅读空间建设实践及启示[*]

中共中央、国务院在《关于支持浙江高质量发展建设共同富裕示范区的意见》中提出，"打造新时代文化高地，丰富人民精神文化生活"①。2021 年政府工作报告指出，"推进城乡公共服务体系一体建设，创新实施文化惠民工程，倡导全民阅读"，从 2014 年至 2021 年，"全民阅读"已连续 8 年写入政府工作报告。阅读是获取知识、增长智慧、传承文明、提高国民素质、丰富人民精神文化生活的重要途径。浙江温州、德清等市县在建设新时代文化高地、扎实推进共同富裕战略中，创新打造了一批特色鲜明、美观实用的城市书房、乡村书店、农家书屋、文化驿站等城乡新型阅读空间，增强了城乡居民美好精神文化生活的获得感和幸福感，其阅读推广示范经验值得借鉴。

一、浙江城乡新型阅读空间建设创新实践

（一）温州市：勠力构筑全民阅读示范城

2014 年 4 月，全国首家以"城市书房"命名的 24 小时无人值守的自助式场馆型图书馆在温州诞生，"以人民为中心"的便民、利民服务理念，全天候开放的服务举措，一楼临街、舒适温馨的服务环境，让"全民阅读、书香社会"梦想成为现实。温州构建了以市图书馆为中心馆、各县级馆为总馆、城市书房为分馆的多元公共图书馆服务保障体系，基本形成市区 15 分钟、乡镇 30 分钟阅读圈，实现了全民阅读服务体系普惠、均衡、可持续发展。

1. 政府主导与社会力量"双轮驱动"，确保阅读有保障

温州市委市政府主动引领，连续 5 年将城市书房列为市政府民生项目，安排专项建设资金，政府部门将项目创建工作纳入绩效考核指标体系，确保城市书房建设项目落实到位。企业、团体、街道、社区、志愿者等社会力量广泛参与城市书房的场地提供、环境设计、日常运营与管理等环节。目前，温州市建成 102 家城市书房，总面积 2.47 万余平方米，总藏书 97.75 万册，累计接待读者 1073.76 万人次，流通图书 964.40 万册次，每年开展各类活动近千场次，读者满意率达到 98％以上。同时有 30 多支团队千余人参与城市书房志愿服务。

---

* 执笔人：黄奇杰。安徽省人大常委会党组副书记、副主任宋国权同志对该政策建议稿做出肯定性批示："浙江省在新型阅读空间建设上的经验，值得学习借鉴，既符合高质量发展的要求，也解决了群众对文化的所求所盼。我省合肥、铜陵等地也做过尝试，需要推广鼓励。"

① 新华社.中共中央国务院关于支持浙江高质量发展建设共同富裕示范区的意见[EB/OL]. (2021-06-10)[2021-07-01]. http://www.gov.cn/zhengce/2021-06/10/content_5616833.htm.

2. 科学规划与管理规范"两翼齐飞",确保服务有效益

城市书房建设选址充分考虑人口密集度、交通便利性、环境相对安静度、消防安全、服务半径、阅读需求等因素,进行科学合理布点。城市书房纳入图书馆总分馆体系,按照统一装饰标准、统一标识设计、统一调配书籍、统一信息系统、统一服务规范,实行统一业务管理、"连锁"运营模式,使政府资源和资金的利用率最大化。2017年以来,温州启动城市书房服务标准化工作,制定发布全国首个24小时自助图书馆地方标准《城市书房服务规范》(DB3303/T 64—2017),形成标准化服务体系。2020年7月29日,温州市政府办公室印发《温州市城市书房建设和管理办法》,明确了政府职责、社会力量参与办法和建管用机制。

3. 坚持融合理念与协同创新并重,确保发展可持续

坚持融合发展理念,注重优秀传统文化与地域特色文化的传承,在城市书房植入温州特色非遗文化、融入文化旅游主题,精心打造了智慧谷、世纪公园、南塘街等一批特色主题书房。以科技创新和数字化提升推动书房智慧化转型,不断丰富城市书房多层次、多样化的服务功能。创新城乡一体化高质量发展机制,参照城市书房建设标准和管理模式,在乡镇建成开放73家百姓书屋,为乡村居民量身打造阅读和学习交流空间。73家百姓书屋总面积达到1.3万平方米,累计流通图书86.05万册次,接待读者62.62万人次。百姓书屋与城市书房成为温州城乡一体化公共文化服务体系的重要组成部分。

(二)嘉兴市:织成覆盖城乡的阅读网络

2013年,"嘉兴市城乡一体化公共图书馆服务体系"作为首批国家公共文化服务体系示范项目,以总排名全国第一的优异成绩通过验收评审;2016年,嘉兴又成功创建第二批国家公共文化服务体系示范区。2017年,国家有关部门印发《关于推进县级文化馆图书馆总分馆制建设的指导意见》,标志着图书馆总分馆制"嘉兴模式"在全国获得推广示范。

1. 构建城乡一体化公共图书馆服务体系

嘉兴市经过多年探索,以"政府主导、统筹规划,多级投入、集中管理,资源共享、服务创新"为基本特点的公共图书馆总分馆制建设成为全国城乡公共文化服务均等化的典范。嘉兴市图书馆总分馆、智慧书房、礼堂(农家)书屋和各种图书流通站交织成覆盖全市城乡的阅读网络,个性化的场馆、标准化的服务和常态化的阅读活动,让公共阅读服务的"最后一公里"更加丰富多彩。

2. 实现城乡公共阅读资源共建共享

2015年7月7日,嘉兴市为进一步优化资源配置,促进互联互通,提升管理服务效能,在全国率先出台了《关于推进农家书屋与公共图书馆服务体系资源整合的实施意见》,作为总馆的嘉兴市图书馆和2家区分馆、16家乡镇(街道)分馆、32家村(社区)分馆,全部实现文献资源统一采购、统一编目、统一配送、通借通还、数字资源共建共享,城乡读者拿着一张"一卡通",可以在任何分馆享受到整个服务体系内的所有阅读服务。

3. 推进"红船精神"全民阅读系列活动

2021年,嘉兴市紧紧围绕庆祝中国共产党成立100周年,结合党史学习教育,持续开展"红船精神进校园"系列活动、"我在红船旁成长"专题研学活动、少年儿童规范字书写大赛、"阅动全家·书香嘉兴"阅读推广、红色经典主题图书展等 20 余项全民阅读活动,更好地满足城乡人民群众对阅读的新需求、新期待,着力培根铸魂,为加快推动嘉兴跨越发展、奋进新征程凝聚强大精神力量。在嘉兴市图书馆,"夕阳红 E 族"老年电脑使用培训班已开班 12 年,教老年人使用电脑,培训使用智能手机,帮助老年读者跨越信息鸿沟,提升数字阅读能力。

(三)台州市:推动全民阅读落地生根

"十三五"期间,台州市人均年阅读量从 0.71 册增加到 1.42 册,人均拥有公共图书馆藏书量从 0.63 册增加至 1.41 册;成功构建了以市县公共图书馆、乡镇图书分馆、文化礼堂图书室、农家书屋为代表的公共图书馆体系,以和合书吧、农信书吧、家庭图书馆为代表的社会化图书分馆,以汽车图书馆为代表的流动图书馆服务新格局。

1. 构建全面多元、全民共享的阅读服务体系

台州形成了以市图书馆为核心、县级图书馆紧密合作的讲座展览联盟,打造了"台州市民讲堂""枫山书院"等系列被市民熟知并认可的讲座品牌。"乐龄 E 课堂"是数字化时代图书馆为老年读者提供的免费"课外班",7 年来共培训老年读者 3055 人次。市图书馆的"童萌汇"小书坊活动以绘本为纽带,带动了亲子阅读。

2. 汇聚扶持社会力量,优化阅读市场配置

台州市持续推进和合书吧(24 小时自助图书馆)建设,"十三五"期间共建成 101 家和合书吧,累计新增实体图书馆面积超 1.9 万平方米,每年服务读者超过 230 万人次。台州市的"书店+民宿""书店+咖啡馆"等成为当地网红打卡点。据《2019 浙江全民阅读报告》显示,台州的书院和藏书楼数量以 44 个位居浙江省首位。"长三角阅读马拉松大赛"是一年一度的阅读盛宴,为台州读者参与高质量深阅读活动引进了宝贵资源。2020 年,台州市公共图书馆与台州学院图书馆实现文献通借通还,成为浙江省首个实现馆校图书馆合作的台州样本。

3. 积极探索城乡家庭图书分馆

探索建立家庭图书分馆,构建市、镇、村、家庭四级阅读服务体系,图书进家庭,邻里共阅读。家庭分馆馆长以志愿者的身份参与到图书管理中,并免费提供场地、设施和服务。总馆负责统一标识、统一资金、统一采编、统一配送、统一借还、统一数字资源、统一规章制度、统一管理培训。各级分馆承担馆舍、设备、资金、人员和服务等职责。2020 年,台州市已成立家庭分馆 400 家,出台了台州市地方标准《家庭图书馆建设与服务规范》。

(四)德清县:特色图书馆助推乡村振兴

1. 特色图书馆彰显乡村地域文化特色

近年来,德清县积极推进乡镇特色图书馆建设,将闲置老建筑改造成设计独特、藏书丰富、活动多彩的特色图书馆,促进农家书屋升级增效。特色图书馆成为村民和游客了解德清历史,学习、休闲的重要文化场所,有力助推了乡村文化振兴。其中蠡山民俗图书馆使用面积 360 平方米,收藏图书 1.5 万册,该馆立足水乡民俗、农耕文化,以"耕读传家"为定位,设有图书馆阅览区、借书区、藏书区等五个功能区,民俗图书馆彰显着德清乡村地域文化特色和人文情怀。

2．农家书屋服务效能不断提升

2010年，德清县启动了农家书屋建设，实现了148个行政村农家书屋全覆盖。德清县图书馆对该县部分中心村、文化礼堂流通点进行了阅读服务提升，开通了通借通还业务，为流通点布置图书，现场培训流通点管理人员，提升了图书馆图书全域流通率和阅读服务满意度。

3．掀起阅读红色书籍、感受红色精神的热潮

德清县图书馆开展"红色共读"活动，前往学校、景区、企业、机关单位等，拍摄读者学习党史知识的视频短片，在抖音、视频号等平台进行展播，掀起阅读红色书籍、感受红色精神的热潮。

二、浙江城乡新型阅读空间建设机制保障

（一）不断完善新型阅读空间建设体制与发展机制

浙江省各地不断完善城市书房、百姓书屋、农家书屋等规划布局、考核奖励、志愿者服务和社会力量参与建设管理的体制机制，通过政策引导、社会认同、价值归属等多种渠道推动社会力量参与公共文化服务体系建设，加大社会化运作力度和制度保障，深入探索公共文化服务社会认养和民办竞争激励机制，拓展社会资本参与公共文化服务建设、管理的路径途径，使新型阅读空间成为社会力量参与"建、管、服、用"公共文化探索实践地。

（二）持续开展新型阅读空间标准化服务、特色化建设

持续深化和完善新型阅读空间建设、管理、服务的标准化规范化，引领5G技术、现代物流、智慧安防和"互联网＋"等技术在城市书房的应用创新，注重特色化、主题型、体验式、休闲版、个性化等多样性阅读空间建设，凸显阅读空间建设的文化旅游融合、地方文化元素、地方风情特色、科技引领和人文提升。

（三）注重新型阅读空间城乡一体化高质量发展

大力推动城市书房的建设、服务、管理经验向农村延展，加快农家书屋、百姓书屋、文化服务中心图书馆（室）、文化礼堂（驿站）等文化阅读场馆的资源共建共享和互联互通建设，将图书馆优质的文献信息、讲座展览和数字资源等向乡村基层延伸，推进城乡公共文化服务一体化高质量发展，更好地丰富乡村群众精神文化生活。

（四）搭建用好全国城市书房共建共享平台

2020年9月27日，温州市、上海市浦东新区等10地在温州共同发起建立"全国城市书房合作共享机制"服务平台，建设以城市书房为创新品牌的城市阅读空间长效联络机制，实现互联互通、互学互进，创新发展公共文化服务方式，探索建立以城市书房为主体的公共文化空间的图书馆总分馆制服务模式，进一步完善图书馆服务体系，打造新型城市阅读空间，提升城市文化品牌影响力。

三、浙江城乡新型阅读空间建设经验启示

（一）法规保障，依法推进全民阅读

2018年1月1日起施行的《中华人民共和国公共图书馆法》是为了加强对公共图书

馆管理,推进公共图书馆事业的发展,较好地保障人民群众的公共读书阅览权利而制定的法律。党的十八大以来,随着"全民阅读""书香社会"建设,公共文化服务体系不断完善,目前全国有 193 个城市建成"城市书房"(新型阅读空间)3305 家。城乡新型阅读空间是有别于传统公共阅读空间的公共文化服务新形态,是以公共阅读服务为核心,兼备文化交流、娱乐休闲等复合功能的开放式社会性文化活动场所,除了政策引导和鼓励外,还应以立法手段为新型阅读空间建设提供刚性保障。各地应当加快制定公共文化服务地方性法规,加大地方性法规的适用力度,完善保障措施内容。

(二)政社合作,推动阅读空间建设

协同治理理论强调充分发挥多元治理主体的能动作用。治理主体包括政府、非政府组织、企业、公民等。城乡新型阅读空间建设涉及区域广、参与主体多、利益构成杂,主体结构之间相互制衡,只有协调好治理主体关系,才能有助于城乡新型阅读空间的良性发展。各级地方政府积极出台政策,培养社会组织,鼓励社会力量参与新型公共阅读空间建设。

(三)馆店互通,实现图书资源共享

"互联网+"时代,公共图书馆与城乡新型阅读空间要实现资源共享,更新观念,拓展用户信息服务领域,满足读者多元化的文献信息需求。要适应网络化进程,开发特色数据库,实现数据库的建立能够为当地的文化、经济以及科技的发展提供有价值的资源。要提高公共图书馆和新型阅读空间管理人员网络服务素质,对用户进行网络培训,提高其利用网络信息的能力。县市级公共图书馆藏书量和管理经验比较丰富、信息技术手段比较先进。城乡新型阅读空间的图书统一编条码进入县市级图书馆管理系统,实现资源共享、互联互通、通借通还,可以丰富城乡新型阅读空间图书品种,提高服务效率,降低建设运行成本,盘活图书资源和流通质量,从而提高群众的科技文化素质。

(四)活动引领,丰富阅读推广内涵

全民阅读推广是公共图书馆和新型阅读空间的一项重要职能,而公共图书馆更应该成为全民阅读的领导者和推行者。各地公共图书馆要充分利用自身优势和社会资源,在开展读书活动的意识、内容和形式上不断推陈出新,开展一系列丰富多彩、行之有效的读书活动。公共图书馆应优化自身资源,协同社会力量,扩展读者范围,营造阅读氛围,注重活动策划,加强组织实施,开展导读工作,重视儿童阅读,加强社会宣传,打造服务品牌,加快数字化建设,引导智慧阅读。

(五)智能变革,建立数字阅读平台

要建立国家和地方数字阅读资源平台,把市民数字阅读与乡村数字阅读结合起来,为全民提供基础性、保障性的数字内容。国家和地方数字阅读资源平台可以在现有的、基础好的数字阅读企业平台的基础上改建,也可以通过公共图书馆(出版大数据中心)为基础新建。国家数字阅读资源平台内的基础性、保障性的数字内容资源,以政府采购的方式,向企业或著作权人购买,向读者免费提供阅读,体现全民阅读的公益性。要发挥数字农家书屋在读书方面的引领作用,数字农家书屋内容投送平台要体现乡村产业发展、乡村治理、乡村文化振兴、美丽乡村建设等特色内容,为乡村振兴战略实施提供专业化智力支持。

（六）城乡联动，促进区域一体发展

加快推进城乡公共文化服务体系一体建设，发挥中心城市优质资源对周边地区特别是乡村的辐射带动作用；深入推进图书馆总分馆制建设，将新型阅读空间作为县公共图书馆村级分馆或者村级服务点，统一建设、统筹管理、综合使用；坚持从实际实效出发，优化公共文化设施布局，完善农村文化基础设施网络，均衡配置城乡公共文化资源，推进城乡资源整合和互联互通、共建共享，增加农村公共文化服务总量供给，进一步缩小城乡差距；调动基层群众性自治组织、企业事业单位和社会组织等多方面力量参与新型阅读空间建设；完善扶持机制，培养基层文化骨干和阅读推广人，将新型阅读空间建设成为城乡居民的"精神粮仓"。

均等化视域下新型阅读空间公益性与经营性障碍破解研究*

  阅读是丰富人类精神世界、推动思想观念创新的重要活动,也是推进世界文明进程、促进文化生产力升级的重要手段。文字记载了人类历史发展中对客观物质世界认知及对主观精神世界的表达,并借助书籍、网络、电视广播等各类传播媒介呈现给社会大众。近年来,随着国家对政治、经济、社会及文化等各领域文明建设的高度重视,阅读正在成为一种社会潮流,而阅读空间的建设也备受政府及社会各界的关注。除了公共图书馆、社区阅览室、农家书屋等纯公益性图书馆之外,建设主体多元化、运营模式多样化和社会价值多重性的新型阅读空间在分担政府职责、承担社会责任和促进城乡文化建设中占据着极其重要的位置。目前,政府资金和社会资金是新型阅读空间建设的主要融资渠道,空间建设模式主要分为政府主导模式、社会力量主导模式及政府和社会合作共建模式。由此可见,新型阅读空间否定了文化事业与文化产业的绝对二元论,实现了文化事业与文化产业间相互交织发展、跨界融合。马克思主义认为:"人类物质生产实践是人类社会存在和发展的基本前提,并强调人的实践需要与其所处的客观物质条件之间的矛盾及其运动构成社会发展的内生性动力。"①公共阅读服务供给与群体阅读需求之间不平衡是推动社会管理创新的重要因素,新型阅读空间将社会价值和经济价值创造性地融合在一起,既是国家公共文化服务建设的有力实践,也是构成其自身快速发展的内生动力。

一、新型阅读空间公益性与经营性价值辨析

  戴维·思罗斯比在《经济学与文化》中提出,"对经济的社会关联性的关注使'价值'成为一切经济过程的指向;无论是对特定经济行为的分析,还是对特定经济过程的阐述,最终都要落脚于对与之关联的社会意义的说明上;所有的经济理论都无可避免地内含着意识的、道德的、政治的、文化的要素"②。从本质上看,价值是贯穿社会、经济及文化发展的重要线索。党的十八届三中全会提出:"推进国家治理体系和治理能力现代化,全民阅读是提升国家文明建设重要渠道,也是形成国家现代化治理体系的重要精神基础。"国内一些省、市已出台了全民阅读的相关条例,比如广东、吉林、深圳、苏州等地相继出台《广东省全民阅读促进条例》《吉林省全民阅读促进条例》《深圳经济特区全民阅读促进条例》、苏州市《关于深入开展全民阅读活动加快推进"书香城市"建设的意见》等条例,用以科学合

---

  * 执笔人:童莹。原文发表于《编辑之友》2020年第9期总第289期。

  ① 黄耀霞.马克思科学实践观的诞生及其历史意义[J].马克思主义理论学科研究,2019(5):180-187.
  ② 戴维·思罗斯比.经济学与文化[M].王志标,张峥嵘,译.北京:中国人民大学出版社,2015:21.

理地引导公民阅读、保障公民的阅读权利、培养公民的阅读习惯。诸多实践证明,推行政府向社会力量购买服务,为公共阅读服务建设输入新鲜"血液",能够整合利用社会资源,提高公共阅读服务水平和效率,满足读者多层次文化消费需求。但毕竟经营性的阅读空间是一种供大众消费的商品文化,如果发展过度,难免会对公益性阅读空间的发展产生不可避免的冲击。鉴于公共文化服务的根本属性是公益性,如何平衡新型阅读空间的公益性和经营性价值体系,尤其是在均等化的视角下,既能促进公益性文化事业的繁荣发展也能激发文化产业的市场活力,从而更好地满足城市与农村群众的阅读需求是需要深入探讨的问题。

(一)供给侧改革背景下公益性阅读空间与新型阅读空间的优势互补性

公益性阅读空间作为一项文化惠民工程,不以营利为目的,主要面向整个社会大众,保障人民基本文化成果的享用权、阅读活动的参与权、文化样态的选择权、阅读内容的传播权等,属于公益性文化事业的范畴。作为服务主体的政府通过采购、项目资助、定向资助、特许经营、管理外包等手段来实现运作,并没有从中获得经济利益,但是在对政策的制定、资金的调配、资源流路的掌控以及确保阅读服务的标准化、均等化和社会化等方面发挥了较大的优势,使得阅读服务的供给和服务在城乡之间能够得到合理配置、科学组合、互联互动。但是,由于财政投入不足、文化体制机制僵硬、效率低下以及创新乏力等因素,公益性阅读空间发展存在动力不足的问题,逐渐失去其服务的社会属性。黑格尔说:"人按其本性来讲是自由的,具有扬弃的能力。"[①]不仅包括意志自由也包括对客观世界的认识自由和改造社会的自由。市场经济条件下,随着外部时代发展环境和内部思想意识形态构建的不断变化,作为阅读服务的最终对象的人类对阅读空间差异化和人性化需求也不断增加,这就促使阅读空间的建设主体也由政府主导的单一化模式向政企合作等多样化模式转变。"供给侧改革有利于提高供给结构对需求变化的灵活性和适用性"[②],新型阅读空间大大提升了阅读服务的精准性和针对性,最大限度地体现了公民作为市场主体和文化主体的地位,从本质上否定了通过阶级的文化垄断,使文化通过市场重新回到人民群众中去。公民主体地位反映在文化市场上,表现出更多的自主选择权,反过来最大化实现公共文化服务的价值。因此,公益性阅读空间与新型阅读空间成为职能互补、供给互补的组合。

(二)基于"你中有我"的公益性阅读空间与新型阅读空间协调共生性

文化具有能动性、创造力和繁殖性,创造力是文化能动性的标志,又是文化实现自身能动本性的方法和途径,反映在阅读空间上即是创意多样化、业态多元化、物理空间设计人性化的新型阅读空间建设。公益性阅读空间"公共性"较高,关系着国家文化信息安全和社会稳定,且担负着传承和发扬中华传统文化的使命担当。新型阅读空间相对于公益性阅读空间,"公共性"稍低,具有服务的排他性,表现在对阅读群体的设定,以北京为例,如主要面对青少年的阅读基地"读聚时光"、面向传媒精英的中国新闻书店;对阅读主题的设计,如,侧重"讲经说法"的牡丹书院、有"工具书王国"之称的涵芬楼等;对阅读场景的设

---

① 李火林.黑格尔扬弃观探析[J].浙江社会科学,2018(2):93-101.
② 杨宜勇,邢伟.公共服务体系的供给侧改革研究[J].人民论坛·学术前沿,2016(5):70-83.

计,如开放式设计的良阅书房、由红楼电影院改建而成的红楼藏书楼等。"一个人阅读时所处的物理环境可以通过意义线索来强化文化体验或者提高审美体验"[1],建立在个体认知体系基础上,提升读者对阅读环境敏感性,增强阅读体验,以上这些特色造成了阅读空间的显性排他性特征。除此之外,还表现在隐形竞争性,包括经营模式的不同,管理理念的差异等。这种排他性和竞争性并不意味着新型阅读空间必须按照利益最大化的市场逻辑来运作,只是它更加注重差异性和选择性,在一定程度上也能减轻政府在公共文化服务上的成本支出。同时,经营性阅读空间并不能从根本上改变文化供给公益性特性,它在潜移默化传播文化和丰富人类的精神世界,并且因公益性阅读空间在政府资金供给上并不排斥其存在,在"适者生存"的市场环境中也追求社会效益的最大化。然而,公益性阅读空间在服务公众、服务社会时也兼具浅层的经营性质,这里的经营行为包括超出公共文化服务、满足特殊兴趣、提高服务档次的经营活动。因此,公益性阅读空间和经营性阅读空间能以"你中有我,我中有你"的模式存在和发展。

(三)公益性阅读空间和新型阅读空间发展建设应符合规律性和合理性

无论是文化事业还是文化产业均有其发展的内在逻辑性和规律性。文化事业是国家建设重要内容之一,如果处理不当不仅会影响群众集体无意识和个体思想文明的发展,也会对国家文化安全造成威胁。增强文化凝聚力的文化整合系统来自价值系统,首先来源于全社会所共同遵从的主流的普适性价值。如果没有整合社会行动方式和目标的内在普适性文化价值,如果没有特定的价值意蕴包含在工具理性行动的内部,单纯动力因素的泛滥将不仅不能创造出一个新世界,反而会颠覆民族的文化认同,将社会推至毁灭。公益性阅读空间建设和发展受国家文化体制和文化制度的约束,并间接反映国家文化管理意志,主要受政府的管制,建立规范、彰显主流。国家政策体制往往具有强制性的特点,但是文化建设往往具有求大同存小异的特征,如果在体制内受到过多的约束,提供的阅读服务往往是差强人意。然则,文化产业具有高投资、高风险的特征,盲目投资会带来巨大的社会经济损失。文化与经济、文化与社会、文化与政治均有着不可分割的联系,"资本与权力相连接的经济场域;以社会再生产与象征暴力为特质的社会场域;充满习性与素质的文化场域;富有品位与雅趣的审美场域,互相交融、互相作用"[2]。文化为产品生产、交换、分配和消费提供新的产业形态,推动生产力转型升级。社会力量建设阅读空间,在激发公民阅读兴趣、改革阅读空间管理模式、繁荣社会主义市场经济方面有着重要作用。但是,如果一味盲目扩张,违背市场经济发展的逻辑规律,也会造成资源浪费和文化经济发展的恶性循环。因此,阅读空间的建设需要理性规划和考量,在不违背公共文化服务基本准则的前提下,不断进行创新改革,促进阅读空间对公民群众的文化塑造力和价值观的影响力,将主流文化价值转化为大众的普世文化,同时也尊重文化的个体差异和文化经济内在的发展规律,寻求主流文化和他者文化的共同发展。

---

① Anezka Kuzmicova. Does It Matter Where You Read? Situating Narrative in Physical Environment[J]. Communication Theory, 2016, 26(3): 290-308.

② 胡一伟. 传播符号学视角下的"场域"理论[J]. 南昌大学学报(人文社会科学版), 2017, 48(6): 97-103.

二、城乡一体化背景下基于公益性和经营性价值辨析的新型阅读空间发展障碍

基于以上新型阅读空间公益性与经营性价值的辨析,可见两者之间是相辅相成的。城乡一体化建设的本质是物质、精神、制度等领域的共同体和标准体建设,旨在创造资源均衡、机会平等、权利平等的社会发展环境。马来西亚学者一项研究结果表明:"图书馆的资源、提供服务、准入标准、互动等因素均与农村社区生活方式存在积极而显著的关系,通过进一步的多元线性回归分析证实与阅读群体的互动有助于农村社区生活方式和文明程度的改变。"[①]可见,阅读空间是提升农村社区居民科学文化素养的重要载体,亦能促进城乡文明一体化的进程。如今,新型阅读空间建设的地域分化主要表现为城乡建设水平的差距。同时,社会思想的局限性容易将公益性和经营性二元对立,进一步影响了城乡阅读空间建设的均衡性发展。新型阅读空间建设存在供需矛盾突出、公益性与经营性价值难以平衡、社会功能下降的问题,严重阻碍着公共文化服务的均等化标准建设。

(一)新型阅读空间建设城乡之间存在"量"的差距

阅读需求增长与新型阅读空间建设短缺的环境压力。一方面,随着农村居民收入持续较快增长、城市消费示范效应扩散、农村阅读需求表现出梯度追赶型特征。国家一系列的公共阅读服务方面政策和宣传大大提高了农民的阅读意识,同样进一步激发了农民多样性的阅读需求,然而由于公共资源有限,国家政府却回应乏力,缺乏有效供给。另一方面,经营性的阅读空间一般更加具有逐利性,相对于城市来说,农村中文化的消费者比较少。部分农村人口迁移和外流现象严重,农村的人口老龄化影响阅读群体结构不均衡,农村弱势群体整体素质偏低,无法吸引社会力量在农村投资建设阅读空间。因此,相对于阅读空间建设遍地开花的城市来说,农村的空间建设主要还是以公益性阅读空间为主。如此一来,政府必须面临一个普遍性的问题:国家如何有效实现公共阅读服务的供给平衡。政府只能在有限的范围内合理制定阅读服务的政策,优化公共财政资源,但是公益性阅读空间很难在阅读服务方面惠及农村群体的差别需求,实现农民受益最优化原则。那么如何根据现实情况,对我国农村的新型阅读空间建设实践进行理性反思;依据公共阅读服务体系均等化的价值定位,解决农村的阅读空间建设短缺;如何保持农村新型阅读空间的可持续性建设和发展,是摆在政府、社会团体等组织机构面前的政治任务和社会责任。

(二)新型阅读空间建设在公益性与经营性之间存在"度"的偏差

长期以来,政府以政策"增量"的方式导致公共文化服务的发展最终遵循权力意志逻辑,而不是文化价值和市场本身的逻辑。在引入社会力量后,政府通过改革和创新,回归到文化市场的管理者兼服务者的位置上,公共文化服务逐渐在本质上从集权化的运营转变为均等化的运营。在市场机制的调节下,引入社会资本和社会化管理使得新型阅读空间更加充满文化活力和创造力,其公益性和经营性的双重属性也越发明显。但是,城市里,在新型阅读空间建设的实践中,随着社会资本独立运营和市场化机制作用越来越明

---

① Omar Siti Zobidah, D'Silva Jeffrey Lawrence, Bolong Jusang. Impingement Factors of Rural Library Services on Community Lifestyle in Malaysia[J]. Pertanika Journal of Social Science and Humanities, 2018(26): 109-122.

显,阅读空间建设的经营性属性越来越明显,以至于忽略了公共阅读服务的公益社会属性。比如:空间内摆设的文创产品过多且价格不菲,空间内举办的讲座、培训、沙龙等活动要求读者支付高昂的入会费,空间内可供免费阅读的书籍少之又少等这些问题。同时,乡村阅读是文化工程建设的短板,农村的"农家书屋"往往由于空间面积狭小、设备陈旧、书籍不全等原因导致鲜有人问津。再者,公益性阅读服务规范化发展以及无偿非排他性特征,无法带给农村文化消费者高效而又契合的阅读体验。如何平衡新型阅读空间建设中公益性和经营性之间"度"的问题,使其既不失公共阅读服务的公益性属性,也能从中获得维持其自身建设运营的收益,是社会主义市场经济条件下公共文化服务模式需求创新的必然诉求,也是保持文化阅读产业健康良好发展的产业逻辑。

(三)文旅融合发展过度商业化导致新型阅读空间社会功能呈弱化倾向

近年来,文化旅游融合的趋势越来越明显。中国地大物博,蕴藏丰富的文化资源,每个地方或区域形成的文化价值系统都具有独特性,这些文化价值体系作为行为导向、依据和标准,可以约束行动者行为的边界,通过价值内化实现群体人格结构、集体无意识的塑造,产生一定的文化凝聚力和同向性。无论是在城市还是农村,对传统经典文化的挖掘和传播已蔚然成风,这不仅赋予传统历史文化以时代化的社会特征,也大大丰富了文化旅游资源,并以此来带动文化旅游产品的开发。新型阅读空间作为文化传播和文明共享的重要平台,吸引众多文化旅游的消费者驻足浏览,推动了文化产业业态的创新,也成为旅游业经济创收的重要贡献指标。但是,另一方面,随着特色小镇建设、乡村振兴政策的实施,旅游业的强势发展或者说文化商业化程度的大幅度提升导致部分阅读空间,尤其是在农村,一些由古建筑改造而成的主题文化书屋,坐落于游客较多的景区,成为游客流连欣赏的建筑物,鲜少有当地人去真正品味书籍,体验深度阅读带给人们的精神体验。同时,这些书屋建设由于对原有文化内涵和文化意向的粗放式浅层表达,使得阅读空间仿古设计的雷同化程度高,如此一来不仅破坏了文化原生样态,而且真正由阅读带给读者的文化熏陶和文明传播的效果有多大?阅读空间承担的社会功能有多少?产生的社会效益有多显著?这些都是需要反思的问题。

三、均等化目标下新型阅读空间建设的障碍破解策略

公益性阅读空间与经营性阅读空间在部门归属、运行方式、主要目标上是有区别的,并有其存在的合理性和客观性。但在阅读空间建设和发展的实践过程中,往往存在诸多问题,尤其是就目前而言,城乡的新型阅读空间建设存在不均衡的问题,总体上农民阅读需求还难以得到有效满足,农民基本文化权益还没有得到切实保障。社会力量参与新型阅读空间建设,并作用于城乡社会文明发展,是创新公共文化服务供给模式的重要单元,在新型阅读空间建设发展过程中已经成为一支不可或缺的"生力军",其建设主体包括社会组织、非政府组织、党群社团、企业等。有效动员社会力量,构建多层次、多方式的公共服务供给体系,提供更加方便、快捷、优质、高效的公共阅读服务,是促进城乡文化阅读服务的一体化发展的重要途径,如图1所示。

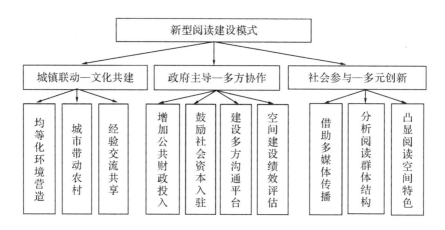

图 1　均等化视角下的新型阅读空间建设模式

（一）增强主体阅读意识，提升阅读空间的文化凝聚力

由于受教育程度和生长环境因素不同，农村群体的文化素养和文明程度总体上低于城市群体，对于文化知识的追求和文明进步的向往并不是那么强烈，缺少一种强烈的内在精神力量，即文化自觉。实现公共文化权利的先决条件是思想基础和文化意识，反映在阅读上，则是阅读需求意识淡化，对文化知识的无感。"图书馆内的藏书和物理空间并不仅为自学者准备，同时也是某一地区或者社区团体的'联络点'，这个'联络点'能够创造新标准、形成新品味、营造新氛围，形成一种强制的内在凝聚力。"①新型阅读空间是培育群体公共文化权利意识、文化感知力，推动文化凝聚力的重要"联络点"。政府和社会力量可以通过公共传媒的宣传，借助广播、电视、互联网、手机短信、公共宣传栏等让农村群体了解阅读的意义，激发其阅读兴趣。举办阅读活动、专题培训等阅读服务活动，引导农村群体聚集到阅读空间，让他们在感知、互动和参与中慢慢培育阅读意识，不断培育农村群体对阅读行为的价值认同，在交流中形成积极情感的关系性凝聚力，促使更多人参与阅读活动。地方性先进人物、典型模范带有对地方文化精神的表达力和号召力，可以将制度和法律法规的强制性约束融入人情之中，其行为准则、习惯爱好、伦理道德日积月累定型化为"传统"。因此应积极发挥农村干部、文艺骨干、乡贤能人的带头作用，定期推荐好书，并分享读书心得，把阅读"传统"渗透到普通大众心里，作用于阅读实践，不断提升阅读空间的人流量和关注度。

（二）优化政策体系机制，为新型阅读空间建设提供多重制度保障

正如萨缪尔森指出的那样，"一种公共产品并不一定要由公共部门来提供，也可由私人部门来提供。公共文化最大的特征就是开放性，即公共文化空间、场所的开放性以及由此而产生的排他性"②。满足农民的文化需求，促进农民文化权利的充分实现，就必须改变原有的公共文化服务供给方式，将农村公共文化服务由政府行为扩展到社会行为，调动

①　Downie C. Jaeger, Paul T. Taylor, Natalie Greene and Gorham, Ursula. Libraries, Human Rights, and Social Justice[J]. School Librarian,2016,64(2):127.

②　Rosenbloom D H. Public Administration: Understanding Management,Politics,and Law in the Public Sector [M]. New York: McGraw-Hill, 1998.

更多的社会力量参与。在公共政策制定方面,首先,政府及相关部门应组合多元阅读服务供体,形成以"政府主导、多方参与"的有效运行模式,彻底转变由政府单一、单方主体提供阅读服务的模式,鼓励社会力量全方位参与新型阅读空间建设。不断完善社会力量参与公共阅读服务的法律保障体系、社会市场环境、读者消费基础,逐步构建起一套涵盖空间建设、空间管理运营、空间服务推广到空间发展绩效评估的完善规则体系、监管机制、竞争机制和激励机制。其次,制定财政税收政策,建立健全财政资金投入机制,加大对新型阅读空间建设的扶持力度,发挥财政资金的引导作用。通过政府贴息、奖励、税收优惠等方式,增加用于扶持新型阅读空间发展的政策性专项投入,尤其是对农村地区要有所倾斜。

(三)提供多样化的阅读服务内容和方式,提升城乡阅读群体的满足度

"均等性是公共文化的最基本特征之一,它是指公共文化服务资源要为全体社会成员共同拥有,每位公民都能公平享受到均等的服务。"[1]为了让城市和农村的居民都能均等享有阅读服务权利,新型阅读空间建设主要坚持以下几点原则:第一,对新型阅读空间建设的投入,要注意投入的效率,更要兼顾公平,科学论证、合理规划,体现普遍、均等、便民等原则。第二,畅通建设主体与阅读受体之间的沟通渠道。一方面,要转变阅读群体传统观念,不能一味地被动接受公共服务,而是通过合理途径表达阅读需求。另一方面,推进新型阅读空间服务内容供给的供给侧改革。著名印度图书馆学家阮冈纳赞的图书馆学五定律指出:"不断改进的读者需求以及这些需求与图书馆服务之间的联系,成为图书馆首要的考虑任务。识别和开发角色或用户组有助于了解读者的独特性质,帮助图书管理员创建特定的服务。"[2]空间管理者需要深入阅读群体,通过现场咨询、电话回访等方式,了解服务受众所需,定期补充最新书籍资源,增加针对不同年龄段、不同性别等群体需求的阅读内容,并通过微信公众号、QQ读书群等现代多媒体渠道推送给目标群体,让阅读空间成为城乡社区和信息共享的中心。第三,利用互联网传播加快提供数字化阅读服务,弥补服务供体与服务受体之间的差距,尤其加强农村信息服务的基础设施建设,快速实现城乡间信息资源的互通互联。

(四)建立科学合理的考核评估体系,平衡城乡新型阅读空间的公益性和经营性特性

科学有效的考核评估体系是促进新型阅读空间常态化、规范化的有力保障。国家至今未形成比较权威的新型阅读空间绩效评估指标体系,不能有效地通过评估对新型阅读空间建设行为、绩效、责任予以客观描述和分析评价,因此也容易出现公益性和经营性存在发展不均衡的问题。建议由政府牵头对新型阅读空间建设进行评估,主要包括建立评估体系、制订评估计划、选择评估方法以及制定进退机制等一系列工作。主要可通过量化指标、民主评议、第三方评估等三个方面设置新型阅读空间建设评价指标,以实现对公共阅读服务质量准确评价的目的。首先,可以采用量化指标,如举办培训的次数、专题阅读活动的次数、服务阅读群众的人次等来量化新型阅读空间服务水平,充分对接公共文化服

① 孟令国.文化权利维护视角下的农村公共文化建设研究[J].江汉大学学报(社会科学版),2015,32(6):68-72,126.

② Zaugg Holt, Rackham Scott. Identification and Development of Patron Personas for an Academic Library[J]. Performance and Measurement and Metrics,2016,17(2):124-133.

务评估指标体系,在硬件建设、队伍建设、经费支出、管理创新等方面进行详细规定,这样也有利于加强评估工作的针对性;第二,通过采用民主评议来衡量新型阅读空间服务水平,采用问卷与结构式访谈的形式,定期进行读者抽样调查,开展对新型阅读空间满意度的评议,找准问题,不断提升服务效率。第三,由地方政府牵头,建立开放性的评估体系,委托第三方机构,如专业研究院所、中介组织、社会组织等机构,每年对新型阅读空间发展情况进行绩效评估,对发展良好的新型阅读空间进行绩效奖励,同时构建有效的空间准入和退出机制,促使新型阅读空间走向规范有序发展的轨道,平衡公益性与经营性特性,避免出现"一头热"的现象。

(五)鼓励新型阅读空间差异化发展,提升新型阅读空间的社会功能

新型阅读空间建设要有的放矢,凸显特色。"人类的感知体验的核心是'关系',即我们与周围空间之间的一种联系形式,我们在其中感知并且被感知。从读者角度看,情境知识——书籍与读者之间的知识共享与交流关系的产生依赖于读者所处的公共环境、阅读发生的时间、阅读时的同伴等因素。"[①]一哄而上的阅读空间建设导致空间的同质化竞争日益严峻,因此需进一步推进阅读空间建设实现差异化发展。首先,倡导政府与社会力量的深度合作机制,在空间设计的主题选择、区域融合、特色打造等关键环节发力,加强文化创意软环境、物理空间硬设施、服务人才专业化建设,提升新型阅读空间的标准化水平,实现多维度创新。分析城市和农村在读者群、地理环境、政策扶持力度等方面的差异,提高新型阅读空间建设与区域社会经济文化发展的迫切性,实现"一城一品""一村一特色"。其次,为了避免雷同化的空间建设,防止对农村文化原生态进行非真实体现和扭曲性破坏,空间建设需要结合地方文化名片亮点,尤其注重乡村传统文化的现代叙事和表达,通过举办主题培训、召开沙龙、组织讲学等活动加深空间特色化建设,营造沉浸式阅读氛围。利用各个地方的资源禀赋及优势条件,对现有新型阅读空间进行整顿,着力打造"阅读服务+信息服务""阅读服务+文化体验""阅读服务+学术交流"等多种阅读服务模式。最后,优化城市和农村阅读空间布局和合作关系,积极推进城乡阅读空间之间的联盟和战略合作,建立联享机制,实现城市与农村优势互补和良性互动。

四、结语

尽管阅读活动是无声独立的个人行为,但是群体性决定人类活动是能动性和受动性的辩证统一,阅读活动不仅是人类积极主动、自我获取的过程,也逃避不开社会文化的约束和规制。处于不同社会环境中的城乡群体在习得阅读习惯、享受公共阅读服务、获得阅读机会等方面存在不均等的问题。以不破坏公共文化服务生态为前提,社会力量参与新型阅读空间建设体现了现代意义上政府职能、社会合作治理和公民社会自治协同机制的科学构建,在覆盖城乡阅读群体,提供精准阅读服务和创造更多阅读机会方面具有重要实践作用和意义,无论是基于公益性抑或经营性价值体系,适度均衡、合情合理建设新型阅读空间需要多方主体共同发力,才能最大限度实现公共服务的均等化、高效化。

---

① Robinson, Dylan. Public Writing, Sovereign Reading: Indigenous Language Art in Public Space[J]. Art Journal, 2017, 76(2):85-99.

全民阅读时代城市书房服务模式与机制创新[*]

全民阅读开展至今,已经由公共阅读资源的有效供给转向精准配置,推动了以城市书房为代表的新型阅读场所的出现。城市书房是由政府主导、社会力量参与,依托各级公共图书馆,采用高科技设备,实现一体化服务,具备 24 小时开放条件的场馆型自助公共图书馆。城市书房最早在温州试点,获得普遍认同,逐渐扩展至浙江及全国。①

城市书房发展至今还处于探索阶段,温州等作为先行城市,有了一定经验;起步晚于温州的宁波等城市通过后发优势形成全新服务模式,可以与温州模式等城市书房发展经验互相印证。当然,也出现了诸多有代表性的问题,需要通过机制创新进行解决。本文主要以宁波城市书房为例,思考问题,寻求对策,以期为全国城市书房建设提供更多路径启示,从而助力全民阅读发展更上新台阶。

一、全民阅读与城市书房服务模式的建立

城市书房的兴起、发展,最初来自读者与政府之间的默契,随着数量、规模的扩张,逐渐形成相对稳定的服务模式。

(一)服务程序公共化

迄今为止,各地城市书房已经形成读者参与建设的惯例,各地政府、公共图书馆等相关部门、单位通过网络、电话、实地走访等多种途径,广泛征求读者意见,形成专家论证、政府决策以读者为中心的理念,最大限度地保证城市书房按照读者的意愿建设,从而真正满足读者公共阅读需要,提高使用效率,减少后期不必要的改动。党的十八大以来的政府工作报告提到全民阅读,多次强调"均等化"的概念,本质上是保证公共阅读资源分配的均衡、平等,目的是要让全民阅读真正落实到每个公民,这就需要引导每个公民参与公共阅读资源分配。城市书房服务程序的公共化,让读者参与建设有利于从根本上保证城市书房真正惠及每个读者,推动全民阅读"均等化"的实现。宁波北仑区"九月咖啡"自开放以来,一直就是宁波特别是北仑区读者心目中的公共阅读必到之处。城市书房开张之后,更是获得转型升级,通过网络、媒体等宣传,影响力进一步扩大,吸引更多读者到来,公共阅读开展得有声有色。②

(二)服务主体多元化

城市书房服务由政府牵头,引入新华书店与各级公共图书馆共同主导,协调吸引以企

---

* 执笔人:傅绍磊、陈晓旷。原文发表于《中国出版》2020 年第 15 期总第 488 期。

① 胡海荣.城市图书馆服务体系新模式——温州"城市书房"建设的研究与实践[J].图书馆杂志,2016,35(5):4-8.
② 严红枫.宁波有个"城市书房"[N].光明日报,2012-07-23(6).

业为主的社会力量参与,从而最大限度地实现服务主体多元化,保证城市书房公共阅读资源的充分供给和长效服务。宁波奉化区朝夕城市书房,由奉化区文广新局牵头,新华书店主导,提供场地、图书,奉化区图书馆进行业务指导,24小时对持有宁波公共图书馆借书证的读者免费开放;鄞州区筑香书馆,则是由宁波市建设集团股份有限公司捐建,宁波国际金融服务中心免费提供场地、配套设备和电力支持等服务,读者凭身份证就可以进入,自主办理借书证,通过智能机器借还图书等。① 新华书店掌握着丰富、新鲜的公共阅读资源,参与城市书房建设,不但对各级公共图书馆形成有效补充,而且盘活自身资源,扩大了影响力,实现了经济效益、社会效益双赢局面。企业的介入,不但显著降低了政府投入成本,而且能够提高城市书房的服务效率。筑香书馆所在的宁波国际金融服务中心是宁波重点发展的三大中心之一,属于高端金融产业聚集区,一直都在通过营造完善的办公生态吸引企业的关注、入驻。从这个意义上说,筑香书馆的出现是公共文化服务与商业营销之间的有机结合,有效提升了宁波国际金融服务中心的文化品位和公共服务职能,在服务宁波读者的同时,更直接为当地企业员工提供了日常阅读、休闲的理想场所,增强了员工、企业的文化归属感。

(三)服务范围基层化

城市书房最早是从区、县开始,逐渐向市区扩展。基层政府、公共图书馆、新华书店等发挥积极作用,因地制宜,合理布局,扎实推进,互相联动,为当地读者建设"私人定制"的城市书房;上级部门则统筹协调,避免过多干预,充分释放基层活力。当地公共阅读服务不仅得到了有效提升,而且还形成了独特经验。如北仑区在对读者公园的提升上积极探索"公园+城市书房"形式;奉化区则引入新华书店参与,盘活社会闲置公共阅读资源。② 城市书房的真正目的是为基层提供优质公共阅读资源和人性化的阅读场所,是对现有公共文化服务的提升,落脚点应该在基层。总体而言,城市书房服务范围从边缘区、县向市区扩展,有了更多"自下而上"的意味,保证了顶层设计更加科学、合理、精准,从而对现有和后续城市书房长期服务形成有效指导。

(四)服务定位人性化

城市书房是公共阅读服务体系中的新形式,其规范化目前主要集中在建设基本硬件指标方面,而对于服务定位则语焉不详。综合各地已有的标准而言,更强调图书报刊的借还、阅览等传统功能的24小时无人化、智能化升级。由于读者对于公共阅读服务的需求各不相同,城市书房不应仅仅扮演简单的基层公共图书馆的角色。"九月咖啡"经过多年积淀,保持着换书、交流、主题活动的习惯;朝夕城市书房朗读亭吸引大量读者体验朗读;筑香书馆则以高端环境几乎成为地标建筑等,都超越了传统意义上的公共阅读服务功能,获得社会各界普遍认同。随着人民群众公共阅读需求日益多元化,城市书房应更加开放、包容、人性化,以人为本,最大限度地在环境、功能等方面下功夫,因势利导,选择最适合当

---

① 华东杰,毛婕.打造"书香之城"——宁波市公共图书馆服务体系建设实践与探索[J].图书馆研究与工作,2018(12):19-22.

② 林肖锦.创建"书香奉化"助推全民阅读——以宁波市奉化区图书馆阅读推广工作为例[J].山东图书馆学刊,2019(2):105-108.

地实际情况的服务定位,让读者以放松、舒适的状态享受私人化阅读带来的愉悦感和满足感。

(五)服务维护专业化

城市书房场地布置,图书配送、上架、更新,设备调试等主要由所在地公共图书馆工作人员负责,社会志愿者则进行日常公共阅读秩序的维护。城市书房通常选择文化素质较高的大学生志愿者,通过多次专业培训,保证基本的专业素质,从而能够胜任城市书房的日常维护。近年来,经过各级政府牵头协调,城市书房所在地安保人员也参与到城市书房维护中来。特别是在夜间,如"九月咖啡"、筑香书馆就由当地安保人员进行夜间维护。公共图书馆工作人员、社会志愿者、安全保卫人员三级联动的运营维护机制充分保证了城市书房的日常运营维护,不但在宁波市范围内逐渐推广开来,而且也获得周边城市的认同,形成可推广的经验。

二、城市书房服务面临的现实问题

城市书房的发展在国内外并没有成熟的模式可以依托。各地在积极探索适合自身发展模式的同时,一些问题也逐渐显现。新冠疫情冲击之下,城市书房在公共阅读中的作用受到限制。

(一)尚未形成独立的战略规划

迄今为止,各地城市书房归属于公共文化服务体系的公共图书馆建设,并没有被列为单独项目,相关的财政拨款、资源建设、活动筹备等,停留在每年具体计划层面,缺乏明确的战略规划,虽然对城市书房发展具有针对性的指导意义,却限制了城市书房在城市发展中的战略格局和文化地位。所以,在疫情过后,难以在短时间里有序开放并独立发挥作用。事实上,城市书房已经成为全民阅读向纵深推进的重要环节,每个城市都应该重新定位城市书房在当地公共文化服务体系中的特殊地位,从长远的战略角度加以扶持。

(二)经济成本限制推广范围

作为高规格的智能化公共阅读场所,城市书房无论是在前期建设,还是后期开放、维护上都需要投入相当程度的经济成本。据统计,截至2017年建成的28家温州城市书房,由温州市财政投入900多万元,撬动社会资金至少在2400万元以上,如果算上基层配套经费,数额远不止此,随着城市地价的攀升,只会越来越高。[①] 而城市书房又是公益项目,难以盈利,成本主要由各级政府承担,难免影响推广范围。新冠疫情过后,政府财政投入削减,更是会直接影响城市书房的推广。

(三)使用效果参差不齐

城市书房的建设获得读者的普遍支持,开放之后使用效果分化却很明显。一是使用率不高,不少城市书房开放一段时间之后读者就寥寥无几;二是阅读氛围淡薄,个别读者不遵守公共阅读秩序,从事与公共阅读毫无关系的行为,闲谈抽烟,喧哗嬉闹,严重影响公共阅读环境;三是卫生情况堪忧,有的读者缺乏起码的公德意识,随意丢弃杂物,甚至破坏

---

① 孙红强.城市书房建设应重视的几个问题[J].河南图书馆学刊,2019,39(9):130-132.

图书、设备,导致城市书房内部环境不够整洁。由于无人值守,出现的问题难以在第一时间得到解决,甚至发生拖延,导致问题积压。

（四）评价标准影响服务质量

城市书房至今主要是以总体的人流量、图书借还量等指标作为评价标准,能够在一定程度上反映使用情况,却难以精准地判断实际使用效果,因为不少城市书房人流、图书借还的高峰往往主要集中在开放以后的几个月甚至几周时间里,以后就会逐渐出现各种问题。如果不能够分时间段进行区别的话,则难以获得更加真实的数据;读者满意度调查则因为统计方法、过程的不严谨而流于形式;对城市书房的服务难以形成有效的监督激励,从而影响城市书房的常态化、长效化服务。

（五）线上线下融合不够

相较于各级公共图书馆、实体书店等在疫情防控期间能够通过互联网、微信等形式举办讲座、读书会、图书销售等线上服务,城市书房的线上服务几乎停滞。以宁波为例,由于没有统一的宁波城市书房线上平台,而只有筑香书馆等个别城市书房通过微信公众号与读者交流,读者难以准确获得疫情以后的服务信息,从而影响相关服务的开展。

三、后疫情时期城市书房服务机制创新

城市书房的出现能够有效优化公共文化服务体系,精准配置公共阅读资源,推动全民阅读迈上新台阶。迄今为止,城市书房在数量上已经初具规模,成为全民阅读中的新亮点,获得社会普遍认同。当务之急是继续以读者需求为导向,将问题作为突破口,总结反思,形成长效机制,在后疫情时期,推动城市书房在全民阅读、公共文化服务体系中发挥更加重要的作用。

（一）优化顶层设计,制定具有地方特色的战略规划

城市书房是在城市原有公共阅读资源基础上的差异化发展,战略规划应充分考虑城市文化定位及其发展趋势,符合当地经济社会发展水平,基于各个城市读者的真实需要,具有独立性。宏观上包括发展规划、实施方案、行动计划和具体路径等一系列完整的制度组合和政策支撑体系,同时也要考虑到执行过程中存在的一系列不确定因素,如疫情等突发的、重大的公共事件。这就需要根据国家、省、市各级经济社会发展规划制订阶段化目标,具体到年度,从而保证战略规划在执行过程中不断得到完善,推动城市书房彰显所在城市的文化性、时代性、地域性。各级政府需要联合高校、研究单位、公共图书馆等对公共阅读政策、资源进行全面调查、研究,建立公共阅读数据库,为战略规划的制定提供依据。一是梳理公共阅读发展的国家政策、地方环境、制度变迁等,明确宏观背景的影响机制;二是关注公共图书馆、实体书店、出版社、文化传播单位等负责公共阅读资源供给、运作、管理的基本机构的相关动态,揭示公共阅读服务体系的基本生态;三是深入城市文化高地、偏远地区、文化弱势群体中,从而更加真实地了解城市书房在基层的多种可能。

（二）完善城市书房服务体系,实现可持续发展

建立政府、社会力量双赢的参与机制,充分调动社会力量参与的积极性。一是财政补贴,主要用于资助实体书店等在原来经营基础上提供城市书房服务功能;二是政策鼓励,通过税收优惠等政策鼓励企业参与城市书房建设、维护;三是适度盈利,在坚持公益原则

基础上,允许在有条件的城市书房设立自动售货机、茶水饮品吧台、广告招租等。通过多管齐下,真正降低城市书房的服务成本。优化公共布局,激活公共阅读资源,特别要注意对城市文化高地的提升和文化洼地的补偿,在公共阅读环境品质化和公共阅读资源便捷化等方面有所侧重,从而实现公共阅读服务的精准化。根据读者需要,实现多元化的公共阅读服务,如举办读书沙龙、阅读主题活动、讲座、展览等,降低城市书房的闲置率,激活周边的公共阅读资源。

升级互联网、数字技术,实现线上线下服务,融合引进人脸识别、烟雾警报、噪声提醒等技术,制止不文明行为,甚至限制不文明读者进入城市书房,从而辅助维护城市书房的公共阅读环境,弥补无人值守的不足;对接城市公共阅读数字资源,在城市书房搭建数字平台,加大公共阅读数字资源的供给力度,有效缓解读者需要扩大与纸质资源的有限之间的矛盾。

整合资源,打造统一的各地城市书房网站、微信公众号等数字互动平台,实现更新维护常态化,及时发布城市书房发展规划、方针政策、经费使用等重要信息,设置评价功能,优化线上服务,再逐步扩大信息公开的范围、程度,通过持续的日常维护和互动,强化公众评价平台的权威性,提高读者对城市书房的关注度,从而真正融入其公共阅读生活中。

(三)完善城市书房评价机制,保证城市书房有序发展

建立动态长效评价模式,强化服务体系反馈功能,由政府、公共图书馆、读者、研究单位等组成的联合机构对城市书房发展进行长期的满意度调查,必须细化、量化、动态化,从关注度高的一批城市书房试点推行,逐渐完善、铺开,加强评价的准确度和有效度,准确地反映出真实的成绩和不足,对城市书房服务形成有效监督。

通过建立名单体系选择示范、失范案例,及时进行干预,保证城市书房发展有例可循,一方面及时解决问题,避免长期积累导致积重难返,对于问题严重的城市书房,及时停业整顿,甚至清理整合;另一方面及时总结成功经验,完善推广,形成可借鉴的模式。特别要注意鼓励引导读者自发参与到动态长效评价模式中来,自下而上地强化城市书房服务体系反馈功能的发挥;探索城市书房"房长制",责任到人,明确奖惩,由公共图书馆、社会团队的专人负责,从而保证评价形成的相关责任能够得到真正落实,改进城市书房的管理、维护方式,真正做到为读者服务,推动城市书房向常态化、长效化方向发展。

(四)加强城市书房品牌建设,打造城市名片

改革品牌建设机制。由政府、公共图书馆组织协调,以城市书房为平台,积极与读书会、阅读俱乐部等公共阅读群体联动,参照已经初具规模的"九月咖啡"模式,有效整合社会公共阅读资源,进行城市书房品牌建设。丰富品牌建设类型,实现多元化发展,选择有条件的城市书房作为平台,一是在深度上做文章,可以选择民生作为突破口,与政府各部门合作,邀请相关负责人,就最新的方针政策进行普及、解读,回应读者最关心的热点问题;二是在广度上做文章,将影视、动漫、音乐等形式纳入公共阅读范围,结合城市文化产业实际,以论坛、讲座、展会等形式进行建设,做大做强城市书房品牌规模。

凝练品牌建设主题。根据城市个性、形象,政府牵头,联合高校、研究机构、城市图书馆、文化企业等各界力量,凝练城市独特的历史文化、社会经济发展主题元素,打造特色主题城市书房品牌,顺应城市在新时代社会经济转型、国家战略中的定位,在全国范围内形成文化影响力。

第三空间视域下实体书店参与
城市文化空间建构[*]

人类创造了文字和城市两大工具^①，而通过文字来联结城市的载体之一就是书店。书店为读者提供的是阅读空间，也是在这个空间内可以获得文化想象及互动交流。作为都市人创造沟通交往的公共空间，书店是传播精神文化的重要渠道。探寻实体书店参与城市发展的更多可能，实现书店功能再造和价值拓展的同时，推动城市文化发展，是当下书业研究的一个重要切面，也是现代城市建设的题中应有之意。

一、实体书店：从"第三空间"到城市文化空间

网络技术和数字媒介的发展，迫使实体书店创新经营模式，由图书流通单一功能向多元价值实现转化，"努力建设成为集阅读学习、展示交流、聚会休闲、创意生活等功能于一体的复合式文化场所。"^②这种为城市居民提供休闲生活新范式的新型空间，具有美国社会学家雷·欧登伯格提出的"第三空间"特质，即分离在家庭（第一空间）和职场（第二空间）之外的社会场景，如城市中的咖啡店、图书馆和公园等公共空间，普遍具有自由、宽松、便利的属性，^③联结起社会交往的公共活动。

城市的空间是现代性的一个结果，城市本身作为媒介，又构筑了人与社会的新型关系。^④ 广义的文化空间包含人感知和体验城市文化的各种场所，它们承载着多样且不断变化的城市文化形态，融合了有形的物质文化和无形的符号与象征、精神与气质、记忆与梦想。实体书店所提供的在场体验和空间交流可能性，使人们在日益固化的数字化"云上"生活之外，仍然对书店怀抱眷恋和希冀。作为城市公共空间功能体的实体书店，给人们提供交往平台，构筑了城市居民的集体记忆和地方感，这种嵌入日常生活场景的实体媒介，对于城市生活有着不可替代的重要意义。^⑤ 文化是城市功能的最高价值，也是城市功能的最终价值。^⑥ 实体书店满足市民精神文化需求，促进公民文化素养提升，直接服务于

---

　　* 执笔人：毛逸源。原文发表于《中国出版》2021年第21期总第518期。

　　① 刘易斯·芒福德.城市发展史——起源、演变和前景[M].宋俊岭，倪文彦，译.北京：中国建筑工业出版社，2005：582.

　　② 中国政府网.关于支持实体书店发展的指导意见[EB/OL].（2016-06-18）[2021-08-21].http://www.gov.cn/xinwen/2016/06/18/content_5083377.htm.

　　③ Oldenburg, Ray. The Great Good Place : Cafes, Coffee Shops, Bookstores, Bars, Hair Salons and Other Hangouts at the Heart of Community[M]. New York: Marlow & Company, 1999:40.

　　④ 崔波.城市传播：空间化的进路[M].北京：中国传媒大学出版社，2014：129.

　　⑤ 孙玮.作为媒介的城市：传播意义再阐释[J].新闻大学，2012(2)：41-47.

　　⑥ 单霁翔.从"功能城市"走向"文化城市"发展路径辨析[J].文艺研究，2007(3)：41-53.

城市文化建设。在第三空间视域下,重构实体书店从"物的空间"向文化生产和社会交往的"人的空间"演进,开拓文化实体存续和书业振兴的发展新契机。

二、实体书店参与城市文化空间建构的多维向度

城市文化空间既是物质的也是行动和意义的空间。探讨实体书店参与城市文化空间建构,实质是考量书店作为一个社会公共服务功能体,对城市文化产生的辐射与增值效应。

（一）文化导入：物质空间的再生产

后现代建筑学主张"场所精神",物质化建筑的意义不止于空间结构和功能切割的合理规划,更要以一种文化的内涵氛围,使人产生认同感和方向感。[①] 书店的物理空间,通过对场所内各种关系的匹配与塑造,影响人与物的联结,反哺读者的文化价值取向。

方所书店打造体验式复合功能的经营模式,率先引领从"书店"到"文化空间"的转变,在当时实体书店行业持续负增长的背景下逆势而生。方所书店的物理空间创意设计,擅长运用形式多样的文化符号营造书店的文化意象,增强读者主观体验,深化独特的理念。书店每个功能空间都有独特设计的 Logo,图书、美学、展览、咖啡、植物各不相同,兼具文化与场域特色;成都方所的电梯出口,改造成以"时光穿梭机"为灵感的概念雕塑;重庆方所用风格细腻优美的短诗、文案,强化书店作为都市人精神家园的愿景。

放眼整体的城市空间,书店是从属于所在片区的一个单位。高校周边往往聚集学子书店,居住社区较多亲子书店、家庭书房,大型购物商业体中则常见连锁品牌书店。实体书店与周围的建筑、街道、绿化等城市元素紧密交织,构成文化共鸣的新场景关系,共同服务于城市构架的整体和秩序。

泉州文化地标之一的风雅颂书局·五店市书店,定位为景区书店,与其他历史建筑比邻而居。书店位于一座按标本复制的"更新建筑"内,这类建筑以晋江当地一栋特色建筑为标本,以传统建筑构件为主要建材,经专业公司测绘、施工,原样复制标本,填补五店市传统街区某一时期或某一建筑风格上的空白,形成历史风貌建筑展示的连续性和多样性。

1200 book shop 珠江新城公交站书店,店铺与站台之间的大玻璃墙面方便候车的读者,以"公交线路"为主题的设计风格,承载着广州城市变迁的记忆,使得书店怀旧、温情的氛围与城市发展的种种涵义相得益彰。

根据城市不同区位的历史、环境特点,寻找契合书店文化理念的店址,主动融入城市空间,实体书店不再只是地图上的一个物理坐标,而是充满感染力和吸引力的场景,与城市相融相生。

（二）联结通道：阅读实践与社会交往

城市空间讲述着人与社会相互建构的关系,体现了人类实践和空间特质的相互交织。人的实践活动,生成动态的城市生活和社会关系,使城市空间获得丰富的文化意义。除了环境提供的现实印象,特定场所中的交往关系也会影响人的空间认知。正如先锋书店创

---

① 诺伯舒兹.场所精神:迈向建筑现象学[M].施植明,译.武汉:华中科技大学出版社,2010:48.

始人钱晓华所说,书店为读者搭建一座可供开放、探讨、分享的公共性平台。文化空间不局限在物理概念,它也强调进入空间的人们在一定区域内所进行的交往、交流。果戈里书店开展的"朗读者"活动,加之央视文化节目《朗读者》的影响力带动,使得朗读活动在全国各地书店播撒开来,成为一道独特的全民阅读风景。

各具特色的实体书店,是凝聚都市人共同参与文化活动的生活场所,虽然书店的类型、主题、风格、定位不尽相同,但都以各自所倡导的人文理念和生活美学,为不同群体提供了交流、互动的平台。

书友聚会、主题讨论,作家见面会、分享会、签售,人文、自然学术沙龙,音乐、影像放映和艺术展演,以及开放式的文化讲堂等活动,如同一场场文化仪式,为都市人群提供自由表达与交往的文化场域,这种以文化为载体的可持续性互动,激发了兴趣爱好相同的"趣缘"群体聚合,重构了人与人之间深层次的社会交往,弥补了都市社群生活中疏离、陌生、松散的关系,让人们获得认同联结。

(三)知识经营:书店价值的新发掘

近十年来,国内实体书店复合经营模式转型普及,"书店＋咖啡＋文创"模式已经渐显固化。需要在知识生产、传播空间的层面,发掘实体书店的新价值,变图书经营为"知识经营",加速其从传统卖场升级为城市公共文化场景的新集合。

以自然博物为特色的武汉德芭与彩虹博物书店西北湖店,除了主题图书展示和销售,还不定期地举办自然研学会议、动植物科普展、儿童自然体验课等活动。济南冷湖书园以科技为特色和优势,联合上海 STEM 云中心,汇集工程师和科学家,研发了 400 多个科学课程,指导、协助青少年实现科学梦想,还免费提供场所和工具,开办社会实践项目、公益讲座和研学活动。

积极引导读者把书用作获取知识的工具,致力培养读者的人文精神、科学素养,实体书店的价值实现从图书流通发展成为融合知识传播、文化教育的综合功能,加深了与读者的关联,也提供了跨越行业边界、实现共享式价值增长的契机。

(四)精神引领:功能内核与延展逻辑

实体书店以独特的审美,呈现出有别于其他城市公共空间的物理模态、沟通方式和生产能力,其内在的逻辑则是精神上的灵感和牵引——精神的向度,是实体书店发生的原点,也是城市文化建构的旨归。先锋书店以"先锋"的姿态,表达理想与主张;想书坊概念书店以 108 位书迷的众筹,支撑关于书的梦想;24 小时不打烊的 1200 book shop,"为城市点亮一盏深夜的灯"。每一座实体书店,都是一个文化空间节点,在物质、实践、精神层面共同建构城市的文化意象。

2020 年初开始的一场疫情,将实体书店的经营拖入又一波寒冬,迫使许多实体书店"转战线上"。广西师范大学出版社率先发起"燃灯计划",首期直播分享会上,全国近 4 万名书友、数百名书店人,在 150 个书店群里"围炉夜话"。这场由疫情促成相遇在云端的阅读,既是偶然,又非偶然:越是非常时期,越需要精神力量,而阅读正是一方驱散阴霾的良剂。物理空间的容量虽然有限,但精神容量却是无界无限的,精神引领的功能内核赋予了实体书店有别于其他店铺的核心力量,也延伸了经营空间拓展的无限可能:主动应对网络和市场的挑战,搭借数字媒介的传播力,无缝连接读者实践和市场逻辑,实现社会效益和经济效益相统一。

三、实体书店建构城市文化空间的发展策略

实体书店建构城市文化空间,既要立足于文化空间的多维向度,回应城市生长和都市生活的现实需求,又要主动打破观念、平台、技术等诸多局限,开拓思路,更新经营业态。用心经营书店的实体空间,积极融入城市文化生活的新区间,勇于打破线上虚拟空间的边界,通过参与城市文化空间建构,塑造人与图书、人与空间的新连接,为实体书店经营注入新生机。

(一)坚守文化空间本质,提供优质公共服务

当前实体书店转型升级方兴未艾,但是,不论场景设置、经营形态怎样转变,实体书店作为阅读服务场所的空间本质不会变。依赖"专业"和"体验",提供优质阅读服务,是作为城市公共文化空间功能体的实体书店可持续发展、实现价值的基本前提。

深化科学管理和运营。重视员工培训,同步提升专业能力和服务意识,打造稳定的高水平员工队伍;基于高精准度的市场调研和大数据分析进行科学营销,确保选书、定价、销售、物流、仓储以及促销、展演活动的准确、高效;以先进科学理念提升书店管理水平,落实到人员调度、经营规范、资源统筹等方方面面,为实现连锁经营和品牌优势提供保障。

完善智慧服务。图书检索导航 App、图书内容语音播报、三维立体式空间导引系统等为读者提供个性化导引服务,交互智能机器人集成了搜索、指引、收银、检测等功能,能根据用户的购买记录精准推荐,并与书店或图书馆信息系统对接。这些创新在国内尝试使用的书店中,极大地提升了读者阅读体验。智能化为提升书店服务水平注入了新的驱动力,未来书店更会基于大数据、云计算、人工智能、AR/VR 等技术持续智慧化升级,紧跟读者体验需求,同时,也借力大连接时代的智慧模式,探索实体书店空间边界向"线上"延展。

(二)嵌入城市生活,包容、尊重个性

体现自由平等、兼顾个性与多元的"第三空间",具有高度包容性的社会意义,实体书店的经营发展要相应满足伴随都市生活而产生的求知、创造、交流等各种诉求。包容和满足读者个性化需求,连接不同城市的本土生活,能更好地发挥书店的文化服务功能,也能有效避免实体书店纷纷转型过程中的同质化。

深耕垂直细分。读者需求的多元化催生出细分的小众社群,他们的阅读习惯、文化需求往往具有特殊性和更强的专业性,打造具有主题特色和专属场所精神的第三空间,有利于培育用户黏性和消费持久度。培育差异化优势,开发、经营垂直类读者,是明智的经营方式,长尾效应理论已经印证,小众市场的累加会形成庞大市场。

尊重地域延续。实体书店的持续公共服务半径延伸有可到达的距离极限,可达距离内的地域延续性有效连接起市民与空间。特定的城市、区域常有独特的文化基因,书店设计有机融合地域文化,利于形成书店特色,也易于凝聚本土的文化记忆;面向社区提供服务的实体书店,则在阅读、培训和休闲等多重空间层面与本地居民深度关联;还可利用实体书店的辐射作用,把附近的商圈、社区衔接为新型生活综合体。

（三）超越"云端"，跨场景联动

互联网、大数据、5G通信和数字化等新技术迅速发展，创意城市、智慧城市等城市更新持续升级。在一轮又一轮激烈竞争中，实体书店想要免于黯然退场，必须有力应对城市网络空间对实体空间的切割和重塑，及时深刻理解媒介发展规律和读者消费习惯，延展经营思路面向甚至超越"云端"。

构筑"云"空间。实体书店可以采用直播等形式实现场景转向和空间延展，增强与读者的互动；举办在线读书会、文化沙龙等休闲活动，构筑线上"第三空间"，把公共文化服务扩展到虚拟空间，同时凝聚线上社群，为开拓直播平台等新型零售渠道贮蓄流量基数。

推动融合经营。曾有学者提出"所有经营网络售书业务的公司，必须按照其年营业额的一定比例开办实体书店"①这一振兴实体书店发展的建议，因为传统出版和新兴的网络数字出版，有"全方位满足民众日益迫切的信息传播、知识分享、文化娱乐等需求"②这一个共同的未来。线上线下融合经营，从博弈走向竞合，凝聚合力推动整个书业的转型和发展，值得尝试。

（四）产业融合，经营业态更新和跃迁

图书是传播文化的载体，一旦进入市场流通，它本质上也是一种经过层层工序的商品，正视实体书店的商业性，对书店持续运营和行业健康发展都至关重要。在传统服务模式难以满足用户多元需求的当下实体书店亟须主动破除资源主导型思维束缚，创建协同开放的服务生态。

服务知识生产、传播。书店、出版社、博物馆、剧院和印刷企业等跨界合作，探索原创、定制等新型图书出版模式，在提供更广阔发展空间的同时又能规避库存风险；联合高校、教育行业协会、科研院所和政企职能部门，开展项目实践、培训、研学，为不同年龄读者和趣缘群体提供场地、工具等，提高书店知识服务的丰富性和承载量。

跳脱传统经营板块，扩充落地模式。探索与政府机构和企业集团开展战略合作，发挥实体书店经营文化产业的经验优势，尝试参与构筑城市文化生活空间的城市更新、文旅融合等具体项目，促进文化创意、设计服务与相关产业融合的活力因子，以愈加多元化的业态布局，盘活文化资源，为城市文化建设和社会发展贡献力量。

四、结语

"第三空间"赋予实体书店新的观察维度，不同层次的传播支撑起公共服务和社会交往，构成城市基础。作为城市公共空间功能体的实体书店，应主动应对变化和挑战，平衡文化和商业两种属性，向内遵循空间重构逻辑，向外理解技术变革和行业态势，夯实文化价值根基，更新、升级和跃迁经营业态，延伸新的生存版图。

---

①② 夏德元.实体书店的出路与传统出版的未来——贝索斯收购《华盛顿邮报》给我们的启示[N].文汇读书周报，2013-08-30.

智媒时代高校学生有声阅读传播策略研究[*]

随着声音传播技术的革新与发展和全民阅读工作的深入开展,我国有声阅读发展速度越来越快。2021年4月公布的第十八次全国国民阅读调查成果显示:2020年我国成年国民数字化阅读方式(网络在线阅读、手机阅读、电子阅读器阅读、Pad阅读等)的接触率为79.4%,较2019年的79.3%增长了0.1个百分点,且有声阅读规模持续扩大,2020年,我国有三成以上(31.6%)的成年国民有听书习惯,较2019年的平均水平(30.3%)提高了1.3个百分点。[①]

高校学生作为国家未来发展的生力军和全民阅读的核心力量,也是有声阅读的主力人群之一。本文结合高校学生有声阅读接触现状,对有声阅读现状、传播特征、存在问题及原因进行剖析,以期有效推动高校学生有声阅读发展。

一、有声阅读研究状况与研究趋向探析

目前,学术界关于有声阅读的研究文章不多,截至2021年6月13日,以知网数据库的核心期刊(北大核心及CSSCI)为检索源,以"有声阅读"为关键词,检索到的论文数量只有81条。其研究时间从2011年开始,2018年数量急剧增长,从年均2篇增加到21篇。从研究内容的维度来说包括儿童有声阅读、大学生有声阅读、女性有声阅读、视障人士有声阅读。关于大学生有声阅读的文章有17篇,其中对大学生有声阅读行为的量化调查研究较多,缺少较为系统的理论对策研究。

通过文献研究发现,对大学生有声阅读问题的研究主要集中在其阅读行为、阅读水平和阅读能力三个方面,一是深阅读和浅阅读失衡明显,二是大学生的中华优秀传统文化阅读水平有待提升,三是大学生跨学科阅读能力提升空间大。[②] 相关建议主要围绕阅读方式、阅读意识、阅读理念、阅读措施四个方面,具体包括:一是提升大学生阅读品质,二是树立正确的阅读意识,三是对大学生阅读理念进行引导,四是高校图书馆采取多样化措施积极引导大学生阅读。[③]

本文创新之处在于结合高校学生有声阅读接触现状,对有声阅读的特征、问题,有声阅读与提高大学生阅读状况的逻辑关系等进行研究,并进一步探讨有效推动高校学生有

---

* 执笔人:郑琳。原文发表于《中国出版》2021年第17期总第514期。

① 国家新闻出版署.第十八次全国国民阅读调查成果发布[EB/OL].(2021-04-26)[2021-06-21].http://www.nppa.gov.cn/nppa/contents/280/75981.shtml.

② 邓香莲.新媒体环境下大学生有声阅读行为特征研究——以上海大学生为例[J].图书情报知识,2018(5):81-94.

③ 甘佳敏.新媒体环境下大学生有声阅读现状探析[J].视听,2018(10):225-226.

声阅读发展的推广策略。

二、高校学生有声阅读接触现状调研

为更好地了解高校学生有声阅读接触状况,笔者于 2021 年年初通过问卷星对浙江、江苏、广东、贵州、河南等 13 个省份共 506 位在校专科生、本科生及研究生进行抽样调查。具体调研结果如下。

(一)新媒体是高校学生获取信息的主要渠道

从图 1 可见,70％的高校学生获取信息渠道来自新媒体,剩余依次为户外广告、电视、报纸杂志、手机、广播,比例分别为 40％、23％、19％、11％、4％。另一方面,调研显示学生宿舍是大学生最主要的接触媒体地点,而学校的图书馆及其他公共资源利用率较低。

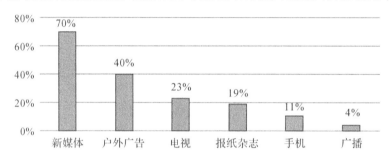

图 1 高校学生获取信息渠道比例

(二)高校学生对纸质阅读的需求依然稳定

调查结果发现,位居高校学生纸质阅读榜首的是与该生专业相关的实用性书籍,占 41.2％;其次是文学名著类书籍,占 24.8％;再次是生活娱乐类书籍,占 20％;10％的高校学生选择小说类书籍(见图 2)。图 2 的调查结果说明,高校学生选择与专业相关的实用性书籍占比大,这些实用性书籍中大多是技能型书籍,例如英语四六级考试书籍、考研书籍和其他一些与国家级考试相关的书籍。

纸质书阅读类型

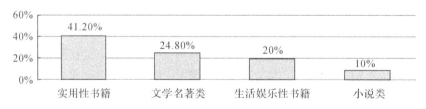

图 2 高校学生纸质书阅读情况

(三)高校学生有声阅读需求多样

数据显示,各个年级的大学生对有声读物的偏好明显。如图 3 所示,随着年级增长,大学生对于有声阅读消遣方面的需求逐渐降低,对知识获取的需求上升显著。目前,很多知识服务类节目都是以付费阅读的形式出现,而多数大学生也愿意接受付费的有声阅读。同时,抽样调研结果显示,目前市场上的有声书 App 中,最受高校学生欢迎的是喜马拉雅 FM,占 71.36%。

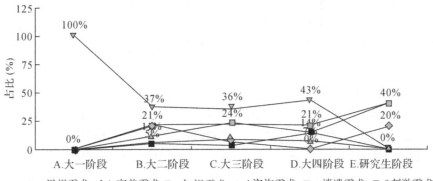

图 3　高校学生使用有声阅读的用途

(四)高校学生有声阅读的习惯及行为影响需要一个过程

调研发现,49.51%的学生认为有声阅读会对阅读习惯有所改变,但是程度有限,28.16%的同学认为阅读习惯没什么改变(见图 4),说明高校学生作为有声阅读的受众,具有一定的判断和理性思维能力,且有声阅读对阅读习惯及行为的影响不是显而易见的,需要一定的过程。

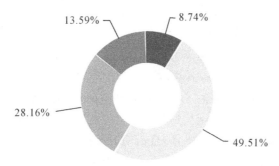

图 4　有声阅读对高校学生阅读习惯的影响

三、智媒时代有声阅读发展现状

在互联网的长期影响下,数字化传播已逐渐成为社会发展的必然趋势。当前,信息传播已由最初以海量为特征的大众传播,到针对受众需求进行专业细分的小众传播,再到受众根据自己的需求自由选择、智慧判断和互动分享信息的智众传播。智众传播是社交媒体时代以互动为基础的传播模式,是社会传播活动和传播格局整体性变化趋势下所产生的新型传播模式。智众传播与大众传播、小众传播同时存在,而有声阅读就是一种智众传播。

(一)智媒时代有声阅读的智众传播及其特征

有声阅读基于现代智能设备,其内容生产适用于受众听觉体验并服务于受众阅读。研究智媒时代高校学生的有声阅读状况和阅读推广,有利于更好地服务于全民阅读工作。基于智众传播模式的有声阅读在阅读内容、阅读形式、阅读渠道和阅读方式等方面体现了独有的特征。

1. 内容娱乐化与形式碎片化

有声阅读平台上内容十分丰富,总体来看,相对于传统的纸质阅读,高校学生有声阅读在内容选择上的娱乐化倾向更为明显。同时,数字化时代,高校学生习惯于用手机、电脑、平板、电子阅读器等电子终端进行阅读,且有声阅读更便于其利用等车、课间等碎片化时间。

2. 渠道便捷性与即时互动性

随着互联网技术的不断发展,有声阅读可依托的载体愈加丰富,包括 PC 端、智能手机、平板电脑、电子阅读器、车载广播、可穿戴设备等,多样化的渠道能够随时满足高校学生有声阅读的需求。加上 5G 时代的到来,令有声阅读效果不会因为场地等客观因素减弱,阅读渠道便捷性明显。交互性是智众传播的最大优势,很多听书 App 或音视频软件设计了读者留言或实时互动的功能,有读者还将自己录制的音视频分享到网站,也可以在网站建立与自己兴趣爱好相同读者的圈层进行沟通和交流,社交化阅读的即时互动性明显。

3. 价格低廉性与效果增值性

基于不同的媒介载体,数字化阅读的付费方式也较为灵活,比如按流量、包月、会员收费、单篇甚至免费阅读的方式,总体来看,对于高校学生而言有声阅读的"性价比"较高。社交媒体时代,有声阅读为读者提供了超越时间和空间限制的阅读体验,同时,读者可以通过有声阅读平台的分享、评价机制找到与自己喜好相同的朋友,形成具有共同阅读兴趣的网络圈层,有助于提高有声阅读的黏性,进而提升阅读效果。

(二)推动高校学生有声阅读发展的意义、问题及成因

推动高校学生有声阅读发展,有助于拓宽他们的信息获取渠道,提高其整体阅读量。有声阅读有助于提升阅读效果,一方面,从阅读速度上来看,"听书"往往比"读书"的速度要快、效率要高,并且相对于纸质阅读所带来的视觉疲劳程度,听书不会因为时间原因给身体带来过度疲劳,因此可以填补高校学生的阅读时间空白,增加其阅读量,提高其阅读率。另一方面,碎片化阅读是有声阅读的一大特点,有声阅读作为一种"行走的声音",通过平台流动在"碎片缝隙"中,成为高校学生一种"陪伴式"的存在,打破了传统阅读的时间和空间限制。有声阅读是推动高校学生阅读的一种有效方式,但从智众传播的特征来看也存在一定问题。

1. 碎片化阅读引起认知片面

智媒时代大学生习惯于通过搜索、提问或者交互等方式获得知识碎片,碎片化阅读现

象会导致他们不易形成深度的、理性的思考。有声阅读也是利用碎片时间,容易让高校学生形成这种惰性依赖,导致其阅读的内容不易成体系,降低了阅读质量,同时在一定程度上降低了他们的逻辑思维能力,影响他们对事物的全面认知。

2. 想象空间缺乏引起感性认识

传统阅读的一大特点在于通过阅读增加读者的想象空间,相当长时间过后还能够让读者回味无穷,极大满足读者的精神需求。与之相比,依托智能音视频技术的有声阅读,各种数字符码已经占据了读者的想象空间,且极易导致读者注意力的分散,有声阅读容易让高校学生逐渐失去对经典阅读的兴趣,而只将其停留在感性认识和感官体验的程度上。

3. "信息茧房"引起信息闭塞

智媒时代媒介自带"记忆"功能,当读者下一次打开媒介进行阅读的时候,上一次阅读过的相关内容会自动推送到手机上,完成阅读后也往往会推荐同类作品,导致读者只关注自己感兴趣的内容。在"信息茧房"的环境中,受众习惯于依靠推送过来的信息了解外界,与自己兴趣相一致的人交流,由"信息茧房"带来的信息闭塞会使人对问题的认识带有偏差。

四、智媒时代高校学生有声阅读传播策略

智媒时代,阅读方式的变革为高校学生的阅读提供了便利,带来了多元化的内容和丰富的接触渠道,但也带来了信息茧房、认识碎片化等问题。可以从以下四个方面入手,通过"智政＋智媒＋智校＋智众"四位一体联动,有效推动高校学生有声阅读推广。

1. 智政:重视平台建设、加强顶层设计

对于智众传播的发展而言,国家要提高对有声阅读平台建设的重视,在推动有声阅读发展上加强顶层设计,建立良好的市场监管体制和市场环境。引导和加强有声阅读平台对主流意识形态和正能量内容的传播,进一步引领智众传播,推动受众特别是年轻的高校学生向"智众"转型。

2. 智媒:夯实资源建设、规范平台运营

媒体形态融合包括媒体技术与传播形式的融合和媒体理念与智众观念与市场理念的融合。① 有声阅读不但要面对来自同行的竞争,还要面对受众智慧的选择和无情的"投票",只有在阅读内容和形式上不断创新才能满足受众多样化的阅读需求。有声阅读平台要提高平台自身建设,以技术研发、内容创作为核心,加大版权保护力度,规范平台运营模式。从推广的情况来看,读者愿意为有声阅读平台的优质内容买单,平台也应该用好的内容去抢占数字阅读市场,做到以知识服务转变思维,以互动吸引群众,以新业态适应需求,防止低俗化、过度娱乐化的内容泛滥成灾。

3. 智校:加强智慧应用、实现资源整合

高校图书馆作为社会公共服务的重要组成部分,担负着阅读服务推广和提升的责任。作为提高高校学生阅读的主阵地,高校图书馆可加强有声阅读资源建设,在图书馆设立有

---

① 王蕾.青年群体数字化阅读行为研究——以微信阅读为例[J].中国出版,2019(6):65-69.

声阅读专区。高校图书馆还可以通过构建有声阅读平台、引导有声阅读服务等方式,满足学生对有声阅读的资源及服务需求。如成立专门的兴趣小组,开展各种形式的有声阅读活动,让更多的高校学生认识、了解、接触有声阅读,让学生们感受阅读的乐趣、培养良好的阅读习惯,通过营造良好的阅读氛围,激发高校学生对有声阅读乃至数字阅读的热情。

4. 智众:提高媒介素养、提高阅读质量

智众时代,受众是接收者也是传播者,拥有较高媒介素养的大学生能够在海量及零散化的信息中快速作出判断与分析,通过阅读找到自己想要的信息和知识,摒弃过滤有害的、无用的信息。通过大量的阅读,不断积累阅读经验和阅读时间,从而提高自身媒介素养,并在此基础上开掘阅读广度和深度,提高阅读质量。

专题二 效能提升与文旅融合

内容提要

■温州市将百姓书屋列为市政府民生项目。嘉兴市探索以"政府主导、统筹规划,多级投入、集中管理,资源共享、服务创新"为基本特点的公共图书馆总分馆制建设。德清县积极推进乡镇特色图书馆建设,促进农家书屋升级增效。把农村新型阅读空间打造成为党员干部党性教育的"营养屋"、农民朋友科技知识普及的"微课堂"。

■农家书屋是农村公共文化服务体系建设的重要组成部分,在推进书香社会建设、巩固脱贫攻坚成果、助力乡村文化振兴、满足农民群众日益增长的美好生活需要中发挥着重要作用,同时也存在"管理体制不顺、图书供需错位、服务效能和数字化水平不高"等问题。文章从治理主体、治理方式、治理效能等治理能力现代化视角,积极探索创新"农家书屋+"发展模式,建议不断完善农家书屋建设、管理、使用长效机制,努力把农家书屋建成农村的舆论阵地、信息窗口、培训基地、知识平台。

■我国数字农家书屋工程不断纵深发展,已经形成了农村图书馆模式、PC端模式、手机端模式、电视端模式,并逐渐向综合模式发展,这为我国推动实施乡村振兴战略,提升农村经济文化建设,提升新型农民素质作出了重要贡献。进一步加强我国数字农家书屋工程的建设,将会更有效解决农家书屋"孤岛"效应,缓解我国农民阅读"最后一公里"的问题,为社会主义新农村建设作出重要贡献。

■日本、韩国应对农村衰落、发展乡村文化旅游的主要做法:政府部门通力合作,加大政策支持力度,放宽农家民宿创办条件,改善乡村人居环境,增强城市居民回流农村意识,体验乡村文化旅游乐趣;保护乡村原生态传统建筑物和历史文化设施,将世界文化遗产活用为旅游资源,挖掘乡村旅游的文化要素,注重图书馆等阅读空间的平台作用,推进外国游客乡村深度旅游等。

农村新型阅读空间构建助力乡村文化振兴

文化和旅游部近日发布《"十四五"公共文化服务体系建设规划》①指出,当前,我国文化建设的重点和难点依然在农村,健全基层公共文化设施网络,深入推进县级图书馆文化馆总分馆制建设,创新打造一批"小而美"的城市书房、农家书屋、文化驿站、文化礼堂、文化广场等城乡新型公共文化空间,以文化繁荣助力乡村振兴。

一、新型阅读空间构建与乡村文化振兴耦合发展

《中华人民共和国乡村振兴促进法》②强调,全面实施乡村振兴战略,开展促进乡村文化振兴、推进城乡融合发展等活动,活跃繁荣农村文化市场。乡村兴则民族兴,乡村强则国家强。文化是乡村振兴的初心、灵魂和方向。文化振兴则是乡村振兴战略的铸魂工程。在全面推进乡村振兴中,文化建设不能缺席,图书的作用会愈加凸显。通过引导农民参与阅读,改善农民的精神文化生活,推动农村产业经济兴旺和农村教育事业发展,对乡村文化振兴有着直接的促进作用。

农村新型阅读空间是指为农村读者提供阅读服务的开放式复合型阅读空间,包括综合文化站、农家书屋、农村中小学图书馆、社区图书馆、百姓书房、实体书店、咖啡书吧等多种形态,具有增益文明、进益智慧、有益身心、互益共赢等功能,是农村文化荟萃空间、乡村艺术表达空间、村民思想交流空间、生活乐趣分享空间。农村新型阅读空间对于传承农耕文明、提高农民素质、丰富村民精神文化生活、助力乡村文化振兴具有重要作用。

二、新型阅读空间构建助力乡村文化振兴"浙江模式"

(一)温州市:百姓书屋关爱农村居民阅读

2014年4月以来,温州市在全国率先创建了每天24小时无人值守的城市书房102家,基本形成市区15分钟、乡镇30分钟阅读圈,实现全民阅读服务体系普惠、均衡、可持续发展。温州市参照城市书房建设标准和管理模式,目前在乡镇建成开放73家百姓书屋,总面积达到1.3万平方米,累计流通图书86.05万册次,接待读者62.62万人次,为乡村居民量身打造阅读和学习交流空间。

---

① 文化和旅游部关于印发《"十四五"公共文化服务体系建设规划》的通知[EB/OL].(2021-07-06)[2021-08-30]. https://www.mct.gov.cn/whzx/bnsj/ggwhs/202107/t20210706_926236.htm.

② 中华人民共和国乡村振兴促进法[EB/OL].(2021-04-29)[2021-08-30]. http://www.npc.gov.cn/npc/c30834/202104/8777a961929c4757935ed2826ba967fd.shtml.

1. 因地制宜，建设乡村阅读空间

温州市委市政府将百姓书屋列为市政府民生项目，安排专项建设资金，政府部门将项目创建工作纳入绩效考核指标体系，企业、团体、街道、社区、志愿者等社会力量广泛参与百姓书屋的场地提供、环境设计、日常运营与管理等环节。

温州市百姓书屋建设选址充分考虑人口密集度、交通便利性、环境相对安静度、消防安全、服务半径、阅读需求等因素，进行科学合理布点。如：洞头区北岙街道岭背社区百姓书屋是将废弃的 3 层水塔改建装修而成。温州市百姓书屋纳入公共图书馆总分馆体系，按照统一装饰标准、统一标识设计、统一调配书籍、统一信息系统、统一服务规范，实行统一业务管理、"连锁"运营模式，使政府投入的资源和资金利用率最大化。每个百姓书屋内均设有几十个阅读席位，藏书 1 万册左右，还专门开辟儿童亲子阅览区，实行自助管理，具有 24 小时自助借阅服务功能。

2. 形式多样，举办各种阅读活动

温州市百姓书屋联合文化、教育、妇联等部门定期组织开展内容丰富、形式多样的阅读活动，提升农村中小学生和家长直接参与阅读的积极性。同时，围绕节庆活动举办与阅读有关的"故事分享会""经典朗诵""读书征文比赛"等阅读活动，让农村读者充分交流阅读体会和分享阅读快乐，以保持阅读热情。

3. "积分制"激发亲子阅读兴趣

温州市百姓书屋积极鼓励和扶持优秀创作者创作出青少年阅读精品，加强优质阅读内容的供给。针对农村青少年阅读的实际尤其是留守儿童和外来务工子女阅读现状，鼓励出版趣味性、启发性和通俗性较强的阅读刊物，开展"亲子学堂""积分制""家长孩子共读有奖""教师引领、师生共享经典名著"活动，让家长和青少年学生变"要我阅读"为"我要阅读"，积极主动地去阅读。

4. 开展图书进校园、渔村服务

温州市洞头区是全国 14 个海岛县(区)之一，全区由 302 个岛屿组成，为了满足海岛群众和青少年儿童的阅读需求，洞头区图书馆联合百姓书屋积极打造"阅读服务跑起来，海岛渔村漫书香"活动，通过图书馆、校园、家庭等"读书共同体"促进农村基层阅读推广服务。

(二)嘉兴市：织成覆盖城乡的阅读网络

2013 年，"嘉兴市城乡一体化公共图书馆服务体系"作为首批国家公共文化服务体系示范项目，以总排名全国第一的优异成绩通过验收评审；2016 年，嘉兴又成功创建第二批国家公共文化服务体系示范区。2017 年，公共图书馆总分馆制"嘉兴模式"在全国推广示范。

1. 构建城乡一体化公共图书馆服务体系

嘉兴市探索以"政府主导、统筹规划，多级投入、集中管理，资源共享、服务创新"为基本特点的公共图书馆总分馆制建设，成为全国城乡公共文化服务均等化的典范。嘉兴市图书馆总分馆、智慧书房、礼堂(农家)书屋和各种图书流通站交织成覆盖全市城乡的阅读网络，个性化的场馆、标准化的服务和常态化的阅读活动，让公共阅读服务的"最后一公

里"更加丰富多彩。

2. 实现城乡公共阅读资源共建共享

2015年7月7日,嘉兴市在全国率先出台了《关于推进农家书屋与公共图书馆服务体系资源整合的实施意见》,作为总馆的嘉兴市图书馆和2家区分馆、16家乡镇(街道)分馆、32家村(社区)分馆,全部实现文献资源统一采购、统一编目、统一配送、通借通还、数字资源共建共享,城乡读者拿着一张"一卡通",可以在任何分馆享受到整个服务体系内的所有阅读服务。

3. 推进"红船精神"全民阅读系列活动

2021年,嘉兴市紧紧围绕庆祝中国共产党成立100周年,结合党史学习教育,持续开展"红船精神进校园"系列活动、"我在红船旁成长"专题研学活动、少年儿童规范字书写大赛、"阅动全家·书香嘉兴"阅读推广、红色经典主题图书展等20余项全民阅读活动,更好地满足城乡人民群众对阅读的新需求、新期待,着力培根铸魂,为加快推动嘉兴跨越发展、奋进新征程凝聚强大精神力量。

(三)德清县:特色图书馆助推乡村振兴

1. 特色图书馆彰显乡村地域文化特色

近年来,德清县积极推进乡镇特色图书馆建设,将闲置老建筑改造成设计独特、藏书丰富、活动多彩的特色图书馆,促进农家书屋升级增效。特色图书馆成为村民和游客了解德清历史,学习、休闲的重要文化场所,有力助推乡村文化振兴。其中蠡山民俗图书馆使用面积360平方米,藏书1.5万册,该馆立足水乡民俗、农耕文化,以"耕读传家"为定位,彰显德清乡村地域文化特色和人文情怀。

2. 农家书屋服务效能不断提升

2010年,德清县启动了农家书屋建设,实现了148个行政村农家书屋全覆盖。德清县图书馆对该县部分中心村、文化礼堂流通点进行了阅读服务提升,开通了通借通还业务,为流通点布置图书,现场培训流通点管理人员,提升图书馆图书全域流通率和阅读服务满意度。

3. 掀起阅读红色书籍、感受红色精神的热潮

德清县图书馆立足红色文献资源,传承红色文化基因,以专题讲座、经典诵读等多种形式开展"红色共读"建党百年系列活动,前往学校、景区、企业、机关单位等,拍摄读者学习党史知识的视频短片,在抖音、视频号等新媒体平台进行展播,掀起阅读红色书籍、感受红色精神的热潮。

三、新型阅读空间构建助推乡村文化振兴机制保障

在向第二个百年奋斗目标迈进中,要把农村新型阅读空间打造成为乡村党员干部党性教育的"营养屋"、农民朋友科技知识普及的"微课堂"、农村青少年学习生活的"益智园",让全民阅读走进乡村,推进书香社会建设,助力乡村文化振兴,满足农民群众日益增长的美好生活需要。

（一）完善制度体系，建立保障机制

党的十八大以来，以习近平同志为核心的党中央高度重视公共文化服务体系建设，出台了一系列重要政策，推动了包括农家书屋在内的现代公共文化事业蓬勃发展。《中华人民共和国公共文化服务保障法》已将农家书屋建设纳入法律保障范畴，各地要以法律法规和制度体系为基础，结合乡村振兴战略和全民阅读需求，从场所、设备、经费、活动、队伍、运维、绩效评价等方面，建立健全符合各地实际的可持续发展的农村新型阅读空间建设管理体系。不断完善社会力量参与建设管理的体制机制，拓展社会资本参与公共文化服务建设、管理的路径途径，使新型阅读空间成为社会力量参与"建、管、服、用"公共文化探索实践地。

（二）创新空间＋模式，实现资源共享

积极探索创新"农村新型阅读空间＋公共图书馆、书店发行点、乡村中小学、文化活动室、乡村供销点、数字化空间"等发展模式，不断完善农村新型阅读空间建设、管理、使用的长效机制，努力把农村新型阅读空间建成农村的舆论阵地、信息窗口、培训基地、知识平台。

在全面建成小康社会的新时代，要理顺农村新型阅读空间管理运行体制，发挥建设主体联动优势、促进互通共享。按照"政府主导、统筹规划、多级投入、集中管理、资源共享、服务创新"的总分馆建设模式，推进农村新型阅读空间服务体系建设，将农村新型阅读空间整合进入县市级公共图书馆系统共同建设，打通两个系统之间隔阂，按照国家标准统一分编加工，读者可在任何一个农村新型阅读空间和公共图书馆服务点进行借通还，使两种不同财产属性的图书能顺畅流通。农村新型阅读空间数字化建设，需要政府加强顶层设计，统一协调，分类建设。各地可以探索不同的方式路径，要符合中央关于农家书屋数字化的总体部署，要和县级融媒体中心建设、"学习强国"学习平台推广等紧密结合起来。

（三）优化内容供给，有效对接需求

《中华人民共和国公共文化服务保障法》要求"面向农村提供的图书、报刊、电影等公共文化产品应当符合农村特点和需求，提高针对性和时效性"。出版社要专门根据农村、农民的需求，围绕乡村振兴战略实施、精准扶贫和农村精神文明建设策划选题，定制图书，从源头上推出更多"合口味"的出版物。优化农家书屋内容供给，精准有效对接群众需求，可自上而下与自下而上相结合，探索"百姓点单"服务模式，充分发挥农民自主选书的积极性，确保优秀图书配送到位。

（四）支持社会参与，开展常态活动

积极培育社工组织，由社工组织专业老师和志愿者服务农家书屋，定时定点将活动和服务送到各个农家书屋。依托农家书屋开展主题鲜明、形式多样、与农民群众生产生活息息相关的读书活动，引导农民到书屋读书，增强书屋的吸引力，培养农民群众的阅读兴趣。通过举办农家书屋管理员培训班等形式，大力加强管理员教育培训，强化管理员的服务意识和服务水平，提高他们的工作积极性。培育阅读推广人，开展阅读推广活动。要关爱吸引农村少年儿童特别是留守儿童阅读走进农家书屋，享受阅读乐趣。

（五）注重特色建设，城乡一体发展

持续深化和完善农村新型阅读空间建设、管理、服务的标准化规范化，引领5G技术、现代物流、智慧安防和"互联网＋"等技术在农村新型阅读空间的应用创新,注重特色化、主题型、体验式、个性化等多样性阅读空间建设,凸显阅读空间建设的文化旅游融合、地方文化元素、地方风情特色、科技引领和人文提升。大力推动城市书房的建设、服务、管理经验向农村延展,加快农家书屋、百姓书屋、文化服务中心图书馆(室)、文化礼堂(驿站)等文化阅读场馆的资源共建共享和互联互通建设,将图书馆优质的文献信息、讲座展览和数字资源等向乡村基层延伸,推进城乡公共文化服务一体化高质量发展,更好地丰富乡村群众精神文化生活。

治理现代化视域下农家书屋
效能提升策略研究[*]

  2020 年 10 月,中央宣传部印发《关于促进全民阅读工作的意见》,明确了"到 2025 年,通过大力推动全民阅读工作,基本形成覆盖城乡的全民阅读推广服务体系"的工作目标。^① 自 2005 年农家书屋工程开始试点、2007 年全面推开以来,全国共建成农家书屋 58.7 万家,数字农家书屋 12.5 万家,累计配送图书超过 12 亿册,农民人均图书拥有量从 2005 年前的 0.13 册增加到目前的 2.17 册,增长近 20 倍。经过近 15 年的建设,农家书屋实现了所有行政村全覆盖,一定程度上解决了农村群众借书难、看书难问题。2020 年初,新冠疫情发生后,各地充分利用农家书屋数字化平台和融媒体渠道,宣传防疫知识,参与网格管理,开展农业技能线上公益培训,积极组织农家书屋管理员"送书上门""送技到田",助力复工复产和脱贫攻坚。^② 农家书屋作为党中央、国务院实施的五大公共文化惠民工程之一,已成为农村公共文化服务体系建设的重要平台、新时代舆论宣传与阅读推广的"前沿阵地"。

一、农家书屋研究文献综述与研究趋向分析

  学术界关于农家书屋的研究成果较为丰富,截至 2021 年 1 月 3 日,以知网数据库的核心期刊(北大核心及 CSSCI)为检索源、以"农家书屋"为篇名,检索到的论文数量多达 360 篇,研究时间贯穿农家书屋工程实施的 15 年,2010 年和 2011 年论文发表数量达到峰值,均为 49 篇(见图 1)。学者们的研究视角较为丰富,涉及农家书屋与新农村文化建设、农家书屋与乡村振兴战略、农家书屋与公共图书馆建设、数字农家书屋建设以及农家书屋"建、管、用"过程中存在的问题、原因及其相应对策等,而从文化治理视角研究农家书屋的论文比较少见。

  相关文献对农家书屋建、管、用过程中的问题研究较为关注,主要集中在资源、机制、内容、数字化四个方面:一是资源配置不合理,与乡村振兴战略融合不充分。^③ 二是管理体制不顺,服务效能不高,不少农家书屋疏于管理、使用者少,形成"孤岛效应"。^④ 三是内

---

  * 执笔人:侯凤芝、黄奇杰。原文发表于《中国出版》2021 年第 5 期总第 502 期。

  ① 中宣部印发《关于促进全民阅读工作的意见》深入推进全民阅读[N].人民日报,2020-10-23(4).

  ② 从"田间"到"云端":农家书屋转型升级助力乡村振兴[EB/OL].(2020-10-14)[2021-01-03].http://www.xinhuanet.com/fortune/2020-10/14/c_1126611353.htm.

  ③ 杨海平,谢友宁,吴琦磊.乡村振兴战略背景下我国农家书屋建设和发展策略研究[J].出版发行研究,2020(11):15-19.

  ④ 房慧.全民阅读如何防止农家书屋的"孤岛效应"[J].科技与出版,2019(8):120-123.

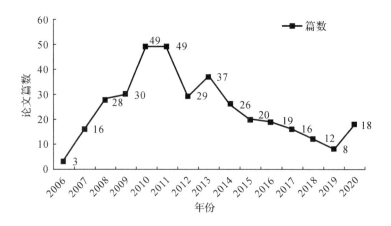

图 1　农家书屋研究成果发表年度分布图

容供给不能满足实际需要,图书配置"自上而下",一刀切式的供给造成"供需错位"问题,书屋利用率低。① 四是农家书屋数字化水平不高,数字农家书屋缺少统一的国家建设规划和标准,数字资源缺乏优质内容,偏远地区农村网络环境不理想,影响了用户体验和口碑。②

2019 年初,中宣部等 10 部委联合印发《农家书屋深化改革创新提升服务效能实施方案》,关于农家书屋提质增效和可持续发展问题的探索成为当下研究的热点。学者们从不同的视角对农家书屋的未来发展提出建议。从主体视角,提高农家书屋建设者和管理者历史责任认识,以人民为中心,创新体制机制,激发群众活力,推进数字化升级。③ 从受众角度,调整农家书屋供给机制,创新发展模式,同时也要通过教育宣传激发农民阅读的主体性和积极性。④ 本文创新之处在于从乡村文化治理的视角审视农家书屋建、管、用问题,认为在农家书屋建设和治理中,应坚持治理主体多元合作,勠力提升服务效能,完善农村公共文化服务体系,推进乡村社会治理体系与治理能力现代化。

二、农家书屋建设与治理现代化的理性耦合

从本质上来看,农家书屋工程等乡村文化建设的过程就是国家对于乡村社会的治理过程,而实现乡村有效治理又是乡村振兴的重要内容。2019 年 6 月,中共中央办公厅、国务院办公厅印发《关于加强和改进乡村治理的指导意见》,将"加强农村文化引领""支持多方主体参与乡村治理"等作为推进乡村治理体系和治理能力现代化,夯实乡村振兴基层基础的重要任务。⑤ 农家书屋治理作为乡村文化治理的重要组成部分,在政府主导的同时,

---

① 陈燕.农家书屋建设与发展再探:现状、问题与趋势[J].编辑之友,2018(3):21-24.
② 陈含章.我国数字农家书屋建设现状及模式探析[J].出版发行研究,2017(9):24-28.
③ 陈含章.农家书屋工程十五年:追溯、历程与建议[J].出版发行研究,2020(11):5-14.
④ 陈庚,张红梅.乡村振兴战略下的农家书屋可持续发展研究[J].图书馆,2020(3):43-48.
⑤ 中共中央办公厅国务院办公厅印发《关于加强和改进乡村治理的指导意见》[EB/OL].(2019-06-23)[2021-01-03].http://www.gov.cn/zhengce/2019-06/23/content_5402625.htm.

强调社会参与共治,突出人与社会的自主性,实现由"管理"向"善治"的转变。

(一)农家书屋治理主体的多元与理性

新时代治理能力现代化的核心逻辑就是通过政府主动放权,培育和激发多元主体共同参与治理活动。现代化的治理不仅需要多元的主体,更需要这些多元主体秉持理性的参与态度。理性是指尊重事实、讲理崇信、互相体谅。理性的主体能形塑出共同体的精神面貌,从而为有效的地方治理提供动力。① 乡村文化治理作为治理理论在农村文化领域的扩张,它内在地要求治理主体的多元化和多元主体的有效合作。农家书屋工程建设的可持续发展,需要通过管理主体和权力中心的多元化,构建政府、市场和社会之间在农村公共服务供给机制中的合作、参与、协商三维框架下的多中心治理模式。② 农家书屋从单纯依靠政府的事业投入向党委领导、政府主导、社会各界参与、农民自主管理的现代农村公共文化服务运行机制转变,从较为单纯的出版物供给向丰富多彩、质高价廉的文化服务项目建设转变,从单一书籍阅读场所建设向搭建农村思想文化高地转变。③

(二)农家书屋治理结构的开放和法治

是否建立开放包容的农家书屋治理结构,是直接影响农家书屋治理现代化水平的重要因素。科学的治理结构包括三个要素:一是治理主体的重组。在所有的治理主体中,党委和政府对治理负有主导责任;同时,可以将一些忙不过来的事务委托给政府以外的社会力量来协助处理以达到更好的效果。二是治理模式的转型。在社会治理现代化过程中,政府与社会力量参与主体之间以商量、联动、合作等开放方式来构建多样性的公共事务治理模式。三是责权关系的明晰。治理主体多元化和治理模式互动性需要建立责权对称的关系架构。

治理现代化是建立在法治基础上的现代化。在推进治理现代化过程中,让法治原则成为治理的价值诉求和构建现代化治理体系的合理正当性基础。《中华人民共和国公共文化服务保障法》和《中华人民共和国公共图书馆法》(以下简称《公共文化服务保障法》和《公共图书馆法》)相继出台,为农家书屋治理提供了法律保障。《公共文化服务保障法》第三十五条、第三十六条规定"重点增加农村地区公共文化设施和产品供给,提高针对性和时效性"④。《公共图书馆法》规定"公共图书馆服务网络建设坚持政府主导,鼓励社会参与"⑤。

三、"农家书屋十"发展模式创新实践

组建多元协同的治理主体、创新互动合作的治理模式,是农家书屋建设的关键所在。

---

① 陈朋.治理现代化是啥状态[N].学习时报,2016-07-21(5).

② 郑欣.治理困境下的乡村文化建设研究:以农家书屋为例[J].中国地质大学学报(社会科学版),2012,12(2):131-137.

③ 梁言顺.凝聚起农家书屋改革创新的强大力量——在农家书屋工作领导小组会议上的讲话[EB/OL].(2019-06-12)[2021-01-03].http://www.zgnjsw.gov.cn/booksnetworks/contents/412/400369.html.

④ 中华人民共和国公共文化服务保障法[EB/OL].(2016-12-25)[2021-01-03].http://www.npc.gov.cn/zgrdw/npc/xinwen/2016-12/25/content_2004880.htm.

⑤ 中华人民共和国公共图书馆法[EB/OL].(2017-11-4)[2021-01-03].http://www.npc.gov.cn/zgrdw/npc/xinwen/2017-11/04/content_2031427.htm.

在全面建成小康社会的新时代,要让农家书屋活跃起来,发挥其传播先进文化、推进农村精神文明建设的重要作用,需要整合农家书屋和其他相关文化资源,在强调党委领导与政府主导发挥推动作用的同时,通过政策激励调动各方社会力量,尤其是当地村民参与农家书屋建设的热情,创新农家书屋多元发展路径,实现共建共治共享。

(一)农家书屋＋公共图书馆,实现"通借通还"

农家书屋与县市区级公共图书馆都属于公共文化事业服务性质。县市级公共图书馆藏书量和管理经验比较丰富、信息技术手段比较先进。在党委宣传部门统一领导下,将农家书屋的管理纳入县市级公共图书馆管理范围,农家书屋的图书统一编条码进入县市级图书馆管理系统,实现资源共享、互联互通、通借通还,不仅可以解决目前农家书屋图书产权不明晰、书目资源更新缓慢、管理不到位等问题,而且可以丰富农家书屋图书品种,提高服务效率,降低建设运行成本,盘活图书资源和流通质量,提高农民群众的科技文化素质,促进农村经济社会协调发展。

浙江省嘉兴市依托公共图书馆在文献资源上的优势,集合应用移动计算和大数据分析等最新信息技术手段进行融合共建,农家书屋实现了与公共图书馆系统的通借通还。这标志着嘉兴市农家书屋运行模式由以前的单打独斗转变成为区域公共文化服务体系中的一个重要环节,切实解决农家书屋书目资源更新缓慢、无法通借通还等问题。

(二)农家书屋＋书店发行点,探索"百姓点单"

新华书店不仅是农家书屋的图书供应商,更是经营管理的合伙人,通过培训书屋管理员、开展主题阅读分享会等举措,将农家书屋建设成新华书店的乡村网点。新华书店作为对接出版单位和农家书屋的桥梁,通过制订农家书屋重点出版物推荐目录、推荐"农民喜爱的百种图书"等方式优化产品内容供给,探索"百姓点单"服务模式,加大群众自主选书比例,让农家书屋图书更适合农民群众的口味。

近年来,中央和国家相关部门高度重视实体书店建设,各地纷纷出台政策支持实体书店发展。民营实体书店因地制宜,将农村礼堂、粮仓、祠堂等建筑改造成乡村书店,将书店的经营属性与农家书屋的公益属性有机契合。截至2020年底,南京先锋书店先后开设了碧山书局、陈家铺平民书局、沙溪白族书局等五家乡村书店,开启了全新休闲的乡村阅读,让文化反哺乡村,以"文化＋"助力乡村振兴。

(三)农家书屋＋乡村中小学,关爱留守儿童

教育部2018年印发的《中小学图书馆(室)规程》第二十八条要求"加强馆际交流,推动校际阅读活动、校本资源和特色资源的合作与共享"[①]。农村学校有专人负责图书管理,开放时间固定,农家书屋与学校图书馆(室)联合协作,可以实现资源共享,通过图书互借互换等方式开展阅读和培训活动,使村民和师生能看到更多更好的书籍,促进义务教育进步,增强农民学习氛围,提高阅读兴趣、文化素养和科技致富能力。在课余和假期,农家书屋可以成为向农村中小学生特别是留守儿童提供自习和娱乐的温馨家园。

---

① 中华人民共和国教育部关于印发《中小学图书馆(室)规程》的通知:教基〔2018〕5号[EB/OL].(2018-05-31)[2021-01-03].http://www.moe.gov.cn/srcsite/A06/jcys_jyzb/201806/t20180607_338712.html.

（四）农家书屋＋文化活动室，活跃村民生活

村级文化活动室是党和政府开展农村文化工作的基本阵地，具有宣传文化、党员教育、文艺演出、读书看报、电影放映、文体活动、科学普及、教育培训服务功能，对活跃农村文化生活、促进乡村文化振兴等发挥着重要作用。将农家书屋与村级文化活动室等公共文化设施相整合，打造集阅读体验、互动交流、展览展示、休闲娱乐于一体的复合型公共文化空间，实现公共文化和信息资源的共建共享，强化农村公共文化服务能力，让农村文化"活"起来。农村基层党组织以党建为引领，以农家书屋为平台，通过"党建＋文化宣传"形式，党员带头，群众参与，共享阅读快乐，将党员借阅书籍列入党员积分制管理的一项重要内容，严格积分制年终考核，让阅读成为广大农村党员的一种习惯。吉林省将农家书屋与"新时代传习所"联合发展，习近平新时代中国特色社会主义思想和党的十九大精神在广大农村深入人心，推动了党的精神落地生根。

（五）农家书屋＋乡村供销点，扩大服务范畴

供销合作社是党领导下的为农民服务的综合性合作经济组织，是推进"三农"工作的重要载体。供销社代销点（乡村商店）是最聚集人气的地方，乡村商店与农家书屋合作，拓展便民服务项目，可以吸引更多的村民前来看书、消费。

河南省内黄县李石村农家女李翠利在其经营的超市内创办"微光书苑"，目前有藏书10万余册，微光合作店达20余家。2020年12月，河南共青团充分发挥组织动员优势，全方位整合资源，通过外部帮扶与内生动力激发相结合，赋能"微光书苑"，助力乡村青少年成长。[①]

（六）农家书屋＋数字化空间，开展网络服务

加强数字化农家书屋建设，增加数字化阅读产品和服务供给，是新时代农家书屋建设的重要环节。数字农家书屋按终端接收方式的不同，可分为PC端模式、手机端模式、电视书屋模式和综合性数字农家书屋。[②] 省、市有关部门运用网络技术建设数字农家书屋，将农民爱看的图书和科普视频等以数字形式定期更新传输到农家书屋数字化平台，实现农村地区电视、手机、电脑等多媒体设备综合使用，提高农民看、听、读等共享服务质量。依托数字农家书屋，引导电商企业进村入驻，拓展"农家书屋＋电商"服务模式，实现增收致富。近年来，江西省共建成乡村服务网店近2000家，培训建档立卡贫困户6000余人次。赣州市寻乌县南桥镇古坑村农家书屋管理员彭芳学习香薰饰品制作，建起香薰饰品生产线，带领村民致富。电商为农家书屋增添了人气，村民增收致富有了底气，鼓足了乡亲们的精神气。[③]

四、乡村振兴中农家书屋可持续发展对策

2021年是"十四五"开局之年，要把农家书屋工程作为社会主义新农村建设、农村公

① 陈小平.让"微光"燎原[EB/OL].(2020-12-25)[2021-01-03].https://kandian.youth.cn/mobile/detail? id=Oz5NPeoJjl0pEAqLZYQM4q8VwAOsP1692Vrk3gBdwXDyWK8bvR.

② 万剑,黄奇杰.数字农家书屋建设模式研究[J].编辑之友,2020(10):51-54.

③ 民生直通车:农家书屋,如何打造脱贫攻坚"精神加油站"? [EB/OL].(2020-09-15)[2021-01-03].http://www.xinhuanet.com/2020-09/15/c_1126495684.htm.

共文化服务体系建设的重要内容,进一步做好出版物充实更新、管理员队伍完善、信息化管理、文化活动开展、管理制度健全、数字化建设等工作,不断完善农家书屋建设、管理、使用的长效机制,努力把农家书屋建成农村的舆论阵地、信息窗口、培训基地、知识平台。

(一)完善制度体系,增强"四扶"意识

党的十八大以来,以习近平同志为核心的党中央高度重视公共文化服务体系建设,出台了一系列重要政策,推动了包括农家书屋在内的公共文化事业蓬勃发展。《公共文化服务保障法》已将农家书屋建设纳入法律保障范畴,各地要以法律法规和制度体系为基础,结合乡村振兴战略和全民阅读需求,从场所、设备、经费、活动、队伍、运维、绩效评价等方面,建立健全符合各地实际的可持续发展的农家书屋建设管理体系。

"四扶"就是扶志、扶智、扶质、扶制。农家书屋既扶志气、也扶智力,更要扶质量、扶制度,不断激发农民群众形成自强自立、苦干实干的精神风貌,为农村产业兴旺、美丽乡村建设增添文化底蕴。

(二)加强协调配合,推进机制创新

为了理顺农家书屋管理体制,在中宣部和各级党委宣传部门直接统一领导下,各部门在工作资源、项目实施、队伍建设等方面协同共建,发挥联动优势,促进互通共享。

在农家书屋管理方面,按照"政府主导、统筹规划、多级投入、集中管理、资源共享、服务创新"的总分馆建设模式,推进城乡一体化公共图书馆和农家书屋服务体系建设,将农家书屋整合进入县市级公共图书馆系统共同建设,打通两个系统的隔阂。农家书屋与公共图书馆系统按照《中国图书馆分类法》等国家标准统一分编加工,共建农家书屋书目数据库和读者数据库,与公共图书馆实现统一检索,形成联合目录,读者可在任何一个农家书屋和公共图书馆服务点进行通借通还,使两种不同财产属性的图书能够顺畅流通,提高图书借阅率。

农家书屋主管部门设立专项经费,通过服务外包的方式,引入社会力量推广阅读,公共图书馆作为行业管理部门规范和指导外包服务。每个行政村设置一名文化管理员,由县(区)、乡镇二级政府共同承担文化管理员的费用。文化管理员除了管理一个村的文化活动外,有固定时间管理农家书屋,定期开展阅读推广活动,解决农家书屋常态化开放问题。

数字农家书屋建设,需要政府加强顶层设计,统一协调,分类建设。各地可以探索不同的方式路径,企业也可以提出各自的解决方案,要符合中央关于农家书屋数字化的总体部署,与"学习强国"学习平台推广等工作紧密结合。

(三)优化内容供给,有效对接需求

《公共文化服务保障法》要求"面向农村提供的图书、报刊、电影等公共文化产品应当符合农村特点和需求,提高针对性和时效性"。出版单位要立足"三农",专门针对农民需求,围绕乡村振兴战略实施和农村精神文明建设策划图书选题,从源头上推出更多"合口味"的出版物。

农家书屋要细分阅读层次、满足不同群体的阅读需求,在精准投入上加大出版物的补充力度。优化农家书屋内容供给,精准有效对接群众需求,可自上而下与自下而上相结合,探索"百姓点单"服务模式,充分发挥农民自主选书的积极性,改善重点出版物推荐目录评审、执行机制,确保优秀图书配送到位。

(四)社会力量参与,开展常态活动

在农家书屋"建、管、用"上,各级政府调动社会各界积极参与,通过政府购买的方式,充分发挥社会团体、社会组织和个人的作用,共筹、共建、共享、共治,将阅读服务活动送到基层。积极培育社工组织,由社工组织专业老师和志愿者服务农家书屋,定时定点将活动和服务送到各个农家书屋。各地要开展主题鲜明、形式多样、与农民群众生产生活息息相关的读书活动,增强农家书屋的吸引力,培养农民群众的阅读兴趣。通过培育阅读推广人,经常开展阅读推广活动。要特别关爱农村留守儿童,让其走进农家书屋,享受阅读乐趣。

(五)强化绩效考察,促进长效发展

农家书屋要保持正常运行和可持续发展,需要建立健全科学有效的农家书屋"建、管、用"激励监督机制和绩效评价体系,构建各级党委和政府对农家书屋的分层分级绩效评价体系,建立党政部门、媒体、第三方评价机构和农民群体参与的多元监督机制,实现农家书屋管理监督工作制度化、常态化、信息填报公开化。鼓励地方政府设置专门经费进行绩效奖励,将农家书屋监督管理和绩效考核结果与农家书屋资源获取和荣誉奖励挂钩,努力提升农家书屋服务效能。加强教育宣传,通过电视、广播、互联网媒体等多种媒体的推介,扩大农家书屋在农民群众中的知晓度和影响力。

五、结语

农家书屋的可持续发展需要多方联动,勠力同心,党委政府、企事业单位、文化自治组织、专家、公民之间在平等合作的关系框架下,共同参与农家书屋等乡村文化事务管理和服务。各地应做好"农家书屋+"文章,将其打造成为党员干部党性教育的"营养屋"、农民朋友科技知识普及的"微课堂"、少年儿童学习生活的"益智园",让全民阅读走进乡村,推进书香社会建设,巩固脱贫攻坚成果,助力乡村文化振兴,满足农民群众日益增长的美好生活需要。

数字农家书屋建设模式研究*

中华民族历来崇尚读书,"最是书香能致远"。国家一直倡导全民阅读,致力构建公共阅读空间,建设书香社会。我国专门针对农村地区开展了利国利民的文化工程、民心工程、德政工程——农家书屋,随着农家书屋工程数量和质量的双提升,我国农村地区"买书难、借书难、读书难"的问题得到了一定解决。截至 2018 年底,我国农家书屋数量达到58.7 万家,覆盖大部分行政村,累计配送给农村的图书超过 11 亿册,我国农民人均图书增长到 1.63 册,这在传播党和国家农业政策、普及农业科技信息、提高农民文化素养等方面发挥了重要作用。2012 年之后,传统农家书屋逐渐向数字农家书屋转型升级,在 2015年后数字农家书屋工程不断向纵深发展。

2020 年初,全国新冠疫情暴发,导致农村居民与城市居民足不出户,孩子无法正常学习,数字农家书屋的建设对农村地区的阅读学习发挥了重要的作用。疫情发生后,《中国农村》杂志社迅速组织编写了专门针对农村地区的《农民文摘农村防控新冠肺炎疫情专刊》,面向全国近 60 万个行政村免费发放,广大农民朋友自 2 月 14 日起就可以通过学习强国学习平台、农家书屋的电子网络系统、中国农村网等进行免费阅读该专刊。中国医学科学院北京协和医学院编写的《协和新型冠状病毒肺炎防护手册》的电子图书上线后,更是受到广大农民朋友的欢迎。山东省通过该省"智能数字农家书屋平台"及时开设"疫情防控在行动"专栏,农民可以与城市居民一样时时了解疫情防控动态、新冠病毒肺炎预防等内容。山东省日照市莒县文化和旅游局根据疫情发展状况,面向全县数字农家书屋,及时宣传新型冠状病毒科普知识,转载疫情防控重要新闻,免费为广大农民提供丰富的阅读、音频、视频系列服务。这些生动的案例,不仅极大地发挥了我国现有数字农家书屋建设的作用,更是体现了未来数字农家书屋建设的重要性。

当下,我们应该思考,农村地区应如何更好地建设数字农家书屋?如何更好地为农村地区的经济发展、文化繁荣服务?这是我们当下急切需要思考的问题。2020 年,我国将全面建成小康社会,这是决战脱贫攻坚时期,而农村是脱贫工作的重中之重。习近平总书记多次强调,解决农村地区的贫困问题,是全面建成小康社会的底线任务。治贫先治愚,扶贫先扶智。数字农家书屋建设作为精准文化扶贫的前沿阵地,不仅可以提高农民的文化水平,激发农民脱贫致富的内在动力,更是促进新农村建设"内源式发展"的重要落脚点,这同时也是我国农村地区精神文明与物质文明共同发展的重要举措,对构建文明社会有重要意义。

* 执笔人:万剑、黄奇杰。原载于《编辑之友》2020 年第 10 期,后期进行了修改。

一、"书香社会"数字农家书屋的建设现状

(一)数字农家书屋的利好政策

早在 2008、2011、2012 年,全国农家书屋工程建设大会就已经开始探讨"农家书屋的数字化建设"。2012 年 9 月,我国正式在全国推广建设数字农家书屋,各种信息化扶持政策不断出台。国家新闻出版广电总局在《2013 年新闻出版改革发展工作要点》中提出"推进数字农家书屋试点"。2015 年,中共中央办公厅、国务院办公厅在《关于加快构建现代公共文化服务体系的意见》中强调"统筹实施数字农家书屋"。李克强总理在《2016 年政府工作报告》提出"要深化群众性精神文明创建活动,倡导全民阅读"。2017 年,国家新闻出版广电总局《关于深化农家书屋延伸服务的通知》指出通过强化"互联网＋书屋"的思维模式,提升农家书屋的各项服务水平。2019 年 2 月,中宣部等十部委在《农家书屋深化改革创新提升服务效能实施方案》中特别强调"要让农家书屋有书读、有人管、有活动吸引"。前新闻出版总署等八部委发布的《农家书屋工程实施意见》中明确提出,有条件的农村地区,要增加各种数字读物,例如网络图书、网络报纸、网络期刊等。这些政策的实施和推行,使得我国农家书屋获得长足发展的制度保障,对我国推动实施乡村振兴战略,提升农村经济文化建设,提升新型农民素质作出了重要贡献。

(二)数字农家书屋的建设基础

中国农村经济发展迅速,据我国《2018 年国民经济和社会发展统计公报》显示,2018 年农村居民人均可支配收入 14617.03 元,比上年增长 8.6％,农村居民人均消费支出 12124.27 元,比上年增长 8.1％。经济的发展,促进了农村现代信息化技术建设,加快推动了我国农村"互联网＋"新时代的到来,满足了多样化、个性化的生产与生活需求。2019 年 10 月中国国际电子商务中心研究院发布的《中国农村电子商务发展报告(2018—2019)》显示,截至 2019 年 6 月,中国已有网民 8.54 亿,其中农村网民总数达到 2.25 亿,约占中国网民总人数的 26.3％,这一数据相比 2018 年底增加了约 305 万人。2019 年 5 月国家网信办发布的《数字中国建设发展报告(2018 年)》显示,随着数字乡村战略部署实施,我国农村地区网民数量不断增加,约 38.4％的农民已接入互联网,通过网络了解世界。

(三)数字农家书屋的迅猛发展

2009 年,专门针对农村地区的数字化阅读服务——数字农家书屋工程正式启动。2010 年清华同方知网公司与中国新闻出版研究院(原中国出版科学研究所)签订农家书屋数字化建设战略合作协议,在全国建成第一批试点。根据原国家新闻出版广电总局统计数据,2015 年,全国建有数字农家书屋 3.5 万个。2016 年仅卫星数字农家书屋就达到了 3 万个左右,数字手机书屋试点开始并发展到数百个。数字农家书屋的这一数据,到了 2019 年 6 月,已从 2016 年的 4.5 万家攀升至 12.5 万家。目前,中国数字阅读用户总人数约为 4.3 亿人,其中农村居民数字化阅读方式的接触率达到 68.2％,手机和互联网已成为农村主流接触媒介,农民的数字阅读率已经超过传统阅读率。我国数字化农家书屋从 2015 的 3.5 万个,在 2017 年年底增加了 4.8 万家,到 2019 年达到 12.5 万家,发展势头迅猛。

（四）数字农家书屋的需求提升

目前，我国农村已进入数字传播时代，农民的信息需求不断增加，且呈现出多样性、实时性、个性化的特征，这已经改变了传统农家书屋以纸质"书"为基础载体的主流发展。书籍的数字化传播，极大地提升了农家书屋的信息量，通过快速的传输速度、有效的农村信息针对性，保障了信息时代农村地区的阅读质量。2018年，我国进行了第十六次全国国民阅读调查，此时成年人的综合阅读率为80.8%，这一数据逐年递增。数字化阅读方式（网络在线阅读、手机阅读、电子阅读器阅读、Pad阅读等）的接触率为76.2%，较2017年73.0%上升了3.2个百分点，数字阅读人群进一步增多。从上述数据反映，我国人民对数字化阅读的要求逐年提升，尤其是农民通过体验各种媒体了解了更宽广的世界，对数字农家书屋的数量和质量要求必然有所提升，大力推行数字农家书屋建设，是当前农村地区的需求所致，也是可持续发展的途径。

二、融媒时代数字农家书屋的建设模式

从前期调查情况看，专家学者们已对我国数字农家书屋模式进行了若干分类：王勇安等（2015）将其归纳为三大类，第一类是以互联网络为基础的"数字图书馆"、移动阅读数字农家书屋、"数据库"型数字农家书屋；第二类是以卫星传输为基础的"直播星"数字农家书屋；第三类是依赖有线广电网络的数字农家书屋。曾建辉（2017）将数字农家书屋划分为"卫星式"和"互联网式"两种模式。赵蕊荣（2016）认为可分为"基于三网"和"基于卫星"数字农家书屋模式。陈含章（2017）把"阅读终端"作为主要分类标准，划分为基于卫星和有线电视网络技术的数字电视书屋模式、基于互联网技术的电脑书屋模式和手机书屋模式。随着网络信息基础建设的不断加强，信息服务的不断提升，农村数字化水平在不断地提高，本文以数字农家书屋的终端接收方式不同，将其划分为农村图书馆模式、PC端模式、手机端模式、电视端模式、综合性数字农家书屋。

（一）农家书屋＋农村图书馆

"重农固本，是安民之基。"农村图书馆是专门设立在农村地区且主要为"三农"服务的公共图书馆，这是我国公共文化服务体系的重要组成部分，也是我国农村教育、科学、文化发展的基础保障。我国农村图书馆一般包括县级图书馆、乡镇图书馆（文化站）、村组文化室及农家书屋。早在2012年，清华同方知网公司构建的差异化知识库型数字农家书屋，就已经覆盖了全国23个省（区、市）的农村图书馆，截至2019年底已经全面覆盖我国所有省份。我国的文化惠民工程使得农村图书馆得到快速发展，各省（区市）均已经全面铺开农村图书馆向数字农家书屋的转型升级，农村图书馆配备有电视、电脑、iPad等，供农民随时随地查阅所需信息。我国湖北、湖南、重庆、安徽、贵州、山东、宁夏等地均已在全域覆盖了数字农家书屋，在偏远地区的内蒙古、西藏也已经逐步覆盖。各地的农村图书馆的数字化建设各有特色，例如，内蒙古自治区乌海海南区的农村图书馆采用卫星数字农家书屋全覆盖；山东潍坊市采用向省定贫困村发放数字农家书屋"E播宝"设备，实现了农家书屋与县图书馆"一卡通"并网互联；重庆数字农家书屋覆盖了所有农村教学点，为当地农村儿童打造了良好的数字阅读阵地；安徽省滁州市以农村图书馆为基础，实施了"两创两培"数字农家书屋提升工程，已做到100%全覆盖。

（二）农家书屋＋PC端模式

数字农家书屋PC端模式，主要基于宽带互联网、移动互联网、广播电视网和卫星传播技术来实现，我国江苏省、山东省、河南省、湖南省等地主要采用这一模式。PC端模式阅读终端设备有平板电脑和传统计算机、笔记本、台式电脑等。例如，山东省探索推行图书馆总分馆制管理模式——"县域内图书资源共享、通借通还"，为方便群众，按照"群众点单、按需制单"模式进行图书采配，得到了广大农民兄弟的好评。例如，山东南鲁山镇唐家六村是省级贫困村，也已经安装了卫星数字农家书屋设备、配置了电脑设备，成立电子阅览室，满足了村民的精神文化需求和脱贫致富需求。浙江省居民可以通过支付宝申请浙江省图书馆的图书证（借阅证），再通过PC端进入浙江省图书馆，支付宝芝麻分在550分以上的用户均可免费享受浙江省图书馆的馆内、馆外多达183个数字资源库服务，这些资源库内容具体包括电子图书、古籍文献、电子报刊（期刊）、学位（会议）论文等，其中包括可免费下载一直需要付费使用的知网万方的学术论文。

（三）农家书屋＋手机端模式

数字农家书屋手机端模式主要是依托互联网技术、移动数据服务来实现的。手机端模式指的是将数字信息内容通过手机、阅读器、平板电脑、MID等进行传输和展示，这种模式无线传输，可以移动阅读，设备方便携带，优势明显。根据2019年上半年的统计数据，手机网民经常使用的各类App中，使用即时通信类App的时间最长，占比达到14.5%，使用网络视频13.4%、短视频11.5%、网络音乐10.7%、网络文学9.0%和网络音频8.8%，这说明了运用手机端模式进行农村数字化阅读的改革的前进方向。我国的辽宁省、上海市、江西省、广东省等地主要采用手机端模式，进行数字化处理后的书籍杂志、音视视频等资源通过手机、iPad等终端设备，实现自由移动阅读，方便各种年龄层次的人阅读体验。2019年，嘉兴市利用技术创新，采用手机端模式融合共建数字农家书屋。这是一种采用移动客户端App加智能移动终端模式，该市所有偏远农村地区均已实现手机App进行农家书屋的日常管理，实现远程借书、还书、办证等操作，大幅度提升了图书管理效率。2020年春节期间，全民因为"新冠病毒"留在家中，孩子们无法正常到学校上课。但浙江地区的孩子可以通过华数TV手机客户端收看到小学、初中、高中各学龄段的课程，例如杭州共享课堂、之江汇教育广场、猿辅导免费课堂，这不仅丰富了农村地区的教育资源，更重要的是规避了农村地区部分家庭并未安装华数电视的困境。

（四）农家书屋＋电视端模式

电视端模式又可称为数字电视书屋模式，主要基于卫星数字技术、有线电视网络技术来实现。早在2010年，中国卫星通信集团航天数字传媒有限公司已经与陕西、湖北、云南等省份采取这一模式的合作。目前，吉林、湖北、广西、贵州等地已积极参与农家书屋＋电视端模式。中国知网开发建设的"农家书屋数字服务平台"，吉林省吉视传媒股份有限公司开发的"吉视传媒电视图书馆"，湖北的"卫星数字农家书屋"，广西的"广电云"服务平台等均属于此类型。例如，贵州省广播电视信息网络股份有限公司利用贵州广电网络＋Wi-Fi无线网，通过每村定点的数字农家书屋的信息传输，将100余万册电子图书推送到全省300余万户农民群众家中，做到了"农家书屋"进农户到"全民数字书屋"的全民阅读模式。例如，浙江宁波华数电视已经进入当地的农村地区，余姚市梁弄镇农民可以直接进行《咪咕阅读》栏目的电视点播,该栏目中约有50万册精品正版图书,除了正规出版图书以外,原创小说也列入其中,还有杂志、听书、听剧等多种类型的资源,为农民的业余生活提供了丰富多彩的选择。

(五)农家书屋＋综合模式

随着我国农村经济的持续发展,中国农村快速进入了"互联网＋"新时代,综合性数字农家书屋是一个未来发展的趋势。综合性是指综合PC端模式、手机端模式、电视端模式等多种模式进行数字化阅读的方式。我国多个省份的数字农家书屋已经逐渐从单一模式向综合模式转变。贵州省不断完善有线广播电视网络,已基本实现全省农村地区电视、手机、电脑等多媒体设备的综合使用,提升了农民看、听、读等共享服务的质量。例如江西省赣州市从2015年开始就逐渐进行农家书屋的转型升级,发展"农家书屋＋电商"文化服务站,以农家书屋为阵地,引导电商企业进村入驻,通过网上交易平台,在学习知识的同时,实现农民增收致富的目的。2018年,浙江省60％以上的农家书屋纳入了全省公共图书馆网络服务体系,预计在2020年底,可覆盖至全省农家书屋。浙江湖州南浔的"港廊书吧"、"芳华书吧"、横街文化礼堂、旧馆镇北港村文化礼堂等多个数字农家书屋建设完善,除传统农家书屋具备的各类设施以外,还添加了"农家电子书屋"电子智能设备,通过点击该设备可以看经典名著、经管理财、生活保健、文学艺术等各种类型的数字资料,这为打造南浔"最美家风＋""一村一品"特色综合性农家书屋提供了良好的条件,作出了重要贡献。

三、结语

我国农村地区经济文化可持续性发展有赖于数字农家书屋的不断建设提升。数字农家书屋是农村新型公共阅读空间建设"内源式发展"的理想模式与实践主体。我国数字农家书屋已基本形成了农村图书馆模式、PC端模式、手机端模式、电视端模式,并逐渐向综合模式的数字农家书屋发展。我国数字农家书屋建设工程应更上一层楼,立足农村,依靠农民,并长期建设数字农家书屋资源的数据库、创新数字农家书屋内容服务模块、加快建设数字农家书屋专兼职人才梯队、完善数字农家书屋的制度建设等。数字农家书屋建设可实现农村地区的资源共享,节省财政支出;可提供多样化资源,弥补资源不足;可形成多种阅读方式,有效解决农家书屋"孤岛"效应,缓解我国农民阅读"最后一公里"的问题。数字农家书屋建设为缩小城乡差距,精准扶贫,提升广大农民素质,为社会主义新农村建设作出了重要贡献。

日韩乡村文化旅游发展模式与
机制创新对我国的启示

"十四五"规划和 2035 年远景目标提出,推动文化和旅游融合发展,发展红色旅游和乡村旅游,实施乡村振兴战略。日本、韩国发展乡村文化旅游的经验值得我国借鉴。日本、韩国是我国一衣带水的邻邦,自古学习中华传统文化。20 世纪以来,日本和韩国政府为应对农业人口外流、农村地区衰落等社会现象,相继提出"观光立国""农村观光"战略。我国与日韩乡村文化旅游融合发展有很多相似之处,城乡文化旅游资源丰富、文化旅游产业经营方式基本相同,总结探索日本、韩国城乡一体化文化旅游融合发展模式与机制,将为我国乡村文化旅游融合高质量发展提供有益启迪。

一、"观光立国"战略下日本乡村文化旅游融合发展模式

日本于 1992 年提出"绿色旅游"概念,发展乡村旅游。2006 年,日本政府制定了《观光立国推进基本法》,将观光(旅游)作为国家政策加以重视。日本乡村文化旅游实现了深度融合,文化在景观中,景观中蕴含文化。日本乡村文化旅游发展呈现以下 10 种模式。

(一)体验教育＋乡村文旅

青少年乡村体验教育旅游,是日本乡村文化旅游重要组成部分。日本学校一直都有举办修学旅行的传统。日本政府于 2008 年启动了青少年农山渔村交流项目。该项目计划在全国 23000 个小学(1 学年 120 万人)开展体验活动,推进小学生农山渔村住宿体验活动和乡村活力建设。青少年学生通过在农村住宿的农林业体验,感受到真实的乡村文化、景观及人情。孩子们的欢声笑语给农家乃至整个农村带来蓬勃朝气,提高了农村地区社会经济效益。[①]

(二)观光农园＋乡村文旅

观光农园是最早的乡村文化旅游模式之一,游客可以在农园内体验果蔬采摘、花卉观光等活动。早在 20 世纪 50 年代,日本大城市周边就出现了观光农园,60 年代数量不断增加,70 年代出现专营观光的农园,90 年代推行"绿色旅游"后,观光农园呈现扩大化和综合化的趋势。

日本北海道富良野地区富田农场是打造"花＋"产品开发,集观光、体验、特色产业于一体的休闲农场,总面积 15 公顷,核心观光区域 12 公顷,种植 150 多种花卉,以薰衣草为主,打造整个"花"产业链,景点功能包括花卉观光、商品研发、花卉科普、商品购物、特色餐

---

① 冯佳. 国外文化旅游中的图书馆:作用、服务及启示[J]. 图书与情报,2019(4):59-65.

饮,满足全年龄段客群的需求。其盈利模式采取免门票策略引流,入园后以体验式活动收费、旅游商业收入等为主,年销售额达到 9 亿日元。

（三）温泉＋乡村文旅

日本地热资源极其丰富,拥有 3000 多个温泉地。温泉及温泉地的文化元素应用是日本开展乡村文化旅游的重要模式之一。随着游客的小团体化和个人化,温泉旅游呈现出了多种姿态。自称日本第一温泉县的大分县,顺应市场需求,增设多种观光设施,联合周边其他温泉地开展多种旅游项目合作。各个温泉地设有农家旅馆或民宿,提供早晚餐,开展农业劳作、乡间漫步、蔬果采摘等多个乡村体验项目,让游客感受当地独特民俗文化。

（四）文化遗产＋乡村文旅

日本各地存在很多与当地人民生产生活密切相关的文化遗产,如民俗艺能、传统节庆、重要文化建筑物以及历史遗迹。日本从 2011 年开始了"有效利用文化遗产的观光振兴及地区活性化事业",约有 800 个活动得到了政府支援。各都道府县市町村根据当地实际情况制订计划,进行传统节庆及艺能的表演、继承人培养、重要文化财建筑物的开放使用、史迹的复原和开放等事业。

（五）体育运动＋乡村文旅

日本体育旅游分为两大类,一类是观赏型体育,如职业棒球、职业足球联赛、排球、职业高尔夫、大相扑、综合格斗赛、篮球等;另一类是参与型体育,如马拉松、健步走、骑行、登山、铁人三项、滑雪、雪橇等。2016 年开始,日本每年举办"体育文化旅游大奖赛",政府观光、体育和文化机关签订了"连携协定",通过体育与文化艺术资源的融合,向国内外宣传日本乡村旅游魅力。乡村漫步和骑行日渐受到游客的青睐。游客在步行和骑行中享受森林、田园、古村落等景观。

（六）产业观光＋乡村文旅

日本的"产业观光"就是把具有历史文化价值的产业文化财产(古老的机械工具、工厂遗迹)、生产现场、产业制品(陶瓷器、织物)等作为立体化的旅游资源。"产业观光"分为有形、无形和综合几种类型。日本函馆金森红砖仓库是 1909 年建造的由四座设施构成的综合商业设施,坐落在函馆海岸,当时主要用来储存海产品。随着时代的发展,昔日的仓库一度闲置,经过改造翻新,现在已经成为集娱乐、餐饮、购物于一体的休闲场所。在金森红砖仓库旅游景点,有大量游客穿着 cosplay 的服装拍照,那是动漫爱好者的网红打卡点。

（七）美食文化＋乡村文旅

美食是旅游的重要构成要素之一,已从传统的旅游附属品发展成为一个新的观光资源。游客在旅游中品尝美食、购土特产品,美食增添了旅游的附加价值。日本各地每年都举行各种美食大赛,游客们纷纷前往旅游观光。宇都宫的饺子、喜多方的拉面等都成了当地旅游业的明星产品。

美食主导的旅游有两大类型:一是故事型美食旅游,一般是以食材由来形成的地域旅游。二是美食生产销售过程成为观光资源。新潟市推出了日本首个"餐厅巴士"项目,双层巴士一层用作厨房,二层乘坐游客,游客享受田园风光的同时品尝季节性食品,了解当地自然、历史及文化。

（八）环境保护＋乡村文旅

环保旅游，是游客将自然环境和历史文化作为旅游对象进行体验学习的同时，并担负起保护责任的旅游形式，日本各地将环保行动作为观光对象进行开发，比如有观鸟、森林浴、观鲸等观赏活动，植树、疏伐等森林保护相关的作业体验，动物保护体验活动等学习体验旅游。2008 年，日本实施"环保旅游推进法"，政府主管部门制订了推进方案，进行财政支援、人才培养等，发挥民间组织环保旅游主导作用。

（九）传统节庆＋乡村文旅

日本传统节庆活动历史悠久，作为一种娱乐方式得到了百姓的喜爱。战后的日本人将传统节庆看作和平的象征，常常带着家人朋友一同参加。日本人相信世间万物皆有神灵的存在，不仅山、海等自然物，连餐具、草鞋等人工制作的物品中也存在神灵。北边有生剥鬼手持刀具张牙舞爪，南边有狮像驱灾除难。日本每年举办的节庆活动多达 10 万个，其中全国著名的节庆活动有青森县的睡魔节，秋田县的竿灯节、生剥鬼节，德岛县的阿波舞节等。

（十）阅读欣赏＋城乡文旅

阅读空间已成为日本文化旅游的新地标。建立于 1963 年的淳久堂书店是日本较大的连锁书店，目前在全国设立 33 家分店。淳久堂池袋店拥有 10 层大楼约 6600 多平方米的经营面积，图书种类多，专门设立了"乡村观光与观光文化"专柜。成立于 1983 年的日本茑屋书店在全球经营约 1400 家门店，其中日本有 1300 家，会员人数达 7000 万人。茑屋书店始终以书为核心，餐饮、健身、美容、购物等都是书的延伸，围绕图书开展多种经营，创造出游客自发聚集的生活场所，开创了书店新型商业模式。[①]

二、"农渔村整备法"助力韩国乡村文化旅游融合发展范式

20 世纪 60 年代开始，在韩国，随着工业化、城镇化的快速发展，大量年轻劳动力涌入城市，城乡差距逐渐增大，农村人口老龄化、女性化、少子化等问题日益凸显。韩国政府将乡村旅游作为促进农村经济发展的重要手段，于 1990 年、1994 年、1999 年相继制定了《农渔村发展特别措置法》《农渔村整备法》《农业农村基本法》，在法律上对观光农园、农渔村休养区的开发做出明确规定，2002 年以来又陆续出台了一系列乡村旅游发展振兴政策，推出各种以村落为单位的乡村旅游建设项目，扶持农村旅游事业开发，提高农民收入。

（一）政府主导的村落建设项目

1. 农村传统主题村落

韩国农村振兴厅推进农村传统主题村落建设，以农村村落的传统文化为中心，开发农业及农村资源，为城市居民提供观光及体验的场所。韩国规定以传统文化资源丰富、自然环境保存完好、居民参与度高的 30 户以上农家构成的村落为对象，提供政府支援经费，每个村落年度支援经费 1 亿韩元，两年共 2 亿韩元，用于传统主题村落硬件、软件建设，同时

---

① 未西寅. 日本茑屋书店印象［EB/OL］.（2019-03-28）［2021-05-10］. https://share. gmw. cn/theory/2019-03/28/content_32693446. htm.

开发了农村观光村落成果评价指标,每年选定优秀村落,发放奖金。

2. 绿色农村体验村落

国家与地方政府支持每个绿色农村体验村落1年2亿韩元的项目费用,建设村落公共设施及农村体验活动项目,提供农村体验活动服务和农产品加工销售、农家住宿、饮食等观光商品及服务,招徕城市观光客,加强城乡居民交流,构筑农村活力,增加农民收入。韩国计划到2017年建成850个绿色农村体验村落,到2015年实际建成873个。大田广域市儒城区细洞村是典型的绿色农村体验村。该村环境优美,生态宜居,交通便利,基础设施齐全,公交车直达大田广域市。在政府支持下,该村村民主动参与重点发展观光农业和农事休闲体验项目。该村2018年收入25亿韩元,农产品销售渠道主要是为中小学生提供餐饮食。2020年,该村为大田市2400所学校提供午餐食材。

3. 文化历史村落

韩国文化体育观光部从国家层面支援各自治体向游客提供以固有文化历史资源为基础的体验项目,实施文化历史村落建设事业,从2004至2009年,从全国9个道中各选出1~2个具备优秀历史文化素材的村落共同体,将它们培育成融合文化、历史、环境的具有自生力的村落。每个村落建设期为2~3年,国家和地方按照2∶1的资助额度,从观光振兴开发基金和地方经费中支援每个村10亿~30亿韩元的事业费,目前已建成13个文化历史村落。

4. 信息化村落

韩国信息化村落建设,支援农山渔村构筑超高速因特网环境,消除村落之间的信息化格差,通过各村落土特产品的网络销售及观光资源化,促进地区居民信息应用活性化,涵养共同体意识,提高居民收入,谋求全国均衡发展。2001年开始,每个村落建设期为3年,以国家经费25%、地方经费25%、其他事业者(KT)经费50%的比例,支援每个村落3亿~3.5亿韩元,进行信息化基础设施、各种体验观光事业基础建设,目前已建成359个信息化村落。

5. 渔村体验村落

以渔村体验为中心,建设并扩充与渔村自然资源及生活文化相关的基础设施,强化城市与渔村间的交流效果,增加渔村的渔业之外的收入。每个村落建设期为1年,政府支援5亿韩元。2001年至2014年共建设134个渔村体验村落。

韩国忠清南道泰安郡丽元面万代村是典型的海岛渔村,附近有海滩、渔场和渔港,体验项目有潮汐体验、徒手捕鱼、船钓体验、青少年捕鱼体验、石化牡蛎挖掘、水务体验,还有制作传统料理、制陶体验等传统文化体验项目,吸引着大批游客。该村曾荣获总统奖章,获得3000万韩元奖金;申请了国家慢速项目,每年可获得1500万韩元的资金补贴,主要用于每年10月8日举办"丰渔节"。

6. "慢城"观光资源化项目

"慢城"被定义为放慢生活节奏的城市形态,是指人口在5万人以下的城镇、村庄或社区。"慢城"发源于意大利,全球现有24个国家151个城市被指定为"慢城"。2007年,韩国潭阳郡昌平面、长兴郡长坪里、莞岛郡青山面、新安郡曾岛面等11个地区被指定为亚洲最早的"慢城",主要有传统渔业及加工、竹工艺及竹质生物产业、传统韩纸、野生茶加工等传统事业和观光资源。

截至 2021 年 5 月,我国南京市高淳区桠溪镇、梅州市梅县区雁洋镇、旌德县旌阳镇、文成县玉壶镇、曲阜市、常山县、神农架等 7 个地方被称为"慢城"。国际慢城联盟中国总部位于南京高淳。

7. 文化特化地区(文化村落)

文化特化地区的建设项目活用当地的文化资源,将地区建设成品牌文化都市和文化村落。政府支援对象分为都市型和村落型两种,将文化资产丰富、有中长期文化基本计划、正在进行文化创造都市事业的市郡指定为文化都市,一个文化都市 5 年共支援 7.5 亿韩元。将通过居民协议体进行活跃的文化类社会活动、潜在文化力量较大的村落指定为文化村落,3 年各支援 2 亿韩元。2015 年对 7 个文化都市和 13 个文化村落进行了支援。

(二)民间主导的乡村旅游地建设

1. 影视外景地+乡村旅游

韩国影视剧、综艺节目非常发达,受到韩国国内及东亚、东南亚各国的追捧。影视剧及综艺节目拍摄的外景地成为人们"打卡"前往的旅游地。其中位于韩国京畿道的法国村,是《秘密花园》《贝多芬病毒》,韩国热播综艺节目 running man 共同的拍摄地。法国村由 16 栋法国式建筑组成,以法国特色建筑、法国风情文化为特色,作为多部知名韩国影视剧拍摄地而知名,其融入旅游产业发展,打造法国风情民俗村,吸引游客前来参观体验。除了专门的影视基地以外,韩国很多乡村景区或普通乡村也因为影视剧走红,比如拍摄电影《我的野蛮女友》的江原道旌善郡新东邑芳堤里白云农场等。

2. 军营文化+乡村旅游

韩国 20 岁至 28 岁的男性公民必须服兵役,兵种不同,服役期限也不同,最短需要服役 24 个月,军营文化在韩国有着深厚的群众基础。随着军营题材的韩国综艺节目《真正的男人》人气直线上升,掀起了一阵绿色军营热风。"军营热风"引爆了韩国军队推出"军营体验"活动。京畿道涟川驻扎的军队面向公众开放,人们可以在那里体验真实的军营生活。正式的军营体验一般都有模拟真实战争情况下的突击体验,吸引了国内外游客申请参加。

三、日韩乡村文化旅游融合发展经验对我国的启示

日本和韩国为应对农村衰落、振兴城乡活力,将"观光"作为国策,制定了《推进观光立国基本法》和《农渔村整备法》《农业农村基本法》,走出了一条政府部门推进、社会力量参与、重视文创人才、打造文化旅游精品的成功之路。

日本是亚洲发展旅游业较早的国家,其乡村旅游经过多年的发展已走向成熟,在乡村旅游模式、管理、接待人数等方面都取得了显著成就,成为世界上乡村旅游业最为发达的国家之一。日本的乡村旅游始于 20 世纪 60 年代,日本乡村有许多富有文化元素的自然景观,包括山川、海岸、瀑布、古村、洞穴等,还有季节性的自然景观——春天的樱花、夏天

的杜鹃、秋天的枫叶、冬天的雪景等风景,对游客具有很强的吸引力。①

韩国于 20 世纪 70 年代开展了"新村运动"。韩国的乡村旅游开发由政府主导,以村庄为单位,形成新型的乡村文化旅游融合发展模式。韩国政府以行政援助、项目运作为主要方式实施乡村旅游政策,并从法律上明确规定观光农园及农渔村休养区的开发。从韩国中央政府到各级地方政府相继推出各种项目,通过公开招标方式推进观光村庄的建设,为农村观光质量提升提供了保障。

(一)日韩乡村文化旅游融合发展机制创新

日本、韩国乡村旅游开发与建设在经历萌芽兴起、规模扩张阶段之后,现已处于成熟发展阶段,其成功经验在于完善的机制保障。日韩乡村文化旅游融合发展机制创新体现在以下六个方面。

1. 国家政策主导引领

20 世纪中期以来,日本农村大量的年轻人涌入城市,弃耕地增加,农业衰退,传统文化与传统工艺消失等问题越来越严重。同时,城市居民因思念故土而滋生情绪饥饿症等精神障碍。为了阻止乡村衰败、振兴城乡活力、提升国家实力,日本先后制定了《观光立国行动计划》《观光立国推进基本计划》等法规,将"观光"立为国策,推进"一地域一观光"运动,引导乡村旅游业发展,推动农村经济发展,保护和传承乡村文化与特色。

韩国政府对乡村旅游业同样给予高度重视,从 1984 年起相继出台了一系列农村观光政策。"观光农业园项目"是当时农林部负责的"农林观光休养资源开发"项目中的重点项目。2001 年,韩国农林部发布了《关于绿色观光的中长期促进计划》,倡导"体验绿色农村"活动。2002 年,政府大规模地出台促进农村观光的振兴政策,将重点转向以村庄为单位的农村观光。日韩政府专门成立联合机构负责协调,对从事乡村旅游的村民、运营主体实行登记认证制度,加强管理,通过财税优惠、信息服务等各种措施,大力扶持乡村旅游业发展。

2. 法律法规提供保障

日本从 1965 年起先后出台了《山村振兴法》《特定农业土地出租法》《市民农园事务促进法》《农山渔村旅宿休闲活动促进法》《食品农业农村基本法》《农山渔村余暇法》《旅馆业法》《酒店法》《农业基本法》等法律,为乡村旅游业提供了比较完备的法律保障。②

韩国于 1994 年颁布了《农渔村整备法》,之后又多次进行修订。2008 年颁布的《关于促进都市与农村之间交流的法律》,对农渔村体验业和休养村庄业进行了法律定义,并规定实行"农渔村民宿注册登记"制度,为促进农业观光业的发展奠定了法律基础。

3. 行业协会规范管理

日韩政府非常重视并积极培育和建设多种类型的乡村旅游业协会。乡村旅游协会主要宗旨是为乡村旅游进行宣传推广,积极组织客源,还具有制定标准、监督检查、项目评估

① 梁春香. 観光対象としての現代農村観光に関する研究－日中両国の農村観光を対象として－[J]. 観光学研究,2018(17):65-78.

② 鄭玉姫. 韓国・慶尚南道南海島における観光体験村の運営[J]. 立教大学観光学部紀要,2016(18):142-153.

等职能。

公益财团法人日本交通公社是日本为数不多的专门从事旅游业的学术研究机构之一,其工作使命包括从旅游业的独特视角促进独立研究和独立项目(如区域合作项目),收集和分析游客和旅游目的地趋势的数据,以促进旅游文化的可持续发展。日本交通公社承担来自国家、地方公共组织、公共机构等的有关研究工作,对促进国家和地方旅游业发展发挥了重要作用。

韩国推广观光旅游的官方机构是观光公社,业务包括建立海外组织,对外旅游宣传;加入国际旅游组织,开展国际旅游交流活动;提高国民旅游意识,创造健康的旅游生态;为国内外游客提供旅游便利和信息咨询;支援企业或地方自治团体的旅游振兴活动;旅游从业人员培训;组织旅游翻译咨询员和饭店负责人的资格考试;开创附属事业,为振兴旅游业提供资金等。

4. 打造特色文旅产品

日本、韩国的乡村旅游形成了"一村一品"的特色。日本以农业生产资源为基础,对农产品以县、乡、町等为单位,使公司企业积极参与整合开发,联合打造出属于农业品牌原产地的乡村品牌产品,并以多种形式营销推广,吸引外来游客。提高乡村旅游品牌的影响力和农业品牌的知名度,不仅有利于农户和企业提高收入,而且有利于农村生产资料的优化配置,可提升地方政府的形象。

5. 农产品"地产地销"

地产地销主要指在地方生产的产品或资源(主要指农产品、水产品等)由该地区消费。日本1981年就提出了"地产地销"的农业生产销售模式,旨在普及健康、合理、科学的饮食风尚。20世纪90年代末,日本明显提高了农产品生产技术,农产品"地产地销"进入高附加值阶段。由于距离的远近直接影响农产品的物流运输成本,因此农产品"地产地销"的理念,既有利于保持食品的新鲜度,又能节约运输成本,减少能源消耗。本地、绿色、新鲜是"地产地销"的核心理念和品牌,是农业旅游产品特有的营销方式。

6. 营销推介方式多样

日本、韩国的地铁站、汽车站等公共场所随处可见旅游的宣传品。韩国大田步行街棚顶上的动漫丰富多彩,展示了大田风光。日韩的旅游宣传无处不在,连烧酒瓶上也有广告宣传。韩国在宣传及营销乡村旅游活动时非常注重形式的多样性,使城市居民在体验农山渔村生活的同时,了解了当地特产和乡村文化。

(二)日韩乡村文化旅游发展经验对我国的启示

1. 创新理念,加强规划管理,是发展乡村文化旅游的基础

发展乡村文化旅游业,应将文化旅游融合发展理念与乡村振兴战略、美丽乡村建设紧密结合起来,把乡村文化旅游业作为乡村振兴战略实施的突破点、现代农业产业结构性改革的着力点、积极探索适应新时代发展格局和具有中国社会主义新农村特色的乡村文化旅游业的新路子。

各地党政部门要科学规划乡村文化旅游产业的发展战略,统筹乡村文化旅游空间布局,制定乡村文化旅游发展规划,加快出台相关法律、法规及指导意见,落实相关优惠政

策,提高财政补贴力度,加强乡村文化旅游基础设施建设的投入,营造良好的乡村文化旅游发展的生态环境。

2. 服务规范,保持乡村特性,是发展乡村文化旅游的根本

乡村文化旅游服务首先要讲究规范。为确保乡村文化旅游特色,日本、韩国对接待酒店的环境和风格等都有明确的规定,严厉处罚非法经营;要求相关人员必须参加培训,提高技能,持证上岗,提升服务质量。

要保持乡村的原始风貌与风情特性。大多数城市居民选择乡村为目的地旅游,主要原因是当地有吸引人的自然风景和较强的乡村人文景观。我国在发展乡村旅游时一定要注意基于地方特色资源进行开发,在引入社会商业资本投资和运营时也应要求其保护当地生态资源和文化资源,围绕本地的资源特色开发乡村旅游项目,不断创新乡村文化旅游项目,实现乡村文化旅游产业高质量、可持续发展。

3. 资源整合,善于包装营销,是发展乡村文化旅游的关键

资源整合是日韩发展文化旅游重要经验之一。政府文化、旅游、财税部门建立工作协作机制十分重要。因此,我国在发展乡村文化旅游业时,要加强政府文化旅游部门、农业农村部门、城乡建设部门等多部门的联动协作,建立并发展乡村文化旅游的相关协会组织,发挥其指导、推广、标准制定、监督考核等作用。各地可成立乡村文化旅游协会,支持社会力量参与,引入社会资本,促进乡村文旅产业发展。

对外宣传与包装对乡村文化旅游具有重要作用。随着我国乡村旅游由点到线,由线到面,由家到村的快速发展,乡村旅游营销必须突破"单门独户、恶性竞争"的陈旧样式,注重营销的多样化,突出乡村旅游组合品牌的打造。通过政府或行业协会牵头主导,把具有相似特征乡村旅游产品的村落或整个乡镇甚至一定区域进行整体精心包装和推广,通过主流媒体、网络媒体、自媒体等进行全方位的推介,重视在城市火车站、汽车站、机场、城市巴士等人流密集的公共场所进行立体化宣传,重点打造别具特色的区域乡村旅游品牌。①

农业农村部印发《全国乡村产业发展规划(2020—2025年)》②,明确提出,聚焦重点区域,依据自然风貌、人文环境、乡土文化等资源禀赋,建设特色鲜明、功能完备、内涵丰富的乡村休闲旅游重点区;要发展多类型融合业态,以功能拓展带动业态融合,推进农业与文化、旅游、教育、康养等产业融合,发展创意农业、功能农业。

(三)日韩文化旅游发展中图书馆的作用及其借鉴

日本、韩国在发展过程中注重发挥图书馆、博物馆和书店在提供文化旅游资讯、成为旅游胜地、展示社会风情等方面的重要作用。

1. 日本茑屋书店阅读推广与文化旅游服务简析

成立于1983年的日本茑屋书店在全球经营约1400家门店,其中日本有1300家,是日本最大的连锁书店,会员人数达7000万人。茑屋书店始终以书为核心,餐饮、健身、美

① 徐虹,李瑾,李永森,等. 双创环境下京津冀休闲农业与乡村旅游可持续发展研究[M]. 北京:中国旅游出版社,2018:138.
② 农业农村部. 农业农村部关于印发《全国乡村产业发展规划(2020—2025年)》的通知(农产发〔2020〕4号)[EB/OL].(2020-07-16)[2021-05-10]. http://www.moa.gov.cn/govpublic/XZQYJ/202007/t20200716_6348795.htm.

容、购物等都是书的延伸,围绕图书开展多种经营,创造出游客自发愿意到来聚集的生活场所,开创了书店新型商业模式。被誉为"全世界最美的二十家书店"之一的茑屋书店东京代官山店以"森林中的图书馆"为概念,由纯白简洁的三栋建筑组成,把书、影、音三者一起售贩,店内设有星巴克,是游客观光休闲阅读购物美食的好去处,周末客流量达到3万人次。2020年10月18日,茑屋书店中国内地首店在杭州天目里开业。

茑屋书店的经营理念:一是以书为核心,二是以顾客为本,三是以创新为要。茑屋书店里有餐饮、健身、美容、购物等服务,但书是中心,始终围绕书来从事多种经营。按茑屋书店创始人增田宗昭所说,茑屋书店所做的是"通过书来贩卖新的生活方式"。茑屋书店以用户的认知和满意度为唯一标准。茑屋书店东京代官山店将顾客定位为中老年人,精准、精细地开拓夕阳红市场。比如,为照顾中老年顾客的情怀,书店搜集大量旧版杂志、图书、电影等,提供给中老年顾客。茑屋书店定期举办研讨会、讲座、音乐会、读书会等,吸引顾客参与,把书店变成"家",使人们在茑屋书店流连忘返。

2. 日韩大学校园成为海内外游客涉足的景观缩影

北海道大学博物馆位于北海道大学的札幌校区,是1999年由校园中部的旧理学馆大楼改建而来,农学、畜牧学、文学部等陈列馆收藏了大量涉农物品,作品供游客欣赏。博物馆的一楼展厅设有北海道大学历史、学术主题、学术资料等展览,二楼是资料库,三楼藏有千万年前的恐龙和一些昆虫标本、化石、矿物等。这里展示了最前沿的学术成果,还有面向青少年的科普展。北海道大学校园风光秀美,免费面向全世界游客开放,成为日本北海道一大景观。①

首尔大学图书馆成立于1946年,由中央图书馆和7个分馆构成,收藏了412万多册单行本、3.7万多种纸质学术期刊与电子期刊和20万份以上的非图书资料,是韩国国内规模最大的大学图书馆,也是韩国国内最高水准的教育与研究机构。海内外游客可以在韩国首尔大学图书馆自由参观阅览并查阅相关资料。

3. 日韩图书馆等文化旅游服务经验给我国的借鉴

日韩图书馆、博物馆、书店等文化教育机构在文化旅游中积极创新,推出参观访问、特色餐饮、礼品商店等服务,以适应旅游业发展,在资源整合、空间环境、导览标识、专业队伍、社区服务、宣传推广和新科技运用等方面为我国文旅融合背景下的图书馆提供了借鉴。

一是发挥馆藏旅游资源、网络旅游资源和特色馆藏资源的专业优势,发挥其在提供旅游资讯、促进文化旅游发展中的重要作用。二是利用优越的地理位置和吸引人的建筑外观,设计精巧的内部构造,打造独具韵味的空间环境。游客们在这里不仅能够从疲惫的旅途中得到片刻安宁,也可以从图书馆里获得许多有价值的信息。三是组建适应需求的专业队伍,崇尚当地日常的社区服务。四是运用科技创新的技术手段,重视广泛多元的宣传推广,充分利用图书馆的文化特性,开发图书馆的文化旅游功能,推进文化旅游活动向纵深发展。

① 杨华.日本乡村旅游发展研究[J].世界农业,2015(7):158-161.

实践篇·调研报告

从 2014 年至 2021 年,"全民阅读"已连续 8 年被写入政府工作报告。国家大力倡导全民阅读,积极推进公共文化服务体系建设,城市书房、文化驿站、乡村书屋等新型阅读空间成为承载城乡居民阅读最为重要的"家门口"公共阅读场所。

浙江省温州市城市书房和百姓书屋建设经验对社会力量参与新型阅读空间构建具有较大的启示。嘉兴市公共图书馆总分馆制建设经验值得学习借鉴。德清县通过打造"公共阅读、名家领读、分散阅读、裸心阅读、乡土阅读"等五大阅读品牌创建特色图书馆。宁波市鄞州区打造城乡一体化新型阅读空间,组织大学生志愿者积极投入阅读服务活动。

深圳市从经济型城市向文化型城市转型,打造自身独特的文化标杆,创建"图书馆之城"和"书城之城",公共图书馆积极与民间阅读组织等社会力量进行合作,延伸图书馆功能,激发了广大群众的阅读积极性,形成了特色鲜明的中国全民阅读的"深圳样本"。东莞市图书馆通过总馆、分馆、服务站、图书流动车、24 小时自助图书馆、城市阅读驿站、绘本馆等多形态合理布局,构建公益、开放、丰富、便捷的城市图书馆公共服务体系。

合肥市、成都市全力推动公共文化服务体系和城市阅读空间建设,积极谋划和推进"阅读细胞工程",在全国省会城市率先形成"十五分钟阅读圈",为打造"书香合肥、成都"夯实文化基础。北京市石景山区围绕"政府部门主导+社会力量参与+常住民众支持"等构建新型阅读空间运营模式。

在全民阅读推广中,实体书店在党和政府支持下发挥着积极作用。几何书店西宁店 2018 年 2 月开业,至 2021 年 10 月,在全国城市成功开设 14 家门店。几何书店将浪漫的人文理想与理性的运营思路完美结合,独特的理念和卓有成效的经营,给未来实体书店发展注入了生机。南京先锋书店以文化引领带动乡村振兴的实践,正为实体书店在乡村的发展创造着无限的可能。

建党百年,举国欢庆。全国各地公共图书馆和农家书屋、红色书屋、城市书房等新型阅读空间开展了形式多样的纪念活动,服务全国人民。

"社会力量参与新型阅读空间建设满意度调查"问卷抽样调显示,新型阅读空间建设存在的问题主要是文化产品供需差异较大、区域服务水平不平等。被调查受众认为,政府应建立健全激励机制和考核机制,提升有效供给水平,完善新型阅读空间的公益服务指标体系,加强宣传与推广,提高读者认知度。

温州城市书房：点亮城乡阅读之灯

——浙江省温州市社会力量参与新型阅读空间建设调研报告

内容提要

　　温州市新型阅读空间的调查，主要围绕着温州新型阅读空间建设的经验和创新做法、新型阅读空间建设机制保障、城市书房和百姓书屋案例分享、新型阅读空间建设发展困境及建议等内容展开，其中温州市城市书房和百姓书屋对社会力量如何参与新型阅读空间建设具有较大的启示意义。

　　温州是一座具有深厚文化历史底蕴的城市，中国山水诗便发源于此，南宋时期产生的永嘉学派是当时重要的思想流派。近几年来，温州市重点打造"戏曲故里、歌舞之都、书画名城、百工之乡"，城市文化建设开展得如火如荼。据 2014 年"温州市全民阅读情况调查"结果显示，全市城镇居民人均阅读纸质图书 6.08 册、电子图书 4.01 册，均高于全国平均水平，城镇居民对公共图书馆的使用率也达到 67.15%，远超全省平均水平。但是，市民阅读需求与日俱增，对温州市图书馆也提出了一些新的要求，比如一些读者抱怨图书馆离家太远，借阅需求无法得到满足，希望有更多的分馆开放；一些上班族往往只有晚上有时间学习，希望图书馆能够提供一个 24 小时开放的阅读空间，于是"城市书房"应运而生。①

　　2014 年 4 月，全国首家以"城市书房"命名的 24 小时无人值守的自助式场馆型图书馆在温州诞生。零门槛、无障碍、全天候开放的服务举措，一楼临街、全景透明、舒适温馨的服务环境，便民、利民、近民、亲民的"以人民为中心"的服务理念，让"全民阅读、书香社会"的理念由梦想成为现实。构建了以市图书馆为中心馆、各县级馆为总馆、城市书房为分馆的多元公共图书馆服务保障体系，基本形成市区 15 分钟、乡镇 30 分钟阅读圈，实现全民阅读服务体系普惠、均衡、可持续发展。温州城市书房作为一种新型的图书馆服务模式，通过统一标准，规范管理，促进"15 分钟文化圈"建设，为广大市民提供了崭新的知识共享、信息交流、互动阅读的人文空间。自 2015 年以来，城市书房建设连续四年被温州市委、市政府列入"为民办实事"项目，被选为"温州精神文明建设十大亮点"之首，2016 年获"浙江省宣传思想文化系统十大创新"项目，2017 年入镜中央电视台大型政论专题片《将改革进行到底》，被《人民日报》《光明日报》《中国文化报》、中央电视台等主流媒体多次报道。中共中央、国务院《关于支持浙江高质量发展建设共同富裕示范区的意见》提出，"打造新时代文化高地，丰富人民精神文化生活"。2021 年政府工作报告指出，"推进城乡公共服务体系一体化建设，创新实施文化惠民工程，倡导全民阅读"。从 2014 年至 2021

---

　　① 金武刚,王瑞芸,穆安琦.城市书房:2013—2020 年——基层图书馆建设的突破与跨越[J].图书馆理论与实践,2021(3):1-9,21.

年,"全民阅读"已连续 8 年写入政府工作报告。[①] 2018 年开始,又在乡镇开建城市书房的乡镇版本——"百姓书屋"。"百姓书屋"是温州城市书房的"下沉版",是为乡村百姓量身打造的阅读和学习交流空间。"百姓书屋"的选址建设标准、开放理念、管理方式、运行模式基本参照城市书房,是设在乡村百姓家门口的无人值守图书馆。

截至 2020 年年底,全市已建成 102 家城市书房,其中市区 60 家,各县(市、区)42 家,总面积 2.47 万余平方米,总藏书 97.75 万册,日均开放 22 小时,累计接待读者 1073.76 万人次,流通图书 964.40 万册次,办理借书证 9.1 万张。每年开展读书沙龙、展览、亲子绘本阅读等各类活动 1000 余场次,参与市民近万人,服务效益优于一座建筑面积 2 万余平方米的大型图书馆。读者满意率达到 98% 以上。2018—2020 年各县(市、区)共建成 73 家百姓书屋,总面积达到 1.3 万平方米,累计流通图书 86.05 万册次,累计办理读者证 6923 张,累计接待读者 62.62 万人次。

一、温州新型阅读空间建设主要经验和创新做法

(一)政府主导与社会力量"双轮驱动",确保发展有保障

随着城市书房社会效益的凸显,群众的需求越来越大,社会关注度不断提升,温州市委市政府积极主动引领,连续五年将其列入市政府民生项目,安排专项资金用于城市书房建设,同时在《温州市文化发展"十三五"规划》中将"城市书房"纳入公共文化类重点建设项目大力推进。市文广旅局专门成立创建工作领导小组,落实定期例会制度,将项目创建工作纳入各级文广旅行政部门和公共图书馆绩效考核指标体系,确保城市书房建设项目落实到位。

城市书房服务始终坚持公益、便民、普惠、均等原则,极大满足了市民、社会对公共文化服务的需求,政府、社会、家庭和个人在城市书房建设上达成了高度共识,结成了广泛的利益共同体,持续增长的社会效益和服务效能,使书房建设在推进过程中得到社会各界的高度认可和广泛支持。社会企业、社会团体、街道社区、志愿者等社会力量广泛参与城市书房的场地提供、环境设计、日常运营与管理等各个环节。

(二)科学布局与管理规范"双翼齐飞",确保服务有效益

城市书房布点选址采用网格化嵌入式方式,充分考虑人口密集度、交通便利性、服务半径、环境相对安静度、消防安全、阅读需求等因素,进行科学合理布点。形成以市级图书馆为中心馆,区(县)级图书馆为总馆,城市书房为分馆的总分馆模式,突破了单纯按行政级别设置分馆的做法,实现了按服务人口、群众需求确定分馆布局和服务方式的供需对接,构建了全新的更为高效、便捷、适用的总分馆体系。馆舍面积 150～300 平方米,可配置 8000～30000 册图书,基本分布在城区人流密集的社区、创意园区、企事业单位、商场、公园等地。城市书房建设的体量不大,突出小而精,通过这种网格化建设和嵌入式设计,让城市书房成为大家"看得见文化、感受到城市精神"的建筑体。

城市书房纳入图书馆总分馆体系,按照统一装饰标准、统一标识设计、统一调配书籍、

---

① 段宇锋,熊泽泉.温州城市书房现象[J].图书馆杂志,2020,39(11):30-35.

统一信息系统、统一服务规范,实行统一业务管理、"连锁"运营模式。城市书房与全市公共图书馆实行数字资源一网通、文献借阅一卡通、文献借还一站通服务,使政府资源和资金的利用率最大化。一是做到连锁运营。城市书房的图书、数字资源都采用"连锁"运营的模式,其所有图书、数字资源由温州市图书馆统一调配,其信息化技术由温州市图书馆统一提供,实现城市书房规范化、标准化运营。二是实现统一管理。城市书房的管理都按照统一装饰标准、统一标识设计、统一调配书籍、统一信息系统、统一服务规范来进行,书房体系内的图书均统一由市图书馆每周定期调配一次,所以城市书房均统一服务电话和服务标准,统一监控和临近门卫管理机制。通过集约化的管理使政府资源和资金的利用率最大化。与传统图书馆相比,城市书房在场地和人力上的社会化运作,更能节约人力财力成本。三是完善规范标准。在统筹管理的基础上,不断优化布局、规范管理、完善机制。

(三)坚持融合理念与协同发展并重,确保发展可持续

坚持融合发展理念,注重优秀传统文化与地域特色文化的传承,在城市书房植入温州特色非遗文化、融入文旅主题,精心打造了智慧谷、世纪公园、南塘街等一批特色主题书房。以科技创新和数字化提升推动书房智慧化转型,不断丰富城市书房多层次、多样化的服务功能,随着市民文化活动、阅读推广活动走进城市书房,城市书房已成为集学习、交流、互动、休闲于一体的文化新空间,群众的文化获得感和满意度不断提升。

坚持城乡一体化高质量发展机制,参照城市书房建设标准和管理模式,在乡镇建成开放"百姓书屋",为乡镇居民量身打造阅读和学习交流空间,成为城市书房的乡镇版本,为解决温州市公共文化服务发展不平衡不充分问题提供了重要路径。百姓书屋与城市书房,成为温州城乡一体化公共文化服务体系的重要组成部分,有效推进了城乡文化一体化高质量发展,将图书馆优质的文献信息、讲座展览和数字资源等向乡村基层延伸,更好地丰富了乡村群众精神文化生活。

(四)搭建用好全国城市书房共建共享平台

2020年9月27日,温州市、上海市浦东新区等十地在温州共同发起建立"全国城市书房合作共享机制"服务平台,建设以城市书房为创新品牌的城市阅读空间长效联络机制,实现互联互通、互学互进,创新发展公共文化服务方式,探索建立以城市书房为主体的公共文化空间的图书馆总分馆制服务模式,进一步完善图书馆服务体系,打造新型城市阅读空间,提升城市文化品牌影响力。

二、温州新型阅读空间建设机制保障

(一)政策支持:城市书房建设由民生项目向政策制度化转型

2017年以来,温州启动城市书房服务标准化工作,制定发布全国首个24小时自助图书馆地方标准《城市书房服务规范》(DB3303/T 64-2017),形成标准化服务体系。2019年发布省级地方标准(DB33/T 2181-2019),为全省乃至全国城区的场馆型自助图书馆建设提供了重要的借鉴范本。2020年2月,作为全省唯一的公共文化领域项目入选第六批国家社会治理和公共服务综合标准化试点项目。2020年7月温州市人民政府印发《温州市城市书房建设与管理办法》(温政办〔2020〕65号),主要从城市书房的规划建设、运行管

理、服务提供、扶持补助四个方面做出规范性要求。在落实主体责任、规范建设和管理、鼓励和引导社会力量参与城市书房建设等方面做出前瞻性规定，是国内首个由地市级人民政府推出的城市书房配套管理文件。

（二）机制保障：不断完善新型阅读空间建设体制与发展机制

温州市《关于加快构建现代公共文化服务体系的意见》出台后，"积极引入社会力量"成为公共文化服务领域提及最频繁的语句之一。"城市书房"这一名称就是通过媒体面向社会各界征求意见并吸收专家建议而成，从建设开始即带着显著的社会市民参与的特征。在书房的布置与设计环节也向社会广泛征集意见并招募志愿设计师，采纳各种节能、高效、便民以及有创意的想法和设计思路，一座书房的建设充分凝聚了社会集体的智慧力量。温州各地不断完善城市书房、百姓书屋、农家书屋等规划布局、考核奖励、志愿者服务和社会力量参与建设管理的体制机制，通过政策引导、社会认同、价值归属等多种渠道推动社会力量参与公共文化服务体系建设，加大社会化运作力度和制度保障，深入探索公共文化服务社会认养和民办竞争激励机制，拓展社会资本参与公共文化服务建设、管理的路径途径，使新型阅读空间成为社会力量参与"建、管、服、用"公共文化探索实践地。

（三）资金扶持：扶持补助金纳入市级财政安排

2020年6月温州市财政局与温州市文化广电旅游局联合下发《温州市城市书房扶持补助办法》（温财教〔2020〕3号）。其中第二章第九条明确规定："对符合选址条件的市区城市书房，建成并通过验收合格的，一次性给予20万元建设补助资金和配备自助借还设备以及图书防盗安全门禁系统。建设补助资金主要用于阅读空间的环境装饰，书架、阅览桌椅等服务设施购置等。自助借还设备和图书防盗安全门禁系统由温州市图书馆统一招标采购，产权归温州市图书馆所有。"第三章第十二条规定："城市书房免费开放补助资金根据星级评定结果予以补助，主要用于城市书房免费开放日常运行所需支出。补助标准为：年度考核被评为五星的补助6万元，四星的补助5万元，三星的补助4万元。考核未达三星等次的城市书房不予补助。"

（四）社会力量参与：齐力推动温州新型阅读空间建设

协同治理理论强调充分发挥多元治理主体的能动作用。治理主体包括政府、非政府组织、企业、公民等。城乡新型阅读空间建设涉及区域广、参与主体多、利益构成杂，主体结构之间相互制衡，只有协调好治理主体关系，才能有助于城乡新型阅读空间的良性发展。各级地方政府积极出台政策，培养社会组织，鼓励社会力量参与新型公共阅读空间建设。城市书房建设最大创新点在于政府主导、社会共建的模式，促进了公共阅读资源从宣传文化系统"内循环"逐步转为面向市场和社会的"大循环"，实现了政府和社会共建、共享、共赢。

一是探索实施运行维护购买服务模式。温州市图书馆将图书物流整体打包，对外公开招标，向含装卸搬运和运输资质的物流企业购买服务，定期配送包括分配到各个城市书房的新书和因通借通还产生的异地还书，确保城市书房业务工作的正常运作和可持续发

① 李炳呈.温州城市书房发展历程[J].新阅读,2020(8):21-23.
② 张启林.城市书房:引领公共阅读空间的"温州模式"[J].新阅读,2020(8):9-10.

展。同时,针对当前图书乱架、设备故障等问题,也将逐步探索进行招标外购服务。购买服务模式将使图书馆从传统的"管人""管事"转变为"管项目",不仅可以突破图书馆人事编制的限制,也有助于降低整体成本。

二是建立志愿服务机制,助力服务水平提升。城市书房采用"无人值守、有人管理"的服务模式,日常管理依托志愿者。温州市图书馆为此专门制定城市书房志愿者管理办法,开通志愿者管理平台,广泛招募社会各界热爱图书馆事业、热心公益的人士,组建"爱阅"志愿者服务团队。目前,已有30多支团队和1000多位个人志愿者结对城市书房,开展志愿服务。另外,志愿者在工作中能及时反馈读者的意见和建议,对城市书房服务提出新的需求,图书馆可以根据这些建议调整工作思路。志愿者服务为市民直接参与城市书房日常管理提供了平台,加强了图书馆管理和读者之间的互助交流,丰富了志愿者在馆体验和文化生活,提升了图书馆对公众的服务质量。①

三是和民间读书会展开合作,共同打造优质阅读资源和平台,形成阅读合力。城市书房为读书会等社会组织提供免费的场所预约服务,定期开展小型活动,如真人图书馆、绘本阅读课、音乐沙龙等活动,真正把城市书房打造成市民文化休闲的地方,既拓展了图书馆服务平台,又提升了城市书房的服务效能。

(五)活动扶持:阅读活动跑起来

阅读活动跑起来包括讲坛点单、节日故事会下乡、图书馆进校园等活动。

1.望海楼讲坛点单活动

"望海楼讲坛你点单、我送课系列活动"于2018年3月正式启动。传统的讲座是由图书馆选定讲座内容,读者报名参加,这种服务方式已经不能满足读者阅读需求。洞头区图书馆工作人员经过前期调研,锁定幼儿家长和老年人这两个特殊阅读群体,筛选省、市讲座联盟中关于这两类人群的讲座内容,制成清单向幼儿园及老年大学等单位推送。洞头区图书馆希望通过定制化的点单服务,让优质的公共文化资源以更加便捷的方式走近基层读者。

2.节日故事会下乡

传统节日是中华民族悠久历史文化的重要组成部分,比如中秋节象征一家人团圆、重阳节宣扬尊敬老人的精神等,每个传统节日被赋予不同的含义。为了帮助幼儿更好地理解传统节日的意义,2015年洞头区图书馆就已经开展了传统节日故事会下乡活动,根据中国传统节日的不同主题开展节日故事会进文化礼堂、百姓书屋活动,让偏远地区的幼儿感受节日氛围,享受绘本故事的精彩,同时增强偏远地区家长的绘本阅读意识。

3.图书馆进校园

"所有学习的基础都是从阅读开始的",孩子们通过阅读认识世界和探索世界,可见幼儿早期阅读的重要性。为了打开孩子阅读的大门,开启一段幸福的旅程,洞头图书馆针对幼儿园开展了图书馆进校园活动。洞头目前共有民办幼儿园18所。近年来,洞头图书馆分别走进了霓屿朵朵幼儿园、快乐幼儿园、元觉幼儿园、双兴幼儿园、育才幼儿园等10家

---

① 毛诗漫.温州社会力量共谱城市书房建设华章[J].新阅读,2020(8):24-25.

幼儿园。图书馆进校园活动包括开展免费办证、分年龄段定制阅读礼包、故事会、换书大会等。该馆想通过"图书馆进校园"系列活动让每一位孩子从小亲近书本、享受阅读的快乐,希望通过图书馆、校园、家庭等"读书共同体"推动基层阅读事业发展。

三、温州城市书房、百姓书屋案例分享

(一)城市书房

1. 智慧谷文化创意园城市书房:第一家社会力量参与合建的书房

温州智慧谷文化创意园坐落于鹿城区车站大道789号,正处在江滨路与车站大道交会处,东至车站大道,西至灰桥路,南至温州市少年游泳学校,北至灰桥新村,占地21167平方米。智慧谷是一个集创意设计、文化艺术交流展示、时尚旅游休闲为一体的综合型功能园区。园区由7栋单体建筑和一条创意街组成,总建筑面积42000平方米,其中建面3000平方米为休闲空间,包括文化长廊、特色卖场、传芳臻藏唐卡艺术馆、休闲广场、接待中心、大型停车场等。智慧谷城市书房位于园内,2016年12月与温州华威软件产业园公司合建,是温州第一家社会力量参与的城市书房,建筑面积200平方米,以瑞安源木活字印刷为主题,围绕该主题进行布置,打造成了集图书、咖啡、花房、绿植为一体的生活美学空间,希望带给读者闲适愉悦,同时被书海所包裹的阅读体验(见图1)。

图1 温州智慧谷文化创意园城市书房

2. 南塘街城市书房:书房+文旅

南塘街城市书房位于鹿城区南塘住宅区5组团商办楼二楼(印象南塘党群服务中心),南塘夜游景区,书房面积约360平方米,是以文旅融合为主题打造的集"借、阅、听、看"四位一体的景观式主题书房,也是温州市首家有声城市书房(见图2)。书房结合南塘旅游主题专门设置了3A、4A、5A等不同旅游景区的专题书籍上千册;并在书柜上粘贴相对应的景区图片;阅读区布置别样,栽种有一排"白桦树",有一种在景区阅读的感受;温州

旅游景区风光大片在环绕大屏上动态呈现，走进城市书房仿佛让人沉浸在温州各地风光旖旎的旅游景区；联合喜马拉雅共同推出"沉浸阅读体验区"，依托互联网、人工智能、大数据算法技术和亿万音频内容库，创新推出"有声图书馆"系统，读者用手机扫码即可聆听海量优质内容，在现场不仅能听到文学、音乐、旅游故事，更有大咖领读，近距离感受"声临其境"的阅读体验。

图 2　南塘街城市书房

3. 其他特色书房

三垟湿地国学城市书房配置了 15000 余册国学书籍，环境古香古色；泰顺县气象城市书房气象书籍丰富，还设置了气象科普互动体验区；平阳县腾蛟城市书房充分体现当地文化习俗，既有苏步青、谢侠逊等当地名人的诗词，还摆放了小镇村民曾使用过的渔舟；乐清市柳市东风城市书房设置"身边的非遗"专架，展示细纹刻纸、金漆圆木等非遗艺术品；瓯海区仙岩城市书房在打造的国学馆内配置中式国学桌、蒲团坐垫，让日常的阅读多了一种仪式感……此外洞头区花园里城市书房招募咖啡店，探索与第三方合作模式；龙湾区爱乐未来城市书房彰显智能化城市书房的魅力，同时爱乐未来文创园为书房建设提供了场地、资金支持，体现社会力量参与城市书房建设的热情与情怀。

（二）百姓书屋

1. 泽雅百姓书屋：书屋＋非遗

泽雅百姓书屋位于泽雅大道 439 号泽雅文化大楼一楼，室内面积约 350 平方米，上架图书 3000 多种，累计 2.2 万余册，以文学、社科、少儿为主要类别，经管艺术生活为辅助类别。书房内标志性一景"七寄树"，源于琦君笔下的故乡泽雅庙益百年南方红豆杉，它体内寄生着枫杨、桂花、榆树、松树、漆树等7种不同的树,将乔木、藤木、灌木连成一体。以"琦君"专题图书为特色类别,设置"泽雅文人雅集"专柜,既满足了不同层次人群的阅读需求,更突显了泽雅"千年纸山""琦君故里"的地域人文特色。这个用无限创意打造出的文化生活空间,内部分为儿童乐高绘本区、琦君讲堂分享区、阶梯式阅读走廊、休闲阅读区等区域,它已成为泽雅百姓心中的"第三空间"。文化中心二楼是纸山文化展示馆,展馆里面有"千年纸山 诗画泽雅"的电子大屏幕,通过观看可以了解泽雅屏纸的造纸过程、泽雅古道、泽雅风光和泽雅小城镇建设成就、泽雅金名片等。书屋+非遗结合的形式诉说了泽雅有着深厚底蕴的千年纸山文化(见图3)。

图3 泽雅百姓书屋

2. 岭背百姓书屋:因地制宜,废弃水塔改造书屋

岭背百姓书屋位于北岙街道岭背社区岭背路34号,书屋面积约68平方米,室内光线通透,巨型贝壳造型的天棚灯具打造出新时空,书墙环绕,错落的空间增加了趣味性,在阅读同时也得到了心灵的放松。目前书屋共有藏书5000余册,涵盖各个种类,2019年3月19日岭背百姓书屋对外开放(见图4)。

3. 元觉街道百姓书屋:聘用残疾人协助管理

元觉街道百姓书屋位于状元村体育公园,由当地的长廊改建,是洞头区第三家百姓书屋,书屋内部面积90多平方米,共有藏书5000多册。书屋设计风格以洞头海洋文化特色为主,室内桌椅、书架全部采用仿古船木制作,辅以渔船方向舵做装饰,橱窗式落地玻璃,温馨的灯光,整齐的书架,打造一个属于海岛人的阅读空间。同时,书屋有少儿类书籍近3000册,可满足当地留守儿童阅读需求。馆内现由当地村委会聘任一名当地的残疾人协助管理,也解决了本地生活困难村民的就业、经济压力(见图5)。

图4　岭背百姓书屋

图5　元觉街道百姓书屋

四、温州市新型阅读空间建设发展困境

（一）城市书房和百姓书屋公益性和营利性不能有效结合

在调研中发现，温州市新型阅读空间建设引入多种方式社会力量参与，如书店、咖啡馆、酒店等。通过不同的尝试，发现新型阅读空间的建设是公益性活动，虽然场地建设由政府一次性下拨20万元，但是建成开放后要配备相应的工作人员，图书馆要配备大量图书期刊，这些都是相当规模的成本支出。而书籍的整理、场地的维护等不包含在计划金额里面，需要合作的企业负责，增加了合作企业的经济负担。智慧谷文化创意园的负责人就

表示因为现在额外增加了一笔土地收益金,令他们合作的城市书房的支出费用增加不少,这与企业追求的营利性的目的发生了矛盾,长此以往,必然会出现合作的城市书房开不下去的问题。这一问题需要当地政府和公共图书馆引起重视,探寻新的合作模式和合作者是急需解决的问题。

（二）城市书房和百姓书屋建构模式和功能单一化的问题凸显

城市书房和百姓书屋的地段选择有讲究,一楼临街、人流量大是必定要求,而提供居民舒服、方便的阅读空间,让居民养成阅读的习惯,提升当地的公共文化服务,是建立城市书房和百姓书屋的主要原因。单一化的功能着实浪费了城市书房和百姓书屋的好地段,因此在保证空间实用性的基础上,可以适当增加特色服务满足更多读者个性化的需求。另外一方面,现有的城市书房和百姓书屋构造模式比较单一,一样的标识、一样的运营模式,缺少个性化的空间形式。个性化主要是指"城市书房"项目首先要有统一的识别 IP,同时又要根据其地理环境、服务对象、文化定位打造不同的书房空间。

（三）部分乡村出现百姓书屋和农家书屋功能重合现象

在调查中发现,百姓书屋与农家书屋都是建立在乡镇的阅读空间,部分乡村的百姓书屋与农家书屋在功能上相重合,造成了资源浪费,针对这一现象温州市图书馆对部分农家书屋进行了改进。其中一部分乡村将原有的农家书屋改造成百姓书屋,原来由新华书店提供的书籍进行退回或编目到了图书馆系统;一部分乡村农家书屋里面的书籍编目到图书馆系统,阅读空间还保持原有的农家书屋,通过整合后 30% 的农家书屋成功转型为百姓书屋,但是还有一部分的农家书屋因客观原因慢慢走向消亡。虽然温州市已经发现这一问题并对此采取了一定的措施,但是这一问题还是有所存在,对阅读空间、书籍、人力等资源造成一定的浪费。同时,如果公共图书馆对这一问题不够重视,在机制保证、管理等方面没有有效的措施,那么百姓书屋也会渐渐走向农家书屋的道路,慢慢失去它的作用。

（四）城市书房和百姓书屋的运行维护和管理有待改进

城市书房和百姓书屋的 24 小时无人值守是起初建设的特点,因为疫情的影响,在调研过程中每个书房都根据要求配备了一个管理人员,主要职责是测量体温、整理书籍等。在有人管理之后,书房和书屋的书籍更加整齐了,卫生打扫也更加及时了,同时减少了流浪人员夜晚寄宿在书房的现象。根据了解,疫情过后还是会恢复原来无人值守的状态,主要原因在于管理人员的支出不在政府原来的经费预算里面。如果疫情过后改回原来的运行模式,势必会对阅读空间的管理、书籍的维护等方面产生影响,同时也不利于提升居民的阅读体验感,不利于城市书房和百姓书屋健康地发展。

（五）城市书房和百姓书屋的数字化、人工智能建设不足

在调研过程中发现,关于阅读空间建设中的数字化、人工智能化的内容较少,除了全省联网的书籍的"通借通还"、进入书房或书屋的人脸识别、部分书房建了有声阅读区域,其他相关内容在空间中没有发现。数字化时代的发展,各行各业都在追求智能化发展,相关部门在书房或书屋的建设中提高相关的内容建设,有助于提高书房和书屋的设计感和居民的幸福感。

（六）乡镇成人居民的综合素质偏低

在调查中发现,乡镇成人居民的生活娱乐主要在于打麻将、打牌,缺少阅读的氛围,在

乡镇生活的小孩长期在这样的生活环境中成长也难以建立起好的阅读习惯。百姓书屋作为乡镇图书馆分馆,如泽雅百姓书屋曾多次尝试用活动吸引镇里的居民参与,以利于阅读习惯的养成,但是效果并不明显,主要原因还在于乡镇的成人自身文化程度不高,没有要培养孩子阅读习惯的意识,这样的现实情况与图书馆建立书房和书屋的目的是相悖的,也达不到最终的效果。

五、温州市新型阅读空间建设发展对策

（一）开展新型阅读空间标准化服务、特色化建设

持续深化和完善新型阅读空间建设、管理、服务的标准化、规范化,设立统一建设和管理标准,确保城市书房的建设质量和服务质量。设置高水平、高质量的运营团队,在人才应用、人才培训上下功夫,确保管理人员要经过统一培训后才能持证上岗,在培养爱岗敬业精神和服务能力上花心思。[1] 特色化建设主要包括要坚持引领 5G 技术、现代物流、智慧安防和"互联网＋"等技术在城市书房的应用创新,注重特色化、主题型、体验式、休闲版、个性化等多样性阅读空间建设,凸显阅读空间建设的文化旅游融合、地方文化元素、地方风情特色、科技引领和人文提升。

（二）探寻新的社会力量参与模式

在未来发展中,报刊亭式城市书房、社区书房、城市商业体书房、地铁书房,甚至是废弃仓库书房等,都将成为城市书房的运营模式。上市公司、个人、开发商都可能是城市书房或百姓书屋的第二代合作者,在这些建设模式中,书房所能够发挥的功能不再局限于图书借阅和居民的自主学习服务层面,还能够为周边群体提供类似于维修服务、保管服务等内容,在细节方面提升居民群体的生活质量。在覆盖场景更加多元化的背景下,不仅可以促进服务效率的提升,还能够有效降低运营主体在成本方面的投入。

（三）提升数字智能化运营水平

相关政府职能部门应健全规章制度,在政策导向和顶层设计上为城市书房把好关、定好位。利用大数据平台收集和分析不同读者的阅读习惯,分析数据背后隐藏的图书借阅规律,有针对性地提供图书资源,提升图书资源利用效率。同时,可以在书房和书屋的硬件建设上加入智能化服务,比如可以远程操控电灯、空调等,有专门的机器人可以整理书籍、打扫卫生等,智能化水平的提高可以有效解决管理的成本资金问题,同时也能够让居民有更好的体验感,愿意花更多的时间在里面看书学习。

（四）拓展书房和书屋的特色服务功能

特色服务则是其能够满足更多读者个性化需求的基本保障,例如,在文化旅游事业发展水平不断提升的背景下,城市书房还能够为不同群体提供旅游场景咨询、城市导航、社会服务咨询甚至具备城市管理中的应急处理功能。通过这些服务内容,不仅能够为社会群体提供更加便利的服务,还能够彰显城市建设形象,提升城市精神文明建设水平,为提升城市影响力起到积极作用。城市书房作为公共图书馆的分馆,是公共图书馆服务阵地

---

[1] 吴凤鸣.温州城市书房:引领公共文化服务新创举[J].新阅读,2020(8):8.

的延伸,目前主要业务是提供图书借阅和简单的阅读推广服务。[①] 但作为一个市民家门口的场所,它具备极其便利的条件,可为市民提供更加人性化、多元化的服务。城市书房不仅可以配备药箱、复印打印机、雨伞等市民常用物品,也要努力拓展服务范围,比如摆放读者不常用也基本不会自行购置的各类工具,为周边市民的生活提供便利。

(五)坚持组建多元化志愿者队伍

城市书房和百姓书屋都要坚持组建志愿者队伍,拓展志愿服务。在城里,志愿者队伍的组建能为学生群体提供志愿服务机会,为热爱读书、愿意为图书事业奉献爱心的人士提供服务机会。同时,打造常规志愿者服务模式,组建志愿服务团队,不仅可以打破城市书房人员不足的困境,更可以为热爱阅读的社会爱心人士提供温馨舒适的阅读场所,从而提高市民的参与感、获得感、幸福感。乡镇志愿者队伍的组建,可以跟当地中小学对接,让乡镇的居民跟小孩一起参与到志愿者服务中来,让他们在服务的同时加入亲子阅读中。同时,乡镇的百姓书屋可以多组织一些契合当地实际情况、符合当地特色的公益活动,让百姓书屋在当地更"接地气",从而逐渐影响当地居民的生活习惯。

(六)科学引入 PPP 模式

打造高端化、个性化私人书房。城市书房项目的建设,在坚持正确文化引领的基础上,积极联动社会资本,引入 PPP 竞争模式,树立融合发展、共享共赢的思维,注重具有特色的高端化与个性化城市书房培育,形成与"社区书房"差别化运营的全民阅读网络格局。[②] 高端化是指城市书房项目在承担其公共文化服务基本功能的同时,更要体现在提供品质化服务水平、举办高水平的阅读活动、实现群体化的凝聚空间等方面;个性化主要是指城市书房项目首先要有统一的识别 IP,同时又要根据其地理环境、服务对象、文化定位打造不同的书房空间。

---

① 傅绍磊,陈晓旷.全民阅读时代城市书房服务模式与机制创新[J].中国出版,2020(15):50-53.
② 滕伟.城市书房运行中存在的问题及对策研究[J].图书馆研究与工作,2020(9):79-82.

图书馆总分馆一体化：助力全民阅读推广服务

——嘉兴市社会力量参与新型阅读空间建设调研报告

内容提要

　　浙江省嘉兴市社会力量参与新型阅读空间建设调研主要围绕五个方面展开。一是"书香社会"建设中嘉兴市全民阅读推广服务基本情况。嘉兴以服务人民群众为契机点，创新阅读模式，改善阅读环境。二是嘉兴市社会力量参与新型阅读建设经验总结，结合国家发布的相关政策，实施社会力量参与新型阅读空间建设。三是嘉兴市社会力量参与新型阅读空间建设典型案例，通过案例分析，探讨嘉兴建设新型阅读空间社会力量参与的成果。四是嘉兴市社会力量参与新型阅读空间建设问题或困难，分析其中问题，解析现在所面临的问题。五是嘉兴市社会力量参与新型阅读空间建设准入与考核机制创新策略，根据嘉兴市情况，进行合理展望。

　　浙江省嘉兴市是浙江公共服务文化重点开展的地区之一，嘉兴是国家历史文化古城，具有两千多年的历史及浓厚的书香气息。鼓励社会力量参与新型阅读空间建设一直是我国文化建设事业发展的重要内容，也是地方政府加快开展全民阅读、提高公民精神文化、建设书香社会的必然选择。多年来，我国对新型阅读空间建设投入大量资金、人力，积极鼓励社会力量参与，出台多项政策，大力扶持新型阅读空间建设发展，在一定范围内带来良好反响。促进了地方政府公共服务的文化建设，确保基层人民享受到精神文化。嘉兴市十分重视文化服务的职责，统筹考虑群众精神文化的多种需求，发挥社会力量的作用，大力推动新型阅读空间建设，积极创新并进行实践，打造出了一个嘉兴范本。

一、"书香社会"建设中嘉兴市全民阅读推广服务基本情况

　　2015年3月5日，在第十二届全国人民代表大会第三次会议上，李克强总理在政府工作报告中首次提出"书香社会"。李克强指出，"让人民群众享有更多文化发展成果，文化是民族的精神命脉和创造源泉。提供更多优秀作品，倡导全民阅读，建设书香社会"①。要推进书香社会的建设，把阅读从个人层面上升到国家的层面，读书不再是个人的事情，如何让"读书"成为人民群众心里最重要的事情，让"读书"传承和发扬，在城市文化建设的

---

　　① 李婧璇,郝天韵,尹琨,孙海悦."全民阅读"第八次写入政府工作报告有何深意？代表委员热议——为建设文化强国固本培基[EB/OL].(2021-03-12)[2021-04-20].https://www.chinaxwcb.com/info/569992.

同时,更要注重文化的建设。让读书成为一种习惯,一种生活方式。[①]

近年来,在浙江省市文旅部门、省市图书馆的大力支持下,嘉兴市以服务人民为契机,创新阅读模式,改善阅读环境,创造书香嘉兴的浓厚气氛,将全民阅读提上日程;截至2020年,即使受到新冠疫情的影响,嘉兴仍克服重重困难,迎来显著进步。据统计,嘉兴市公共图书馆服务体系城乡覆盖率已达3万人/馆,高于日本韩国、接近美国英国的水平。图书馆人均藏书已由创建初期的1.23册提高到1.5册,年人均到馆次数由1.87次提高到2.6次,图书流通率由1次提高到1.16次,均处于全国领先水平。已实现每个行政村平均每月看1.17场电影、每年看5.45场戏剧或文艺演出、每年组织8.4场规模较大的群众文体活动。全市平均每村(社区)业余文艺团队数已达3.6支,是创建初期的1.8倍;镇(街道)综合文化站工作人员平均4.4人,为创建初期的1.7倍。

(一)打造多层次全民阅读空间

嘉兴市一直着力打造便民、利民的阅读文化空间,坚持建设"开放性"和"零距离"的空间阅读模式。嘉兴市图书馆最早建设于1904年,当时取名为"嘉群图书馆",是我国最早的图书馆之一。2003年,海燕城路新馆建成;2020年11月28日,图书馆二期工程(古籍善本楼)开馆提供服务。目前嘉兴市图书馆拥有馆藏280万余册(件),其中古籍10万余册,善本12127册,有17部5493册古籍入选《国家珍贵古籍名录》。嘉兴市图书馆作为总馆,积极推进服务体系建设,并且积极开展区域性的阅读活动联动。2007年,嘉兴市图书馆以南湖区余新镇和秀洲区王江泾镇的乡镇分馆建设试点启动为标志,开始探索图书馆总分馆服务体系建设;以在乡镇(街道)设立嘉兴市图书馆紧密型分馆的方式,逐步形成"政府主导、统筹规划,多级投入、集中管理,资源共享、服务创新"的总分馆建设模式,有效提升了农村公共图书馆服务水平,实现以城带乡共同发展。截至2020年底,嘉兴市图书馆已建立18家乡镇街道分馆。随着服务体系的完善,嘉兴市图书馆逐渐从乡镇(街道)分馆建设延伸到村(社区)分馆建设,在人口数量较多、条件成熟的行政村(社区)和拆并乡镇所在地规划建设村(社区)分馆。截至2020年底,嘉兴市图书馆已建设32家村(社区)分馆。

(二)打造多种形式的阅读空间

2015年,嘉兴市图书馆开始建设智慧书房,截至2020年,已经全新打造了20家。智慧书房的形式主要是以社区、事业单位的形式进行多方位合作,有无人看守、信息化的技术以及读者自我管理等特色,实现了社区、乡镇、市区统一管理的全新模式。礼堂书屋是嘉兴市图书馆的另一个建设特色,自2019年开始建设,截至2020年已经形成42家礼堂书屋,是嘉兴市乡村文化振兴示范点建设内容。礼堂书屋农家书屋和图书馆相互结合打造出的特色书屋,利用农村特有的礼堂文化,统一管理的信息化技术,无人看守,实现共享共用的借还模式。

(三)建设汽车图书馆

2015年,嘉兴市图书馆开始建设汽车图书馆;2020年,汽车图书馆在30个服务点,共

---

① 金武刚.稳中求进定目标 精准施策有实招——《"十四五"公共文化服务体系建设规划》的守正与创新[J].图书馆论坛,2021,41(8):7-11.

开展了 327 场服务,办理借阅证 508 张,借书 14079 册,10255 万余人次到车借阅,更新图书 6263 册,漂流杂志 1010 册。除基本服务外,汽车图书馆开展各类阅读推广活动 70 场。

2013 年,"嘉兴市城乡一体化公共图书馆服务体系"作为首批国家公共文化服务体系示范项目,以总排名全国第一的优异成绩通过验收评审;2016 年,嘉兴又以东部地区第一的优异成绩成功创建第二批国家公共文化服务体系示范区;2017 年,文化部、国家新闻出版广电总局等五部门印发《关于推进县级文化馆图书馆总分馆制建设的指导意见》,意味着文化馆、图书馆总分馆制在全国获得推广,公共文化服务"嘉兴模式"的示范作用凸显。2017 年 2 月,嘉兴市委、市政府印发《示范区后续建设行动计划》,并与国家公共文化服务体系建设专家委员会共同成立了国家公共文化示范区创新研究中心。

(四)图书馆与数字化相结合

早在 2010 年,嘉兴市图书馆便开始建设数字图书馆。2010 年 12 月,嘉兴市图书馆数字图书馆就开始运行,读者只需要打开网页就可以浏览丰富的阅读资源。2012 年,数字图书馆推出手机版服务,将阅读与移动设备相结合,迎合了人们的生活需要。2014 年,开始推行电子借阅机,让人们享受电子借阅对传统纸质资源的补充。2014 年 11 月,推出"嘉兴市图书馆"微信公众号,继续为人们拓展数字化服务,既可以提供借阅、查询服务,又可以令读者了解图书馆最新举办的活动。

"数字化"是目前全国阅读发展的重要趋势,国家鼓励发展"数字化阅读",促进全民阅读便利性。嘉兴市以人民需要为基础,建设全市统一的群众服务平台,统筹数字资源的项目建设,从而促进了文化信息数字化。数字化建设是图书馆公共文化服务内容的创新与质量的提升,旨在为广大人民群众提供更加便捷、更加新颖、更具吸引力的文化服务,可以满足广大群众更多的文化需求,也可以切实保障广大群众的文化权益。

书香社会的主体建设是政府,政府承担着主导的责任和义务,以正确的导向指引人们阅读,建设有效机制,积极开展相关工作,丰富城市阅读,使市场与文化有效结合,充分利用公共资源,开展多渠道方式参与建设,推动书香社会发展。

二、嘉兴市社会力量参与新型阅读空间建设经验总结

社会力量参与新型阅读空间建设是非政府组织和社会个体参与阅读空间建设的实践活动。民间文化活动是传播文化的主要阵地,而阅读是发展社会文化的重要传播方式。目前,社会在飞速发展,面对丰富的社会,传统的阅读方式已经不能引起社会群众的兴趣,利用市场与社会进行有效的结合,利用政府资源服务的同时,嘉兴市鼓励社会力量的加入,实现社会力量参与新型阅读空间建设,为新型阅读空间建设添砖加瓦。[①]

新型阅读空间是公共文化服务的主要阵地。随着"书香社会"的提出,公共服务建设不断完善,我国进入了全民阅读时代,全国城乡出现了以公共图书馆为主导建设而成的新型阅读空间,不断满足基层群众对阅读的追求,社会力量成为参与新型阅读空间建设的重要力量。党和政府重视社会力量在新型阅读空间建设中的作用,自 2013 年起,先后制定

---

① 喻至勇,陶涛.基于 SWOT 分析的社会力量参与公共阅读空间建设战略[J].办公自动化,2020,25(17):54-56,42.

颁发相关制度的文件:国务院办公厅发布《关于政府向社会力量购买服务的指导意见》《关于在公共服务领域推广政府和社会资本合作模式的指导意见》《关于做好政府向社会力量购买公共文化服务工作的意见》,中共中央办公厅、国务院办公厅《关于加快构建现代公共文化服务体系的意见》等。《中华人民共和国公共文化服务保障法》《中华人民共和国公共图书馆法》正式实施。这些政策的出台,为社会力量参与新型阅读空间建设提供了政策的支持和法律的保障。[①]

新型阅读空间将社会效益与经济效益相统一,满足群众多样化的需求,增强可繁衍性,实现可持续发展。新型阅读空间建设无论是从创新方式,还是空间布局上,都充分运用互联网技术,设计出创新性十足的新型阅读空间。

（一）各地出台政策吸引社会力量参与

社会力量主要来源于社会企业、读书协会、志愿服务等方面,为新型阅读空间建设的场地、人力、经费、技术问题提供了解决办法。通过社会力量的参与,打破固有的传统公共阅读的模式,极大地提高了社会资源的利用率。总体来看,新型阅读空间建设有了社会力量的参与,目前获得良好的阶段性成果。各级地方政府积极出台政策,培养社会组织,通过统一采购等多种方式建设新型阅读空间。鼓励社会力量建设新型阅读空间,通过城乡图书馆一体化建设、礼堂书屋建设等多种方式给予支持,有力地推进了民间资本向新型阅读空间领域的流入。

（二）提升服务水平

传统的阅读空间是由图书馆等各个部门统一管理,社会力量发挥辅助作用。随着时代的发展,传统的阅读模式难以满足社会的需要,新型阅读空间从中衍生,人们能够在新型阅读空间中阅读到各种各样的书籍、报刊,浏览查找信息方便,可以通过新型阅读参加各种活动。阅读空间属于公共空间。新型阅读空间是对所有人都开放,并且有很多地方实行全天开放,这也使新型阅读空间建设对社会力量的需求加大。另外,服务方式也趋向于多样化发展,比如智慧书房、礼堂书屋,将礼堂和图书馆融合在一起,既创立了新型图书馆,又有效利用礼堂服务,降低了运作成本,促进了公共设施的建设。

（三）创新运营模式

社会力量和新型阅读文化建设相结合,碰撞出全新的模式。一是通过购买社会力量,政府部门将整体或者部分新型阅读服务外包给社会企业或者个人。政府与外包企业或者个人签订外包合同,外包企业根据外包的合同进行服务。还有部分外包,是政府将部分活动或者员工培训、活动场地布置外包给外包企业。二是政府通过合同或者特别服务与社会力量合作,使社会力量参与到新型阅读建设中去。城乡一体化图书馆阅读就是以新型阅读空间为主要的建设方式。三是独立运营。其中包括依靠国家补助,以社会组织的方式,创建新的阅读建设服务,通过越来越多的引导,让社会企业或者社会组织参与其中。四是社会志愿团体组织参与的文化志愿活动。由社会力量或公民自发组成的文化志愿者并以此提供公益性文化服务的,比如嘉兴市与地方小学共建数字服务系统,实现了网络数

---

① 翟荣兵,黄奇杰.社会参与新型阅读空间建设准入机制研究——基于ISO9001质量体系认证视角[J].中国出版,2020(1):48-53.

字内容共享。

(四)提高社会参与度

随着新型阅读空间建设的不断深入,社会参与的主体不断增多,包括社会企业、个人群体、志愿者服务队、各大学校。社会力量参与的形式也是多种多样,比如举办志愿者活动、赞助活动、实行捐款等,从而提高了新型阅读空间的建设水平,扩大了社会力量的知名度,也提高了公众参与新型阅读空间的积极性,比如嘉兴市图书馆设立少儿图书室,开设老年人课堂,把志愿服务与社会力量有效结合起来,服务群众。

三、嘉兴市社会力量参与新型阅读空间建设典型案例

社会力量参与新型阅读空间建设以来,有效改善新型阅读空间建设领域的不足,实现社会力量与新型阅读空间建设的有效互动,满足不同人群不同层次的阅读需求。近几年来,浙江省嘉兴市积极响应国家需求、人民群众需要,正确引导社会力量参与新型阅读空间建设,形成"书香传千里,资源共享,便民利民"的全面有效阅读。

(一)海盐县智慧书房＋礼堂书屋＋鸟巢书屋建设

政府主导,社会参与。近年来,嘉兴市海盐县不断创新发展新型阅读空间建设,积极鼓励社会力量以多种形式参与,在建设智慧书房的同时,鼓励各大型企业、公共场所建设公共智慧书房、礼堂书屋、鸟巢书屋等,项目遍布乡村群众生活的核心区、公共服务重点区域。截至 2020 年,海盐县在全县建设起覆盖到各镇街道的便捷高效的涵芬智慧书房服务网络,不断完善城乡建设一体化的公共图书馆服务体系。

1. 树立智慧书房品牌

智慧书房以海盐阅读活动品牌"涵芬"命名,以自助实体图书馆为馆舍基础。涵芬智慧书房的地址选择一般是人口较为集中的各个区域,比如各大商业区、小区住宅、街道(村)服务中心等附近,建设条件需具备:方圆百米内有保安亭子或者派出所,建筑面积在100 平方米以上。

涵芬智慧书房的图书文献是由县里图书馆统一采购、编目、配送。同时对智慧书房的要求是书目数量 5000 册以上、各种报刊 20 种以上,涵芬智慧书房开展自助借还、数字阅读、电子书下载等图书馆基本功能,并实施各个书房之间书目可以通借通还,数字资源共享。

涵芬智慧书房参照无人看守的自助书房建设,一般实行 24 小时开放,各地可以根据时间调整开放时间,一周开放时间不能低于 84 小时,致力于与公共图书馆提供相等的阅读服务。政府大力打造涵芬智慧书房,高颜值和高科技的技术覆盖,使人人享受阅读,时时能阅读,处处可阅读。

2. 礼堂书屋提品质

2019 年 12 月 13 日,在《关于深入推进海盐县"礼堂书屋"建设的实施意见》中指出,建设礼堂书屋,以"文明礼堂、精神家园"的功能定位,为基层群众提供更加美好的环境,更加丰富的资源,更加周到的服务。

礼堂书屋的面积在 150 平方米以上,要有公共图书馆的少儿服务、读书活动、电子书、

信息查询的功能。礼堂书屋图书书目在 4000 册以上,各种报刊 50 种以上,特色图书 100 册以上;礼堂书屋设置阅读位置 30 个以上。礼堂书屋配备可供应电子书阅读的电脑 5 台以上。

礼堂书屋由县级图书馆统一管理,业务工作由各街道进行管理,每间礼堂书屋要有 1 名管理人员,每周开放时间 40 小时以上,另外,礼堂书屋要利用特殊时间的传统节日开展特色阅读活动,推广活动次数 6 次以上。

礼堂书屋是农家书屋和图书馆村级分馆升级版,是原有农家书屋、共享工程、村级分馆等功能的综合体,设有独立的阅读活动和培训空间,配备"红船精神"和地域特色图书专架,配套数字图书借阅机,采用人脸识别门禁系统,具备书刊借阅、少儿服务、读者活动、信息查询等功能。

3. 海盐县鸟巢书屋项目

鸟巢书屋又名鸟巢图书馆,是一种具有公益性的图书馆,是由政府出资建设而成。人们可以分享自己喜爱的图书,大力倡导人们喜爱阅读,回归纸质阅读,推动全民阅读,养成书香阅读的好习惯,同时为青少年创造一个良好的读书阅读环境。通过"拿走一本,留下一本"的原则进行图书交换。以书交友,增进人与人之间的交流,构建良好和谐的社会。

鸟巢书屋 24 小时开放,图书借阅也是免费的。在实地调研中发现,书屋结构很小,结构像鸟巢状,故命名为鸟巢书屋。在住宅小区,人与人之间的交流少之又少,群众之间的关系也不是很熟悉,有了鸟巢书屋,通过各自阅读的书籍,交换书籍,促进了人与人之间的交流,同时也可以壮大志愿者服务队伍,提高公民素质。

(二)城乡一体化公共图书馆建设

近年来,嘉兴市围绕打造城乡一体化发展,构建大型网络新型阅读空间建设,特别是公共服务文化建设,保障人们享受文化的权益,满足人们物质文化的需求,积极创新工作思路、管理体制和服务模式,实现一体化城乡图书馆建设。

为了解决基层群众读书、借阅的问题。由政府主导,多级投入,统一管理,共享资源,嘉兴市大力建设区域图书馆,开设 24 小时自助图书馆,与社区、企业、街道、事业单位共同建设新型智能自助图书馆。

1. 资源共享服务创新

为了实现真正意义上的资源共享,嘉兴市采取了所有文献资源由总馆统一管理,统一编目,统一配送,以确保总馆和分馆之间可实现资源流通,可以统一借阅、统一归还。为了实现这一功能,政府主导嘉兴市总馆,组织建立了统一的采购编目中心,开发出统一的检索功能,建立完善物流运送系统,以确保全市的图书馆内文献资源能够有效运转。其次,开发网络平台,实现真正意义上的网络检索书目,数字资源共享,让社会力量参与传统阅读的改善建设。[①] 早在 2010 年底,嘉兴市和中小学教育系统、科技系统等共同建设区域性数字信息资源服务平台——嘉兴市图书馆开通,2012 年,"嘉兴数字图书馆"手机版也

---

① 张雪梅.城乡一体化背景下新型公共图书馆总分馆服务体系建设研究[J].河北科技图苑,2015,28(5):31-33.

开始使用,为全市的读者开创了移动阅读的平台。[①]

2. 致力于服务创新

嘉兴市通过改善服务质量,增加服务内容,优化服务效果,改造服务环境,延长服务时间,实现服务免费等措施,不断创新服务领域,满足公众需求,增强服务的质量,使图书馆更具有吸引力,提高人民阅读兴趣,产生更多的社会效益。

3. "社会公共资源整合"服务

以共有的服务系统平台为依据,将公共电子阅览室、农家书屋、党员远程教育、中小学远程教育等工程提供的资源在乡镇(街道)和村(社区)层级上整合起来,实现服务人员统一管理,提高社会效率。乡镇分馆建设以来,嘉兴市本级平均每个乡镇分馆年到馆人次超出 10 万,社会效益达到甚至超出全国县级公共图书馆平均水平。

4. 建设创新活动

图书馆开展少儿活动"图书馆第一课""阅读全家,书香嘉兴"等系列活动,开展适合青少年的"南湖讲坛""雕版印刷体验"的活动,开展适合老年人的"夕阳红 E 族"信息系列的培训。在嘉兴图书馆,可以看到适合不同年龄段人群的活动。活动开展的背后,是图书馆工作人员对受众需求的分析,是对文化的深度挖掘。

5. 用心发现读者需求

嘉兴图书馆敢于创新,一年举办将近 5000 场阅读活动,平均一天举办 10 多场。他们还和支付宝"跨界合作",录制了多个智能手机使用和防诈骗视频,让全国各地的老年朋友都能看到他们的课程。"公共图书馆对社会最大的贡献,就是开放和包容。学历教育完成后,图书馆就是大家的终身学校。"在嘉兴市图书馆馆长沈红梅看来,图书馆也要跟上时代的步伐,不断提供优质服务。图书馆二期与原馆舍互联融通,二期的启用,也代表着整个嘉兴市图书馆的升级和蝶变。

四、嘉兴市社会力量参与新型阅读空间建设问题或困难

社会力量来源广泛,包括社会组织、志愿者等,社会力量的参与可以弥补政府在新型阅读空间建设中人力、资金、资源、技术等多方面的不足。嘉兴市社会力量通过整合社会文化资源兴办图书馆,以场馆资源"置换"公共文化服务,加大资源整合力度,参与公共图书馆服务体系建设。在嘉兴的街头巷尾、田间地头都能看到图书馆、智慧书房和礼堂书屋的存在。这些举措从一定程度上改变了城乡居民的文化观念和阅读习惯,分馆模式的创新也使得阅读能够普及至乡镇以及农村,但目前在建设中仍然存在一些问题和困难。

(一)社会力量参与率低,造成资源浪费

随着嘉兴市城乡一体化公共图书馆总分馆服务体系建设的不断推进,2009 年全市已先后建成 20 个乡镇分馆,其中市本级基本实现乡镇分馆全覆盖。2018 年以来,建设覆盖城乡、便捷高效、环境优美、标准统一的智慧书房服务网络。2019 年开始在全市开展"礼

---

① 沈红梅,鲁祎.打破"篱笆墙"的公共图书馆——城乡一体化公共图书馆服务体系的"嘉兴模式"实践与探索[J].图书馆研究与工作,2018(10):6-13.

堂书屋"建设,提升农村文化礼堂的文化氛围,作为乡村文化振兴的示范点;并重点在5000人以上人口密集、条件成熟的行政村(社区)和拆并乡镇所在地规划建设村(社区)分馆,在5000人以下人口较少的村(社区)设置图书流通站和汽车图书馆等。嘉善县图书馆也在全县范围铺设电子书借阅机。《嘉兴市图书馆2020年度报告》中表明,2020年底,嘉兴市图书馆已建立礼堂书屋42家,市本级已建设20家智慧书房,汽车图书馆已有30个服务点。总的来说,嘉兴市新型阅读空间建设的覆盖面已经达到很广泛的程度。

2019年,嘉兴市首个村级智慧书房开馆,实现了智慧管理,配备嘉兴市图书馆信息管理系统、监控系统、人脸识别系统、自助借还系统、图书馆藏系统、无线网络,以及电子感应门、智能灯光调节、人脸识别、智能安防等技术,让读者可以体验无障碍智慧阅读。智慧书房虽然定期开展夕阳红E族老年电脑培训班、举办信息素养辅导和新技术体验课程,但是无法保证所有的老年人群都能接受到此类服务,而且即便接受相关培训的老年人群体也不能完全理解以及之后熟练使用智慧书房,仍然需要相关志愿者或者馆员的指导。同时,在智慧书房自助化的模式下,将更加拉大图书馆与读者之间的距离,减少馆员和读者之间的沟通,使馆方无法很好地了解读者的需求,无法精准定位读者的需求,进行小众分类,让更多的读者能够在使用智慧书房时拥有良好的体验,从而降低了服务的品质。此外,老年群体接受技术类新产品比较困难,接受周期比较长,且需要进行专门的辅导。因此这样看来前期投入的大量精力和时间也许和成效达不到正比,智慧书房的使用达不到理想状态。技术的革新,反而使得文化程度较低的老人、农民等使用这一类技术存在困难,参与度降低,创新的技术效益无法利用到最大,无法得到最大程度的发挥,无法让更多受众感受到科技带来的便捷,感受到时代的变化。[①] 这样一来,受众的体验感下降,使用率下降,便会造成资源浪费。

(二)社会力量参与新型阅读空间建设在资金方面投入较低

嘉兴市图书馆分馆王店图书馆在2019年共计与社会力量合作举办四次活动,与孝慈社工组织联合举办了"垃圾分类伴我行""环保小能手"等活动;与王店镇消防队举办了"小小消防员"系列活动;与王店团委联合举办了"青梅姐姐伴我行"系列助残活动;与老年大学合作举办了"夕阳红"系列手工编织活动,其主要活动内容均为社会公益类活动,而真正与图书馆建设有关的活动基本上由图书馆自行举办。

2019年,凤桥村分馆智慧书房依托阅读推广志愿者开展阅读推广活动,针对幼儿的故事会、青少年的创客活动、老年人的数字资源培训等。但现在很多志愿服务都存在作秀的成分。此外,在"图书馆+"的模式下,嘉兴市图书馆与华为合作建设了"智慧生活馆",引入华为最新技术为嘉兴市民开展体验活动,所开设的"嘉图华为课堂",目前开展培训8场,6596人次参与。与支付宝老年大学合作,将品牌活动"夕阳红E族"搬上支付宝平台,线上教学视频媒体播放量逾500万人次。与喜马拉雅、得到、云图有声等合作,线上线下建设"声音图书馆"。与本地企业神润斋合作建设"自然图书馆",推广少儿自然科普服务。嘉兴市通过建立国家示范项目创建专项资金,制定资金运行管理办法,加强对中央、省补

---

① 杨姜英.海盐县深化城乡一体化公共图书馆服务体系建设的实践与思考[J].图书馆理论与实践,2014(2):84-87.

助和奖励资金的管理使用,建立专门账户,确保专款专用。各县(市、区)也积极结合当地实际,增加财政投入,加大扶持力度。

总的来说,不管是志愿者服务、华为还是支付宝等都是向各图书馆提供技术和人力的支持。社会资本参与新型阅读空间建设不多,基本上是政府自己拨款建设。社会上的组织不仅仅可以通过参与资本投资获取收益,同样也可以利用捐赠提高知名度,将双向性能发挥到最高。所以在新型阅读空间的建设中,其建设资金如果单纯来源于政府,那是远远不够的,政府的投资是有限的,只有社会力量也通过多种形式参与建设,才能使其得到更多的帮助,得到更好的发展,比如资金资助、设备资助、图书捐赠等。就目前而言,这些相关的投资形式明显是匮乏的。

(三)社会力量参与新型阅读空间建设缺乏专业人才

新型阅读空间的建立,使得读者通过人脸识别系统或者市民卡刷卡系统便可进入智慧书房。多数智慧书房馆内也配备图书自助借还机,但肯定有一些读者不会使用。同样还配备了电子图书借阅机,读者可以通过下载书刊电子版至移动设备,实现触摸屏浏览和移动设备阅读的无缝对接。这些技术和机器的维护都需要专业的人才。图书馆本来工作人员就比较缺乏,一个图书馆内管理图书的工作人员也不一定是专业的,可能是从各个专业调度过来的。在图书馆分馆的模式下,需要有更专业的管理模式和运行机制,也就需要更专业的从业人员。

"全民阅读"已连续8年写入政府工作报告。"在倡导全民阅读中,政府层面应加大引导、规范。"张自成建议,对全民阅读的管理体制、财政投入、指标体系、重点任务以及读者的阅读权益保障等作出规定。[①] 阅读已经越来越重要,而随着新型阅读空间的建设,各种专业数据库逐渐增多,在馆内专业人士缺乏的情况下,需要向社会寻求更加具有专业性的个人志愿服务者以及组织,这样也能带动馆内人员共同学习进步,不断提高馆内工作人员的智能服务与水平。数字阅读也在冲击传统的阅读,正在改变阅读的社会结构,从原本的以作者为中心向读者转移。创作流程中的角色出现重叠,有时候一个人就可以完成编写、审校、出版、发行等流程。这一趋势的出现,对于相关从业者提出了更高的要求。

富康年认为:"身为一名出版人,要在倡导全民阅读的行动中,发挥主力军的作用,为人民出好书、出精品,满足他们对美好精神生活的需求。"[②] 要在政府的大力倡导和推动下,整个社会形成合力,共同长期推动,才能终见成效。富康年的这段话正是对出版从业人员的要求,要做一名合格的出版人,就必须掌握好专业知识和技能,为新型阅读空间建设提供专业人才。

"出版机构应针对市场需求组织出版多层次、多品种的优质出版物,以更好地满足读者的高品质阅读需求。"张自成表示,为适应数字阅读新趋势的发展,出版机构要全面落实中央关于"加快培育数据要素市场"的要求,加大相关数据资源的处理和新技术应用,持续快速推出成体系、有厚度的知识性数字产品。[③]张自成提出的关于高品质阅读的追求同样也在要求出版行业提高数字应用技术技能的培养,推动数字出版领域的发展。而这块领

---

①②③ 李婧璇,郝天韵,尹琨,等.为建设文化强国固本培基[EB/OL].(2021-03-12)[2021-04-20].https://www.chinaxwcb.com/info/569992.

域因为是新兴发展起来的,所以专业人才比较缺乏。

(四)缺乏引进社会力量的可持续发展机制

新型阅读空间建设需要政府部门,同样也需要社会力量的支持。引入社会力量参与新型阅读空间的建设,可以改善现有的政府运行结构,由政府主导健全社会力量引进机制,短期的活动可以利用社会组织和个人自发志愿以及通过招募来解决,嘉城集团是市政府直属政府的城建投资型国有企业集团,嘉城集团利用老城区的历史建筑与社会力量合办了嘉城集团首个城市书屋。相当于是在政府的建设主导下,引入了其他商业,如咖啡吧以及专设了南湖景区官方文创"烟雨楼前"商店伴手礼品区,这同样带动了经济的发展,令参与的社会组织或个人创收,创造了更大的社会价值。但这并没有形成一个可持续的发展机制。

政府还需要在此方面发挥主导作用,建立社会力量引进机制,并使其平稳长期发展。一般来说,对比如培训老年人群体使用新型阅读空间的相关设备、如何在自助模式下借书还书等,社会组织和个人可以招募志愿者或者自发进行。这些能够解决短期的问题,在短期时间内一些老年人群体能够明白如何使用,但是社会组织和个人无法一直为此服务。因此,就需要政府的力量,能够在一定程度上提升老年人群体接受和学习新型阅读设备的积极性。政府和社会组织的合作,能让社会力量引导机制发挥更大的作用,同时也能够吸引更多的社会组织参与其中。

社会组织和政府虽有许多的合作,但是政府对于引进社会力量机制的相关的政策法规、机制是不完善的。一般引进的社会力量的参与方式就是社会组织进行投资、捐赠、志愿活动等,比如企业不定期会捐赠一定数目的资金来支持相关活动的发展和进行,还有组织志愿者开展培训指导等活动,其周期短,方式局限,引进渠道狭窄,在建设过程中政府也并未与更多的社会组织或个人达成长期、稳定、深度的合作关系,未形成一个产业链。

五、嘉兴市社会力量参与新型阅读空间建设准入与考核机制创新策略

目前,嘉兴构建新型阅读空间的工作已取得很大的成效,但仍然处于发展的阶段。进一步引导社会力量参与新型阅读空间建设是非常关键的部分。在引入建设的过程中也需要对相关机制进行考量,要以政府为主导,发挥其主导力量,鼓励与积极引入社会力量参与建设,不断建立健全和完善社会力量参与新型阅读空间建设准入与考核机制,不断进步和创新。社会力量的参与更能深入基层群众,加强优质出版内容供给,优化基层阅读资源配置,改善公共场所阅读条件,提升新型设备使用率,更好满足人民阅读新期待,以此提高人们对新型阅读空间的接受度和对阅读的积极性。引入社会力量参与建设,不是为了弱化政府的作用,而是在引入社会力量建设的过程中,可以创造更多可能,以更好地承担社会责任。

(一)社会力量应具有良好的社会信誉度

国务院在《社会信用体系建设规划纲要》中明确指出,加快社会信用体系建设是全面落实科学发展观、构建社会主义和谐社会的重要基础,是完善社会主义市场经济体制、加强和创新社会治理的重要手段,对增强社会成员诚信意识,营造优良信用环境,提升国家整体竞争力,促进社会发展与文明进步具有重要意义。所以在文化建设领域,社会力量的

信用决定了民众对于他的社会行为的认可度和信任度。信誉是社会组织以及个人的社会行为取得社会认可，从而取得资源、机会和支持，进而完成价值创造的能力的总和。[①] 一般来说，社会组织以及个人存在的所有信息都可以被认定为其信誉的评估内容。信誉可以提升价值，增强自身竞争力，如果引入信誉好的社会力量参与建设，在其较好的社会公共影响下，带动图书馆的发展，可以提升图书馆的知名度和市场号召力。信誉在一定程度上就是一种无形资产，只要把握了这个无形资产再加上有形资产，就可以形成良好的社会效益。

嘉兴市在新型阅读空间的建设中对于参与的社会力量有严格的标准，对社会组织或个人的信誉度要做彻底的调查了解，就如同我们在借书的时候，都有一个图书归还期限，如果超期未还，就被视为一种失信，会影响到后续借书。这种对于社会组织和个人进行失信与否的评价就是对其后续是否可以继续正常享受服务的条件。所以在社会力量参与建设前对于其社会信誉度的调查中发现曾出现过违规失信现象的话，就可以将其排除，不纳入考虑范围。否则，一旦纳入信誉度不高的社会力量参与到建设中，会使得社会效益大打折扣，极大降低影响力和公信力。通过与优质的社会力量合作，则可以达成更高的社会效益，不仅能提高图书馆的形象，也能提高社会组织的形象。

（二）社会力量应具备较高的专业素养

《关于做好2021年全民阅读工作的通知》提到，要立足本地特色，挖掘区域资源，打造和巩固符合本地需求的品牌阅读活动，提升地区品牌阅读活动的群众参与度、辐射面和号召力。创新方法手段，主动适应信息技术条件下数字阅读方式更便捷、更广泛的特点，积极推动全民阅读工作与新媒体技术紧密结合。这就需要具备较多的活动举办经验，且也要具备相应活动策划、协作、组织、协调等各种能力。

社会力量参与主要由社会组织、志愿者等组成，而这部分人恰恰存在人员不稳定、专业知识不足等问题，这些人员自身也缺乏职业认同感，如果完全将图书馆服务交由他们做，必然引起服务质量的下降。所以参与人员需要更高的职业素养。社会力量参与建设时，也要保证在每块阅读空间领域必须配备一名专业的从业人员，具有较为丰富的图书馆工作经验，能够独当一面应付所有的突发情况。因为是自助服务，在使用中出现的问题会比较多，也要有对图书馆内所有的自助设备都了解的、可以及时解决群众疑惑的专业人员。当然有些时候图书馆自己就配备了相关的专业人员，但社会力量参与其中，如果同样有专业人员，双方就可以形成合力，达成双倍的成效。不然馆内专业人员还要对社会组织和个人进行培训，反而加大了馆内工作人员的工作量，造成资源浪费。

（三）制定社会力量参与新型阅读空间建设的政策法规

要建立完善的政府招标或政府与社会力量签订合作的协议，协议中首先就要对后续相关工作作出明确规定。首先从志愿者的角度来说，大部分志愿者以民间组织或者个人为单位，服务时间上无法固定，完成的工作任务非常有限。所以需要与他们签订好协议，规定好什么时间必须做，在后续的工作中也方便安排，不容易出现工作协调不好的问题。其次，有些志愿者带有作秀的成分，参与项目只是为了提高自身或组织的知名度。这种情

---

① 刘肖原.我国社会信用体系建设问题研究[J].中国信用,2018(9):128.

况的出现就代表着在初步筛选社会力量的时候没有一个严格的准入标准。

同样在已经有社会力量参与后的制度里也需要进行详细的制度规定，如果是资金资助的组织，就要明确好资金的来源，投入以及后续建设中各个部分资金的安排。如果是以图书捐赠的形式资助的组织以及个人，就要对图书来源和图书捐赠者做好记录，以便后续的回访或者感谢。如果是设备的资助，最好配备相关的技术人员进行定期检查维修，要包含专门的技术指导服务，以及对后续维修费用等细则的说明。

在社会力量决定退出后，如果其参与的建设有关国家和政府机密，就得保证必须保守项目建设的内容和细节，不能外泄。对退出以后捐赠的资源和资金的去留，人员的调动都必须要有明确的规定，以防后续两方出现矛盾和不必要的纷争。

（四）增加对社会力量专业方面的理论与技术指导

社会力量参与建设的方式多种多样，没有统一固定的方式，所以需要对专业性没有那么强的社会组织进行理论和实践的指导，将理论和实践结合在一起探索更多新的模式。习近平总书记在《辩证唯物主义是中国共产党人的世界观和方法论》中指出，我们一方面要坚持学懂弄通做实，坚持用新思想武装头脑、指导实践、推动工作；另一方面，也要坚持发展的眼光，根据时代变化和实践发展，不断深化认识、总结经验，坚持理论指导和实践探索的辩证统一，实现理论创新和实践创新的良性互动。一般的社会力量在参与建设中学习以前实践的内容是没有办法系统认识到新型阅读空间建设的概念以及要求的。只有少部分的社会力量是由一些专业人员组成的，所以在进行实践之前必须进行系统的理论学习。

理论学习内容主要包含学习掌握图书管理的理论知识、图书馆管理相关法律法规、图书馆管理员的工作职责。技术学习应包含学习应用现代技术和手段收集、整理、开发、利用文献的能力，对于选购图书也要有制订合理选购计划的能力、图书选题策划的能力等等。智慧书房的出现，分馆模式的普及，也要求相关管理人员对馆内各种自助设备和分馆管理制度有详细的了解，需要通过培训来加强他们的专业技能。

（五）建立绩效考评机制

2019年2月27日，在海宁市社会科学界第四届学术年会上，海宁市图书馆获颁"浙江省社会科学普及基地"荣誉称号，成为海宁首个省级社会科学普及基地。馆方表示此次获评"浙江省社会科学普及基地"荣誉称号，既是对海宁市图书馆社科工作的肯定，也为他们今后的工作提出了更高的要求，市图书馆将以此为新的起点，切实做好社会科学普及工作。由此可以看出，对于重大项目建设成果的奖励有助于组织增强内部凝聚力，提高自信心，从中提取优势并发扬。嘉兴市图书馆也是在每一次的肯定当中逐渐找到适合自身的发展道路。

美国著名心理学家斯金纳提出的强化理论认为，行为者为了达到某种目的，会依据自身所处环境采取相应行为，当这种行为所产生的结果对行为者有利，此种行为就会反复出现，如果此种结果对其不利，那么这种行为就会减弱或消失，从而达到强化或激励行为者的效果。[1]

---

① 赵平.组织行为学[M].北京:北京理工大学出版社,2021:133-134.

所以社会力量在参与新型阅读空间建设的过程中,如果结果达到了他们所要的预期,就会希望从中得到一些奖励,比如奖金、赞扬等。所以对于在建设中作出重要贡献的社会组织和个人要对他们进行激励,增加他们内部的凝聚力和信心,提供更好发展的动力,以及让他们作为一个标杆,去影响更多的人,这样有利于形成积极的引导作用。通过参与各项奖项的评比,也可以扩大项目和地域的知名度和影响力,让更多的人了解到嘉兴新型阅读空间建设的成果,形成更大区域范围的影响。对于没有获得奖项的社会组织或个人也能激励他们去学习,去创新,去提升。这些对于新型阅读空间的整体建设和发展都是有利的。

(六)建立第三方评估机制

要形成良性的市场竞争环境,就要建立一整套系统和完善的社会力量参与新型阅读空间建设的考核体系。《民政部关于探索建立社会组织第三方评估机制的指导意见》中指出,要着力建立第三方评估的体制机制和政策保障,使第三方评估成为政府监管的重要抓手,成为社会监督的重要平台,成为社会组织加强自身建设的重要动力,促进社会组织在经济社会发展中发挥更大作用。同样在社会力量参与阅读空间的建设时,需要进行公平、公开、公正的评估,有利于形成良好的市场竞争,使更多社会组织或个人通过加强自身建设,提升业务技能,提高服务水平,从而参与到建设中。[①]

第三方机构对于社会力量参与新型阅读空间建设情况、活动参与情况、资金投入情况、服务提供情况等做出评估。一是对参与过程细则要有评估,例如在某次活动中,人力和物力的投入比例与社会效益之间的正反比,所投入服务的质量、参与者的满意程度以及馆方的满意程度的调查。二是对参与成员认真程度以及专业程度的评估,以及社会力量在整个活动中的参与率。定期对参与合作建设的社会力量进行考核和评估,决定其是否有能力和是否符合要求继续参与发展建设。在评估过程中对社会力量进行评价,同时也是在帮助社会力量找出自身问题,改善资源配置,提高服务水平,完善合作机制,有利于社会力量更好地履行职责。

---

① 朱祥仙.城乡一体化公共图书馆服务体系的建设探索和未来展望——以嘉兴市图书馆为例[J].河南图书馆学刊,2011,31(6):38-40.

特色图书馆:助推乡村振兴战略实施

——浙江省德清县社会力量参与新型阅读空间建设调研报告

内容提要

  浙江省德清县新型阅读空间的调查。德清县通过打造"公共阅读、名家领读、分散阅读、裸心阅读、乡土阅读"五大阅读品牌创建新型阅读空间。主要围绕德清县全民阅读工作的总结、社会力量参与新型阅读空间的案例、新型阅读推广模式创新、德清县图书馆建设所存在问题及对策建议等内容展开。德清县新型阅读空间建设中发挥社会力量参与开展"驻馆作家"的活动和镇(街道)特色分馆建设与文旅融合独具特色,其中乾元镇获评浙江省"书香城镇"称号,蠡山村、中兴社区获评浙江省"书香村落(社区)"称号,莫干山居图获评浙江省"书香企业",其如何利用社会力量参与新型阅读空间的建设模式具有参考价值。

  近年来,德清县以"倡导全民阅读,打造书香德清"为目标,以县图书馆为龙头,通过实施"公共阅读、名家领读、分散阅读、裸心阅读、乡土阅读"五大阅读品牌,寓读于学、寓读于乐,全面创新全民阅读方式,全力提高公众阅读兴趣,在全县形成了"多读书、读好书"的良好氛围。随着全民阅读活动的不断深入,读者对德清县图书馆的黏度也逐年增强,实现平均每年接待读者超百万人次,连续几年被县财政局列为公共财政绩效典型单位。德清县图书馆2015年被评为全国最美基层图书馆,是全省唯一获此荣誉的基层图书馆;2019年被中国图书馆学会列入"全民阅读示范基地"。

一、全民阅读工作总结

(一)立足新馆,主推"公共阅读",培养阅读兴趣

  德清县新图书馆总投资约1.5亿元,于2014年1月建成开放,建筑面积10243平方米,全馆设计藏书60万册,数字资源总储存60TB,窗口座位700个,多功能的区域规划、人性化的服务设施、生活感的阅读方式为读者带来全新的借阅体验,成为市民关注的焦点和热点,平均年接待读者100万人次、图书流通100万册次,年数字资源访问量140万人次,到图书馆读书自修已经成为德清人生活的新时尚。

  为进一步拓展"公共阅读"空间,德清县图书馆不断尝试新举措,一方面,联合县新华书店推出"彩云跨界"便民悦读服务,读者只要持读者证,或已绑定读者证的身份证便可直接前往新华书店借阅喜欢的新书。只要所选图书单价不超过200元,且图书馆藏复本数少于6册,便可进行借阅,每人借阅数量不超过4本。改变以往由公共图书馆馆员采、编、藏、借的服务模式,避免出现读者"借不到好书"和馆内藏书无人借阅的"尴尬",实现公共

文化服务与群众需求有效对接。另一方面,以实施浙江省第三批公共文化服务示范项目为契机,推进乡镇特色分馆建设,激发乡镇读者去特色图书馆阅读的积极性。截至目前,已建成特色分馆 6 家,分别是莫干山民国图书馆、新市古镇图书馆、钟管蠡山民俗图书馆、下渚湖湿地图书馆、乾元修吉堂国学图书馆和雷甸水产图书馆。总面积 2340 平方米,投放资金 810 万元,其中镇(街道)540 万元,主管局 270 万元。

(二)注重借力,实施"名家领读",引领高端阅读

名家是极其珍贵的文化资源,一位名家就是一本巨著,就是一座讲堂。德清自 2014 年以来,推出了名家讲座品牌"春晖讲堂",即通过邀请著名作家在德清驻馆,举办一系列读者活动,推介县域特色,推动全民阅读,实现公共图书馆服务地方惠及读者的理念。图书馆先后邀请阎崇年、梁晓声、葛剑雄、郭初阳、徐迅雷、傅国涌等名家来德清作讲座,深受读者欢迎。在此基础上,德清县图书馆在国内基层图书馆中首创"驻馆作家"模式,邀请著名作家在德清驻馆,"驻馆"时间一般为一周左右,除了安排一场"春晖讲堂"外,还走进学校,与师生座谈交流文学、历史、阅读和写作,参与"与名家面对面"等多项活动,图书馆还利用微信公众平台,向粉丝推送名家访谈,实现了名家活动效益最大化。图书馆成为"作者之家、书友之家",拉近了作家、读者、图书馆三者之间的距离,得到社会各界一致好评。特别是驻馆作家王家新教授的"春晖讲堂",创新尝试了首场全球微信直播,网上与网下互动,当时有 31824 人次在线观看讲座。在名家的带领下,德清高端阅读群体正在不断壮大。2016 年,德清图书馆以"驻馆作家"引领高端阅读这一做法,得到时任副省长郑继伟等多位领导的批示表扬。

(三)借助互联网,整合"分散阅读",打造德清阅读节

2016 年,德清文广新闻局推出了"文化修身"行动,重点开展"德清阅读节、德清跑步节和德清家风节"。"德清阅读节"借助大数据和互联网,把"分散阅读"纳入全民阅读推进计划,以超星移动图书馆为技术平台,吸引大家利用碎片时间阅读。读者只需关注"德清县图书馆"微信公众号,登录"移动图书馆"模块或下载"德清移动图书馆"App,阅读电子书便可参与活动。德清图书馆在微信公众号上设立"阅读榜",根据参与者的阅读量定期发布阅读排名,并对周榜、月榜、季榜和年榜名列前茅者分别予以奖励,为防止恶意刷数据,获奖者通过抽签产生。以"分散阅读"为主要特征的"德清阅读节"创新了传统意义上的阅读方式,当读者打开手机、电脑等阅读器,都是阅读节的现场,使得每一天都是阅读节。

(四)借力企业,推行"裸心阅读",倡导深度阅读

"裸心阅读"就是让读者暂时放下手机,捧一本好书,静静阅读,浸润于书香,裸心面对自己。根据"裸心阅读"规则,参加"裸心阅读"的读者须把手机、阅读器或者 iPad 等电子产品交给图书馆工作人员暂时保管,并且定制"裸心"时间,可为 1 小时,3 小时,3 个小时以上的,图书馆提供免费午餐或晚餐。为保证"裸心阅读"质量,图书馆专辟了"裸心阅读区",供参加活动的读者进行阅读。"裸心阅读"一般半个月为一期,半个月后,根据读者"裸心阅读"累计时间进行排名,分别予以奖励。此项活动得到了安缇缦、"金都·阳光田园"等社会企业的大力支持,如:与洋家乐"安缇缦"合作,推出"来图书馆裸心,去安缇缦舒心"口号,每期"裸心阅读"之冠将获得其价值 2500 元住宿券一张。由于"裸心阅读"触及

了现代人为电子产品所困的境况，一经推出便得到了广大读者的欢迎，实现了图书馆、企业和读者三赢，有力引导了读者深度阅读。

（五）留住乡愁，开辟"乡土阅读"，在行走中读"史"阅"人"

"乡土阅读"活动以"走乡村、读乡村、爱乡村"为主要内容，倡导人们不仅要从书籍上寻求知识，也应走出书本，融阅读于行走，从脚下发现乡土文化之美，感怀乡土真情。德清县图书馆从德清的地理文化现状出发，设计了莫干山水、英溪风情、防风湿地、钟洛文化和古镇新貌五条阅读线路，组织读者全面了解德清县的乡土文化和地理历史，实现观景、读史、识人相结合，参加乡土阅读的读者要交一篇读后感或摄影作品、绘画、篆刻等文艺作品。

随着乡土阅读活动的深入，一些镇（街道）在开展文化节庆活动时，会邀请德清县图书馆乡土阅读团队参与，从而进一步宣传节庆活动。如推出的"英溪和乡愁"乡土阅读活动，采取走读、琴韵、茶香相结合，浙江日报、浙江卫视等媒体竞相报道，取得了良好的效果。还有篆刻、绘画等作品，激发了读者爱家乡爱阅读的情感。

（六）加强信息化服务，"四化四延伸"，打造"最美图书馆"

1. 从"持证化"向"无证化"延伸

一是一证通借。读者只需携带身份证和100元押金即可在总馆和任何一个分馆办理读者证；通过读者证和身份证号的关联，可以凭读者证或身份证其中之一，实现总馆及任何一个分馆图书通借通还。

二是电子证件。为了解决读者忘带读者证或身份证而往返的问题，德清图书馆进一步优化服务流程，加大高新技术应用，推出二维码电子证、虚拟读者证、支付宝信用证等多种身份认证方式。读者只要将已办理的读者证和电子证关联，或者开通虚拟证、信用证就可以享受无证借阅图书或者浏览下载图书馆的各类数字文献等各种服务。

三是"免证"借阅。开通信阅服务，全县读者只要关注支付宝"图书馆信用服务"，用身份证号选择登录德清县图书馆，便可以享受浙江省图书馆百万藏书的在线免费借阅服务和刷脸服务。通过刷脸，读者可以在无证情况下，在图书馆进行刷脸认证，实现刷脸借阅图书。

2. 从"免费化"向"品牌化"延伸

一是开展"我展你看引你往哪读"活动。在德清移动图书馆App中开设清廉文化模块，并在外借中心设立清廉文化专柜，引导读者关注清廉文化阅读，加强道德修养。同时在官网及微信公众号推出"活动早知道"预告展，"微文化"地方文化展，新书阅读推荐展，引导读者有针对性地选择阅读。举办主题展览，吸引更多的读者参与，强化读者的阅读热情。

二是开展"你点我找让你省心读"活动。引进盘点机器人，通过机器人自动盘点，把图书架位信息自动扫描入库，并以三维图像的方式在检索界面形象显示，方便读者找到所需书籍。同时读者也可以通过检索，获得纸质文献对应相关数字文献的内容。

三是开展"你荐我买让你省钱读"活动。以纸质荐购单、网络荐购等方式荐书，与新华书店合作开展你借书我买单、无押金信阅借书等图书购荐活动完善资源采购，依托德清县图书馆同浙江省内公共图书馆所建立的文献资源共享关系提供馆际互借服务，最大限度满足读者获取各类文献资源的需求。

3. 从"纸电化"向"智慧化"延伸

一是夯实数字资源服务。根据信息化时代市民对数字阅读的新需求，进一步加强信息化服务平台和数字资源建设。德清图书馆通过德清数字图书馆、德清智慧图书馆平台，提供 22 种 167TB 的自购数字资源本地服务和 15 种中文、20 种外文数字资源共享服务，以及全省范围内的电子邮件文献传递服务，让市民不出家门就可享受线上海量的数字资源。[①] 引进有活动特色的数据库服务厂商，开展数字资源推介活动，并开展"三个一"活动，一个月去一次社区（村）、企业、学校，进行数字资源推广。

二是打造泛在服务平台。将政府机关、学校、医院等单位 IP 加入免认证范围，只要打开网站就可以通过统一检索系统轻易获得所需资源。同时在图书馆分馆、居民社区、大型企业、村文化礼堂等场所，放置电子资源借阅机和各种服务平台的二维码，方便本地居民、村民随时随地地浏览、下载各类数字资源。

三是开展掌上阅读服务。结合德清移动图书馆 App，开展德清阅读节活动，并结合"扫码看书、百城共读""21 天阅读计划"等，每月、每季对参加德清阅读节的读者给予排名奖励，激发读者数字阅读兴趣。

四是打造微信图书馆。读者只需关注德清图书馆的微信公众号，通过绑定读者证，就可以查询馆藏资源、续借图书、与其他读者转借图书，扫码（无证）借还图书，扫码荐书。同时可以使用微信公众号上的数字资源，观看"春晖讲堂"视频，进行活动报名、无线认证等操作，便捷地参与图书馆活动。

五是打造智慧图书馆平台。引进 AI 馆员。读者可以与 AI 馆员进行交流，并享受普通咨询和帮助查找图书等；建设德清智慧图书馆系统，在对图书馆数字资源、纸质资源等资产进行统一管理的基础上，实现读者阅读行为的个性分析，并根据读者的借阅爱好，进行个性化信息推送。

六是实现总分馆业务的智慧化管理。建设德清图书馆智慧墙信息管理系统，通过实时收集总馆、分馆、城市书房的到馆人次、图书借阅、活动情况等，通过大数据分析，生成各种图表，便于掌握各场所的服务效率和文献借阅情况等，实现科学管理、科学调度文献、合理安排读者活动，为分馆和城市书房所在居民提供更加精细的服务。

4. 从"城市化"向"全域化"延伸

一是打造最美县城图书馆，以先进的设备，"免费、平等、全民共享"的开馆理念，智能化、人性化和多样化的服务方式，借助"驻馆作家""春晖讲堂""德清阅读节"等特色活动品牌，寓读于学、寓读于乐，在全县形成"多读书、读好书"的良好氛围。年接待读者 100 多万人次、年借阅 100 万册次、年开展活动 360 余场次，图书馆成为市民宁静的课外学习场所、舒适的文化休闲场所、开放的社会参与场所。

二是建设"不打烊"城市书房。在城区建设城市书房，突破县图书馆服务时间和空间的局限，不仅为群众提供全天候 24 小时文化服务场所，更是一座城市的靓丽文化街景。

---

① 李伟胜. 县级公共图书馆信息化建设的思考与实践——以德清县图书馆为例[J]. 内蒙古科技与经济，2015（13）：157-159,161.

它们以精致的装修、合理的布局、丰富的服务内容、便利的地理位置,受到广大市民的热烈欢迎。

三是创新基层特色馆。逐步实现图书馆服务均等化,以特色分馆为抓手,带动镇(街道)人气、带活场所,带升内涵,带动当地阅读风气。德清县文广新局和有关镇(街道)合作,采取共同建设、委托管理的形式,以需求为先导、特色为品牌、服务为内容,整合资源,强化优势,推进乡镇特色图书馆建设,创出了一条具有德清特色的总分馆体系道路。

四是延伸全域流通点。根据全县各行各业的需要,在民宿、企业、学校、社区、政府部门等建设图书流通点,并对条件成熟的流通点实行通借通还。

二、社会力量参与阅读推广案例

近年来,德清县图书馆在主管局的大力支持下,运用市场资源,依靠社会力量,以活动强化运行服务,以品牌引领读者活动,以成效提升活动品牌,读者活动品牌成为图书馆的一大优质资源,扩大了公共图书馆的影响力。2015年4月12日,德清县图书馆在全国首创"驻馆作家"项目正式启动,著名作家蒋子龙接过德清县图书馆"驻馆作家"聘书。德清县图书馆每年邀请8至10位海内外有影响力的作家驻馆一周,通过讲座、座谈会、读书会等形式传播其文化理念,并与本地读者进行良好互动,以此传播文化、启发读者、宣传德清。截至2020年12月,已邀请蒋子龙、刘醒龙、苏沧桑、何建明、张抗抗、潘向黎、何平等28位作家、学者、教授驻馆,举办活动73场,参与人数24090余人次。驻馆作家离开德清后纷纷刊发含有德清元素的作品,如苏沧桑发表《德清是一个人》,李琦应德清县图书馆馆刊《问红》之约书写《莫干山下,书之德,人乃清》,张抗抗写下《凝视德清——外婆老家人的性格衍变》,潘向黎发表作品《莫干茶 莫干水》等。驻馆作家项目的实施,推动了全民阅读,实现了公共图书馆服务地方惠及读者的理念。[①]"驻馆作家"的主要做法如下。

(一)巧妙借力,精诚合作

借助名家效应,把最鲜活的文化和读书理念传递到基层,更好地激发读者的阅读激情。自2013年起,德清县图书馆就开始实施"春晖讲堂"项目,邀请阎崇年、梁晓声、葛剑雄等名家举办讲座。在此过程中,一方面,图书馆与一批有社会责任感的作家、教授建立了紧密联系,建立了人才库、智囊团,为实行驻馆计划积累了丰厚的智力资源和思想文化资源;另一方面,德清县图书馆还与全美中国作家联谊会合作,充分发挥其人才资源优势,有序推进驻馆计划,主动向活跃在创作一线的知名作家及茅盾文学奖、鲁迅文学奖获得者发出邀请。在全美中国作家联谊会的帮助下,著名作家、中国作家协会原副主席蒋子龙成为首位驻馆作家。

(二)积极谋划,精心组织

名家驻馆时间一般为一周。结合读者意见和需求,与驻馆作家、学者、教授等进行深入沟通,明确其驻馆期间"四个一"工作任务,即做客"春晖讲堂"做一场报告、参加一场德清读者"读书沙龙"、创作至少一篇(首)含有德清元素的文章(诗歌)、给德清一所学校文学

① 杨敏红.浙江省德清县图书馆:"驻馆作家"项目开启德清全民阅读新模式[J].文化月刊,2021(4):94-95.

社上一堂课。同时,动员驻馆作家将手稿、签名图书等优先捐赠给德清县图书馆。

（三）多措并举,精准服务

为确保"驻馆作家"项目有序、有效开展,德清县图书馆还会根据名家特点,量身定制优质阅读服务。如颁发荣誉聘书,在馆内专门设立工作室,方便作家写作;提前采购作家作品,开设"驻馆作家"图书专柜,供读者借阅交流;通过微信、报纸等多种渠道,广泛发布驻馆作家个人介绍及活动信息,提升作家影响力;通过召开读者见面会、开设微信访谈,与读者进行深入互动,把各学科、各领域的知识以及最新的思想火花带入市民生活之中。

（四）紧随发展,自我提升

2020年,长三角区域一体化战略进入快速推进期,文旅资源的交流与融合也显得尤为重要。德清县图书馆图新图变,紧随发展步伐,完成自我提升,提出"跨越山与海的阅读"文化概念,"驻馆作家"项目作为其中一项重要内容,承担起文化沟通的工作。同年9月,上海市作家协会副主席潘向黎成为第27位驻馆作家。驻馆期间,她举办读者见面交流会、登上德清县图书馆第71期"春晖讲堂"、安排作品签售会,为德清读者带来别开生面的文化盛宴。"驻馆作家"项目作为德清县图书馆融入长三角一体化发展的有力举措,搭建起了区域间文化交流的桥梁。德清通过"驻馆作家"项目,把图书馆打造成为"作者之家、书友之家",拉近了作家、读者、图书馆三者之间的距离,得到社会各界一致好评。"驻馆作家"项目获得2016年全国全民阅读案例一等奖,并得到省、市、县主要领导批示表扬。经过近七年的打磨,在名家的带领下,德清高端阅读群体正在不断壮大,在县内迅速掀起了新一轮"好读书、读好书、善读书"的风尚,并取得了良好的社会效果。

（五）好读书、读好书,读者走进图书馆

名家是极其珍贵的文化资源,一位名家就是一本巨著,就是一个讲堂。名家密集地到德清讲学,不仅在德清本地引起轰动,让本地读者能享受到高规格的文化大餐,而且也引起了外界的高度关注,杭州、嘉兴等周边城市读者也纷纷慕名来德清听讲座,与名家见面。"驻馆作家"项目实施以来,图书馆读者人数和活动数量迅速增加,各类书友会、阅读节等先后启动,阅读习惯蔚然成风,去图书馆借书阅读、听音乐、听讲座成为广大市民的生活时尚。

（六）住德清、读德清,作家走进基层

"驻馆作家"项目改变了以往单向传播方式,让名家与本地读者进行良好互动。名家驻馆期间深入山水古迹,领略德清自然风光,考察采风,并进行创作。驻馆不仅给作家提供了一个讲学平台,还使其有机会深入体验地方特色文化,并融入写作中去。蒋子龙在接受《浙江日报》采访时说:"德清多好,它是中国道德的一块高地——很荣幸在这个'高地'上说一说,坐一坐,当一名驻馆作家是件很体面的事情,因为图书馆是一个作家的老窝,是一个作家的收留之地。"

（七）写德清、传德清,德清文化"走出去"

实施"驻馆作家"项目打开了一个推介德清的新窗口。《人民日报》《浙江日报》以及中国新闻网、新华网、中国文明网等30多家主流媒体对德清"驻馆作家"项目进行报道,名家的文字力量成为宣传德清的独特载体,极大地提升了该县的美誉度和文化辐射力。德清县图书馆在全国首创"驻馆作家"模式,推介德清县县域特色,引领德清县乃至周边县市读者聆听名家讲课、互动交流等多元化的高端阅读方式,以全新的服务理念推动文化惠民,有效地开启了县域全民阅读。

三、德清县阅读推广模式创新

(一)文旅融合下德清县镇(街道)特色分馆建设情况

德清县特色图书馆建设的思路起源于公共文化服务均等化要求和德清县打造美丽城镇的大背景。为缩小城乡差别,逐步实现图书馆服务均等化,县图书馆班子就谋划如何将乡镇图书室盘活、升级,同时,积极融入德清"美丽城镇"建设,提出了以特色图书分馆提升小镇文化品位课题,并以莫干山镇文化中心图书室作为试点进行打造。

与此同时,在著名避暑胜地莫干山景区的带动下,德清环莫干山洋家乐、民宿呈雨后春笋般破土而出。环抱景区的莫干山镇,旅游人气旺盛,再加上莫干山镇丰富的民国资源,适时提出"全力打造民国风情小镇"的口号,并且进行了规划,正在寻找民国元素的经济文化项目。

2014年底,图书馆的计划与莫干山镇政府"全力打造民国风情小镇"的计划不谋而合。莫干山镇党委政府积极支持建设民国图书馆,提供房子和装修,将黄郛建于1932年的莫干山小学礼堂和原镇图书室的3间房子作为馆舍。县图书馆将特色分馆的功能定位在"服务于当地特色小镇建设、满足当地读者以及流动读者的阅读和文化活动参与需求"。莫干山民国图书馆建成后,吸引了大量读者游客,年均到馆人次近20万,并逐渐成为当地的一个旅游景点,成为公共图书馆文旅融合的样本。

德清县政府从每年1000万元的县文化发展专项资金中拨出专款专用,大力支持图书馆特色分馆建设。从2015年初开始,围绕"书香德清"和特色小镇建设,德清县文广新局和有关镇街道合作,采取共建委托管理的形式,以需求为先导、特色为品牌、服务为内容,整合资源,强化优势,推进乡镇特色图书馆建设,创出了一条具有德清特色的总分馆体系道路,为推进公共图书馆文旅融合服务做出了积极的尝试。2015年11月,"书香德清——以特色分馆建设带动公共文化服务均等化"被列入浙江省第三批公共文化服务示范项目,并得到国家新闻出版总局领导的肯定。

截至目前,已建成特色分馆6家,分别是莫干山民国图书馆、新市古镇图书馆、钟管蠡山民俗图书馆、下渚湖湿地图书馆、乾元修吉堂国学图书馆和雷甸水产图书馆。总面积2340平方米,投放资金810万元。乾元镇获评浙江省"书香城镇"称号,蠡山村、中兴社区获评浙江省"书香村落(社区)"称号,莫干山居图获评浙江省"书香企业"。特色分馆为小镇读者服务、为外来游客服务,已成为特色小镇的一个亮点,成为德清县公共图书馆服务体系中的一个亮点,成为一张张具有辐射力和影响力的文旅名片。

(二)文旅融合下德清县镇(街道)特色分馆建设主要做法

1. 精准定位,融合文旅

德清特色分馆建设不搞全覆盖,不搞一刀切,而是以需求为导向,成熟一个推一个,强力推进,以求精品。一方面,在定位上,特色分馆建设注重与当地文化特色相结合,尤其是与当地优秀传统文化的弘扬发掘相结合,打破了由上至下根据一个模子建图书分馆的做法,使得镇(街道)图书馆服务更聚人气、更接地气、更连历史。如借力莫干山镇党委政府以"民国风情"为特色打造国际休闲旅游小镇,打造了民国图书馆;依托蠡山景区和婚俗博物馆,建设了一座水乡风情浓郁的民俗分馆;依据乾元镇人才辈出,曾有五世翰林、一门三状元及俞樾、俞平伯等名人,国学历史深厚的情况,建设了国学图书馆。这些特色分馆都和当地文化、旅游特色相结合,带动了公共阅读,带动了一个镇(街道)的文化建设。另一方面,在建设上,采取分工协作、合力推进,特色分馆以镇(街道)需求为导向,提供初步馆址,经县图书馆实地踏看,如符合标准,会同本地专家、学者提出指导意见,再由当地镇(街道)按功能要求进行建设装修,图书馆进行软装、书架家具、信息化设备和图书、数字资源等建设购置,建设完成后由县图书馆派员管理运行。

2. 精确设计,彰显个性

一是建筑有特色。目前已运行的 5 家特色图书馆都是老建筑。如民国图书馆坐落在建于 1932 年的莫干山小学礼堂,馆内彩色玻璃窗、木质桌椅、铁艺枝灯,无不透露出浓郁的民国风情;蠡山民俗图书馆位于钟管镇蠡山景区,由旧有民房改建而成,为两层砖木建筑;国学图书馆建在清徐氏五世翰林旧居修吉堂。这些礼堂、民居、清朝大宅院,经装修后,既保留原有特色,又兼具现代图书馆功能,形成独特的风格。二是资源有特色。各图书分馆根据特色定位,采购不同的图书、数据库。比如民国图书馆的采购以民国类图书为主,采购了"民国期刊数据库";民俗图书馆以民俗类图书为主,尽量将图书资源融入当地的村民读者生活中。三是活动有特色。民国图书馆依托莫干山,经常组织开展走读莫干山、参与民国风情小镇的活动;民俗图书馆在端午等民俗节庆的时候,开展相关民俗活动;乾元国学图书馆开设国学讲堂等。

3. 精心管理,提升效益

在人员上,特色分馆按需求配置工作人员,馆长由县图书馆派驻,与镇(街道)文化中心联合发文聘任,联合考核。馆长需承担四项工作职责,一是带动当地居民及游客阅读,二是开展阅读推广活动,三是收集地方文献,四是兼管村级农家书屋、图书流通点以及村级图书室,尽可能发挥作用,提高图书馆的流通率。为更好地服务读者,每个分馆按实际需求,由县图书馆招聘或选聘 1～2 名员工,镇(街道)提供劳务费用,如遇节假日人手紧张,县图书馆还可调配人员,保证开放运行。在机制上,先后出台了《德清县公共图书馆服务一体化建设管理办法》《德清县公共图书馆服务一体化建设绩效考核细则》《德清县图书馆活动流程管理制度》等相关制度,规范特色分馆建设和运行。

(三)德清县镇(街道)特色分馆——民国图书馆建设方案分享

民国图书馆是为进一步增添莫干山镇民国风情的民国文化元素,丰富广大游客和本地居民的文化休闲生活,由德清县图书馆联合莫干山镇政府在莫干山镇设立的。民国图书馆的功能定位、建设方案、人员资金安排具体如下。

1. 民国图书馆定位及功能布局

民国图书馆设立在镇文化中心的黄郛礼堂内,面积约 100 平方米。该馆作为一家主题图书馆,主要以收集、陈列民国文献资料为主,同时提供面向普通大众的书刊借阅服务;它既是研究德清民国历史的研究机构,也是德清公共文化服务体系中服务基层的重要节点,也将为民国风情小镇注入更多的文化内涵,它的建设具有重要的现实意义。馆内主要分为两个功能区。一个区域放置展示柜,陈列展示各类民国文献资料,主要供游客参观和相关人员资料的查阅等。另一个区域配置书架、报纸杂志架和少量的阅览座椅,放置图书、报纸杂志等纸质文献,该区域以 24 小时无人值守的形式面向广大居民,提供图书的借阅服务,并与县图书馆实现读者一卡通,图书通借通还。为方便两区域的管理,两个区域之间用装饰性的材料隔断。

2. 民国图书馆建设职责分工

县图书馆负责提供各类纸质文献和数字资源,以及日常的开放管理,主要包括:①提供一定数量的民国书籍、报纸、杂志以及其他的图片资料等;②购买民国期刊数据库以及相应的展示设备等;③1 万册图书,若干杂志报纸等;④相应的书架、阅览桌椅等;⑤一套无人值守的软件、图书自助借还设备、门禁系统、监控系统、网络设备、电脑等;⑥下派一名管理人员负责日常的开放管理。镇政府负责馆内的装饰装修,周边环境的美化以及日常的电、网络的接入等,主要如下:①黄郛礼堂室内的装修,装修方案由两家单位共同参与,委托有资质的公司专门设计;②室内强弱电的综合布线以及互联网光纤接入;③游客和读者进馆通道的整修;④开馆后协助图书馆日常管理等。

3. 建设资金安排及预算

县图书馆投入 60 万元,主要用于图书、民国期刊数据库、图书资助借还、网络设备、电脑、书架、阅览桌椅的购买和文献的征集等;镇政府投入 33 万元,主要用于室内装饰装修、10M 光纤接入、强弱电综合布线等。

(四)文旅融合下德清县镇(街道)特色分馆建设实施效果

1. 带动性

一是带动了人气。人气是硬道理,特色分馆实行定期免费开放自助服务。以其时尚的定位、深厚的历史和优质的服务,带动阅读人气。如莫干山民国图书馆自开馆以来,每周开放 6 天,到馆人次均在 4000 左右。二是带活了场所。以特色分馆建设并由县级中心馆派驻馆长负责运行来强化村级图书室服务功能。分馆工作人员每月都会走访村、社区、学校等,如蠡山民俗图书馆曾走访蠡山幸福邻里、村委,并与他们联合开展了全民阅读月活动,下渚湖湿地图书馆曾走访下渚湖二都村流通点、三合幼儿园等,不定期开展阅读交流活动,改变了农家书屋、村图书室门可罗雀的现象。三是带升了内涵。特色分馆在规划建设时就融入了当地的文化特色和文化定位,在开放运行时,更是围绕这一特色开展服务,提供成果,有效带动德清地方文化特别是文献收集、保存、研究等工作。如民国图书馆为镇上保存莫干山文献最集中的地方,下渚湖湿地图书馆、新市分馆不断收集到欧阳习庸的《武康道光县志》《痕迹》《寒梅齐集续》《仙谭竹枝词》等。随着德清县乡镇特色图书分馆建设的推进,全县的人文历史文化定位得到进一步凸现。

2. 融合性

一是融入旅游资源。特色分馆以鲜明的个性融入特色小镇建设,成为小镇建设的一大靓丽景观,丰富了小镇旅游资源,在开放运行后,成为当地人气最旺盛的地方。如莫干山民国图书馆,坐落在镇中心庾村广场,与莫干山交通馆、莫干山乡村振兴 VR 馆纳为一体,成为该镇旅游观光线路上一个站点,观光团来到莫干山,都会进馆参观小憩,体验该馆特色与功能;下渚湖湿地图书馆二都防风小镇、下渚湖景区,成为游览下渚湖景区游客休闲、阅读的好去处。二是融入节庆活动。特色分馆开馆以来,在小镇举办重大节庆活动时也积极深度参与,对当地的文化推进与旅游发展产生了良好的吸引力与有目共睹的影响力。如在莫干茶王赛期间,民国图书馆是专家鉴茶之所,同时提供茶文化书籍推介,融书香与茶香的图书馆为茶王赛增添了一抹靓丽风景。

3. 导向性

一方面,特色分馆的建设拓展了传统图书馆内涵和外延,图书馆成为一个镇(街道)的文化地标,发散着文化功能,同时特色分馆与咖吧、茶吧等功能相结合,对于图书馆的发展具有明显的导向性。如下渚湖湿地图书馆里设置了经营茶、咖啡的功能,游客游玩景区过程中可以在二楼的休闲区域品茶、听音乐、观景,放松心情,经营者又可以承担图书馆工作人员的职责。另一方面,特色分馆一直得到业界和媒体关注,众多专家学者莅临指导,或捐赠著作,或受邀担任学术导师,令特色分馆辐射面越来越广,影响日益增大。

(五)文旅融合下德清县镇(街道)特色分馆建设的启示

1. 特色图书分馆成为提升群众幸福感的有效载体

随着国民生活水平的提高,物质方面的刚性需求基本解决,人们的追求转向了品质生活的精神追求,而公共图书馆是城市化的产物。相比县城、镇(街道)、村的公共阅读需求和供给严重不平衡,农民精神文化生活的获得感、幸福感缺失。近年来,在县财政转移支付的大力推动下,镇(街道)打造特色小镇的积极性空前高涨,乡村不再是封闭的"三农"之地,而是参与都市循环,满足人们亲近自然、寻找乡愁、感受乡情的空间。越来越多城市人群到乡村享受田园生活,在山水田园之中放松自己、呼吸大自然的清新空气,摒弃都市的喧嚣,感悟乡村浓郁的人文历史文化,镇(街道)特色分馆恰好迎合了这一需求。如民国图书馆刚建成开放两个月,每周接待读者(游客)达 4000 人次,有 15% 的人会坐下来阅读、浏览数据库,享受阅读的乐趣。

2. 特色图书分馆成为推动文旅融合发展的有力帮手

特色分馆的建设,接地气、有特色,有利于提升特色小镇的文化魅力,与特色小镇相得益彰,而随着特色小镇旅游的不断旺盛,进一步带动特色图书分馆聚人气、推阅读。两者优势互补,不断推动文旅深度融合。

3. 特色分馆建设必须因地制宜高质量推进文旅融合

立足地方文化和乡愁情怀,结合区域特色,认真研究当地镇街道的生态环境特色和人文历史文化,依托独特的地域文化、乡土民俗、历史遗存、传统工艺等,打造情调韵味浓郁、旅游业态鲜明、人文气息浓厚、生态环境优美的风情小镇,以提升品牌形象度、社会效益共享度、配套设施完善度、社会力量整合度。

4. 文旅融合需要政策引导以形成多元主体的发展格局

浙江是文化大省,也是旅游大省,在推动文旅融合转型升级过程中,在提升资源整合能力、机制创新能力方面的重要性愈发突出,政府引导是未来一段时间内文旅发展的趋势;文旅融合不仅是大势所趋,也是在"读万卷书"与"行万里路"的文化远景下,具有文灵魂的创新,文旅融合是深入人心的理想生活,满足人民群众对美好生活的向往和追求。基于特色分馆建设是一项新的工作,每一步都没有先例可循,需要围绕项目宗旨和任务,以认真负责的精神,进行探索实践。唯有如此,才能实现接地气有特色、聚人气推阅读,形成文旅结合在图书馆行业的应用场景,总结经验,示范推广。

四、德清县图书馆建设存在问题

虽然德清开展了形式多样的全民阅读活动,运用市场资源,依靠社会力量,以活动强化运行服务,以品牌引领读者活动,以成效提升活动品牌,扩大了公共图书馆的影响力,有力地推进了全民阅读,但也存在一些问题和不足。

(一)活动的持续吸引力需加强

有些活动在长时间开展后,可能会令读者产生审美疲劳,不像开始时那么吸引人。另外,图书馆有丰富的文献资源、技术资源,但受众面有局限性,人脉资源也不广,导致有些阅读推广活动效果不理想。

(二)全民阅读协调机制有待完善

全民阅读工作涉及面广,目前还没有建立全民阅读协调机制,无法形成合力,长期、持续深入开展全民阅读活动动力明显不足,科学考量全民阅读模式、活动、评价的绩效考核指标体系还不健全等。

(三)网络阅读平台作用还需充分发挥

据调查,市民最喜欢的阅读媒介前三位依次是互联网、图书和杂志。网络阅读方便、快捷,但目前适合各类人群的网络阅读平台还没有完全建立起来,无法与群众的阅读喜好建构良性互动关系。

五、德清县图书馆建设对策建议

(一)充分发挥图书馆阅读主阵地作用

充分利用图书馆报告厅、培训教室、展厅等丰富的场地资源,开展"春晖讲堂"讲座、"美好影音 周末相约"公益影院、"品质德清 优雅生活"休闲系列等活动;自由组合的展厅可以开展各种艺术展览活动;三楼读者沙龙区可以组织读者沙龙,以七大民俗节日为载体开展"我们的节日"主题活动,以活动带动阅读;视听室可以举办影迷的观影活动;还有各个相关部室可以参与策划读者活动,如外借室的馆员荐书、时尚沙龙,少儿室的亲子活动、手工坊、信息技术部的数字资源推荐等活动。

(二)继续完善五大阅读品牌

深化公共阅读、分散阅读、共同阅读、裸心阅读以及乡土阅读五大品牌阅读,使全民阅读网络深入社会的方方面面,贴近社会生活,贴近百姓生活,使德清成为阅读深耕区,每一天都是阅读节。品牌不坚持不出新,就等于没有品牌。坚持活动品牌化,给活动的策划推介组织开展总结提升,能够为品牌带来高的认知程度,也为项目化提供了一个基础。有了品牌以后,更加要精心打磨。比如驻馆作家项目,事先精心拟订方案,报作家本人审阅,沟通,以求发挥该作家的最大作用;进驻以后,悉心做好接待,安排好他(她)的活动,把作用发挥好;离开后,又要予以关注,保持经常联系,使他们愿意推荐更有影响力的作家,愿意宣传德清。品牌活动不是一个单独的活动,而是一组活动系列,需要成规模、长期地做,在品牌的引领下,才能做出成效。

(三)实施阅读推广＋的概念

在发挥德清县图书馆阅读主阵地作用基础上,拓宽思路,积极整合各方资源,通过和社会单位合作,构建志愿者服务体系等方法,挖掘更多的优秀资源加入图书馆阅读推广队伍,使阅读推广普及面更广、受众面更多,实现"阅读即日常,人人都是阅读推广人"的终极目的。同时,解决全民阅读城乡差异化和公共文化服务均等化要求。

(四)通过特色分馆建设带动全民阅读

在镇(街道)有序实施"特色图书分馆",聚集人气,以此带动村图书室(文化礼堂图书室、农家书屋),在镇村层面营造更加浓厚的阅读环境。继续开展图书下乡,展览、讲座进社区、进文化礼堂等活动,让县图书馆现有资源不断输送到农村,实现上下联动,惠及更多百姓,进一步拓展全民阅读范围,在全县形成全民阅读的良好风尚,努力把德清打造成山清水秀、书香浸润的最美县域。

六、总结

德清县以建设"文化和旅游融合发展样板地"为目标,坚持文旅体全域融合发展,在公共图书馆建设方面,围绕"书香德清"建设的总体要求,同时结合德清县打造特色小镇的契机,德清县图书馆推出了镇(街道)特色分馆建设,以图书馆均等化服务助推"书香德清"建设,以特色图书馆建设助推乡村振兴战略是德清图书馆分馆建设的最大特色。

鄞州区公共图书馆:建构城乡 一体化阅读空间

——浙江省宁波市鄞州区社会力量参与新型阅读空间建设调研报告

内容提要

浙江省宁波市鄞州区新型阅读空间建设的调查。主要围绕着鄞州区图书馆、东胜街道、瞻岐镇、邱隘镇等新型阅读空间服务现状调查,从其发展现状、建设举措、存在问题与发展策略等内容展开。其中鄞州区公共图书馆如何打造城乡一体化新型阅读空间,社会力量如何参与其阅读活动建设的研究,具有较大的启示意义。

宁波市鄞州区围绕"打造文化鄞州、建设文化强区"的目标,秉承"全面发展、均衡发展、协调发展、创新发展"的理念,积极构建优质高效的现代公共文化服务体系。鄞州区图书馆于 1989 年单独建制,2004 年 6 月与宁波大学园区图书馆合并,两馆分别隶属于宁波市教育局和鄞州区文化广电新闻出版局,实行"一套班子、两块牌子、统一管理"的运行机制,是国内首创的集高校图书馆和公共图书馆两种属性于一身,实现学术性与文化性并举、传统图书馆与现代图书馆融为一体的新型图书馆。

2020 年鄞州区(大学园区)图书馆累计持证读者达 70 万人,全年接待读者超 92 万人次,外借图书 89 万册次,外借人次 29 万人,新增纸质图书近 9.7 万册,馆藏图书超 263 万册。目前,全区建有镇(街道)分馆 9 家,社区分馆 129 家(其中绘本分馆 7 家),村级分馆 49 家;机关企事业单位、学校、部队等图书分馆 232 家;图书流动点 30 家,24 小时街区自助图书馆 4 家,董书亭智能信阅借还设备 3 台;董书房 4 家,社会力量自建 3 家(宁建集团筑香书馆)。

2020 年 12 月,鄞州区举行首批"阅起来"全民阅读示范镇(街道)创建终期评审会。此创建旨在完善鄞州区现代公共文化服务体系,加快推进"文化鄞州"建设,营造镇(街道)全民阅读氛围,打造"阅起来"文化品牌。经专家组评审团评审,东胜街道、瞻岐镇、邱隘镇获评首批"阅起来"全民阅读示范镇(街道)。2021 年 1 月底,课题组深入鄞州区图书馆、东胜街道、瞻岐镇、邱隘镇等地调研鄞州区新型阅读空间发展现状、建设举措、存在问题与发展策略。

一、所调研地区新型阅读空间现状

(一)东胜街道图书馆分馆现状

东胜街道图书馆位于三江口东岸的东胜街道,有着得天独厚的人文气质和书香优势,既有时尚都市阅读中心宁波书城,又有"海商文化"的重要发祥地庆安会馆。东胜街道通过打造"1+9+X"特色化阅读驿站版图,将全民阅读与地方文化充分结合,借助互动优势,吸引社会力量,实施"城市书房·书香东胜"两个三年行动计划,构建了六大特色书房和五大文化基地的"10分钟书房文化圈"。

（二）瞻岐镇图书馆分馆现状

瞻岐镇地处鄞州东边,是"背山面海中平原"的千年古镇。镇党委、政府高度重视文化工作,先后获得了浙江省体育强镇、浙江省民间文化艺术之乡、浙江省文化强镇、宁波市公共文化示范区等一系列荣誉称号。镇上有始建于清道光年间的岐山书院,亦有闻名浙东的大儒杨霁园,可谓"风起耕读,人才辈出"。瞻岐镇通过健全机制、镇村校三级联动,塑造阅读品牌,彰显阅读成效,打造了乡村特色阅读空间,推动全民阅读氛围的形成。另外,瞻岐镇图书分馆在宁波市文化广电旅游局在全市开展的第三次乡镇(街道)图书馆的评估定级中,被定级为"五星级图书馆"。[①]

（三）邱隘镇图书馆分馆现状

邱隘镇位于宁波市东郊,是一个具有1300多年历史的浙东名镇。全镇面积22.82平方公里,下辖14个行政村、7个社区居委会和1个渔业社,户籍人口4万人,流动人口7万余人。历年来,邱隘镇党委政府都很重视文化工作,先后获得全国文化工作先进集体、全国群众体育先进集体、浙江省文化建设示范点、浙江省文化强镇、浙江省东海明珠乡镇、宁波市文化建设示范点等荣誉称号。邱隘镇图书馆先后被评为宁波市特级图书馆、宁波市十佳乡镇图书馆、宁波市四星级图书馆。2018年该镇启动全民阅读示范镇建设,对照两年规划要求,将创建工作纳入镇政府重点工作,并成立了以镇党委书记、镇长为组长的创建工作领导小组,下设办公室,由宣统委员任办公室主任。邱隘镇以构建"总分馆+特色馆"的运行模式,通过分类推进农家书屋,分层延伸阅读馆(室),打造"小邱读书团"志愿者团队,树立三大阅读活动品牌等举措,实现了阵地、平台和社会力量的融合。

二、所调研地区新型阅读空间建设具体举措

（一）东胜街道图书馆分馆建设举措

近年来,街道以创建全民阅读示范街道为契机,积极营造全域化、全民参与的阅读氛围,一方面,构建"1+9+X"特色化阅读版图;另一方面,全面深化六大"民字号"书房建设;同时,通过举办各类"书香活动",提升全民参与度,营造浓厚的书香氛围。

1. "1+9+X"特色化阅读版图

"1"指街道级图书馆,目前位于书香文化园的图书馆,面积约800平方米,总藏书量在7000册以上。2020年又在财富中心设立1家高品质的城市24小时智能化阅读空间"阅书房",不断满足数字化无障碍借阅需求。"9"指9个特色化社区图书馆,如戎家社区"惇叙"图书馆、泰和社区亲子阅读图书馆、王家社区"同馨"图书馆等。"X"指通过共建共享设置X家特色化阅读驿站,在集盒园区红创空间设置青年阅读驿站,在黑匣子工作室设

---

① 荆英姿.瞻岐镇农村文化建设研究[D].上海:上海交通大学,2010.

置公益阅读空间等。辖区还拥有宁波书城、鄞州区少年儿童图书馆及人民银行宁波支行、宁波四眼碶小学分校、宁波离退休干部服务中心等重点企事业单位图书室 30 余家,总藏书量超过 30 万册。

2. 六大"民字号"书房

东胜街道不断优化"民俗、民星、民悦、民仁、民智、民 E"六大"民字号"书房建设。民俗书房,选址庆安会馆,集民间收藏、民间手工艺、民间艺术为一体;民悦书房,打造一辆"悦活巴士",定期开进学校、养老院、外来务工人员聚居区等,让书房文化丰富他们的生活;民 E 书房,打造民 E 书房特色网站,探索建成百姓随时可看、可读、可查询的虚拟书房;民仁书房,用课堂传知识,借舞台亮特色,凭长廊递新风;民智书房,通过组建各类读书小组,互帮互学,认真开展阅读交流;民星书房,充分挖掘社区草根文化名人和文化资源,先后涌现出读书、书法、摄影、戏曲、茶艺等领域的文化领头雁。

3. 开展各类"书香活动"

(1)"万人读书季"——掀起全民阅读潮流。街道举办各类"书香活动",让阅读更有吸引力,如"万人读书季"等大型主题阅读活动,吸引近 1000 名读者参加书香闯关赛,设置图书爱心漂流、亲子相约、奔跑里程兑换等子活动 10 余场,获线上线下多家媒体报道,掀起了全民阅读高潮。

(2)"达人领读"——追求快乐读书。街道开展"达人领读"活动,依托宁波书城资源,每年邀请一批名人作家前来开展读书分享活动,如著名主持人白岩松、当代著名小说家麦家、散文家林清玄等先后参与读书分享会。

(3)"书香联盟"——构建全民阅读朋友圈。街道打造书香联盟圈,引进麦家理想谷Ⅱ、青年作家午歌、作家徐海蛟等名家工作室,同时充分挖掘辖区"慧源"读书会、"金钥匙"读书小组、"佳禾"文艺社等 20 余个基层文化社团,打造有专业资源和有群众参与的书香联盟圈,让"快乐读书"成为东胜人民的精神追求,"书香溢满东胜"成为辖区人民的生活写照。

(二)瞻岐镇图书馆分馆建设举措

在"村村有农家书屋,校校有图书馆"的基础上,瞻岐镇从场馆建设、品牌打造、阅读推广三方面入手,让阅读空间富有乡味,阅读品牌留住乡愁,阅读活动传播乡情。

1. 提质硬件,三大场馆点亮阅读阵地

(1)改建"岐山书房"。2019 年底,镇政府投入 50 余万元,对原图书馆进行改建,并沿用旧有的"岐山书房"之名。改建的书房格调高雅,环境优美,是镇里的"网红"打卡地,曾创下一天有 800 多人打卡的纪录。书房位于镇文体中心二楼,实际使用面积 600 余平方米,藏书 3 万余册,设有少儿阅读区、成人阅读区、电子阅览室、有声阅读区、地方文献室等功能区域,门禁系统、自助借阅系统等设备一应俱全,同时联合镇总工会、妇联打造职工阅读、亲子阅读基地。

(2)新建"岐萌书屋"。2020 年,瞻岐镇新投入 50 万元,利用原教学大楼中的娱乐场地进行改造,全新打造"岐萌书屋"。书屋集幼儿阅读、家长借阅为一体,实际使用面积 126 平方米,藏书 6000 余册,整体风格时尚简约、温馨可爱,与"岐山书房"相得益彰。

(3)新建"合一书房"。全镇 17 个行政村和 1 个社区,均建有农家书屋,其中卢一村、东一村和西城村纳入区总分馆体系,由专人管理。2020 年重点打造的"合一书房",是村级图书馆的代表。"合一书房"成为合一村文化礼堂的代表性场馆之一,面积 200 余平方米,藏书 6000 余册。书房内还辟有非遗、书法等传统文化展陈空间,别具优雅气质。

2. 耕读传承,三级联动塑造阅读品牌

(1)镇级层面,塑地方阅读品牌

为进一步承袭耕读家风,为瞻岐老百姓提供最优越的阅读环境和资源,整合瞻岐镇各类人才资源成立的嵩江讲师团,以镇图书馆为阵地,进行义务讲学和文化宣传,成立 7 年以来,共计开展各类讲座 220 余场,活动 90 余次,受益人数 15000 余人。2020 年,瞻岐镇策划举办了"首届岐山读书节",活动分为国学阅读、读书沙龙等八大主题,共有 1500 余人次参与,在营造浓厚的"好读书,读好书,读书好"的社会风尚的同时,进一步打响瞻岐的文化品牌。

(2)村级层面,塑个人阅读习惯

通过"通借通还"等网络系统,把"岐山读书节"活动延伸到各行政村。通过"山海·记忆"征集活动、"悦读·瞻领"PK 大赛、"你点·我购"畅阅活动等,把越来越多的人吸引到图书馆来,让越来越多的人养成阅读习惯。

(3)校园层面,塑校园阅读风尚

瞻岐中心小学连续举办十三届以"书香润泽生命·阅读奠基成长"为主题的校园读书节;瞻岐镇中学于 2012 年起设立"流动书吧",学生可随时自行取阅和借读;同时推进镇校联动,通过读书志愿家庭、暑期名家荐读等形式,进一步促进亲子阅读。

3. 乡风引领,三大特色彰显阅读成效

(1)场馆建设富有"乡味"

瞻岐镇图书分馆在硬件设施提质升级的基础上,将地方符号元素融入场馆布局,将地方上的名家书法作品、非遗物品和照片加入图书馆的设计中,让读者在阅读的时候,还能览乡物,品乡情。

(2)品牌打造留住"乡愁"

书籍是时代和生活的记录者,通过征集瞻岐地方文献,搜罗地方民间故事,挖掘保存瞻岐过去的历史风貌,通过阅读展现瞻岐历史变迁,使读者的思乡爱乡之情油然而生。以过去瞻岐的书院名称"岐山"为品牌,激发瞻岐人民的共鸣与情怀,鼓励他们走出电子产品,接受书香。

(3)阅读活动传播"乡情"

瞻岐镇图书分馆举办主题演讲、幼儿赶集等活动,开展"国学·慧雅""墨香·书雅""茗韵·清雅"系列活动,将具有地方特色的传统文化传授给下一代。利用文化礼堂和各村自然资源,将阅读的课堂由图书馆转向田野乡间,组织开展相关教学活动,如东二村和大嵩小学组织开展的"助农插秧"活动,让本地儿童体验传统的农耕文化。

（三）邱隘镇图书馆分馆建设举措

1. 全面提升阵地建设，实现全民阅读多点开花

（1）合理扩建镇级分馆，新增特色阅览区

邱隘镇图书馆建成于 20 世纪 90 年代，总面积 300 平方米。对照创建标准，仍存在一定差距。因此，2019 年，邱隘镇借助镇新时代文明实践所设计装修工程，将全民阅读角和数字文化馆纳入实践所的功能布局。在实践所一楼设置了全民阅读角，在三楼设置了数字文化馆，配备触摸屏、投影仪、音响设备、桌椅等，可同时容纳上百名读者参加阅读分享会。

与此同时，在图书馆内安装了门禁系统及自助借还设备，并在有限的空间内重新调整布局，缩减电子阅览室，让出更大的空间重新装修为亲子阅览室，并配备了书架、儿童沙发、投影仪、音响等设备。目前，邱隘镇图书馆所有阅读场馆都实现了 Wi-Fi 全覆盖，让群众在阅读的同时，还能快速浏览下载信息、图片、视频等。镇图书馆实行天天开放无假日制度，每周开放时间达到 56 小时。

（2）分类推进农家书屋，打造家门口阅读空间

邱隘作为东部新城住宅核心区，在这两年间，村落拆迁数与新成立的社区都在不断增加。从农民向市民的转型过程中，邱隘镇更注重对村社的阅读阵地进行分类分特色的建设。在各行政村及老社区，将所有的农家书屋纳入图书馆体系或文化礼堂功能室，全镇农家书屋总面积达 1300 余平方米，藏书量超 4 万册，并配有电子阅览室，进行 Wi-Fi 全覆盖。

在新成立的社区，邱隘镇将阅览室纳入建设事项中。如明湖社区，镇文化站全程参与社区办公用房的设计装修，开设了鄞州区图书馆明湖分馆。该图书馆专设了备考复习卡座、七彩童年少儿阅读区、书画室以及培训活动室。所有的图书也纳入通借通还系统，并在图书馆内配备了自助借还设备，这也是全区唯一一家配备自助借还设备的社区图书馆。

（3）分层延伸阅读馆（室），提质各阵地平台

邱隘的转型在于农村走向城市，这意味着在建或建成小区、商贸区在不断增多。与此相对应的学校、商贸综合体等配套设施也在不断新增。邱隘镇所有的中小学都配备了校园图书室。其中镇实验小学图书馆作为全民阅读馆的代表，已纳入总分馆体系，与宁波市大学园区图书馆实行通借通还，极大方便了师生借阅各类图书。2020 年新落成的杨柳郡幼儿园，在设计初期就将幼儿阅读作为该幼儿园的特色。因此，在幼儿园不同楼层的公共开放区域，都设有幼儿喜爱的特色阅读角。

同时，邱隘镇还在东部银泰城、科创人才中心、甬式家具博物馆、新华书店等人流较为密集点，设置了一定数量的阅读空间和阅读分享会场地。便利的阅读空间、优雅的阅读环境，以及颇具特色的非遗传承基地，成为新晋年轻人打卡地。

2. 切实保障资金到位，提升阅读管理服务能力

图书馆作为公益性服务机构，镇财政每年安排 50 余万元用于邱隘镇图书馆（室）的人员经费，10 万元资金用于图书更新、氛围布置、活动开展及先进表彰等，并全额承担全民阅读活动的各项支出。如有临时增加项目经费，经党政联席会议审议，均得到充分满足。

(1)专业图书馆(室)服务团队业务过关

全镇共有 8 名专职图书馆管理员、16 名兼职管理员、35 名图书馆(室)文化志愿者,有效做到镇公共图书馆专职管理员不少于 2 名、村(社)纳入公共图书馆系统的农家书屋专职管理员不少于 1 人。采用镇级图书馆专业管理团队,服务指导好基层农家书屋管理员,定期开展图书馆、农家书屋图书室管理员业务培训和职业操守培训,切实做到业务精通、服务到位,尽心尽力为读者提供良好的服务。

(2)"小邱读书团"志愿者团队服务过关

阅读需要阵地,也需要引领。邱隘镇向社会各界招募了一支从事阅读推广服务的阅读推广人队伍。目前该队伍已吸纳了 100 名推广人,平均年龄 45 周岁,拥有大学本科及以上学历的占到 51 人。这个阅读推广的志愿者团队取了一个接地气团队名叫"小邱读书团"。这个读书团为纯公益性质,由一所小学的副校长负责全面工作。根据社会各界的读者需求,每月开设一次读书分享会,颇受家长读者追捧。

(3)社会力量推广全民阅读品质过关

传统的阅读推广形式单调,局限于图书馆自办活动。在推广过程中,积极借助优质的社会力量参与示范镇创建工作。如引入宁波市政府引进的"3315 计划"海外创业人才项目的"换享好书"互联网产品,解决当前"买书贵"的问题,让有书的人就近交换,打造"一公里书友圈"。又如"小邱读书团"与小种子公益亲子阅读俱乐部达成合作意向。该俱乐部旗下的社区故事会、暖暖心绘本课等项目在阅读大赛中获奖,是宁波市阅读推广机构中的佼佼者。

3. 做深做强阅读品牌,提质阅读活动丰富内涵

(1)树立"三个品牌",调动阅读兴趣

以"以文化人"精神为基础,组织读者互动类交流活动,设立人文社会、视觉艺术、健康养生、法律咨询等多个主题的"东城沙龙"品牌。针对不同人群,开设朗读、主持、书法、绘画、摄影等课程,为当地群众提供免费培训的"和雅大讲堂"品牌。采用专家学者与普通读者主讲人合作、专业图书馆与社会团体合作等模式,开展每月一堂主题阅读分享会的"小邱读书团"品牌。

(2)搭建活动平台,激发阅读热情

开展"书香传承"全民阅读系列活动,以读书征文、经典诵读、演讲沙龙等活动为带动,全面激发群众读书热情。2020 年瞻岐镇将长篇报告文学《当代乡贤——蔡康国的奉献人生》作为文化精品项目进行了首发仪式,并将该图书送进文化礼堂赠阅,引导群众参与全民阅读。利用全镇中小学等教育资源,以文艺作品的形式编排经典诵读节目,如《穿越时空的对话》入围区中小学朗诵比赛的决赛。

(3)扩大示范引导,表彰阅读先进

腹有诗书气自华,最是书香能致远。瞻岐镇大力推进全民阅读"六进"工程,组织开展各类阅读评选表彰活动,及时展示全民阅读活动中涌现的先进集体与先进个人,教育引导广大群众学习先进、争当典型。2019 年度,瞻岐镇共评选出优秀朗读者 48 名,各校评选出书香家庭 80 户,社区学校评选出优秀亲子阅读家庭 60 家。

三、鄞州区公共图书馆推进全民阅读策略

(一)延伸基础网络,让图书的获取更便捷

1. 开展基层网点建设

通过基层网点建设,把馆藏图书资源便捷、高效地推送到读者身边,增强阅读的便利性。除了区级的鄞州图书馆之外,镇级建设集"一个多功能文化中心、一座现代化影剧院、一处休闲式人文公园、一个特色性文化广场、一座多功能室内球馆"于一体的"五个一"镇(街道)级文体中心。全区村级层面注重普惠共享,以村(社区)为重点,以图书分馆建设为载体,统筹规划布点、统一建设标准、统配功能设施,为基层群众提供快捷的公共阅读服务。

2. 实施流动网点服务

利用流动式服务覆盖基层阅读盲点,扩大图书馆服务工作覆盖面。鄞州区探索以"汽车图书馆"形式提供上门借阅服务,将图书服务迅速延伸至企事业单位、外来民工聚集地、学校、部队等有需求的区域。

3. 推出自助服务试点

以便民为出发点,打造24小时不闭馆的自助式服务网点。鄞州区图书馆设立24小时自助图书馆,读者能够自助检索图书资源并实施借、还书操作。

(二)提升软件服务,让阅读体验更舒适

1. 打造高素质服务队伍

鄞州区图书馆以本科以上学历专业人员为核心力量,培育了一支优秀的管理服务队伍,并在全区每个"农家书屋"均配备专职管理人员,定期开展图书编目分类、服务规范、文明礼仪、管理系统操作等业务培训,使每一位读者都能享受到优质、专业、高效的服务。

2. 开展特色导读服务

在鄞州区图书馆大厅的显著位置及多个阅览室设有导读栏,通过对大众阅读偏好、阅读习惯的整合分析,定向推荐文学经典、青少年课外读本、儿童绘本、畅销书等,使读者节省大量搜索书目的时间,并在定向阅读中收获愉悦。

(三)引入科技手段,让阅读的载体更丰富

1. 建设数字图书馆平台

鄞州区图书馆早在2007年底就启动了数字图书馆建设,将阅读的载体从纸质读本拓展到数字对象。读者可以不出家门仅凭电脑终端设备就进行阅读,进一步丰富了阅读的途径和载体。

2. 推进掌上阅读

鄞州区图书馆依托数字图书馆平台建设,积极推出适合手机下载并与主流第三方手机阅读App相兼容的数字文献资源,满足手机上网用户碎片化、随时性的阅读需求,供给读者触手可及的阅读资源。另外,"鄞图听书"还可以满足喜欢有声阅读的受众。

3. 加强文献互通共享

借助网络技术手段,通过与其他公共图书馆、数据库的流通共享,扩大自身馆藏数量,

放大读者阅读的选择面。与宁波市图书馆、各高校图书馆等实现了馆际文献互通，读者可以通过网络自助登记、预约其他图书馆馆藏书籍的借阅。此外还能通过鄞州区图书馆的特定网络通道，免费阅读中国期刊 CNKI 全文数据库、超星电子图书等众多专业数据库的大量资源。

（四）关注各类人群，让阅读的对象更广泛

1. 关注青少年阅读

鄞州区图书馆内设少儿图书馆，开辟了幼儿阅读区、少儿阅读区、多媒体阅览区等特色区块，在寒暑假等特殊时段，有针对性地延长开放时间。

2. 关注弱势群体阅读

以区图书馆为基地，创建"爱心图书漂流库"，向社会征集各类书籍并送到书籍相对缺乏的群体手中。漂流的足迹遍布江西、河南、贵州、云南、新疆等贫困山区学校，丰富了他们阅读的数量和内容。

3. 关注农村群众阅读

根据农村群众的兴趣和阅读需求，鄞州区在"农家书屋"常规藏书的基础上，增加配备主流报刊、时事或文摘类报纸，还有 20 种适合农民阅读的杂志，同时在农家书屋建设了公共电子阅览室，各配备 10～20 台联网电脑，村民既可以在线阅读、查阅资料，也可以在看书之余欣赏电影，适当娱乐放松，这激发了农村群众的阅读兴趣。

（五）增强互动交流，让读者的参与更踊跃

1. 以讲座吸引群众走进图书馆

阅读的本质是知识的传递，广义的阅读不仅局限于看，也包括听。鄞州区图书馆自 2007 年起开辟了"明州大讲堂"栏目，包括"名人名家""科普讲座""健康讲座""地域文化"和"亲子教育"等系列专题讲座，讲座内容涵盖健康、地域文化、科普、亲子礼仪、传统文化、名人名家等多个方面。

2. 以互动方式提供群众参与途径

除了在图书馆显眼位置放置意见建议本、网站开设留言板等规定动作外，鄞州区图书馆创新性地推出了"你点我购"活动，读者可以通过网站平台留言提出自己希望阅读的书籍，图书馆汇总整理后进行相应采购，此举将阅读内容提供方式从传统的"我有什么"转变成"你要什么"，通过读者的主动参与，使图书的提供变得更有效率，更好地满足了广大读者的阅读需求。

3. 以交流座谈推动群众深入阅读

鄞州区图书馆联合区新华书店推出了"悦读沙龙"交流平台，以文学、传统文化交流为主题特色，不定期邀请名家与读者进行小范围、面对面交流，以名家现身说法的方式，引导读者深入地、更有针对性地开展相关主题阅读，提高了阅读的成效。

（六）打造书香品牌，让阅读的氛围更浓郁

1. 打造区域读书节庆品牌

鄞州区以区图书馆为依托，自 2006 年开始每两年举办"王应麟读书节"，至今已连续举办 10 届，活动形式多样、内容丰富、覆盖广泛、历时长久，通过名家讲座、经典阅读、学术研讨、心得交流、好书推荐、书籍互换等活动载体,引导人们发现读书之乐、感受知识之美、推广书香之风。[①]

2. 打造系列竞赛评比品牌

以企业、家庭、学校、村(社区)等为单位,围绕读书主题开展比赛,鼓励相关单位改善阅读环境、营造阅读氛围,引导群众读好书、多读书。鄞州区图书馆近年来联合相关单位,在全区范围内定期开展"十佳书香"系列评选,设立"书香家庭""书香企业""书香校园""书香村(社区)"四类奖项,已形成一定的品牌影响力。

3. 选树群众身边的阅读榜样

鄞州区图书馆利用信息技术,对年度借阅量、读书活动参与频率等进行分析,分年龄、分职业选出年度读书楷模并加以宣传推广,用群众身边的读书爱好者激励广大群众参与阅读。

四、建立社会力量参与的"鄞州模式"

鄞州区坚持以制度创新为引领,制定出台《关于引导和鼓励社会力量举办公共文化活动实施办法》《关于全面构建现代公共文化服务体系的实施意见》《公共文化基本服务标准(2015—2020年)》《关于加强基层公共文体场馆规范服务的指导意见》,出台"一卡通"公共图书馆总分馆服务规范等40多个相关文件,形成了社会力量参与公共文化服务的体系框架和多样化路径方式。

(一)立足于实体化,引导社会力量参与投资设施建设

一是投资建设型。建立起"民办政扶、民享政补、民营政管"的社会力量投资建设公共文化设施新模式。二是无偿捐赠型。出台激励政策,规定企业和个人对公共文化设施建设的捐赠,在其缴纳企业或个人所得税时,允许其在一定比例内予以扣除;同时,加强评价体系建设,对参与公共文化场馆捐赠的企业和个人在社会荣誉上给予充分肯定,用激励手段调动起社会力量出资捐赠、兴建大型公共文化场馆的积极性。三是设施共享型。引导和鼓励企业加大对企业文化设施建设的投入,兴建各类文化场馆设施,并向社会公众开放,既提高企业文化设施使用率,又担负起企业的社会责任。到2020年,社会力量自建3家(宁建集团筑香书馆)。

(二)立足于市场化,引导社会力量运作公共文化设施和文化活动

镇级建设集"一个多功能文化中心、一座现代化影剧院、一处休闲式人文公园、一个特色性文化广场、一座多功能室内球馆"于一体的"五个一"镇(街道)级文体中心全区。一是设施托管型。2003年起就对区文艺中心以面向全国公开招标的方式委托专业文化公司全面托管,实现管理的专业化和设施、设备、人才、市场等资源的有效整合。2013年起又在乡镇影剧院进一步探索托管服务机制。二是活动运作型。以承办公益节庆文化活动为切入点,通过活动申请、活动审批、组织实施、监督审计、政府补助等系列规范程序,鼓励企业、民间组织或个人投资举办或参与运作公益性公共文化活动,经考核达到预期成效的政

---

① 王子舟.多视角下的空间:城市公共阅读空间演进的几个观念[J].中国图书馆学报,2019,45(6):24-33.

府将给予活动总投入额 20％的资金补助,从而激发了社会力量举办公共文化活动的热情。三是冠名赞助型。积极探索调动民间资本冠名赞助公共文化活动的途径,并充分保障赞助方的冠名权和对资金使用的监督权,确保其能通过参与公益文化活动宣传自身形象,扩大社会影响。

（三）立足于基层化,引导社会力量参与公共文化服务

一是服务外包型。采取"政府采购、公司运作、全民享受"的服务外包运行方式,政府则承担监管职能。二是社团服务型。通过资金扶持、等级评估、指导培训、培育精品等方式加大对基层业余文化团队的扶持和激励,一批企业家和文艺爱好者根据自己的爱好领域纷纷通过个人出资或筹资的方式组建基层业余文艺团队,组织开展基层文化活动。三是义工服务型。引导一批有文艺专长的业余骨干和热心于公共文化服务的志愿者组建文化义工队伍,配合政府主动介入基层各项公共文化服务。四是自办分享型。积极支持和鼓励个人组织举办面向公众免费开放的公共文化服务活动,实现文化资源、活动由"自享"到"分享"的转变。

五、鄞州区公共图书馆品牌活动丰富

鄞州区图书馆开展丰富多彩的阅读推广活动和读者服务,作为金字招牌的"明州系列",包含"明州大讲堂""明州展廊""明州朗诵团""明州阅读沙龙";面向未成年读者开展"春天妈妈故事会""小星星阅读课堂系列""少儿英语沙龙"等活动。惠民服务包括"网约书""你选我买""扫码悦读"以及"春伢计划"。

（一）王应麟读书节

自 2006 年第一次启动"王应麟读书节"活动以来,至 2020 年已连续举办 10 届,区、镇乡（街道）、村（社区）图书馆（分馆）累计举办各类读书活动上千次,受惠群众达到近百万人次。十多年来,通过一系列读书倡议、名家讲座、图书捐赠、主题阅读、大型书展等具有时代性、多样性、广泛性的活动来不断拓展读书活动的新领域,引导全区群众发现读书乐趣,优化读书环境,推动学习型社会建设,已成为推进鄞州文化强区建设的重要载体和有效形式。

（二）春伢计划

"春伢计划"借鉴自英国"阅读起跑线计划",是鄞州区图书馆在第七届"王应麟读书节"推出的四大惠民工程之一,旨在通过各类活动推广亲子阅读,让更多的家庭了解亲子共读,尽早开始亲子阅读。"春伢计划"向 2017 年 6 月 1 日以后出生的鄞州区户籍新生儿家庭赠送"明州零岁宝贝悦读大礼包",帮助这些家庭尽早地开始亲子阅读。大礼包内有亲子阅读指导书、婴幼儿读物、阅读测量尺、阅读笔记本等。春伢计划还会结合一些特殊的时间节点如元旦、儿童节等,筹划各类小型活动,以更活泼的形式推广亲子阅读。

（三）明州大讲堂

明州大讲堂创办于 2007 年 5 月,包括"名人名家""科普讲座""健康讲座""地域文化"和"亲子教育"等系列专题讲座。2014 年,被中国科学院老科学家科普演讲团授予全国第一批"科普教育基地"称号;2016 年,被中国图书馆学会阅读推广委员会评为首届"科普阅读推广优秀案例征集评选活动"二等奖。

（四）网约书

"网约书"图书网借平台是借助互联网技术打造的图书借阅O2O新模式,实现线上线下借还、线下配送,整个过程不需要读者前往图书馆,给不方便到图书馆的读者带去便利。

（五）"你选我买"

"你选我买"图书荐购服务是鄞州区（大学园区）图书馆现有图书荐购服务的升级版,该服务把传统的图书借阅从图书馆延伸到了书店。读者可以直接在指定的书店将符合条件的图书先借走阅读,再归还到图书馆,由图书馆和书店定期统一结账。持有鄞州区（大学园区）图书馆有效读者证的读者可在鄞州区新华书店及其下属各门店享受图书荐购服务。

六、鄞州区公共图书馆发展建设问题成因

鄞州一直围绕着"打造文化鄞州、建设文化强区"的目标,积极构建优质高效的现代公共文化服务体系,并取得了优异的成绩。在对鄞州区公共图书馆进行深入调研后,总结出了以下鄞州区公共图书馆所遇到的问题,并对这些问题的成因进行分析。

（一）借书卡在居民中普及程度不高

2020年鄞州区（大学园区）图书馆累计持证读者达70万人,全年接待读者超92万人次,外借图书89万册次,外借人次29万人,建设有完善的图书借阅系统,专门设置了总馆卡和分馆卡。但调查表明,图书馆借书卡在居民中普及程度不高,总共约四成居民拥有图书馆的借书卡,读者使用图书馆借阅服务相对较少。分析其原因:(1)公共图书馆本身没有不可取代性。"互联网＋"的大环境下,线上阅读优势大于线下阅读,更多的人选择线上阅读,导致线下的公共图书馆借阅人数下滑,同时有很大一部分读者选择了离自己住所更近的书店或是民营书咖等。(2)购书便宜便捷,选择直接购买图书的居民增多。居民经济实力提升,大部分居民能够完全负担得起购买图书的消费。随着时代发展,购买图书的途径增加,使用当当网、淘宝、京东等软件都可以购买到自己想要的图书,而且经常有促销活动,可以用优惠的价格买到图书。(3)居民前往公共图书馆的动机偏移。图书馆内设立自习室、电子阅览室等设施,向居民免费开放,居民前往图书馆的动机从单纯的借书阅读转而向多目标发展,借书卡的存在可有可无。

（二）部分地区活动参与情况不理想

鄞州区拥有丰富多彩的品牌活动,每年都会开展明州系列活动,除"王应麟读书节"活动,还有面向未成年人读者开展的"春天妈妈故事会""小星星阅读课堂系列""少儿英语沙龙"等活动。但是据调查,部分地区活动参与人数只有寥寥数人,活动氛围不够浓郁,导致没有达到活动目的,分析其原因有三:(1)图书馆没有做好组织活动的宣传推广。从图书馆自身角度看,图书馆没有做好宣传工作,活动举办的消息只有小范围人群接收到,大多数居民不知道活动的举办,一定程度上影响了活动参与情况。(2)图书馆举办的活动没有切合居民的兴趣需求,导致居民热情不高。活动千篇一律,没有创意,知道活动的居民不愿意参加,参加活动的居民也不够活跃。(3)参与报名的流程不够便捷。报名门槛较高,将部分不太会操作软件的居民拦在第一关,同时有部分居民在繁复的报名过程中失去耐心,导致许多原本有意愿参加的居民错失活动机会。

（三）公共图书馆管理方面出现问题

一是人力资源短缺。随着公共设施日益完善，满足了群众日益增长的精神文化需求，参与活动的群众日渐增多，公共图书馆出现人力资源短缺的情况，从业人员水平不足、人员管理制度不够完善等问题逐渐暴露出来。公共图书馆部分岗位无人在岗的现象愈发严重，在编场馆工作人员疲于应付越来越多的群众，顾此失彼，一定程度上影响了文化服务事业的健康发展。

二是从业人员管理方面仍有不足。当前各部门工作较多，但却都各自为政，造成信息不对称、管理失位、资源浪费等不良现象。部分员工对待定期举办的学习会、培训等活动态度略显敷衍，认为只是为了完成上级任务，没有认真对待。

三是公共文化设施管理出现失误。电子阅览室和24小时书店等设施的设立可以大大缓解人力资源短缺的问题，但是因为没有合理的管理机制，这些设施成为孩子们的免费网吧，新闻报道中也多次反映公共文化设施被滥用的现象。在没有监督的情况下，孩子没有选择看书学习，而是在公共的电脑里玩游戏，原本为了丰富阅读形式而设立的电脑成了游戏机，降低了少年儿童的学习积极性，影响了少年儿童的健康发展，也违背了公共文化服务的初衷。[1]

（四）农村文化建设亟待加强

第一个原因是政策要求。近年来，党和政府从国民经济和社会发展的全局出发，高度重视"三农"问题，多次强调要将解决好"三农"问题作为全党工作和全部工作的重中之重，并就解决"三农"问题作出了一系列重大部署。党的十六届五中全会吹响了建设社会主义新农村的号角，明确指出："建设社会主义新农村是我国现代化进程中的重大历史任务。要按照生产发展、生活宽裕、乡风文明、村容整洁、管理民主的要求，坚持从各地实际出发，尊重农民意愿，扎实推进新农村建设。"建设社会主义新农村意义重大。

第二是农村公共文化服务失衡。政府所提供的公共文化服务具有可替代性，造成在内容获取上失去平衡。以农家书屋为例，实践调研发现，政府花大力气投入建设的农家书屋往往难以引起农村居民的兴趣，书屋使用率普遍较低，部分农家书屋甚至成为"农家锁屋"。乡镇综合文化站也同样如此，尽管政府投入的资金和服务供给一直在增长，但是文化参与人次并未呈现上升趋势。本次调研发现，有20%左右的农村居民因手机、电脑的广泛使用，认为没有必要参与全国文化信息资源共享、农村电影放映、农家书屋等文化惠民工程；30%左右的村民对活动不感兴趣所以没有参与。在政府单一格式化供给模式下，村民对文化惠民工程开展的活动和延伸项目上的参与热情大打折扣，从而阻滞了文化惠民工程既定目标的实现。同时现有农村公共文化服务形式陈旧，没有与时俱进，农村居民的认可度低，活动参与率不高。

七、鄞州区公共图书馆发展建设策略建议

为了解决以上问题，鄞州区公共图书馆应切实分析图书馆各方面的不足，提高居民参

---

① 胡晓群.基层公共图书馆推进全民阅读策略探析——以宁波市鄞州区图书馆为例[J].宁波教育学院学报，2015(3)：94-96.

与度,提升举办活动的质量,加强宣传,举办各种各样群众喜闻乐见的活动,来满足鄞州区居民日益增长的文化活动需求。为此,得出以下思考。

（一）扩大对公众的开放程度

1. 积极宣传

合理利用公共资源加大读书宣传,营造鄞州区阅读氛围,促进居民走进图书馆阅读、借书的积极性。在策划宣传时,进行目标人群分析,针对不同群体给出不同的方案。例如在人流量巨大的地铁站,设计直接明了、拥有感召力的广告;在洋溢青春活力的学校,突出宣传公共图书馆的环境氛围、先进设施;在拥有琳琅满目的商品的商业广场,突出宣传公共图书馆的文化服务。对症下药,贴近群众,吸引更多居民参与活动。

2. 积极进行民意调查

公共图书馆作为一个公共设施,面向公众,在服务建设过程中,应适当迎合群众的思想,紧追潮流,不故步自封,按照贴近群众、贴近生活、贴近实际的要求,积极开展多种形式的群众喜闻乐见、寓教于乐的文体活动,不局限于讲座、读书会等活动。提高活动的群众参与率,以兴趣激励阅读,在活动中引导群众感受文化之美、思想之美。鼓励居民自编自导,开展读书活动,激发城市自身的文化活力,营造健康、和谐、文明、进步的文化氛围。把寻常的文化活动搞得更加活跃、更加有效,以满足群众多层次、多方面的精神文化需求。

3. 降低群众参与活动的门槛

化繁为简,让大多数人可以操作报名,扩大活动的覆盖人群。简化活动报名流程,可以节省不必要的时间消耗,将真正的精力放在活动的举办上。简化流程后,原本被复杂的报名流程拦在门外的居民群众得以参加活动,参与活动的人数增加。凭借活动的魅力,以人气带动人气,可以拉动公共图书馆的客流量,提高鄞州区的文化氛围。

（二）引导社会各界力量参与公共文化建设

1. 推动公共文化的建设

(1)推动公共文化服务机制创新

鼓励民营企业通过冠名资助、捐赠等形式参与公共文化建设,投资建立民营图书馆、博物馆、剧场、文化站等文化服务设施。鼓励民营企业向公众免费或优惠开放场馆,进行文化活动。以瞻岐镇为例,为切实树立正确的家庭教育观,构建有效的全民终身学习体系,并提高各种资源的利用率,提升阅读示范镇创建成效,瞻岐镇政府集合社会各界力量,拟在2021年成立瞻岐镇"家长学院"。通过这种形式,使广大家长了解学校的教育规律和办学思想,认识家庭教育的重要意义,树立正确的教育理念,掌握科学的家庭教育方法,为学生健康成长营造良好的家庭教育环境。并结合部门需求,及时宣传、讲解一些社会动态和热点知识,形成全民参与、科学发展的良好格局,助推社会综合治理。用多种形式,增加城市公共文化设施,增加公共文化服务覆盖面,带动居民的活动热情,养成居民自身学习习惯,从而带动全民阅读,形成良好的文化学习氛围。

(2)助力公共文化活动的开展

鼓励民营企业以主办、承办、合作等方式参与文艺演出、文化遗产保护等公共文化活动,既可以为公共文化建设作出贡献,也可以借机宣传自己的企业文化。同时,鼓励高等人才参与文化建设，借助丰富知识从文艺、阅读和文学等多方面入手组织不同的兴趣活动，以"快闪"的形式举办短期的体验班。使用文化礼堂，开设符合一定层次人群的营养课堂，以心理辅导和身体调理为主要内容开展活动，吸引居民参加。鼓励有能力的群众和企业不以营利为目的来推广文化，丰富融合发展内涵，传播优秀传统文化，培育新兴文化业态，倡导前沿风尚，提升文化品质，打造浓郁的文化氛围。

2. 文化融合，拉动文旅消费

（1）加强文旅融合战略

在公共文化服务中融入旅游要素，在旅游环境中增加文化元素。许多城市的文化发展经验表明，文旅融合是城市提升品质的重要路径。北京、深圳、上海等地文化事业与文化产业、旅游、商业、创意等方面已经具有良好的融合发展经验，在全国形成了良好的示范效应。借鉴成功经验，将公共文化服务设施嵌入旅游景区、线路、住地、交通服务区域等，吸引游客打卡，进一步拓展融合发展空间，进一步创新融合发展方式，挖掘文旅产品的价值。[①]

（2）设计特色文创产品

在融合文化和旅游产业的同时，设计并推广鄞州特色文创产品。设计特色产品，与旅游景区的商家合作，售卖文创产品，并结合当地特色进行产品营销。配合文创产品推出品牌活动，制作品牌广告、动画、视频等，在增加文创产品的商业价值的同时加大文化传播，形成鄞州文化IP，提高文旅收入，将需求与服务对接，通过相关深入的调查并根据未来的方向调整目前的公共文化服务内容及形式，与时俱进实现文化惠民。[②]

（三）减缓人力资源压力

1. 完善管理制度

（1）加强员工管理，从严考核员工

组织协调各相关职能部门，认真研究公共图书馆管理规章及措施，在狠抓落实上下功夫，确保把各项措施落到实处，使"在其位谋其职"的思想深入人心，减少并消除员工玩忽职守的现象，提升图书馆的正面形象。就目前图书馆业务管理情况，超过八成的图书馆有公开的管理制度。对于没有被留意到是否有公开管理制度的图书馆，应该制定明确的管理制度，并展示在公众可留意的地方，让群众了解到图书馆的规章制度，这有利于图书馆管理工作的运行。

（2）增加培训次数，增多学习会

除了在实践中学习，还需要提高从业人员的思想道德水平和专业理论知识。增加培训次数可以让新员工更快学习到专业知识，有更充足的准备去迎接实践的考验；学习会可以重点学习优质思想、围读经典好书，来提升业务能力和思想品质，培养员工的思考能力；同时应该学习党的思想，了解国家政策，与时俱进，及时跟随政府指示进行调整，将服务做到更好。

---

① 金武刚，赵娜，张雨晴，汪岩丹．促进文旅融合发展的公共服务建设途径[J]．图书与情报，2019(4)：53-58.
② 李国新，李阳．文化和旅游公共服务融合发展的思考[J]．图书馆杂志，2019，38(10)：29-33.

2. 继续深化数字化建设

（1）在人流密集地点增设电子图书借阅机

互联网对公共文化服务有了更加深刻的影响，电子图书借阅机自设立以来广受好评，在逛街休息时，人们可随时使用路边的电子图书借阅机，这大大便利了居民借阅图书。大家不用赶到图书馆就可以借阅想看的图书，这拉近了公共图书馆与居民的距离。增加电子图书借阅机的数量，可以提高图书借阅量，丰富居民的知识储备，提升鄞州区的阅读氛围。

（2）完善官网和软件的功能

鄞州区公共图书馆现有官网和 App。在官网和软件运营方面，可以吸收他处的经验，优化官网的功能，对官网进行专业的设计和维护；在 App 上试行积分制，增加借书卡功能，绑定借书卡，通过借阅、归还图书等操作积累积分，使用积分可兑换居民生活优惠福利，例如加油折扣券、电费折扣券，贴近居民生活，切实了解居民诉求，以更好地普及文化，拉近公共图书馆和居民之间的距离。

（3）引用 AI 机器人

随着科技发展，AI 机器人已经遍布各行各业，AI 机器人凭借高端的智能、可爱的外形，吸引群众的注意力，激发读者的参与热情。引用 AI 机器人为读者提供搜索图书等服务，可以在一定程度上缓解人力资源短缺的压力，并节约了读者寻找图书的时间。引用 AI 机器人后，录入图书信息只需让机器人扫一扫条码，在为读者寻找时，机器人便可通过语音识别和校正等功能识别出读者需要的图书，并用语音的方式反馈给读者。同时，引用 AI 机器人，代替员工对部分场馆进行监控，可以有效降低电子设备被滥用的现象，抑制少年儿童使用公共电脑玩游戏的现象，提高设备的有效利用率。

3. 增设 24 小时无人值守图书馆

从邱隘镇的成功中可以窥见，24 小时无人值守图书馆是公共文化服务重要的一环。时常有居民带着小孩到图书馆阅读，学生也会带着自己的作业到图书馆学习，营造了浓郁的学习氛围，安静的环境提高了阅读专注度和学习热情，缩短了部分居民借阅图书的真实距离，也缩短了与文化沟通的精神距离。增设 24 小时无人值守图书馆，可以对社区群体的共同感情、相互依赖性、共同义务、共享价值等的形成起到一定的促进作用，拉动居民的阅读热情，增加入驻社区的阅读氛围，做到"家门口阅读"。

4. 引导公民积极参加公共图书馆志愿服务

随着公共图书馆设施日益完善，举办的活动日益增多，在编场馆工作人员疲于应付，难免顾此失彼，出现人力资源短缺的问题。引导公民积极参加公共文化志愿服务有利于丰富图书馆的服务内容，满足公众个性化需求，弘扬人文精神，充实公共文化服务体系。通过扩大志愿者队伍、提高志愿者素养等方针加强公共图书馆与群众之间的联系，由资深从业人员提供志愿服务的工作指导，并对志愿者进行考核，动员不同领域的专家学者等知名人士参与公共图书馆服务建设,提升公共图书馆业务水平,扩大社会影响。[①]

(四)加强农村文化建设

农村文化建设是一项复杂的系统工程,需要依靠政府、民间组织和市场的通力合作。农村文化建设是各级政府所应承担的公共责任,也是建设社会主义新农村的必然要求。

1. 加强对农村文化建设的组织领导

(1)加强组织领导

政府需努力健全基层党组织、自治组织的政绩考核体系,高度注重农村文化建设。村领导班子对加强农村文化建设负有重要责任,定期召开会议研究农村文化工作,并将文化工作的各项任务列入党政班子政绩考核之中;要做到目标明确责任到人,党委和政府都要有一名领导负责文化工作;在党委的统一领导下,群团组织对文化工作要通力合作,齐抓共管,并在开展各项活动时,加大文化工作含量;要用典型引路,认真总结经验,要定期召开典型现场会,推广好典型,对差典型限期整改。

(2)加大资金的扶持力度

农村文化作为一种准公共产品,既具有满足社会公共需要的性质,又具有满足农民个人需要的性质,因此,既可由政府提供,也可以通过市场机制由民间资本提供。当前,制约农村文化建设的最大瓶颈就是经费问题,增加投入至关重要,解决的办法只有多渠道、多方面筹集。一是国家拨款,发挥政府在农村文化建设中的主导作用,逐步加大政府公共财政对新农村公益性文化事业建设资金的投入力度,保证农村文化建设基本支出,切实保障公益性文化事业建设资金落实到位。二是社会筹集,充分借助社会力量,特别是借助非公有制经济和民间资金,积极推动社会力量通过社会投资、个人捐助和民间集资等形式参与文化建设。要出台鼓励社会力量参与农村文化建设的政策措施,创造有利于社会力量参与农村文化建设的宽松政策环境。特别是对经营性文化产业,要发挥市场经济机制的作用,积极引进社会民间资本投入、发展农村文化产业,建立多元化的投融资机制,多渠道筹集资金,培育、发展农村特色文化产业。坚持两手抓、两加强,通过资源招商、项目招商等形式,着力推动文化资源向文化资本、文化项目的转变,推进文化事业与文化产业协调发展。

2. 加大农村精神文化建设力度

(1)加强农民思想道德建设

加强对农民的思想政治教育是提高农民思想道德素质的重要手段。当前,中国的社会主义现代化建设面临着很多新的形势和新的任务。一方面,世界正在发生巨大变化,我们面临着复杂的国际形势。另一方面,我国正处于改革的攻坚阶段和发展的关键时期,社会生活方式多样化,社会组织形式多样化,在思想政治领域出现了不同的要求。

(2)加强农村教育事业建设

对农民来说,通过文化和教育等手段实现精神自主和生命存在的自由之境,是在物质文明基础上向理想王国的飞跃。目前加强教育事业建设,要继续全面落实农村教育"普

① 陈洁,金武刚.引导公民积极参与图书馆服务提供——关于《公共图书馆法》中"志愿服务"条款研究[J].图书馆,2018(4):7-11,17.

九"工作,加强农民的职业教育、技术教育;坚持加大农村教育投入,促进农村教育信息化;加强农村师资力量,以教促科,以科促农。

（3）加强农村民主法治建设

要切实加强对农民进行民主法治教育,增强农民的民主法治观念,培养农民的法治意识,提高农民的民主法治素质。引导基层干部深入学习法治理论,努力提高民主法治理论水平,并自觉运用这一理论指导法治建设的实践,增加依法办事和依法管理的自觉性。其次是要开展学习宪法和与农民生产、生活密切相关的基本法律知识,以及维护社会稳定的法律知识教育,引导群众不断强化民主法治意识,增强权利义务观念,提高依法维护自身合法权益的能力和运用法律武器同违法犯罪行为作斗争的自觉性。

3. 加强农村文化阵地和载体建设力度

（1）加强农村文化基础设施建设

文化设施是开展群众文化活动、传播先进文化的阵地,所以我们必须不断建设布局合理、设施完善、功能齐备、服务便捷、符合公共文化服务要求的文化设施,才可能迅速解决农村文化设施建设严重滞后的问题。要坚持以政府为主导,以乡镇为依托,以村为重点,以农户为对象,发展乡镇、村文化设施和文化活动场所,构建公共文化服务网络。此外还要加快文化资源数字化服务的基础设施建设,建设卫星地面站,提高广播电视覆盖率。为了切实提高各种农村文化资源的利用率,应该推广"一室多用",把学校的闲置设施和文化设施向农村群众开放,做到资源共享。①

（2）发展农村特色文化

以瞻岐镇为例,瞻岐镇传统民间文化兴盛,素有行会的风俗习惯,历史上东坑高跷、南二龙船、东一舞狮等村落特色文化在群众中广为流传。在农村文化建设中可以有以下举措:一是对各村历史上的特色文化项目进行广泛调查,对健在的一些老年艺人进行走访,整理一套详细的民俗文化档案材料。二是提供统一表演展示平台。三是建立补助竞争激励机制。在踩街游行闹元宵活动中实行评奖机制,由专家意见和群众反映结合,共同评选出各级奖项,由镇政府统一发文表彰,并给予不同的资金奖励。

八、结论

公共图书馆不仅是一个活动的公共设施和场所,而且还拥有传播信息知识的各种媒介,是满足居民精神需求的文化载体。它以海量文本的包容性、开放性来保障社会个体终身的自由选择知识、平等利用知识的权利。为满足居民日益增长的文化需求,保障人民基本文化权益,必须做好公共图书馆的发展工作,促进公共文化服务事业的发展,加强全民阅读服务工作,保障居民阅读权利,提高居民文化素养和社会文明程度,以促进书香宁波、文化鄞州的建成,为宁波市全民阅读服务设施建设、阅读推广及其保障和监督等工作提供新思考。

---

① 李国新.公共图书馆事业发展思考[J].国家图书馆学刊,2015,24(5):3-6.

树立全民阅读典范，创新融合社会力量参与模式

——深圳市社会力量参与新型阅读空间建设调研报告

内容提要

深圳作为我国改革开放的试验田，不仅在经济上得到全面发展，也实现了文化上的大繁荣、大发展。深圳从经济型城市向文化型城市转型，打造自身独特的文化标杆，创建"图书馆之城"和"书城之城"，融合社会力量参与新型阅读空间建设，从而深入推广全民阅读。本调研报告主要包括：深圳市全民阅读推广实践与经验启示、政府引导社会力量参与全民阅读推广的经验做法与典型案例、社会力量参与新型阅读空间建设总体情况与典型案例、社会力量参与新型阅读空间建设存在的问题与解决对策等内容。深圳图书馆牵头，优化基础设施、提升服务质量，积极与民间阅读组织等社会力量进行合作，延伸图书馆功能，激发了广大群众的阅读积极性，形成了特色鲜明的中国全民阅读的"深圳样本"。

2020 年是深圳经济特区建立 40 周年，是跑好先行示范区建设"第一程"的关键之年，是全面建成小康社会和"十三五"规划、"文化创新发展 2020"的收官之年。深圳特区不仅做到了经济的发展，而且也实现了文化的繁荣。深圳市委、市政府坚持以习近平新时代中国特色社会主义思想为指导，全面贯彻落实党的十九大和十九届二中、三中、四中全会精神，深入贯彻习近平总书记关于广东、深圳工作的重要讲话和批示指示精神，围绕建设区域文化中心城市和彰显国家软实力的现代文明之城目标，按照《全民阅读"十三五"时期发展规划》，进一步落实《深圳经济特区全民阅读促进条例》，深圳市在"十三五"期间推进全民阅读，建设书香社会取得了显著成效。

作为全国较早开展全民阅读的城市，深圳自 2000 年起创设深圳读书月，持之以恒打造中国全民阅读的"深圳样本"，走上了一条书香馥郁、续航持久的先行路。2013 年，联合国教科文组织授予深圳"全球全民阅读典范城市"称号。2019 年，深圳荣列全国国民阅读调查报告城市阅读指数排行榜榜首。数据显示，2020 年深圳成年居民人均阅读纸质图书 8.86 本，阅读电子图书 12.13 本，远超全国平均水平。第十六次全国国民阅读调查报告评价深圳为"全民阅读活动开展最早，活动影响力最大，活动效果最好的代表性城市"。

一、深圳市全民阅读推广实践与经验启示

"文化深圳，从阅读开始"，深圳多年来先后提出"实施市民阅读推广计划""倡导每天阅读一小时""深化全民阅读活动"等倡议，坚持把全民阅读作为推进"文化立市""文化强

市"战略的基础工程,以高质量阅读充实市民精神世界,提升城市竞争力、创新力、影响力,推动城市精神文明与物质文明向更高层次迈进,为全面建设中国特色社会主义先行示范区奠定了坚实基础。

(一)深圳市全民阅读推广实践

1. 健全政策法规,提供坚实保障

深圳将全民阅读视作城市发展的战略选择,通过一系列政策法规,扎实有效地推动相关工作向制度化、规范化、常态化发展。早在2010年,深圳市委就下发《关于深入开展全民阅读活动,加快学习型城市建设的若干意见》,首次对全民阅读工作进行系统部署。2016年,深圳进一步出台全国阅读推广领域第一部条例形式的城市法规《深圳经济特区全民阅读促进条例》(以下简称《阅读条例》),使全民阅读工作有了统一规划、组织、保障和经费支持。《阅读条例》要求市、区人民政府将全民阅读促进工作纳入文化事业发展规划,设立深圳市全民阅读指导委员会,行使全民阅读工作的协调和决策职能,具体办事机构设在市文化主管部门,负责其日常工作。《阅读条例》还规定,每年11月为深圳读书月、每年4月23日为深圳未成年人读书日,全民阅读促进工作遵循政府引导和社会参与相结合的原则,鼓励企事业单位、其他组织和个人开展全民阅读促进活动,实现了深圳这座爱阅之城从公共服务到文化治理的美丽嬗变。2021年4月23日,深圳图书馆发布《深圳图书馆"十四五"发展规划(2021—2025)》,深圳图书馆在"十四五"期间将探索和实践以公共图书馆为主导的"图书馆＋"公共文化内外融合发展模式和实现路径,凝聚社会力量,共同推动全民阅读高质量发展。

2. 完善阵地建设,科技驱动发展

在"十三五"期间,深圳图书馆立足于建设"国际一流城市中心图书馆",在基础设施建设方面做足了功夫,主要从硬件设施、文献资源、人力资源等方面入手。深圳图书馆积极扩大馆舍面积,以保证市民充足的阅读空间。以深圳总馆为龙头,在各个区开设分馆和图书服务网点,将图书馆功能进一步下沉,共同形成了覆盖全市所有街区的公共图书馆网络体系。《深圳"图书馆之城"2020年度事业发展报告》显示,截至2020年底,深圳"图书馆之城"共有各类公共图书馆(室)、自助图书馆合计1012个。其中,公共图书馆(室)710家:包括市级馆3家,区级馆9家,街道及以下基层图书馆698家;各类自助图书馆302台:包含城市街区自助图书馆235台,24小时书香亭67个。全市公共图书馆(室)加入统一服务比例上升至53.94%,"一证通行、通借通还"的公共图书馆统一服务体系进一步扩大。

人、财、物高度统一的垂直总分馆制是激活基层图书馆的最佳路径。截至2020年底,深圳全市各区级图书馆共建有人、财、物垂直管理的分馆92家,其中龙岗区31家,罗湖区22家,坪山区14家,宝安区13家,盐田区5家,龙华区3家,南山区2家,福田和光明区均为1家。一批新型阅读空间引领"潮生活",近年来,各区结合垂直总分馆建设涌现出一批新型阅读空间。如福田区图书馆的首家24小时社区图书馆——南园街道玉田社区图书馆,罗湖区图书馆的南湖街道渔邨社区"悠·图书馆",盐田区图书馆的"智慧书房"系列——灯塔图书馆、南山区图书馆首家"南山书房"等。[①] 这些"网红图书馆"吸引了大批的读者前往"打卡"，让阅读生活变得更"潮"。

随着数字化的推进，深圳图书馆在数字化设施建设方面也不断提高，图书馆自助服务机、自助图书借还机、自助复印机、OPAC 终端、电子资源服务设备等数字化的基础设施有 328 台。其中互联网接入带宽已达到 400Mbps（含 VPN200Mbps），符合文化部第五次评估定级《省级图书馆标准》要求。目前总馆藏书量已经高达 772 万册，其中包括书籍、期刊、影像资料、电子资源等。深圳图书馆不断优化纸本书籍资源，保障纸本图书的种类，保证科学复本率，与此同时还大力推动数字资源利用，重点引进大众阅读、移动阅读类数字资源，并且联合"深圳文献港"推动城市数字资源的利用率。在文献资源方面，图书馆还依托调剂书库建设项目，协调全市文献资源的整体布局，制定并实施《深圳图书馆与调剂书库文献布局实施方案》，促进文献资源有效利用。在人力资源方面，深圳图书馆目前在编人员一共有 250 个，专业技术人员占比高达 81.6%，中高级职称人数比例高达 72%，员工教育培训高达 82 学时。

除了基础设施方面的优化与升级，还积极利用创新性技术，让技术参与到图书馆的日常管理工作中。多种创新技术的使用，不仅让读者体会到便捷的服务，也能让图书馆自身优化其管理体系。首先体现在大数据技术上，建立"数据馆员"，开展多维度、多平台的数据跟踪与分析，有助于图书馆管理人员更直观地了解到各类读者、图书资源、服务平台等不同类型的数据指标，分析各个数据之间的联系与问题，建成更科学的管理模式，提升图书馆的管理与服务系统。其次是"微"技术的应用与升级。随着移动终端设备的普及，智能手机成为人们日常的工具。在不断提升读者阅读的便利性的基础上，图书馆致力于探索"微"技术，例如手机虚拟读者证、"微"支付、"微"预约等。虚拟读者证以其免押金、免身份证、在线申办的方式，为疫情防控期间读者利用公共图书馆提供了极大便利。2020 年，全年新办虚拟读者证 20.31 万个，同比增长 570.60%，占统一服务体系全年新办证量的 52.36%。虚拟读者证的全面应用使读者能够畅顺使用图书馆的线上资源，方便地享受线下服务，同时也有力地支撑着各馆的服务创新。2020 年受疫情影响，读者"宅家"时间更多，深圳图书馆推出形式丰富的"云上图书馆"，把公共文化资源与服务延伸到市民读者身边。2020 年深圳图书馆数字资源访问量达 265.65 万人次，同比增长 86.83%。丰富便捷的数字资源，带动读者"指尖"阅读。2020 年 3 月，基于微信小程序开发的"数字阅读馆"上线，汇集电子图书近 8 万册，期刊 3 万期，各类听书资源近 19 万集。截至 2020 年 12 月底，平台访问量达 143.18 万人次，资源总访问量达 790.42 万篇次。[②]

3. 创新服务手段，探索信息化新模式

深圳图书馆秉承"开放、平等、免费"服务理念，不断创新服务手段，深化服务层次，延伸服务范围，以"图书馆+"的理念，致力于打造多元化、全媒体公共服务平台。在"十三

---

① 韩文嘉. 深圳"图书馆之城"亮家底，2020 年度事业发展数据发布[EB/OL]. (2021-05-27)[2021-06-15]. https://www.dutenews.com/shen/p/1778021.html.

② 深圳图书馆官方微博.《2021 年深圳"图书馆之城"阅读报告》发布[EB/OL]. (2021-04-24)[2021-06-15]. https://weibo.com/ttarticle/p/show? id=2309404629586859131375.

五"期间,深圳图书馆不断提升自身服务能力,扩大服务范围,构建并不断完善由网站、移动服务平台、自助图书馆网络构成的全媒体公共服务平台,推进各平台服务联动,为市民提供更丰富的服务项目、更加便捷的体验。首先,在服务能力上不断创新,实施"微笑服务,书香窗口"——服务质量提升计划。其中包括梳理"微笑服务·馆员职责"相关规章制度,细化各服务台工作职责与工作要求;实施"微笑服务·馆员提升"培训计划,如业务提升、服务礼仪、情绪管理等;确立"微笑服务·巡查督导"机制并落实;开展面对面读者访谈活动;制订"微笑服务年"宣传推广方案,强化文明服务标识;开展"微笑服务"短视频比赛;开展"微笑团队""微笑之星"评选与表彰活动,激发员工热情。

随着移动终端设备的使用,服务的方式也在不断优化,深圳图书馆积极研制新一代移动服务 App,升级"微平台"。与此同时,创新功能体系,与"深圳文献港"移动服务有机结合,推进移动服务 App 和"微平台"的协调发展。深圳图书馆还不断优化自助图书馆服务平台,利用自助图书馆电子阅读屏,将电子图书"配送"到每个服务点,供读者免费下载,形成书、刊、报一体的"自助图书馆电子阅读系统",进一步将图书资源下沉到基层社会,服务更多的市民。近年来,深圳积极投身实践,广泛应用新技术搭建"互联网+读书"平台,打造 QQ 阅读、深圳文献港、深圳书城 App、阅芽计划 App 等数字阅读终端产品。此外,还积极开展"手机阅读""扫码听书"等形式多样的"互联网+读书"活动。活动带动培育数字阅读新风尚,2020 年深圳成年居民数字化阅读方式的接触率高达 99.1%,连续五年获评"中国十大数字阅读城市"。[①]

在服务人群上,深圳图书馆不断扩大其服务人群,针对不同的年龄段人群提出不同的服务方案。尤其是针对儿童、老年人、外来人口、视障人群等群体,帮助其参与阅读活动,并且逐渐适应当前数字化生活。深圳图书馆专门开展针对少儿服务专项研究,提升服务水平,加强少儿服务组织,强化分级阅读指导,增加文献配置,开展数字阅读服务,改善服务环境,吸引少年儿童走进图书馆。与此同时,针对老年人口,持续推进"银发关爱"计划,开展中老年电脑培训、摄影培训、书画培训等契合老年读者需求的活动。针对视障群体、残疾群体等特殊人群,图书馆多采取活动的方式去提供服务,鼓励特殊群体走进图书馆,给予其重视。

在服务范围上,不仅仅提供书籍阅读,更多的针对市民生活需要的内容去提供服务,例如针对儿童开展提高儿童阅读兴趣"少儿培训",开展"深图网络公开课"、电脑课堂、语言沙龙等公益培训课程,开展公益法律咨询系列活动。依托"公益法律服务平台",为市民提供更多的服务项目,这不仅有效提升了市民法治观念和法律意识,普及了法律知识,传播了法治文明,还有利于提升图书馆自身的服务水平。

4. 培育读书品牌,形成国际化影响

深圳读书月自从 2000 年创立,已经连续举办 21 届,是深圳乃至全国首个全民阅读活动,也是全国全民阅读活动的"起因"和"品牌"。迄今,深圳读书月已累计开展公益阅读文化活动 9000 余项,先后邀请金庸、莫言、王蒙、余华、饶宗颐、余光中等百位名家大师开坛

---

① 深圳商报数字报.深圳再次获评"十佳数字阅读城市"[EB/OL].(2021-04-17)[2021-06-15]. http://szsb. sznews.com/PC/content/202104/17/content_1019105.html.

设讲,吸引逾 1.7 亿人次以各种方式参与其中。① 与此同时,围绕"深圳记忆"项目,寻找、记录并保存城市记忆,打造"深圳记忆"数字人文平台,开展"深圳记忆"系列讲座、"深圳记忆"之旅等活动,促进文献征集,提高市民对城市历史文献的保护意识,增强市民文化认同感。深圳图书馆为助力深圳文化发展,通过开展系列阅读活动促进深圳学术文化、创意文化宣传推广,传承城市记忆。例如"深圳学人·南书房夜话"等活动,致力于弘扬优秀传统文化,推动学术文化建设。依托"艺术设计区",助力"设计之都"建设,推动创意文化发展,举办系列艺术活动,传递文化艺术之美。

深圳图书馆在不断深化"图书馆之城"建设,积极开展各类主题活动,调动市民积极参与,提高深圳图书馆的影响力。2019 年,围绕"新中国成立 70 周年""粤港澳区域联动"等项目,自觉承担"举旗帜、聚民心、育新人、兴文化、展形象"的使命任务,全年活动精彩纷呈,共举办读者活动 1788 场,同比增长 22.8%,参与读者 190.86 万人次。2020 年,第二十届深圳读书月以"先读为快,行稳致远"为年度主题,以为祖国喝彩为基调,以建设书香社会为宗旨,举办活动 150 余场,其中包括"南书房夜话"五周年系列活动,"人文讲坛"100 期特别策划、"阅在深秋"公共读书活动等重点活动。"2021 年图书馆之城'4·23'世界读书日系列活动"共推出 710 场丰富多彩的阅读活动,其中重点活动 109 场。围绕"建党百年""阅读大数据""经典阅读""未成年人阅读""十四五"规划、"文旅融合"等主题,深圳"图书馆之城"各成员馆在延续往届品牌活动的同时,发挥线上线下多平台合力,推出各具特色的阅读活动与读者共读、共听、共享。其中,2021 粤港澳"共读半小时"阅读联动活动由深圳图书馆界与广东图书馆学会共同发起,以"100 年里的中国"为主题,以经典内容为载体,聚焦重大主题,传承发展中华优秀传统文化,继承革命文化,发展社会主义先进文化。除广州、深圳、东莞、澳门 4 个主会场外,粤港澳地区近 200 家图书馆或单位,遍布社区、公园、餐馆、家庭等的 1272 个共读点,约 35 万人次共同参与线下活动,营造出多元、丰富的书香氛围,激发爱国情怀,推动城际共读,增强了湾区城市凝聚力。

5. 联合民间力量,延伸图书馆服务

深圳在打造全民阅读品牌活动的过程中,较早意识到民间阅读力量的积极作用与巨大潜能,主动搭建资源整合共享的联合平台,促进了全民阅读的制度化、常态化和普及化,推动了阅读文化的自觉下沉。2012 年成立的"深圳市阅读联合会",是国内第一家阅读联合组织,深圳出版集团是阅读联合会会长单位,同时也是读书月总承办单位。目前,深圳市阅读联合会有会员单位 120 家,涵盖了学校、公共图书馆、民间读书组织、宣传媒体、出版、印刷、发行、网络阅读等行业以及从事阅读研究与实践的专家学者、阅读推广人,较为充分地整合了深圳全市的阅读网点、阅读组织、阅读资源,通过"全民阅读典范城市推广计划"和"阅读推广人下基层"两大品牌项目布局全市全年公益阅读文化活动。成立至今,深圳市阅读联合会已统筹开展各类活动 5000 余场,培育壮大了后院、三叶草、彩虹花、南都读书俱乐部、爱阅公益基金会等国内高水平民间阅读组织,为全社会营造读书向学的良好风气寻获了辐射更广、扎根更深的力量源泉。

---

① 书香中国微信公众号. 聚焦 | 北京、安徽、深圳,如何构建阅读文化品牌?[EB/OL]. (2021-05-11)[2021-06-15]. https://mp.weixin.qq.com/s/_wHhvQbbxfwZxLHQnnvnxw.

这些民间阅读组织是促进全民阅读的重要力量,同时也成为深圳图书馆重要的"合作伙伴"。深圳图书馆借助民间阅读组织的力量,积极开展各种类型的阅读推广活动和多元化分馆建设,探索建立书香公园分馆、养老护理院分馆等特色分馆,将本馆优质活动资源引入分馆,扩大社会影响力。例如,深圳对口支援新疆工作前方指挥部合作建设深圳图书馆喀什分馆,这是深圳图书馆在外地开设的首家分馆,总面积约300平方米,配备捐赠图书2000册。与深圳市疾病预防控制中心合作,筹备建设深圳图书馆公共健康分馆。与深圳市第二高级中学合作共建第二个深圳图书馆"青少年阅读基地","馆校"联动共促校园阅读。深圳捐赠换书中心大生体育公园分中心成立,宝安分中心及其新设立的5个服务站加入联网运行中心,联网分中心和服务站达到11家,进一步推进捐赠换书服务到社区;2019年,全市捐赠换书中心参与交换的人次达17156人,同比增长84.59%;换入图书52458册,同比增长49.07%;换出图书23982册,同比增长41.41%。

(二)全民阅读"深圳模式"的经验启示

深圳出版集团作为阅读联合会会长单位和深圳读书月总承办单位,以"一区一书城,一街道一书吧"为阵地,以深圳读书月为龙头,以"阅读联合会"为纽带和以"阅读永恒,载体创新"为指引,持续深入推进全民阅读,助力政府开创了全民阅读的深圳模式,走出了属于深圳的阅读推广之路。深圳读书月在持续探索全民阅读"深圳模式"过程中,积累了丰富的经验。

第一,建立科学机制。《深圳经济特区全民阅读促进条例》将"深圳读书月"法定化,并逐步建立起有利于调动各方热情、形成合力的科学高效运作机制,即"政府倡导、专家指导、社会参与、企业运作、媒体支持",被誉为全民阅读活动的"深圳模式"。第二,强调创意驱动。"创新"是深圳读书月生生不息的巨大动力。通过各类策划会议,深圳读书月每年保持30%以上的创新比例,为阅读增添新创意、新内涵,并通过培育提升,打造了一系列知名阅读品牌,形成了多层级、多类别的阅读板块标杆,吸引着社会各类阅读人群参与。例如,2020年的深圳读书月创新推出集资讯阅览、直播互动、下单购买、打卡分享等多元功能于一体的"深圳读书月"微信小程序,上线1个月,小程序浏览量突破118万,培育活跃用户近11万人,开辟了全新的、永不落幕的线上参与平台。第三,倡导阅读理念。深圳读书月每年都提出年度主题,切合实际表达阅读价值主张。这些年度主题都紧密结合党委政府工作重心和社会热点话题,如"创新之城 读具匠心""新时代 新阅读""先读为快 行稳致远"等。第四,深入基层群众。作为公共文化服务的品牌活动,深圳读书月始终关注社会上最大多数人的读书愿望,努力实现市民的文化权利。按照进社区、进学校、进企业、进军营、进机关、进家庭"六进"的要求,推出一系列丰富多彩的阅读活动,满足了市民多样化的阅读需求。第21届深圳读书月首设"一周一主题"板块,通过社区、青年、校园、企业四大读书周深入基层单位、走进基层群体,有针对性地开展阅读文化活动。第五,加强交流合作。深圳读书月在其20年的历程中,注重发挥深圳国际化城市建设所积累的资源和深圳独特的地缘优势,近年来加大了与联合国教科文组织等国际组织的交流与合作,如2013年和2014年连续两年围绕知识产权和数字图书合作举办国际性论坛,"阅读双城记2020深圳·柏林城际交流活动"成为深圳读书月国际化重要标志活动,扩大了深圳读书月的国际性影响。

二、政府引导社会力量参与全民阅读推广的经验做法与典型案例

（一）民间阅读联盟品牌效应凸显，吸引更多社会力量参与

得益于政府在民间组织管理体制上的探索和创新，深圳的民间阅读组织日益壮大，成为深圳阅读活动的重要参与力量。在深圳读书月的重点项目中，有一些由民间阅读组织主办承办，许多基层群众读书活动也由民间阅读组织参与承办。民间阅读组织数量的稳步增加及其活动的常态化发展，标志着深圳全民阅读专业化、社会化水平在逐步提升。据不完全统计，目前深圳拥有各类民间阅读组织超过 100 个，其中活跃度较高的约有 50 个，正式在民间组织局注册的超过 10 个，其中具有代表性的有深圳读书会、后院读书会、三叶草故事家族等。[①]

深圳读书会为 2007 年民间自发组织成立的公益读书会，是深圳唯一一个商业化运作、开展公益活动的读书会，也是目前深圳辐射面最广的读书会。目前，深圳读书会有专职人员 5 人、400 多名义工，每年举办近 500 场活动，活动的组织执行几乎全靠"义工群体"来完成。深圳读书会以"为每个阅读者创造属于自己的舞台"为己任，一方面通过作者签售、名家见面、新书推介、主题讲座、文学沙龙、绘本剧等形式打造文化阅读类公益资源平台；另一方面，积极创新阅读推广活动的形式，策划推出"电台读书会""梦想阅读家"等系列特色活动，积极推动全民阅读事业的发展。

后院读书会发起于 2009 年，现已成长为深圳乃至全国的一个颇有影响力和感召力的民间阅读推广组织。2012 年 9 月，后院读书会在深圳市民管局正式注册为民办非企业组织——深圳市后院阅读文化发展中心，其宗旨是"自由、随意、平等"，以阅读为纽带，寻找塑造一种新的生活方式，从而实现城市移民的再社会化。后院读书会不仅参与了深圳读书月等官方的全民阅读活动，还尝试在阅读活动上进行多种创新。举办了"一本书能够走多远"阅读接力活动、"城市萤火虫"换书大会、通往书乡的地铁、海上读书会、听说后院等特色活动。每个人都能平等地参与读书会活动，进行交流与互动，这吸引了更多线上线下的社会人士投身于民间阅读组织。

三叶草故事家族[②]是深圳公益亲子阅读组织的代表，2008 年在深圳发起，2011 年 5 月 11 日三叶草阅读文化发展中心正式获准注册成立。三叶草通过线上网站和线下举办的活动积极推进亲子阅读，以"童心、爱心、慧心"象征着故事家族的核心价值，并以"我是一棵会阅读的草"构成"草籽"们共同的语言密码。三叶草每年举办各类阅读推广活动千余场，受益人群 15 万余人次。三叶草故事家族的品牌活动主要有：培育"故事讲述人"的亲子阅读推广计划，开展社区故事会的社区儿童阅读加油站，每年定期举办的故事讲述大赛和绘本剧大赛，通过故事妈妈团队建设来推动家校互动计划，通过好书推荐、新书介绍来开展儿童阅读研究计划等，谋求社会对亲子阅读的更多关注与热心支持，让更多的家庭溢满书香，让阅读丰盈孩子的童年。这些民间阅读组织对传播阅读理念，丰富市民生活，营造城市人文气质起到了积极作用。

---

① 刘悠扬.深圳商报数字版读书周刊[N].深圳商报，2015-12-06(C01-04).
② 宋阳.公益阅读组织三叶草的苗壮生长[J].新阅读，2018(9)：27-30.

（二）为民间阅读组织提供培训，提高阅读推广人素质

随着社会对阅读推广人才的需求逐年增加，要求阅读推广人在知识结构和业务技能等方面向专业化、规范化方向转变。为推动全民阅读，加强阅读推广人队伍建设，提升阅读推广人的综合素质及阅读服务品质，改善阅读生态环境，推动阅读向民间化、专业化、常态化发展，2012年，深圳开创全国首个由政府牵头组织的"阅读推广人"培育计划。深圳市阅读推广人培训方案主要包含三大板块内容，即理论性课程、技术性课程和实践性课程，通过专业化、系统化的培训推动阅读推广体系的规范化发展。截至2017年，"阅读推广人"培训班已连续举办五期，144人拿到结业证书。"阅读推广人"来自各行各业，有公务员、教师、图书馆员工，也有个体户老板。2017年3月底，"深圳阅读推广人协会"正式成立，协会成立的主要目的是整合各方资源，搭建一个稳定的平台，协助阅读推广人解决遇到的各类问题，达到共同促进全民阅读的目的。为民间阅读组织或者个人提供培训，有助于提高社会力量的专业性，更好地为阅读推广打下坚实基础。[①]

政府对民间阅读推广的支持，主要通过资金和政策支持两方面。一方面，深圳读书月组委会、市文体旅游局出台了《深圳市阅读推广人管理办法》，规范阅读推广人行业，保障阅读推广人的权益。另一方面，为民间阅读推广提供场地和部分资金支持，政府以购买服务的形式，将经费给予阅读推广组织，由他们担任活动承办主体。

（三）社会力量积极投身读书月活动

深圳读书月自2000年开始以来，已经坚持21个年头，2020年深圳读书月以"读书让生活更加多彩，阅读让城市更有温度"为年度主题，共组织策划阅读文化活动290项，包括52项重点主题活动与238项一般主题活动。每年深圳举办读书月，社会力量都会积极参与，举办各种类型的阅读活动与深圳市政府的读书月活动相辅相成。历经21年打造，读书月培育出"温馨阅读夜""地铁阅读季""手机阅读季""深圳读书论坛""年度十大好书""年度十大童书""经典诗文朗诵会"等家喻户晓的品牌项目，成为深圳文化创新发展的闪亮名片，成为深圳城市文化菜单的重要内容。2020年的经典诗文朗诵会由深圳读书月组委会、深圳广电集团主办，深圳电台飞扬971承办，以"敢立潮头唱大风"为主题，邀请丁建华、瞿弦和、姚锡娟、康庄等国内朗诵名家，苏洋、吴庆捷等深圳本地朗诵艺术家，著名词作家蒋开儒和"大国工匠"陆建新等深圳各界人士，吟诵《潮声起》《谁是最可爱的人》《这里是深圳》《春天的故事》《大篷车》《苔丝》等作品，呈现了深圳40年来不同发展阶段的华美篇章，体现了经典诗文朗诵会"尊崇经典，致敬梦想，立足深圳，讴歌时代"的主题立意和文化脉络。深圳市阅读联合会自2014年开始评选"年度十大童书"活动，现已经举办七届，此次活动也是由读书月组委会、市文体旅游局、深圳图书情报学会、深圳晚报等多个社会力量联合主办的评选活动。为展现近年来深圳市"书香校园"建设取得的优异成绩，"看见城市的光"小而美系列评选活动围绕"理念之美""空间之美""图书之美""服务之美""活动之美"等维度，通过推荐申报、网络投票和评委走读等方式评选10所"最美校园图书馆"。由于民间阅读组织的活动方式更为灵活多样，更接近群众生活，能深入社区、校园、家庭，更

---

① 时代周报."阅读推广人"在深圳[EB/OL].(2017-04-18)[2021-06-15].http://www.time-weekly.com/post/37266.

"接地气"，同时也是与"高大上"的官方活动相得益彰，因此，在深圳读书月活动中，也有民间阅读组织、社会力量的身影，他们在其中扮演着不可或缺的角色。

（四）阅读立法助力民间阅读组织以及社会力量更好发展

《深圳经济特区全民阅读促进条例》为全民阅读的持续发展提供了法律保障。该条例规定从市、区政府到公共图书馆（室）、文化馆、文化站等各类公共文化机构和学校、国家机关、企事业单位，都应当提供相应的阅读服务，以及可由市政府发起设立公益性的全民阅读基金，接受社会捐助，用于资助全民阅读活动的开展。[①]在法律条例的支持下，民间阅读组织、社会力量就能够依照法律规范向政府申请资助，并通过政府购买服务的方式承办阅读推广活动。一方面有效地缓解了民间阅读组织、社会力量在资金上的问题；另一方面也便于政府实施规范化管理，让阅读活动更好地走进群众、服务群众。

三、社会力量参与新型阅读空间建设成效与典型案例

（一）深圳出版集团"大书城小书吧"模式

深圳出版集团有限公司[②]（原深圳出版发行集团）于2007年11月正式成立，主要业务由内容出版、出版物连锁经营、资产运营、文化创意四大板块组成，涵盖出版、发行、书城书吧运营、图书进出口、影城运营、教育培训、创意产品、文化休闲等领域，拥有21家全资、控股下属企业，6座超万平方米的大型书城，以及"深圳读书月""深圳书城""新华书店""24小时书吧""简阅书吧""弘文艺术""书城培训""益文书局""华夏星光影城""深港台创意设计廊""深圳晚八点""全民阅读数字出版分众平台"等多个知名文化品牌。集团在忠实履行国有文化企业社会责任的同时，积极探索以书业为核心的多元文化产业经营，创造性地将"深圳书城"打造成为集阅读学习、展示交流、聚会休闲、创意生活为一体的新型复合式文化生活空间、精神文明建设重要载体和公共文化服务的重要阵地。

"深圳文化创新发展2020"提出，加快书城和配套基地等规划建设，支持建设创意特色书吧，基本形成"一区一书城、一街道一书吧"格局。深圳出版集团成功探索了"大书城小书吧"模式，形成以大书城为主阵地、以小书吧为网络的空间布局。大书城以知识和创意为核心，形成多层次、全方位、立体化的业态组合，小书吧作为微缩版的书城，则强调书与非书空间的双向融合，有效地构筑起覆盖读者家门口的"10分钟文化圈"。深圳市委市政府高度重视和大力支持阅读主阵地的建设，拓展和丰富阅读空间，在推动书城建设的同时，还鼓励经营适应区域环境的特色书吧。目前，简阅书吧等特色书吧以个性化全方位的服务方式，深入社区、校区等，形成全市书城、书吧星罗棋布的格局，成为城市的精神地标，"图书馆和书城、书吧的高密度布局，共同构成深圳的阅读主阵地，拓展和丰富了深圳人的公共阅读空间"。

简阅书吧，既有企业属性，也有公益属性，承担着为市民群众提供公共文化服务的功能。如何理解公益性？书吧探索出四种做法。一是"书吧＋图书馆"，引入图书馆借阅功能，实现"购书、借书、免费看书"三位一体的阅读服务；二是"书吧＋活动"，开展公益性文

---

① 尹昌龙.文化深圳从阅读开始[M].北京:中国社会科学出版社,2016:140.
② 深圳出版集团简介[EB/OL].[2021-06-15]https://www.szcbfx.com/#/main/introduction? type=9.

化活动,将健康讲座、艺文策划、名家讲堂等带到市民身边;三是"书吧＋课堂",引进四点半课堂等公益教程;四是"书吧＋展演",举办书画展、电影展、话剧等,免费提供各类文化展演。不仅如此,书吧还提供文化资讯、便民服务等,成为市民的"第三空间"和社区文化生活中心。书吧既关注公益属性,当好提供城市公共文化服务平台的角色,又关注经营属性,探索新的产业模式,形成多层次的经济效益。书吧必须有发达的供应链系统,书与非书的供应都要保证精准高效;书的销售本身并不挣钱,但书给实体书店聚集人气、提升品位,书把人给吸引进来,要思考如何把客流变成生意流、商业流;连锁书店有连锁商业的规则和法则,对内部管理要求非常之高,必须做好成本管控,增加盈利点,微利书店才能发展下去。[1]

深圳书城模式是深圳实体书店创新发展的成功案例,并作为大型书城运营样本向全国输出。实体书店是全民阅读的主阵地,大书城要成为爱书人的乐园,更要成为懂书人的殿堂。书城工作人员都要树立"读书以及一切为读书所做的服务都是高贵的"核心价值观,秉承"为读者找好书、为好书找读者"的服务理念。而运营街道书吧首先应明确客户定位,再推出精准服务,以书为核心,呈现最好的内容。实体书店应从单纯的图书销售转向兼具教育、交流、展览、休闲等功能于一体的文化综合体,要从传统书店经营思维走向"书店＋",再迈向"文化＋",在提供优质阅读生态的同时,重构实体书店的经营业态和阅读场景。[2]

(二)罗湖区"悠·图书馆"模式

悠·图书馆[3]是罗湖区图书馆借鉴现代图书馆理念打造的平等、开放、公益的社区图书馆全新服务模式。它更加注重社区图书馆作为社区中心的功能,强调图书馆的文化休闲功能和公共空间功能,相比传统的社区图书馆,悠·图书馆拥有"悠空间""悠资源"和"悠活动"。悠·空间,环境空间布局、书架家具设计体现温馨悠然、随意自由、时尚典雅、开放互动,突出交流功能,适合举办小型展览和沙龙。悠·资源,在馆藏配备上,采取以电子资源为主、传统纸质图书为辅的原则,提供最新、最热门、最畅销图书电子资源。读者在这里可以通过网络阅读罗湖区图书馆拥有的电子书刊、学位论文、全文数据库资源等各种资源;馆内配有电脑及最新的平板电脑阅读器,供读者浏览馆藏的电子资源。在纸质文献资源的配备方面,每个馆配置3000册以上的图书和120种报刊,并依据服务群体和馆藏重点进行定制。同时,所有馆藏图书都纳入"图书馆之城"的统一服务平台,读者一证即可实现全市图书馆的通借通还。悠·活动,馆内定期开展聚会、活动、沙龙等各种阅读推广和文化活动,如举办"悠阅生活""尚修学苑""真人图书馆""读书沙龙""故事列车"等活动。悠·图书馆特色和亮点主要体现在以下四个方面。

1. 新理念、新空间、新服务

与传统社区图书馆相比,悠·图书馆从空间上颠覆了传统图书馆阅读空间上的刻板、

① 深圳热线.深圳实施"一区一书城、一街道一书吧"战略[EB/OL].(2018-07-18)[2021-06-15].http://focus.szonline.net/contents/20180718/20180724384.html.

② 中国新闻出版广电网.2020深圳市实体书店转型升级经验交流会举行 大书城小书吧共话业态新模式[EB/OL].(2020-12-08)[2021-06-15].https://www.chinaxwcb.com/info/568048.

③ 罗湖政府在线.罗湖区图书馆一览表[EB/OL].(2021-04-12)[2021-06-15].http://www.szlh.gov.cn/xxgk/zdlyxxgk/whjg/tsgylb/content/post_8731604.html.

冷漠、缺乏亲和的布局,取而代之的是温馨、雅致、舒适的大书房设计;最新出版的图书、电子资源、当期报刊等为社区图书馆吸引人气提供不断的源泉。

2. 聚合人气的社区文化中心

悠·图书馆融汇了所有的文化形式,不仅提供图书借阅服务,还为读者提供艺术欣赏、技能培训、文化交流、教育学习、生活体验等功能服务。其活动内容更加注重生活化、趣味化、贴地而行;形式上,不仅有读书会、故事会,还有烘焙课堂、评书表演、民乐欣赏、手工教室等,这些投入小、润物无声的小型社区活动深受社区居民的欢迎,真正成为社区居民的文化中心。

3. 一体化管理优势无限

悠·图书馆作为罗湖区图书馆的直属分馆,服务资源建设、服务内容提供、服务运营管理等均由总馆统筹管理与运作,避免了社区图书馆管理、服务及持续发展上的文献资源、人力资源、经费资源等方面的严重不足等症结,几年来悠·图书馆健康、持续的服务绩效,充分显示出总分馆管理体制的优势。

4. 联合社会力量办好社区图书馆

悠·图书馆作为城市第三空间的建设,一方面尝试将原有的社区图书馆进行改造、转型;另一方面又开拓新的建设与服务领域,在广东地区首创在商场里开办公共图书馆。罗湖拥有闻名全国的深圳工艺美术聚集区,是工艺美术产品批销的重要园地。为此,罗湖区与企业联手在中设集团和C33创新产业园分别建立了以设计、创意类文献和活动为重点的悠·图书馆,为推动罗湖工艺文化产业蓬勃发展提供智力支持。

(三)"龙华城市书房工程"模式

2019年以来,深圳龙华区以"转角遇到书,书房在你身边"为核心理念引导鼓励社会力量参与"龙华城市书房工程"建设。[①] 截至2021年4月,龙华区累计建成投用25座城市书房,室内总面积9028.43平方米,探索实现"商业综合体＋书房""景区＋书房""园区＋书房""社区＋书房""青年公寓＋书房"等文化场馆运营新模式,以覆盖全区的公共阅读服务阵地真正打通公共文化服务"最后一公里",在营造全民阅读良好氛围的同时,切实提升龙华人民精神文化生活的获得感和幸福感。

龙华区坚持政府主导、社会参与的建设途径,采用众筹合作、多方共建模式,推进"龙华城市书房工程"建设,打造市民群众家门口的"精神粮仓"。政府和社会双驱动,市场和市民共参与。在建设过程中,为方便广大市民了解城市书房,龙华区文化广电旅游体育局印发《龙华城市书房工程实施方案》,就龙华城市书房的申请流程、建设运营等做出详细说明。龙华区挑选小区、企业园区、商场等人流密集场地,挖掘利用适合打造城市书房的社会公共空间资源,打造集图书借阅、阅读分享、文化传播为一体的城市书房。在2020年4月23日"世界读书日",首批主打商务、企业、社区的4间龙华城市书房"大唐书香驿站""顺络书吧""盈创书吧""佳卉书屋"开放启用。2020年6月2日,龙华区第二批两个儿童、亲子阅读主题城市书房"壹城中心儿童书屋""文澜苑亲子书屋"启用。截至2021年4

---

① 郭洁琼,林佳曼,陈润泽.深圳龙华:城市书房遍地开花"悦读"服务文化惠民[N].中国文化报,2020-12-31(6-7).

月,龙华区已建成 25 家城市书房,总藏书量超 8 万册。为进一步挖掘企业、园区、小区等社会空间,龙华区将力争在 2021 年建设完成 20 个城市书房,为辖区居民提供一批集阅读、休闲、交流等为一体的公共阅读空间。除了商业区、社区,建在原生态老建筑群里的观澜"1510 图书馆"被列入龙华区第三批城市书房名单,该书房通过启动社会力量共建共享公益图书馆计划,加速推进建设具有开放知识集市的"未来超市'菜市场'图书馆",推动图书循环流动。

龙华区还探索自主运营、委托运营、合作运营等行之有效的城市书房运营之道,形成以政府主导、企业协同、民众参与、专业人才机构推动的文化事业与文化产业融合的新型城市书房运营管理模式。如由新澜社区阳光花园小区党支部负责运营的观澜阳光花园书吧,在开展阅读服务的同时还兼具休闲娱乐、咨询服务、健康应急、志愿服务等功能;由深圳市华篮体育文化传播有限公司负责运营管理的顶峰书吧,充分发挥篮球培训行业知名品牌俱乐部效应,将文体服务进行融合;由艺术家、设计师、心理咨询师及义工骨干等组成的公益团队负责运营管理"1510 图书馆",在提供阅读服务的同时,还开展多元艺术沙龙等,其家庭循环阅读书柜计划更是在两年左右就建立起 170 多个家庭循环书柜。

与此同时,龙华区积极建设人才队伍、打造城市书房文化活动品牌。龙华区的"文化星火"志愿队伍有 24 支文化志愿服务分队、4000 名文化志愿者,城市书房依托"文化星火"志愿队伍、社区义工队伍等社会力量,开展兼具效率质量的常态化文化服务,提升基层公共文化服务水平和效能。龙华区积极发挥城市书房阵地作用,根据每个城市书房的特色定位,通过线上点单精准对接市民需求,定期开展读书会、讲座、沙龙等形式多元、内容丰富、符合市民文化需求的阅读活动,以品牌活动文化惠民、文化悦民。

(四)福田区"理事会＋总分馆"治理模式

福田区图书馆[①] 2014 年被列入"公共文化机构法人治理结构"国家级、省级改革试点单位,以建立科学化、规范化和专业化的理事会运作机制为目标,成立了由 16 名理事组成的理事会,下设文献资源建设、阅读推广指导、绩效评估考核三个专业委员会,并于 2016 年顺利通过验收,逐渐形成"理事会＋总分馆"治理模式,大幅提升了区图书馆的运营能力和服务效能,拓展了与社会合作的广泛空间。

福田区公共图书馆以建设"图书馆之区"为目标,在 2003 年开始实施总分馆制,目前已建立 108 个总分馆服务体系,分别为 1 个区总馆、10 个街道图书馆、87 个社区图书馆和 10 个主题分馆,实施统一拨款、统一采购、统一编目、统一配置、统一服务的"五统一"总分馆制管理模式,图书馆覆盖率为 100%。作为总馆的福田图书馆,为了让阅读精细化、分类化、立体化,为不同年龄层的读者打造了"四个空间":针对成人休闲娱乐的"创意生活空间";在快节奏中体验深阅读的"一间书房";面向低幼儿童、亲子家庭的"绘本工厂"以及为老年读者和视障人士等提供便利服务的"数字化阅读空间"。

2018 年 10 月,福田区图书馆推出"图书馆＋学校"阅读阶梯计划,为合作学校学生办理校园读者证,可以在全市 600 多家加入"图书馆之城"服务系统的图书馆与自助图书馆

---

① 高大伟.文化福田,因读书而受人尊重——深圳市福田区图书馆创新发展纪实[N].中国文化报,2020-12-31(12).

实现通借通还。至今，累计办理校园读者证超 7000 张，阅读书包 1500 个，阅读手册、地图均超过 4000 份，图书馆第一课活动、阅读推广进校园、图书管理志愿培训累计 40 场，受益师生、家长人数 11000 余人。福田区图书馆打造的"图书馆＋学校"阅读推广品牌，旨在探索儿童阅读推广活动长效机制，在馆校合作模式方面做出示范，该项目获评 2020 年度广东省文化和旅游公共服务体系建设优秀案例。

2019 年 11 月，福田区图书馆联合深圳书城中心城、本来书店、覔书店、笔画生活书店和时间行者书店，共同发布成立福田区"图书馆＋书店"战略合作联盟。联盟通过馆店合作，推出线上借阅＋线下系列主题活动，推出"城市静空间"项目，在图书馆、读者和书店之间架起一座"可借可购可享可学""阅读'零门槛'"服务的桥梁，让老百姓在家门口就能够享受到文化大餐。

福田区图书馆不断创新公共阅读模式，在国内率先推出自行研发的"选书帮"自助借阅机，实现图书即选即借、全市通还；在国内率先推出公共图书馆常态夜间文化品牌"图书馆奇妙夜"；创新举办深圳首家 24 小时社区图书馆"玉田社区图书馆"、深圳最高规格社区图书馆"侨香社区图书馆"。其中，"选书帮"服务是福田区图书馆和深圳中心书城合作推出的"馆店合作"模式。该服务自 2016 年 11 月推出后，广大读者热情参与，月均扫码图书 4700 余册，得到了读者、图书馆、书店三方一致肯定。

此外，福田区图书馆不断创新利用社会空间资源，积极探索政府与社会合作新模式，充分发挥社会组织在公共文化建设中的作用，探索建立社会力量主动积极、充分参与、持续进入的政府社会合作新模式；打造共建模式，以"深圳文化创意园图书馆"为代表，是福田区图书馆与社会力量合作创办的典范，惠及周边近万居民和数家企业；创新购买服务模式，如依托现代物流专业化服务，提升全区公共图书馆总分馆服务网点之间的文献流通效率。

在不断创新发展基础上，福田区图书馆持续加大优质资源供给，发挥辖区 108 家公共图书馆总分馆制管理优势，整合中心书城、特色书吧等社会资源，大力推广各种阅读品牌活动，通过深圳读书月、大家讲坛等品牌活动，营造出全民阅读书香氛围，打造充满书香的图书馆阅读功能区。

四、社会力量参与新型阅读空间建设存在的问题及原因分析

（一）《阅读条例》政策落地存在难度

《阅读条例》在"阅读保障"一章明确，市、区政府应当将全民阅读基本公共服务所需经费纳入本级年度财政预算（第二十条）。市政府可以发起成立公益性全民阅读基金。鼓励企事业单位、其他组织和个人参与或者捐赠全民阅读基金（第二十一条）。具体的经费投入则因各区的财政实力、地方政府的重视程度差异、社会力量的参与度不同等存在较大差距。个别地区因政府经费投入少而非公募基金的持续性差等，导致阅读推广活动的成效存在区域差异。政府的经费投入属于引导性资金，要通过政府的政策引导，撬动更多的社会资本，鼓励多元社会力量参与到全民阅读活动中来，贡献更多的人、财、物和智慧。

（二）民间阅读组织缺乏有序管理

2016 年，深圳民间阅读组织超过 100 多个，但是在民政部门登记注册的只有十几个。

根据深圳市文体旅游局的抽样调查,只有 21.62% 的组织负责人参与过政府部门或者公益机构针对非营利组织举办的业务培训。[①] 这表明虽然深圳市民间阅读组织种类多样,但是在管理和运营方面还存在一定的问题,不符合民政部门的资质认定要求,无法获得合法"身份"。一方面是社会力量、民间阅读组织的管理缺乏系统性,表现在活动、人数、场地等方面。另一方面是针对这些民间阅读组织、社会力量如何进行系统化培训,让其接受图书馆或者政府部门的引导,目前还没有相关的制度安排。深圳"阅读推广人"培育计划很大程度上实现了民间和政府资源的对接,但相关制度的专业化和系统化还有待完善培育,组织管理与推广机制缺失,活动空间与经费明显不足,缺乏专业指导与相应的发展规划等问题突出。另外,由于监管等问题,阅读推广人培训项目于 2018 年暂时停滞。

（三）缺乏专业化的人才

目前参与新型阅读空间建设的社会力量和民间阅读组织大多是普通公民自愿参与,开展的活动、推广形式都缺乏专业性。首先,民间阅读组织和社会力量需要吸纳专业人才。尤其是建设新型阅读空间需要专业的人员进行指导、统筹,对各类资源进行规划,达到合理配置,从而推广全民阅读,吸引更多民众参与。尤其是对于举办的阅读活动要具有科学性、教育性,同时还要有吸引力。其次,政府也需要引进专业的管理人才和阅读推广相关人才来管理、引导民间阅读组织和社会力量,使其发挥更大的作用。

（四）缺乏系统的评估机制

在社会力量参与新型阅读空间建设的过程中,深圳市政府针对民间阅读组织、社会力量没有明确的评估机制。这样既不利于民间阅读组织成长,也不利于社会力量参与新型阅读空间建设的可持续性发展。对民间阅读组织、社会力量的各个方面进行系统评估或者定级,评估结果作为能否承接政府阅读服务等公共职能的重要依据。针对不同的社会力量类型,要有明确的准入标准和考核标准。

五、社会力量参与新型阅读空间建设的对策建议

（一）落实各项保障措施,促进政策落地

《阅读条例》确定了"政府引导和社会参与相结合"的工作原则,政府与社会各界协同提供全民阅读服务,积极推动全民阅读活动。政府的引导作用是首位的,因此需要强化地方政府保障作用,创新管理和服务方式,提高依法行政能力和水平,政府应在制度设计、经费投入、组织保障、人才培训等方面形成有效的工作机制,促进各项政策的落地。

（二）完善扶持政策,规范运作机制

首先,政府要针对民间阅读组织出台相应的管理机制,制定组织规范和行为指引。可以进行系统化地摸排,对已有的民间力量、阅读组织进行统一登记管理,并进行分类合并等。其次,政府针对社会力量参与新型阅读空间的扶持与支持,要出台明确的规定,对如何参与以及参与的方面、参与的方式等全面性的准入机制加以规定,更好地激发社会力量参与新型阅读空间建设。最后,政府要大力支持民间阅读组织、社会力量举行阅读相关活

---

① 尹昌龙.文化深圳从阅读开始[M].北京:中国社会科学出版社,2016:133.

动,并制定奖励政策和表彰方法,提高社会力量美誉度,激发市民参与阅读推广的兴趣。

（三）引进专业化人才

政府要引进专业化的人才,针对新型阅读空间建设过程中的问题,以专业化的视角去解决。首先,在深圳市民间阅读组织的管理方面,要有专业人员进行系统统筹规划,合理地利用好社会力量和民间阅读组织,让他们深入基层,例如街道、社区、学校、商场等,开展阅读空间建设与运维,组织阅读推广活动。其次,针对社会力量的参与形式给予积极、正确的引导,需要专业的人员进行组织化、系统化的培训,帮助他们科学地举办阅读活动,树立自身的品牌定位,辐射相应的人群,扩大活动影响力。

（四）建立系统的评估机制

政府应该针对参与新型阅读空间建设的民间阅读组织等社会力量建立相应的评估标准和机制。首先,根据其品牌定位来进行分类,通过分类然后制定相应的活动举办与参与准则。例如三叶草故事家族专门针对亲子阅读,可以在读书月的儿童阅读板块承办相应的阅读活动。然后,根据民间阅读组织、社会力量的规模、举办或者参与活动的次数、活动参与人数来制定评估细则,对同类型的各个民间阅读组织、社会力量进行评估。最后,对民间阅读组织、社会力量在参与新型阅读空间建设的结果进行评估,建立科学的评估方式与全面的评估团队,形成合理的奖惩与反馈机制。

书香东莞：打造图书馆之城，让阅读人人可及

——东莞市社会力量参与新型阅读空间建设调研报告

内容提要

2004 年，东莞市提出建设"图书馆之城"的目标，东莞市图书馆通过总馆、分馆、服务站、图书流动车、24 小时自助图书馆、城市阅读驿站、绘本馆等三级网络、多种形态的合理布局，构建公益、开放、丰富、便捷的城市图书馆公共服务体系。城市阅读驿站是东莞图书馆公共文化服务体系建设的最新形态，东莞图书馆利用社会力量，通过图书馆与企业合作的方式，开展"城市阅读驿站"与"粤书吧"双品牌建设，既提供图书阅读和借还服务，又提升企业的品位和档次，让群众能在家门口、在休闲中享受公共文化服务的便利，让阅读人人可及，促进市民基本文化权益的保障和基本文化需求的满足。东莞在引导社会力量参与城市阅读驿站建设中，在顶层制度设计、驿站功能提升、社会力量参与、管理运营效能、专业人才队伍等方面还存在较为突出的问题，需要通过政府统筹规划，构建政府、社会、市场、民众多方力量合作的运行模式，以提高新型阅读空间建设质量和服务效能。

东莞位于广东省中南部，是国务院批复确定的中国珠江三角洲东岸中心城市，也是粤港澳大湾区城市之一，号称"世界工厂"，是广东重要的交通枢纽和外贸口岸。2020 年东莞市全年 GDP 达 9650 亿元，年平均增速超过 6.5％。① 东莞市经济发展已经走在全国前列，加强精神文明建设也成为重要任务。东莞是一座世界闻名的制造业城市，书香则是飘散在城市各个角落的文化氤氲。书香品牌是城市精神文明建设的重要成果和金字名片，是营造城市阅读氛围、提升城市形象的重要抓手。2020 年，东莞图书馆立足"湾区都市、品质东莞"城市定位和"高品质文化引领型城市"发展导向，积极打造全市人民的"精神食堂"，助推"书香东莞"及东莞品质文化之都建设，不断推进全民阅读体验升级，增强民众获得感、幸福感，持续强化公共文化服务示范引领作用。2020 年，东莞全市公共图书馆服务体系到馆读者 335.4 万人次；书刊文献外借 420.78 万册次，新增注册读者 64856 位；数字资源利用总量达 6349 万次，比 2019 年上升了 31％。东莞图书馆通过合理配置资源、丰富产品供给、优化公共服务、加强交流合作等方式，塑造品牌形象更突出的公共文化高地，为建设"品质文化之都"贡献了东莞经验。

---

① 东莞市长肖亚非."十三五"期间，东莞 GDP 增至 9650 亿[EB/OL]. (2021-01-26)[2021-07-05]. https://www. thepaper. cn/newsDetail_forward_10950434.

一、东莞市全民阅读推广情况概述

"十三五"时期，是全面建成小康社会决胜阶段，是实现"两个一百年"奋斗目标、实现中华民族伟大复兴中国梦的关键时期。为进一步坚持以习近平新时代中国特色社会主义思想为指导，全面贯彻落实习近平总书记视察广东重要讲话和重要指示批示精神，坚定文化自信，扎实推进高品质文化引领型城市建设和全民阅读活动的深入开展，按照《全民阅读"十三五"时期发展规划》以及党中央、广东省委、东莞市委关于开展全民阅读活动的系列部署要求，结合《中华人民共和国公共文化服务保障法》《中华人民共和国公共图书馆法》《广东省全民阅读促进条例》以及《东莞市公共图书馆管理办法》的贯彻落实，东莞市在"十三五"规划期间全面推进"书香东莞"全民阅读工作，取得较好成效。同时，东莞市也把"深入推进全民阅读，建设书香中国"写入"十四五"规划纲要中。纲要明确提出创新公共文化服务运行机制，鼓励社会力量参与公共文化服务供给和设施建设运营。在此基础上，东莞市全民阅读情况如下。

（一）构建完善的公共图书馆服务体系，营造浓厚全民阅读氛围

东莞市图书馆牵头，构建完善的城市公共图书馆服务体系。在阅读设施覆盖方面，截至 2020 年 12 月底，通过总馆、分馆、服务站、图书流动车、24 小时自助图书馆、城市阅读驿站、绘本馆等三级网络、多种形态的合理布局，在全市范围内建立起 1 个总馆、52 个分馆、102 个图书流动车服务站、445 个村（社区）级服务点、34 个城市阅读驿站、18 家绘本馆，实现全市 33 个镇街（园区）24 小时自助借阅服务全覆盖的服务体系，并实现了"一馆办证，多馆借书；一馆借书，多馆还书"的服务模式，形成了新时期公共图书馆全面创新服务的新形态。在特色阅读项目开拓方面，配合广东省"粤书吧"建设，积极调动社会力量共建"城市阅读驿站×粤书吧"双品牌新型阅读空间，新增茶山镇新城公园城市阅读驿站、塘厦镇城市会客厅、桥头镇莲湖城市阅读驿站 3 个"粤书吧"试点，植入文化培训、体育健身、旅游导赏等内容，并逐步在全市推进具有东莞特色的家庭阅读推广模式，服务深入到社区到户。在科学管理深化方面，推进总分馆体系服务绩效管理与科学评估，形成《关于第三方对我市落实〈公共文化服务保障法〉和〈公共图书馆法〉执行情况评估结果的报告》，由市政府发至各镇街（园区），以评促建，以评促优，不断巩固东莞公共文化服务体系的领先优势。

与此同时，为市民创造良好的阅读条件后，积极推动市民的阅读兴趣。以读者需求为导向，常年持续举办多元化的图书推荐、知识培训、读书比赛、少儿教育、论坛讲座、文化展览、专题动漫活动等丰富多彩的阅读推广活动，丰富了城市文化生活，产生了良好的社会效果。一是组织青少年阅读活动。每年一届的"我讲书中的故事"儿童故事大王比赛活动着重引导讲好"东莞故事"，按照年度主题精推 100 种图书进行亲子导读，延伸开展少儿绘画比赛和手抄报大赛等活动，并通过网络投票评选"我最喜欢的故事大王选手"和网络直播等措施，进一步提升少儿品牌活动品质和参与效果。儿童故事大王比赛年均参与受众达 10 余万人次。二是提升品牌活动宣传效益。每年以 4 月"世界读书日"为节点，东莞图书馆联合总分馆围绕年度阅读主题，策划组织多元丰富的系列活动。如 2020 年，结合中共广东省委宣传部要求的"全民小康 书香芬芳"宣传主线，东莞市聚集各方力量，策划推出线上互动为主的 12 大分主题，共近 60 项"云活动"。其中，中共东莞市委宣传部、东莞

市文化广电旅游体育局发布关于"4·23"世界读书日推荐阅读书目的倡议书及 186 种导读书单,广受市民欢迎。此外,东莞图书馆承办的"共读半小时"活动,招募了逾 70 个共读点,以线上共读、家庭亲子读、故事会直播、云读诗等方式,吸引 3 万余人次市民参与共读,得到多家媒体和微信公众号宣传转发,活动效果显著。2021 年,东莞图书馆举办了"奋斗百年路 启航新征程——东莞图书馆 4 月 23 日世界读书日系列活动",通过联动各镇街图书馆,采用线上线下结合、分散同期举行的方式,共策划八大主题 130 余项活动,让读者享受书香阅读的快乐。三是动漫品牌活动创意不断。每年一度的"东莞动漫之夏"活动旨在为广大动漫爱好者奉上一场精彩纷呈的动漫嘉年华,其中亮点不断。2016 年 8 月,成功举办第八届中国国际影视动漫版权保护和贸易博览会东莞图书馆分会场系列活动暨漫画馆新馆启动仪式以及全国性动漫资源建设专家研讨会。2019 年,"东莞动漫之夏"活动得到了中国动漫集团的支持和参与,共合作举办了动漫发展研究论坛、专业展览、主题讲座、产业展示、动漫创客、大众互动 6 种类型 18 项活动,吸引了 3.2 万余人次参加。四是延展学习品牌覆盖面。继续发挥图书馆公益讲座"弘扬人文精神,发展公共文化,丰富市民生活,提升城市品位"的文化精神。策划了阅读·教育、人物·历史、文学·艺术、文化·生活、城市·经济等多系列的公益讲座,年均举办 100 余场活动,受众达 2.3 万人次,另延伸至市民服务中心等举办家庭教育公益讲座暨亲子生活技能分享会,获得了众多市民的青睐捧场。此外,还充分利用假期、节庆、纪念日等时间节点开展形式多样的阅读推广活动,每年举办各类馆内外展览(含基层巡展)100 余场,观展市民约 55 万人次。同时,推出了"邮享阅读"快递借书服务和"百项活动下基层"项目,丰富了阅读推广的形式和内容,增强了阅读推广的影响深度和广度。

(二)"图书馆之城""东莞读书节"等全民阅读品牌进一步优化提升

东莞市委、市政府在"一城三创五争先"的发展战略和工作思路指导下,围绕提高人的发展能力的目标任务,整合全市图书馆资源,提出建设"图书馆之城"文化品牌。打造"图书馆之城"是提高城市文化品位的有力举措,是塑造现代市民、创建学习型城市的必然要求,对推进东莞市经济社会全面协调可持续发展、实现城市文化的跨越式发展具有重大意义。2004 年以来,东莞市委、市政府先后下发了《东莞地区图书馆总分馆制实施方案》《东莞市建设图书馆之城实施方案》《关于贯彻落实〈东莞市建设图书馆之城实施方案〉的意见》等全市性文件,对图书馆之城建设做出整体部署和具体安排。东莞市围绕设施、活动、机制三个环节,结合实际,抓紧落实,共同推进,地区图书馆事业长足发展,知识传播体系不断健全。东莞市打造"图书馆之城",改变了传统刻板印象。作为东莞市的文化品牌,不仅只是建设完善的阅读设施和场馆体系,更是展现了东莞市的文化底蕴,为市民创造了更好的阅读氛围,从而提升了东莞市的文化风貌。

东莞读书节是东莞市全力打造的一项知识传播活动品牌,是培育和展现城市魅力的生动载体。自 2005 年起,一年一度的东莞读书节方案经东莞市委、市府同意以文件形式发文推动,并建立健全了"政府主导、市镇联动、社会支持、专家指导、市民参与"的活动机制,在全社会掀起了读书求知、读书成才、读书明理的热潮。在"十三五"规划期间,东莞市文化广电旅游体育局具体协调各相关单位与全市各镇(街)均按照"广泛参与、全市联动、形成品牌"的要求,推出特色鲜明、载体多样的全民阅读主题活动,并体现四个主要特点:

一是阅读主题，紧扣中心工作，引领阅读风尚。结合习近平新时代中国特色社会主义思想、决胜全面建成小康社会、推动粤港澳大湾区建设、抗击新冠疫情以及"湾区都市、品质东莞"建设等重点主题，举办南国书香节东莞分会场的图书展销与阅读活动，推出"新时代乡村阅读季"，发布"4·23"世界读书日推荐阅读书目的倡议书，在图书馆内设置"新时代红色学习专区"等，进一步在全社会掀起学习宣传贯彻习近平新时代中国特色社会主义思想的热潮。同时，在内容上关本土讲好"东莞故事"，顺应文旅融合趋势，带领广大市民关注、宣传东莞经济社会发展与文化特色，开展"阅东莞·邂逅图书馆之美"等文旅融合活动项目，组织东莞市大学生社会实践调研活动，推出东莞历史文化系列在线精品讲座，展示东莞历史文化魅力。二是阅读工作，注重与法同行，提供制度保障。促使城市公共阅读服务的建设更加规范有序，进一步推进全民阅读。政府在公共管理的高度上对公共阅读服务进行宏观管理与领导，围绕《中华人民共和国公共文化服务保障法》《中华人民共和国公共图书馆法》《广东省全民阅读促进条例》及《东莞公共图书馆管理办法》等法规的宣传贯彻，结合普法工作要求，切实保障广大市民的阅读权益和其他文化权益，推出《中华人民共和国公共图书馆法》图文展、东莞市图书馆事业迈入法治化规范化轨道——《中华人民共和国公共文化服务保障法》《东莞市公共图书馆管理办法》解读展览等，在全市各镇（街道、园区）进行巡展并举办相关的知识竞赛，更好地宣传与使用图书馆，推广全民阅读。东莞市委、市政府先后下发了《东莞地区图书馆总分馆制实施方案》《东莞市建设图书馆之城实施方案》以及《关于贯彻落实〈东莞市建设图书馆之城实施方案〉的意见》等全市性文件，不仅对"图书馆之城"建设做出整体部署和具体安排，而且为城市公共阅读服务体系提供了制度保障。三是阅读活动，注重全国、省市联动。每年按照广东省"书香岭南"全民阅读活动的部署，东莞市在 4 月举办形式多样的"世界读书日"阅读推广系列活动，8 月举办南国书香节东莞分会场活动，通过活动引领，吸引更多市民特别是青少年群体参加读书活动，进一步扩大了"东莞读书节"的影响力和辐射力。如在 2019 年 8 月，东莞市承办了广东省南国书香节重点活动——第二届"公共图书馆在全民阅读中的领读与创新"峰会并同时启动 2019 东莞第十五届读书节。此外，阅读推广公益行动之扫码阅读活动也以东莞为基地，辐射至全国联动，提升为"扫码看书，百城共读"全民阅读品牌。四是阅读引导，注重突出新媒体阅读亮点。结合新媒体阅读的趋势，立足市民的阅读新需求，进一步优化数字阅读内容供给，推出更多免费的电子阅读资源和听书（刊）资源，大力推动全民阅读进农村、进社区、进家庭、进学校、进机关、进企业、进军营。如在 2019 年，在原"扫码看书，百城共读"的基础上，扩大听书、读刊等新的优质数字文献服务内容，将"悦读 悦听 悦览，码上同行"系列活动延展到镇（街、园区）图书馆、企业、社区、地铁、旅游景点等地，全年开展活动 8 期，推荐资源阅读量达 11 万余人次。2020 年，在常态化疫情防控下，东莞图书馆采用"线上线下结合、全城各方联动、分散同期举办"的形式，统筹各方持续开展一年一度的东莞读书节工作，如升级"阅读推广公益行动之扫码阅读系列活动"，优化"书香飘万家"亲子阅读活动、线上儿童故事大王比赛，推出各类"云讲座"平台，满足市民各类交流互动的阅读需求。

2016—2020 年，东莞读书节共计举办各类读书活动 2300 多项，其中市属重点活动 153 项，受众人群达 2100 余万人次，在全社会掀起了读书求知、读书成才、读书明理的热潮。2005—2020 年共 16 年来,东莞读书节通过市、镇活动联动,共举办各类读书活动逾 6900 项(其中含全市性重点活动 397 项),参与群众 6040 余万人次,营造了浓厚的全民阅读氛围。

(三)数字阅读推广内容进一步丰富

数字阅读推广一直是东莞市近年来着力推动的重要全民阅读工作之一。据《2020 年东莞图书馆数字阅读报告》显示,东莞市 2020 年数字阅读资源利用总量 6349 万次,利用总量较 2019 年上升 31％。每天约有 12 万人次进入东莞图书馆 App,全年人均读了 4 本电子图书,而有声书更受读者的关注,听书总时长超 20 万小时,利用量较 2019 年增长了 173％,"云听书""云阅读"成为东莞人阅读的新风尚。在倡导新媒体阅读方面,着重在以下方面进行了推广:一是扫码阅读活动辐射全国。东莞图书馆作为"扫码看书,百城共读"活动组委会办公室,结合 QQ 阅读、新语听书、博看期刊等优质数字阅读资源,通过组建名人资源推荐宣传团队等举措,努力提升数字阅读推广的内在动力。在全国开展"悦读 悦听 悦览,码上同行"和"扫码看书 百城共读"活动,截至 2019 年底,全国共有 337 家单位参加该活动,吸引了线上用户的热烈参与。二是数字资源供给内容更加丰富。如东莞图书馆微信公众号新增中国图书馆学会"读联体"小程序,其涵盖了电子书、有声书、视频、期刊、图片等各类型数字资源;上线图书馆"疫情机器人",实时准确提供实时地图、自我筛查、智能问答,帮助市民了解疫情准确消息,不信谣、不传谣。数字资源供给渠道更加便捷,广大市民安坐家中即可通过登录东莞图书馆网站、微信公众号、App,以及通过打开电视机顶盒等方式,随时随地使用海量数字资源。三是线下线上推广活动精彩纷呈。2016—2019 年,每年开展数字阅读进社区、进家庭活动,定期将新的数字资源、服务推送到社区和数字电视端;并特别推出"青少年数字阅读夏令营"公益培训课程,开展"scratch 编程主题夏令营""文学经典数字阅读夏令营",以及编程挑战赛等多项活动,每年吸引近千名中小学生参加,有效地丰富了青少年暑期学习生活。自 2020 年初新冠疫情以来,图书馆坚持线上"云服务",策划推出"数字阅读来抗毒"市域联动活动,疫情防控期间向 33 个镇街(园区)分馆每日提供 2 本书(一本听,一本看)的电子海报＋二维码＋推文简介,各分馆将推文在微信、微博或 QQ 读者群中发布,读者扫码即可免费阅读,累计阅读量近 40 万次。通过各项活动的开展,让广大市民进一步了解认识疫情防控知识,提高健康意识和自我保护能力,共同筑起疫情防控的严密防线。[①]

二、东莞市社会力量参与新型阅读空间建设总体情况

(一)东莞市城市阅读驿站建设总体情况

东莞市在推行全民阅读推广的过程中,进一步依托社会力量交流共建的社会阅读组织和阅读项目,各具特色的阅读文化已经成为书香城市的一抹亮色。何为"社会力量"还处于众说纷纭之中,"社会力量来源广泛,包括企业、读者协会、志愿者等"。[②] 东莞市的城

---

① 防疫暖新闻|东莞图书馆数字阅读不打烊[EB/OL].(2020-02-28)[2021-07-05].http://news.timedg.com/2020-02/28/21055036.shtml.

② 付翠阳.社会力量参与公共阅读空间建设若干问题的思考[J].图书馆学刊,2019,41(4):20-23,34.

市阅读驿站作为新型阅读空间，也成为东莞市新的文化名片。阅读驿站是东莞市为完善公共文化服务体系、推广全民阅读、延伸图书馆总分馆建设而打造的文化品牌，其定位是选择环境较好、人流较多、品位较高的"混合空间"，配以图书、电子书阅读屏等，与现有的图书馆总分馆体系互连互通的服务空间。城市阅读驿站以建设高品质、多元化的阅读空间为目的，以"图书馆＋"的建设理念，联合社会力量，推进多元合作，确定以"图书馆＋住宅小区""图书馆＋咖啡厅""图书馆＋社区（村）"等不同合作发展模式，建设形态多样的城市阅读驿站，为打通公共文化服务"最后一公里"探索新路径。阅读驿站灵活引进阅读沙龙、讲座、培训、读书会和"一卡通"图书自助借还等各种文化服务，并可与东莞图书馆总分馆体系下任意图书馆或服务点实现通借通还，实现公共文化资源的高效利用，推进全民阅读。截至 2021 年 4 月，东莞市已建成 34 个城市阅读驿站。其中，茶山分馆新城公园城市阅读驿站也是 2020 年东莞市的三个"粤书吧"试点之一，并以"粤书吧"与"城市阅读驿站"双品牌运营，打造集知识性、趣味性、功能性为一体的文旅融合服务品牌，充分体现"共建共享共赢"理念。东莞市阅读驿站建设进一步融入社会力量，坚持政府引导、镇图书馆执行、公司运营、属地共建的原则，推动基层公共文化服务更高质量发展。目前东莞市的 34 个城市阅读驿站中都有不同的社会力量在不同程度上参与了合作建设。例如莞寓城市阅读驿站，由东莞图书馆与东莞市安居建设投资有限公司携手打造，于 2020 年 4 月 28 日正式开放使用，该阅读驿站落户于莞寓·市人才安居社区 A 区共享空间，对莞寓住户开放，提供"家门口"式的阅读服务。东莞市城市阅读驿站吸纳了不少社会力量参与，其中不仅有安居公司等进行投资，还有当地社区、咖啡馆等商家进行合作共建，同时还吸引了不少个人志愿者和社会团体参与。

（二）社会力量参与新型阅读空间建设的典型案例

截至 2021 年 4 月，东莞市已建成 34 个城市阅读驿站，其中有很多社会团体、社会组织、企事业单位等不同的主体参与阅读驿站的建设，有的提供阅读空间，有的提供资金，有的提供服务（见表 1）。

表 1　东莞市社会力量参与城市阅读驿站建设一览表

阅读驿站名称	建成时间	社会力量名称	社会力量类型
莞城分馆工农八号城市阅读驿站	2018 年 10 月	莞城文化服务中心、莞城图书馆、博厦社区综合服务中心、东莞市觅览时光文化传播有限公司、中天工农八号水岸 Loft 文创园	行政单位、社会组织、民营企业
麻涌分馆东实循环经济环境教育基地城市阅读驿站	2017 年 6 月	东莞市东实新能源有限公司	国有企业
茶山分馆喜悦里书式空间城市阅读驿站	2018 年 11 月	喜悦里购物中心	商家
万科金域华府城市阅读驿站	2019 年 4 月	东莞万科城市发展有限公司	民营企业

续表

阅读驿站名称	建成时间	社会力量名称	社会力量类型
东莞市规划展览馆城市阅读驿站	2019 年 7 月	东莞市规划展览馆	事业单位
万科金地天空之城城市阅读驿站	2019 年 4 月	东莞市万科城市发展有限公司	民营企业
万科滨海大都会城市阅读驿站	2019 年 4 月	东莞市万科城市发展有限公司	民营企业
塘厦分馆碧桂园天麓山城市阅读驿站	2019 年 7 月	碧桂园天麓山物业公司	民营企业
虎门分馆第五中学城市阅读驿站	2019 年 10 月	虎门第五中学、海韵文学社	事业单位、社会组织
东莞图书馆莞寓市人才安居社区城市阅读驿站	2020 年 4 月	东莞安居公司	民营企业
大朗分馆梦坊咖啡城市阅读驿站	2020 年 7 月	东莞青年企业家协会理事单位、大朗青年创业协会会长单位——梦坊文化传播有限公司	社会组织、民营企业
虎门分馆虎门教育培训城城市阅读驿站	2020 年 7 月	东莞市文化馆	事业单位
南城分馆世纪城国际公馆城市阅读驿站	2020 年 7 月	广东世纪城物业公司	民营企业
大朗分馆大朗镇社区卫生服务中心城市阅读驿站	2019 年 12 月	大朗镇社区卫生服务中心	事业单位
大岭山分馆心研茶城市阅读驿站	2020 年 9 月	中山市心研茶餐饮管理有限公司	民营企业
南城分馆雅园新村城市阅读驿站	2020 年 9 月	东莞市东实集团	国有企业
茶山分馆新城公园城市阅读驿站	2020 年 9 月	东莞市文化广电旅游体育局	行政单位
南城分馆金色华庭城市阅读驿站	2020 年 12 月	金色华庭物业公司	民营单位
莞城分馆东江月城市阅读驿站	2020 年 12 月	碧桂园东江月物业公司	民营企业

阅读驿站名称	建成时间	社会力量名称	社会力量类型
东莞市第一人民法院城市阅读驿站	2021 年 3 月	东莞市第一人民法院	行政单位
松山湖分馆阳光雨党群服务中心(幸福花园)城市阅读驿站	2021 年 4 月	松山湖幸福花园社区阳光雨党群服务中心、社区物业公司	行政单位、民营企业

在这些城市阅读驿站中,参与建设的社会力量主要分为两类,一类是企业类,另一类是行政单位类。其中企业类分为国有企业和民营企业,企业的参与形式以投资、提供空间为主,而民营企业主要分为社区和商家两种。民营企业参与新型阅读空间建设,有的是与当地的社区合作,有的是与商家合作。其中个人参与新型阅读空间建设主要是提供志愿服务,协助管理阅读驿站的日常事宜。

1. 与社区合作打造家门口的书房

城市阅读驿站是东莞为完善公共文化服务体系、推广全民阅读、延伸图书馆总分馆建设而打造的文化品牌与新型公共文化服务空间,致力于为市民打造近在家门口的智慧书房,让阅读成为每个人生活的日常。为了践行"以人民为中心"的服务宗旨,将图书等公共文化服务产品送到群众身边,东莞图书馆塘厦分馆创新服务方式,联合碧桂园天麓山物业公司,经多方协商沟通,合作共建了东莞图书馆塘厦分馆城市阅读驿站碧桂园天麓山,同时还与碧桂园天麓山物业公司党群服务中心、碧桂园天麓山综合文化中心结合在一起,打通了图书等文化服务的"最后一公里",将图书资源直接引进小区,探索了在城市住宅小区建设自助图书馆服务小区居民的模式。这是目前社会力量参与城市阅读驿站建设过程中最常见的一种方式,与社区合作建成,服务社区居民,为居民打造家门口的书房。以图书馆牵头、社区物业提供场地、自助式管理的模式,打造新型阅读空间。目前东莞市城市阅读驿站中与社区合作建设的有大岭山分馆新世纪领居城市阅读驿站、凤岗分馆都市智谷城市阅读驿站、莞城分馆东江月城市阅读驿站、南城分馆金色华庭城市阅读驿站、南城分馆雅园新村城市阅读驿站、松山湖分馆阳光雨党群服务中心(幸福花园)城市阅读驿站等。它们都立足于服务社区,围绕基层,为居民提供就近的阅读空间,营造浓郁的阅读氛围。

2. 与商家合作创造更便捷的阅读体验

在建设新型阅读空间过程中,融合更为多元的社会力量,其中与商家合作就是更有活力的一种。茶山分馆喜悦里书式空间城市阅读驿站位于茶山镇碧桂园喜悦里购物中心三楼书式空间书吧内,2018 年 11 月 30 日正式对外开放。该城市阅读驿站占地 300 平方米,共有茶山图书馆配置 2000 册图书。这是茶山分馆与商家合作共建的第一个城市阅读驿站,让市民在休闲娱乐过程中也能享受公共文化服务的便利。城市阅读驿站,不仅为商家带来了客源,也为市民提供了更为多元的选择,在这里可以休闲、阅读、购物、交流。

3. 与市政单位合作实现双向共赢

东莞市城市阅读驿站的建设也离不开各个县镇的行政单位,它们不仅参与新型阅读空间的建设,而且提高了自身单位的服务能力与服务水平,实现双向共赢的局面。大朗镇社区卫生服务中心是公益一类事业单位,是全市最大的社区卫生服务中心,负责为大朗镇30余万常住人口提供基本医疗和公共卫生服务。大朗镇社区卫生服务中心日常服务人口流量很大,特别是周末服务人流更大。为让市民在等待的时候有个学习休闲的好去处,2020年大朗镇在社区卫生服务中心投入建成一间城市阅读驿站。2020年7月31日,大朗分馆大朗镇社区卫生服务中心城市阅读驿站揭牌正式对外开放,驿站室内面积约80平方米,配有一个面积约100平方米的户外休闲小花园,环境清雅舒适,为市民提供更雅致、休闲的阅读空间。驿站配备27英寸屏显高配旗舰智能借还机,涵盖多种互联网创新技术,具备多项登录方式,方便市民自助借还。驿站与"熙间咖啡"完美地融为一体,市民可以一边享用香气扑鼻的咖啡一边看书,非常舒适惬意。该驿站同时是大朗建成的首家康养主题馆,藏书近6000册,以健康、养生主题书籍以及绘本图书为主,日常将辅以各种康养文化主题活动,成为大朗镇传扬健康的养生生活的又一新阵地,是大朗镇公共文化服务体系建设的新亮点。除了大朗镇社区卫生服务中心阅读驿站,还有东莞市第一人民法院城市阅读驿站,该驿站是与第一人民法院合作建成,旨在打造一个集阅读、社交、休闲、分享等功能于一体的阅读交流空间,让法院干警可以在其中安静倾听、独立思考、自由表达、快乐分享,让图书馆不单是一个阅读的地方,更是一个可与他人、与自己互动交流的空间。同时,该驿站也为法院的书友会——博雅书社提供了活动阵地,驿站与博雅书社的融合,既让驿站变得更有生气,也让博雅书社变得更加灵动。在这里,它为干警全方位、多层次地诠释法院文化、传递司法理念、凝聚法律共识提供了更好的空间,同时令干警和市民在工作之余可以提升自身文化素养,实现了阅读驿站与市政单位之间的共赢局面。

4. 融入个人合作管理 深入推广宣传驿站活动

新型阅读空间的建设也吸引了广大市民自发参与,其中主要是两种形式:一是作为志愿者参与阅读驿站的日常管理工作;二是以读者身份向外宣传,扩大阅读驿站影响力。在东莞市的一些阅读驿站已经实现智能化,东江月与平乐坊城市阅读驿站均为无人值守完全自助式图书馆,开放时间内,市民可凭身份证刷卡进馆;如已开通全市各公共图书馆读者证,就可凭身份证在驿站内自助借还书机进行图书借还;而驿站的空调、灯光、门禁等设备,都可以通过智能管理系统实现自动开关,并可通过手机软件远程控制。所以全智能化的阅读驿站会通过招募志愿馆长和志愿馆员的方式,保障驿站日常顺利运行。阅读驿站也会通过各种活动来吸引个人参与阅读驿站的宣传与发展,例如举行亲子故事会、借阅打卡有礼等阅读推广活动吸引更多家庭了解与利用城市阅读驿站,提高公共文化场馆服务效益。个人通过参与阅读驿站的各种线上线下活动,利用社交媒体宣传阅读驿站,参与到阅读驿站的建设中。

三、东莞市社会力量参与新型阅读空间建设存在的问题

(一)缺乏顶层设计与具体规划

2017年出台的《东莞市公共图书馆管理办法》对东莞市的公共图书馆建设给出指导方案。但是随着智能化、现代化的发展,市民的阅读需求也在不断发展。当新型阅读空间

成为新时代全民阅读的重要助力，对于新型阅读空间建设的顶层设计和规划还是不够充分的。当前在建设新型阅读空间过程中，一直坚持政府引导、镇图书馆执行、公司运营、属地共建的原则，但是没有出台具体的政府文件进行规划。例如在数量上、辐射范围、规模、社会力量参与机制、效益评估等方面都没有具体的顶层规划。政府需要进行统一的规划与统筹，不能任由每个乡镇"自由发挥"，毫无规划是不能实现品牌效应的。目前东莞城市阅读驿站的规模和运营形式各不相同，这样在管理上也会造成一定的混乱。

（二）驿站功能未被完全激活

目前东莞城市阅读驿站主要承担的功能就是为市民提供一个新型的阅读空间，在这样的空间里可以实现更多的交流与互动、生活与学习、阅读与休闲。但是许多城市阅读驿站的功能还未完全激活，有的驿站建在村镇，由于规模较小或者人手不足等问题无法举办学术活动、组织阅读沙龙等活动，也无法吸引到更多的市民参与。还有些驿站的活动过于低龄化，没有针对青少年或者成年人的讲座。不仅是书籍上的知识，生活各个方面都可以通过新型阅读空间得以满足。目前，在很大程度上，阅读驿站作为一个小型的图书馆没有充分发挥其功能。

（三）参与城市阅读驿站的社会力量不够多元

目前参与城市阅读驿站建设的社会力量以国企、民营企业、事业单位为主，还没有吸纳更多元化的社会力量参与其中。新型阅读空间的建设是一个长远的、利于社会的大工程，建设这样的项目仅仅依靠政府对于公共图书馆的资金投入是远远不够的，需要更多元的社会力量参与其中。目前东莞市新型阅读空间建设中的社会力量的类型和参与方式都过于单一化。要想发展好新型阅读空间，必须听到更多的社会"声音"，倾听他们的意见，采纳他们的建议，取得他们的支持，例如社会公益团体、学术组织等。而且，社会力量的参与方式也需要更加多元化，不能仅仅是资金投入，也需要共同参与管理、组织活动、布局规划以及空间发展的各个方面。

（四）管理运营模式缺乏规范性

由于每个城市驿站都由不同的社会力量参与，所以其经营模式、管理模式各不相同，在管理运营模式上缺乏统一性和规范性。由民营企业投资与社区合作的城市阅读驿站，没有固定的管理人员，也没有专业化的团队进行评估。而且每个驿站的选址和辐射人群不同，它的定位也不同，所以很难在各个城市阅读驿站中建立一套标准化的管理模式和管理体系。

（五）缺乏专业化的人才

首先，城市阅读驿站的建设需要多样化的人才参与，尤其是专业性的人才。在阅读驿站的设计、规划、活动策划、宣传推广、评估标准等各个方面都需要专业人士给出意见。其次，建设新型阅读空间更是一个社会性的问题，关系到全民阅读的推广、公共文化服务体系的建设、基层文化素养的提升，所以需要许多专业性的人才参与到新型阅读空间的建设中。然而当前许多社会力量参与新型阅读空间建设提供的支持并不是出于专业化水准，更多的是以志愿者的角色。而且城市阅读驿站的管理者普遍都并非专业人才，只是在参与阅读驿站的日常管理，而不是更深层次地参与策划活动、布局规划、发展运营等。

四、社会力量参与新型阅读空间建设的对策建议

（一）政府统筹规划，提高新型阅读空间建设质量

城市阅读空间的建设首先还是以政府为主导，政府肩负起主要责任，不仅仅要设立专项资金，更多的是需要加大统筹规划力度，立足于当地的优秀文化，积极推进全民阅读，规划好新型阅读空间的发展。一是要出台宏观政策，做好顶层设计。政府要保障新型阅读空间顺利推进，需要对各项参与主体进行统筹规划，并给予明确制度规定。在城市阅读空间的资金投入、选址、辐射范围、规模、运营方式、社会力量参与方式等方面形成制度保障。二是加快配套措施的出台。建设好新型阅读空间，推进全民阅读，需要全社会的支持与帮助。尤其是相关的部门与单位，必须加紧落实配套措施，保障好全部市民的阅读权益，营造全民阅读的书香氛围。例如鼓励青年志愿者参与新型阅读空间的管理措施、对建设较好的新型阅读空间的奖励措施、公交车到达城市阅读空间的便民措施等一系列相应的办法都应该尽快出台。这样才能保障新型阅读空间发挥其作用，使其成为市民在空闲之余阅读书籍的好去处。

（二）鼓励多元社会力量参与新型阅读空间建设

政府引入社会力量建设新型阅读空间需要落实各项参与细则，对社会力量参与新型阅读空间的形式、参与主体、参与程度等方面做出规定，做到参与透明化、参与多元化，激活广泛社会力量主体踊跃参与。社会力量参与新型阅读空间建设一方面能在资金、管理、运营等方面缓解政府压力，有了社会力量的参与可以帮助新型阅读空间更全面建设。另一方面，社会力量在参与阅读空间建设的过程中会获得一些物质上或者非物质上的报酬，达到互惠共赢的局面，例如提高品牌知名度。同时，需要对做得好的社会力量进行表彰和嘉奖，这样才能有效激励社会力量进一步深入参与新型阅读空间建设。政府在与社会力量进行合作时，可以将社会力量进行类型划分，然后再与相应的城市阅读空间进行合作。针对当前社会力量参与新型阅读空间建设中的资金、人员、机制等问题，吸纳更多元的社会力量，保证新型阅读空间建设顺利推进。

（三）以丰富活动形式激活新型阅读空间功能

新型阅读空间的功能不仅仅是家门口的书房，还肩负起更多样化的功能，例如亲子休闲娱乐场所、亲朋好友会客厅、社团组织活动室。在这里可以阅读书籍、聊天喝茶、开展社团活动、举行公益讲座、组织益智课程等。我们需要引进更加丰富的活动并且辅以更加灵活的服务形式，才能激活新型阅读空间的功能。因此，阅读空间建设的过程中需要有良好的服务意识，提高服务标准，要想民之所想，用民之所用。多站在市民的角度去考虑，鼓励更多的社会力量参与其中，提供更加多元的服务，吸引更多的市民参与新型阅读空间，使其功能发挥到最大化。首先，可以针对不同的城市阅读空间去设计相应的活动，例如麻涌分馆东实循环经济环境教育基地城市阅读驿站，依托麻涌环保热电厂建设而成，针对其特点开展全方位的主题活动，例如举行环保讲座、展开公益培训、观看环保电影、举办环保比赛、组织手工制作等活动，调动广泛的环保爱好者、学生、家庭参与其中。其次，扩大新型阅读空间的服务类型与人群，可以针对不同的人群开展特定的服务项目，例如为残障等特殊人群送书上门、为下岗职工提供各种技能培训、为老年群体提供老年课程、为中小学生

开办四点半学校等。

(四)吸纳更加专业性的社会力量

在建设新型阅读空间的过程中,需要吸纳更加专业的社会力量以补充人才短缺。在建设选址方面,需要专业人才和团队进行调研和规划,要提前规划好建设规模与建设方案,这样才能合理地利用资源。在营销推广方面,需要专业人才进行活动策划、活动跟进、收集市民反馈等,这样才能通过各种宣传活动吸引更多的市民参与到新型阅读空间的使用与建设中。在城市阅读空间管理方面,针对每个不同的城市新型阅读空间建立属于自己的运营模式,相应地去减少运营成本,并且提高城市阅读空间的利用效率。除了专业性的团队和组织,个人也是重要的社会力量。除了招募志愿者馆员这种单一的方式外,还可以将个人力量更深刻地融入新型阅读空间建设的各个方面,例如日常管理、推广活动、发展建议等方面。

(五)建立长效管理监督运营机制

目前新型阅读空间的建设是东莞市图书馆牵头,各个分馆自行管理。要实现新型阅读空间的可持续性发展,必须建立长效的监督运营机制。首先,对于新型阅读空间的建设要落实监管责任,尤其是与社会力量合作的过程中,更要厘清双方责任,责任落实到人,才能监管有力。其次,可以引进相应的评选考核机制,比如对城市阅读空间举办的活动、借阅量、人流量等方面进行绩效考核。同时,可以发挥市民的反馈监督作用,鼓励市民积极参与新型阅读空间建设的监督,提出自己的建议,发现建设过程中的不足与问题,给予针对性的回应。

书香合肥:构建盘活城乡一体阅读空间

——安徽省合肥市高品位推进城市阅读空间建设调研报告

内容提要

　　合肥市委、市政府高度重视、全力推动公共文化服务体系和城市阅读空间建设,积极谋划和推进"阅读细胞工程",以建成的城市阅读空间为旗舰,在周边楼宇、商场、影院、餐厅等场所布点,把服务网络全面铺开,逐步形成"1＋100＋X"的立体化、全覆盖城乡的阅读服务体系(1是指市中心图书馆,100是指100个城市阅读空间,X是指无数个像细胞一样的阅读点),在全国省会城市率先形成"15分钟阅读圈",为打造"书香合肥"夯实基础。

　　为贯彻落实《中华人民共和国公共文化服务保障法》、党中央和安徽省关于加快构建现代公共文化服务体系的决策部署,安徽省合肥市以实施五大发展行动计划为统揽,以深化文化领域供给侧结构性改革为主线,以便民惠民为导向,坚持政府主导,突出公益性质,建设集阅读、活动、展示、休闲等多元功能于一体的城市阅读空间,加快打造"书香合肥",奋力创建全国一流的全民阅读典范城市。

一、安徽省合肥市公共文化服务体系建设显成效

　　近年来,合肥市委市政府高度重视、全力推动公共文化服务体系建设,全市公共文化设施网络不断完善,管理服务持续创新,群众文化生活日益丰富,公共文化服务体系建设取得明显成效。

　　(一)高起点规划建设市中心图书馆

　　在寸土寸金的政务区,合肥市政府把天鹅湖西南角位置最好、风景最美的最后一块土地用于建设市中心图书馆,被誉为政务区建设规划的"封印"之作。合肥市中心图书馆已于2019年6月份正式开工建设。工程建设总工期计划是3年。该项目总建筑面积65790平方米,其中地上建筑面积42972平方米,地下建筑面积22818平方米,与在建的地铁3号、4号线出入口相连互通,建成后预计馆藏图书量达450万册(其中智慧书库350万册、开架图书100万册),预计阅览座席3000余个,年接待量达400万人次。合肥市中心图书馆定位为集高科技、数字化、多功能为一体的城市文化地标,承载城市文化、展示城市形象的重要场所,旨在提升城市综合承载能力和公共文化服务水平。

　　合肥市中心图书馆坚持"三个俱进"(与世界俱进、与时代俱进、与城市俱进),突出"人本、文化、智慧、绿色"特色,特别是做好"智慧图书馆"新文章,集智慧空间、智慧技术、智慧仓储、智慧管理、智慧服务、智慧体验于一体,形成多元文化阅读活动空间、智慧阅读生态、

少儿阅读中心、文化展示平台（城市文化记忆馆）、特色主题场馆、文旅创客走廊等阅读服务功能板块，提升公众文化素养，传承优秀历史文化，促进城市文明进步，在引领城市阅读中努力彰显合肥的文化精神与城市气质。

（二）高标准构建公共文化服务体系

合肥市公共文化基础设施不断加强，目前拥有公共图书馆 8 个（合肥市图书馆，市少儿图书馆，肥东县、肥西县、长丰县、庐江县、巢湖市、包河区图书馆），公共文化馆 10 个（合肥市文化馆，肥东县、肥西县、长丰县、庐江县、巢湖市、瑶海区、庐阳区、蜀山区、包河区文化馆），公共美术馆 3 个（合肥市赖少其艺术馆，合肥—久留米友好美术馆、亚明艺术馆），公共博物馆 15 个（赖少其艺术馆、李鸿章故居、李鸿章享堂、渡江战役纪念馆、安徽名人馆、合肥蜀山烈士陵园管理处、刘铭传旧居纪念馆、巢湖市博物馆、冯玉祥将军纪念馆、张治中将军纪念馆、李克农将军纪念馆、渡江战役总前委旧址纪念馆、肥东县博物馆、汤池新四军江北指挥部纪念馆、周瑜墓园陈列馆），公共文化展演中心（剧院）5 个（合肥大剧院、瑶海大剧院、包河区凤凰剧场、庐江大剧院、丁玉兰庐剧院），乡镇、村居基层公共文化服务中心 1096 个（乡镇综合文化站 130 个、村级综合文化服务中心 966 个）。[①]

合肥市积极推进公共文化场馆达标升级工作，市、县（市、区）公共文化设施不断改善，市、县（市）7 家图书馆进入全国县级以上公共图书馆评估定级上等级图书馆名单，其中合肥市图书馆和肥东县、长丰县图书馆获评一级，市少儿图书馆和肥西县、庐江县图书馆获评二级，巢湖市图书馆被定为三级。长丰县文化馆新馆、包河区文化馆（图书馆）新馆即将完工；肥东县文化馆（图书馆）新馆、长丰县文化馆新馆、巢湖市图书馆新馆、庐阳区文化馆（图书馆）新馆正在加快建设，市、县（市）区公共文化服务体系逐步完善。所有公共文化场馆在全部实现免费开放的基础上，积极推进文化馆、图书馆总分馆建设，以市、县（市、区）文化馆、图书馆为总馆，乡镇（街道）文化站为分馆、村（社区）综合文化服务中心（农家书屋）为服务点，实施设施共建、资源共享，四级公共文化服务设施网络初步形成。

合肥市公共文化场馆围绕基本文化服务功能，精心设置服务项目，提高公共文化设施利用率，开展了形式多样的特色文化活动，形成了一批具有鲜明特色和社会影响力的公共文化服务品牌项目。渡江战役纪念馆被中国关心下一代工作委员会授予第一批"全国关心下一代党史国史教育基地"称号，是安徽省唯一荣获该称号的教育基地。合肥市少儿图书馆"'流动的书香'——汽车图书馆服务偏远地区和农村留守儿童"项目先后获得 2018 年全国出版界图书馆界"全民阅读优秀案例"、安徽省公共图书馆阅读推广活动"十佳优秀创新案例"。2018 年以来，合肥市群众文化活动围绕庆祝改革开放 40 周年、庆祝中华人民共和国成立 70 周年、庆祝中国共产党建党百年、新春文化庙会、全民文化活动季、"大湖名城·悦读合肥"全民阅读等开展一系列文化活动，文化品牌的辐射力和影响力明显增强。

（三）高质量实施文化惠民工程

合肥市以习近平新时代中国特色社会主义思想和党的十九大精神为指导，以满足人民群众基本文化需求为出发点和落脚点，着眼于发挥公共文化机构的基本职能作用，认真

---

① 蒋冰.合肥市社区图书馆建设与服务现状的调查与研究[D].合肥：安徽大学，2018.

组织实施文化惠民工程,所需经费全部由政府买单,促进基本公共文化服务标准化、均等化,提升基层公共文化服务水平和服务效能。主要体现在两个方面。

1. 公共文化场馆免费开放

合肥市美术馆、公共图书馆、文化馆(站)、博物馆(纪念馆),健全与其职能相适应的基本文化服务项目并免费向群众提供,公共空间设施场地免费开放。所有免费开放场馆实现规章制度健全,服务内容明确,保障机制完善,设施利用率明显提高,形成一批具有特色的公共文化服务品牌。具体内容包括:美术馆免费开放,基本展览实行免费参观,举办展览及公益性讲座,开展公共教育和观众体验拓展活动等;图书馆公共空间设施场地免费开放,文献资源检索借阅、公益性讲座和展览、基层辅导、数字文化服务、流动服务等基本服务项目,以及辅助性服务如办证、验证及存包等全部免费提供;文化馆(文化站)公共空间设施场地免费开放,普及性的文化艺术辅导培训、公益性群众文化活动、公益性展览展示、基层队伍和业余文艺骨干培训、民间文化传承和群众文艺作品创作指导等基本文化服务项目,以及辅助性服务如办证、存包等全部免费提供;博物馆(纪念馆)常设展厅、临时展厅等公共空间设施场地免费开放;开展固定时段的免费讲解,举办公益性讲座、青少年教育、志愿者服务等活动;免费提供包裹寄存柜、参观路线图、宣传资料等。

2. 农村(社区)特色文化活动形式多样

按照每村 0.96 万元的统一补助标准,在合肥市 1302 个行政村(农村社区)实施文化信息共享、农村文化活动("送戏进万村")、农家书屋运行维护、农村体育活动等文化惠民工程。每个行政村(农村社区)完成文化信息资源共享工程村级服务点活动 10 场、"送戏进万村"演出 1 场、农家书屋补充更新出版物不少于 60 种、开展农村体育活动 1 场的目标任务。

近年来,安徽名人馆、渡江战役纪念馆、李鸿章故居、合肥市文化馆新馆等一批市级新馆陆续建成,搭建起了合肥文化事业的骨架。目前,合肥市、县(区)160 个公共文化场馆全部实现免费开放;合肥市已建成乡镇(街道)综合文化站 134 个,行政村(社区)综合文化服务中心 966 个,四级公共文化服务设施网络正在形成,市、县(市)区公共文化服务体系正逐步完善。

文化场馆不但要建起来,还要用起来。近年来,合肥市公共文化场馆围绕基本文化服务功能,精心设置服务项目,提高公共文化设施利用率,开展了形式多样的特色文化活动,形成了一批具有鲜明特色和社会影响力的公共文化服务项目,公共文化服务体系建设取得明显成效。

二、安徽省合肥市高品位推进城市阅读空间建设

2017 年以来,合肥市围绕"加快打造书香合肥,创建全国乃至全球全民阅读典范城市"的目标,坚持政府主导,突出公益性质,实行市区(县)共建,按照馆店一体(图书馆+书店)、两业融合(文化事业+文化产业)、功能多元(阅读+休闲+展示+活动等"4+X"功能)、双轮驱动(政府+市场)、构建网系(15 分钟阅读圈)、便民惠民的思路,大力建设城市阅读空间。城市阅读空间由市图书馆负责统一配送、定期更换图书和公共服务业务培训,

与市图书馆统一业务平台、一卡通用、通借通还。合肥市政府每年将城市阅读空间建设写进《政府工作报告》，列入为民办实事项目。

2017年初，合肥市委市政府决定，到2020年，建设100个左右城市阅读空间。2017年6月，合肥市政府出台了《合肥市城市阅读空间建设实施方案》。2018年按照城乡一体、融合发展的思路，将城市阅读空间建设拓展到五县（市）。2017、2018年，合肥市及各县两级财政共投入2亿多元，建成开放政府主导的城市阅读空间80个（其中2017年23个，2018年57个），2019年新建33个，总数达到113个，在全国省会城市居首位，形成了引领优势。截至2020年11月31日，80个政府主导的城市阅读空间配有各类图书157.3万册，其中公共图书80万册，各运营单位自营图书78万册，年内共接待读者790.8万人次，外借图书157.3万册次，举办各类活动7570场，深受广大人民群众喜爱，得到社会各界广泛赞誉。在2020年4月16日中国新闻出版研究院发布的全国城市阅读指数排行榜中，合肥位居第八，在省会城市中位居第三。

主流阵地"强"了，城市阅读空间像"珍珠"一样，散落在大街小巷，建在老百姓家门口，以正能量、高品位、强功能成为合肥市重要的主流文化新阵地。文化设施"活"了，城市阅读空间通过体制机制创新注入了活力，通过业态和功能多元增强了引力，作用发挥和使用效率大大提高，避免成为"城市版"的农家书屋。文化活动"热"了，城市阅读空间是一种新型文化综合体，活动丰富多彩，群众参与度高，部分活动甚至"一座难求"。市民素质"高"了，周边群众在书香浸润下，文明素养悄然提高，走进城市阅读空间大声喧哗的少了，低声细语的多了，平时打牌赌博的少了，借书看书的多了。社会影响"广"了，北京、上海、重庆以及蚌埠、淮南等地先后来合肥考察学习。新华社、人民日报、央广网、澎湃新闻等40多家中央和外地媒体多次进行专题报道。市纪委监委、市妇联等单位和部门积极参与共建共享。调动了社会资本参与建设的积极性，两年来社会力量共投资1亿多元，改建、新建20多个市场主导的城市阅读空间。实践充分证明，建设城市阅读空间是一项顺民意、惠民生、得民心的德政工程，是一项提升城市文化软实力和市民文明素养的希望工程，是一项推动全民阅读、书香社会建设的引领工程。①

（一）合肥市城市阅读空间建设主要做法

建设城市阅读空间的具体做法可以概括为六句话，即馆店一体，两业融合，功能多元，双轮驱动，构建网系，便民惠民。

1. 馆店一体

就是"图书馆＋书店"，使城市阅读空间拥有强大的书源支撑，实现借书、购书、看书"三位一体"。根据读者需求，对图书结构动态调整优化，图书馆每月更新图书100册左右，书店每周更新图书100册左右。连续两年在城市阅读空间开展"你选书、我买单"活动，共安排经费500万元。

2. 两业融合

就是文化事业与文化产业在城市阅读空间融合发展，在丰富业态、充分满足读者需求

的同时,培育造血功能。目前,所有城市阅读空间均实现创收,经开区观湖书苑、新站区黉街悦书房、庐阳区杏花书院、包河区罍街悦书房、蜀山区林间书舍等 10 个城市阅读空间通过销售书籍、文创产品、饮料简餐和举办培训等多种方式,月均营业额 5 万～8 万元,基本达到盈亏平衡点,开始步入良性循环轨道。20 个城市阅读空间月均营业额 1 万～5 万元,51 个城市阅读空间月均营业额在 1 万元左右。

3. 功能多元

就是城市阅读空间具备"4＋X"功能,即阅读、活动、展示(交易)、休闲等 4 个标配功能,双创空间、市民小剧场、四点半学校、便民服务点等"X"个特色功能,并通过设计具体落实到空间布局上。

4. 双轮驱动

就是政府主导力和市场配置力双轮驱动,政府投资建设城市阅读空间,建设(包括设计装修、软硬件设备配置等)费用由政府承担,所需资金由市、区(开发区)财政按 1∶1 比例分担;建成后零成本交给企业运营,场租费、物业费、水电费、网络费等运营费用由各区(开发区)承担;政府免费提供基本公共服务,图书购置费、市图书馆统一配送费由市财政承担,分期分批纳入"你读书、我买单"服务范围;企业可以有偿提供个性化服务,服务人员全部由企业养活,政府不养一个人。目前,共有 8 家市场主体运营 80 家城市阅读空间,分别是皖新传媒运营 50 家,华博胜讯股份有限公司运营 10 家,安徽凿壁偷光图书公司运营 7 家,安徽中冠信息有限公司运营 4 家,苏州嘉图软件公司运营 3 家,安徽知本文化传媒公司运营 3 家,保罗的口袋运营 2 家,深圳书城投控运营 1 家,从业人员 430 多人。这些运营机构既有本地的,又有外地的;既有书店,又有非书店;既有国有的,又有民营的,其中有两家上市公司。2020 年合肥市安排文化产业专项资金 600 万元,对年度管理服务绩效考核良好以上的运营单位实施以奖代补。

5. 构建网系

就是通过现代信息技术和体制机制创新,形成市、县(市)区、街道、社区四级纵向贯通的管理体系和横向互动的服务网络。运用统一的在线服务平台和图书管理软件,纵向实现市图书馆对所有城市阅读空间公共图书的借阅管理和有效配送,横向实现所有运营单位资源共享,优势互补。市图书馆对城市阅读空间公共服务统一管理、统一考核,每年对从业人员开展两批次培训,公共图书在所有城市阅读空间实现通借通还。制定了《合肥市城市阅读空间考核方案》,实行第三方测评,已开始实施。

6. 便民惠民

就是全方位、全过程坚持以人民为中心,在选址、设计、建设、服务等各环节严格把关,切实体现,把更大的便利、更多的实惠送给群众。这是城市阅读空间建设运营的根本目的,也是检验实际成效的主要标尺。

合肥城市阅读空间模式选择和制度安排的核心要义是"三个合"。一是政府和市场统合。把政府的服务、管理作用与市场在资源配置中的决定性作用统合起来,既注重把握市场需求、加强市场监管,又善于发挥市场功能,引导市场力量,让城市阅读空间建设运营的取向更加精准、资源更加丰富、主体更加多元、动能更加强大。二是事业和产业融合。事业、产业都是保障文化产品供给的载体，城市阅读空间运营实行事业和产业融合，基本公共服务与个性化服务并举，既输血又造血。三是公益和商业结合。公益和商业都是文化实现服务功能的手段，城市阅读空间运营把两者结合起来，既花钱又挣钱。

（二）合肥市城市阅读空间建设发展计划

调研发现，合肥市城市阅读空间在建设管理服务中也存在一些值得关注的问题。一是项目设计不精。少数地区没有充分认识到设计的重要性，对城市阅读空间特点研究不深，设计针对性不强，缺乏文化内涵和书香氛围，出不了精品。二是品牌活动不多。城市阅读空间每月有800场左右活动，但是缺乏品位高、影响大的品牌文化活动，整合全国优质资源为市民服务的能力还不强。三是宣传手段不丰富。除了广播、电视、报纸等传统媒体之外，新媒体运用不够充分。

城市阅读空间在建设上是个小工程，但在运营上是篇大文章。合肥市将坚持目标导向、问题导向、效果导向并重，大力提高城市阅读空间管理运营服务水平，使每个城市阅读空间既具有集聚人气的强大磁力，又具有可持续发展的强大活力。

1. 进一步打造精品

合肥市坚持设计、建设、运营一体化，保证各环节有效衔接、高效运转，努力把每个城市阅读空间打造成精品工程。

2. 进一步丰富活动

合肥市将加大周边群众宣传发动力度，通过读书会、读书沙龙等方式，把居民组织起来，成建制地引进来。针对特定群体、空闲时段，在充分征求周边群众意愿的基础上，策划和举办一批更接地气、更吸引人的文化活动。实行市、县（市）区、街道、社区、运营方五级联动，集中力量打造若干全市性品牌活动，全面提升城市阅读空间使用率和上座率。

3. 进一步规范管理

合肥市将在空间上确定公共服务和非公共服务使用的合理比例，确保公益为主。通过数据分析、征求意见等方式，不断优化图书结构，充分满足读者需求，对读者需要的但城市阅读空间没有的图书，通过快递等方式确保及时提供。实行馆店协同，定期培训，全面加强公共服务标准化、规范化、优质化建设，不断提升工作人员服务能力。实行第三方考核，注重平时考评，多用暗访形式，确保考核结果客观公正。

4. 进一步强化运营

合肥市将引导相关单位解放思想，在办好文化事业的同时，积极鼓励和推动运营方引进、开发与城市阅读空间相适应的文创产业。支持运营方与知名品牌企业合作，丰富文创产品种类，提升文创产品品质，形成更多更大的创收源，不断增强城市阅读空间造血功能和可持续发展能力。

5. 进一步整合资源

合肥市将加大全国优质资源整合力度，引进更多新要素、新业态，在更高层次上完善和强化"4＋X"功能，全方位提升城市阅读空间品位。加大本地资源整合力度，督促街道、社区对辖区城市阅读空间适宜开展的文化活动制定计划、优先安排，并给予必要的经费支持。组织更多阅读团体、阅读推广人走进城市阅读空间。依托市政府打造的社会综合服务平台"合肥通",建设全市统一的城市阅读空间公共服务平台。

6. 进一步延伸触角

即使 110 个城市阅读空间建成开放,也不可能辐射到城市的每个角落,这与老百姓把书房建在身边的期待还有一定距离。合肥市将积极谋划和推进"细胞工程",以建成的城市阅读空间为旗舰,在周边楼宇、商场、影院、宾馆、餐厅等场所布点,把服务网络全面铺开,逐步形成"1+100+X"的立体化、全覆盖的阅读服务体系。"1"是指市中心图书馆,"100"是指 100 多个城市阅读空间,"X"是指大量像细胞一样的阅读点。推进"细胞工程"重点是做好两件事。一是存量整合。现有的基层各类阅读点大多是独立的,自成一体,书少、书旧、更新慢,不受群众喜欢,现在就要把这些分散的阅读点纳入"1+100+X"体系,由城市阅读空间进行整合,实行集中统一管理。二是增量拓展。加快研究制定"细胞工程"规划,合理布局,积极推进,打造铺天盖地的阅读点,为"书香合肥"建设夯实基层基础,提供坚实支撑。

三、皖新传媒勠力打造高品质阅读服务生产线

党的十九大报告明确提出,"满足人民过上美好生活的新期待,必须提供丰富的精神食粮"。习近平总书记指出,要"提供更多既能满足人民文化需求,又能增强人民精神力量的文化产品"。十三届全国人大四次会议批准的《中华人民共和国国民经济和社会发展第十四个五年规划和二〇三五年远景目标纲要》明确提出,要"深入推进全民阅读,建设'书香中国'"。中宣部办公厅印发《关于做好 2021 年全民阅读工作的通知》,提出了 2021 年全民阅读工作的总体要求,部署了重点工作及组织保障等措施。

党的十九届四中全会指出,鼓励社会力量参与公共文化服务体系建设。《中华人民共和国公共文化服务保障法》规定,国家鼓励经营性文化单位提供免费或者优惠的公共文化产品和文化活动。公共文化服务体系建设,尤其是基层公共文化服务,涉及需求面大、专业性强的公共事务,不仅要靠政府,还要引入社会力量参与,实现多方受益。安徽新华发行集团(皖新传媒)积极参加合肥城市阅读空间建设,推出一系列创新举措,为社会力量参与城乡阅读空间建设运营提供了宝贵的经验。

目前,合肥有 8 家市场主体参与建设运营 113 家城市阅读空间,其中,由安徽新华发行集团(皖新传媒)承接运营的 62 家城市阅读空间全部采用了"馆店一体"的运营模式,读者只需用相关 App 扫描书后的二维码,就能免费把书带回家阅读。借阅期满后,可以"借转买"或到书店归还。据统计,2020 年 10 月 1 日至 6 日,这 62 家城市阅读空间共接待读者约 8 万人,借阅图书超过 1.8 万册。2021 年 5 月 19 日,"新时代杯"2020 时代出版·中国书店年度致敬盛典暨 2021 中国书店大会在北京举办,安徽新华发行(集团)控股有限公司党委书记、董事长,安徽新华传媒股份有限公司党委书记、董事长吴文胜发表主题演讲,与参会嘉宾分享了皖新传媒在创新阅读服务模式方面的探索与实践。

皖新传媒前身是安徽省新华书店,皖新传媒因店而生,也因店而立,为读者做好服务是本分,也是天职。皖新传媒作为一个提供阅读服务的专业机构,首先有强大的基础设施。其次是建立和发展重点读物发行体系、公共文化服务体系、品牌阅读活动体系、青少

年阅读成长体系等专业化体系,源源不断地输出质量稳定的高品质的文化产品和服务。皖新传媒着力打造一个新型的"文化工厂",建设强大的基础设施和专业化的"阅读服务生产线",不断发展新的专业化服务能力,最终把这些"生产线"整个打通,实现用户、技术、运营共享,形成皖新传媒更强大的产品服务供给能力。

(一)线上线下融合,推动全民阅读基础网络建设

阅读服务作为皖新传媒的一项基础业务,发行基础网络设施是皖新传媒阅读服务体系的基石,包括实体网络和线上服务。布局实体网点,打通线上线下,是皖新点线面体全民阅读服务网络设施的基本特征。经过多年的建设,目前皖新传媒在安徽、上海、江苏等地拥有780家实体网点。皖新传媒非常重视书店与地域文化的融合,打造出一批深受读者喜爱的、文质兼美的文化新地标。[①]

合肥三孝口店的前身是科教书店,2013年转型升级后,成为皖新传媒实体书店阅读服务的创新实验室。这个书店是O2O智慧书城、24小时书店、共享书店,成为山东省2017年高考作文素材。皖新传媒在黄山市滨江路上的新华书店,是新安江畔的一个网红书店,获得2018年度中国最美书店的称号。蚌埠是铁路交通枢纽,延安路新华书店则把蚌埠独特的铁路文化植入了书店。安庆市劝业场是一个文物保护建筑,皖新传媒把它改造成一家叫"前言后记"的书店,作为民国老建筑保护与文创产业融合发展的一次全新尝试,安庆劝业场书店已经成为当地的文化地标。

作为全民阅读服务体系的重要一环,皖新传媒坚持加大对乡镇发行网点的布局和改造,公司专门设立了相关的建设资金扶持政策,累计建设改造乡镇网点248家,覆盖全省20%以上的乡镇,乡镇发行服务网络不断健全。皖新传媒也全面推进职工书屋、智能图书借阅柜建设,在安徽省共建设政府、企事业单位职工书屋5000多个。

皖新传媒线上阅读服务体系建设的架构是"一个线上商城+百家社群电商+千场文化直播",充分利用平台流量,积极聚合私域流量。2008年皖新传媒就在淘宝开设了全国新华系比较早的网上书店,从2019年开始,皖新传媒对电商业务进行了重新规划,依托平台流量,整合行业资源,深耕目标用户,聚焦大少儿领域做深做透,打造特色垂直电商。2020年电商销售额达到3.9亿元,2021年的目标是翻番。"阅+优选"社群电商是皖新传媒在社区营销方面的尝试,主要是依托门店资源,聚合线上用户,开展员工分销。各个市、县中心门店有一个实体店,还有一个线上店,打造数字双胞胎。目前皖新传媒已经有135个线上微店,服务读者社群471个。

在2020年疫情催生的直播热潮中,皖新传媒员工积极主动,从门店员工变成直播达人,2020年全年共开设了110个门店直播账号,直播近1600场。门店直播积极与地方资源结合,进行地域推广传播。有的市县门店邀请所在地的名家名师走进书店直播间,一场直播有几万人在线,充分体现了文化直播的独特魅力和发展潜力。

(二)创新重点读物发行服务体系

皖新传媒作为国有文化企业,落实"举旗帜"的任务,就是要把重点出版物发行好。近些年重要文献、重点政治读物的发行已经变成了比较常态化的工作,需要不断提升工作的

① 程思捷.合肥市城市阅读空间政社合作机制创新研究[D].合肥:安徽大学,2019.

专业化水平。首先是夯实基础,建立统一调度的发行网络;其次是做好支撑,搭建标准化服务流程;最后是服务模式的融合创新。

集团旗下皖新供应链公司承接《习近平谈治国理政》第三卷全国总发运,14 个全国配送中心仓,24 小时作业制度,高效率、零差错,发行时效提升 4 倍,受到中国外文局充分肯定。

在搭建标准化服务流程方面,皖新传媒做到作业流程化、流程标准化、标准清单化。从征订到配送,全流程标准化服务。为了拼配送时效,皖新传媒的员工把私家车都变成了送货车。

在标准化发行服务的基础上,皖新传媒还做了大量融合式创新服务。从简单征订业务变成综合性的发行服务,要从发行员变成党建服务专家和服务方案的提供者。多元化产品定制支持,多样化学习辅导支持,多场景跟踪服务支持,策划并承办知识问答、知识竞赛、主题征文、学习诵读、专家学习辅导等活动,为各地学习使用重要文献做了有效的服务工作。

(三)创新公共文化服务体系

近年来,各级党委、政府对公共文化服务体系建设的重视程度越来越高,财政投入力度逐年加大,皖新传媒积极应变,敢于突破,在六安市公共图书馆项目和合肥市城市阅读空间项目上做出了有益的尝试。其中,六安市图书馆采取了 EPCO 的合作模式,即设计、施工、采购、运营一体化。政府主导,社会参与;运营主导,设计先行;成本降低,服务专业。

六安市图书馆是六安市政府设立的公益性公共图书馆,现为全馆型委托运营管理服务项目,是公益性文化事业与经营性文化产业深度融合的新模式,是全国首个全馆型委托皖新传媒运营的市级公共图书馆。2019 年 6 月 30 日试运营以来,六安图书馆取得了多方面收益。首先是给读者带来了好处。六安市是一个革命老区,经济条件有限,城市人口不多,但六安图书馆所有主要的服务指标,在全国市级图书馆中排在前列。政府部门实际上减少了投入,年财政投入低于全国平均水平 26%。经过地方党委政府顶层设计,EPCO 的一体化模式确定以后,持续运营是要靠团队完成的。皖新传媒的图书馆运营专业团队打造了 8 项独具特色的图书馆品牌阅读活动,在六安图书馆的基础上又往县级图书馆、区级图书馆做延伸,向其他地区延伸,"六安图书馆"模式正在被迅速复制。

(四)创新全民阅读活动品牌

皖新传媒高度重视全民阅读活动品牌的培育。在线下,打造了阅读展会品牌"中国黄山书会",前身是 1987 年开始举办的黄山书市,已经举办了 16 届,是安徽省促进全民阅读的重要文化名片。每年书会现场展示展销的图书超过 10 万余种,覆盖全国 300 多家重点出版社,吸引约 10 万人次到现场参加各项文化活动。

2020 年 1 月 18 日是皖新传媒上市 10 周年,皖新传媒以"读出自己的世界"为主题举办了"皖新传媒读者节"活动,以读者为中心,在实体阅读基础上充分融合数字阅读、知识付费、听书等移动互联网时代阅读新模式,同时以新媒体传播为导向,携手新华网、人民网、央广、新浪微博等平台联合推广扩大活动影响力。

(五)创新青少年阅读服务

青少年是阅读服务的主体。2015 年,皖新传媒和中科大合作投资了一个科学可视化的数字教科书"美丽科学"系列产品。新华书店过去最主要的是对文字内容的理解和传播，今后将更多关注视频内容、数字内容怎么做。"美丽科学"系列产品项目实施6年来，产品质量达到国际领先水平。从2020年开始，全国1万多所学校在使用美丽科学系列产品，主要是通过科学可视化来解决科学教育问题。皖新传媒与出版社合作推出中小学生"阅读成长计划"系列图书，对历年的一些名社好书重新挖掘，由知名专家精选书目，为中国孩子的阅读量身定制，高度关联课堂学习，配套讲座、知识竞赛等服务。皖新传媒参与了安徽省校园读书创作活动，该活动已连续举办4届，获得了2018年1月21日举行的第五届中国教育改革创新奖特别奖。2020年共有3124所中小学校、65所高校和400多万名师生参加，遴选推荐作品4.5万篇。服务终身学习，致力美好生活，是新时代皖新传媒的使命追求。

四、肥西县积极推进城乡一体化阅读空间建设

近年来，为推进城乡基层公共文化服务体系建设，深入开展全民阅读活动，合肥市肥西县积极推进"书香肥西"城市阅读空间建设，肥西县文化和旅游局从功能分区、文化活动和空间设计等方面，对阅读空间的设计和运营单位进行统一招标实施，在书吧选址时将建设点集中在人口密集的社区或社区附近。同时，为保障不同群体的阅读需求，各城市阅读空间和书吧在书籍的选择上和主体功能上结合所在地阅读人群特点，提供与阅读相关的配套服务和延伸服务。① 在肥西的一些社区、街角、公园等多个城市场景都设有阅读空间或书舍，让市民、游客和好书不期而遇，让肥西大街小巷书香飘扬。

（一）社区，在家门口感受书香氛围

肥西县城关地区金星和园城市阅读空间于2021年3月22日正式对外开放，阅读空间位于上派镇云谷路与宝成路交叉口，总面积1200余平方米，藏书2万余册，成为附近居民读书、听讲座、看电影的休闲好去处。同时，阅读空间不断开展公益讲座、读书会、观影会、朗诵会、青少年美育和生活美学课等多种沙龙活动，竭力满足肥西县城人民群众日益增长的精神文化需求，不断提高人们的生活品质。

2019年初，位于上派镇派河大道与仪武路交叉口的古埂社区居民活动中心二楼的和悦书屋正式开业。该书屋以"和"元素为整体服务思路，重点赋予"和"言、"和"阅、"和"亲、"和"礼内涵特色。书屋空间面积约550平方米，内藏图书约1万册，融阅读、活动、休闲、展示等多功能于一体，突出和文化元素设计，采取双轮驱动、馆店一体运营模式，为广大城关居民免费提供休闲阅读场所。阅读空间也成了居民"愿意留""留得下""留得久"的文化交流场所。

（二）活动，拓展城乡群众文化"主战场"

城市阅读空间不仅是提供读者读书的场所，更是拓展群众文化的"主战场"。肥西县城市阅读空间一直致力于举办各色各样的阅读活动，定期通过线下展示牌、线上公众号发布活动内容，让更多群众参与到阅读空间活动中来。

---

① 石少微.合肥市新型公共阅读空间研究[D].广州：华南理工大学，2018.

2020 年 10 月 18 日,肥西县图书馆联合合肥市少年儿童图书馆组织留守儿童走进肥西县柿树岗乡文化站,开展"与书相伴,关爱留守——肥西县图书馆爱国游学之旅"活动,组织小学生参观柿树岗乡文化民俗展示室、非遗展示室、舞蹈排练室等。本次活动旨在推进公共图书馆文化资源和旅游资源相结合,探索文化旅游融合发展的新举措,既拓展了小读者的学习空间,又激发了他们学习传统文化的兴趣。

2021 年 4 月 3 日,肥西县图书馆在电子阅览室开展了"小树苗故事园——文明缅怀先烈 感恩幸福生活"清明节主题活动。活动吸引了众多家庭参与,让更多的人了解了清明节的由来、风俗及文化内涵,在分享知识的同时,也引导了广大读者在慎终追远、缅怀先烈的情怀中认知传统,增进爱党爱国感情。

2021 年 4 月 29 日,在五四青年节到来之际,为回顾党的百年光辉岁月,营造浓厚的党史学习氛围,肥西县严店乡文广站、团委、文明办等共同举办了"学党史、知党情、跟党走"党史知识主题竞赛活动。此次活动共有来自乡机关各党支部、15 个村(社区)共 50 余人参赛。严店乡团委书记朱云青表示,以赛促学,以学促进,将以此次党史知识竞赛为契机,持续强化党史学习,推动党史学习教育在严店乡走实走深。

五、总结

对合肥市新型阅读空间的调查,主要围绕安徽省合肥市公共文化服务体系建设成效、高品位推进城市阅读空间建设主要做法和发展计划、皖新传媒勤力打造高品质阅读服务生产线和肥西县如何积极推进城乡一体化阅读空间建设案例分享来进行,其中皖新传媒和肥西县的具体实施策略具有较大的启示意义。

书香之城：心系每一个读书人

——成都市社会力量参与新型阅读空间建设实地调研报告

内容提要

　　成都市新型阅读空间的调查，主要围绕着"书香社会"建设成都市全民阅读推广服务基本情况、社会力量参与新型阅读空间建设经验总结、社会力量参与新型阅读空间建设典型案例、社会力量参与新型阅读空间建设问题成因、社会力量参与新型阅读空间建设准入与考核机制创新策略等内容展开，其中成都市新型阅读空间建设中社会力量如何参与及其建设或合作的形式具有较大的启示意义。

　　2021年两会上的政府工作报告指出，"推进城乡公共文化体系一体建设，创新实施文化惠民工程，倡导全民阅读"。自2014年起至2022年，"全民阅读"已连续九次被写入政府工作报告。正如全国政协常委朱永新所言："一个人的精神发源史就是他的阅读史，一个民族的精神境界取决于这个民族的阅读水平，一个书香充盈的城市才能成为美丽的精神家园。"阅读作为一种精神食粮与生活方式，推动着国民素质的发展，以及国家的文化软实力与凝聚力。党的十九届五中全会确立了2035年建成文化强国的远景目标，"全民阅读"活动成为我国构建公共文化服务体系的一项重要部署。

2021年3月，中宣部办公厅印发《关于做好2021年全民阅读工作的通知》，提出了2021年全民阅读工作的总体要求。阅读空间的建设已经成为城市文化建设的重点。随着"全民阅读"活动的不断深入，"书香社会"的建设成为各大城市的文化建设重点项目，拥有浓厚文化底蕴和独特文化资源的成都也不例外。作为首批国家公共文化服务体系示范区、西部文创中心，成都市在"全民阅读"上积极探索，并在城市新型阅读空间建设方面颇有建树，政府与社会力量共同合作，为成都市"文化之都"建设添砖加瓦，提供有力支撑。2017年第六次县级以上公共图书馆的评估定级标准明确将公共图书馆与社会力量合作纳入评估范畴。① 社会力量的深度参与，突破了政府对公共文化事业管理的束缚，减轻了地方政府在场地、资金、人员等方面的投入，同时还深刻激发释放了社会文化活力。② 社会力量的积极推动是不可或缺且非常重要的一部分。在本篇调研报告中，笔者就成都市全民阅读推广服务现状，总结其社会力量参与新型阅读空间建设经验，从已投入使用的新

---

　　① 蒋洪.第六次全国公共图书馆评估标准比较分析[C]//全国中小型公共图书馆联合会,中国知网·中国知识资源总库编委会.2017年全国中小型公共图书馆联合会研讨会论文集.上海图书馆杂志,2017:9.

　　② 董丽晶,谢志远.协同治理视角下城市新型公共阅读空间建设研究[J].出版发行研究,2020(1):74-77,45.

型阅读空间中选取四家最具代表性的城市阅读空间：新华文轩书店、方所书店、三联韬奋书店、言几又作为典型案例来剖析，探析问题成因与创新策略，试图为成都市未来城市阅读空间之路以及其他城市社会力量参与新型阅读空间建设提供一些经验。

一、成都市"书香社会"建设全民阅读推广服务基本情况

2015 年，成都市成立了全国首个阅读协会，由成都的阅读爱好者、作家学者、阅读专家、图书馆员、优秀团体企业家、出版社、书店、新闻媒体、公益事业的文化志愿者等组成。除组织一些阅读论坛、读书会外，成都阅读协会还组织开展了成都阅读现状调查，并定期提交有关全民阅读推广的调查报告，全面反映全民阅读的发展情况并提出建议。①

2016 年，四川省全民阅读活动指导委员会办公室正式印发《四川省"十三五"时期全民阅读规划》，从"指导思想""基本原则""主要目标""主要任务""重点工程""保障措施"六大板块提出以促进阅读服务标准化、均等化为方向，形成城市社区"15 分钟"便捷阅读文化圈、农村"10 里"阅读文化圈。四川成为全国第二个发布全民阅读"十三五"规划的省份，与此同时，规划还提出了四川出版精品工程、阅读公共服务设施工程、"书香天府·全民阅读"品牌创建工程、阅读惠民工程、数字阅读创新工程等八大重点工程。② 据成都市文广新局相关数据显示，2016 年成都市出版物销售总额达 5.82 亿元，实现连续两年增长。同时，2015—2016 年度，成都市居民人均纸质阅读量为 7.109 本，高于全国平均水平2.459本。

2017 年，成都市书店数量居全国第二，获得"2017 年中国书店之都"称号，并连续三年入围中国十大数字阅读城市。对此，中共成都市委宣传部常务副部长、文明办主任张映明表示，成都市高度重视城市文化的构建，实体书店作为传播文化的重要载体，承载着城市的发展与梦想。"成都出台了一系列实体书店扶持政策，鼓励和推动实体书店在新业态、新空间、新体验等方面大胆创新、融合发展，不断满足广大市民阅读需求，为城市创新发展提供了原生动力。"

2018 年，由成都市文广新局主办的成都图书馆"城市阅读空间"项目正式启动，发布了《2018 年成都市全民阅读重点工程》，并宣布成都官方将开展实体书店扶持奖励，在商区、景区、社区、学校创新开办书吧、书店，打造一批最美实体书店；将在成都市中心打造5000 平方米的成都市青少年阅读中心，以青少年阅读为主题；并在成都全市投放 30 台 24小时自助书屋等。③ 同年，成都市全民阅读指导委员会举办了 2018"书香成都"全民阅读活动、天府文化经典诵读比赛、成都图书馆"城市阅读空间"三大活动的启动仪式，仪式上正式揭晓 20 家成都图书馆"城市阅读空间"。此外，仪式上发布的《2018 年成都市全民阅读重点工程》提到，开展实体书店扶持奖励，在商区、景区、社区、学校创新开办书吧、书店，

---

① 成都市 2017 年"书香成都"全民阅读活动正式启动[EB/OL].(2017-12-20)[2021-08-05]. https://www. sohu. com/a/211762412_99934840.

② 四川省"十三五"时期全民阅读规划发布[EB/OL].(2016-08-01)[2021-08-05]. http://www. sc. gov. cn/10462/10464/10797/2016/8/1/10390342. shtml.

③ 徐杨祎. 成都公布 20 个成都图书馆"城市阅读空间"[EB/OL].(2018-04-24)[2021-08-05]. http://www. sc. chinanews. com. cn/bwbd/2018-04-24/83340. html.

打造一批最美实体书店；市中心打造 5000 平方米的成都市青少年阅读中心，以青少年阅读为主题；在全市投放 30 台 24 小时自助书屋等。

2020 年 4 月 23 日的全民阅读日上，成都发布"建设书香成都，发展实体书店"的三年行动计划，其中首次提出 2022 年将建设成为"中国书香第一城"。推动这项工作的一个重要内容是要支持实体书店与成都图书馆合作。落实到具体工作任务上，即参照公共图书馆服务标准，建设"城市阅读美空间"，每年新建"城市阅读美空间"不少于 5 个。各区（市）县参照市级"城市阅读美空间"建设标准，每年新建不少于 2 个。① 截至 2020 年底，成都打造完成的阅读空间从 2019 年的 15 个增加到 225 个，增速为 15 倍，实现了全市 23 个区（市）县全覆盖。其中"城市阅读美空间"数量从 15 个增加到 37 个，增幅达 146%；其中"城市阅读美空间"的覆盖范围从 6 个中心城区拓展到含龙泉驿区、青白江区、郫都区、都江堰市、邛崃市、崇州市、大邑县、蒲江县等在内的 15 个区（市）县，共完成了 189 个微阅读空间建设。② 相比之前，"城市阅读空间"不再是单纯的阅读空间，而是融入了城市内涵、展现城市美学的空间。为了推动阅读与成都城市发展深度融合，成都将打造一批彰显天府文化特色、体现生活美学的"城市阅读美空间"，"鼓励商场、写字楼、电影院、运动场馆、酒店、餐饮、咖啡馆、茶楼等商业服务场所设立阅读空间，开展阅读活动。支持出版发行机构在景区景点、产业功能区、天府绿道、城市公园等建设'城市阅读美空间'，为市民提供阅读、休憩等服务，各区（市）县要积极推进本地'美空间'建设，推动社区、街区无人值守的阅读空间建设，试点建设 24 小时智能自助书屋和移动图书馆。"③

2021 年 1 月 13 日，第二批"城市阅读美空间"名单正式公布，共包含 24 家品质书店，覆盖范围包括了成都 15 个区（市）县。这是成都图书馆"阅读＋"创新服务的再升级。

二、成都市社会力量参与新型阅读空间建设经验总结

社会经济的前进，推动了图书馆与实体书店的发展与融合。成都是首批国家公共文化服务体系示范区，已基本建成覆盖成都全域的"15 分钟公共文化服务圈"。2018 年 5 月，文化和旅游部公布了第六次全国县级以上公共图书馆评估定级结果，成都市 22 家公共图书馆全部被评为国家一级图书馆。《2017—2018 中国实体书店业报告》显示，2017 年成都书店数量已达 3463 家，数量居全国第二。此外，成都 2015—2017 年连续三年入选中国十大数字阅读城市。④ 与社会力量合作共建城市阅读空间等社会公共服务设施，是政府在公共文化服务领域探索与社会资本合作模式（PPP 模式）的创新行为。⑤ 新型阅读空间的建设除政府主导外，也离不开社会力量的参与，社会力量的灵活与资金的支持在很大程度上弥补了其不足。2018 年初，文化广电新闻出版局和图书馆积极探索公共服务新模

① 乔雪阳.2022 年建成"中国书香第一城"，成都发布三年行动计划[EB/OL].（2020-04-23）[2021-08-05].https://www.sohu.com/a/390522346_116237.

②③ 成都市 2020 年共打造 225 个城市阅读空间[EB/OL].（2021-01-15）[2021-08-05].https://xw.qq.com/amphtml/20210115A0AQ2U00

④ 张白.图书馆与书店合作服务新模式——成都图书馆"城市阅读空间"实践研究[J].四川图书馆学报，2019（1）：17-20.

⑤ 王培培，吴瑞丽.PPP 模式应用于公共图书馆服务体系建设研究[J].图书情报知识，2016(4)：12-17.

式,制订了公共图书馆与书店联合开展公共服务的方案。这个方案得到政府的大力支持,在文广新局核算书店的服务成本(包括房租、硬件投入、电费与网费、人员、举办阅读活动费用等)后,按照《成都市实体书店扶持奖励资金管理办法》为书店制定扶持与鼓励政策,以此来激励书店积极投身于城市公共文化服务建设。通过双方资源优势互补共同推进全民阅读活动,政府与社会力量形成合力,助推成都世界文化名城建设,成都"城市阅读空间"就此诞生。①

(一)公共阅读空间的拓展

根据空间构造理论,"书香城市"的空间结构可以分为物理空间、社会空间、精神空间三个维度。在空间属性上,"书香城市"具有"第三空间"和文化空间的属性。② 新型阅读空间作为公共文化服务的一部分,政府的主导作用至关重要,成都市政府为与网红书店合作,提供大量优惠政策,包括租金与场地,并为"城市阅读空间"提供 20 万元的扶持资金,以鼓励其他网红书店进驻成都。同时,在 2021 年全民阅读日,成都发布《建设书香成都,发展实体书店三年行动计划》。根据计划,未来三年,成都每年新增实体书店将不少于100 家,可以巩固"中国书店之都"地位。另一方面,图书馆积极与各大书店合作,进行馆店融合,让成都公共阅读空间得到快速扩充,让图书馆和书店能够资源互补,实现双赢。根据计划,2022 年成都每万人公共图书馆建设面积达到 135 平方米,人均藏书量达到 1.2册以上;同时,加快市县公共图书馆新馆建设,推进公共图书馆总分馆制建设,完善全域公共图书馆网络布局。在政策扶持下,成都市公共阅读空间得到极大的拓展。

(二)充分发挥特色书店优势

在参与成都市城市阅读空间建设的书店中,网红书店自带"流量"和人气,本身地理位置优越,方所位于太古里商圈,三联韬奋位于宽窄巷子,言几又坐落于 IFS,这些书店都位于繁华商圈或者人流量大的地区,成为一个文化媒介,吸引着众多游客参观打卡,通过网络传播的途径,将书店的形象传播出去,重塑了书店的吸引力。

(三)专业机构服务和阅读组织建设结合

中国新闻出版研究院国民阅读研究与促进中心主任徐升国认为,社会化运营是新型阅读空间最主要的特色。政府作为委托方和监管方,可以免费或以很低价格提供场所,专业运营机构则可以保证较高的运营效率和良好的用户体验。2014 年,成都创新性推出了"一卡通",在全市公共图书馆全面实现"通借通还",并通过走进社区等,打造图书馆"分馆",为读者提供更便捷的借阅服务。传统的图书馆仍然作为阅读服务主战场,而成都公共图书馆与实体书店的结合则是让书店专业的团队去做,发挥社会阅读组织力量,使遍布城乡的实体书店成为公共阅读的第二空间。

(四)品牌建设与传播

在"书香成都"品牌的统领下,成都将以成都读书月、儿童阅读周、阅行村社、年度全民阅读盛典等品牌活动为抓手,深入推进全民阅读进农村、进社区、进家庭、进学校、进机关、

① 张白.图书馆与书店合作服务新模式——成都图书馆"城市阅读空间"实践研究[J].四川图书情报,2019(1):17-20.
② 龚娅君.公共图书馆社会"第三文化空间":内涵、实践与发展[J].图书与情报,2013(2):78-80.

进企业、进军营。在新媒体方面,成都市整合新闻网站、新闻客户端、手机报、微博、微信等新兴媒体,推出"书香成都·蓉城书话""书香成都·阅动听"等栏目,从各方面构建"书香成都"品牌计划,并采用"线下活动＋电视录播＋新媒体传播"的方式,走进成都市的各大社区、学校、机关、企业、军营、农村,通过文化名人和主播诵读解析经典、分享读书心得和与现场观众有效互动等形式,倡导全民阅读。

三、成都市社会力量参与新型阅读空间建设典型案例

实体书店作为城市文化空间的重要载体和公共文化服务的重要组成部分,在参与构成城市文化生态、推动全民阅读、促进文化产业发展以及构建国民阅读新生态等环节有着不可替代的作用。① 因此,从 2014 年开始,成都市级财政每年都会安排专项资金扶持实体书店发展。2020 年,成都市全民阅读指导委员会在世界读书日发布的建设书香城市计划中,明确提出支持成都市图书馆与书店共建"城市阅读美空间",每年不少于 5 个。笔者从已投入使用的新型阅读空间中选取了四家具有代表性的城市阅读空间:新华文轩书店、方所书店、三联韬奋书店、言几又。这四个城市阅读空间的发展与成长基本与成都市"书香社会"文化战略一致,在一定程度上也代表了成都市新型阅读空间建设历史,实体书店转型过程也得以窥见,所以将这四种不同类型的书店作为典型案例来进行分析与调研。

(一)书＋文化品牌:新华文轩

新华文轩前身是大家所熟知的新华书店,在书店不断地探索转型中,已经成功成为国内首家"A＋H"出版传媒企业,拥有出版、传媒、印刷、物流、教育等完整产业链。作为中国出版发行行业的领头羊和四川文化产业的龙头企业,对成都市乃至四川省的文化与产业影响巨大,其旗下实体书店六大品牌都取得不俗业绩:新华文轩、轩客会、文轩BOOKS、读读书吧、文轩云图、Kids Winshare,每个品牌针对的受众都不同,各有各的特色。2016 年至今,文轩实体书店屡获殊荣:成都购书中心被中国书刊发行业协会、中国新华书店协会评选为"中国改革开放 40 年图书发行业致敬影响力书城";新型实体书店文轩BOOKS 九方店(见图 1)先后荣获"全国十佳榜样阅读空间""全国十佳榜样运营团队""全国书业非书品经营标杆书城""全国十大最美书店""中国楼宇经济最佳合作品牌""成都时尚形象推广大奖"等重大奖项。② 作为四川本土书店,从地方走向全国,成为行业的领头羊,新华文轩对成都市的文化发展起到了至关重要的作用。

据了解,在"振兴四川出版"和"振兴实体书店"战略指引下,新华文轩集团战略紧跟时代发展,分线上线下两个渠道同时进行。线上方面,在传统电商基础上开拓新渠道,通过直播、带货等模式实行线上的转型升级;而线下方面,通过大数据协助,读取信息后根据市场信息及时调整营销策略,拓展线下多种渠道的合作路径,激励本版图书销售。据华西证券报告,报告期内,公司互联网销售业务收入稳步增长,实现营业收入 16.71 亿元,其中主营业务收入16.26亿元,同比增长10.79％,在天猫、京东等主要平台保持图书类销售前

① 付国帅."书＋X"实体书店复合式经营发展新路径[J].出版广角,2018(5):55-57.
② 李忠.四川新华文轩"双振兴"战略创新纪实[EB/OL].(2019-10-09)[2021-08-05].https://www.chinaxwcb.com/info/556808.

图 1　文轩 BOOKS 九方店

三的地位,并持续巩固在全国图书电商中的头部主体地位。[①] 报告期内,公司开发了"熊猫侃书""自然探秘所""有画说"等新媒体,拓展轩直播"爱读 IDO"周末阅读,全媒体服务平台累计阅读量 1.3 亿人次;策划"阅读大家系列"报道、"文化名家谈阅读"系列报道和"社长总编谈书展"系列报道,充分发挥文轩传媒在全民阅读工作中的主力军作用。强化品牌经营,实体书店持续转型升级,下半年业绩企稳回升。同时,公司新开文轩 BOOKS 招商店和 Kids Winshare 文轩亲子书店仁和新城店,依托实体门店,通过社群、直播、小程序等新方式,将门店客流进行流量转化;建立分销体系,实施全员营销,实现销售近千万元。2020 年,受疫情影响,公司图书零售业务实现销售收入 5.91 亿元,同比减少14.55%,但自 2020 年下半年开始企稳回升,2020 年实现营收 4.35 亿元,同比增长 9.3%。[②]可以看出,无论是线上还是线下,新华文轩都已经成功实现升级转型。

---

①②　华西证券.新华文轩:线上业务持续高增 书店业务触底回升[EB/OL].(2021-04-02)[2021-08-05].http://stock.10jqka.com.cn/20210402/c628296380.shtml.

疫情防控期间，多家实体书店经济受到冲击，而新华文轩迎难而上，通过小窗服务、线上订购、微信公众号等方式构建立体化销售渠道；新开的文轩 BOOKS 招商店与 Kids Winshare 文轩亲子书店仁和新城店将书店的品牌与特色推上新的台阶，推进了融合出版建设；通过社群、直播、小程序的销售新方式，将门店客流转化成流量，线上业务持续高增。对此，新华文轩出版传媒股份有限公司副总经理陈大利表示："新华文轩旗下全新品牌首店文轩 BOOKS 九方店去年全年的销售额达到 3500 万元，其中 50%来自书籍销售。如果一家书店只靠颜值，终会让读者审美疲劳。这家新店中，我们在文化元素的基础上，加入餐饮、亲子等更多生活元素。读者来这里，不仅仅是阅读，也可以找到多种在书店的生活方式。"

2020 年，新华文轩以"爱阅读，会生活"为永久主题，以"扶智扶贫，共建小康"为年度主题，通过"线上线下融合、全省各级联动、展示展销一体、平行分区办展"的方式以及馆店融合、新书发布、阅读交流、惠民售书等系列活动继续举办"天府书展"。本届书展举办阅读活动 800 余场，共 3452 万人次参展，在四川省内设立线下展场 400 余个，组织了 10 万余种精品图书展销；线上的"天府书展——云世界"展场有 500 余家出版单位、300 余家网上书店和 300 余家省外线下实体书店参展，为线上读者提供了近 80 万个可选择品种。

文轩传媒在这 10 年间不断扩大其业务，由西部地区的一家发行集团并购上游出版集团，一跃成为集"发行、出版、传媒"于一体的全国领头羊出版传媒公司。现如今，旗下子品牌遍布全国，"新华"招牌再次打响全国，其品牌计划功不可没，线上的文轩网、九月网和线下的各大书城进行互补，形成一条完整且完美的品牌产业链。

（二）书＋文化地标：方所书店

诗人李纲在《小字华严经合论序》中写道：如泛巨海，浩无津涯；必观星斗，乃辨方所。现代的人们，物质十分丰富，灵魂却得不到满足，一直在寻找精神家园的路上，而方所书店，就是都市旅人们在生活中辨别方向的星斗。同时，方所也是南朝梁代文学家萧统口中的"定是常住，便成方所"，是一个为人们创作的具有归属感的地方。方所文化创始人毛继鸿表示，流媒体的高速发展让优质内容的制作和传播突破了时间和空间的限制，让参与和分享变得更及时、便利。近年来，方所书店一直在探索把线下文化生活场景衍生到线上，其创办的"方所创作者现场"活动已经举办超过 1000 场，邀请众多文化领域名人来到书店与观众交流探讨，从文学、电影、历史、设计等众多文化领域中选题，让人们积极参与进来，构建一种新的城市生活形态。从 2016 年开始，方所书店开始举办成都国际书店论坛，以"当世界最美书店汇集于此""书店与城市风格"等主题展开讨论。目的是将书店与城市文化进行链接，探索书店与城市文化相互影响的关系：书店如何成为地域风格的象征，以及书店对于城市的指标意义。

成都的方所书店位于锦江区中纱帽街 8 号成都远洋太古里负一楼，旁边紧挨着的就是有着 1000 多年历史的大慈寺。喧闹的商场能确保书店的人流量，而栖息地下则隔离了喧嚣，这个独特的地理位置颇有些"大隐隐于市"的禅意，加之神秘宏伟的内部造型，让这座书店被称为"地下藏经阁"。2015 年，这座"地下藏经阁"被 *Architectural Digest* 评为世界最美十五家书店之一，2019 年又被评为全球年度最佳书店。在成为成都新名片吸引游客的同时，它也和成都融为一体，借成都的人气更上一层楼，同时也为成都带来更浓厚的文化气息。如今,方所书店已经成为成都"打卡新地标"(见图2)。

图 2　成都方所书店

(三)书＋文化客厅:三联韬奋书店

1932 年,邹韬奋先生创办了三联书店,此后的 80 年间,几乎所有有名的文学大家都在三联出版过作品。三联书店在人们心中,一直代表着中国知识分子。正如汪丁丁先生在《守望家园》中写道:"三联书店的使命在于,借了书籍的出版与传播使中国人对各自生活的零碎的思考得以汇合交流,从而相互理解。三联的精神,是基于现实生活的大众启蒙,这精神的现代意义,就是基于生活、读书和新知的思想自由。"

2018 年,三联韬奋书店落户成都,位于宽窄巷子 30 号一座名为"瓦尔登"的院落里(见图3)。"国家对实体书店的扶持政策和三联开启 24 小时模式后引发的强烈社会反响,都给三联在外地开店以更大的信心,这是'天时'。"三联书店总编辑翟德芳表示,在成都开店,是天时、地利、人和三要素齐备后做出的慎重选择。宽窄巷子作为成都的一张旅游名片,是成都最有文化气息的地方之一。书店分为"三联生活""三联阅读""三联活动"三个空间。"三联生活"以文创产品为主。"三联阅读",顾名思义是阅读的地方,里面摆放着各位大家的著作,成都三联书店创办人谈到开店初衷说:"成都三联书店的使命,是给成都乃至全国的文艺爱好者们提供平台,让他们自由交流阅读感受与思考。"而"三联活动"则是为学术论坛、文化讲座、新书发布会等提供场所的地方。三个空间中,最具代表性的就是"三联活动"。在这里,书店通过一些学术论坛、文化讲座、新书发布会、研讨会、设计文创分享等形式,将资源整合,以书店为载体,为人们提供一个精神栖息地,构建一个"文化客厅"和"交流平台",成为成都文化的一部分。另一方面,三联成都店将作为文创产品孵育器,通过引进人才、积聚创意,生成一个文创产品的设计创作空间。这是三联成都独有的模式,对此,书店设计营运总监王亥表示,"三联生活"是一个开放的平台,他希望能够吸引更多的年轻人、更多的人才参与进来,共同守望三联这个"家园"。"我是一个比较执

图 3　成都三联韬奋书店

着的人,我是三联书店的启蒙者和守望者,我希望所有人都去守望他们的家园。其实,书店在塑造城市,尽管一家书店如此之小,但一座城市会因为一家书店而与众不同。"王亥补充道。空间因为思想成为史实,时间因为记忆成为生活,三联的文人精神在创新中并没有没落,一代接一代的三联人将之传承下去,从读书中明真理,辨是非,将书籍注入思想,让志同道合的人们聚在一起交流探讨,三联不仅成为读者与书籍之间的平台,也在成为人与人之间沟通的桥梁。

(四)书+文化空间:言几又

15 年前,名叫"今日阅读"的社区书店覆盖了成都各大社区,后来在用户的需求中不断发展。2010 年,以"书店+"模式回归的"今日阅读"在成都凯德广场正式开业,成为成都首家引入咖啡饮品和文创商品的实体书店,完成从书店到文化空间的蜕变。2013 年底,"今日阅读"完成全部转型,并开始酝酿复合型城市文化空间模式。2014 年,第一家言几又诞生,从街边走进热门商圈,"言几又"取义"設"字拆分,从普通"书店"升级为一个涵盖书店、咖啡厅、艺术画廊、文创生活馆、创意孵化地的"文化生活体验空间",也成为中国实体书店转型标杆。其品牌理念"传达·生活·可能"旨在探索介乎家与写字楼之间的第三种可能。品牌愿景是打造人与文化、人与生活、人与人连接的未来空间,致力于打造一个涵盖多元化功能的"城市文化空间"。除了读书、文创产品、咖啡、签售会、读书会、手工、绘画等丰富活动外,言几又更引入了美容、餐饮、家居等多元业态,在节省成本的同时,给客户带来更丰富的读书购物体验。此后,言几又不断丰富产品线,成立子品牌:言几又·见、言宝乐园 YJY KIDS、言·café。虽然在全国拥有多家店,但是言几又坚持"连锁不复刻"的理念,将每个城市独特的文化属性与元素相结合,打造每个城市独一无二的文化风格,所以在 2016—2017 年度累计获得城市文化地标大奖、中国最美书店、最具成长性消费

（三）专业人员能力匮乏且流动性大

社会力量在城市新型阅读空间建设中往往承担的是书店日常运营、建设等部分，这就要求运营人员（或称工作人员）具备相应的业务知识，掌握心理学、营销学、策划学等综合性、专业性能力。就目前调研结果可见，成都市新型阅读空间建设的社会力量来源广泛，有企业、协会，也有读者、志愿者等成员，其中专业人员及其专业能力均十分匮乏。实体店中，部分书店的多个岗位招聘门槛极低，对人员择取标准以描述性的软指标为主，缺乏有针对性的、专业性的日常培训规划。

与此同时，城市阅读空间服务的工作人员还存在流动性较大问题，增加了城市阅读空间的服务效能发挥的风险。调研显示，前期阶段，成都图书馆会为书店提供系统操作手册，并为每个书店的 2 至 3 名员工提供培训。后期，成都图书馆开展了实地巡查活动，巡查时会检查店员的系统操作能力，并成立信息自动化管理部门，为工作人员提供远程协助。但在日常运营中，书店员工的轮岗和流动情况仍不断发生，因不熟悉系统操作导致服务现场混乱、借阅缓慢等情况时有出现。

（四）媒介宣传后劲不足，受众黏性有待提升

成都市新型阅读空间建设的各类活动需要通过社会力量来进行活动效果控制、效果评估，而媒介宣传往往是社会力量提升活动效果的重要利器。在现实运作中，城市空间项目的征集点位和启动阶段通过媒介宣传引发了巨大反响，与自媒体平台的合作紧密，增强了成都"城市阅读空间建设"的知名度。

表面上看，成都市城市新型阅读空间建设的媒介宣传如火如荼，社会力量对各类特色活动的举办效果显著。但纵横分辨后，可以看出，现有媒介宣传尚未使成都市新型阅读空间建设成功打造出系列文化品牌活动，市民群众的获得感、互动性有待进一步增强。通过多变的、丰富的、有趣的媒介宣传来保持受众（或读者）与书店的黏性，是成都市新型阅读空间长久有序发展的良方。

综上可知，社会力量参与新型阅读空间建设方兴未艾。作为全民阅读的主体，社会力量具备优越的话语权和优秀的实践能力，重视社会力量的参与是激发公共阅读空间活力、提高公共文化服务效能的有效方式。

五、成都市社会力量参与新型阅读空间建设准入与考核机制创新策略

"实体书店是城市建设的重要基础设施，在我国文化利好政策的引导下，加快建设步伐，取得了一定的成果，比如成都书店数量多，品质高，质量好，有聚集度，政府扶持力度大，取得了良好的发展。"中国书刊发行协会理事长艾立民对实体书店表示肯定。近年来，成都市积极打造城市文化品牌，建设"文化之都""图书馆之城"。

（一）走进乡村：打造文化空间

文化和旅游部、国家发展和改革委员会、财政部三部委联合印发了《关于推动公共文化服务高质量发展的意见》，提出要深入推进公共文化服务标准化建设、完善基层公共文化服务网络、创新拓展城乡公共文化空间、促进公共文化服务提质增效等，并提出要将乡村文化建设融入城乡经济社会发展全局。目前，成都出台了首个公共文化服务地方标准，发布并实施了《成都市基层综合性文化服务中心服务规范》，明确了基层阵地服务条件、服

务内容、服务频次、服务管理、服务监督与评价等9个方面的具体要求，为乡镇（街道）、村（社区）文化服务中心开展公共文化服务提供了指南和遵循。通过持续开展基层文化设施"亲民化"改造，开展基层综合性文化服务中心示范点建设并纳入成都市委、市政府民生工程常年目标，成都打造了一批"有颜值、有文化、有温度"的公共文化空间。通过加强对全市"中国民间文化艺术之乡"的创新发展指导，成都已经打造出"崇州竹艺村""蒲江明月村""郫都战旗村"等"明星村"，"用艺术点亮乡村""用设计改变家园""用创意振兴产业"，这些艺术村既可以成为公共文化场所，也可以依托资源发展旅游业。而另一方面，正如全国人大代表、河南省作家协会副主席廖华歌所言："让优质全民阅读服务下沉农村，要充分发挥好已经建成的农家书屋的作用，进一步提升农家书屋配书质量，有针对性地推出适合农村群众的阅读交流分享活动，激发他们的阅读兴趣。"书屋质量问题依然存在，需要在党委政府的监管下，根据本地特色来建设，实行千村千面。

未来，还需继续推动基层公共文化设施转型升级，结合城市新型城镇化发展，构建和优化"15分钟公共服务圈"，创新推动成都市文旅公共服务高质量发展。

（二）走进社区：家门口的阅读点

城市图书馆体系的构建通常以市图书馆为核心，区县图书馆为骨干，街道图书馆为节点，最后落脚社区图书馆。① 社区图书馆的建设在一定程度上代表着一个城市的文化规划。文化规划概念最先由美国学者哈维·佩洛夫提出，他将文化规划视作一种社区建设方法，以达到社区文化认同和社区文化资源合理运用的双重社会目的。② 社区作为基层阅读空间，培育着社区文化，老年人的时间相对比较宽裕，他们因此也成为社区阅读空间的常客；同时，家庭是组成社会的基本单位，也是一个小型的阅读空间，而社区则是家庭社会基础细胞，推动家庭阅读是构建书香社会的必经之路。这两个庞大的受众群是社区阅读空间的"主力军"，建设好社区阅读空间，在城市书香阅读规划中至关重要。然而多数社区阅读场所都依附于社区物业，普遍缺乏专业性。2021年全国两会期间，全国政协委员、西南政法大学经济法学院教授王煜宇建议广泛建立社区图书馆，大力推进全民阅读。让更多专业机构进驻社区，不失为提高社区阅读场所吸引力的有效途径。目前，社区阅读空间大多由政府管控，入不敷出，且管理困难，社区阅读空间的建设，还需要多方参与，如推行"政府＋企业＋社区"的运行模式，由政府提供资金支持、企业实行专业管理、社区提供阅读场地，对于后期培育合作共赢的市场机制不可或缺。

（三）从阅读到悦读：提高公众参与度

实体书店转型升级的演化脉络表明，实体书店的经营理念从最初1.0的"买卖"时代，逐步转变为2.0的"体验"时代，最终发展到目前3.0的"关系"时代。③ 从2018年开始，成都图书馆开始向每个"城市阅读空间"提供图书，"城市阅读空间"向读者提供公益性借阅服务，并实现与其他"城市阅读空间"、公共图书馆通借通还。图书馆与书店不再是单纯的

① 胡卉，李睿.面向文化成都建设的图书馆阅读推广策略构建[J].图书馆理论与实践，2015(6)：75-78，79.
② Harvey S. Perloff. Using the Arts to Improve Life in the City[J]. Journal of Cultural Economics，1979，3(2)：1-21.
③ 李彪.实体书店多维空间创新实践——以方所成都店为例[J].装饰，2018(9)：95-97.

阅读空间,而是涵盖了阅读书籍、美学生活、展览空间、文化讲座等多重文化功能的文化空间。另一方面,不可忽视的是随着阅读空间的发展,虚拟技术创造了另一种文化空间形式——赛博空间,形成了一种新的以赛博空间为依托的文化流动空间,超出了传统物质空间和精神空间的界限,导致文化在习得、交流、传播、再生产等诸多环节发生了深刻变化。① 面对网络阅读的冲击,虚拟阅读空间的建设刻不容缓。通过实体场景和文化空间的拓展,增强用户体验感,加深融合阅读和文旅的体验,满足人民对阅读以及更高品质生活的需求。另外,提高公众参与度与积极性,让公众能自发阅读,同时,可以采取阅读共享方式,由读者自助管理,实现低成本甚至零成本运营,实现双赢。

（四）跨界合作新模式

为了响应国家全民阅读的号召,拓展公共文化服务的渠道与载体,成都图书馆通过整合现有社会资源,联合了15家实体书店展开了跨界合作,以"馆店融合模式"共同打造20个"城市阅读空间"(以下简称"阅读空间"),于2018年4月23日正式面向市民开放,并有18个获得市级财政资金扶持。经过一年的运行,"阅读空间"在市民中产生了一定影响力。阅读空间突破了传统的"图书馆+书店"模式。此外,还将公共图书馆成功引入到实体书店空间中,利用书店的多点位、环境舒适、图书更新快、服务人群广等优势,建立服务网络。② 将图书馆的优势与书店的优势两相结合,打造全新的阅读体验与阅读模式。而读者只需花费少量的金钱就能享受图书馆资源与现代化的实体书店。

除了"馆店融合模式"的跨界合作之外,2021年4月23日,成都航空与几何书店开辟了跨界合作的新土壤,最具巴蜀特色的航空公司与巴蜀地区最具烟火气息的城市文化空间几何书店携手,秉持着"将文化与生活相交融"的共同理念,联合打造了"天空书店"(见图5)的主题航班,搭建起从地面到空中的文化长廊,为成都城市推广与成都文化传播起到更加积极的作用,给读者提供了别样的阅读体验与快感。

方所书店创始人毛继鸿表示,未来方所书店也将会关注和发展多个领域业务。一是以全新的思维,再造城市的药妆店,方所计划将空间美学和设计场景运用于药妆店这样的社区型产品中。二是通过与再生医学与健康广东省实验室合作,将最前沿的科学成果用于清洁与防护的材料,应用到功能性服饰产品、家居产品、运动健康产品方面。三是联手恒信方所、新西兰维塔工作室,制作生命科学普及的视觉体验产品,打造基于多媒体的科普类生物科学展示馆。

可以看出,跨界合作已经成为阅读空间新潮流,但是不能因为跨界而失去其本身阅读功能,如果单纯成为一个玩乐空间与场所,将失去其本质意义。在这个基础上,可以考虑和当地博物馆或者名人馆合作,选择书籍对应合作的内容,给阅读空间贴上性格标签,使之人格化,更具人文特色。

---

① 张白.图书馆与书店合作服务新模式——成都图书馆"城市阅读空间"实践研究[J].四川图书馆学报,2019,227(1):20.

② 段静焰."图书馆+书店"新服务模式的探索——以成都图书馆"城市阅读空间"为例[J].四川图书馆学报,2018(4):1-5.

图5　成都航空与几何书店开辟"天空书店"

（五）发挥民间公益组织作用

2015年,成都成立了阅读协会,这是全国首个阅读协会,由成都的阅读爱好者、作家学者、阅读专家、图书馆员、优秀团体企业家、出版社、书店、新闻媒体、公益事业的文化志愿者等组成,由宽云美术馆馆长米瑞蓉担任会长。除组织一些阅读论坛、读书会外,成都阅读协会还组织开展了成都阅读现状调查,并定期提交有关全民阅读推广的调查报告,全面反映全民阅读的发展情况并提出建议。2018年11月14日至2019年1月28日,成都市文化广电旅游局以全市150个农家书屋为依托,面向大成都全域17个区(市)县,在两个半月的时间里,共开展了300场"书香成都·阅行村社"全民阅读活动进农村文化惠民活动,直接参与群众近15000人次,间接受益人群近5万人。"书香成都·阅行村社"还联合了成都市优秀的民间读书组织和阅读推广人,整合了67名资深阅读推广人和100名文化志愿者、20名活动督导人员,共同组成阅读推广团队。①

公益团队发挥的作用在阅读空间中不可小觑,一方面,可以作为现有图书借阅服务的重要补充;另一方面,它将被打造为城市第三空间,可以组织艺术沙龙、艺术展、创意园地、项目孵化等活动。此外,它还可以承担"爱心驿站"的功能,不定期组织策划公益文化活动,发布公益活动和公益项目信息等,发挥公益空间的社会作用。

（六）阅读＋文旅

书店是一个城市的文化名片。2019年8月,《国务院办公厅关于进一步激发文化和旅游消费潜力的意见》又在拉动文旅消费、推动文旅消费升级中三次强调要加强书店建

①　张琳.书香春节,文化进万家:300场阅读互动覆盖成都上万农村读者[EB/OL].(2019-01-22)[2021-08-05].https://baijiahao.baidu.com/s? id=1623348435552131368&wfr=spider&for=pc.

设,让书店成为促进文旅融合的重要抓手。成都得天独厚的地理优势和丰富的文化资源让其成为热门旅游城市。成都市文化广电旅游局副局长林锦泉对此曾表示:"对于书店,我们不仅仅鼓励卖书,更引导、鼓励书店在文创产品、创意经济等方面的开发,包括像'书店力''亚洲书店论坛'这些论坛,提升书店在创意经济和新经济等方面的贡献,促进文创产业的整体发展。"通过阅读与地方特色的结合,联合组织实施具有文旅特色的公共服务和社会活动,激发公众的阅读积极性,增强地域的文化魅力,促进文化资源和旅游资源的深度融合,实现全民阅读、全民旅游的双向发展。

六、结语

2021 年是特殊的一年,新冠疫情让各国人民生命安全受到威胁,我国在以习近平同志为核心的党中央领导下,取得了抗疫的阶段性胜利。2021 年是第 26 个世界读书日,同时也是中国共产党建立的 100 周年。习近平总书记多次强调,要引导人民群众多读书、读好书、善读书,要推动全民阅读,建设书香社会,并鼓励出版社把"善莫大焉"——为人民提供更多优秀精神文化产品这件事做得更好。① 为迎接世界读书日,献礼中国共产党成立100 周年,四川省发布了活动日历,以"书香天府·全民阅读"为主题,开展 20 余场阅读活动。成都多个地区将党史学习教育等主题主线融入全民阅读活动之中,如双流区举办了"读红色经典,筑书香航都"为主题的红色经典阅读季活动,而成华区则开展了"书香成华,全民阅读"系列活动,金牛区联合学校与区图书馆举行"传承红色基因·弘扬优良家风"之"世界读书日读书传家"主题阅读活动。

越是经济飞速发展的时代,精神建设越要更上一层楼。阅读,关乎国民素质,继承和推动着我们的民族文化,阅读所蕴含的价值与力量是无形也是无穷的。新型阅读空间不仅仅是阅读的一个空间或者精美的建筑,某种意义上来说,代表的是人们的生活方式和对文化的追求,更代表着一个城市的文化实力和气质。近年来,成都市高度重视阅读的力量,积极构建公共阅读服务体系,目前,公布的两批"城市阅读美空间"覆盖成都 15 个区(市)县,共 37 家。2020 年,成都发布《建设书香成都,发展实体书店三年行动计划》,计划中提到成都将以综合性书城为主干,以特色书店、精品书店、校园书店、社区书店为依托,打造书店文化地标和特色书店文化品牌,形成"一区县一书城""一街道一书店"布局和覆盖全市城乡的实体书店网络。而 2021 年,成都市将继续拓展新型阅读空间,推动实体书店与图书馆的深度合作,鼓励更多实体书店参与城市新型阅读空间建设。下一步,成都将建成城市阅读空间 100 个,并推动阅读榜样打造"书香成都"志愿服务品牌,还将会特别重视保障农村留守儿童、城市务工人员随迁子女等群体基本阅读需求,建设"童伴之家",聘请"童伴妈妈",引导鼓励学校、社会阅读推广机构等进行定期阅读指导和服务,并引导优质阅读资源和阅读服务更多地向脱贫地区、偏远山区倾斜,深入开展乡村数字(有声)阅读,推动公共图书馆全面建设盲人阅览室,实施盲人数字(有声)阅读推广工程、"华夏书

---

① 柳斌杰. 在全民读书中提升各族人民的三大素质[EB/OL]. (2021-04-23)[2021-08-05]. https://www.chinaxwcb.com/info/571224.

屋"试点项目、向残疾人家庭赠送图书等公益服务项目。[①]

2021年中国数字阅读大会在杭州召开,大会揭晓了2020年十佳数字阅读城市名单,成都市连续7年荣获全国"十佳数字阅读城市"荣誉称号。阅读,已经成为成都人生活的一部分,书香文化也成为成都最亮眼的特色之一。从成都新型阅读空间建设看出,必须坚持对城市文化竞争力的增强,但是不应该完全依靠政府扶持,而应在政府主导的前提下,借助社会力量,积极探索未来新型阅读空间的发展新路。

---

① 但唐文.成都阅读活动贯穿全年,今年将建100个城市阅读美空间[EB/OL].(2021-04-20)[2021-08-05].https://baijiahao.baidu.com/s? id=16975483181701506578&wfr=spider&for=pc.

探索新型文化空间:打造有活力的全民阅读样本

——北京市石景山区社会力量参与新型阅读空间建设实地调研报告

内容提要

    北京市石景山区新型阅读空间的调查,主要围绕着北京市石景山区新型阅读空间建设"政府部门主导＋社会力量参与＋常住民众支持"的运营模式的情况、政策分析,社会力量参与新型阅读空间建设的典型案例,社会力量参与新型阅读空间建设的影响、问题、建议对策等内容展开,其中对北京市社会力量参与新型阅读空间政策扶持与措施具有较大的启示意义。

2021年3月11日,十三届全国人大四次会议表决通过了《中华人民共和国国民经济和社会发展第十四个五年规划和二〇三五年远景目标纲要》,明确指出了"全面深化改革,构建高水平社会主义市场经济体制""完善新型城镇化战略,提升城镇化发展质量""发展社会主义先进文化,提升国家文化软实力""提升国民素质,促进人的全面发展""增进民生福祉,提升共建共治共享水平"等规划内容,进一步为政府引导社会力量参与新型阅读空间建设提供了政策指引,为社会力量参与新型阅读空间建设增强了信心和保障。

新型阅读空间是指由政府或企业、社会组织、个人在城市街道、乡村社区独办或合办,主要通过公共图书馆延伸为公众提供文献资源与知识服务,集阅读、活动、休闲、教育于一体的多元化新型公共阅读场所。近年来,浙江省温州市、嘉兴市,四川省成都市,广东省深圳市,安徽省合肥市,北京市石景山区等全国多地都在积极建设新型阅读空间。其中,北京市石景山区基本形成了"政府部门主导＋社会力量参与＋常住民众支持"的运营模式,形成了良性的市场运作态势。

石景山区,隶属于北京市,是北京六个主城区之一。地处北京西部,位于长安街西段,最东端距天安门14千米,总面积84平方千米。石景山区是北京市继东城、西城之后第三个没有农业户籍人口的城区,下辖八宝山街道、老山街道、八角街道、古城街道、苹果园街道、金顶街街道、广宁街道、五里坨街道及鲁谷街道等9个街道。全区有46个民族。截至2019年底,全区常住人口57.0万人。

一、石景山区社会力量参与新型阅读空间建设的基本情况

2018年7月,石景山区创建国家公共文化服务体系示范区工作领导小组办公室印发了《石景山区关于街道社区公共文化设施开展社会化运营工作的实施办法》的通知。通知明确指出:2018年起,在全区街道综合文化活动中心和部分社区开展试点工作,积累经

验、探索机制。2019 年,依据上年度运营绩效,进一步遴选优秀承接主体。到 2020 年,逐步形成基层公共文化设施社会化运营的石景山模式,形成与本区经济社会发展水平相适应的公共文化服务资源配置机制和供给机制。而后,北京市石景山区人民政府办公室印发了《关于进一步推动基层公共文化设施社会化运营工作的实施意见》的通知,进一步引导社会力量结合工作实际,认真贯彻落实服务建设。石景山区以创建国家和首都公共文化服务体系示范区为契机,按照国家推进基层综合性文化服务中心建设重点改革任务要求,针对街道社区基层公共文化设施管理不规范、发展不平衡、供给不充足等短板问题,在全区各街道综合文化活动中心和部分社区文化室实行社会化运营,服务效能显著提高,群众满意度明显提升,呈现良好的发展态势。[①] 石景山区创建国家公共文化服务体系示范区工作领导小组办公室还印发了《北京市石景山区基层公共文化设施社会化运营绩效评价工作方案》《石景山区基层公共文化设施社会化运营政府采购服务指导性招标技术要求》《石景山区街道综合文化活动中心社会化运营服务项目合同书(参考模板)》等文件,更加完备地落实了社会力量参与新型阅读空间建设的相关条款。在石景山区政府机关和社会力量的共同努力下,全区九个街道综合文化中心已全面实现社会化运营,每周开放时间平均达到 70 小时以上,服务效能显著提高,群众满意度明显提升。

从 2017 年起,在政府的大力扶持和社会力量的积极参与下,北京市石景山区成功打造出一个又一个新型阅读空间,吸引了各个年龄层的人群包括上班族走进文化中心,享受公共文化服务。其中,八宝山街道综合文化中心(南区)引入第三方机构华录出版传媒有限公司开展社会化运营,成为石景山区第一个委托社会化运营的公共文化场馆,打造出"家＋"理念的居民诗意精神栖息地。老山街道与辖区内的郎园 Park 文化创意产业园区挂牌共建共享街道综合文化活动中心,通过社会化运营模式,建设涵盖阅读服务、电影放映、文艺演出、讲座培训等多功能的新型阅读空间,充分结合园区内的图书阅读销售、文化消费、艺术娱乐、餐饮供应等服务,打造出民众艺文生活方式集成地和精神的"世外桃源"。由睿翔社会工作事务所负责运营的金顶街街道综合文化活动中心,则巧借新媒体的发展势头,成为网红景点,吸引了全国各地的网红达人到此打卡。金顶街街道综合文化活动中心还在抖音短视频、微信公众平台等主流网络媒体创建了自媒体账号,将日常活动发文推送,成为当之无愧的石景山区新型阅读空间一道亮丽的风景线。石景山区还与四川新华文轩出版传媒股份有限公司合作,在全区范围内部署建设"文轩云图"24 小时智能书店,凭借"免费借阅＋图书售卖"的服务模式,无人值守、全天候不打烊的借阅方式,吸引了附近的居民群众踊跃注册,借阅图书。

二、石景山区社会力量参与新型阅读空间建设的政策分析

从 2018 年开始,北京市石景山区借助创建国家公共文化服务体系示范区的发展契机,其文化服务有关政府部门便出台了诸多公共文化设施开展社会化运营工作的相关政策公告,这其中就包括一些政府红头文件,这些文件中很大一部分都涉及新型阅读空间建

---

① 翟荣兵,黄奇杰.社会参与新型阅读空间建设准入机制研究——基于 ISO9001 质量体系认证视角[J].中国出版,2020(1):48-53.

设。石景山区的这些政策文件,对于政府部门来说,发挥了很好的约束力,使石景山区发展新型阅读空间更加稳健、有序,可以起到强有力指引作用;对于参与其中的社会力量来说,这些政策文件则是十分有利的制度保障,不仅可以吸引更多有条件的社会力量参与其中,更是可以从诸多社会力量中筛选出实力最强、让利最多的社会力量与政府共同打造新型阅读空间,从而做到真正服务于民。

(一)政府部门严格制定社会化运营的政策规定

在石景山区创建国家公共文化服务体系示范区工作领导小组办公室关于印发《石景山区关于街道社区公共文化设施开展社会化运营工作的实施办法》(石文创建办发〔2018〕2 号)的通知中明确规定了参与社会化运营工作承接主体的限制条件和运营要求。[①]

1. 严格限制社会力量承接主体条件

(1)明确了承接主体性质。主要包括以下类型:按事业单位分类改革应划入公益二类或转为企业的事业单位;其他组织利用国有资产举办的事业单位;在民政部门登记成立的社会组织;经国务院批准免予登记的社会组织;在工商管理或行业主管部门登记成立的企业;机构等社会力量、其他具有承接公共文化服务能力的法人机构。

(2)对承接主体应当具备的条件还做出了明确说明。主要包括:依法设立,能够独立承担民事法律责任;具备提供公共文化服务所必需的设施、人员和专业技术能力;具有健全的内部治理结构、财务会计和资产管理制度;具有良好的社会和商业信誉;具有依法缴纳税收和社会保险的良好记录;近三年内无重大违法记录,在政府购买公共文化服务中无违反合同行为,未受到登记管理机关或者其他政府部门行政处罚,且通过年检或资质审查合格;具备购买主体会同财政部门提出的具体专业资质要求;符合法律法规规定的其他条件。

(3)关于资格审查,承接主体资格认定每年度进行一次,采用资格审查、绩效考核的方式,建立公共文化服务承接主体资格优先推荐名单。

2. 场馆运营的具体要求

(1)开放时间要求。运营的街道社区公共文化设施场馆应保障每周开放 56 小时以上,错时开放时间不少于开放时间的 1/3。因故无法开放,需经区文化行政主管部门同意,并提前 7 日发布公告。

(2)落实标识指引。各街道办事处应与承接主体共同落实公共文化设施户外公示标识。在户外明显处悬挂文化服务机构牌匾、标识和开放时间,并在设施周边以及服务辐射半径末端处设置引导标识,为群众提供路径指引。

(3)健全服务配套设施。承接主体应在运营设施室内显著位置张贴设施各功能室(区)分布图、开放时间、规章制度、活动安排、工作人员名录、无线网络登录方式、群众意见反馈手册和咨询监督电话等。

(4)环境卫生要求。承接主体应保持设施空气流通、温度适宜、采光照明良好、环境整洁卫生,定期对设施设备进行消毒。

---

① 石景山区创建国家公共文化服务体系示范区工作领导小组办公室.石景山区关于街道社区公共文化设施开展社会化运营工作的实施办法(石文创建办发〔2018〕2 号)[R].2018-07-06.

（5）健全安全保障。承接主体应建立安全管理制度，健全紧急预案和安保措施。确保消防设施良好、通道畅通、标识清晰完整。

3．服务项目规定

（1）明确指出服务项目所涵盖的具体功能。社会化运营的街道综合文化活动中心和社区文化室应提供的群众文化活动服务（活动类）应包括：组织开展文艺演出、宣传展览、艺术辅导、文化培训、书画笔会、电影放映、读书活动、体育健身、科普讲座、文艺创作等群众文化活动。

（2）明确规定了服务频率和级别。承接主体运营的街道文化活动中心每年组织各类文化活动不少于 66 场次，其中包括公益培训 40 场次以上、街道级文艺演出 5 场次以上；运营的社区文化室每年组织各类文化活动 25 场次以上，其中包括社区级文艺演出 5 场次以上，公益电影放映 12 场次以上（每月不少于 1 场次）。

（3）明确规定了阅读空间的规模和标准。社会化运营的街道图书分馆和社区文化室（图书室）应提供读书阅览和免费借阅服务。承接主体应按照公共图书馆工作规范标准，操作"一卡通"服务平台提供读者办证、图书借阅、归还等服务。在设施内应提供阅览座席，街道图书分馆不少于 30 个，社区图书室不少于 10 个，并提供可上网的电子阅览终端设备。承接主体配合区图书馆开展图书报刊的更新上架和流转配送。每年新增、调配、流转配送图书比例不低于该设施总藏书量的三分之一，流转配送周期每季度不少于 1 次，年流转不少于 4 次。社会化运营的街道社区公共文化设施应提供的其他公共文化服务还应包括：广播电视收听观看、Wi-Fi 上网，并提供存包、饮用水、雨伞租借、失物招领等便民服务。

（4）明确了针对服务志愿者和特殊人群的要求。承接主体应充分利用设施平台，积极发掘和培育辖区文化志愿者，鼓励引导文化志愿者参与公共文化服务。经常性针对外来务工人员、老年人、少年儿童、残疾人等特殊群体开展各类文体活动。设置方便残障人以及老年人、少年儿童活动区域和服务项目。

（5）对服务范围和收费标准做出了严格限定。承接主体不得在社会化运营设施内开展与公共文化服务无关的商业经营项目。公共文化设施开放或者提供培训服务等收取费用的，应当报经区人民政府有关部门批准；收取的费用，应当用于公共文化设施的维护、管理和事业发展，不得挪作他用。

4．工作人员要求

（1）工作人员配比及聘用条件。承接单位应保障每个街道综合文化活动中心配置 4～8 名及以上专职工作人员，每个社区文化室配置 1～2 名专职工作人员。聘用的工作人员能力应参考社区文化组织员，要求具备"六会"技能：会组织活动、会指挥合唱、会舞蹈编排、会乐器演奏、会计算机技能、会做群众工作。

（2）工作人员的审核及保障。承接单位须按要求认真做好工作人员选聘方案和管理机制，选聘人员须经过街道审核通过后准予上岗。承接方按国家规定与选聘工作人员签订规范的劳动合同，执行社保缴纳等相关规定，保障劳动者权益。

（3）工作人员的日常工作要求。一是要求工作人员按时免费开放文化设施，维护运营秩序，为群众提供基本公共文化服务，组织开展群众文化需求调查和满意度评价统计工作,及时上报各类文化活动信息、基础数据、统计报表,按要求做好工作档案等。二是要求工作人员负责日常设施设备使用操作和管理维护,并掌握基本的卫生急救技能和安全应急知识,遇突发情况,应及时启动应急预案,确保设施安全、人身安全。三是要求工作人员在岗服务主动热情,微笑服务,使用普通话,用语文明。佩戴工作证,标明姓名和监督电话。

5. 购买程序把控

(1)合作管控,严格落实合同条款。各街道办事处应坚持"公平、竞争、择优"的原则,严格遵守"三重一大"的决策程序,按照政府采购及相关招投标规定选择确定社会化运营项目承接主体,应以一年一签的方式与承接主体签订规范的政府购买服务合同,合同中要明确购买服务的内容、期限、数量、质量、价格、权利义务及违约责任等要素。承接主体要严格履行合同义务,按时完成服务项目任务,保证服务数量、质量和效果,严禁转包行为。

(2)规范使用,加强项目过程管理。社会化运营涉及政府购买公共文化服务资金需专款专用,各街道社区要根据合同对服务提供全过程进行跟踪监管,对服务成果进行检查验收,按合同约定条件及履行情况支付资金。区文化委、财政局要加强对购买过程的指导监督,确保政府购买服务资金规范管理和安全使用。

(3)突出效益,实施社会化运营绩效评价。建立由区文化委、各街道办事处、服务群众及第三方调查公司共同参与的综合性评审机制,对社会化运营项目的资金使用绩效、服务对象满意度等进行全面的考核评价。考核结果作为下一年度承接主体资格认定的重要依据。

(二)严格落实、积极跟进、探索创新

北京市石景山区人民政府办公室印发的《关于进一步推动基层公共文化设施社会化运营工作的实施意见》(石政办发〔2020〕10号),进一步规范了石景山区包括新型阅读空间在内的公共文化设施的社会化运营的指导思想、实际运用等条款。该通知在《石景山区关于街道社区公共文化设施开展社会化运营工作的实施办法》的基础上查缺补漏,进一步探索、规范、创新。为进一步深入推进工作,在总结以往成功经验基础上,要更加规范地履行政府管理主体责任,更加有效地培育和规范运营承接主体,更加科学地评价和提升服务效能,切实加强基层公共文化设施社会化运营工作,推动地区现代公共文化服务体系建设持续健康发展。通知强调了开展社会化运营,要以习近平新时代中国特色社会主义思想为指导思想,坚持"以人为本,对接需求""政府主导,健全机制""激发创新,提升活力""科学考核,突出效能"的基本原则,从而达到全区各街道综合文化中心、部分社区文化室持续以社会化运营模式开展服务的目标任务。接下来,石景山区将全面提升社会化运营政府治理能力现代化水平,建立社会化运营工作的长效保障机制,具体工作细节包括以下几个方面。

1. 健全完善运营采购工作机制

在严格落实现行政府采购服务相关政策要求基础上,针对社会化运营服务特点,不断完善规范相关标准和工作流程。制定社会化运营政府采购服务指导性技术要求,进一步明确运营承接主体准入条件、承接服务主要内容、评标打分量化细则等内容。制定社会化运营服务合同书参考模板,从运营场馆管理、基本服务项目、高质量发展要求等方面明确

运营服务具体工作目标,将意识形态责任制落实不力、发生重大安全生产事故、舆情处置不当造成严重影响、绩效考评成绩多次排名末位等情况列为合同解除条款,建立警告退出制度,科学规范开展运营服务政府采购。

2. 引导规范运营服务内容

以提高社会化运营服务效能为抓手,进一步推进新时代文明实践站(所)、党群活动中心、街道社区文化活动中心融合发展,有效发挥基层宣传文化阵地弘扬优秀文化、凝聚精神力量、筑牢思想基础、引领风尚、教育人民的积极作用。以提高市民群众对公共文化服务知晓率、参与率、满意率为出发点,建立科学高效、体系完善、实操性强、兼顾示范作用和区域特点的运营服务效能评价指标体系,不断规范运营承接主体的服务行为。聚焦新时代群众文化需求的变化,注重服务方式从特定主题活动到常态化运营开放的转变;注重服务对象从文艺爱好者到全人群覆盖的转变;注重供给内容从传统群众文艺到探索文旅融合、文创多元融合的转变;注重供给手段从运营主体提供服务到引导群众共享共治的转变;注重供给渠道从线下场馆设施到线上线下互动结合的转变,有序引导运营承接主体发挥主观能动性,实现完成指标、提升效能、提高群众满意度的有机统一。加强运营管理制度建设,全面推进社会化运营机构建立理事会,完善服务信息公开制度、群众需求反馈征询制度、运营安全管理制度、公共文化服务年报制度等,强化依法管理,把制度建设成果切实转化为治理效能。

3. 高效实施运营绩效考核

全区统一组织对各运营承接主体开展的运营服务进行常态化监测和绩效评价。充分发挥大数据数字信息技术优势,建设地区公共文化服务大数据驾驶舱,不断完善地区公共文化服务效能大数据平台,对社会化运营设施开放服务情况动态监测,研究发布地区公共文化设施服务效能评估指数,直观体现服务水平。通过人脸识别、实时视频回传等数字技术,对场馆人流、活动开展情况等数据进行采集,对场馆运营措施进行改进完善,科学评价服务效能。

建立政府部门、业界专家、第三方机构、人大代表、政协委员、市民群众等多元主体参与的考评工作机制。采用"四不两直"实地督导、第三方机构明察暗访、群众满意度测评等方式,真实准确掌握评价各运营承接主体服务状况。建立月度点评会议制度,交流工作情况,督促问题整改,优化服务措施。综合运用绩效考核结果,向社会公布运营承接主体服务排名,开展优质运营团队、特色设施空间、星级服务人员评选,营造良性竞争环境,促进运营承接主体不断提高服务质量和水平。

4. 积极探索创新延伸类服务项目

在确保有效供给基本公共文化服务的基础上,鼓励运营承接主体在规定时间、规定体量内,根据群众多层次、个性化文化需求,通过市场化手段提供定制化培训、低票价惠民演出、文创产品销售、配套餐饮等融合型业态的惠民服务项目。相关服务项目应对购买主体进行备案。项目开展应严格遵循紧密配套、便利群众、相对低价、不以营利为目的等原则,坚持公益性,降低收费标准,以优惠价格提供服务,并在场馆显著位置公示项目内容和价格,由群众进行自主选择。收取的费用应当用于公共文化设施维护、管理和事业发展,不得用于内部人员工资福利或挪作他用。

5. 多途径加大承接主体扶持力度

采取补贴奖励等方式支持文化类社会组织和文化企业积极承接基层公共文化设施整体运营管理。面向社会公开开展社会化运营工作宣传宣讲,鼓励引导相关社会组织和企业在事前把握政策方向和工作要求,有序参与运营服务。加强运营服务人才队伍建设,将承接主体员工纳入地区文化干部培训体系,鼓励其报考文化和旅游公共服务领域专业技术职称,提高业务水平。结合地区文化馆、图书馆总分馆制建设,统筹区文化馆、图书馆、文化中心(博物馆)、非遗中心等区级公共文化机构,加大文艺演出、艺术培训、全民阅读、非遗展示、公益电影等优质文化资源向街道社区运营设施的支持配送力度,丰富运营承接主体服务内容,提高服务水平,降低运营成本。

6. 强化政府主体责任

落实中共中央、国务院关于公共文化服务体系建设决策部署和市委、市政府相关工作要求,依据《中华人民共和国公共文化服务保障法》进一步加强协同管理,明确区、街道两级在提供公共文化服务保障、推进社会化运营中的主导作用和具体职责。区文化和旅游局作为区文化行政主管部门负责全区社会化运营工作的总体统筹实施。职责任务包括:(1)相关政策制度标准的研究制定;(2)运营承接主体扶持培育的统筹实施;(3)运营绩效评价的统筹实施;(4)街道文化部门运营管理的业务指导;(5)统筹区文化馆、图书馆等区级公共文化机构对运营承接主体进行对口业务资源配送和辅导培训等。

各街道办事处作为街道辖区公共文化服务工作的主体责任单位,负责本街道社会化运营工作的具体实施,要将社会化运营工作纳入本街道重要议事议程,加强工作研究部署,强化督导管理检查。职责任务包括:(1)政府采购运营服务的组织实施;(2)运营设施设备的基本保障;(3)本街道综合文化活动中心和辖区开展运营服务的社区文化室日常开放及安全生产的监督管理;(4)运营服务项目的统筹组织及意识形态责任制的审核把关;(5)运营工作数据统计和档案管理的统筹实施;(6)运营服务的宣传引导及群众需求反馈的统筹实施;(7)组织辖区社区居委会配合运营承接主体开展服务等。

区发展改革委、区经济和信息化局、区民政局、区体育局、区财政局等部门在街道社区公共文化设施建设、基层数字化建设、社区治理、文化类社会组织培育、新时代文明实践站(所)建设、全民健身活动及设施设备、运营资金保障监督等方面,结合各自职责范围开展相关工作。

7. 加强运维资金保障

参照《石景山区创建国家公共文化服务体系示范区规划(2018—2020 年)》关于基层公共文化设施建筑面积及开展服务的相关要求,将社会化运营设施场地租金及运营服务费用纳入各街道办事处常规部门预算,按年度拨付。对在全市、全区范围内服务效能突出的运营承接主体给予适当奖励。区文化和旅游局、区财政局负责审定相关经费标准。本着节俭、高效的原则,用好财政资金,加强对资金管理使用情况的监督和审计,提高资金使用效率。[①]

8. 加强宣传引导

各部门、街道办事处要广泛宣传基层公共文化设施社会化运营工作的目的和意义，做好政策解读，加强舆论引导，主动回应社会关切，充分调动社会力量参与基层公共文化设施社会化运营的积极性，提升市民群众对公共文化服务的知晓率和参与度。

（三）制定周密的评价考核机制与合同书参考模板

2020年7月，石景山区创建国家公共文化服务体系示范区工作领导小组办公室先后印发了石文创建办发〔2020〕1号、2号和3号文件，对北京市石景山区基层公共文化设施社会化运营绩效评价工作方案、政府采购服务指导性招标技术要求以及石景山区街道综合文化活动中心社会化运营服务项目合同书参考模板，做到了政府层面和社会力量的双向约束，使政府采购有了周密的指导文件，也使社会力量的绩效评价考核有了详细的说明条款。

1. 社会力量绩效评价

《北京市石景山区基层公共文化设施社会化运营绩效评价工作方案》是石景山区政府对石景山区公共文化设施管理与服务供给的专业化社会化运营工作做出的客观评价的量化标准文件。此文件对石景山区参与新型阅读空间建设的社会力量起到了有效监督作用。该绩效评价机制以提升文化设施管理水平和服务效能，促进项目协议目标按期完成，提升公众满意度，加快推进国家公共文化服务体系示范区创建为工作目的，明确指出了工作原则、评价对象以及跟踪监测对象，确立了评价领导小组和评价执行小组的构成单位和具体负责人，以及运营承接方指定评价工作联络人，为后期的评价考核跟踪建立了根基。评价小组将全面采取实地明查、暗访抽查、大数据平台监测、公众满意度调查、直接管理单位评价等多种方式，并采取量化计分的原则，对各种方式获取的评价数据赋予不同的权重，进行加权汇总。[②] 评价内容与指标根据《第四批国家公共文化服务体系示范区创建标准》《第三批国家公共文化服务体系示范区验收标准》《北京市公共文化服务体系建设标准》、北京市"1+3"公共文化政策文件、石景山区《关于进一步加强基层公共文化建设的意见》《关于做好政府向社会力量购买公共文化服务工作的实施意见》《关于加快推进公共文化服务体系示范区建设的实施意见》《石景山区关于街道社区公共文化设施开展社会化运营工作的实施办法》《石景山区街道综合文化活动中心社会化运营年度绩效考核重点内容》等相关规定，结合石景山区基层文化单位社会化管理购买服务项目的合同要求以及购买服务工作实施过程中的实际情况，兼顾石景山区创建国家公共文化服务体系示范区和全国文明城区的相关工作要求和创建目标，从场馆管理评价、基本服务项目评价、公众知晓率与满意度评价（含管理单位评价）、综合管理评价、服务效能升级、创新示范、社会反响和减分项，共计八个方面，采取量化计分的原则，最高分值为200分。其中场馆管理评价、

---

① 北京市石景山区人民政府办公室.关于进一步推动基层公共文化设施社会化运营工作的实施意见[R].2020-07-31.

② 薛帅.公共文化服务社会化让人民对美好生活的新期待不"等待"——石景山区创建国家公共文化服务体系示范区[N].中国文化报,2020-06-03(4).

基本服务项目评价、公众知晓率与满意度评价、综合管理评价四项为基础分值,合计为100分;服务效能升级、创新示范、社会反响三项为加分分值,合计为100分,用以激励社会化运营单位积极创新探索,全面提升公共文化服务效能。

2.政府采购招标要求

石景山区创建国家公共文化服务体系示范区工作领导小组办公室印发的石文创建办发〔2020〕2号文件关于印发《石景山区基层公共文化设施社会化运营政府采购服务指导性招标技术要求》的通知中对石景山区基层公共文化设施社会化运营政府采购服务指导性招标技术要求做出了详细说明,既规范了市场中的社会力量,同时也为政府本身制定了技术标准,可以高效保证政府部门和社会力量建立合作。反过来,社会力量也可以通过此条款有效地监督相关政府部门的工作,从而形成双向制约。在运营内容及要求方面,通知分别对街道综合文化活动中心和社区文化室提出要求。总的来说,通知在对场馆管理做出了严格要求的基础上,重点强调图书阅览和活动开展两大功能。其中针对综合文化活动中心新型阅读空间建设的活动开展方面,重点包括以下几个部分内容。

(1)结合时代主题组织开展弘扬中华优秀传统文化、培育社会主义核心价值观的主题文化活动。在春节、元宵、清明、端午、七夕、中秋、重阳节当日和期间举办街道级主题活动和文艺小分队进社区等文化志愿服务活动。

(2)针对特定群体开展主题文化活动。每年组织开展参与群众为中青年群体的主题文化活动不少于30场次(不含亲子类活动);针对未成年人开展主题文化活动不少于30场次;针对残疾人、务工人员开展主题文化活动各不少于6场次。其中,每场主题活动相应特定人群占比要达到70%以上,每场活动参与人次不少于20人。

(3)每年组织街道级全民阅读主题活动2次以上(直接参与活动人数200人以上)。

(4)依托文化信息共享工程、数字推广工程、石景山区公共文化数字资源系统,在街道图书分馆和已建成公共电子阅览室的社区组织开展各类数字资源推广活动,每个分馆和社区每月不少于1场次,每场活动参与人次不少于20人。

(5)每年组织开展体现石景山特色的街道级非遗主题活动1次以上(直接参与活动人数200人以上)。组织非遗进社区活动每个社区每年1次以上。

(6)针对在本街道和所辖社区统计在册的、具备一定规模、长年开展活动的群众业余文艺团队开展培训辅导,每支团队每年不少于2次。

(7)结合辖区中小学需求,广泛深入开展校外教育活动,吸引未成年人走进运营场馆享受公共文化服务。

(8)每周在"石景山文E"发布文化活动不少于4场次。积极引导群众通过扫码签到方式使用"石景山文E"App,扫码签到率不低于60%。

(9)通过"走出去"和"引进来"的方式,实现全年对辖区内所有社区公共文化服务全覆盖。"走出去"指下基层、进社区开展活动,"引进来"指针对特定社区在场馆组织开展主题服务和活动。

(10)开展文化品牌、数字服务、文旅融合、文创多元融合、促进文化消费、文化志愿服务等领域服务探索与创新,配合承接区文化和旅游局系统单位安排的重点活动和参观调研活动。

（11）针对群众业余文艺团队、个人开展专业指导培训，服务期间在区级及以上比赛中获得奖项或取得荣誉不少于3项。

对于社区文化室，活动开展的项目与综合文化活动中心基本一致，只是要求相对略低一些。

3. 社会化运营服务项目合同书

《石景山区街道综合文化活动中心社会化运营服务项目合同书》（参考模板）是石景山区创建国家公共文化服务体系示范区工作领导小组办公室领导下的文化场所与社会力量签署合同的参考基础模板。合同书是依据法律法规的相关规定和要求，并依托《石景山区关于街道社区公共文化设施开展社会化运营工作的实施办法》《关于进一步推动基层公共文化设施社会化运营工作的实施意见》等通知文件的实施条款为基础而制定的模板文件。参考模板详细规定了社会力量承接主体的服务条款内容和合同期限，并对政府部门和社会力量的权利和义务分别做了详细说明，详细规划了购买服务资金分为多种方式支付的时间节点和资金比例，而且补充了合同完善与终止情形以及违约责任及争议解决。[①]

三、石景山区社会力量参与新型阅读空间建设的典型案例

（一）北京市石景山区图书馆

1. 图书馆总体现状

（1）图书馆基本信息

北京市石景山区图书馆是政府兴办的综合性公共图书馆，馆舍设置为一馆两址，设立成人馆和少儿馆，总建筑面积1.23万平方米。设有中国传记图书馆、配送中心、采编部、流通部、阅览部、网络信息部、宣传辅导部、物业部等部室。为北京市公共图书馆"一卡通"成员馆、"首都图书馆联盟"成员单位，2013年被文化部评为国家一级图书馆。先后荣获"全国文化系统先进集体""全国文明单位""全国十佳绘本馆""全国最美绘本馆"等称号。截至2017年底，馆藏113万余册，阅览座位800余个，年接待读者124万人次，举办活动300余场次。在保障群众基本文化权益、满足群众基本文化需求、提高地区文化软实力等方面发挥着重要作用。

（2）图书馆基本功能

面向读者提供书刊借阅、文献查询、阅读指导、电子阅览、自习、政府信息查询、地方文献特色服务、少儿特色借阅等服务；面向企事业单位、学校、部队开展集体借阅及阅读推广服务；面向政府机关开展决策参考服务、二次文献、课题等服务；面向老年人、残疾人、军人、未成年人等开展特色服务；面向社会各界，石景山区图书馆全面采用计算机管理系统，实现服务、办公自动化管理，已在馆内实现24小时自助服务。

（3）图书馆相关活动

以"弘扬中华优秀文化""传承红色基因"为主线，创新服务理念，整合社会资源、挖掘

---

① 石景山区创建国家公共文化服务体系示范区工作领导小组办公室.北京市石景山区基层公共文化设施社会化运营绩效评价工作方案[R].2020-07-31.

多途径、探索新形式,积极引入社会购买服务机制,努力将文化与科技融合、高端与普惠并举,立足石景山区区情,围绕"书聚石景山"品牌,将读者活动通过讲座、读书会等群众喜闻乐见的形式推介给读者,逐渐形成了"石图讲坛""周末社区大讲堂""红领巾读书""小小书虫俱乐部""快乐阅读直通车"等多个品牌活动。

2. 图书馆存在的问题

(1)周围休闲娱乐基础设施不够,图书馆"一枝独秀"

石景山区图书馆位于石景山区八角南路,周围没有商店、文化广场,最近的一处体育馆是在石景山路的另一面。虽然图书馆需要环境安静,但是社区居民从事图书阅读活动的主要目的之一,是为了增智和休闲,以有效释放现代社会快节奏所产生的压力,缓解疲劳,获得艺术熏陶和美的享受,增加生活乐趣,提高生活品质。基层图书馆作为社区文化阵地的重要组成部分,在社区文化体系建设中发挥着举足轻重的作用。虽然近年来,各级政府出台许多政策扶持基层图书馆建设,基层图书馆发展呈现出快速度、全方位的发展态势,在数量、规模、设施上有了长足进步,但由于受资金、设施、场地等方面的束缚,基层图书馆的建设还不能适应社区文化事业发展的需要和社区居民日益增长的文化需求。因此,探索建设一个现代社区图书馆,满足人民群众日益增长的文化信息需求就显得十分重要,探索图书馆周围基础设施发展模式也就成了领导层和图书馆人应该重点研究的课题。

(2)对外宣传力度不够大,图书馆仅仅本地人知道

图书馆虽是一个对所在社区服务的提供阅读的场所,但是北京市石景山区图书馆馆内设施先进,无论是在建筑美学上,还是在室内装修上,都走在了国内图书馆的前列。如果图书馆的好评只停留在当地,实在是大材小用,无法发挥它最大的价值。如:和孩子们一起制作手工艺品的亲子活动,深受老年读者喜爱的健康讲座活动,适合年轻人参加的制作品尝鸡尾酒等活动。其目的是让各级领导和社会公众真正了解基层图书馆,更好地支持基层图书馆,大力提高基层图书馆的人气。这样图书馆的资金投入逐年增加,社会对各基层图书馆的捐助也有信心。

(3)图书馆配合基层调研不多,浪费较好的人流资源

图书馆人流量大,而且本地市民或者长期居住在本地的外地市民较多,是最容易做基层调研的地方。但是馆内配合基层调研的不多,往往是一个调研者苦口婆心求馆内的读者花几分钟时间填一些问卷。基层调研者往往是有能力的大学生或者是研究生。他们往往素质较高,不会太麻烦他人。他们的存在通常不仅不会拉低图书馆的质量,还会给馆内借阅书籍的人们一种成就感与助人为乐后的幸福感。

3. 图书馆发展途径与建设举措

(1)招商引资,发展周围基础设施

图书馆作为公益性事业单位,没有收入来源,纯粹靠政府拨款。多年来,资金短缺是各个基层图书馆发展的一块心病。图书馆事业发展缓慢,特别是基层图书馆一直处于社会边缘化的角色。虽然近几年,国家加大了对文化事业的投入,共享工程和免费开放等相继落实,确实令图书馆的资金有了一定的缓解。但是,长期处于资金短缺状态的图书馆,如果仅仅靠国家的一个工程和一个政策就想达到标准,那是远远不够的。图书馆作为文化事业的一个重要组成部分,要想快速地、更好地发展,充足的财政支持是必不可少的。

这离不开政府对基层图书馆事业的大力支持，更离不开图书馆工作人员自身的努力。可以多与一些自营书店、休闲咖啡、奶茶氧吧等娱乐休闲商店或者品牌合作，带动周围基础设施建设。

（2）强强联动，与北京市高校合作

作为北京市校外教育先进集体、北京市中小学生社会大课堂资源单位，少儿馆秉承"请进来"活动方针，充分挖掘自身资源，结合馆藏资源开展活动，"社会大课堂"即是在这一背景下打造的符合少年儿童阅读兴趣和特点的阅读活动品牌。"社会大课堂"旨在通过学生参观图书馆，了解图书馆功能，学会使用图书馆，参与馆内阅读活动，如：读书讲座、绘本表演、手工拼插等，引导在校学生亲近图书馆，使之成为少年儿童的第二课堂。近年来，"小小文化志愿者"也被纳入"社会大课堂"中，成为一项长期开展推广的活动分支品牌。"小小文化志愿者"旨在鼓励孩子们参与社会生活，让志愿服务成为青少年的生活习惯，以做志愿者为乐。

自2012年正式启动招募工作以来，参与文化志愿者服务近千人次，累计志愿服务时间两万多小时。实践内容主要是将图书依序放回书架，整理和排序书籍，解答读者咨询，帮助读者找书，引导读者使用图书检索机。志愿服务是培育践行社会主义核心价值观的生动实践。润物细无声的精神感染和升华让志愿者受益，也备受社会各界支持和赞许。

（3）加强宣传，让图书馆"走出去"

基层图书馆的宗旨是在家门口传播文化知识给广大读者，由于基层图书馆长期以来不善于宣传自己，尤其对图书馆的性质及在社会主义现代化建设和改革开放乃至全民文明建设中的地位、作用知之甚少，甚至有一些误解。计划经济时代只讲生产开发，不讲宣传推销自己的陈旧观念在图书馆界根深蒂固，造成了基层图书馆建设速度发展缓慢，为此，基层图书馆必须撩开自己神秘的面纱，定期举办一些读者座谈会、信息用户恳谈会等形式的活动与读者和用户进行信息双向交流；依靠中心馆与各相关单位联合举办读书竞赛、朗诵比赛、专题讲座、评选优秀读者等活动；邀请当地知名人士或学者来馆座谈；举办各种展览和信息发布会；利用广播、电视、报刊等新闻传播媒介和广告为自己宣传。2019年5月，石景山区图书馆举办基层管理员专题业务培训，培训内容包括"读者资源开发与图书馆服务创新""总分馆制建设与服务效能提升""读者服务活动及策划"等，这是一种有益的探索。

（二）石景山区当地书店

为大力推动北京实体书店健康发展、转型升级，打造文化地标，营造文化氛围，体现首都文化底蕴，提升公共文化服务水平，根据《北京市关于支持实体书店发展的实施意见》，市实体书店建设联席会议办公室组织开展了2019年度北京市特色书店（最美书店）评选工作。在本次评选工作中，石景山区全民畅读书店（郎园店）、创想乐园央美艺术馆、悦闻书院（24小时书店）3家特色书店荣获市级专项资金支持。其中，全民畅读书店（郎园店）荣获2019年度北京市最美书店称号。

1. 全民畅读书店（郎园店）："在最美书店里，享受最惬意的阅读时光"

全民畅读书店（郎园店）是单店面积最大的一家独立书店，除了提供图书售卖，还提供付费借阅、西餐、咖啡、精酿啤酒、运动健身、文创产品展示及售卖等多种文化服务。店内有大部分免费的公共阅读空间、自习区、办公区,还有需付费使用的独立书房,满足了到店客人的不同需求。

书店不定期举办的各种文化活动,读书会、各种会议、音乐会、新书签售会、文化沙龙等,让这里人气爆棚,很多书友、朋友慕名而来。此外,书店采用会员制,成为全民畅读会员还有机会参与各种免费的课程,如咖啡品鉴、手账拼贴、花艺、包装技巧、体能测试。

2. 创想乐园央美艺术馆:"在创意书店里,激发孩子无限潜能"

创想乐园央美艺术馆是国内首家将阅读体验和创想教育实践融为一体的学习、娱乐、休闲空间。在这里孩子们可以充分发挥自己的想象力与创造力来设计绘本,并且成品将在绘本区展示。此外,书店内针对不同年龄段的孩子,自主研发了特色的授课方式和课程内容,逐步培养孩子的沟通表达力、色彩感知力、想象力、艺术鉴赏力、造型设计力,力图将孩子培养为具有高尚艺术修养的全方位人才。创想乐园与中国教育电视台合作,于校区内录制《创想乐园》同名儿童图书类别特别节目,并在中国教育电视台播出。

3. 悦闻书院:"悦享时光,闻见书香"

悦闻书院是一家 24 小时营业的特色书店,书店位于石景山区古城小街首钢影剧院内北侧,地处石景山区古城文化步行商业街商圈范围内,文化氛围浓郁;距冬奥广场十几分钟车程,也是北京冬奥会群落消费范围内的文化场所。

"悦闻书院"不仅仅是书店,也是一种美好生活的形态,正如书店老板所说"这里是属于文化人的'跳蚤市场'",也是人们在工作与家之外的第三生活空间。这里是集书店、阅读空间、美学生活用品、咖啡吧、水吧、文化讲堂分享课以及文化培训教育和文化小影吧等多种业态为一体的文化空间。在这里可以会友,可以办公,可以休息休闲,24 小时不打烊。

(三)"文轩云图"24 小时智能书店

"文轩云图"智能书店是由新华文轩自主研发的智能实体书店产品。作为实体书店的新形态,该书店设备是可提供免费借阅、便捷购书等服务的阅购一体机,具有按需定供、无人值守、网点灵活、支付便捷、图书更新流转快、查询便捷等优点。每个智能书店能存放图书 500 册左右,市民凭身份证或手机扫描书柜上的二维码下载 App,注册并交纳 99 元押金后,即可免费借书。每次可借图书 2 册,借期 15 天。图书在所有网点通借通还,押金也可随时申请退还,购书可以享受优惠折扣。该产品通过互联网、物联网技术,以全民阅读为抓手,构建了直达群众阅读需求的服务渠道和网络体系,为全民阅读"全时、全域、全民"的落地提供了创新解决方案。

新华文轩公司由四川新华发行集团发起成立,2007 年 5 月 30 日在香港联交所 H 股主板上市,成为国内出版行业首家 H 股上市公司。其既具有成熟的图书出版发行体系、线上线下多渠道的实体销售网络,又配套智能书店设备研发上线了面向个人用户的文轩云图 App,在全国同行业产品领域处于较为领先的地位。石景山区经多方考察和实地调研后,与其接洽沟通,达成建设意向。

新华文轩负责投资建设智能书店阅购一体机设备,并负责图书流转配送等书店的日常运维服务。区政府负责安排专项资金按照每个书店网点 6 万元/年度的经费额度支付运维经费。

2018 年 4 月 11 日，位于石景山区八角南路社区的第一台"文轩云图"24 小时智能书店正式开通。凭借"免费借阅＋图书售卖"的服务模式，无人值守、全天候不打烊的借阅方式，吸引了附近的居民群众踊跃注册，借阅图书。随后在全区各街道范围内，依托居民小区、文化广场、商务楼宇、学校、超市、公园等人流聚集的公共场所全面铺开建设，至今已建成投入运营 45 个，注册用户 1.1 万余人，达到全区总人口的 1.9%。借阅图书 7.8 万余册次，图书复借率 74.3%，图书流通率 275%，高于国家公共文化服务体系示范区相关指标 2 倍以上。

"文轩云图"24 小时智能书店以其智能便捷的运营模式，全时、全域、全民的阅读方式，有效弥补了公共图书馆在图书更新流转、按需定制服务、固定开放时间等方面的不足，打通了公共文化服务的"最后一公里"，在地区营造了聚人气、有活力、可持续的全民阅读文化氛围，成为石景山区创建国家示范区的工作亮点。

1. 免费借阅＋优惠购买，满足群众阅读需求

"文轩云图"智能书店功能丰富，群众在上面买书，它即是书店，购买时还可以享受优惠折扣。群众在上面借书，它即是图书馆。通过文轩云图 App，读者可按照书籍名称、作者名称、书籍类别、网点位置分别实现定制检索查询。读者通过 App 需求反馈渠道，还可以提出书籍需求就近配送到指定网点。通过"转借"功能将图书转到其他读者名下，更便捷，提升了图书流转效率。书店显示屏和 App 定期对新书、热门图书和爆款图书开展主题宣传推送和上新配送，线下精品图书陈列与线上海量品种选择有机结合，网点图书及时快速更新上架，有效弥补了公共图书馆在图书更新时效性和副本量购置限制方面的不足，为满足群众全时、全域、全民阅读提供了创新解决方案。截至目前，借阅量最高的个人用户借阅图书达 135 册次，借阅量达到 12 册次（即平均每月 1 册）以上的用户有 1500 余人。同时，通过免费借阅的方式引导市民群众阅读消费。书店运营以来，已在石景山区辖区书店网点售出图书近千册。

2. 大数据分析＋定制配送，提高书店使用效能

区文化部门要求新华文轩通过每周对运行状况的数据分析，全面掌握地区利用智能书店的人群结构、图书种类需求等，为更好地服务全民阅读提供数据支撑。一是建在超市、学校、公园等人流量大地区则图书流通借阅量相对较高，如鲁谷街道首航超市网点一年的借阅册次近 5000，相当于该网点图书全部更新流转了 10 遍；二是借阅时间主要集中在 17 点至 21 点间，其中 19 点的借阅流量最多，周末的借阅量又比平时高出一倍多，其 24 小时开放和设置于社区所带来的便利性与图书馆及实体书店形成了良性互补；三是活跃用户群集中在 30 至 40 岁的中青年群体，女性占 65%，男性占 35%；四是图书借阅种类女性以少儿及文学类图书为主，男性以文学、社科类图书为主。区文化部门要求新华文轩结合数据分析结果，及时补充相关图书，同时对每周借阅量名列排行榜前 5 位的图书增加副本量。结合人群居住差异，提供定制化的图书配送。如在年轻人居住较集中的社区配送的图书以儿童绘本、文学类为主，在老年人居住较多的社区配送的图书以养生、历史为主，满足不同地区群众的多样阅读需求。

3. 线上推广＋线下活动，提升阅读服务质量

"文轩云图"24 小时智能书店通过"专属 App＋书店网点终端＋活动便民服务"相结

合的一站式服务模式,将全民阅读植入了市民的日常生活。与此同时,新华文轩与区文化部门在区公共图书馆、街道综合文化中心联合组织举办 40 余场线下阅读活动,在"4.23 读书日"、寒暑假等重点时段,组织开展讲座、竞赛、互动等形式多样的亲子阅读、主题读书会活动,推广智能书店使用方法,宣传推广 App 应用,进一步提高书店使用效率。此外,石景山区在书店设备人性化设置方面也做了相应优化。例如,在各书店网点上张贴详细使用说明,在各个分类书柜上标识图书类型,将儿童类书籍放在书柜下方,方便孩子查找自己感兴趣的图书等。同时在室外书柜安装遮雨篷、监控摄像头、夜间照明系统和紫外线消毒灯,成为城市街边一道亮丽的文化风景线。

"文轩云图"智能书店以"免费借阅+图书售卖"的模式落户石景山,延伸了公共文化服务的"触角",有效解决了全民阅读"最后一公里"的问题,是促进文化事业和文化产业融合发展、落地生根的具体体现,是构建现代公共文化服务体系的生动实践,成为石景山区创建国家公共文化服务体系示范区的亮点工作之一。

四、石景山区社会力量参与新型阅读空间建设的经验总结

(一)石景山区社会力量参与新型阅读空间建设的意义所在

郎园 Park、悦闻书院、文轩云图……近年来,北京市石景山区掀起了一股新型阅读空间建设热潮。这些空间名称各异,通常由政府主导、社会力量参与,共建共享,面向社会公众免费开放。在石景山区创建国家公共文化服务体系示范区工作领导小组的带领下,石景山区的新型阅读空间建设日益完善,规模逐步扩大,服务效能明显提高,正在渐渐地渗透到更多的公众生活中去,对石景山区的公共文化服务体系建设产生了重要的意义。

对于石景山区政府,社会力量的参与无疑是给文化部门带来了更多、更为专业的帮手。虽然在公共文化服务建设方面政府部门是最主要的牵头者和负责人,但是由于新型阅读空间具有区别于普通图书馆或文化中心的独特性,所以对于政府部门而言并不一定可以做好最好的运营者。而随着近年来我国文化服务行业发展和新型科学技术的不断提升,涌现出一些活跃的文化服务企业。中国自古有言"术业有专攻",专业的事情交给专业的人去做,是非常有利于节约成本、提高效能的。这样可以大大降低政府部门因为经验学习和服务人员培训而付出的经济投入和时间成本。对于这方面的社会力量而言则是信手拈来,可以快速、高效地把新型阅读空间建设和运作起来。

对于社会力量而言,参与新型阅读空间的社会化建设和运营项目是绝佳的商业良机。相关企业可以借助政府搭建的平台将自己的运营模式和新技术快速运用到实际场景中,省去了开发市场、寻找用户资源的过程,而且国家政策和政府的资金可以高效支持,通过这种政策方针,可以将文化主管部门所在辖区的新型阅读空间迅速地建设起来并投入运用。无论是对于企业本身,还是对于相互竞争的对家企业,也都在不断创新,不停尝试研发新模式、开发新技术。可以说,这种社会化运营模式既有利于公众,也有利于市场。

对于公众而言,则是这种运作模式最大的受益者。社会力量参与新型阅读空间建设和运营,可以有效地帮助读者告别图书馆仅作为阅读空间的老套运营模式,不同的承接主体也会为辖区内的公众带来差异化的新型体验,激发阅读兴趣,延长阅读时间,同时也可以促进公众间自发的人际传播推广。

（二）石景山区社会力量参与新型阅读空间建设存在的问题

综观北京市石景山区新型阅读空间建设，也存在一些问题和难点。

一是承接新型阅读空间建设的社会力量主体单位虽然都在政府部门的统一管理下，但是其本质还是社会企业，相互存在着竞争行为。在这种竞争关系和市场压力下，难以进行各个阅读空间的相互促进发展。

二是政府部门将运营权完全下放到社会力量承接主体，只能依托国家相关法律法规和前期印发的文件进行监管，后期很难进行细节管控，使得政府部门对于书籍存量、开放时间、活动场次等这类可以量化的细节实现监控，但是对于活动质量、教育成果等难以把控。

三是这种社会化运用模式依托于一纸合同，并且存在合同期限和阶段性考核评估。一旦承接主体考核不合格或者不续期就必须寻找新的单位去维系，很难保障新型阅读空间的可持续发展。

四是石景山区相关政府部门制定的有关规章制度和评价考核机制太过周密复杂，使得社会力量运用的公共文化服务场所在尽力给政府满意答卷的同时，很难发展为新型阅读空间，也使得现有的新型阅读空间在兼顾这些条款的同时很难再度创新。

（三）石景山区社会力量参与新型阅读空间建设的建议

虽然北京市石景山区社会力量参与新型阅读空间建设的探索之路存在一些问题，但从目前的运营成果和公众反响来看，社会力量参与新型阅读空间建设还是其积极意义所在。针对北京市石景山区社会力量参与新型阅读空间建设的现状，提出以下建议。

一是建立政府部门与社会力量共同建设运营机制。社会化运营模式固然有优势，但也有短板。应当从"政府购买服务"转变为"政府合作服务"。[1] 政府把有能力参与的社会力量拉进来一起运用，而不是做放手的"包工头"。政府部门的管理机制和工作优势是社会企业不具备的，使其优势与承接主体的建设经营能力相结合，更容易打造出稳定、可持续发展文化服务机构。

二是建立专门的社会力量参与新型阅读空间建设的合作条款。在基层公共文化设施社会化运营工作的实施中，做到具体问题具体分析。针对阅读空间建设，对承接主体灵活评价考核，增加社会力量参与新型阅读空间创新和改进的积极性，让他们有提升和创新的余地和空间，而不是为了达到考核标准非要严格执行合同条款中的每一项任务。

三是加强政府部门的主导作用，促进社会力量之间的相互合作。政府部门应当发挥好"有形的手"的优势，大力帮助、督促社会力量之间的合作，形成政府与社会力量之间共建共享新格局，比如建立石景山区文化服务一卡通等措施。

四是多建设，广引进，创建遍地开花新局面。新型阅读空间重在一个"新"，只有更多地引进社会力量参与其中，才有更多推陈出新的展示机会。当然，这种多与广并不是毫无规划地遍地开花，而是针对石景山区各个街道的不同特色，针对社会力量的独有特征有目的地引进建设。比如当市场上有了新模式、新技术，便引进实验，针对一定人群，逐渐建设

---

① 张冰冰.石景山区基层图书馆建设存在的问题及对策[C].第十三届中国社区乡镇图书馆发展战略研讨会，2014：650-653.

特色服务场所等。①

五是借助新媒体等互联网平台打造服务新功能。新型阅读空间的功能不仅在于读书,而是兼顾游戏、培训、文化娱乐、休闲餐饮等辅助配套功能而存在。近年来,我国以抖音、今日头条等为代表的新媒体行业异军突起,带动着整个互联网行业迅猛发展,所以新型阅读空间的建设必须搭上这班高速列车。可依托国家统筹平台、自身服务平台为基础,借助第三方互联网平台的功能和用户基础,开发掌上借阅、网络笔记、馆内点餐、互联网地标分享等功能。

---

① 宾阳,郭凯倩,巫志南,金武刚. 新型公共阅读空间的未来之路[N]. 中国文化报,2021-01-26(6).

几何书店:文化高地上的商业奇观

内容提要

几何书店由董事长林耕、主理人陈晓明等共同创办,首店于 2018 年 2 月营业,此后三余年间,在全国各城市成功开设 14 家门店。几何书店将浪漫的人文理想与理性的运营思路完美结合,坚持做具有烟火气息的书店,尊重本土特色、凸显文化多元,围绕城市文化生活服务开展平台化运作。诞生于雪域高原,迅速拓展全国版图,疫情之下依旧逆风生长,几何书店独特的理念和卓有成效的经营,予未来实体书店发展以启示。

近年来,文化产业的发展在"文化自信"的理念下迎来了新风口,文化消费不断提高。据国家统计局数据显示,2019 年全国人均教育文化娱乐消费支出 2513 元,较 2018 年增长 12.9%,占人均消费支出的 11.7%;而《2019—2020 中国实体书店产业报告》显示,2019 年中国实体书店数量超过 70000 家,新开书店数量超过 4000 家。然而,2020 年初新冠疫情的冲击,迟滞了许多实体书店的发展步伐。

然而,几何书店却在行业普遍采取保守发展措施的时候,加大力度推动着自己的布局版图,而且每店都火,所到之处无不成为该地的文化地标。迅速开拓实体书店未来的发展方向,几何书店受到了行业的高度关注。

一、驶在"快车道":几何书店的诞生与发展

（一）来自雪域夏都,重新定义"书店"

2018 年 2 月,历经一年筹备,全国最大的独立书店——几何书店在西宁悄然诞生:面积达 10000 平方米,图书多达 15 万种、45 万册,且融合多种文化业态。即使没有任何宣传、预热,依然收获了读者巨大的热情,试营业当天短短 6 个小时,就涌进了 5 万的客人,创造了近 20 万元的营收。

"几何"二字既含有探求追问之意,也是数学的空间概念,"几何书店"之名也取于其中。每个人、每本书都是生活中的一个点,人与人、人与书的对接越来越多,就会由点成线、由线成面、由面成体,在这个"体"里,人与人的交流、人与书的思想交锋凝聚成文化,组成了人的生活。几何书店为不同文化背景下的人,打造一个能获得归属感的"文化空间＋交流平台",无论喜欢文学、摄影、电影、手作、美食、时装还是其他,都能在几何书店参与其中、平等交流。

（二）志在四方,开拓全国版图

西宁店的巨大成功,给了创始团队信心,也促成了几何书店的扩张:首店开业仅仅 7

个月后,就成功迈出了走向全国的密集步伐。2018 年 9 月,几何书店东进来到江西省会南昌的地标建筑绿地双子塔,拥有 3500 平方米通透的开放平层,图书约有 12 万种,逾 20 万册,来自全球 3500 多家出版机构,并引进数百个海内外文具礼品品牌,一开业就爆红,长期雄踞当地大众点评书店音像热门榜第一名。

2019 年 9 月,几何书店落地新一线城市成都,进驻猛追湾,以高颜值"洞穴风"融合老成都特色的空间打造,呈现出本土特点鲜明的文化现象,迅速成为热门打卡地,并持续保持热度,在 2020 年的国庆节,接待超 15 万客流,成为成都夜经济和新文化的代表项目。2019 年 10 月,几何书店挺进汇聚顶尖时尚文化的一线城市——上海,来到中国最大金融贸易中心区——陆家嘴,进驻坐拥目前全国轨交网络中唯一四线换乘站点无缝连接的上海世纪汇,并创造性地结合项目的商务社交属性,打造"微醺"空间,恰如其分地彰显着几何书店"不设限"的经营本色。2020 年,疫情并未阻止几何书店发展的脚步,厦门中心店、郑州绿地天空之城店、德阳同森锦樾店、成都印力印象城店相继开业。

截至 2021 年 7 月底,几何书店已在西宁、上海、武汉、合肥、南昌、成都、郑州、济南、贵阳、昆明、德阳等城市开设 14 家门店,经营面积超过 4 万平方米,到 2021 年底,门店开业达到 20 家,营业面积超过 6 万平方米。

几何书店布局全国,呈现了出色经营能力和独特的商业价值,在保持高速发展的同时,每个门店既保持着几何的标志性特色,又在自我与本土之间的协调与发展中,不断创造惊喜。

(三)持续进阶,文化赋能城市发展

2021 年初,"几何书店"品牌正式升级为"几何文化",在实体书店经营基础上,还将涉足文化消费、城市空间运营、深度旅游、"互联网+"等业务板块,并且已经在城市更新、文化综合体等重资产项目中稳步推进。

在实体书店中,几何文化对消费者体验相关的内容都追求极致:富有美感的空间、充满烟火气的场景、极具参与感的活动,都是为了身处书店的那个"人"。"城市更新"的本质是回应人们对美好生活的期盼,与几何文化一直坚持的"从人出发"不谋而合,自然而然成为几何文化进阶的新增长极。

在新的落地模式中,几何文化同样聚焦于人的需求。由西宁市市民中心改造升级而来的几何空间·全民阅读中心(西宁),是几何文化首个与政府的合作项目,这里提供了海量藏书供市民阅读,也展开各种文化活动推动全民阅读,还投身青海非物质文化遗产的保护和传承,定期组织非遗活动,鼓励市民参与非遗文化保护。恒邦·几何生活空间,则映现了人们对向往生活的想象,这座在峨眉山高桥小镇的房子内部四窗落地、屋顶挑高,外部山峦叠翠、稻香延绵,让前来探索峨眉山历史人文的消费者拥有一席感受诗意之地。

2021 年 5 月,几何文化与河南投资集团旗下颐城控股在郑州成功签约,"洛阳新春都文创园改造项目"正式拉开帷幕。该项目占地 143 亩,逾 9.5 万平方米,整个建筑群具有 20 世纪末老旧办公楼和工业厂房的风格。几何文化将通过创意策划与空间运营,把老厂区打造为集工业历史博物馆、文创旅游、休闲餐饮、共享办公、众创空间等于一体的文化创意产业园。整体设计风格秉持对河洛文化的尊重,结合商文化、宋文化和唐文化,以"神都洛阳千年古都"为主题,重现古洛阳文化的繁华,同时搭载大量新鲜潮流业态,满足当代人的文创潮流追求，触摸过去与未来、古老与新生。

几何文化敏锐感知时代浪潮，顺势激活行业增长极，成功迈向"文化赋能城市发展"的更高层次运营。

二、核心竞争力：几何书店的独特之处

迄今在全国已有14家门店营业的几何书店，其每一家店的设计都各有特色，每一家店都会带给受众不同的新鲜感。在入驻每个城市前，几何书店都会深入了解当地的风俗文化和地域特色，在设计中充分融入本土的故事和文化，最终向受众呈现专属于各地的几何书店。坚实的文化内核，辅以专业的平台化运作，构建理想的城市文化生活平台，最终向受众呈现出一个链接出生活无限可能的立体化几何空间。

（一）千店千面，加深城市记忆与情感

几何书店，每到一个城市，甚至每到一个社区，都在努力发掘项目所在城市或区域的文化特点，并从定位、经营、设计、书品选择、道具优化、第三空间等多个方面去融入和提炼，并反映在项目本身——每家几何书店都是不一样的，正是依托于深度融入城市的历史与文化，几何书店才能屡屡打动各地不同的消费者。

1. 拒绝"复制"，呈现各地专属书店

"高颜值"是几何书店的标签之一，在小红书、微博、大众点评等社交平台上持续掀起打卡几何书店的风潮，许多年轻人为几何书店贴上"最美书店"的标签。尽管在三年多的时间内，几何书店在全国各地已有14家门店营业，但并未因成长快速而简单粗暴地以"复制"的方式设计各家门店。除了延续几何标志性的"拱"设计元素，以及书店选址广场、购物中心及学校、社区等与人们生活密切相关的场所之外，几何的每一座门店空间设计都融合了所在城市的特色，勾连城市记忆。

南昌缤纷城店，位于红谷滩新区红谷中大道绿地缤纷城。在吊顶处设计了大片几何形状的镜子，以圆拱拱形结构勾连"天空之境"，映射其物华天宝、人杰地灵的历史文化名片，同时，因南昌有着深厚的红色历史文化，"以古为镜，可以知兴替；以人为镜，可以明得失。"寓意铭记过去、珍惜现在。

合肥漫乐城店，位于包河区徽州大道漫乐城购物中心。将合肥这座城市的温度和厚度与书店文化相结合，营造出舒适的文化体验环境。黄色岩土马蹄拱拱形设计，在经典与时尚的碰撞中寻觅传统艺术的新生之路，在特有的庐剧文化里感受共鸣，让人们在放松自然的气氛下，走进文化，感受文化。

上海世纪汇店，浦东新区世纪大道世纪汇广场。契合海派文化的腔调，用大胆的配色，致敬现代化都市，并创造性地结合项目的商务社交属性，打造"微醺"空间，首次引入"类酒吧"空间概念。

武汉缤纷城店，位于和平大道绿地缤纷城。武汉是一座英雄的城市，也是一座充满烟火气的文化名城，店内部分厚重的墙面被改成不规则的玻璃墙，大片透明的玻璃环江包裹住了书店，在这里能观赏江景，也能看武汉的人间烟火，老旧邮局、学院图书馆式的设计，把人们带回到"从前慢"的时光。

成都金棕榈店,位于天府新区协和下街同森元气港。是几何书店第一次走入社区,为人们提供更亲近、更便捷的文化生活体验,其选址临近多家幼儿园和多所中小学,考虑到更好地服务社区与附近学校,在功能分区上,划分了更多的青少年与儿童的空间,还有亲子互动的空间,为不同年龄层面的人群提供更丰富的文化活动。

厦门中心店。处于海沧新区核心位置,临湖瞰海,直面本岛和鼓浪屿,位于厦门中心5楼的几何书店,打造了国内首个360°环海观景书店,带给人们伴着海景看书的特别体验。

成都印象城店。位于成都大名鼎鼎的建设路,毗邻电子科技大学和东郊记忆产业园区,是几何书店首家时尚概念店,打造类似 OPEN HOUSE 模式的复合空间,以更时尚、更具活力的设计风格在成都东边"造"了一个年轻化的潮玩文化新地标。

郑州天空之城店,位于绿地天空之城。对应郑州悠久的历史文化,书店在设计上延续了中式建筑轴线对称的布局,整个书店体现出了"大道至简"的哲学思想,宽阔、高耸、带有棱角的 U 形拱,弧形中融入方正,正如受"黄河文化""中原文化"影响的郑州人们,敞亮开放中保留着与众不同的个性。

济南华侨城店,位于风光秀丽的济南绣源河畔,毗邻规划建设中的山东大学,成为目前山东最美的滨水城市客厅。门店通过立柱与斗拱构造空间,营造出了典雅大气的学院文化氛围,让书籍与学术成为华侨城文化中心的灵魂。

2. 文化活动和产品,凸显地域特色

文化的魅力来自本土,走到每个城市每个地方,几何书店不是"高举高打"地侵入,而是对本土文化充分尊重,并积极地发扬,发掘在地文化,对其进行合理化的文化创新,极具地域特色的文化活动和文创产品为书店凝聚了大量忠实粉丝。

几何书店举办的文化活动中,文化、自然遗产、非物质文化遗产和表演、庆祝类占相当高的比例,涉及的话题内容都与地域文化和自然紧密相关。除了民歌民谣音乐会,非物质文化遗产、本土习俗和节庆活动讲解,当地特有动植物的科普讲座等形式,几何书店还积极发挥平台作用,积极参与保护和发扬地域文化的项目。几何空间·全民阅读中心(西宁)投身保护、传承和弘扬河湟历史文化,与南旅·嘉福里合作,将绳金塔传统文化与书店运营理念融合,打造符合南昌文化特色的主题书店。同时,利用几何书店复合型综合空间,联动绳金塔历史文化街区非遗文创、主题展馆演艺、旅游休憩等服务体,让各业态之间相辅相成,增加街区各类商业的紧密联系,让整个街区的文化和商业活跃焕新。

书店内的文创产品,大多是具有民族特色的饰品、食品及生活用品,青藏的牛毛毡、云南的黑陶、土族的盘绣都被富有创意地开发成生活用品,许多产品由少数民族手工合作社生产,销售利润反馈当地自然、经济发展。几何还与青年艺术家郭荣,插画师圆大梨、苗强强联合,推出敦煌系列文化体验与香氛、T 恤、书签等联名 IP 产品,将敦煌文化向更多大众普及。

文化终究来源于对生活的提炼,是深入生活方方面面的潜移默化,渗透到吃穿用住行的城市共识。几何书店将抽象的文化具化成了富有当地特色、具有烟火气的城市文化空间。

（二）"烟火气息"，搭建城市文化生活平台

鲁迅在《藤野先生》里描绘书店模样：不止是有书可以买，还有桌椅可以坐一坐，看看书，看久了可以喝喝茶，甚至还可以会会友。书籍的阅读、出售仅仅是书店的一个侧面反映，几何书店的理念，是希望以书店为载体，构建并守护国人精神家园，通过一个平台，让文化与人在此亲密接触，使文化根植于内心，融入生活。

1. 以亲民形象敲开受众心扉

相对于其他许多书店宣扬的精致、格调和优雅，几何书店率先倡导做有烟火味的书店。有别于图书馆、美术馆或大剧院这些场馆的"高大上"，几何力求成为最接地气的书店，在家门口买完菜、吃完饭、逛完街，一抬脚就可以走进几何书店，而书店也早为来访者做好了准备：各种展览、演出、论坛和读书分享会等。几何书店擅长用丰富的获得把书的内容和文化活化出来，除传统的书展和读书签售会外，在店里还能看到脱口秀、话剧、艺术展、各国使领馆的文化分享、音乐歌友会、街舞比赛，还有丰富的党建活动，以及每个门店与本土文化相结合的非遗、当地特色文创产品的展销等。

除了阅读、活动、咖啡等常规属性外，社交属性是几何书店与生俱来的另一大亮点。场景营造满足不同受众的个性需求，自由放松的氛围为分享、交流提供了舒适的环境，人们在几何书店三五成群地一起看书、交流、打卡，俨然已是将几何书店作为社交的首选之地。

虽然每家几何书店的空间风格都融合了当地的地域特色，带给受众不同的新鲜感，但"拱"的设计运用却一直贯穿始终，成为几何书店的标志之一。其实，拱的设计寓意亦是源自日常：生活中拱无处不在，它象征着力量和仪式感，希望每一个来到几何书店的顾客，都能在这里寻找到生活的力量和仪式感。几何书店不做"高高在上"的文化殿堂，而更愿意成为文化生活的传播者，一个温暖的启蒙者、兴趣的培养者。

2. 致力公益活动回馈社会大众

几何书店还一直致力于公益，通过文化交流、特色活动、文化创意等形式，用自身的文化力量回馈大众。几何书店曾向玉树州称多县拉布乡拉布寺捐赠图书，在帕卓巴合作社建立公共图书室，还与西宁心理健康教育研究会合作开展帮助藏区儿童"藏区娃的大学梦"活动。与四川省慈善总工会联合主办"疫情下的城市与人们"公益摄影展，并为以"脊髓损伤"为主题的分享会提供了场所，为跨国儿童爱心交流活动提供了对话空间。2021年7月河南暴雨水灾期间，郑州几何书店以最快速度恢复营业，免费提供阅读书籍、休息场地、热水和充电等服务。

平台化运作，是几何书店构建城市文化生活服务平台的关键。围绕文化生活服务的平台化目标，几何书店在建筑设计、书店管理、采购供应链、活动组织、社群经营、原创文化IP打造、本土文化创新交互等方面发力，为复合式书店、文创生活馆、现代图书馆、大型文化综合体等多种文化空间提供全方位的文化经营服务，提升了商业能力，实现了商业价值，让更多的人感受到了文化生活，为文化而消费，并受益于文化。

三、几何书店案例解读

(一)西宁旗舰店:文化空间的丰盈与多元

西宁几何书店是几何品牌的第一家实体书店,位于青海西宁市海湖新区,集图书展销、咖啡馆、手工制作、陶艺等多种商业模式于一体,是全国最大的集合型独立书店。2018年5月开张,在当年度新华文轩的实体书店销售排行榜中就跻身全国五强,同时被评为最佳协作实体渠道商、新华文轩2018年度销售5强实体渠道商。

源起雪域高原,自由、大气的雪域文化孕育了西宁几何书店开放包容、自由多元的精神内核。人生几何,对酒当歌,"几何"既是对漫漫人生的探寻,亦是对世间万物的探索。

1. 开创伊始

相对于沿海省份,青海省文化设施建设曾经一度相对落后,公共文化供给效能较低。近年来,青海省经济快速发展,"互联网+"等新型业态创新服务文化与文化产业模式的出现,进一步推动了地区文化产业的发展。同时,青海省支持文化金融合作,鼓励并引导更多社会资本投入文化产业,加快文化的转型升级。几何书店把首店开在寓意"西陲安宁"、地处"海藏咽喉"的西宁,对于提升青海城镇居民的教育文化娱乐消费格局,推动青海民族文化产业发展,提升城市文化形象与知名度,都是一大乐事。

从多民族文化汇聚的青海西宁而来,几何书店从开创之初也就有着自身强烈的DNA:文化本身就是多元的,形式也是多样的。这些都足以洞见几何书店的抱负。

2. 空间设计

书店室内棱角线条与圆润穹顶构成的空间,以及雄伟的高拱、富有层次的阶梯,营造出青藏高原辽阔的意象氛围。设置重磅阅读、时光书馆、重拾生活、空间之门、雪域净土和天空之城六大区域,每个区域都有用心的设计及陈列,它们有机关联、集合为一,谓之几何,在体现出青海特色地方文化的同时,也为读者提供了宽阔舒适的阅读空间,来自五湖四海的读者,在书店里可以体验到书香、艺术、生活和多维的空间。

3. 图书精品

书店图书品种多达15万种、45万册,较大的图书进货量,增强了图书议价能力、降低了经营成本。书店坚持优选书品,精选优质、畅销图书呈现给读者,同时,还精心收集、推广高品质的青海本地文化主题书籍。"拉伊"被称为藏族人"心尖上的天籁","酒曲"是藏族人酒文化的活化石,《藏族拉伊》和《藏族酒曲》(藏译汉)的分享会暨读者见面会就在书店的"时光书馆"区域举办。厚重的大部头诗歌名著《昌耀诗文总集》是书店里众多精品图书中耀眼的一部,其书稿由昌耀先生于即将离世之际在病床上亲自选定,由时任青海人民出版社总编辑的诗人班果和诗人马非亲自责编,五校其稿得以出版,青海壮美山川孕育出了大诗人昌耀先生,他以青藏高原的方式堆垒出了中国诗歌史上的高峰之作。

4. 文创产品和生活体验

在文创产品内容建设上,书店只选取具有民族特色的饰品、食品及生活用品进行销售,"重拾生活"区域内,牛毛毡变成了电脑包,土族的盘绣变身为眼镜盒,黑陶成为日常生活用品;"雪域净土"区域所陈列的手工艺品,皆出自藏区南杰赛尕手工合作社,所得收益除了维持合作社正常运营外，其余悉数用于社区生态环境保护工作。店内常年举办丰富的文化生活体验项目，唐卡、香牌、银器、油画、精油、栽种、木工、皮具、陶艺、乐高等，地域文化与流行文化各自发光，传统与时尚相辅相成。

5. 文化活动

书店通过举办文化活动感染大众，不断丰富优化活动类型与内容，努力把文化带进人们的生活：几何书店原创的谈话类活动，关于非物质文化遗产的体验活动与展览，环境保护实践活动，解读中国古老部落文化的分享会，旅游达人对世界探索的分享会，音乐人带来的现场表演，小剧场形式的演出，各类画展、摄影展、装置艺术展，许多图书发布会、签售会和读书会，媒体与机构举办的全国联动性活动和展览，各行各业的教育、培训公开课，以及众多公益性的交流、召集、募捐的活动，等等。

早在 2019 年 5 月，"重磅阅读"区就举办过一场名副其实的"重磅"分享会——邀请到国际野生生物保护学会资深科学家乔治·夏勒，同野生动物保护发烧友进行的"与自然对话"。参与分享会的专家、学者和野生动物保护协会的志愿者、各大专院校学生都深受震撼。20 世纪 80 年代后期，青海可可西里、西藏羌塘草原的众多藏羚羊惨遭杀害，90 年代，青藏高原开展反盗猎武装斗争，夏勒是最早在国际社会呼吁停止"沙图什"贸易的人。书店里的一场文化活动，与藏区人民的日常生活，以及地球的自然环境产生了深刻关联，知识、文化、生活合力产生了更深刻的价值。

（二）成都猛追湾店：文化与生活彼此滋养

成都猛追湾店于 2019 年 9 月开业，在延续几何书店特色的尖拱拱形岩洞设计之外，特创"旋转楼梯"，沿着蜿蜒的旋转楼梯，拾级而上，仿佛穿越过繁杂的生活，老成都的闲适被融入书店设计，透露出几分休闲、几分自得、几分温暖，店内古色古香的坝坝茶八仙桌也是成都特有，触摸桌面可以感受到世间烟火留下的凹痕。

1. 书店选址

书店的位置在成都猛追湾附近的望平街，这片区域藏着老成都人市井生活的记忆。坐在书店的临窗位置，可以看到热气腾腾的早点摊，还有在路边打太极的居民，而在晚间，不远处的香香巷挤满了吃火锅喝啤酒的年轻人。闲适与琐碎构成了成都这座城市特有的共识——文化即生活，正如几何书店主理人陈晓明所说："几何是一家具有烟火气的书店，而不是高高在上的文化殿堂，人们在这里与文化生活交融，发现生活的美好与丰盈。"

2. 本土元素

书店所在的大楼，前身是税务局办公楼，为了保存老建筑的时光记忆，几何书店在空间设计上并没有一味地求新求异，而是"依旧做旧"地将老成都的闲适融入设计中。旋转楼梯和三层塔形构造，虽然成为网红打卡地，但其设计灵感却是源于古老的猛追湾地名故事。相传顺城墙而下的府河，在流到猛追湾时恰好城墙倒拐，自然河也倒拐，那弯处河水自然猛急些，百姓便称此处作猛追湾，还有一些有关河神、河怪的传说。陈晓明把书店的三层塔形建筑比喻为"九层妖塔"，寓意的是摆脱偏见、追逐本心。此外，书店中还摆放着许多古香古色的八仙桌、太师椅和条凳，这些都是主理团队专程从安仁古镇的居民家中挑选得来。

3. 阅读空间

图书的陈列摆放对于书店至关重要,几何空间的很多细节都经过精心测算和设计。书柜都定制成最适宜人取放的高度,以此来增加读者找书、读书的便捷度和舒适感。很多图书摆放在书店内的八仙桌上,营造一种读书就好像是日食三餐一样平凡的日常感受。鉴于人在太大的空间尺度中容易感到惶恐不安,拥有三层空间的书店,就通过设计技巧实现将"大的空间做小",比如二楼的图书区,就通过拱形门洞将亚洲文学、西洋文学等板块区隔成一个个小角落,使读者隔绝其他干扰,安心沉浸在自己的世界中。

4. 连接生活

除了提供咖啡、工夫茶、文创等多元化的产品,书店三楼的文创区还有一些生活小物的展售,旁边的手作区则显得更有温度,几张长桌上摆着剪刀、彩纸、毛线、布料、胶水等,如果对某件物品感兴趣,可以立刻动手制作。手作区每天免费对外开放,顾客没有购买压力,获得了更好的体验感。在整体的三层空间之外,通过二楼的连接通道可以到达大楼另一端,那里是书店一处上百平方米的独立阅读空间,专为那些想要上自习或认真办公的人准备,楼上就是社区的梅花剧社,偶有阵阵乐声传来。

四、几何书店带来的启示

实体书店的设计和运营,应该洞悉时代变革实质与书业发展规律,深入研究顾客群,运用艺术设计的感染力与引导性,引领一种全新的文化生活模式,空间主题意象个性突出而多元,追求高情感和沉浸式再体验。每一次书店需求的迭代都是文化空间运营迭代、配套升级的赋能,未来实体书店的经营将不再局限于书籍和商品,而代之以"人"的精神诉求与文艺情怀为核心,体现存在价值的"生命场"。

(一)坚守文化空间本质,推动图书优质建设

实体书店是物质、实践和精神意义共同作用的城市文化空间,它以知识为纽带,传递自身的空间价值,其功能的内核源自独特的书店文化。书店不能仅仅执着于书,但书一定是最重要的产品和服务内容,不管实体书店未来的形态如何变化,它作为一个提供阅读服务的场所的空间本质不会变。不论其场景设置如何复合,实体书店吸引受众的核心力量一定是其有别于其他店铺,来自自带的阅读属性和文化意象。

图书不只是简单的纸张印刷和堆叠,而是在于传递有价值的内容。随着实体书店作为新型社会公共文化服务平台的地位和作用越来越凸显,实体书店不能再局限于选择、销售图书,在精心做好图书选品的同时,要更加紧密地融入出版行业,积极参与到优质图书内容的建设中去。第一,关注读者和市场的声音,为出版行业提供市场化反馈,让好书有市场、有回报,同时加强规范的市场化建设,从正向带动书店行业的发展。第二,加强版权市场的建设力度,帮助更多有实力的渠道方参与版权运作,提升竞争力。第三,顺应产业融合和知识服务的大环境,主动破除资源主导型思维的束缚,探索创建多机构协同的开放服务生态,例如组建书店、出版社、博物馆、剧院和印刷企业等跨界合作,倡导新型图书出版商业模式,为读者提供更广的选择空间。

(二)营造场景氛围,倡导生活美学

场景是不同事物与活动的组合构成,这些组合蕴含不同功能,也对应着不同的生活方

式,营造场景氛围是一个老生常谈的话题,但也常谈常新。如果书店场景过度年轻化、精英化、小资化,虽然能吸引黏度较高的小众受众,却在无形中将更多的潜在受众拒之门外。需要文化滋养的不仅是精英人群,还有那些条件有限却渴望提升自我、不断成长的人们,"接地气"地办书店才是实体书店的生存之道。第一,设计具有辨识度的建筑空间,借助互联网搭上城市"打卡流量快车",能够在一定程度上使书店先发制人,占领市场高地。第二,书店内场景设计以人为本,营造真正符合在地受众生活喜好和消费习惯的场景,例如打造具有"烟火气"的场景空间,连接人们的生活,把受众面向越做越宽。第三,开展跨界合作,丰富新型业态,拓展书店作为复合型空间呈现的多种可能,例如书店内设置电影院、轻酒吧、脱口秀舞台,经营图书、文创、服饰、美食、咖啡、手工艺品和绘画等多样产品,在丰富书店内容的同时带来稳定的客流,满足随生活而产生的求知、创造、交流等各种诉求,将实体书店升级成人文阅读、创意探索的美学生活空间。

（三）鼓励分享交流,深度链接人群

社交是人作为社会动物的基本要素,社交活动将成为实体书店转型的重要途径之一,书店要站在读者聚集的最前沿进行考量,以多元文化活动为有效连接载体,连接社交空间,重塑读者对实体书店的体验认知,以更好地吸附和沉淀读者。第一,鼓励开放式的休闲社交。到店的顾客能够以最放松的姿势交谈、看书、闲逛,像逛超市一样寻常、自然、不拘谨。第二,举办丰富文化活动。既有书店承办,也有书友自行组织,让拥有不同兴趣爱好的受众通过文化活动找到同伴,甚至可以设立平凡人的舞台,为每一个想要表达自我、展现自己、愿意社交的受众提供舞台。书店不仅让文化变得平易近人,也让人与人之间的联系更为紧密。第三,在一轮又一轮的信息技术激烈竞争中,实体书店想要免于黯然退场,必须拥有技术思维,积极应对网络空间对实体空间的切割和重塑,以技术赋能运营,打造新型的文化空间,创立互联网文化交流平台,通过线上快速、高效的资讯与线下的文化活动相结合,让文化交流、分享变得更加丰富。

（四）坚持文化融入,尊重本土特色

各异的城市文化是通过人类在空间活动交流中不断创造衍生的,这些文化在城市的发展过程中不断沉淀与积累,形成城市特有的文化属性,不同的城市文化属性与特质又能够为城市空间的营造增添其特有的魅力,实体书店作为城市文化空间的信息符号交流的重要场所,同样也承载着城市文化精神的传播功能。合理配置文化空间,利用地方特色文化资源打造本土特色阅读空间。

当前实体书店纷纷转型,要有效避免同质化,就要准确定位自身角色,从自身实际和当地文化特点出发,打造城市文化差异空间,发挥市场功能的优质路径。第一,对现有地方文化资源进行调查整理,将城市文化与书店设计有机融合,打造适合地域类型的主题书店空间。第二,塑造实体书店的品牌定位模式,结合地方特色文化资源,树立实体书店的品牌形象。

（五）平衡情怀与商业性,转型升级经营

情怀和商业一直是书店行业需要平衡的两个点。书籍本质上是一种经过层层工序的商品,而同时也作为传播文化的载体,多年来被奉为圭臬,加之中国自古以来的文人情怀,很多时候人们难以将书店的商业属性与其他商店平等看待。但是,"没有情怀不能做书店,但仅有情怀做不大书店",正视书店的商业性,对整个行业的健康发展至关重要。

尤其是后疫情时代,实体书店要从"最美""网红"噱头营销回归到经营本质,书店设计的抓手不再是在空间上单点发力,而是商业模式、消费场景、体验感和复购等多点合力,从点到面地解决经营问题。第一,只讲情怀的品牌开始失效,书店运营要回归商业常识与生活方式,与受众的方方面面产生关联,重视主题式消费场景和更多元的文化生活服务,从整个行业的产业链角度出发考虑,将传统阅读、线上线下、零售化有机结合在一起,更新对书店空间和功能的认知,找准自身定位,与其他书店品牌建立差异化的消费场景和服务。第二,跳脱出传统经营板块,扩充落地模式,探索与政府机构和企业集团开展战略合作。由于实体书店既有深厚的文化产业经营经验积累,又是城市重要的公共文化空间,其特有的"文化力"是推动特色文化产业发展的重要动能,也是促进文化创意和设计服务与相关产业融合的活力因子,积极尝试通过重资产运营、空间改造、文旅融合等新模式构筑文化生活生态圈,以愈加多元化的业态布局,盘活文化资源、助推城市生长,在转型升级自身经营的同时,为文化建设和社会发展贡献力量。

先锋书店:乡村山野间的图书馆

内容提要

　　南京先锋书店由钱小华先生创办于 1996 年,始终坚持开放、独立、自由、人文的经营理念,重视结合书店所处场所空间的特点、内涵、人文和历史,因地制宜,注重细节打造,把每一家门店打造成为极具美感和个性的书店,使之成为公共精神和公共空间开放语境的场所。先锋书店倡导的"学术/文化沙龙/咖啡/艺术画廊/电影/音乐/创意/生活"的经营模式,引领了国内实体书店的转型发展。先锋书店以读者为中心,坚持经营品质好书,通过丰富多彩的全民阅读活动,为读者提供多元而富有内涵的精神文化服务。2014 年,先锋书店探索以乡村书局引领带动乡村振兴,通过与当地乡村特点的结合,把乡村书局打造成为展示当地历史文化、风土人情、民俗工艺的重要平台,并通过先锋的品牌影响力共同推动乡村的经济和文化发展。先锋书店以文化引领带动乡村振兴的实践,正为实体书店在乡村的发展创造着无限的可能。

　　2018 年,党的十九大报告中提出了新时代文化建设的基本方略,要满足人民的精神需求,"坚定文化自信,推动社会主义文化繁荣兴盛"。实体书店成为实践文化建设的有效路径,各省(区市)也纷纷出台了扶持实体书店的政策,这对互联网冲击下实体书店的运营起到一定的作用,却难改运营艰难的现状,在众多实体书店中脱颖而出的先锋书店开辟了一条前所未有的书店开设路径——从城市向乡村过渡,将先锋城市书店的复合式发展模式与传统乡土文化结合,先锋乡村书店助力新时代乡村振兴,能有效推动乡村现代化发展,缓和城乡资源差距。

一、实体书店产生发展的阶段背景

(一)我国书店的起源

　　西汉末年,因教育事业的迅速发展产生了可容纳万人的学堂,学堂旁边出现了一批专门抄好知识读本的群体,他们各自为摊,争相销售,时称"槐市",也是我国最早的书店雏形。此时的书店不是一家一户,而是零散摊位,尚无空间的概念,书店围绕着知识群体的聚集区而设定,并专门服务于该群体。《法言·吾子》中记载:"好书而不要诸仲尼,书肆也。"[①]这是关于古代书店最早的正式记录和称呼。

　　追本溯源,书店最早诞生时的原始功能是围绕着服务广大知识分子,方便他们获取具

---

　　① 高信成.中国图书发行史[M].上海:复旦大学出版社,2005:20.

有合法性和权威性知识内容的唯一载体——书籍,许多著名的书店大多开在学府附近也缘于此。书肆成为固定的知识与知识需求群体的中间人,是大众获取知识的主要途径,是知识流通的媒介。[①]

（二）书店功能的变迁

自西汉诞生书肆后,几千年来书店的功能和形态也不断发生变化,而知识组织的功能一直保留至今。在唐代,雕版印刷术的出现使得我国的书肆出现了重大转折,书店从此有了正式固定的场所,建立起了空间的概念,书店变成了集编校、印刷、发行、销售为一体的综合性空间。

明清时期,书店的运作形式和功能不再局限于简单的书籍买卖,开始出现图书租赁、店员荐书等形式,以满足广大市民阶级的阅读需求,图书的销售内容由经典的教材读本、经史书籍向日历、医书、阴阳占卜等百姓日常所需的图书扩散。书店对知识组织的形式由单一变为多元、由单向流通演变为双向互动。[②]

（三）近代"书局"的演变

近代以来的书店统称为"书局",书局在不同权力的主导下产生了多样的形式,主要有官办书局、外资书局和民营书局三种主要类型。鸦片战争至戊戌变法之间的书局主要是官办书局和外资书局,其中外资书局多由来华的传教士或外资商业主设立。维新运动后,民营书局呈现繁荣的态势,迎来旺盛的发展期,成为主流形式。在近代后期,伴随着印刷技术的迭代更新、革命运动的开展以及西学东渐影响,民营书局产业发生了巨大的变化,诞生了一批优秀的、具有影响力的书局,其中的典型代表是 1897 年成立的商务印书馆。商务印书馆业务包括了编、校、印、发的全流程,在当时全球各国中也是少有的大规模综合性图书出版企业。书局的宣传功能、媒介效力不亚于当时诞生的报社、杂志社,成为诸多革命群体、知识分子的思想传播的重要媒介场域,极大地促进了知识的生产和传播,书局的服务人群从最初的知识分子扩展为全民。[③]

（四）现代独立书店的兴起

1954 年 9 月,出版总署发出《对于私营图书发行业进行社会主义改造的方针、步骤、办法和 1954 年工作要点》,新中国的图书发行业成了单一而封闭的图书流通渠道:出版社—新华书店—读者。新华书店作为城市最重要的文化标识物占据城市的中心地带,原有自办发行书店的发行权收归新华书店,我国的出版中心从此北上。[④]

1980 年,国家出版局发布《〈建议有计划有步骤地发展集体所有制和个体所有制的书店、书亭、书摊和书贩〉的通知》,民营书业发展进入起步阶段,个体书商大量出现。个体书店选址灵活,读者选购便利,从一定程度上解决了文化"解禁"初期全民的阅读饥渴,为 20世纪 80 年代思想启蒙提供了重要保障,在活跃图书市场方面体现了其贡献。然而这一时期图书流通以官方渠道为主导的形势没有改变。个体书店虽在一定程度上弥补了新华书店和公共图书馆的不足,但是大多数从业者素质有限,远远不能承担起传播文化的使命。[⑤]

---

①②③　路端.作为媒介的先锋书店[D].南京:南京大学,2020.

④⑤　邹晶菲,钱梦妮.书店双城记:京沪城市文化的地标[J].编辑学刊,2011(6):86-88.

20 世纪 90 年代之后，越来越多的学人进入书业，中国书店的整体水平得到大幅提升。民营书店成为独立的文化力量，依托开放的文化环境和集聚知识分子的能力，全面发力。独立书店从细节着眼，配套服务齐全。它所体现的对读者的尊重和诚意，恰是在计划经济体制下书店缺失的传统，打破了读者对新华书店为标杆的书店的既往印象。大型书城坐拥便利的交通，能提供一站式服务，但过于追求规模，反而导致了书城本身欠缺文化元素。地标的含义不可单纯以经营规模和地理位置来定义。与传统的图书零售机构相比，独立书店更易与当地的宣传、文化、出版、教育部门建立良好的关系，催化书店的品牌，成长为独立的文化传播单元。在独立书店蔚然成风的年代，诞生于 1996 年的先锋书店成为重要代表之一。

（五）网上书店带来的挑战

20 世纪 90 年代，与独立书店同时兴起的是深刻改变人类社会方式的技术——互联网，网上书店以全新的媒介形态出现，其便捷性、全面性、多功能性、去中心化给了知识消费者绝佳的消费体验，重构了知识生产者与消费者之间的关系。书店作为知识中间人的功能被削弱，书店知识组织的中心地位面临极大挑战，与"网上书店"相对的"实体书店"概念出现在人们的口头中。互联网时代的到来带来了图书销售模式和阅读方式的改变，从 2002 年到 2012 年，在网络书店和数字化阅读的双重夹击下，我国民营书店出现了大面积倒闭潮。2016 年，国家 11 部门联合印发《关于支持实体书店发展的指导意见》后，各级政府对于实体书店扶持资金规模大幅提高，重点通过房租补贴、政府购买服务、创新融合发展等方式支持实体书店发展，根据发展规划进行精细化的政策设计，每年对政策进行优化调整。房租成本是实体书店经营投入最大的领域，也是扶持政策的投入重点。同时，实体书店的定位也逐渐发生了变化，由单纯的图书销售场所转为了提供阅读和文化服务的场所，承担了部分公共文化的职能，包含售书、组织文化阅读活动等。[1] 2020 年初新冠疫情暴发以来，实体书店生存再遇挑战，线下业务受到严重影响，面临现金流紧张等生存难题。为此，各地采用信贷支持、财政补贴、税收优惠、公共服务购买等措施，从政府层面鼓励书店升级发展。同时，书店业不断突破创新与转型升级，通过"书店＋餐饮""书店＋文创""书店＋文旅""书店＋出版""书店＋婚庆""书店＋会展""书店＋直播""书店＋活动""书店＋科普"等各类跨业经营，实现逆势上扬。[2]

二、先锋书店发展现状分析

先锋书店，诞生于 1996 年，秉承开放、独立、自由、人文的经营理念，打造集建筑之美、人文关怀、诗意之美于一体的公共文化空间；学术、文化沙龙、艺术画廊体现着精神的引领，电影、音乐、创意、咖啡、生活彰显着思想的盛宴，吸引着国内外读者汇聚。2013 年，美国有线电视新闻网（CNN）将先锋书店称为"中国最美书店"；2014 年，先锋书店被英国广播公司（BBC）评为全球十佳最美书店；2015 年，先锋书店被《英国卫报》（*The Guardian*）

---

① 惠梦.政策提振信心 创新激发活力——北京市实体书店扶持政策调查［N］.中国财经报.2021-06-10(7).
② 何其聪.祈年文潭：实体书店："危机"之下博发展［EB/OL］.（2021-04-02）［2021-08-30］. https:// politics. gmw.cn/2021-04/02/content_34737810.htm.

评为全球十二佳最美书店；2016 年，先锋书店被美国《国家地理》(*National Geographic*) 评为全球十佳书店，被德国《明镜周刊》(*Der Spiegel*) 评为全球二十佳书店。迄今为止，先锋书店相继创办了 19 家连锁书店，其中先锋乡村书店 5 家，分别是安徽碧山书局、浙江桐庐云夕图书馆、松阳陈家铺平民书局、福建屏南先锋厦地水田书店、云南沙溪白族书局。

（一）先锋书店的发展历程

1. 先锋书店创办初期

1996 年 11 月，先锋书店诞生在南京太平南路圣保罗教堂对面，毕业于南京大学作家班的钱小华先生独辟蹊径，依靠售卖旧版图书在南京"耕耘""新知"的竞争中生存下来，通过电访作家、画家、老师、学者等顾客的方式，收获了一批忠诚的读者群。[①] 之所以选择在城南开书店，是因为钱小华考虑到太平南路地处夫子庙附近，是一条商业街，人流量比较大，但后期迫于房屋拆迁、读者定位错误、醉汉开车撞书店等原因，先锋书店于 1999 年搬迁至广州路儿童医院旁，由原来 17 平方米的面积扩建到 97 平方米；又于 2001 年搬迁至广州路 12 号二楼，面积约 600 平方米。先锋书店广州路这家店，毗邻南大、南师大学区，地处鼓楼，周围文化人、白领较多。因此，钱小华对先锋书店的定位更加明确，开的是知识分子的书店[②]，目的是卖有品质的书，提升读者品位，成就有品质的社会。

2. 先锋书店发展低谷期

先锋书店创办不久即遭遇了图书发行行业的重大变革——网络时代的冲击。在网络书店和数字化阅读的夹击之下，书店业迎来了第一个寒冬。自 2000 年至 2004 年，短短四年时间，有 70% 以上的书店开始转歇业，甚至倒闭。[③] 身处技术革命之变局中，先锋书店举步维艰。2003 年，先锋夫子庙店开业，这是先锋走入低谷的开始。夫子庙店以"先锋大道，阅读广场"最为著名，长达 160 米，被誉为亚洲最长的书店，但夫子庙店缺乏读书氛围，"先锋阅读大道"成为游客穿着拖鞋走过的一个过道而已，夫子庙店营业两年便歇业，亏损惨重。同年，先锋书店的第二次失利是新街口东方商城店的开业，原本预计地铁开通后人流量会很大，但因线路改道，造成书店门可罗雀。[④] 至此，两家店铺亏损达三四百万元，钱小华意识到开设地铁型、商业型的书业形态是走不通的，在这片土地上需要的是江苏本土化连锁经营书店。于是，2004 年 9 月，先锋书店五台山总店正式开业。

3. 先锋书店的第二次创业

几经辗转，先锋书店终于在 2004 年落户于五台山，书店面积扩大到 3680 平方米，经营图书种类达 7 万多种，开张当天的客流高达上万人，实际销售图书额近 10 万元。[⑤] 先锋书店五台山总店是除南京书城以外南京最大的民营书店，书店全长 150 米左右，书店的装修设计着力体现"大地、异乡、精神"的主题，突出黑白两种颜色，贯穿书店内部空间的各个角落——收银台、书架造型、墙面装饰、地面设计、雕塑等，对废弃人防工程加以改造，钢

① 钱小华.先锋书店,生于 1996[M].北京:中信出版社,2016:50-51.

② 周苗苗.互联网时代南京民营实体书店何以生存?[D].南京:南京大学,2016.

③ 路端.作为媒介的先锋书店[D].南京:南京大学,2020.

④ 钱小华.先锋书店,生于 1996[M].北京:中信出版社,2016:50-51.

⑤ 谢佩洪.先锋书店,心灵的守望家园[J].清华管理评论,2017(Z2):101-108.

筋混凝土搭配书籍和灯光，具有现代、简约、虔诚、独特的工业美感。除了书店以外，还有艺术咖啡馆、创意馆、阅读台等休闲场所。这种新型的书业商业模式，为先锋书店的发展注入了一股新鲜的活水，让其日后的创新和转型焕发出强劲的生命力。

4.先锋书店的转型发展期

2008年是先锋书店的一个重要年份。这一年，先锋书店开始了多元化经营的道路，开始打造集文创产品、咖啡馆、文化沙龙、书籍为一体的多元产业，打造图书经济产业链。先锋书店是纯粹意义上的书店，始终以书籍为主，减少商业烦恼，积极打造更多、更广的阅读空间，为读者提供更多的人文关怀，从空间设计、活动设置、书籍摆放等方面突出书的主体地位，强调人的知觉体验。自转型以来，钱小华先后将书店开进了江苏无锡惠山古镇、南京审计学院浦口校区、南京博物院、中山陵、颐和公馆，安徽碧山，浙江桐庐、松阳，福建屏南，云南大理等不同地方，走出了一条书店融入景区、融入校园、融入乡村的道路。在转型的过程中，对文化创意产业的尝试与探索从未止步，并于2010年注册了"独立先锋"作为文化创意作品的专属商标。2011年，先锋设立了午夜艺术设计公司，2012年成立碧山乡村文化创意产业基地，打造文化艺术集聚地。至此，先锋实现了文化创意产品设计、生产、销售一体化，能适应不断发展的市场需求，为独立先锋创意馆源源不断地输入优质的创意产品。[①]

除了先锋自身的经营之外，国家和地方政府都对先锋书店给予了财政支持。例如，2009年书店开始涉足创意产品之时，南京市政府给予了10万元资金补贴；2012年江苏省政府给予100万元资金支持；2013年江苏省政府给予项目补贴70万元；2014年先锋书店则是获得了中央文化产业发展专项资金300万元支持。随着政策的各项福利以及自身产业不断发展，先锋目前在不断拓展新的文化市场的同时保持着收支平衡。[②]

(二)先锋书店的运营模式

1.清晰精准的品牌定位

先锋书店的内核思想是为读书人点亮一盏精神明灯，指引人们的精神世界。[③] 无论规模如何扩大，服务更新多快，先锋书店一直像自然中的万物一样，不忘初心，坚持人文主义精神，纯洁而神圣地扮演好公共精神和公共空间开放语境场所的角色。钱小华将奥地利诗人特拉克尔的诗句"大地上的异乡者"用作书店的口号。在他看来，故乡就是异乡，故乡在时间中保留痕迹，永恒地屹立在人的心头，而书店是搅拌着乡愁塑造的空间，是流放者守望的旅程，读者、游客、作者都是大地上的异乡人，生活在坚实的大地上，在充满智慧的先锋书店中，你我都是漂泊的异乡人，平等、独立又自由。用这样一句诗送给来过书店的人做纪念，独特又有深意的内涵，让人倍感温暖。就是这样的坚守与企业文化输出，不断强化了读者对先锋书店文化符号的印象，使之成为南京市独特的文化地标。

先锋书店有着精准的受众定位，早在创办初期就有了明确的目标，就是要办学术书店，做具有人文情怀、真正意义上的公共空间，吸引了一大批著名学者光顾。经过近20年

① 谢佩洪.先锋书店，心灵的守望家园[J].清华管理评论，2017(Z2):101-108.
② 周苗苗.互联网时代南京民营实体书店何以生存? [D].南京:南京大学，2016.
③ 王熠昕.新型书店设计与经营研究——以南京先锋书店为例[J].美与时代(城市版)，2020(6):105-107.

的发展,其受众群体由原本的白领阶层、知识分子阶层向年轻化、高学历群体靠近。这类群体受过系统的教育,具备一定的符号解码能力和自主选择性,对书籍的选择需求也已经摆脱了功能性需求的限定,这些人多为中产阶级或者潜在的中产阶级,对生活品位有着一定的追求,先锋通过塑造格调高雅的文化氛围,吸引着更多的年轻人聚集到这里。① 随着先锋书店的乡村业务拓展,受众群体也向知识文化水平较低的农民和孩子延伸,这与城市书店的受众群体并不矛盾,原先的先锋品牌已聚集了基础的粉丝流量,开设的乡村书店在一定程度上成为粉丝向往的新天地,使得城市书店的粉丝能前往乡村书店享受消费,先锋精神信仰粉丝联结着城市书店和乡村书店。先锋书店承担了社会责任,进一步缩短了城乡教育资源的差距。

先锋书店是一家依托书籍为主的多元化经营的书店,其主营业务是书籍。自创立之初,先锋书店只销售人文社科方面的书籍,包括文学、艺术、历史等,以古籍类书籍为主,同时兼顾了大众需要的经济、生活、法律、教育等类别。在独立书店艰难生存的年代,先锋也未销售盈利能力较强的儿童读物和辅导书籍,十几年如一日,坚守文化、艺术、诗歌的品位和风格,先锋书店知识经理人的坚守和风格犹在。② 先锋书店在选书上更多的是给予读者自我追求、自我完善、自我建树的目标,更加突出读者的独特性和自主性,不具备因现实压力所给予读者的强迫性,无形地解放了读者的压力。③

2. 先锋员工队伍管理模式

创办者钱小华曾在江苏省常州市金坛县(现金坛区)纺织厂做过领导的秘书,有过企业管理经验,因此他把企业的管理模式用到书店里去。他认为企业管理要规范、要用制度来管理大家,要让员工跟企业一起成长。自 2001 年开始,先锋书店实行目标管理,就是分权管理、自主管理、宏观监督。分权下去,把每个部门交给不同的人,规定每年完成多少指标,各人围绕指标去开展工作,效果显著。先锋书店所招员工基本上都是大学生,这也是先锋所坚持的一种体现,钱小华说:"我们认为工资待遇可以高一点,给员工空间和挑战的能力,让他们变得有朝气和有创造性。一次招两名员工竟然来了 375 名大学生应聘。""因为我觉得以后核心力的竞争的关键是人才的竞争,人比利润更重要。我要使书店的中间层变成学院派,这是一种设计。"④

先锋书店每年会组织员工去考察别家书店,开全国书市时不断把员工带去,有意识地培养员工,组队伍,搭班子,主要抓人才和战略,使员工具备活力、精力和感召力。先锋书店的员工每年有 5%的淘汰率和 20%的合理流动率,不进步就得走人。书店有一个规定,员工不挂胸牌或者丢掉胸牌就罚款 50 元,这是企业的整体形象,每一位员工都要爱护、维护企业的形象。先锋书店对员工的要求有两点:自觉、创新。要求员工每天要熟悉新书,定期考核,定期评奖,并且要求员工在业余时间学习 MBA 教材。钱小华深知,现在是个以大吃小、以快吃慢、价值共赢、利润分享的时代,"新经济时代,必须要有经济型人才"⑤。

① 周苗苗.互联网时代南京民营实体书店何以生存?[D].南京:南京大学,2016.
② 路端.作为媒介的先锋书店[D].南京:南京大学,2020.
③ 周苗苗.互联网时代南京民营实体书店何以生存?[D].南京:南京大学,2016.
④ 钱小华.先锋书店,生于 1996[M].北京:中信出版社.2016:50-51.
⑤ 钱小华.先锋书店,生于 1996[M].北京:中信出版社.2016:50-51.

打造员工队伍的先锋品质，也塑造了先锋的品牌形象。

3. 关怀读者的服务策略

钱小华认为："在这个浮躁的社会，一个读者的心情是需要受到关怀的。"先锋书店注重细节的人性化服务，意在为读者提供精神关怀，并且以会员制优惠吸引读者消费购物。首先，先锋书店为消费者创造出自在舒适的空间，从背景音乐、空调的温度、厕所的芳香等方面照顾到消费者的感觉，消费者在书店内的拍照、阅读、上网都不受限制；其次，增强与读者的亲和力。通过将书籍陈列在书架的中间几档，或是将书籍面对着读者摆放，从而便于读者取和放。此外，考虑到读者可能购买较多的书籍，所以部分书店内还提供类似超市用的提篮和小推车。再次，读者可以利用计算机系统方便快捷地查询所需书目，如果所在的先锋书店没有想买的书，则可以通过其他的分店来调运，这是因为先锋书店的所有门店和图书均可以共享使用。①

先锋书店的会员制主要包括不同层次的折扣和优惠，以及对学生和教师的优惠政策。除了采用传统实体直营店的售书方式，先锋书店还建立了自己的网店，让消费者足不出户就可以下单。在先锋书店可以免费参与丰富多彩的讲座活动，免费参观艺术画廊的艺术展览，甚至还提供免费茶水，这是创办人钱小华的义举，是"人比利润重要"理念的体现。先锋书店一年的纸杯、茶水会额外花掉近 2 万元。钱小华认为先锋书店在这个繁忙、浮躁、不确定的社会中的意义，就好比旅人在异乡漂泊的家，微小的细节却可以使读者感受到温馨与归属感，这也符合先锋书店创立的初衷，符合"大地上的异乡者"口号内涵。即便人们不买书，但也制造了人气和氛围，可以看书提升人文素养，这是极好的现象，先有"人气"，后有"财气"，两者互不冲突。

4. 文创产品、文化活动与书店结合的复合发展模式

先锋书店五台山总店先后开创了独立先锋创意馆、看得见世界风景的咖啡馆、文化沙龙等附加产品线。这些文创产业与书店相结合的经营模式让五台山总店获得了不错的收益与口碑。如今，先锋文化创意产品的销售已经占到了书店总销售额的 40%，利润则达到书店总利润的 50%。②咖啡馆代表着一种时尚的休闲方式，在先锋书店突出表现为"边读书边聊天"的乐趣当中，人们在读书中寻找自我的肯定，又在和别人的交流中寻找与社会的交往，正是这种个人特性和社会交往的双重需要，才使得这样的一种行为方式成为一种人人都愿意追逐的时尚生活方式。③

先锋书店的文化活动涵盖了诗歌节、名家讲坛、游学活动、签售座谈、读书节、征文比赛、摄影展、电影放映会、文化沙龙等多种多样的形式，几乎每场活动都满员，来自不同文化艺术领域的嘉宾分享知识、故事，并与台下的观众亲切互动。书店、创意馆、咖啡馆、文化沙龙的新型书店模式打造了一种人文、开放、多元的公共文化交流平台，先锋书店不只是书店，是组织口头知识的媒介，是知识消费者的文化交流空间。④

① 赵翔.诚品书店与先锋书店品牌营销策略对比研究[D].太原：山西大学,2019.
② 王奇璐,薛天舒.先锋书店商业运营模式案例分析[J].新闻研究导刊,2017,8(15):71,105.
③ 周苗苗.互联网时代南京民营实体书店何以生存？[D].南京：南京大学,2016.
④ 路端.作为媒介的先锋书店[D].南京：南京大学,2020.

5. 书店融入文化地域发展新模式

自 2008 年转型以来,先锋书店先后把书店开进景区、社区、校园和乡村等文化地域,其每一家书店均有其特色,不管是选址、业态,还是空间设计,都遵从着唯一性,从未出现同质化。

(1)立足于景区

先锋书店创始人钱小华说过:"如果开在南京的百货店里,只有南京的当地百姓会去逛,可开在景区里全国乃至全球的游客都能知晓'先锋书店'这个品牌,这对提升品牌知名度很有帮助。"受此观点影响,先锋书店融入景区,打破人与历史的断裂,让读者能够在特定的历史文化背景之下阅读书籍,在一定程度上打破了时间和空间的分离。这些书店主要通过销售旅游景区的相关文创商品盈利。这种经营理念不仅能给这些景区门店带来得天独厚的文化风景优势,还能丰富和提升景区的产品内容,增添旅游亮点。景区为无法在城市高昂租金地段生存的书店提供了生存环境,也改变了选址偏僻的书店无人问津的情况。

永丰诗舍是南京中山陵风景区内一个充满民国氛围的驿站式书店,它在中山陵 3 号的永丰社遗址上建成。其中最有代表性的一处设计便是木质露天悬浮的书架,上书"先锋书店永丰诗社"。书架整体构成了"中"字的形状,意指中山陵,将书店的设计与景区完美结合起来。骏惠书屋位于南京老门东历史文化景区边营 2 号。书局主体是江西婺源一座文官府邸迁移而来,属于徽派建筑。在文创产品方面,有瓷器、香立、木质镂空书签等,体现了与老门东文化街区历史文化方面的默契。工匠精神是骏惠书屋的精髓,从屋体的迁移设计到文创产品均有体现。惠山书局位于无锡惠山古镇,与当地特色交融呼应,有别具一格的文创产品,如无锡酱排骨、惠山泥人、印有无锡人文自然风光的明信片等。书店选址景区内的积极发展是两者互惠的关系。一方面景区文化带动书店的文创产品销售,景区优美的景色为书店提供良好的环境氛围;另一方面,书店带动景区文化发展,丰富景区旅游项目,带动淡季景区的经济发展。[①]

(2)立足于社区和校园

颐和书馆置身于城中住宅密集区内,其中的藏书展品在社区活动中大放异彩,为居民们提供了重温民国历史文化的渠道与方式,并且加强了书店与本地文化的联系与互动。颐和书馆通过自身深厚的文化底蕴在贴近社区居民的同时也起到了便利社区居民、普及当地文化的社会作用。在承担社会职能上的优点如下:一是营造良好的社区文化氛围,二是为社区居民获得文化与知识提供渠道,三是为社区居民提供文化交流的场地。

润泽书局则是先锋书店联合南京审计大学打造的首家校园书局,是现今全民阅读的社会氛围下南京市第一家怀抱深厚的人文情怀、探索书店入驻校园全新运营模式的书店,为学生提供了优质的阅读环境与体验。开办至今,润泽书局已举办过画展、分享会、讲座、新书签售、学生大赛等一系列活动,由此贴近了在校大学生。

这样以服务固有团体而产生的双向互益的书店运营模式,改变了传统书店凭借售书无法承担的社会职能与责任的局面,让门店获得了固有群体积极有益的反馈。因此,以这

---

① 王奇璐,薛天舒.先锋书店商业运营模式案例分析[J].新闻研究导刊,2017,8(15):71,105.

种商业运营模式开办的这两家书店，不仅在社会文化传播上承担了更多责任，而且保证了自身持续稳定发展。①

（3）立足于乡村

这一类门店与上述建立在景区中的门店需加以区分，它们往往取址于人文历史文化未开发过的乡村之中，以挖掘和保护当地各方面文化为目的，加以宣传和发展。这类书店运营模式是先锋书店秉承"独立""自由"之精神的一次创新尝试，不仅为乡村书店建设探索了一条崭新的道路，也为各地的乡村文化建设提供了渠道与示范，是乡村公共文化空间建设的一次伟大尝试。

2014年，先锋书店第一家乡村书店开设成功，碧山书局坐落在安徽黟县碧山村，牛圈咖啡馆则是建于碧山书局旁边一个荒废多年的农家牛圈。在建筑文化实践方面，两者的建立与改造是对村落中的建筑进行保护与再利用，为当地文化风貌和乡村精神遗产的保存作出了极大的贡献。在精神文化方面，书籍的内容以安徽的人文、建筑历史为主，进行的活动也是以当地乡村文化的探索为主，成为对内挖掘当地乡村文化建设与教育的重要部分，对外普及当地特色技艺与文化的关键窗口。对于古宅的修缮，先锋书店总共花费140万元，黟县政府考虑民营企业的不易与对当地的益处提供了50年免租金的政策，碧山书局的经营成本大大减少。这样的书店商业运营模式前期投资较大，但往往因为带给当地的益处而获得政策上的支持，在后期运营过程中花费较少。更重要的是，这种运营模式的书店意义非同一般，对我国乡村文化建设起到了极大的推进作用。②

云夕图书馆开在畲族民居里，目的是推广少数民族文化，是先锋书店第一家公益性质分店，所有收入都用于当地乡村建设。其建筑主体是村庄主街一侧闲置的一个院落，包括两栋黄泥土坯房屋和一个突出于坡地的平台。建筑设计保持了房屋和院落的建筑结构和空间秩序，将衰败现状修整还原到健康的状态，新与旧的关系强化了"时间性"。土坯墙、瓦屋顶、老屋架这些时间和记忆的载体成为空间的主导，连同功能再生的公共性，共同营造文脉，延续当代乡土美学。③

先锋书店与国内优秀建筑设计师合作，立足于当地特色，用现代设计理念呈现出书店的不同韵味。水田书店位于福建屏南厦地古村落北侧，被一片水田环绕。建筑的前身是一座荒废已久的民居，残存的老墙包裹了混凝土和钢结构建造的新建筑，形成当代与传统的对话。水田书店，真正开到了福建屏南的水田里，是为了最大限度地让读者感受天人合一。④

（三）先锋书店从城市向乡村过渡的必然性

创立于1996年的先锋书店在新冠疫情之前依然保持着每年数百万元的净利润，很大

---

① 王奇璐，薛天舒.先锋书店商业运营模式案例分析[J].新闻研究导刊，2017,8(15)：71,105.

② 王奇璐，薛天舒.先锋书店商业运营模式案例分析[J].新闻研究导刊，2017,8(15)：71,105.

③ 韩寒等."网红书店"进乡村，一场润物无声的文化滴灌[EB/OL].（2021-03-25）[2021-08-30].https://m.gmw.cn/2021-03/25/content_1302187793.htm.

④ 杜洁芳.先锋书店：把梦想照进现实[N].中国文化报，2021-05-13(6).

程度上得益于 2014 年开办的乡村书店。[①] 钱小华从小生长在乡村,与土地、与乡村有一种血缘般的联系。开设先锋乡村书店的决定旁人一时无法理解,穷乡僻壤的乡村交通不便,既没有客流量,也不便物资的输送,但钱小华却认为乡村书店的价值体现在社会效益、文化教育和经营角度中。

先锋书店开始尝试将书店开进乡村里,恰逢 2013 年、2014 年中国实体书店的转折点。许多传统的书店因为互联网的加速发展被迫寻找新的运营方式,而更讲究外部建筑设计感的"网红"书店也如同春笋般涌出。钱小华则认为城市书店已经饱和,2003 年投入近百万元装修位于南京闹市区夫子庙的书店,亏损严重被迫关停。中国是传统的乡土社会,伴随农耕文明绵延数千年,随着工业化的发展、城市化进程的急剧加快,大批年轻人选择离开乡村去到城市打拼,进一步加剧了"三农"问题中农民严重老龄化的情况,乡村逐渐成为一个文化活力越来越弱的场域。钱小华期望通过开设乡村书店创造一种新的农村生活方式,吸引年轻人回来,重塑乡村公共空间,让文化和知识回归乡村,让孩子们看得起书,使乡村书店成为当地村民和游客的公共生活纽带,让村民休闲时有一个参与公共活动的地方,让村庄鲜活起来。在图书配置上,先锋依然遵循重视当地文化特色这一原则,精心挑选有关古村落的书籍、文创产品等,搜集当地的历史沿革、乡村建设、教育类、民俗文化及文艺创作的书。

选址是决定一家书店是否可以持续运营下去的最基本环节。先锋书店乡村拓展计划负责人、董事长助理张瑞峰是先锋乡村书店计划的执行人,多年来,他和团队的足迹遍及全国。他说:"为了选到合适的地方开店,我们一年所看的项目多达 100 多个。虽然乡村书店的选址比较偏,都是原先客流较小的地方,但我们会考虑一些开店必备的条件,比如村庄的历史文化积淀、场所的公共性、距离城市的距离等。"[②] 摈弃热闹的区域,偏好人迹罕至的地点,崇尚"距离产生美",寻找一片未开垦的"处女地"是先锋乡村书店选址的重要标准。

原本偏僻的乡村没有客流量,先锋书店就以一个"中间人"的身份,为外部人群打开了一个观望中国乡村的窗口,吸引客源到来和其他社会力量参与,带动了乡村经济多元化发展,形成了农文旅融合良性发展。如陈家铺平民书局,自书店开张之后,村里引来了飞茑集、依山半舍以及云夕摩加等民宿,还有专门从事文创、建筑的工作室;原本需要进入县城市场售卖的农产品,现可以在家门口售出,节约了时间和交通成本,形成了家门口自产自销的发展路径。与此同时,返乡农民青年数量逐年上涨,返乡青年是新时代农民,运用他们所学所得为新时代农村发展贡献了自身的力量,进一步缓解了小范围内的"三农"问题。在乡村振兴方面,先锋乡村书店的开设进一步加强了农村的思想道德建设。依托知识文化图书与各类文化活动,以人为本的社会主义核心价值观得以传播与践行,农民精神风貌和科学文化水平不断提高,乡村的社会文明水平不断增强。例如,村民与书店工作者建立了良好的人际关系,民风淳朴。陈家铺平民书局店长帮助村民做农活,被亲切地称为"陈

① 任俊锰.城里的书店纷纷倒闭,他把书店开到黄山杭州丽水的偏僻农村却挣钱了[EB/OL].(2021-06-23)[2021-08-30]. https://www.jfdaily.com/news/detail? id=379307.
② 杜洁芳.先锋书店:把梦想照进现实[N].中国文化报,2021-05-13(6).

家铺的女儿",许多当地村民都能够成为书店的员工——在黟县碧山书局,70多岁的原村主任汪寿昌在店里做管理员;陈家铺村书记鲍根余退休后,被聘在陈家铺平民书局工作,兼职陈家铺村的导游。

三、乡村振兴背景下乡村书店的发展研究:以陈家铺平民书局为例

被中国书刊发行行业协会评为"2018年度最美书店"的先锋书店陈家铺平民书局,选址于浙江省丽水市松阳县的一个崖居式古村落里。书店由建筑师张雷精心打造,在打通二层空间、大幅调高书架、拓宽所有窗户后,古旧的乡村礼堂变身为现代化书店。窗内,是数不尽的书籍、文创。窗外,是看不尽的梯田、竹林、古树、山峦。[①] 乡村书店现已成为当地村民和"异乡读者"的公共生活纽带,是地方文化创意产业的一个聚焦点,更是乡村振兴背景下乡村文化构建的重要案例。

(一)开设背景

2016年,松阳县被列入全国首个唯一的"拯救老屋行动"试点县,一大批乡土文化建筑得以修缮。乡土建筑是传统文化遗产认同与传承的重要物质形态,也是乡村传统生产、生活实践和发展的见证,同时具有物质文化遗产性和非物质文化遗产性。[②] 一类传递知识与信息的乡土文化建筑应运而生——集休闲、娱乐和阅读于一体的新型阅读空间。与普通的文化建筑不同,这类文化建筑脱胎于历史悠久的乡土文化建筑,陈家铺平民书局便是其中重要的一个,由拥有600年历史的陈家铺文化礼堂改造而来。

位于松阳县四都乡的陈家铺村依靠着海拔800多米岩石构造的山崖,被梯田、竹林、古树、山峦簇拥,拥有一年四季独特的云雾缭绕自然奇景。2014年,陈家铺村入选第三批中国传统村落名录。至此,原本落后的乡村在四都乡的带领下,以传统村落保护发展为切入口,走上了乡村振兴的蝶变之路。陈家铺村距离县城不到一小时的车程,其本身历史底蕴丰厚,文化礼堂是村民世世代代的公共活动中心,先锋书店选址于此,并非冲着目的地原有的客流,它的野心在于要以其自身的能量打造新的文化景观。2018年6月中旬,先锋书店平民书局对外开放,吸引了大量来自浙江及全国各地有乡村情怀的游客,沉寂多年的空心村陈家铺重新焕发了活力。

(二)空间设计

在人文主义思潮涌现的现代社会,传统意义上以书为主、以人为客的主客二元分离的空间设计思维模式正向主客二元统一的设计思路转变。[③] 陈家铺平民书局的空间设计实现了人与人、人与信息的互动交流,凸显了以人为本的价值标准。以人为本注重以人为主体对文化空间进行感知与识别,重视人的感觉体验,主要通过知觉的强化推进。陈家铺平民书局整体空间设计保留了原文化礼堂的建筑结构和空间秩序,即采用原二层木结构大空间的格局,通过增加高窗和局部扩建的方式增强其公共开放性,大台阶处的建筑墙体和

---

① 韩寒,等."网红书店"进乡村,一场润物无声的文化滴灌[EB/OL].(2021-03-25)[2021-08-30]. https://m. gmw. cn/2021-03/25/content_1302187793. htm.

② 何义珠,郭献进. 乡村振兴战略背景下松阳祠堂文化功能重塑研究[J].中国发展,2020,20(4):49-53.

③ 王忠恕. 现象学视角下公共图书馆交往空间设计研究[D].大连:大连理工大学,2018.

屋顶交接处留出 60 厘米高的采光带,光带在建筑四周贯通,透明的玻璃强调了内部空间和外部环境的联系,表现了内部空间的木结构肌理,四坡瓦屋顶变得轻盈起来,原本封闭厚重的村民礼堂有了开放的时尚气息。设计者使用木材、黄泥和麻绳等当地特色建筑材料搭配现代玻璃、铁艺材料,融合了古村落建筑风格与现代人文主义思想,而从楼下堆满书籍的书架隔间到楼上纯净的"冥想"空间,一步之隔的空中阁楼则是书局最具仪式感的核心场所。

空间内部图书元素凸显松阳乡土特色,如《江南秘境——松阳传统村落》《松阳古村(上下)》《松阳风土》等,松阳文创系列产品摆放醒目突出。陈家铺平民书局的出现是先锋书店坚持因地制宜、循序渐进的原则,运用乡土建筑材料,最大限度保留乡土特色创造出来的。在这样的设计布局下,空间的材质、细部处理与整体感觉形成人们对整个空间的理解,置身于竹林、山峦、古村落包围着的带有强烈乡土文化特性的陈家铺平民书局,感受空间创造出的天人合一景象,很难不产生基于联觉的认同感与归属感。

(三)运营策略

在产品供应方面,陈家铺平民书局开店后第一批选书包含中外文学、名家诗歌、人文社科、旅行休闲及摄影建筑等类别,共计 2 万多册;同时还搜集了有关松阳的历史沿革、民俗文化及文艺创作的书籍,特地配置了关于乡村建设、非遗、工艺保护方面的书籍,设置松阳文化专区。[①] 陈家铺平民书店的一大特色是文创产品,文创产品占总收入比的 40%。书店团队结合当地民俗特色、历史沿革等,创制了符合当地实际的文化衍生品。店中文创产品多达百余种,主要有珍藏相册、江南秘境笔记本、《指间松阳·诗词练字帖》、松阳诗词布包、田园松阳明信片和纸胶带、方言徽章、松阳主题冰箱贴、书签等,而松阳当地政府部门也会购买先锋书店的文创产品送给外地客人做纪念。

在读者服务方面,平民书局会邀请村民参加书店活动——读书分享会、名人讲座、民俗活动等,更善于策划多样的文化活动,比如主动提供平台,与县文化办合作举办了公益性质的邻里关系讲座。由于讲座主题亲切,村民参与的积极性较高。对于书局的大多数文化活动,尽管村民不一定能完全理解活动传达的文化内涵,但文化空间和文化活动的形式会对他们产生潜移默化的影响。[②] 此外,店内为休闲阅读的读者提供咖啡甜点服务,与其他先锋书店分店不同的是,平民书局结合松阳本土的"端午茶",改良打造了"端午茶"饮品,独具松阳大山风味的"端午茶",成为夏季游客上山解暑止渴的绝佳饮品。在接下来的运营中,先锋书店准备在陈家铺平民书局成立乡村孵化中心,打造乡村书局人才学校,依托平民书局出众的运营经验,对先锋员工在此进行专题培训学习,为乡村书局输送人才。[③]

在外部合作方面,平民书局与当地政府建立了良好的联系,当地政府的大力支持为平民书局的可持续发展贡献了巨大的力量。浙江省丽水市松阳县政府为平民书局提供了资

---

① 杜洁芳.先锋书店:把梦想照进现实[N].中国文化报,2021-05-13(6).

② 易元雁,钱逸岚.浅谈先锋乡村书局对乡村文化建设的推进作用——基于陈家铺平民书局的调查研究[J].参花(下),2020(5):46-48.

③ 任俊锰.城里的书店纷纷倒闭,他把书店开到黄山杭州丽水的偏僻农村却挣钱了[EB/OL].(2021-06-23)[2021-08-30].https://www.jfdaily.com/news/detail? id=379307.

金帮助和资源服务,通过房租补贴、驻村作家写作计划补助等手段,降低了平民书局的生存压力。同时,松阳县政府也通过官方媒体宣传、乡村文化项目合作等方式为平民书局提高影响力和知名度,更有周边地区学校组织学生和教师上山参观平民书局,推进研学活动。依托平民书局,当地的旅游产业也得到了前所未有的发展,吸引了其他资本方的入驻,如民宿、工作室等;平民书局为百姓带去了希望,村民得以在家门口售卖纯正的农产品,这种"农产品＋图书＋旅游"的新兴业态,有望规模化发展。

（四）困难之处

作为实体书店在乡村文化建设中的先行者,平民书局在实际运营中也面临着诸多方面的问题。

首先,存在乡村书店共性问题:村民积极性不高,走进村民的精神世界需要时间。村民积极性不高是几乎所有的乡村书店面临的难题,主要体现为:第一,当地居民回头率低。大部分当地居民开业时去过书局一趟后,便因农事繁忙或其他原因再也没有去过。第二,村民文化活动参与度低。村民多为留守的中老年人,文化素质不高,而书局开办过的来自先锋主店的活动,如海子诗会、签约作家签售会等,对于村民来说文化门槛较高。

其次,乡村偏僻,员工难寻。书局所在地大多位置偏僻,生活条件艰苦,娱乐设施少。年轻店员长期在乡村生活,生活不便与孤独感常常成为问题。陈家铺平民书局的店员表示,这样的处境带来的委屈、苦处还是挺多的。因此,人员的稳定性和契合度,也成为先锋办乡村书局的难点。

最后,宣传力度不足,城市居民关注度低。"居民关注"调查显示,即使在作为先锋书店发源地的南京市,在接受调查的居民之中,也有高达91%的居民从未听说过先锋乡村书局。据调查结果显示,先锋乡村书局的宣传形式较为单一,在南京先锋五台山总店的实地考察中,没有特别针对乡村书局的宣传推广。而乡村书局自身的主要宣传方式,一是微信社群运营,针对的是先锋的忠实读者,目标受众圈层比较狭小;二是小众平台的广告投放,普遍阅读量不高,且投放频次低,宣传力度明显不足。整体而言,先锋乡村书局目标受众群体较小,宣传力和影响力不足,对长远发展不利。[1]

四、先锋书店对其他实体书店的启示

（一）创新发展模式及产业形态

实体书店要保持以"书"为主的初心,做好"书"文化,进行"顾客经营"。[2]包括不断完善书籍种类,升级阅读空间设计、文艺沙龙、完善服务体系等来不断提升用户的阅读体验;其次应做好读书经济价值链,包括文创、咖啡等多元化产业经营,并通过与景区、学校、乡村合作,进行不同业态的经营。无论是对于先锋书店还是其他实体书店,在发展到一定规模之后,产业的跨界经营是必然的,比如投资酒店、房地产、数字传媒、出版、金融投资等,从纵向上将产业规模做大,不断增强自身的产业实力。纵使还不具备发展能力,但也应该

① 易元雁,钱逸岚.浅谈先锋乡村书局对乡村文化建设的推进作用——基于陈家铺平民书局的调查研究[J].参花(下),2020(5):46-48.

② 周苗苗.互联网时代南京民营实体书店何以生存?[D].南京:南京大学,2016.

325

将跨产业经营纳入自身的规划中,等到自身具备相应的经济实力,即可进行尝试。

（二）加强品牌营销,打造专业人文地标

互联网时代,是一个酒香也怕巷子深的时代,因此品牌的宣传和推广是必要的。无论是大到店面设计、店庆的活动宣传,还是小到书店的书袋、标签设计,均要将带有新奇的创意思想融入每个环节中。而且不光要有创意,更要有产品快速迭代的能力,创意与快速迭代是一个产业发展生生不息的两个重要特质,尤其是对于当今的互联网时代来说,更是如此。对于线上营销来说,光靠自身的官微力量是薄弱的,应努力结合其他自媒体发展进行品牌宣传。其次,要以粉丝经营为核心,店面的完美设计和粉丝营销是布局互联网的两大主要因素。通过书文化聚集一系列的群聚粉丝,形成线上线下的联合营销,以及粉丝的线上线下引流。

实体书店要突出书店的人文氛围和文化地标特征,应当寻找自身在人文社科类书籍当中明确的专业立足点。正如想到莎士比亚书店就想到它是英语文学据点一般,实体书店无论是书籍摆放、推荐还是活动安排都应该在人文、专业、学术上走出一条特色道路,吸引更多的文人雅士聚集在此,进而不断形成一个具有光晕效应的所在,从而也为平衡商业与人文特点寻找突破口。

（三）积极寻求政府扶持

中宣部、原国家新闻出版广电总局等 11 个部门联合印发的《关于支持实体书店发展的指导意见》提出,将实体书店建设纳入国民经济和社会发展规划,纳入基层宣传思想文化工作考核评价体系,纳入文明城市、文明村镇、文明校园考核评价体系。对地方政府而言,书店的建设、发展与政府的政绩存在着关联性,书店的到来可以促进地方发展。作为社会力量的独立书店与政府形成合力,可以实现双赢。[①] 政府应当不断加强对包括先锋书店在内的民营实体书店的政策扶持与资金资助,不断提高政策扶持力度,如免税、文化反哺,开放更多的旅游景区、公共空间供开书店等;与此同时,政府应加大对民营实体书店的资金资助额度与范围,让优秀的实体书店得到更多的发展空间和发展机会。[②]

---

① 周浒.嵌入性视角下独立书店乡村发展模式探析[J].出版发行研究,2020(3):12-18,44.
② 周苗苗.互联网时代南京民营实体书店何以生存?[D].南京:南京大学,2016.

新型阅读空间在庆祝建党 百年活动中的新作为

内容提要

2021年7月1日,是中国共产党成立100周年,举国欢庆。全国各省、自治区、直辖市公共图书馆和农家书屋、红色书屋、城市书房等新型阅读空间,作为公共文化服务的基层单位,开展了"建党盛会,抒怀新生""红色书屋,党建品牌""百年党史,知识竞答""阅读经典,书香颂党"等丰富多彩的庆祝活动,向建党100周年献礼,服务全国人民。

2014—2022年,全民阅读连续九次被写入《政府工作报告》。习近平总书记强调指出,要有效促进全民阅读,提倡多读书,建设书香社会,着实提升人民思想境界和增强人民精神力量。[①] 伴随"全民阅读"和"书香社会"建设目标的确立,以及公共文化服务体系的不断发展和完善,我国新型公共阅读空间发展势头越来越好。2021年7月1日,是中国共产党成立100周年,举国欢庆。在过去的一百年,中国共产党团结带领各族人民开辟了伟大道路、创造了伟大事业、取得了伟大成就,带领中华儿女实现了第一个百年奋斗目标,全面建成了小康社会。全国上万家新型阅读空间,作为公共文化服务的基层单位,开展了"建党盛会,抒怀新生""红色书屋,党建品牌""百年党史,知识竞答""阅读经典,书香颂党"等丰富多彩的庆祝活动,向建党100周年献礼,服务全国人民。

一、农家书屋,建党百年盛会,抒怀百姓心声

2021年7月1日上午8时,庆祝中国共产党成立100周年大会在北京天安门广场隆重举行。中共中央总书记、国家主席、中央军委主席习近平发表重要讲话,回顾中国共产党百年奋斗的光辉历程,展望中华民族伟大复兴的光明前景。全国各地农家书屋组织观看庆祝大会,反响非常热烈。

北京市门头沟区清水镇小龙门村书屋、天津市蓟州区白涧镇庄果峪村农家书屋、河北省雄安新区容城小里镇西牛营村农家书屋、山西省朔州市右玉县新城镇邓家村农家书屋、内蒙古赤峰市元宝山区平庄镇什二脑村农家书屋、辽宁省丹东市东港市大东街道花园社区书屋、吉林省吉林市龙潭区乌拉街镇万家村农家书屋、黑龙江省哈尔滨市松北区松北街道金星村农家书屋、上海市金山区亭林镇东新村农家书屋、江苏省镇江市镇江新区姚桥镇

---

① 邓克武.《中国青年政治学院学报》发展态势分析[J].图书馆工作与研究,2015(10):62-66.

三桥村农家书屋、浙江省嘉兴桐乡市开发区（高桥街道）湘庄村农家书屋、安徽省六安市霍山县衡山镇农家书屋等，全国 31 个省区市农家书屋组织观看庆祝大会，反响热烈。通过农家书屋观看中国共产党 100 周年庆祝活动，百姓们由衷地感受到了"没有共产党，就没有新中国"。百姓们难掩心中的激情，纷纷感叹发言。

天津蓟州区孙各庄满族乡北太平庄村老支部书记姜春："作为一名老党员，我应积极展现新作为，在村庄发展上发挥余热，贡献力量，引导全村满汉群众像石榴籽一样紧紧抱在一起，心往一处想，劲往一处使，助推乡村振兴，建设美丽乡村。"[①]

四川甘孜州巴塘县地巫镇哈然寺农家书屋管理员次日曲批："党就像一位母亲，时刻关怀、体贴着我们。我们感谢党，如果没有党，就没有我们今天的美好生活！"

贵州铜仁市玉屏县平溪镇文水社区党支部书记刘水木："聆听习近平总书记讲话后，我有四方面的感受，一是自豪，二是自信，三是清醒，四是坚定。让我们增强'四个意识'，坚定'四个自信'，做到'两个维护'，持续增强党的创造力、凝聚力、战斗力，让我们伟大的党永远走在时代前列！"

文山州富宁县田蓬镇下寨村农家书屋管理员廖芳："作为新一代青年，我将在自己的基层岗位上，与新时代同向同行，共同前进！祝祖国繁荣昌盛！"

北京大兴区黄村镇刘二村书屋管理员刘海燕："作为新时代的一名共产党员，我们必将继续发扬自强不息的奋斗精神，为党的事业奋斗终身！"

二、红色书屋，打造党建品牌，传承红色基因

红色书屋是专门设立的红色文化传播基地。红色书屋，大力弘扬红色文化，积极发扬红色精神，进一步浓厚正能量阅读氛围。红色书屋紧贴时代主题，把脉时代发展，展现出红色宣传、红色阅读和红色发展在新时代的新作为和新篇章。截至目前，全国共建成 40 多家红色书屋。通过红色书屋，开展党史讲座、红色朗诵、文化展览等主题活动，助推党史学习教育，推动书香社会建设。引导广大读者全面了解建党百年的光辉历程、伟大成就和宝贵经验，传承奋斗，凝聚时代力量。

在建党 100 周年之际，我国红色书屋纷纷举行各种建党 100 周年阅读活动，传承红色基因，打造党建品牌。

以河北省为例，红色书屋项目之线下项目依托河北全省的新华书店门店网点，城市图书馆、农家书屋，基层党建示范点、爱国主义教育基地以及精品党史学习线路建设红色书屋。[②] 线上依托河北省新华书店旗下"新华优选"连锁商城平台并整合其他各方网络资源打造红色书屋，进一步筑牢河北省学习红色历史、传承红色精神的文化阵地。河北省新华书店有限责任公司，在"七一"前后基本完成 200 家市县门店、20 家农村出版物发行网点的红色书屋建设工作，为党史文化和红色精神在基层普及和传承做好服务保障，并为线上

---

① 盛会抒怀全国篇|31 个省区市农家书屋组织观看庆祝大会反响热烈[EB/OL].微信公众号:中国农家书屋，书屋君,2021-07-02.

② 河北省红色书屋授牌仪式在北庄村举行[EB/OL]. (2021-07-07)[2021-08-20]. http://he. people. cn/BIG5/n2/2021/0707/c192235-34809127.html.

红色书屋建设提供支持,甄选红色书籍展示宣传,联合线下门店开展丰富多彩的红色主题文化宣传活动,不断扩大党的创新理论和优秀传统文化的传播范围。

2021 年 6 月 30 日,由河北省委宣传部、河北省委组织部、河北省文化和旅游厅、河北出版传媒集团主办,河北省新华书店有限责任公司承办的河北省红色书屋授牌仪式在平山县西柏坡镇北庄村举办。[①] 红色书屋是河北省深入开展党史学习教育、落实"我为群众办实事"实践活动的文化惠民举措,由河北省委宣传部、省委组织部牵头,省相关文化部门、文化企业承建,依托全省的新华书店门店网点,城市图书馆、农家书屋,基层党建示范点、爱国主义教育基地等,以线上线下相结合的方式在全省范围打造的红色文化品牌。河北省委宣传部常务副部长、省新闻出版局局长宋文新,省委组织部一级调研员、组织一处处长梁志明,省委宣传部二级巡视员、印刷发行处处长盖征西,河北省文化和旅游厅二级巡视员冯国芳出席了授牌仪式。河北出版传媒集团党委书记、董事长曹征平,党委委员、省新华书店党委书记于慧丰,党委委员、副总经理高磊参加了活动。河北省委宣传部常务副部长、省新闻出版局局长宋文新在致辞中强调,红色书籍是传播红色文化、传承红色基因的重要精神产品,红色书屋建设要坚持把社会效益放在首位,实现社会效益和经济效益相统一。河北出版传媒集团及所辖省新华书店作为河北省骨干文化企业,要加大力度整合红色出版资源,不断丰富主题出版物品种,持续创新文化服务机制,加快推进河北省红色书屋项目高质量建设,满足广大党员干部群众多元化的红色文化阅读需求,进一步助推河北省党史学习教育和四史学习教育深入基层、深入群众、深入人心。河北出版传媒集团党委书记、董事长曹征平表示,河北出版传媒集团公司将以北庄村红色书屋授牌为契机,充分发挥行业优势,全力做好北庄村红色书屋建设运营工作,不断创新工作机制,丰富内容产品,完善运营管理,努力将其打造成为红色文化精品项目,助力北庄村红色文化产业发展。同时,认真贯彻落实省委安排部署,做好所承担的河北省红色书屋建设的相关工作,为推进文化强省建设作出应有贡献。

2021 年 6 月 23 日,山西省财政税务专科学校"红色书屋"揭牌并向师生开放。[②] 山西省委党史学习教育巡回指导第 18 组组长杨波、副组长高专诚、省委联络员廖红等一行 6 人,党史专家太原科技大学杨建中研究员,该校在校校领导、相关部门负责人参加了揭牌仪式。杨波组长和党委书记王新淮共同为"红色书屋"揭牌。党委副书记、校长赵丽生主持仪式。该书屋现有红色主题图书 500 余册,其中包含革命历史、英雄事迹、思想政治等多种类别的红色经典书籍,最大限度满足广大党员干部和师生学党史、诵经典、悟思想、践初心的阅读需求。这是全校展党史学习教育的新阵地、新载体,深受师生们欢迎。

以红旗出版社为例,今年来致力于建设"红旗书屋",红旗书屋是红色书屋的一种类型。2019 年底开始,红旗出版社为积极倡导全民阅读、传播红色思想、弘扬中华优秀传统文化,在全国范围内启动了红旗书屋建设工程,用红色书籍、党建云屏、党史学习教育系列

---

① 河北省红色书屋正式授牌[EB/OL].(2021-07-06)[2021-08-20]. https://baijiahao. baidu. com/s? id＝1704516618414583930&wfr＝spider&for＝pc.

② 山西财专"红色书屋"揭牌[EB/OL].(2021-07-20)[2021-08-20]. https://baijiahao. baidu. com/s? id＝1705753031788731350&wfr＝spider&for＝pc.

讲座等方式营造浓郁"红色书香",赋能基层党建。截至目前,已在浙江、广东、湖北、陕西、河南等地建立了50余家红旗书屋[1],其中社区型红旗书屋成为当地党员群众的精神家园,智慧型红旗书屋是企事业单位党建学习和活动的重要阵地。

目前,浙江省杭州市已建有红旗书屋32家,已建的红旗书屋通过丰富书屋内涵,强化书屋功能,充分发挥所在区域特色,为传播红色思想、赓续红色血脉奠定了坚实基础。2021年7月13日上午,红旗书屋在杭州龙坞茶镇邻里中心落户,这是由红旗出版社与之江经管集团携手打造的红色书香新阵地。[2] 红旗书屋还将融合龙坞茶镇生态建设,做好基层党建,发挥文化阅读在当地的引领作用。同时方便茶镇的基层党员、群众,让大家在家门口就能享受到优质的文化服务,从而进一步倡导全民阅读,传播红色思想,弘扬中华优秀传统文化,让新时代文明实践释放更多的正能量。

三、城市书房,回顾百年党史,线上知识竞答

建党百年,学习党史,为响应百年党史学习教育活动,全国城市书房积极响应号召、精心策划筹备,开展了一场为期8天的党史学习线上知识竞答活动。

6月17日至24日,全国102座城市近2000家城市书房开展了"百座城市,千家书房,百年党史知识线上竞答活动"[3],带领全国读者一起重温波澜壮阔的百年征程,汲取生生不息的红色力量。回顾百年党史,线上知识竞答,该活动通过官方微信公众号、官网、读者群、活动海报等多种形式联合宣传推广,组织当地读者参与线上竞答、学习党史知识,累计参与人数过万,在全国城市书房掀起了一股党史学习的热潮。

本次活动采取线上竞答的形式,题目围绕党史、新中国史、改革开放史、社会主义发展史等内容展开。每套题目由题库随机组卷,包括8道单选题和2道多选题。为确保表述准确、内容严谨,温州市委党校的老师们对题库进行了审核把关。答题者只要用手机识别二维码,即可随时随地参与线上竞答,并根据答题正确率与所用时间参与地区排名,在充满挑战性和互动性的竞答中,重温中国共产党走向胜利的光辉历程。

本次线上党史竞答活动一经推出,便得到上海嘉定、北京大兴、浙江温州、河南郑州、山东威海等机制成员单位的积极响应,东至浙江舟山市、南至海南三亚市、西至新疆阿克苏市、北至辽宁沈阳市,102座城市近2000家城市书房在中华大地织就了一张红色党史学习的知识网络。

温州市图书馆负责提供活动的平台、题库、推文模板、答题通道;各地图书馆负责结合当地特色,通过微信推文、海报等多种形式进行个性化宣传,交接测试数据库、斟酌活动细节等。在全国城市书房合作共享机制联络群里,各地书房的负责人从早到晚热烈地讨论、交流活动的各项细节,齐心协力把活动办好。

① 打造红色书香新阵地 湖州市首批红旗书屋揭牌[EB/OL].(2021-06-30)[2021-08-20]. https://baijiahao.baidu.com/s? id=17039785089990077972&wfr=spider&for=pc.
② 红色书香新阵地 红旗书屋落户杭州龙坞茶镇[EB/OL].(2021-07-14)[2021-08-20]. https://baijiahao.baidu.com/s? id=1705222163258479391&wfr=spider&for=pc.
③ 喜讯|"百座城市 千家书房"百年党史知识线上竞答活动登上中国文化报![EB/OL].微信公众号:温州市图书馆,2021-07-02.

例如,上海市嘉定区海裕广场的"我嘉书房"里一片静谧。63岁的保洁员阿姨顾秀芳放好了清洁工具,坐在椅子上,抬眼便望见书房里的百年党史知识线上竞答活动。"我虽然是老年人,但我喜欢学习,会用智能手机。看到这答题,蛮有趣,我就想试一下。"顾秀芳笑吟吟亮出自己的好成绩,"我虽然不是党员,但我一样爱党爱国,有些题目,我一眼就知道选哪个。我现在就觉得,不管在什么岗位,都要牢记今天的幸福来之不易。"

河北省唐山市路北区韩城知遇书院城市书房。当地教育机构33岁的教师周晶晶与孩子在志愿者的引导下,点开了百年党史知识线上竞答活动。"作为孩子的家长,身教大于言传,所以我们要来参与一下,给孩子树立好的榜样。"依靠着往日的积累,周晶晶顺利地在3分钟内答完题目,虽然答题时有些紧张,但笑容始终挂在她的脸上,"历史是最好的教科书,也是最好的营养剂,能让孩子接触党史教育,汲取正能量,我非常乐意。"

济南市市中区城市书房省体分馆。27岁的快递小哥李玉龙平日喜欢看书,热爱挑战,他积极参加百年党史知识线上竞答活动。"我当时就特别想考考自己。"李玉龙腼腆地笑道,"虽然有种考试的感觉,但党史学习教育的题目都很有意义,答完题我就想,幸福不会从天而降,好日子真是奋斗出来的。"

北京市大兴区新媒体24小时城市书房里。23岁的大学生王鹏聚精会神地进行党史线上竞答。王鹏:"答题时,我心情非常激动,仿佛回到了建党初期,一个个历史画面在我眼前浮现。回顾历史,重温那段峥嵘岁月,让我对百年党史有了更深刻的了解。正所谓心有所信,方能致远,作为新一代年轻人,我们要保持蓬勃朝气、昂扬斗志,走好新时代的长征路!"

活动期间,类似的场景每天都在全国各地的城市书房上演。上至前来读书看报的白发老者,下至在书房埋头苦读的学生,还有就近"充电"的白领上班族,带儿女亲子共读的父母以及工作之余来书房小憩闲读的快递小哥、保洁员,全国上万个答题者纷纷拿起手机参与答题,在一道道闪现着中国共产党光辉历程和伟大成就的题目中,重温历史带来的宝贵经验和深刻启示。

四、新型阅读空间,全民阅读经典,书香颂党百年

全国各地公共图书馆、新型阅读空间等,不断创新探索阅读推广新模式,打造公共阅读服务的精神品牌。在建党100周年之际,各地上千家图书馆、图书室、新型阅读空间,举行了线上线下各种丰富的"党史"经典阅读活动。

浙江南湖革命纪念馆,根据习近平总书记"结合时代特点大力弘扬红船精神,让红船精神永放光芒"的要求,首创了南湖革命纪念馆与红船精神研究院合署"馆院一体"的研究宣传教育模式,还组织人员精心编辑出版了《红船精神领航中国梦》《红船精神及其当代价值研究》《中共一大嘉兴南湖会议研究》等理论研究专著,其中《红船精神:启航的梦想》作为《中国共产党精神》系列多语种图书在海外发行。[①] 同时,纪念馆为全方位展示"红船精神",专门精心打造"红船精神"展示厅,组建了以党员为骨干的"红船精神"宣讲团队,进社

---

① 徐继宏.浙江实践|嘉兴南湖革命纪念馆:让"红船精神"飞入寻常百姓家[EB/OL].微信公众号:公共文旅在线,2021-07-03.

区、进农村、进企业、进学校、进机关、进军营、进网络,面向省内外党员干部及广大群众积极开展红色故事传播,受到社会各界的欢迎和喜爱。在宣讲内容中,增设了"习近平总书记在浙江的探索与实践"专题,让南湖红船和南湖革命纪念馆真正成为新时代大力弘扬"红船精神"的生动课堂。紧扣习近平总书记在《弘扬"红船精神"走在时代前列》中提出的"到南湖看一次展览,听一次党课,学一次党章,观一次专题片,瞻仰一次红船,重温一次入党誓词"的要求,纪念馆利用七一广场、宣誓广场、红船讲堂和红船影视厅等场所,打造了"六个一"党性教育品牌,推出了"重走'一大'路、再现 1921 嘉兴故事"现场教学活动。南湖革命纪念馆不断推陈出新,采取微视频、音频以及线上"云"讲解等形式,推出《革命文物里的初心故事》系列专题,助力党史学习教育。建立中共创建史档案文献资料数据库,开展"党史周周学"活动,深入研究党史展陈内容,编写党史学习教育专版专线讲解词,形成政务接待、党员干部、普通群众和青少年 4 个"因人施讲"版本。

国家新闻出版署、教育部主办,甘肃省委宣传部、甘肃省教育厅、天水市委、天水市政府承办的 2021 年"我的书屋·我的梦"农村少年儿童阅读实践示范活动在天水举行。① 本次活动主题是"童心向党·传承红色基因",旨在促进农村少年儿童阅读实践活动,丰富农村少年儿童精神文化生活,引导农村少年儿童从小学习党的历史,播种理想信念种子,厚植爱党、爱国、爱社会主义情感。

深圳南山图书馆结合视频传播迅速的特点,将优秀的阅读推广作品在多平台推广,增加阅读推广渠道的新模式,不仅在参与的青少年中形成有效阅读推广,传承红色基因;更是在多个阅读推广渠道加持下,通过作品中青少年有感情、有力量的表达,感召更多年轻人,将红色基因传播到新一代,使阅读推广更为广阔。例如,把阅读朗诵与革命传统教育相结合,选取《红岩》中贴近孩子的小萝卜头的片段,邀请当地知名的青少年阅读推广人海洋老师做指导,邀请图书馆的小读者们拍摄制作了《永久的九岁》视频,探索阅读新模式,献礼中国共产党建党 100 周年。②

浙江瑞安市图书馆以公共图书馆服务体系为依托,设立"庆祝中国共产党成立 100 周年"党史党建图书专架,推出"红色图书馆"系列党史学习数字资源,开展"红动全城·幸福瑞安"系列阅读活动③,打造全域红色阅读空间,弘扬红色文化,向建党百年献礼。

江苏江阴市澄江街道图书馆开展以党史教育为主线的"阅读红色经典,礼赞建党百年"读书月活动④,创新党史学习载体,用活红色书籍资源,凝聚学习党史动力,引导各年龄层党员干部群众扎实认真学党史、悟思想、办实事、开新局,奋力谱写"四个更高"澄江建设新篇章。该活动号召大家拿起书本,在读书中重温党的光辉历史,铭记党的艰辛岁月,

① 童心向党庆百年 千里陇原浸书香 2021 年"我的书屋·我的梦"农村少年儿童阅读实践示范活动在天水举行[EB/OL].(2021-06-04)[2021-08-20]. https://cbgc.scol.com.cn/news/1458524.

② 阅读推广引领少年 先烈精神树人铸魂[EB/OL].(2021-07-21)[2021-08-20]. https://www.sohu.com/a/478800501_362042.

③ 吴晓媚.瑞安市图书馆打造全域红色阅读空间献礼建党百年[EB/OL].(2021-04-08)[2021-08-20]. http://wl.wenzhou.gov.cn/art/2021/4/8/art_1642047_58886556.html.

④ 在阅读中感受党的百年辉煌[EB/OL].(2021-05-04)[2021-08-20]. http://www.ourjiangsu.com/a/20210504/1620100513111.shtml.

不忘党的恩情,将红色经典与红色基因根植心底。在"明初心,学党史"道德大讲堂活动中,退伍老战士耿杏荣声情并茂地讲述着他在对越自卫反击战战场上的红色故事。在"经典诵读 心声向党"诗歌朗诵活动中,以红色经典诵读为主线,从"火红的岁月""永恒的信仰""奋进的时代"三个篇章,回顾了中国共产党领导人民进行革命、建设、改革的光辉历程,受到了广大百姓的欢迎。

新疆维吾尔自治区伊犁哈萨克自治州奎屯市图书馆,推出"红色教育故事"系列党史学习教育数字资源,旨在弘扬红色文化,向建党一百周年献礼。① 在该图书馆二楼阅览区设立了"学习进行时"党史党建图书专柜,陈设有党史党建类、党史人物类、文学纪实类、革命斗争小说类、革命军事类等300多册红色经典图书。今后,还将陆续推出"星星之火,可以燎原""历经风雨,终见彩虹""数风流人物,还看今朝""英灵不朽,浩气长存"等不同主题的系列图书。奎屯市图书馆副馆长赵若含说:"奎屯市图书馆将把学党史与全民阅读活动紧密结合,如开展主题党日、国学讲堂、经典诵读等各类活动,做好党史学习教育内容建设,进一步弘扬中华优秀传统文化,更好地满足人民群众日益增长的精神文化需求。"

浙江台州市举行的"新青年说""百年大党·百年家史"全民阅读分享会在台州市新华书店启动。② 在首场分享活动上,来自各行各业的6名嘉宾分享了精彩的故事,向读者传递了新时代青年与大党之间相融相生的情感体悟。"今年是中国共产党成立100周年,站在'两个一百年'的历史交汇点,开展党史学习阅读分享会正当其时。"市委宣传部副部长陈剑说,要引导青年不断学习党的理论,在新时代坚守初心信念、赓续精神血脉、凝聚青年力量,进一步激发青年自觉学习和读书的主动性,推动全市形成爱读书、读好书、善读书的新风尚。中国收藏家协会会员、政协台州市椒江区委员会文史专员蔡一声认为,本次图书分享活动大大提升了市民读书的氛围:"希望能够引导青年人把自己家乡的历史读懂读透,并把学习到的经验运用到工作与生活当中。"

① 桑桑,王倩.奎屯市图书馆:打造红色阅读空间 向建党一百周年献礼[EB/OL].(2021-04-22)[2021-08-20]. http://www.xj.xinhuanet.com/zt/2021/04/22/c_1127362109.htm.

② 张笑川雨."百年大党·百年家史"全民阅读分享会举行[EB/OL].(2021-04-21)[2021-08-20]. http://paper.taizhou.com.cn/taizhou/tzrb/pc/content/202104/21/content_110753.html.

新型阅读空间的读者满意度调查
与效能提升研究

内容提要

经过初期数量积累与形式创新,我国新型阅读空间逐渐进入效能提升的内涵式发展阶段。读者满意度是服务效能的一个综合反映。本文通过读者满意度问卷调查,了解读者对新型阅读空间服务质量的感知与评价,分析存在的不足之处,并从引入服务设计理念、完善新型阅读空间公益服务指标体系、健全监管机制、加强宣传推广等四个方面探索效能提升的对策。

一、研究背景

新型阅读空间,是指为读者提供阅读服务的开放式复合型文化空间,有社区图书馆、城市书房、农家书屋、实体书店、咖啡书吧等多种形态。新型阅读空间的兴起,是构建现代公共文化服务体系的创新举措。经过多年发展,新型阅读空间初步实现了数量积累,进入效能提升的内涵式发展阶段。[①] 以农家书屋为例,2019 年 2 月,国家十部门联合发布了《农家书屋深化改革创新提升服务效能实施方案》,指出要通过深化改革创新,提升服务效能,做强做优一批示范书屋,规范提升一批标准书屋,整改完善一批问题书屋。

服务效能是预定服务目标的实现程度。预定服务目标主要依据公众需求,实现程度则体现了服务质量。满意度是感知服务质量与预期服务质量的比率,因此可以综合反映服务效能。公共服务效能评价指标体系中往往加入满意度作为测评指标。如丁冬、张长秀建构的高校图书馆服务效能评价指标体系中,就有各类读者满意度测评点 10 个,约占测评点总数的 21.73%。[②] 因此,本文通过问卷调查了解读者对新型阅读空间的满意度,反映其当下的服务效能与存在的不足,并进一步从引入服务设计理念、完善新型阅读空间公益服务指标体系、健全监管机制、加强宣传推广等四个方面探索效能提升的对策。

二、调查方法

(一)问卷设计

在设计调查问卷之前,笔者首先进行了文献调查与实地调查。文献调查对象是公共图书馆读者满意度、图书馆阅读服务体系等相关主题的学术论文;实地调查主要在浙江省

---

① 陈庚,邱润森.新时代完善现代公共文化服务体系建设的路径研究[J].江汉论坛,2020(7):137-144.

② 丁冬,张长秀.高校图书馆服务效能评价指标体系框架初探[J].图书馆工作与研究,2018(10):58-63.

宁波市展开,走访了澄浪社区阅览室、枫林晚书店、西西弗书店、三联书店、天一阁博物馆、宁波书房酒店、前虞村农家书屋等 7 个单位。通过前期调查,初步确定了新型阅读空间读者满意度调查的评价指标,并采用李克特五点量表形式,通过赋分实现量化。

此次读者满意度评价指标共 8 个,分为硬环境与软环境、免费与付费两大维度。硬环境与软环境理论来源于公共图书馆对阅读环境的研究成果。硬环境主要指物理环境,本文指"方便程度"(选址)、"文献读物"、"阅读座位与设施";软环境主要指人文环境,本文指"服务态度""管理规范""体验活动"。免费与付费的区分则是因为新型阅读空间的独特性。新型阅读空间主要由社会力量参与建设,因而在公益性职能外还有经营性任务。[①]本文中设立"免费服务"这一指标。另外,还设立了"总体满意度"指标。这是因为新型阅读空间类型多样,评价指标还有待细分、完善,可以从总体评价的数据中得到对比与补偿。

除满意度外,调查问卷中还有读者预期需求、消费意愿、认知度、个性特征等问题,是出于如下假设:读者潜在需求、消费意愿、认知度、个性特征不同,满意度会有差异。另外,还设置了一些开放性问题或选项;这是考虑到新型阅读空间是创新产物,开放性问题可以更加完整地了解实际情况,应用于新型阅读空间服务的开拓创新。

(二)调查实施与整理

通过问卷星网络调查平台发放了题为"关于社会力量参与新型阅读空间建设满意度调查"的问卷。2020 年 7 月 4 日至 23 日期间,共收回来自全国六大区域 24 个省(直辖市)的样本 1487 个,经审核后有效样本数为 1325 个,样本有效率为 89.11%。样本有效性的审核标准如下:同一 IP 地址只随机留下 1 个,其余视为无效问卷;同一题目中矛盾选项同时勾选的视为无效问卷;多个题目之间回答矛盾的视为无效问卷;职业为新型阅读空间相关工作的视为无效问卷。随后对开放性回答结果进行编码。编码方式如下:审核样本中填写的具体内容,如果与已有选项存在明显同义情况,则将其视为选择了该选项,否则归类后单独编码。比如选项中有"媒体报道",而样本中填写的是"新闻资讯类 App",即视为明显同义情况。

(三)数据统计

主要统计三个数据。第一,各评价指标的读者满意度,计算办法是:从"非常满意"到"不满意"依次赋 5 分到 1 分;某指标各选项的样本个数乘以对应赋分值,全部相加后得到总分;样本总分除以样本总数,得到该指标的读者满意度,数值仅保留到小数点后两位(以下其他数据也是如此,不再说明)。第二,不同预期需求、认知度、付费意愿的读者满意度,计算办法是:将预期需求、认知度、付费意愿度分层分类,再根据读者满意度计算办法分别统计。第三,不同性别、所在区域与城乡读者满意度,计算办法是以配额抽样结合随机抽样的方法分别抽取 90 个样本,再根据读者满意度计算办法进行统计。在 1325 个有效样本中,去过新型阅读空间的为 816 个,前两个满意度统计只针对这 816 个样本,数据有较高的置信度;第三个满意度统计是在全部有效问卷中进行抽样,其中去过新型阅读空间的人数比例不一致,数据有一定的局限性。

---

① 童莹.均等化视域下新型阅读空间公益性与经营性障碍破解研究[J].编辑之友,2020(9):33-38.

三、读者满意度

(一)读者满意度

按五分制统计,读者对新型阅读空间各评价指标的满意度从高到低依次为:总体满意度 4.23,管理规范 4.16,免费服务 4.15,阅读设施 4.13,服务态度 4.12,方便程度 4.10,文献读物 4.00,体验活动 3.96。从数据可知,读者总体满意度高于其他 7 项,读者较为喜欢这一阅读服务新形态。阅读环境维度下的 6 项指标平均值约为 4.08。相比较而言,读者对软环境更加满意,特别是对管理规范性,但是其中体验活动这一指标的满意度低于平均值。硬环境中阅读设施满意度较高,其次是方便程度,文献读物满意度在平均值以下。读者对于免费服务的满意度在指标体系中排名第三,新型阅读空间为读者开展免费服务基本落到了实处。

(二)不同需求层次的读者满意度

读者需求会影响其对新型阅读空间的预期服务质量,进而影响满意度评价。笔者在实地调查中发现,每一个新型阅读空间都具备"阅读座位与设施""文献读物"等服务,大部分调查对象具备"公共厕所""充电无线设施""阅读指导与读书活动""饮用水"等服务,仅少数调查对象具备"咖啡茶饮""无障碍设施"等服务。由此将其服务分为基础层、提升层与优质层三个需求层次,然后设计了 8 个选项并打乱顺序放进问卷中。从 816 个样本的数据统计来看,仅选择基础层服务的样本是 43 个,选择了基础层与提升层的 355 个,还选择了优质层的 418 个。统计其对应的满意度,可以发现仅选择基础层的读者对于各项指标的满意度最高,提升层、优质层依次降低(见表 1)。可见,读者对于新型阅读空间的需求层次普遍较高,而且需求层次越高满意度越低。

表 1　不同需求层次对应的读者满意度

指标	样本个数	方便程度	文献读物	阅读设施	服务态度	体验活动	管理规范	免费服务	总体满意度
基础层	43	4.47	4.05	4.16	4.19	4.09	4.30	4.16	4.23
提升层	355	4.11	3.98	4.13	4.10	3.96	4.18	4.13	4.28
优质层	418	4.05	4.01	4.12	4.12	3.95	4.13	4.12	4.19

(三)不同认知度的读者满意度

读者通过各种信息传播渠道了解新型阅读空间,属于理性认识,亲身体验则是感性认识,二者都可以增进读者对新型阅读空间的认知度。读者认知因素也会影响其对新型阅读空间的预期服务质量,进而影响满意度评价。笔者设计了两个问题:一是是否了解新型阅读空间,采用"非常了解"到"不了解"五级量表形式;二是去新型阅读空间的"频次",采用"每天都去""每周都去"到更少的递减形式。然后统计其对应的满意度值,总体上来说两组数据都表明认知度越高,满意度越高(见表 2、表 3)。

表 2　不同了解程度对应的读者满意度

指标	样本个数	方便程度	文献读物	阅读设施	服务态度	体验活动	管理规范	免费服务	总体满意度
非常了解	255	4.50	4.41	4.48	4.47	4.38	4.52	4.42	4.53
比较了解	336	4.03	3.88	4.01	4.04	3.89	4.08	4.10	4.15
了解	191	3.79	3.73	3.96	3.88	3.56	3.93	3.93	4.07
不大了解	34	3.50	3.62	3.62	3.47	3.29	3.56	3.74	3.68

说明：816 个样本中选择"不了解"的个数为 0。

表 3　不同体验频次对应的读者满意度

指标	样本个数	方便程度	文献读物	阅读设施	服务态度	体验活动	管理规范	免费服务	总体满意度
每天都去	100	4.68	4.53	4.52	4.61	4.56	4.54	4.56	4.56
每周都去	245	4.38	4.13	4.26	4.27	4.14	4.33	4.24	4.39
每月都去	274	3.97	3.93	4.06	4.02	3.98	4.08	4.10	4.18
每年都去	135	3.59	3.70	3.87	3.82	3.61	3.83	3.83	3.90

（四）不同个性特征的读者满意度

根据性别、区域与城乡差异分别在 1325 个有效样本中抽取了 90 个样本，进行不同个性特征的满意度统计（见表 4）。从性别来看，去过新型阅读空间的男性略少于女性；满意度总体差异不明显，男性在硬环境方面满意度相对较高，女性则相反。从区域来看，华东地区去过新型阅读空间的读者比例最高，西北、东北、华北地区居中，西南、中南地区最低；华东地区的满意度值均高于其他地区，中南地区则均低于其他地区。从城乡来看，城市读

表 4　新型阅读空间读者满意度的个性差异

指标	样本个数	方便程度	文献读物	阅读设施	服务态度	体验活动	管理规范	免费服务	总体满意度
男	53	3.92	4.00	4.08	3.91	3.98	4.17	4.09	4.08
女	57	3.98	3.95	3.96	4.11	3.82	4.16	4.25	4.19
东北	52	3.88	3.85	3.92	3.77	3.54	3.94	4.06	4.15
华北	43	3.84	3.95	3.81	3.77	3.84	3.91	3.84	4.19
华东	68	4.28	4.10	4.34	4.37	4.29	4.43	4.43	4.43
西北	59	3.98	4.00	4.08	4.00	3.64	4.03	3.95	4.07
中南	27	4.04	3.56	3.78	3.63	3.59	3.81	3.81	3.85
西南	32	4.00	3.84	4.16	4.16	3.91	4.13	4.03	4.22
城市	60	4.02	4.05	4.23	4.28	4.07	4.23	4.23	4.30
城镇	53	4.25	4.25	4.42	4.38	4.17	4.40	4.30	4.43
乡村	33	4.30	4.24	4.27	4.24	4.24	4.27	4.33	4.30

说明：各抽取 90 个样本，样本个数显示为其中去过新型阅读空间的数量。

者去过新型阅读空间的比例约为 67%，城镇约为 59%，乡村约为 37%，差异较为明显；但是城乡满意度差别不大，这一方面应该归功于农家书屋的普及，另一方面也反映出城市读者的预期服务质量较高。

四、问题与不足之处

（一）读者利用率有待提高

新型阅读空间致力于解决公共阅读服务的"最后一公里"问题，具有贴近读者、方便舒适的优势，其利用率相对较高。在去过新型阅读空间的 816 个样本中，每周去一次以上的读者占比约为 42.27%，每次去逗留 2 小时以上的读者占比约为 57.60%。但是此次调查的有效样本总数为 1325 个，去过的样本数只占 61.58%；稀释过后，新型阅读空间的读者利用率还有待提高。

（二）读者预期需求远高于实际供给水平

从读者免费服务需求调查中发现，816 个样本中仅选择读物、阅读座位等基础需求的读者比例仅为 5.27%，同时选择了饮用水、公共厕所、无线网络等提升需求的读者比例为 43.50%，还选择了咖啡或茶饮、无障碍设施等优质需求的读者比例为 51.23%，呈现为优质层、提升层、基础层依次减少的倒金字塔结构。而从笔者了解到的实际情况来看，目前新型阅读空间提供的免费阅读服务数量与质量正好相反。这表明，当前读者预期需求远远超过新型阅读空间公共阅读服务的发展水平。

（三）读者预期需求有较大差异

新型阅读空间城市居民利用率为 67%，乡村仅为 37%，但是二者的总体满意度均为 4.30。满意度是感知服务质量与预期服务质量的比率，城市新型阅读空间无论在发展时间、数量还是质量上都高于乡村，那么在结果一致的情况下，只能证明城乡读者的预期服务需求有较大差异。在开放性回答的统计中，笔者也发现了这一点，部分读者提出了交流空间、朗读空间、水吧甚至"床"等设施需求；但也有读者说"不需要免费"。

（四）区域服务水平发展不平衡

从全国六大区域来看，华东地区的读者利用率最高、满意度最高，中南地区利用率最低、满意度也最低，其他四个区域居中。读者满意度的差距，反映了不同区域新型阅读空间服务水平与服务效能的不平衡。

（五）新型阅读空间监管有待进一步完善

在开放性回答中，一些读者反映了部分新型阅读空间流于形式、只在特定情况下偶尔开放等问题，也提出了希望新型阅读空间更加安静、提高儿童亲子安全、增加开放时长等建议。新型阅读空间的管理也需要进一步完善。

五、服务效能提升对策

（一）引入服务设计理念，提升有效供给水平

服务设计是实现产品（服务）与用户需求无缝协调的设计理念。我国较早研究服务设计发展的学者罗仕鉴、邹文茵指出，其实质是设计一种有效的模式，用于组织、规划服务系

统中的人、基础设施、沟通交流以及有形物质的各组成部分,用于提高某项实体存在产品或无形服务的质量。[①] 服务设计主要产生和发展于计算机、设计、管理等领域,随着经济、技术与文化的发展,逐渐从企业延伸至公共领域。如何运用服务设计的思维和方法,整合物质要素与非物质要素,以新产品、新服务、新管理提升公共文化服务,成为重要的研究课题。服务设计理念已经逐渐进入图书馆学领域,特别是高校图书馆已经出现了一些值得借鉴的案例。[②]

开展新型阅读空间服务设计的基本思路是:利用大数据、互联网、物联网与人工智能技术,首先,开展读者群体、需求与行为调查,以周围步行一定距离为调查区域,调查内容包括居民数量、年龄、性别、身份等群体特征,文献读物、空间设施、体验活动等需求内容,阅读时间分布、频率、逗留时长、交通方式、合并行为(如阅读同时进行亲子教育、阅读同时进行生活采购等)等行为特点,逐步健全用户手册。其次,针对读者群体规模相对较小而需求多元化的特点,一是与公共图书馆合作,成为公共图书馆图书流通与体验活动的快递站、分会场;二是实现阅读座位与设施的多功能化,比如通过移动隔板临时分隔空间、活动桌椅成为会场等,提升空间利用率;三是实施预约制。最后,在初步规划新型阅读空间的选址、明确服务职能、完善阅读环境后,进行一段时间的试营业,规划设计师参与其中,根据实际情况完善设计,逐步实现服务与读者需求的无缝对接。

(二)完善新型阅读空间的公益服务指标体系

新型阅读空间往往由政府主导、社会力量参与建设,公益性使其能够补偿公共阅读服务发展不充分的现状,经营性则是其获得良性运营的保障。当前读者对于新型阅读空间免费服务需求过高,应该区分其免费服务与付费服务界限,设立较为清晰的公益服务指标体系,兼顾经济效益与社会效益。笔者认为,公益服务指标体系应该适应区域经济文化发展水平、读者群体数量与真实需求。

具体思路:根据区域经济文化发展水平与读者真实需求,通过政府购买或者社会力量捐赠等形式,从硬环境与软环境、免费与付费两大维度,设定免费服务的具体内容、数量与水平;其中基础层次的文献读物与阅读座位设施优先纳入公益服务指标,在数量与水平上有所侧重,并保障区域均衡性;超出免费服务比例的部分与不属于免费服务内容的部分,可以采取相关单位采购、读者自行购买等形式实现,比如不少图书馆在举办的"你选书我买单即借走"活动。此次调查中进行了读者付费意愿的调查,发现在816个样本中非常愿意的有153个,比较愿意320个,一般244个,不太愿意84个,不愿意15个,五级制量化后得分为3.63。读者基本上能够理解新型阅读空间的经营性特征,接受免费服务与有偿消费相结合的服务形式。

(三)健全监管机制,保障免费服务落到实处

新型阅读空间服务规划设计、公益服务指标体系的完善,最终需要落实到其日常运行当中,应建立健全监管机制,保障免费服务落到实处。首先根据新型阅读空间的类型明确管理部门。城市书房、实体书店、农家书屋、咖啡书吧等形态分别由不同的社会力量参与

① 罗仕鉴,邹文茵.服务设计研究现状与进展[J].包装工程,2018,39(24):43-53.
② 徐越人.美国北卡罗来纳州立大学图书馆空间和服务设计应用研究[J].图书馆论坛,2014,34(5):114-120.

建设,应该建立更加清晰的分类体系,明确管理部门。其次要完善社会力量参与建设的准入、考核与退出机制,实现闭环式管理,逐渐沉淀其管理文化。从社会信誉、技术条件、管理水平等方面审核社会力量的参与资质,根据公益服务指标体系、读者反馈意见等开展考核,并依据考核结果奖励一批、通过一批、退出一批。最后,完善相关制度,提供制度保障。

(四)加强宣传与推广,提高读者认知度

读者满意度会随着认知度的提升而提升,因此要加强对新型阅读空间的宣传与推广。在调查中了解到,读者认知新型阅读空间的信息来源主要有媒体报道、别人推荐、学校推荐、路过发现等渠道。其中最常见的是媒体报道,56.28%的读者选择了这一渠道;其次是别人推荐与路过发现,都在40%以上;学校推荐相对较少,约为21.84%;还有7.97%的读者选择了其他,如"卖房子的说新的楼盘会配备""单位建有城市阅读岛""赞助过"等。可见房地产业、企事业单位等主体也在参与宣传。

今后可以继续加大公共媒体、学校组织传播力度,并有意识地借势房地产业、大型企业等的文化传播活动扩大认知度。另外,组织读者体验新型阅读空间。组织体验活动可以在儿童、老年群体中进行,采取亲子活动、志愿者服务、免费医疗服务、公益讲座等形式,逐渐带动中青年群体。读者对于新型阅读空间有了感性认识,逐渐形成一种生活习惯,既可以提高空间利用率,也可以提升读者满意度。

实践篇·域外借鉴

内容提要

"他山之石，可以攻玉。"德国、日本、新加坡和美国等国家在公共图书馆建设与阅读推广服务方面的先进经验，值得学习和借鉴。

■ 德国是一个有着良好阅读传统和阅读基础的国家，政府、社会和民间都提供许多便利措施，营造优雅安静的读书环境，图书馆成为读者学习、交流、聚会、社交的场所。德国公共图书馆特别重视青少年阅读习惯的培养，同时也为难民提供免费借阅服务，促进难民语言和文化融入。德国实体书店积极拓展线上业务，提供多方面服务。德国的街头公共书架全天候开放，支持文学作品以及知识书籍的交换与传播。温斯多夫小镇的旧书店成为世界游客乐于参观的景点。

■ 日本共有3000多家图书馆，始终以读者为中心，将"全体国民的图书馆服务"和"任何时候，任何地点，任何人"的口号作为服务宗旨。高梁市图书馆全年无休，每天早上9时至晚上9时免费开放，积极举办各类活动，力图把图书馆打造成市民文化中心。茑屋书店是日本著名的连锁书店，拥有1400多家店铺，其最大特点就是店内错落有致的场景化布局。

■ 新加坡高度重视图书馆事业的发展，新加坡国家图书馆管理局代表政府独立地行使全国图书馆行业的管理职能，负责管理和运作新加坡公共图书馆系统。据统计，2019—2020年度造访新加坡公共图书馆者达到2670万人次，借阅数量达到4000万册次，参与各类公共图书馆活动人数达到498万人次。2020年受新冠疫情影响，新加坡公共图书馆关闭了两个多月，但造访总量仍然达到900多万人次。

■ 美国公共图书馆作为社区中最重要的免费公共空间，除了为人们提供免费读书、借书的机会之外，还经常举办各种文化讲座、文化聚会以及社交活动，成为连接社区居民的纽带。美国图书馆空间规划指南是由图书馆或其所属的行业协会、主管部门等组织机构制订的指导图书馆建筑空间规划设计的建议性文档。据统计，目前美国有109家图书馆将"创客空间"融入自身经营管理，利用图书馆功能优势，创建"创客空间"，提供各具特色的创业服务。

德国——阅读无处不在

德国是一个有着良好阅读传统和阅读基础的国家。这个仅有 8200 余万人口的国家拥有实体书店约 6000 家、各类图书馆近 9300 座,每年使用公共图书馆人数达到 1.26 亿人次。统计数据表明,70% 的德国人喜爱读书,50% 以上的人定期买书,1/3 的人几乎每天读书,其中 30 岁以下的年轻人读书热情最高。

在德国,无论是在城市还是乡村,都很容易找到书店。不仅书店里卖书,机场、火车站、超市、加油站也卖书。在某些大型仓储超市,最新的畅销书、减价书以及报刊等总是摆放在货架最显著的位置。在德国,阅读不局限于某个场所,车站、咖啡馆、草坪、地铁车厢,甚至在医院的候诊室,都可见到捧着书本看书的人。为了方便民众读书,德国政府、社会和民间都提供了许多便利措施,营造优雅安静的读书环境,方便民众体验阅读的乐趣。

一、公共图书馆拓展多元功能

德国的公共图书馆承担着丰富人们业余生活和阅读推广的重要职能,成为德国使用效能最高的文教机构和公共阅读空间。

柏林城区的很多图书馆就建在居民区,透明的玻璃天窗、铺着石子的院落、造型奇特的软垫、舒适的大沙发给读者营造出一种安静、温馨、舒适的阅读环境,让读者有一种在家阅读的亲切感。此外,德国很多图书馆内还设有咖啡厅、儿童娱乐区、休闲区,集阅读、休闲、社交于一体,这不仅增强了公共图书馆的吸引力,也拓展了其社会功能。[①]

肖冠兰博士在《阅读的关怀——一座德国图书馆的价值取向》一文中,描写了德国萨克森州州立及国立大学图书馆的整体环境,并在多次造访后被图书馆处处体现出来的人文精神深深感动。这座图书馆的主体部分被巧妙地设计在地下,屋顶被利用起来种植草坪,并和四周的土堤连成一片,成为完全属于城市的公共开放空间,并和谐自然地与周边的城市环境融合在一起,完全没有突兀之感。在图书馆内,不同使用者的需求都可以得到满足,无论是个人安静阅读,还是进行大的研究计划,或是小组讨论,都有相应的空间配置。一张宽大的书桌,一把靠背椅,一盏台灯以及一个电源插孔是最基本的设施。底层的开架阅览空间有柔软的沙发。对于有长期研究计划的人,可以申请独立的小间。而针对大学里的研究小组,设有专门的讨论室,隔音效果非常好,在里面各抒己见也绝不会影响他人。[②]

德国的公共图书馆除提供信息和进行大众教育外还服务于职业培训、进修等活动。

---

① 钟德文.德国公共图书馆为何深受读者喜爱[N].中国文化报,2017-01-16(4).
② 肖冠兰.阅读的关怀——一座德国图书馆的价值取向[J].新建筑,2013(1):118-121.

德国公共图书馆经常举办各种和阅读相关的活动,已经成为读者学习、交流、聚会、社交的场所,也越来越倾向于发展成为文化活动中心。

德国公共图书馆特别重视青少年阅读习惯的培养。目前,德国几乎所有的公共图书馆都有少儿服务部,采取了多种措施吸引少年儿童。这些措施包括:营造儿童喜欢的阅读环境,比如舒适的沙发、木质小屋,还有供儿童游戏的娱乐设施;适应数字时代的变化,充分利用各种多媒体来创新儿童阅读方式,增加了大量的音频、视频、游戏、音乐等电子读物以提高少年儿童对阅读的兴趣;开展丰富多彩的阅读推广活动,教育和引导儿童学习和阅读。

德国图书馆也为难民提供免费借阅服务,以促进难民语言和文化融入。尚未取得居留证、无法凭有效身份证明办理公共图书借阅证的难民只要提出申请,柏林的公共图书馆就可为其签发借阅证,难民申请者可以凭借该借阅证在柏林所有的公共图书馆阅览图书期刊、借阅书籍和其他媒体资源。相关图书馆的资讯和宣传材料有英语、阿拉伯语、塞尔维亚语、德语、波斯语、阿尔巴尼亚语等多种版本。

二、实体书店升级改造阅读空间

随着社会数字化程度的提高,德国的实体书店也面临着读者不断流失的局面。不少书店一方面积极拓展线上业务,一方面升级改造实体店各方面的服务,以增强吸引力。

塔利亚书店发起了一项名为"世界,请保持清醒"的行动,利用一些醒目的宣传口号以及电视广告等手段,旨在将书店明确定位为给人们带来阅读乐趣和思想灵感的地方。2018年秋季,塔利亚书店又开展了一项门店改造计划,目的是给顾客提供更清晰的引导,同时扩大阅读空间,增加游戏角、咖啡吧和供顾客工作的空间,增加顾客留在书店里的时间。[①]

胡根杜贝尔书店则在2018年推出了"未来书店"计划,按照这项计划,书店将打破按照图书种类分区的传统模式,依主题建立起不同的"阅读空间"。顾客在这个"未来书店"中,可以使用免费的网络阅读店内所有电子书,此外还有"寂静空间""演示厨房"等不同设计,为顾客提供个性化服务。

三、无拘无束的阅读空间——街头公共书架

公共书架这一构思产生于20世纪90年代初,其初衷是通过在各个城市的不同地点设立面向全体大众、全天候开放的公共书架,支持文学作品以及知识书籍的交换与传播。20世纪90年代末期在达姆施塔特(Darmstadt)和汉诺威(Hannover),首批名为"kostenlose Freiluft-Bibliothek"(意为:免费户外图书馆)的公共书架正式投入使用。此后的30多年里,在社会多方资金的支持下,衍生出了许多不同种类的公共书架,比如自带防雨功能的书架、由废旧老式电话亭改造而成的微型图书馆等。

公共书架的使用是免费和匿名的,通常由捐助基金资助,靠当地志愿者组织维护。市

---

① 顾牧.德国:一切从阅读开始[N].中国出版传媒商报,2021-04-23(30).

民们既可以将不需要的书籍自愿捐赠和分享到书架上，也可以随时挑选喜欢的书籍带走，而且允许将书保留在家中或转赠他人，不必归还原处。因为没有严格的借阅制度，所以书籍的维护和运转还要依靠市民的公共意识。

科隆市共有 4 座公共书架，设计精致，结实耐用，每座造价 5000 欧元（见图 1）。它们用钢材料制成，并装有丙烯酸玻璃，经得起雨淋日晒。"不管读者年龄多大，也不问教育水平如何，公共书架对所有的人开放，为任何喜爱阅读的市民提供服务。"公共书架活动的组织者阿布曼指出，"从形式上看，这是公共图书馆的延伸。但从根本上来说，这才真正算得上是名副其实的公共图书馆，起到了提高图书流通频率、满足人们的知识渴求、真正形成全民阅读风气的作用"①。

图 1　科隆街头公共书架

在柏林绿树成荫的普伦茨劳贝格大街，引人注目的"森林书"（Forest Books）坐落在一个古色古香的甜点咖啡厅前面，成为一道特殊的风景。它用螺栓把几个不同高度的树干连接在一起，模拟成森林中的一个树集群。然后在每个仍然保留着粗糙树皮和纹理的树干里精雕细刻出三四个矩形框架作为微型"书橱"，开口处再挂上起保护作用的塑料挡板，这样就建成树干微型图书馆（见图 2）。

按照原来的计划，"森林书"项目的活动时间从 2006 年 11 月 1 日开始，到 2008 年 6 月 30 日结束。但是由于活动深受广大读者的欢迎，一直延续至今。参与"森林书"活动的志愿者来自各行各业，热情地为市民服务。

"森林书"项目是柏林图书交换和漂流俱乐部活动内的一部分，欢迎当地居民和外地游客把自己喜欢的书籍摆放到树干"书橱"里，与别人一起分享；或者轻轻地掀起塑料挡板，从里面取出自己心仪的图书阅读。每天前往"森林书"的读者络绎不绝，他们当中男女

① 　章贡.德国图书馆：自由交换书籍[J].世界文化，2013（2）：39-40.

图 2 树干微型图书馆

老少都有,个个忙着用他们的旧书籍为自己交换"新"的图书。

树干"书橱"里一次最多可藏书 100 册,包括通俗小说、历史书籍、科普图书和儿童读物等多种书籍,德语版和英语版的书都能看到。如果运气好的话,还能淘到在大图书馆里见不到的紧俏书籍。由于不停地被人借出和添进,图书每天流通得很快,使用率极高。

为了进一步提高市民的阅读能力和文化水平,柏林图书交换和漂流俱乐部积极创造条件,建立起可靠的书籍供应链,"森林书"便是其中的一种。它得到社会各界的支持和呵护,正在发挥着越来越大的作用,成为人们津津乐道的微型图书馆。

四、沉浸式阅读体验——温斯多夫阅读小镇

温斯多夫,地处德国首都柏林往南约 40 公里处,在两次世界大战及冷战期间一直被用作军事驻地,1953—1994 年期间,驻德苏联红军的最高统帅部在这里驻扎。在两德于 1994 年统一之际,温斯多夫需要一个从军事驻地到和平发展、从旧到新的转变,将此地打造成为一个阅读小镇的灵感应运而生。按照小镇设计者的构思,是想用书香来愈合战争的创伤。1998 年 9 月 12 日,温斯多夫阅读小镇落成。当时小镇只有 3 个旧书店和 1 个书市,总共加起来,小镇可以向游客们提供 40 万册旧书,游客仅仅花 1 欧元就可以买到一

本值得收藏的旧书。[①] 温斯多夫离德国首都柏林非常近,而且还是非常有名的"森林之城",环境优美。许多柏林城里的人非常喜欢来这里,在绿意盎然的环境里体会阅读的乐趣,除此以外,还有很多来此郊游、野外露营的人。在节假日的时候,温斯多夫小镇的旧书店成为备受游客欢迎的景点。

(一)军事历史主题阅读

温斯多夫小镇的特色之处就是将书与军事历史遗迹结合在一起。不少历史军事建筑被改装成了旧书店,其中售卖的一大部分图书是历史战争题材的书籍,尤其是两次世界大战和冷战时期的历史书籍。镇上还有几家军事博物馆,游客们不仅能在博物馆里学习到有关军事历史的知识,还能够亲身体验二战中德军总参谋部的防空洞以及苏军的防空洞,真正做到了"阅读"历史。此外,小镇还会举办以军事为主题的见面会、书市以及图书阅读节等活动。

(二)丰富多彩的阅读活动

温斯多夫小镇会定期举办阅读大会、音乐会,邀请知名作家、艺术家以及军事历史学家到这里举办讲座。为了能够在德国严冬淡季继续吸引游客的光临,他们会付费邀请一些作家和艺术家来小镇做客,同时降低门票的价格,并举办一些文化作品甩卖等主题活动;另外,还和附近的学校进行合作,增强年轻人对于阅读文化的兴趣。

(三)多元结合体

小镇将旧书、阅读、音乐会、画廊艺术展、防空洞、博物馆等各种元素结合在一起,拓宽文化领域,吸引着不同兴趣的游客。虽然购书者主要来自德国、奥地利以及瑞士这些欧洲国家,但温斯多夫的军事历史主题已经被世界所知晓,有很多游客专程从美国、加拿大、澳大利亚等地来到这里参观。

---

① 李奕磊,博尔歇特·维尔纳.德国温斯多夫阅读小镇 用书香愈合战争创伤[N].中国出版传媒商报,2017-08-15(12).

日本——复合型阅读空间打造者

日本是阅读大国,增强国民阅读一直是政府非常重视的问题,甚至将其提升到了国家战略的高度。在日本人眼中,阅读所带来的精神价值丝毫不亚于国家物质文明的发展与科技、军事的进步。在第二次世界大战之后,日本人口损失巨大,产业设施几乎成了一片废墟。战后的日本政府在组织重建事业的同时,也将提升国民阅读放在了一个极其重要的位置,经过努力,终于使日本成为亚洲年人均阅读量最高的国家之一。

日本因其国土面积狭小,人口密度大,在利用空间方面无不用尽其极。在打造阅读空间时,日本人善于在原有的公共空间基础上叠加多重功能,营造舒适和谐的复合型阅读空间。

一、公共图书馆——多功能共享空间

日本的图书馆共有 3000 多家,绝大部分是公立的,近年由民间团体设立、管理的私立图书馆也有增加的趋势,其中有特色有质感的图书馆更是成为读书迷们必访的“朝圣地”之一。在日本许多城市,图书馆随处可见。无论住在哪里,步行 10 分钟左右一般都能找到一座中小型图书馆。

在日本,图书馆不仅仅是一个文化机构,还体现着一种公共生活的理念。日本图书馆界普遍认为,设立图书馆的目的并不是收藏文献,而是以文献服务于社会。因此,日本图书馆始终以读者为中心,将“全体国民的图书馆服务”和“任何时候,任何地点,任何人”的口号作为服务宗旨。日本的各行各业以服务见长,将顾客第一、细致入微作为服务理念,其中图书馆最大可能地给读者提供方便快捷的高质量服务,人性化特色体现在各个方面。

（一）全年无休的高梁市图书馆

高梁市地处日本本州西南角的冈山县内,由于地理位置较为偏僻,该市近年来人口流失现象较为严重,老龄化问题持续加剧。当前,高梁市人口数量不足 3 万,其中 65 岁以上老年人的比例超过 40％,人口结构问题成为当地经济社会发展的严重障碍。

为缓解人口流失难题,高梁市政府推出从结婚到育儿无缝对接保障体制、完善住宅租赁服务等多项举措,吸引大学毕业生在这里就业。作为其中一项特色项目,市政府出资 20 亿日元(折合人民币大约 1.2 亿元)建造了一座市立图书馆,并于 2017 年 2 月正式面向公众开放,希望通过图书馆丰富当地居民的业余生活和精神食粮,尤其是培养青少年的文化“乡愁”,让人们更加了解和依恋家乡,助力缓解高梁市的人口难题。

高梁市图书馆的所有权隶属于市政府。在运营层面,市政府委托一家名为“文化便利俱乐部”(简称 CCC 公司)的私营企业负责,每年向该公司交付 1.4 亿日元的运营管理费用。图书馆设立在高梁市综合设施大楼内,与火车站、公交站等比邻而居,从车站步行不到一分钟即可到达,为前来阅读的民众提供了极大便利。

图书馆总面积近 4000 平方米,共设置了超过 350 个阅读座位,在高梁市综合设施大楼内占据了 3 层楼的空间。大楼二层为图书馆借阅区以及配套的咖啡店、茑屋书店、特产店等休闲设施。借阅区约有藏书 14.5 万册,最新的图书和杂志则可以在书店购买。大楼三层设有安静阅读区和自习室,四层则为轻松阅读区。轻松阅读区为人们打造了一个"像家一样"的阅读环境,幼童可以在此玩耍,读者可以出声阅读。很多父母在这里为孩子朗读绘本,享受读书的乐趣。

图书馆的运营理念是包容尽可能多的人群,让任何年龄层的市民都能获得阅读带来的精神愉悦。走在高梁市图书馆内,人性化设计随处可见。图书馆设有母婴室,为儿童安装了专用马桶。为方便老年读者,图书馆内常备老花镜,并专门购置了字体较大的书籍。为照顾行动不便人群的需要,馆内准备了轮椅,还为视觉障碍人士安装了特殊的阅读设备。

高梁市图书馆全年无休,每天早 9 时至晚 9 时开放,持有身份证、驾驶证等证件的民众都能免费办理借阅卡。每位读者一次最多可借阅 20 本图书和 3 张光盘,借阅期最长可达 1 个月之久。图书馆为行动不便人士开设了快递服务,将他们借阅的书籍免费送到家。考虑到一些民众居住地较远,图书馆在市内 19 个主要地点设置了自动还书机,还设立了移动图书车。图书车每月两次到该市 30 多个指定地点,让人们在家门口就能借阅书籍。

高梁市图书馆还积极举办各类活动,力图把图书馆打造成高梁市的文化中心。2019 年,图书馆共举办了 196 场文化艺术类活动,包括读书会、知识讲座、手工体验会、展览等,共吸引了 5500 多人次参加。图书馆开辟了当地非物质文化遗产展区,并广泛收集与冈山县和高梁市相关的图书。此外,图书馆还不定期举办从高梁市走出的名人展览。便利的借阅设施和多彩的文化活动让图书馆赢得了当地民众的好评,也吸引了不少来自外地的读者。据统计,2019 年,图书馆的来馆人数超过 56.5 万人次,约九成读者对高梁市图书馆的服务感到满意。来到图书馆的民众越来越多,为当地交通、餐饮等领域带来了大量收入,每年给当地间接带来总值约 14 亿日元的经济效益。[①]

(二)日本东京都图书馆

东京都图书馆于 1973 年开放,接管了 1908 年开放的东京市立日比谷图书馆的藏书。它包括两个图书馆,东京都中央图书馆和多摩图书馆。东京都图书馆拥有丰富的资料,积极向省内的公共图书馆提供借阅服务和参考支持等服务。

东京都图书馆是一个综合性图书馆,为东京都政府和居民的研究提供支持。东京都多摩图书馆以"东京杂志银行"与"儿童和青少年资料服务"这两个功能为中心,为市政图书馆和学校提供解决方案和支持服务。东京都多摩图书馆设置阅览室,为儿童提供书籍、杂志和报纸,并提供学习教材,同时也提供年轻人职业发展方面的书籍。此外,图书馆设置的研究角还为研究儿童和青少年的用户提供了相关书籍。图书馆收集电影胶片,定期放映电影。

---

① 刘军国.图书馆——留住老读者 吸引新读者[N].人民日报,2021-01-08(17).

（三）日本武雄市立公共图书馆

武雄市立图书馆创造了时尚舒适的空间，图书馆大楼内设有咖啡馆，读者可以喝咖啡和读书。馆内设计音量和选定的设备可以屏蔽咖啡馆中的交谈声和儿童区中孩子们的声音，为读书者提供舒适放松的环境，为阅读和学习提供安静的空间。为保持大厅清洁，图书馆使用数字招牌，不使用海报或传单。图书馆设计体现地方特色，提供游戏、学习和聚会的空间，二楼的美食广场还设立餐饮阅读空间。

该馆的多用途共享空间可用作中学生的自修室和上班族的阅读空间，又可用于定期举办讲座。图书馆为不同目标人群开设讲座，服务成人、妇女、中小学生、学龄前儿童和婴儿。图书馆每年举办的活动约 350 场，参加者约 27000 人，促进了居民终身学习和当地社区发展。

二、茑屋书店——场景化布局的多功能空间集合

日本人均阅读量虽然位居世界前列，但在电商崛起、电子书籍普及的冲击之下，选择去书店直接购书的人群正在不断减少。因此，以实体书店的空间作为载体，辐射文化娱乐、健康饮食等领域，加强消费者的体验感，成为再度把读者吸引回实体书店的重要手段。

茑屋书店是日本著名的连锁书店，在日本全国拥有 1400 多家店铺。其中，位于东京代官山地区的分店，凭借精致的外观设计、独特的布局风格，在全球最美书店的评比中多次上榜。[1] 2000 年前后，当大多数日本的实体书店还在思考如何通过特惠活动、店员推荐等做法来提升营业额时，茑屋书店已经对实体书店传统的经营模式抱有强烈的危机感，推出并迅速普及了"咖啡书店"模式。现在仅代官山店，平均每天的客流量就超过了 1 万人次，月平均营业额达到约 1 亿日元，约合人民币 610 万元。

茑屋书店最大的特点就是店内的场景化布局。进入茑屋书店代官山店，图书、CD、唱片、文具、文创商品，甚至服装和食品扑面而来，给消费者一种商品极大丰富的视觉效果。一般而言，图书按照开本的大小排放，很容易将其摆放整齐。但茑屋书店在一排竖直摆放的图书陈列中，故意穿插一些横着摆放的图书，从而形成错落感。而这种场景极大还原了自家书房的感觉，给顾客一种强烈暗示，你可以随意拿取、阅读、消费。[2]

但杂乱陈列背后的内在秩序却是非常严密的。比如茑屋书店代官山店一楼是文创用品、旅游和烹饪主题，二楼是唱片、CD 和影视主题，分门别类，消费者很容易找到自己需要的商品。根据旅行、美食、建筑等主题，书店被分割为 11 个不同的主题区，每个主题区内都会陈列与书籍内容相对应的各类商品。举例来说，在书的旅行主题区内，背包、水壶等旅行用品与各类旅行指南书籍摆放在一起，甚至还有来自热门旅行目的地的各类纪念品。如果客人在书中看到心仪的地方，主题区还提供旅游中介服务，帮助顾客来场说走就走的旅行。

---

① 央视网.日本实体书店力拼电商 场景化布局让书籍点亮生活[EB/OL].（2018-11-05）[2021-09-05]. http://tv.cctv.com/2018/11/05/VIDEErhCMqhLbXZtLB2QyU6K181105.shtml.

② 赵向阳.集合店如何做好场景陈列？来自茑屋书店的启示[EB/OL].（2017-08-25）[2021-09-05]. https://mp.weixin.qq.com/s/QtnDFS_NyhMB1GvkDegjLQ.

三、书十饭店——阅读旅宿空间

日本在近两年兴起了"书十饭店"的新结合形态,出现了一些带小型图书馆的旅店,让爱书人旅宿时也能享受阅读。

星野 RISONARE 山梨八岳度假村地处山梨县,由意大利知名建筑师 Mario Bellini 操刀,度假村不仅拥有丰富的休闲设施、多项自然体验活动,还特别设置了一间时尚的"Books&Café",一座座书柜收纳了许多绘本、写真集与旅游书籍,若阅读后喜欢都能购入,附设咖啡厅供应多种饮品,让游客徜徉在书海的悠闲中(见图1)。

图 1　星野 RISONARE 山梨八岳度假村书店

庭园之宿"石亭"地处广岛县,拥有占地近5000平方米的美丽庭园。高床式的客房建筑之下,设置了宛若隐藏空间的"吸吐文库"书库及"图书馆阳台"阅读空间,隐密又居家的特色氛围,让爱书人尽情享受埋首书堆的乐趣。让人彻底放松的"图书馆阳台",不仅是幸福的读书空间,也是欣赏晚霞和夜空的最佳场所。另外,考虑偏好独立空间的阅读者,还推出附设书房的房型,在房内设置小巧的读书处,阅读起来更有气氛(见图2)。

泉佐野旅笼旅馆(Hatago Inn Kansai Airport)距离著名的关西机场仅10分钟车程,是机场转机时歇脚住宿的好选择。该旅馆在饭店大厅设计了宽阔的阅览空间,摆放多达1万册的漫画、杂志等书籍,最新期刊也一应俱全。只要是住宿客就能免费看,也可以带回房间慢慢品味,作为长途旅程前的放松非常适合。另外,饭店备有泡汤设施,搭机前还能先借此舒缓、减缓疲累(见图3)。

箱根本箱位于神奈川县,前身其实是车站书店,为寻觅长久经营之道,转换为书店结合饭店的形态(见图4)。该饭店提供"生活被书本围绕"般的旅居体验,集合国内外约12000本书籍,并于馆内设置趣味的"名人书柜",陈列许多作家、料理家、演员等各界名人的选书,引起大家阅读的兴趣,连客房内都设有书柜。在短暂的旅宿时间内,很多人接触到不曾阅读过的书籍类型,大约七成住客最后会在此购买喜爱的书籍,这个购书的概率比

图 2　庭园之宿"石亭"

图 3　泉佐野旅笼旅馆

普通书店还高出三至四成。

　　名古屋图书灯光酒店（Lamp Light Books Hotel Nagoya）位于名古屋市区，书本造型招牌和黑色砖墙的特色外观很引人注目，1楼设置24小时营业的阅读咖啡厅，摆放了约3000册以"旅游"与"悬疑小说"为主的图书，从咖啡厅到客房处处布置了与图书相关的小巧思。客房的布置首先考虑的是阅读的舒适性，专设带有可调节阅读灯和沙发椅的阅读区。床边和墙面装饰都是书架，随时就能打开一本书（见图5）。

　　东京书香入梦旅馆（Book and Bed Tokyo），2015年在东京池袋开了第一家店，现在在日本已经有6家分店。进入旅馆，头顶悬挂着的全是书页。这里的书一律不出售，但可

图4　神奈川县箱根本箱

图5　名古屋图书灯光酒店

以随意阅读。除了在房间阅读,游客还可以在舒适的公共阅读区随意阅读。该旅店将核心理念放在书上,并标榜"这里没有舒适的住宿条件"。他们认为爱书之人的真正的满足感一定是来源于书,抱着心爱的书,沉沉地睡去,这就是最幸福的睡眠时刻(见图6)。

最新开的新宿分店,是东京规模最大的一家。旅馆内展示着2400多本书,总藏书量达到4000本以上,包含各式各样的日文书、英文书。

茑屋书店公寓(Tsutaya Book Apartment)是由著名的茑屋书店开设(见图7)。在新宿,24小时营业的茑屋书店公寓占据了整栋楼的3层楼,其中两层是茑屋书店精选的各

图 6   东京书香入梦旅馆

图 7   茑屋书店公寓

类好书。酒店还打造了一个室内露营风的休闲空间,绿油油的草坪、挂在天花板上的绿植,还有可供休憩的小帐篷。店内设置了寄存物品的储物柜、洗浴设备等,供客人使用。该店还为女性准备了专属的楼层,不仅有装备齐全的化妆间,还有按摩椅、舒适的吊床等。

东京胶囊旅馆"漫泊"(Manga art hotel),是以漫画为主题的阅读旅宿,旅馆里放置了超过5000本的漫画。该店老板是资深漫画迷,精心挑选了600多套漫画作品,让旅客大饱眼福。每套漫画都配有日本和英文的推荐语。除了漫画,还有画册等书籍可以选择,就算旅客看不懂日语、英文,也能感受一把日本漫画的魅力。为了让旅客随手就能取到漫画书,漫泊找来了知名室内建筑师设计,两层楼的空间,一共打造出了35个房间。一个房间就像一格书架,穿插在漫画书柜中,房间和书架几乎已经融为一体。每个床位都配备有可调节灯光、免费Wi-Fi、充电插座。旅店内同样设置了公共的洗漱区(见图8)。

图8　东京胶囊旅馆"漫泊"

新加坡公共图书馆——人人共享的地方

　　新加坡高度重视图书馆事业的发展,新加坡国家图书馆管理局(National Library Board Singapore,以下简称 NLB)代表政府独立地行使全国图书馆行业的管理职能,负责管理和运作新加坡公共图书馆系统,监管包括区域、社区和社区儿童图书馆的三级次图书馆系统,其下辖各分馆不仅是丰富的资源中心,还是所在社区的精神中枢。图书馆作为营造社会环境的一个方面,完全纳入政府行为,政府投入大量财力建设各级图书馆。[①]

　　据 NLB 发布的 2019—2020 的年度报告显示,这一年造访新加坡公共图书馆(包括新加坡国家档案馆)人数达到 2670 万人次,借阅数量达到 4000 万册次,参与各类公共图书馆活动人数达到 498 万人次[②],而新加坡总人口在 580 万左右。2020 年受新冠疫情影响,新加坡公共图书馆关闭了两个多月,但造访总量仍然达到 900 多万人次。[③] 而且,NLB 借此机会加快了公共图书馆数字化的建设,在疫情"熔断"(Circuit Breaker)期间,为读者提供大量的数字阅读内容。在 2020 年闭馆期间(统计时间段 2020 年 4 月 7 日—2020 年 6 月 1 日),NLB 的数字读物的借阅量比 2019 年同期增长了 150%,数字读物的读者增长了 70%。[④] 另外,NLB 对各社区图书馆持续进行空间改造和自动化服务更新。值得一提的是,前文提到的 2019—2020 年度报告的篇名为"A PLACE FOR EVERYONE"意为"人人共享的地方",非常契合新加坡公共图书馆办馆的理念和宗旨。

　　新加坡公共图书馆采用总分馆制进行社区分馆的规划与建设,推动各个社区分馆形成自身的主题与特色,提升了社区分馆在全民阅读推广中的利用率、借阅量和活动参与率。社区分馆按照区域划分与人口数量进行选址,遍布新加坡全岛。为提供便利可及的图书馆服务,社区分馆多选址于地铁沿线与主干道等交通便利处。[⑤]

一、Mall 图书馆的典范——library♯orchard(乌节图书馆)

　　Mall 图书馆是新加坡社区图书馆的一大特色。有将近一半公共图书馆开设在购物

　　① 高红. 特色为本 服务至上——考察新加坡公共图书馆的思考[EB/OL]. (2021-07-15)[2021-09-05]. http://www.nlc.cn/newgygt/gnwjl/jltx/mllb/jltx009/cfgl_2493/201012/t20101206_26399.htm.

　　② NLB. National Library Board Annual Report 2019/2020[EB/OL]. (2021-07-15)[2021-09-05]. https://www.nlb.gov.sg/Portals/0/Docs/AnnualReports/NLBFY2019AnnualReport(PDF-A).pdf.

　　③ NLB. 2020 Year-in-Review[EB/OL]. (2021-07-15)[2021-09-05]. https://www.nlb.gov.sg/Portals/0/Docs/AboutUs/YIR%202020%20-%20Approved.png?ver=a5XlkOOCMBMMDvTXSWS2Yw%.

　　④ NLB. A Growing Digital Community of Readers & Learners[EB/OL]. (2021-07-15)[2021-09-05]. https://www.nlb.gov.sg/LinkClick.aspx?fileticket=OI4oSdHFomE%3d&portalid=0.

　　⑤ 付少雄,陈晓宇.全民阅读语境下新加坡公共图书馆社区分馆的规划与建设[J].图书馆论坛,2018,38(9):153-160,59.

商城或者商业街中,新加坡政府还计划将更多的公共图书馆搬入一站式购物商城中。为充分利用城市中便利的交通系统,新加坡 Mall 图书馆皆选址在繁华的商业街区,在购物商城中的楼层分布不等,周边提供有地铁、轻轨与公交等交通工具可供选择,其中公交线路普遍达 10 条以上。新加坡的 Mall 图书馆属于公共图书馆,所有费用皆来自政府资助,由 NLB 对图书馆的人员配备、图书馆藏、馆员服务、平台设备进行统一的调度与管理。虽然作为公益性的服务机构,但是 Mall 图书馆无不体现了用户至上的理念,开馆时图书馆工作人员会列队欢迎与问候读者。新加坡 Mall 图书馆的开放时间皆为上午 11 点到晚上 9 点,除了公共节假日关闭,包括双休日在内的其他时间都会开放。

library♯orchard 最早建于 1999 年,由 NLB 与新加坡设计思维的先驱之一新加坡理工学院合作建造,是新加坡第一个基于设计思维原则建造的公共图书馆,也是第一个双层的 Mall 图书馆,它还是第一个旨在满足 18～35 岁年轻人需求的生活方式图书馆。新的 library♯orchard 位于新的 Orchard Gateway 购物中心,于 2014 年开幕。在其空间和特色的开发中融入了设计思维原则,并拥有最大的设计、生活方式和应用艺术书籍收藏。[①]

馆内有不少独特巧妙的设计,杂志墙(The Magazine Wall)(见图 1)的设计简约大气,

图 1　杂志墙(The Magazine Wall)

整面白净的墙整齐地陈列着各类杂志,很有视觉冲击力,还有独特的"阁楼+工作室"的双层设计。最受欢迎的是"茧"(Cocoon)。"茧"是只限一个人的椭圆隔间,给予读者隐秘空间,让其可以好好享受思考和安静的阅读时光。馆内一共有 5 个"茧",都设在阁楼。为了提倡创新互动,阁楼里还设置了 4 个"书树"(Book Tree)架子,供访客将一些他们认为有价值阅读的书籍放在上面,推荐给其他读者。[②]

---

①　NLB. library@orchard[EB/OL]. (2021-07-15)[2021-09-05]. https://www.nlb.gov.sg/LinkClick.aspx?fileticket=W4yFYVRQKF4％3d&portalid=0.

②　许桂菊.新加坡图书馆空间再造的启示[J].大学图书馆学报,2016,34(3):69-74,15.

二、绿色生态图书馆——Central Public Library(中央公共图书馆)

中央公共图书馆位于新加坡国家图书馆大楼地下一层,建筑面积 6407 平方米,馆藏规模 288000 件,其中英语小说类的藏书是在新加坡公共图书馆中最多的,有 230000 种之多。该图书馆位于艺术和遗产管理区,以及作为商业和文化中心的中央商务区。周边有许多博物馆,包括新加坡美术馆、国家博物馆、亚洲文明博物馆以及新加坡集邮馆等。

作为一个文学艺术图书馆,中央公共图书馆举办一系列的文学主题活动。图书馆也是两个读书俱乐部的所在地:读书爱好者俱乐部以及新加坡小说阅读俱乐部。

中央公共图书馆是世界上第一个绿色儿童图书馆"My Tree House"("我的树屋")(见图 2)的所在地,也是世界上第一个在设计、基础设施、收藏和编程等各个方面都遵循绿色原则的图书馆,这个独特的生态空间促进了儿童的环境素养。书屋的树冠是用可回收的瓶子建造的,而其台阶和周围的平台是用可回收的木材建造。图书馆内使用翻新书架、再生材料制成的地毯和节能 LED 照明,尽显其绿色特征。[①]

图 2　我的树屋(My Tree House)

三、专注为青少年服务——Jurong Regional Library(裕廊地区图书馆)[②]

该图书馆最初于 1988 年 8 月 1 日开放,原名叫做裕廊东社区图书馆。在 2004 年 6 月 4 日翻新之后,成为裕廊地区图书馆,是新加坡第一大的地区图书馆。

这是新加坡第一个提供青少年图书专门服务的图书馆。位于 4 层的青少年馆,听取

①　NLB. Central Public Library [EB/OL]. (2021-07-15)[2021-09-05]. https://www.nlb.gov.sg/VisitUs/BranchDetails/tabid/140/bid/289/Default.aspx? branch=Central+Public+Library

②　NLB. Jurong Regional Library [EB/OL]. (2021-07-15)[2021-09-05]. https://www.nlb.gov.sg/VisitUs/BranchDetails/tabid/140/bid/338/Default.aspx? branch=Jurong+Regional+Library.

了青少年的建议进行设计建造,名为"Verging All Teens(V. A. T.)"(见图 3)。该图书馆可认说是青少年为自己设计的,这样的做法旨在激发青少年的阅读兴趣和创造力。V. A. T. 特别的馆藏是各种类型的漫画和漫画小说。V. A. T. 还举办开放麦演出,为青少年提供了一个向同龄人展示自己才华的平台。

图 3　V. A. T. (青少年馆)

在地下一楼,设有新加坡第一个学龄前儿童图书馆(见图 4)。藏书有大约 70000 多册,分为两个年龄段:3 岁以下和 4 至 6 岁。这里的藏书集中在演奏、说话、唱歌、阅读和写作这五个关键领域,对于孩子的学习和发展至关重要。3 岁以下儿童的收藏分为感官

图 4　学龄前儿童图书馆

与感觉、概念、语言、诗歌和韵律。这里的书和视听材料均有四种官方语言的版本。

馆内还有一个免费的公共创客空间，以前被称为 PIXEL Labs ♯ NLB，现改名为 Make IT at Libraries，专为 NLB 会员提供了一个可以进行手工制作的工作坊空间，在这里会员还可以使用数字制作设备，如 3D 打印机和微控制器。

美国公共图书馆——民众智慧之源

美国的公共图书馆在美国文化中一直占有某种特殊的地位,素有"民众智慧之源"的美誉。早在美国独立之前,1774年召开的第一次大陆会议就是在费城的公共图书馆召开的。美国的公共图书馆不但非常有特色,而且在社会生活中有着极其重要的地位。公共图书馆作为社区中最重要的免费公共空间,除了为人们提供免费读书、借书的机会之外,还经常举办各种文化讲座、文化聚会以及社交活动,成为连接社区居民的纽带。

公共图书馆作为公益文化服务行业,其发展变化深受社会、经济及科技等领域的影响。美国公共图书馆通过与政府或其他机构合作,在创新传统服务方式的基础上,服务形式越来越多元化,但始终坚持着公平、多元和包容的核心价值观,为社区争取更多福利,努力解决社区群众的切身难题,逐渐成为社区群众文化、生活的中心支柱。[①]

一、完善的图书馆空间规划[②]

图书馆空间规划指南是由图书馆或其所属的行业协会、主管部门等组织机构制订的指导图书馆建筑空间规划设计的建议性文档。在过去的几十年里,美国图书馆协会(American Library Association,ALA)及其各个子协会制订了非常具体的图书馆空间规划设计指南。美国图书馆空间规划指南的编制主体有 ALA 及其子协会(最主要的贡献者和推动者),还有教育部门和建筑研究院等机构;指南类型既包括公共图书馆和高校图书馆,也有几乎适用于所有类型图书馆的规划指南,能够契合不同图书馆空间规划的特点。这些指南一般应用在图书馆空间需求评估、设施规划、室内设计与整体评价等过程中,如青少年图书馆服务协会(Young Adult Library Services Association,YALSA)的《国家青少年空间指南》已经被各级公共图书馆广泛认可和采纳,成为全美评估公共图书馆为 12～18 岁青少年提供物理和虚拟空间的整体成功水平的最重要工具之一。

图书馆在规划新的空间时需要考虑许多因素,包括选址、入口、通道、照明、家具、距离、颜色、声音、技术、地板、室内装饰、安全性、地图和标识等,这些要素在空间规划指南中经常被单独列出,作为"注意事项""核心问题"供图书馆参考。规划指南为这些要素提供了详细的规划细节,方便各图书馆实施。比如部分指南给出了书架之间的走道宽度、书库末端的净空间大小等一系列参考值,或者规定了特定空间的座椅和书桌、展示设备、垃圾桶、服务台、时钟电话和存储性家具的数量和布局要求;康涅狄格州的《图书馆空间规划指

---

① 王金丽.美国公共图书馆社区服务的发展及对我国公共图书馆基层服务的启示[J].图书馆研究与工作,2020(6):92-96.

② 洪芳林,束漫.国际图联和美国有关图书馆空间规划指南及启示[J].图书情报工作,2020,64(16):114-121.

垂直结构的设计对传统的图书馆空间进行了全新的构造,旨在为用户提供包括阅读区和活动区的各类空间场景。建筑的铝涂料混凝土外壳不仅是一个立面,而且是一个承重结构,省略了幕墙和柱子。立面上雕刻而出的各个切口,在展现图书馆用户于内部的各种行为动态外,还可以为其提供观赏曼哈顿城市天际线的珍贵视角。

图书馆的纸质书籍均被存放在开放楼梯一旁的书架之上,而电子书目则储存于就近的电子工作站中。同时,位于地面层的礼堂则可为公共会议和日常活动提供所需的空间。而位于两个夹层间的楼梯,还将阅读区与屋顶的阅读露台连接在了一起。平时,读者们可以在这个开放的公共露台,尽情享受东河和纽约城的美丽风景(见图3)。

图3　新兴社区公共空间

尽管图书馆规划上较为紧凑,但实际上能够确保读者在室内始终感受到的是流畅开放,给予读者最节能的空间和最绿色的公共环境。东侧的入口,有一个与一旁稍低的公园办公亭相连的阅读花园,连接处种植了大量的银杏树。而到了晚上,明亮的猎人社区图书馆伴着百事可乐广告牌和龙门架上的长岛标志,成为这一新兴社区公共空间的一个完美代表。

(二)美国南山社区图书馆①

美国社区图书馆建筑多大方简洁实用,与当地文化及社区生活相融,并不断进行尝试,如既满足校园图书馆功能,又满足社区公共图书馆功能的南山社区图书馆。该馆是应美国马利柯帕县社区学院南山社区学院的要求建造的一座综合图书馆,空间划分为一层的社区公共图书馆和二层的校园图书馆,两种功能独立开来,互不干扰。一层的空间分布主要有青年阅读区、成人阅读区、自习室、会议室、多媒体放映厅、计算机中心,以及一个儿

---

① 王晓晨,王筱雯.国外典型社区图书馆空间建设对我国的启示[J].图书馆研究,2018,48(2):34-38.

童图书馆、故事屋、户外儿童小花园等。内部陈设呼应集成电路的设计,因本地是美国主要粮食产区,对农作物有深厚的感情,室内墙面设计为代表农业的抽象图案,体现社区魅力,宣传自身文化(见图 4)。

图 4　南山社区图书馆

实践篇·规章制度

内容提要

■合肥市在《合肥市城市阅读空间建设实施方案》中对城市阅读空间建设的基本思路和建设运营做出了较为详细的勾画。城市阅读空间原则上实行"图书馆＋书店"的模式。由图书馆提供基本公共服务,书店提供非基本公共服务,形成借书、购书、看书"三位一体"的阅读空间。城市阅读空间原则上具备"4＋X"功能。根据计划,合肥将通过现代信息技术和体制机制创新,构建市、区、街道、社区四级纵向贯通、横向互动的阅读服务体系和运营网络,形成15分钟阅读圈。

■温州市出台《温州市城市书房扶持补助办法》,为进一步鼓励和引导社会力量参与城市书房建设,不断提升城市书房服务水平,规范和加强城市书房建设提供了政策指引和扶持。该办法明确了城市书房建设及免费开放过程中的补助资金与标准,并就资金申报审批以及资金管理监督作出具体规定,同时建立城市书房退出机制。

■深圳市、东莞市、深圳市福田区分别出台了《东莞市公共图书馆管理办法》《深圳市福田区公共文化设施管理办法》,并制订了《深圳图书馆合作建设图书馆协议书》《深圳市福田区公共图书馆服务点共建协议书》等,为社会力量参与阅读空间建设提供了标准和规范。

■杭州市富阳区在总结、提炼公共文化设施委托社会力量运营管理试点经验的基础上,依据相关法律法规和政策规定,起草并发布地方性标准《公共文化设施委托社会力量管理规范》,这也是迄今全国第一个区(县)级政府公共文化设施委托社会力量管理的地方性标准。该规范科学设定了政府委托社会力量管理公共文化设施的术语和定义、基本原则、管理主体、工作程序、合同管理、项目管理、项目评价等要素。

合肥市城市阅读空间建设实施方案[*]

为贯彻落实《中华人民共和国公共文化服务保障法》《中共合肥市委合肥市人民政府关于加快构建现代公共文化服务体系的实施意见》(合办〔2016〕54号),深入开展全民阅读活动,打造"书香合肥",现就推进城市阅读空间建设,提出如下实施方案。

一、总体要求

以实施五大发展行动计划为统揽,以深化文化领域供给侧结构性改革为主线,以便民惠民为导向,坚持政府主导,突出公益性质,实行市区共建、双轮驱动、馆店一体、两业融合,建设集阅读、活动、展示、休闲等多元功能于一体的新型文化综合体,切实增强人民群众的文化获得感,创建全国一流的全民阅读典范城市。

二、工作目标

2017年,建成首批20个以上的城市阅读空间,发挥示范引领作用;到2020年,建成100个左右的城市阅读空间,通过现代信息技术和体制机制创新,构建市、区、街道、社区四级纵向贯通、横向互动的阅读服务体系和运营网络,形成15分钟阅读圈,把"书香合肥"打造成具有全国影响力的文化品牌。

三、基本思路

(一)双轮驱动

坚持政府主导力和市场配置力双轮驱动。加强政府组织推动和政策引导,积极引入优质企业和市场机制,形成投资运营主体多元化和政府、企业、市民互动的格局。

(二)馆店一体。城市阅读空间原则上实行"图书馆+书店"的模式。图书馆提供基本公共服务,书店提供非基本公共服务,形成借书、购书、看书"三位一体"的阅读空间。

(三)两业融合。坚持社会效益和经济效益相统一,实行文化事业和文化产业融合发展。所有市民均可免费共享,实现"零门槛"参与。积极开发、集聚文创产业,增强造血功能,实现可持续发展。

(四)功能复合。坚持以人为本,优化提升阅读等基本服务功能,培育增强特色服务功能,实现功能多元集成,增强吸引力,扩大受众面,更好地满足市民多样化的文化需求。

---

* 摘编自《合肥市人民政府办公厅关于印发〈合肥市城市阅读空间建设实施方案〉的通知》(合政办〔2017〕49号),发文时间:2017年6月29日。

四、建设运营

（一）功能定位。城市阅读空间原则上具备"4＋X"功能。"4"是指阅读、活动、展示、休闲等4个标配服务功能，"X"是指双创空间、市民小剧场、四点半学校、便民服务点等特色服务功能。根据功能定位，合理划分区域，每个区域可一专多用。

（二）规划选址。在社区、校园、园区、商场、景点等人口集中、交通便利、设施完善、环境优美的地方，规划建设城市阅读空间。

（三）项目设计。满足多元功能布局要求，营造时尚、精致、舒适、便捷的阅读环境。彰显文化建筑特点和品位，注重与周边环境相融、与服务对象需求对接，形成各具特色、类型多样的风貌。强化品牌形象设计，形成统一的城市阅读空间标识。

（四）建筑规模。首批城市阅读空间建筑面积原则上不少于 500 平方米，后续项目建设规模由各区（开发区）依据服务人口数量确定，建筑面积原则上不少于 200 平方米。

（五）建设方式。城市阅读空间以整合资源、盘活存量为主，通过改造、二次装修等方式，安全有效利用现有物业。政府主导的城市阅读空间原则上利用国有存量物业。选址、设计、建设等以区（开发区）为主体，按相关制度履行招投标手续，确保规范运作。在符合城市规划的前提下，也可因地制宜新建。

（六）技术标准。配置自助办证机、自助图书借还机、图书销售设备和数字资源阅览屏等，安装安全监控设备，实现无线网络全覆盖。

（七）运营服务。城市阅读空间由市图书馆负责统一配送、定期更换图书和公共服务业务培训、绩效考核，纳入市图书馆联盟，与其他成员馆统一业务平台，一卡通用、通借通还。非基本公共服务要积极引进省内外实力强的行业品牌企业运营，有效整合和优化配置市场资源。

（八）多方参与。鼓励和支持社会力量和民间资本通过多种方式参与城市阅读空间建设、运营。

五、支持政策

政府主导的城市阅读空间纳入市基本公共服务设施专项规划，按政府公益性项目组织实施，建设（包括设计装修、软硬件设备配置等）费用由政府承担，所需资金由市、区（开发区）财政按 1∶1 比例分担；图书购置费、市图书馆统一配送费由市财政承担，分期分批纳入"你读书、我买单"服务范围；场租费、物业费、水电费、网络费等运营费用由各区（开发区）承担；可根据年度绩效考核结果，对运营和活动经费给予以奖代补，所需资金列入市文化产业发展政策专项资金。市财政支持城市阅读空间建设运营资金主要通过财政预算安排、整合部门产业政策专项资金等渠道统筹解决，实施细则另行制定。对完全由企业投资兴建的具有基本公共服务功能的城市阅读空间采取"借转补"、事后奖补等方式给予支持，所需资金列入市文化产业发展政策专项资金。在城市阅读空间开展的双创活动享受我市双创相关政策。街道、社区对辖区城市阅读空间开展的适宜的文化活动给予优先安排和必要的经费支持。

六、保障措施

（一）加强组织领导。建立政府统筹、市区共建、部门协作的工作机制,增强工作合力。各区（开发区）是城市阅读空间建设主体,具体负责选址、设计、建设等工作。市直相关部门按照各自职责做好相应工作。

（二）加强示范引领。城市阅读空间建设实行统一规划、分步实施。以首批城市阅读空间建设运营为试点示范,不断总结完善,整体提升建设服务水平,打造群众满意工程。

（三）加强宣传引导。利用多种平台和手段,加大城市阅读空间的宣传力度,引导社会力量积极参与建设,提高广大市民知晓率和参与度。

（四）加强督查考核。市主管部门每年制订城市阅读空间年度建设计划,细化分解任务,建立定期调度机制,加强督查和跟踪问效。把城市阅读空间建设作为公共文化服务体系建设考核的重要内容,纳入政府目标管理。审计、财政等部门要加大对专项资金使用的审计监督。每年对城市阅读空间管理运营进行绩效考评,优秀者授予"合肥市全民阅读空间"称号。

本方案自 2017 年 1 月 1 日起实施,有效期 4 年。支持政策由市文广新局会市财政局等相关部门负责解释。

温州市城市书房建设和管理办法[*]

第一章 总 则

第一条 为全面推进我市公共图书馆事业高质量发展,规范城市书房建设和运行管理,进一步鼓励和引导社会力量参与城市书房建设,提升城市品质,根据《中华人民共和国公共文化服务保障法》《中华人民共和国公共图书馆法》《浙江省公共文化服务保障条例》,结合我市实际,制定本办法。

第二条 本办法适用于温州市城市书房规划建设、运行管理、服务提供及扶持补助。

第三条 本办法所称城市书房,是指由政府主导,社会力量参与,依托各级公共图书馆,采用自动化设备和无线射频技术,实现一体化服务,具备 24 小时开放条件的场馆型自助公共图书馆。

第四条 城市书房应当将推动、引导、服务全民阅读作为重要任务,不断创新服务方式,提升服务效能,打造高品质城市公共文化空间,提高市民科学文化素质和文明素养,推进文化温州建设。

第五条 温州市文化广电旅游局负责全市城市书房的管理工作。县级文化广电旅游行政管理部门按照管理权限,负责本地区城市书房的管理工作。各级发展改革、财政、自然资源和规划、住建、综合行政执法、公安、消防部门应当根据各自职责,协同文化广电旅游行政管理部门实施本办法。

第六条 各级人民政府应当根据本地区的人口分布情况和公共图书馆事业的发展需要,对辖区内城市书房的设置实行统筹规划,将所需经费列入本级财政预算。城市书房经费包括设施设备、文献信息资源、运行与维护等方面的费用。

第七条 鼓励和支持公民、法人和其他组织投资建设或管理运行城市书房,服务全民阅读。

第八条 鼓励依法发起设立城市书房发展基金。鼓励公民、法人和其他组织向城市书房发展基金进行捐赠。城市书房发展基金的设立、运作和管理依照有关法律、法规的规定执行。

第二章 规划建设

第九条 各级人民政府应当根据本地区人口数量、人口分布、环境和交通条件等因

———————————
* 摘编自《温州市人民政府办公室关于印发〈温州市城市书房建设和管理办法〉的通知》(温政办〔2020〕65 号),发文时间:2020 年 7 月 29 日。

素,统筹规划、合理布局,建立覆盖城乡的公共图书馆总分馆服务体系,因地制宜确定城市书房的数量、规模和分布。

第十条　建设城市书房应当按公开征集选址、接受申请、组织评审、公示的程序进行。市、县级文化广电旅游行政管理部门依据管理权限范围进行审核。

(一)公开征集选址。各级文化广电旅游行政管理部门每年向社会公开建设数量,征集建设地点或范围。

(二)接受申请。各级文化广电旅游行政管理部门受理本地区企业、单位、居民小区等提交的申请书、选址报告、申请单位相关证件。

(三)组织评审。温州市文化广电旅游局对各地申报项目开展实地考察,集中评审后确定选址。

(四)公示。温州市文化广电旅游局向社会公示新建选址。

第十一条　城市书房的选址应当具备以下条件:

(一)符合温州市公共图书馆事业发展总体规划,能产生良好社会效益。

(二)位于一楼临街、人口集中、交通便利、环境安静、市政配套设施条件良好的区域,周边有公共卫生间,保安岗亭或派出所。与其他文化设施合建时,应当满足其使用功能和环境要求,并自成一区,设有专用出入口。

(三)建筑面积一般不低于 150 平方米。

(四)遵循普遍均等原则,按照服务半径 1.5 千米,或服务人口 5000 人要求布点。"15分钟阅读圈"内不重复设点。

(五)场馆免费用于合作建设城市书房,承诺提供时间不少于 5 年。

第十二条　城市书房建设应当符合图书馆建筑设计规范,满足多元功能布局要求,体现时尚、环保、人文元素,彰显文化建筑特点和品位,形成各具特色、类型多样的设计风格。装修设计方案由温州市文化广电旅游局负责审核。

第十三条　城市书房应当按要求制作载明无偿提供场地的社会合作方等有关信息铭牌,设置于建筑外墙等显见区域。

第十四条　全市城市书房实行标准化形象标识和文字标识,并纳入路标、路牌、公共交通等城市标识系统和互联网地图标注系统。

第三章　运行管理

第十五条　城市书房是温州地区公共图书馆中心馆—总分馆服务体系中的特色分馆,遵循统一领导、分级负责、属地管理原则,纳入全市公共图书馆通借通还服务网络、数字图书馆服务网络。

第十六条　温州市图书馆承担中心馆职能,应当履行下列职责:

(一)统筹、指导和协调全市城市书房业务。

(二)制定和指导实施城市书房统一业务标准和服务规范。

(三)负责城市书房通借通还文献资源的物流配送。

(四)统筹城市书房信息化管理系统建设,定期检查维护自助借还设备,确保正常运行。负责 5G 技术、物联网技术、大数据等新技术在城市书房的推广应用。

(五)负责直属城市书房的文献采购编目、图书排架整理和志愿者管理工作。

(六)组织全市城市书房管理人员专业培训。

第十七条　各县(市、区)图书馆承担总馆职能,应当履行下列职责:

(一)负责本地区城市书房的统一业务管理。

(二)按照总分馆业务标准,组织开展本地区城市书房文献资源采购、编目和物流配送。

(三)组织开展本地区城市书房公益性讲座、阅读推广、展览等活动。

(四)制定本地区城市书房各类应急预案。落实安全管理制度,将城市书房视频监控纳入本地区公共图书馆安防系统。

(五)负责本地区城市书房的图书排架整理工作。

(六)组建志愿者队伍,定期开展培训。

第十八条　申请单位应当履行城市书房属地管理职责:

(一)接受中心馆、总馆业务管理,按照城市书房服务规范开展日常管理工作。

(二)安排人员开展卫生保洁、日常安全防范管理工作,确保城市书房内部安全秩序稳定。

第十九条　各级文化广电旅游行政管理部门应当建立城市书房退出机制,对于连续三年考核不合格,或合同期满双方协商不续签的城市书房予以退出,并按程序向社会公示。对退出的城市书房,不再予以资金补助,并收回图书资料、自助借还设备以及图书防盗安全门禁系统等资产。

第二十条　各级文化广电旅游行政管理部门可以建立城市书房社会认养制度,鼓励和引导企业、社会组织或个人通过认领、资助等形式参与城市书房的运行和管理,认养期间可以采用冠名、铭牌公示等方式给予鼓励。城市书房社会认养应当有助于提升服务效能。

第四章　服务提供

第二十一条　城市书房应当按照平等、免费、开放、共享和便利的要求向社会公众提供服务。

第二十二条　社会公众凭借身份证、市民卡、读者证等有效证件或通过移动互联网身份认证等方式进入城市书房。

第二十三条　城市书房应当免费向社会公众提供下列基本服务:

(一)文献信息查询、借阅;

(二)供学习、交流的公共文化空间开放;

(三)公益性讲座、阅读推广、展览;

(四)国家规定的其他免费服务项目。

第二十四条　鼓励城市书房实行 24 小时免费开放。不实行 24 小时开放的城市书房,每周开放时间应当不少于 84 小时,错时开放时间不少于 1/3。举办阅读推广活动、因故闭馆或者更改开放时间的,除遇不可抗力外,应当提前 7 天公告。

第二十五条　城市书房应当保障未成年人、老年人、残疾人、流动人口等特殊群体享有服务的权益,积极创造条件,提供适合其需要的文献信息、无障碍设施设备和服务等。

第二十六条 鼓励城市书房设立地方文献或温州作家著作专架,展示地方文化建设成果,强化旅游宣传推广。

第二十七条 鼓励城市书房积极引入优质企业,在便民服务区域开展文创产品、咖啡轻食等不影响阅读环境的经营活动。

第二十八条 鼓励城市书房免费向读书会等社会团体提供场地举办阅读推广活动,但不得开展与其功能和服务无关的商业性活动。

第二十九条 城市书房应当定期公告服务开展情况,听取读者意见,建立投诉渠道,完善反馈机制,接受社会监督。

第五章 扶持补助

第三十条 本办法的城市书房扶持补助资金由市级财政预算安排,主要用于对市区城市书房建设和免费开放补助。各县(市、区)应当参照本办法制定本地区城市书房建设和免费开放补助办法和标准。

第三十一条 城市书房扶持补助资金的使用应符合我市公共图书馆总分馆服务体系建设规划以及公共财政的基本要求,遵循"公平公正、科学规范、统筹安排、讲究绩效"的原则,确保资金使用合理、安全、高效。

第三十二条 符合选址条件的市区城市书房,设施建成并通过温州市文化广电旅游局验收合格后,一次性给予20万元建设补助资金,并配备自助借还设备以及图书防盗安全门禁系统。建设补助资金主要用于城市书房内部空间改造、环境布置,书架、阅览桌椅等服务设施购置等。自助借还设备和图书防盗安全门禁系统由温州市图书馆统一招标采购,产权归温州市图书馆所有。

第三十三条 各级文化广电旅游行政管理部门应当建立公众参与的城市书房服务考核评价制度,定期对城市书房建设、管理与服务情况开展考核,考核评价结果作为补助或奖励的重要依据。

第三十四条 温州市文化广电旅游局每年组织成立绩效考评小组,对运行满一年的市区城市书房免费开放情况开展考核,并对考核合格的城市书房进行星级评定,设五星、四星、三星共三个等级。

第三十五条 城市书房免费开放补助资金根据申报情况,结合星级评定结果予以补助,主要用于城市书房免费开放日常运行所需支出。补助标准为:年度考核被评为五星的补助6万元,四星的补助5万元,三星的补助4万元。考核不合格的不予补助。

第三十六条 温州市文化广电旅游局通过网络平台公开发布城市书房建设和免费开放补助资金申报时间、申报程序及评审考核流程。

第三十七条 温州市财政局和温州市文化广电旅游局负责对扶持补助资金的使用情况进行绩效考评和监督管理。

第三十八条 扶持补助资金必须专款专用,任何单位或者个人不得截留、挪用扶持补助资金。受补助单位有提供虚假申报材料等违反法律、法规、规章和本办法行为的,取消当年资金补助获取资格,并依法追究有关单位和个人的法律责任。

第六章　附　则

第三十九条　各县(市、区)可参照本办法制定本地区城市书房建设和管理办法。

第四十条　本办法自 2020 年 9 月 1 日起施行,有效期 5 年。

深圳图书馆、_____合作建设图书馆协议书

甲方：深圳图书馆

乙方：

为充分发挥深圳图书馆的文献资源、人才、技术和服务优势，加大为基层服务力度，实现方便读者、资源共享的目标，甲、乙双方友好协商，就合作建设"深圳图书馆_____分馆"（参照 2015 年《深圳市基层图书馆（室）达标定级评估标准》_____标准建设），签署如下协议：

一、合作形式

1. 总分馆形式，甲方为总馆，乙方建立分馆。

2. 甲方负责为乙方制定分馆的规章制度和业务规范，提供必要的文献资源和技术、服务支持，并授予乙方"深圳图书馆_____分馆"标牌。

3. 乙方负责提供分馆工作人员、馆舍及各类设备设施，分馆自行购买自助设备，应考虑其普及性和稳定性，并按标准接口对接中心系统，要求供应商做好维护。按照甲方制定的规章制度和业务规范进行分馆的日常管理与服务，承担分馆日常管理各类费用，承担合作期间分馆人员、资产、技术和服务安全的全部责任。

二、甲方的责任和义务

1. 本协议签订两个月内，甲方为乙方提供分馆规章制度和业务规范、图书资源和图书馆管理软件。并根据实际情况不定期更新补充图书资源，但图书的年更新数量不少于_____册。图书数量以实际签收清单数量为准，上述物品产权归甲方所有。

2. 甲方负责对乙方图书工作人员进行业务培训，并提供实习机会，甲方为乙方培训至少二名工作人员以便正常开展业务工作。

3. 甲方应及时告知乙方各类有关分馆业务的通知公告。

4. 甲方不定期巡查乙方各项业务工作，如乙方未依照业务规范开展服务，甲方有权提出整改意见；如出现乙方因未整改导致影响服务的情况，甲方有权终止合作协议，并收回文献资源等各类投入。

三、乙方的责任和义务

1. 乙方按照甲方的业务管理要求提供符合消防安全的分馆馆舍（地址如下：深圳市_____），面积共：_____平方米。分馆馆舍内配置有书架、报纸架、阅览座椅、计算机、RFID 阅读器、安全门禁及其他开馆必要设备；馆舍有专门的电子阅览区，供读者使用及提供电子阅览室服务的计算机数量不少于_____台。

2. 乙方应明确分馆负责人，如有变动应及时告知甲方。保证至少_____名工作人员负责分馆日常业务管理。

3. 乙方对甲方提供的文献资源等有使用权与保管义务,负责交接图书的运输,并保证文献财产安全,如因乙方原因丢失或损毁,须照价赔偿。未得甲方同意,不得随意将文献移交给第三方。

4. 分馆每周开放时间确保在_____小时以上。

5. 乙方应及时告知分馆管理和服务方面的异常情况,应按甲方要求报送分馆服务情况统计报表和业务情况总结。

6. 乙方应积极组织工作人员参加甲方举办的各项业务培训和活动,并积极配合甲方开展"世界读书日""图书馆宣传周"和"深圳读书月"等各项活动。

7. 乙方需对馆舍建筑、设备和应用软件系统的安全负责,做好馆舍读者服务工作,维持安全有序的阅读环境。

四、本协议有效期为 年,自 年 月 日至 年 日。

五、协议届期满前 30 天内,甲、乙双方就是否续约事宜进行协商,同意续约的,应续签协议;不再续签的,或在协议有效期内提前终止合作的,乙方均不得再以"深圳图书馆_____分馆"的名义开展业务活动,所有甲方提供的图书等财产由甲方收回,乙方负责图书下架、清点和打包,并由乙方运送至甲方指定的地点,办理交接手续。若有丢失或损毁按照本协议第三条第 3 款之约定进行赔偿。

六、未尽事宜,甲、乙双方应本着平等合作的原则友好协商解决,如发生纠纷,由有权人民法院管辖。

七、本合同签订双方为深圳图书馆和_____,本合同共七条,一式四份,甲、乙双方各执两份,具有同等法律效力,自甲、乙双方签字盖章之日起生效。本条款为最后一条。

甲方:深圳图书馆(盖章)　　　　　　乙方:　　　　　(盖章)
代表签字:　　　　　　　　　　　　　代表签字:

日期:　　年 月 日　　　　　　　日期:　　年 月 日

杭州市富阳区公共文化设施
委托社会力量管理规范[*]

一、范围

本规范规定了政府委托社会力量管理公共文化设施的术语和定义、基本原则、管理主体、工作程序、合同管理、项目管理、项目评价。

本规范适用于富阳区行政区域内政府委托社会力量管理公共文化设施的管理。

二、规范性引用文件

下列文件对于本文件的应用是必不可少的。凡是注日期的引用文件,仅所注日期的版本适用于本文件。凡是不注日期的引用文件,其最新版本(包括所有的修改单)适用于本文件。

浙财采字〔2007〕8 号 浙江省政府采购方式和采购类型审批管理办法(试行)

富公资办〔2017〕1 号 富阳区小额公共资源交易管理办法(试行)

DB 330183/T008-2016 政府向社会力量购买公共文化服务规范

三、术语和定义

下列术语和定义适用于本规范。

(一)公共文化服务

是指由政府主导、社会力量参与,以满足公民基本文化需求为主要目的而提供的公共文化设施、文化产品、文化活动以及其他相关服务。

(二)公共文化设施

是指用于提供公共文化服务的建筑物、场地和设备,主要包括图书馆、博物馆、文化馆(站)、美术馆、科技馆、纪念馆、体育场馆、工人文化宫、青少年宫、妇女儿童活动中心、老年人活动中心、乡镇(街道)和村(社区)基层综合性文化服务中心、农家(职工)书屋、公共阅报栏(屏)、广播电视播出传输覆盖设施、公共数字文化服务点等。

1. 大型公共文化设施。主要指区人民政府投资举办的公共文化设施。

2. 基层公共文化设施。主要指乡镇(街道)人民政府和村(社区)组织出资举办的公

---

* 摘编自 DB330183/T013-2017《公共文化设施委托社会力量管理规范》地方标准规范,发布单位:杭州市富阳区市场监督管理局,发布时间:2017 年 12 月 21 日。

共文化设施,包括但不局限于乡镇(街道)综合文化站、村(社区)文化活动中心、文化家园、文化礼堂、农家书屋。

(三)政府向社会力量购买公共文化服务

是指通过市场机制的作用,把政府直接向社会公众提供的一部分公共文化服务以及政府履职所需服务事项,按照一定的方式和程序,交由具备条件的社会力量或企事业单位承担,并由政府根据合同约定向其支付费用。

(四)委托管理

是指公共文化设施的所有机构(一般为当地政府或是相关管理部门)通过公开招标,将其拥有的公共文化设施的经营权委托给专业化的经营机构,由该经营机构根据协议契约的约定负责公共文化设施运营。

(五)管理主体

是指根据委托合同实际负责公共文化设施管理或公共文化活动(项目)组织的运营方。

四、社会化管理主体

(一)主体类型

社会化管理的主体一般有文化企业、文化类社会组织、群众业余文艺团队、文化志愿者和其他具有文化服务能力的自然人。

公共文化设施所有者应根据公共文化设施的实际情况,选择合适的管理主体。

(二)主体资质

1. 具备提供公共文体服务能力,依法登记或按规定免予登记的社团、符合条件的事业单位以及依法在工商行政管理或行业主管部门登记成立的企业、其他组织、机构等社会力量。

2. 大型文化设施场地物业委托管理的主体应具有国家建设部物业管理一级资质,具有相应文化设施设备三年以上的物业管理经验,具备履行合同所必需的资金、专业技术、专业设备和专业团队。

3. 基层文化设施委托管理的主体应是在杭州市行政区范围内正式登记的企业或社会组织。外地承接主体按照本规范承接基层公共文化设施委托管理后,应按照前款要求在富阳区正式登记注册。

4. 文化活动(项目)委托管理主体管理团队或负责人应具有相应的资质及专业知识技能,有文化活动项目三年以上的管理运作经验,具备履行合同所必需的专业队伍、专业设备和文化资源。

五、大型公共文化设施委托管理

(一)工作程序

1. 制定方案。由区文化广电新闻出版局制定招标工作方案、制定对公共文化设施委托管理后的服务情况的绩效评估方案。

2. 发布信息。应按照《浙江省政府采购方式和采购类型审批管理办法（试行）》《浙江省政府采购方式和采购类型审批管理办法》发布正式的招标信息，确定招标方式。信息应明确包括但不限于委托期限、管理要求、补助方式等有关事项。

3. 公开招标。区文化广电新闻出版局在项目确定后，应按照《政府向社会力量购买公共文化服务规范》(DB 330183/T008-2016)明确的程序选择承接主体。

4. 签订管理合同。承接主体确定后，区文化广电新闻出版局应在 15 日内与承接主体签订购买合同；合同签订后报区财政局备案。

（二）合同管理

区文化广电新闻出版局与社会化管理主体应该依法签订管理合同，作为双方权利与义务的依据。

（三）合同主要内容

1. 合同双方应该根据大型公共文化设施实际情况，明确资金补助方式、服务内容、服务标准以及设施设备维护保管职责等事项。

2. 合同应当明确项目实施期限、项目金额、资金支付方式、监管方式、评估标准及评估办法。

3. 区文化广电新闻出版局宜在合同中设置一票否决的条款。将对"开展的公共文化活动违背国家有关法律法规、社会道德和公序良俗的"设置为一票否决的情形。当合同中约定的情况出现时，公共文化设施的所有者应立即终止合同。

（四）违约及处理

1. 管理主体按合同履行服务职能的，区文化广电新闻出版局应依合同兑现项目补助经费和扶持政策。

2. 对没有按合同履行服务职能或部分履行服务职能的，按合同规定承担违约责任。合同不明确或双方有争议的可通过协商或法律途径解决。

3. 通过法律途径解决的，管辖地应为公共文化设施所在地人民法院。法律另有规定的，从其规定。

（五）项目监督

1. 双方应根据管理合同，确定服务标准，作为监管的依据。

2. 应建立财务审查、预算审批制度。管理主体的年度预算应经过公共文化设施所有者批准。

3. 区文化广电新闻出版局应建立第三方独立机构监管、履约保证和对部分比较重要的第三方合同的审查制度。

4. 社会化管理主体应提供一定数额的履约保函，以对经营者的受托经营行为进行约束。

六、基层公共文化设施委托管理

（一）工作程序

1. 制定方案。由基层公共文化设施所有者制定工作方案，落实对公共文化设施委托管理后的服务情况的绩效评估。

2. 发布信息。应按照《富阳区小额公共资源交易管理办法（试行）》发布正式的招标信息。信息应明确包括但不限于委托期限、管理要求、补助方式等有关事项。

3. 公开招标。基层公共文化设施所有者在项目确定后，应按照《政府向社会力量购买公共文化服务规范》(DB 330183/T008-2016)明确的程序选择承接主体。

4. 签订管理合同。承接主体确定后，基层公共文化设施所有者应在 15 日内与承接主体签订购买合同。合同签订后按照经费开支渠道报经费管理部门备案。

（二）合同管理

基层公共文化设施所有者与社会化管理主体应该依法签订管理合同，作为双方权利与义务的依据。

（三）合同主要内容

1. 合同双方应该根据基层公共文化设施实际情况，明确资金补助方式、服务内容、服务标准以及设施设备维护保管职责等事项。

2. 合同应当明确项目实施期限、项目金额、资金支付方式、监管方式、评估标准及评估办法，双方权利义务、违约责任、协议期限、协议变更和解除、争议解决方式、合同生效时间等内容。

3. 基层公共文化设施所有者宜在合同中设置一票否决的条款。将对"开展的公共文化活动违背国家有关法律法规、社会道德和公序良俗的"设置为一票否决的情形。当合同中约定的情况出现时，公共文化设施的所有者应立即终止合同。

（四）违约及处理

1. 管理主体按合同履行服务职能的，基层公共文化设施所有者要依合同兑现项目补助经费和扶持政策。

2. 对没有按合同履行服务职能或部分履行服务职能的，按合同规定承担违约责任。合同不明确或双方有争议的应通过协商或法律途径解决。

3. 通过法律途径解决的，管辖地应为公共文化设施所在地人民法院。法律另有规定的，从其规定。

（五）项目管理与监督

1. 总体要求。实行社会力量参与基层公共文化设施管理，必须坚持公共文化服务公益、免费的原则，保障公共文化设施面向群众免费开放，被委托的公共文化设施不能成为营利或者变相营利的经营场所，不能设置门槛拒绝或变相拒绝群众享受正当文化权益。

2. 公共文化机构设施所有者应对管理主体实施项目的全过程进行跟踪监督指导，监督承接主体严格履行合同，及时了解掌握购买项目的实施情况和进度。发现问题，及时制止、纠正，确保资金专款专用、项目保质保量按时完成。

七、项目评价

（一）项目验收

1. 项目完成后，购买主体应及时对承接主体履约情况组织验收，出具验收报告，并报区财政局或经费管理部门备案。

2. 验收报告内容包含评估服务项目总体计划、实施方案的制订情况，项目运作管理、项目资金管理、项目宣传、公众意见吸纳以及项目实施的结论,提供完整的工作台账。

3. 验收结果作为项目后续资金拨付以及后年度编制年度政府购买服务预算和选择承接主体的重要参考依据;验收报告应向社会公布。

(二)绩效评估

1. 建立第三方评审小组,根据招标文件及合同,对购买服务项目数量、质量和资金使用绩效等进行评价;绩效评价根据平时督促检查情况和群众的意见,重点考评服务质量、群众的参与数、满意度、活动的影响力。

2. 评估提供方围绕政府购买服务协议约定的目标和任务,提供相应服务的质量,包括服务提供方提供服务的次数、服务人次、具体成果以及服务对象的实际受益、服务对象改变率等。

3. 评估服务对象及其相关人员对服务提供方所提供服务的满意度,服务区域的有关部门对服务提供方服务工作的认可程度以及相关职能部门对服务提供方服务工作的具体评价。

4. 绩效评价结果应作为年度编制预算和选择服务承接主体的参考依据。

(三)项目奖惩

项目验收和绩效评价为优良的,在合同结束后予以表彰;评价为不合格的,两年内不得参与公共文化设施委托社会化管理的项目招标。

参考文献

[1] 保罗·莱文森. 新新媒介[M]. 2版. 何道宽,译. 上海:复旦大学出版社,2014.

[2] 宾阳,郭凯倩,巫志南,金武刚. 新型公共阅读空间的未来之路[EB/OL]. (2021-01-26)[2021-04-01]. https://book. youth. cn/zx/202101/t20210126_12681385. htm.

[3] 崔波. 城市传播:空间化的进路[M]. 北京:中国传媒大学出版社,2014.

[4] 程思捷. 合肥市城市阅读空间政社合作机制创新研究[D]. 合肥:安徽大学,2019.

[5] 陈宝生. 基于大数据时代的图书馆服务转型研究[J]. 人文天下,2018(18).

[6] 陈含章. 农家书屋工程十五年:追溯、历程与建议[J]. 出版发行研究,2020(11).

[7] 邓小平. 邓小平文选:第2卷[M]. 北京:人民出版社,1994.

[8] 段宇锋,熊泽泉. 温州城市书房现象[J]. 图书馆杂志,2020,39(11).

[9] 董丽晶,谢志远. 协同治理视角下城市新型公共阅读空间建设研究[J]. 出版发行研究,2020(1).

[10] 翟荣兵,黄奇杰. 社会参与新型阅读空间建设准入机制研究——基于ISO9001质量体系认证视角[J]. 中国出版,2020(1).

[11] 鄭玉姫. 韓国·慶尚南道南海島における観光体験村の運営[J]. 立教大学観光学部紀要,2016(18).

[12] 第十二届全国人民代表大会常务委员会. 中华人民共和国公共图书馆法[EB/OL]. (2018-11-4)[2021-04-01]. http://www. npc. gov. cn/npc/c12435/201811/3885276 ceafc4ed788695e8c45c55dcc. shtml.

[13] 傅宝珍. 实体书店向城市公共阅读空间转型探索——以南昌市青苑书店为例[J]. 山东图书馆学刊,2019(6).

[14] 樊嬜琴. 日本社区阅读环境构建模式与启示[J]. 中国出版,2019(7).

[15] 付翠阳. 社会力量参与公共阅读空间建设若干问题的思考[J]. 图书馆学刊,2019(4).

[16] 傅绍磊,陈晓旷. 全民阅读时代城市书房服务模式与机制创新[J]. 中国出版,2020(15).

[17] 甘佳敏. 新媒体环境下大学生有声阅读现状探析[J]. 视听,2018(10).

[18] 黄宗忠. 图书馆学导论[M]. 武汉:武汉大学出版社,1988.

[19] 侯凤芝,黄奇杰. 治理现代化视域下农家书屋效能提升策略研究[J]. 中国出版,2021(5).

[20] 黄莺. 社会力量参与公共图书馆建设的实践——以上海市嘉定区公共图书馆为

例[J].图书馆工作与研究,2019(4).

[21] 胡海荣.城市图书馆服务体系新模式——温州"城市书房"建设的研究与实践[J].图书馆杂志,2016(5).

[22] 华东杰,毛婕.打造"书香之城"——宁波市公共图书馆服务体系建设实践与探索[J].图书馆研究与工作,2018(12).

[23] 金武刚,王瑞芸,穆安琦.城市书房:2013—2020 年——基层图书馆建设的突破与跨越[J].图书馆理论与实践,2021(3).

[24] 李瑞欢.公共图书馆工作实务[M].北京:现代出版社,2018.

[25] 李东来.数字阅读[M].北京:国家图书馆出版社,2010.

[26] 李国新.城市公共阅读空间发展的新趋势[J].公共图书馆,2016(3).

[27] 李炳呈.温州城市书房发展历程[J].新阅读,2020(8).

[28] 李忠东.美国:公共图书馆开办"创客空间"[N].图书馆报,2017-12-01(12).

[29] 罗燕.第十八次全国国民阅读调查发布国民图书阅读率上升[J].民生周刊,2021(9).

[30] 刘彬.第十七次全国国民阅读调查报告发布[J].新阅读,2020(5).

[31] 刘亮.联合国教科文组织的阅读推广活动与图书馆[J].图书与情报,2011(5).

[32] 梁春香.観光対象としての現代農村観光に関する研究—日中両国の農村観光を対象として—[J].観光学研究,2018(17).

[33] 马克思,恩格斯.马克思恩格斯文集:第 1 卷[M].北京:人民出版社,2009.

[34] 毛泽东.毛泽东选集:第 3 卷[M].北京:人民出版社,1991.

[35] 钱小华.先锋书店,生于 1996[M].北京:中信出版社,2016.

[36] 秦鸿.英国的阅读推广活动考察[J].图书与情报,2011(5).

[37] 饶权.回顾与前瞻:图书馆转型发展面临的问题与思考[J].中国图书馆学报,2020,46(1).

[38] 孙嘉唯.上海实体书店新业态研究[D].上海:上海师范大学,2020.

[39] 深圳图书馆.深圳图书馆首推"城市街区 24 小时自助图书馆系统"[J].图书馆论坛,2008(4).

[40] 沈红梅,鲁祎.打破"篱笆墙"的公共图书馆——城乡一体化公共图书馆服务体系的"嘉兴模式"实践与探索[J].图书馆研究与工作,2018(10).

[41] 童莹.公共文化服务均等化视域下特色阅读空间运营模式与效应研究[J].中国出版,2019(8).

[42] 童莹.均等化视域下新型阅读空间公益性与经营性障碍破解研究[J].编辑之友,2020(9).

[43] 吴正泓.社会力量参与公共文化服务供给模式研究[D].天津:天津大学,2018.

[44] 王子舟.我国公共阅读空间的兴起与发展[J].图书情报知识,2017(2).

[45] 王炎龙,郭玉.基于文化规划视角的城市公共阅读空间多维布局研究[J].中国出版,2018(18).

［46］王蕾.青年群体数字化阅读行为研究——以微信阅读为例［J］.中国出版,2019
　　　(6).

［47］万剑,黄奇杰.数字农家书屋建设模式研究［J］.编辑之友,2020(10).

［48］王子舟.多视角下的空间:城市公共阅读空间演进的几个观念［J］.中国图书馆
　　　学报,2019,45(6).

［49］王奇璐,薛天舒.先锋书店商业运营模式案例分析［J］.新闻研究导刊,2017,8
　　　(15).

［50］王金丽.美国公共图书馆社区服务的发展及对我国公共图书馆基层服务的启示
　　　［J］.图书馆研究与工作,2020,(6).

［51］王晓晨,王筱雯.国外典型社区图书馆空间建设对我国的启示［J］.图书馆研究,
　　　2018,48(2):34-38.

［52］未西寅.日本茑屋书店印象［N］.中国文化报,2019-03-28.

［53］徐同亮.江苏全民阅读立法经验与启示［J］.科技与出版,2017(12).

［54］肖雪锋.公共阅读空间的发展策略研究［J］.出版发行研究,2019(5).

［55］许桂菊.新加坡图书馆空间再造的启示［J］.大学图书馆学报,2016,34(3).

［56］夏德元.实体书店的出路与传统出版的未来——贝索斯收购《华盛顿邮报》给我
　　　们的启示［N］.文汇读书周报,2013-08-30.

［57］尹昌龙.文化深圳从阅读开始［M］.北京:中国社会科学出版社,2016.

［58］杨松.社会力量参与特色阅读空间建设研究——以北京市西城区公共文化服务
　　　改革为例［J］.全国商情,2016(29).

［59］余丹.从数字图书馆到智慧图书馆的发展探要［J］.西南民族大学学报(人文社
　　　科版),2015,36(7).

［60］杨松,孟兰.北京西城区:打造城市公共阅读空间的创新实践［J］.国家图书馆学
　　　刊,2015(4).

［61］严贝妮等.城市阅读空间的构建研究——基于合肥市"悦·书房"的解析［J］.图
　　　书馆建设,2018(5).

［62］杨海平,谢友宁,吴琦磊.乡村振兴战略背景下我国农家书屋建设和发展策略研
　　　究［J］.出版发行研究,2020(11).

［63］杨敏红.浙江省德清县图书馆:"驻馆作家"项目开启德清全民阅读新模式［J］.
　　　公共文化,2021(4).

［64］中共中央文献研究室.习近平关于社会主义文化建设论述摘编［M］.北京:中央
　　　文献出版社,2017.

［65］张青.全民阅读推广与图书馆事业研究［M］.成都:四川大学出版社,2017.

［66］张萱.以培养阅读习惯为核心的知识传播空间——智能时代下实体书店作为公
　　　共阅读空间的发展路径［J］.出版广角,2019(8).

［67］张凤霞.我国移动阅读发展浅析［J］.中国出版,2018(19).

［68］张白.图书馆与书店合作服务新模式——成都图书馆"城市阅读空间"实践研究

[J].四川图书馆学报,2019(1).

[69] 周浒.嵌入性视角下独立书店乡村发展模式探析[J].出版发行研究,2020(3).

[70] 钟德文.德国公共图书馆为何深受读者喜爱[N].中国文化报,2017-01-16(4).

后　记

2022 年暮春初夏时节,2019 年国家社科基金一般项目《社会力量参与新型阅读空间建设准入与考核机制研究》最终成果——专著《社会力量参与新型阅读空间建设准入与考核机制研究》统稿工作顺利完成。

2019 年 7 月 15 日,项目组接到全国哲学社会科学工作办公室发来的《立项通知书》后,及时讨论制订了项目具体实施方案。项目组成员历时 2 年多,行程 10 多万公里,深入全国 8 个省、自治区、直辖市的 22 个市(县、区)进行项目调研和网上问卷抽样调查。根据调查实际情况,顺利完成项目最终成果——专著《社会力量参与新型阅读空间建设准入与考核机制研究》的撰写统稿工作。其中"理论篇·基础研究"初稿由黄奇杰、侯凤芝、毛逸源、樊燚琴、童莹、万剑、田淑芳撰写;"理论篇·专题研究"初稿由黄奇杰、侯凤芝、翟荣兵、童莹、陈晓旷、万剑、郑琳等撰写;"实践篇·调研报告"初稿由黄奇杰、侯凤芝、郑琳、许晓、吴蔚芸、史豪杰、韩莹、季吕青、徐丽悦、樊燚琴等撰写;"实践篇·域外借鉴"初稿由陈晓旷整理编写;"实践篇·规章制度"由侯凤芝整理。专著框架设计、初稿修改和统稿定稿由黄奇杰、侯凤芝负责。

项目调研和成果呈现过程中,得到了有关部门和相关人士的大力支持,包括国家文化和旅游公共服务专家委员会首席专家、北京大学信息管理系教授李国新,安徽省人大常委会委员、民族宗教侨务外事委员会主任张丹,《中国出版》杂志社执行主编李淼,《编辑之友》副主编李晶,《江淮时报》总编辑郝彧、副总编奚正喜,安徽日报报业集团高级编辑部磊,杭州日报报业集团《都市快报》编辑王建英,广东省东莞图书馆馆长李东来,副馆长莫启仪,浙江省嘉兴市图书馆馆长沈红梅,温州市图书馆副馆长仇杨坪,宁波市鄞州区图书馆馆长胡春波,广东省深圳图书馆阅读推广部主任戴晓颖,副主任王海涛,四川省成都图书馆流通阅览部主任刘英洁,北京市石景山区文化和旅游局副研究员李树平,安徽省合肥市文化和旅游局公共服务处处长孟宪磊,江苏省常州市文化广电和旅游局科教信息处二级主任科员马君,宁波财经学院办公室、科研处、财务处工作人员等,他们给项目组调研提供了极大便利。项目成果专著出版过程中得到浙江大学出版社李海燕老师的大力支持和帮助。在此向所有关心支持项目调研和专著出版的友好人士表示感谢。

黄奇杰

2022 年 5 月 1 日